A-Z MANCHESTER

CONTENTS

REFER[ENCE]

Motorway	**M62**
Under Construction	
Proposed	
A Road	**A57**
Under Construction	
Proposed	
B Road	**B5228**
Dual Carriageway	
One-way Street	
Traffic flow on A Roads is indicated by a heavy line on the driver's left.	→
Pedestrianized Road	
Restricted Access	
Track / Footpath	
Railway	Level Crossing
East Lancashire Railway	
Metrolink (LRT)	
The boarding of Metrolink trains at stations may be limited to a single direction, indicated by the arrow.	
Local Authority Boundary	
Built-up Area	MILL ST.
Posttown Boundary	
Postcode Boundary *Within Posttowns*	

Car Park	
Church or Chapel	†
Fire Station	■
Hospital	⊕
House Numbers 'A' and 'B' Roads only	13 8
Information Centre	ℹ
National Grid Reference	³85
Police Station (Open 24 Hours)	▲
Post Office	★
Toilet	▽

Large Scale City Centre only

Educational Establishments	
Hospitals & Health Centres	
Leisure & Recreation Facilities	
Places of Interest	
Public Buildings	
Shopping Centres & Markets	
Other Selected Buildings	

SCALE

Map Pages 12-167	Map Pages 4-11
1:18103 (3½ inches to 1 mile)	1:9051 (7 inches to 1 mile)
0 ¼ ½ Mile	0 ⅛ ¼ Mile
0 250 500 750 Metres	0 100 200 300 Metres

Copyright of Geographers' A-Z Map Company Ltd.

Head Office:
Fairfield Road, Borough Green, Sevenoaks, Kent, TN15 8PP
Telephone 01732 781000 (General Enquiries & Trade Sales)

Showrooms:
44 Gray's Inn Road, London, WC1X 8HX
Telephone 020 7440 9500 (Retail Sales)

© 1997 Edition 9   © 2001 Edition 9C (part revision)
www.a-zmaps.co.uk

Ordnance Survey® This product includes mapping data licensed from Ordnance Survey® with the permission of the Controller of Her majesty's Stationery Office.

© Crown Copyright 2001. Licence number 100017302

Every possible care has been taken to ensure that the information given in this publication is accurate and-whilst the publishers would be grateful to learn of any errors, they regret they cannot accept any responsibility for loss thereby caused.

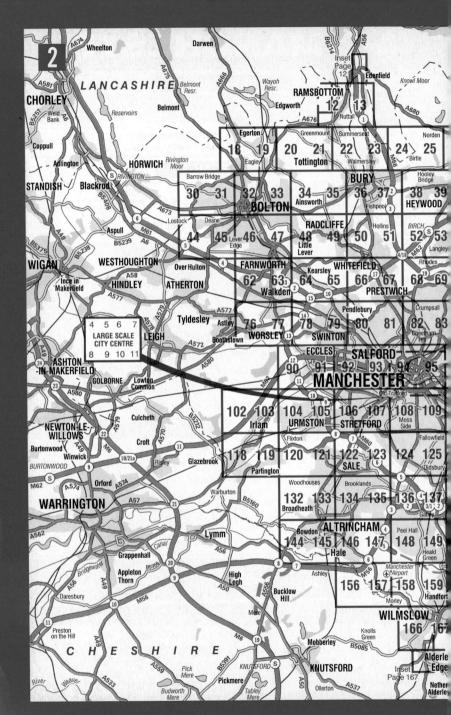

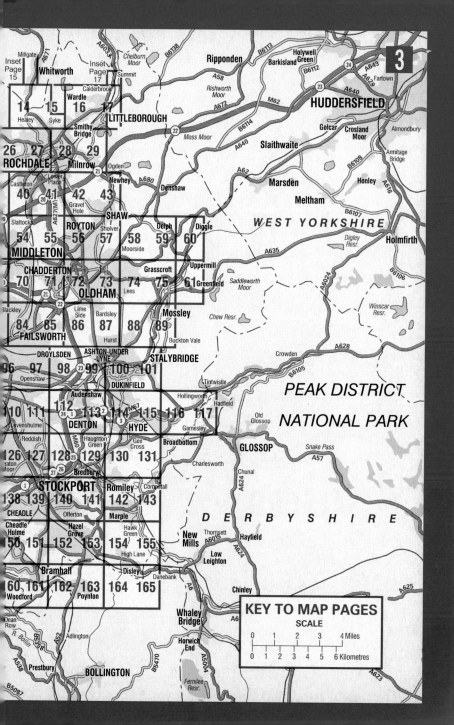

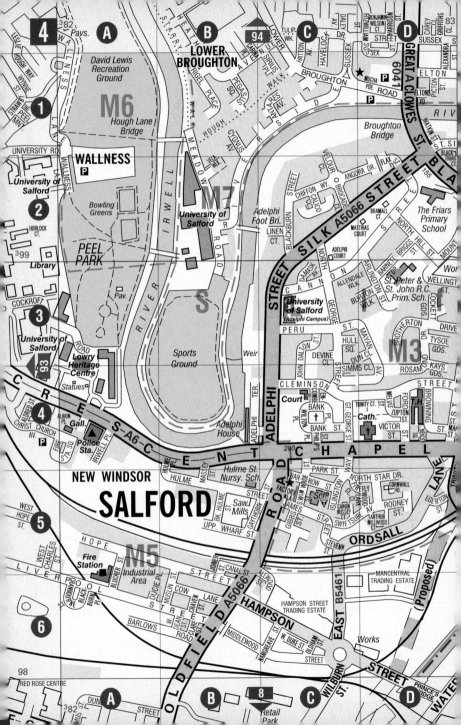

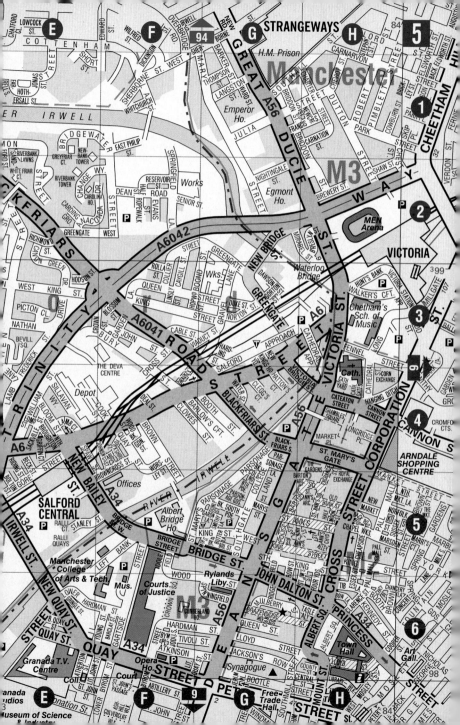

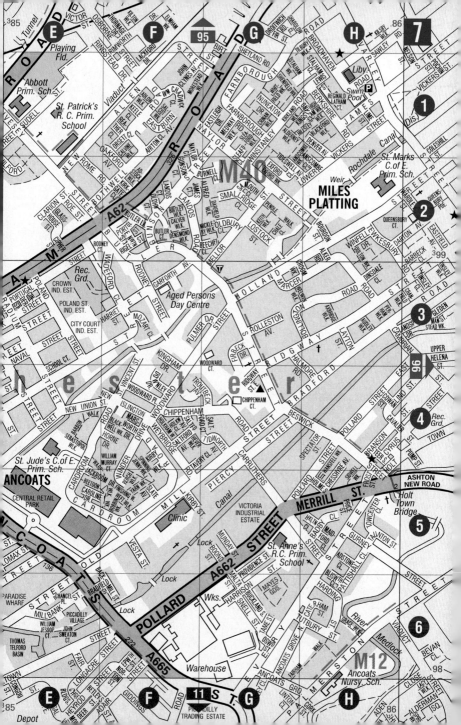

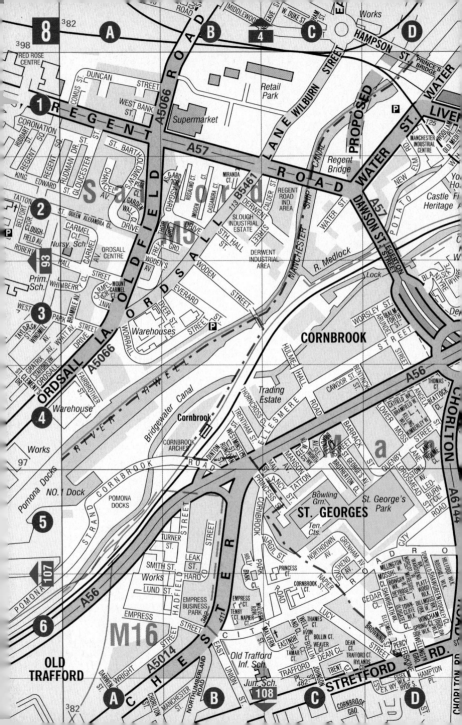

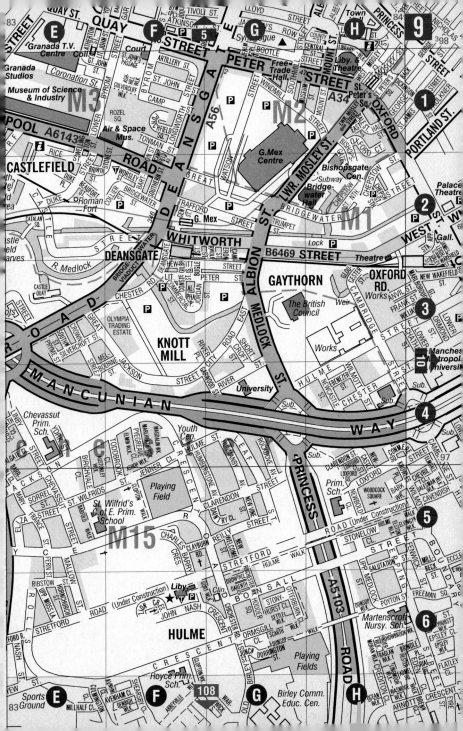

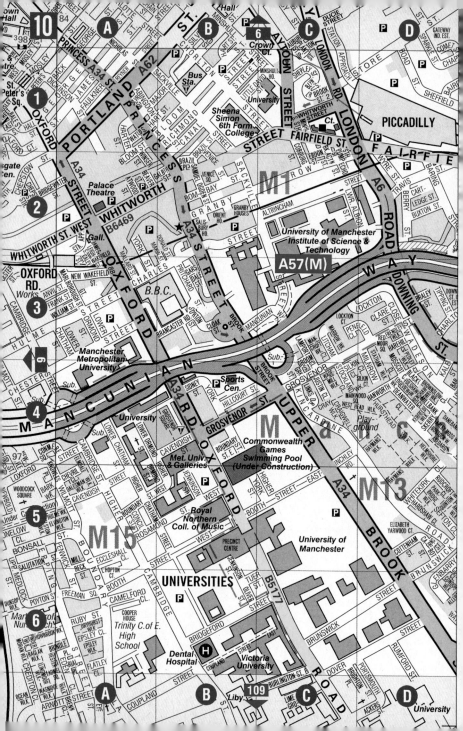

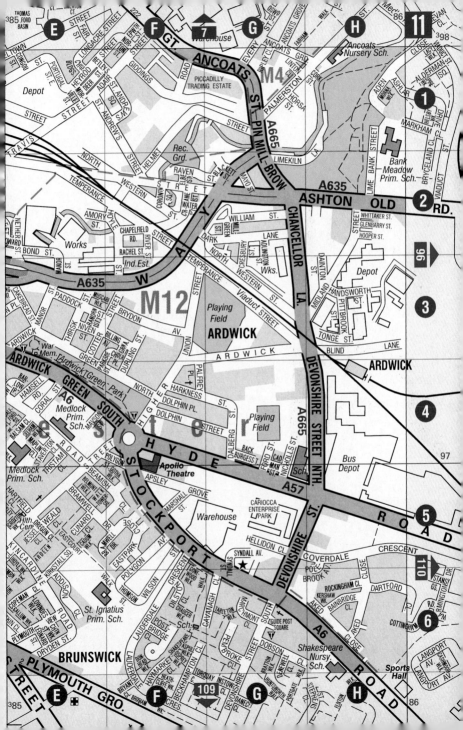

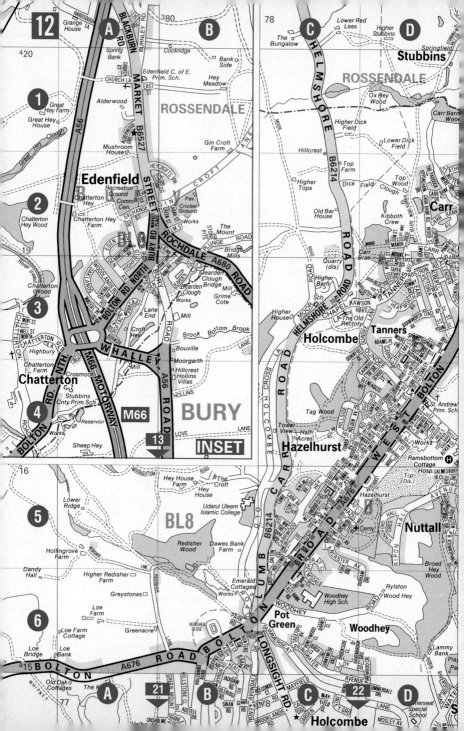

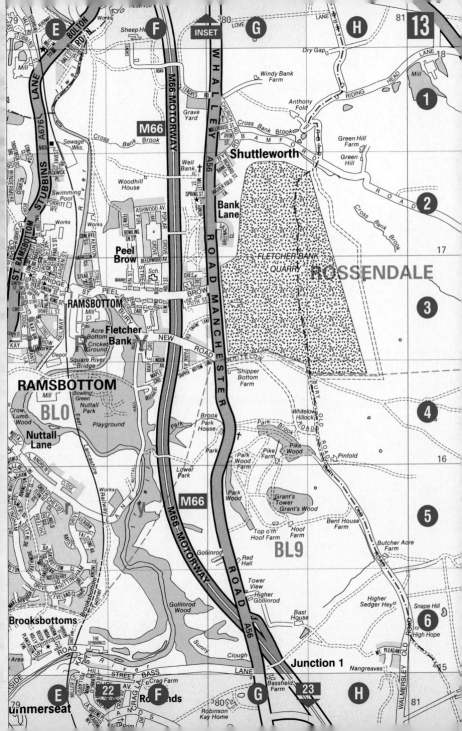

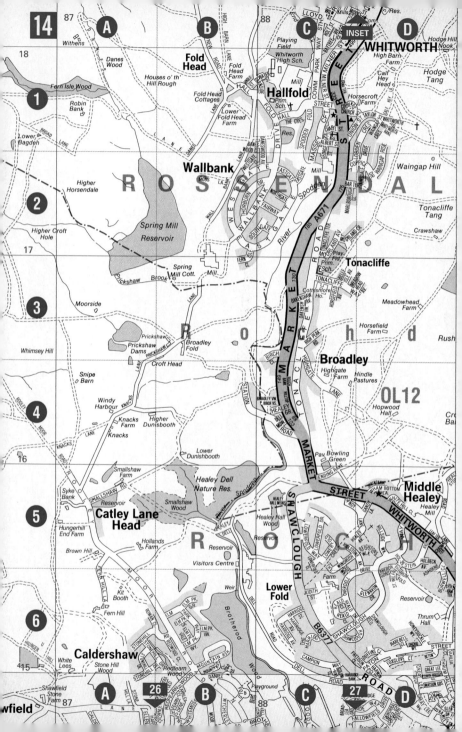

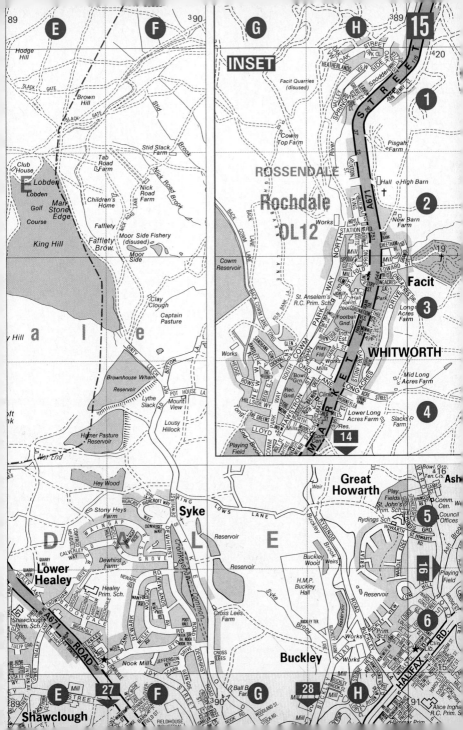

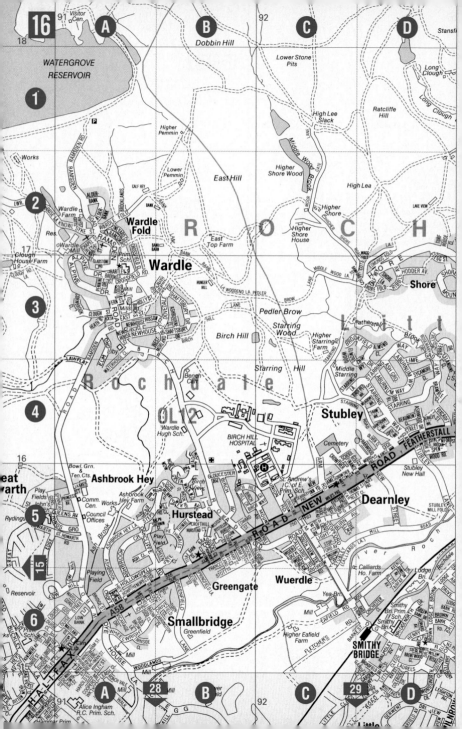

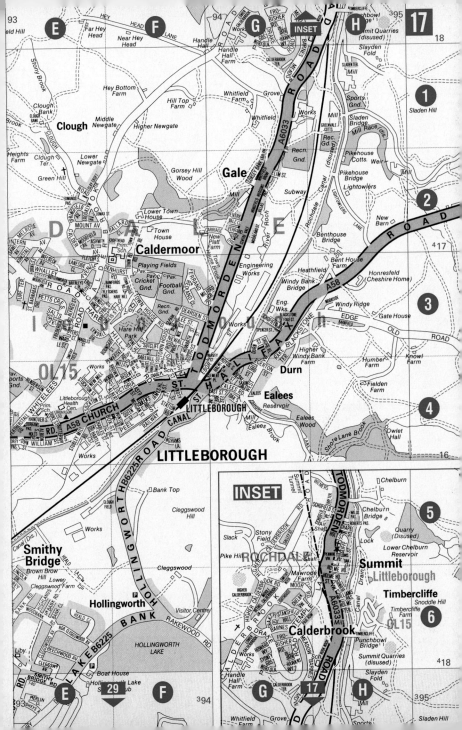

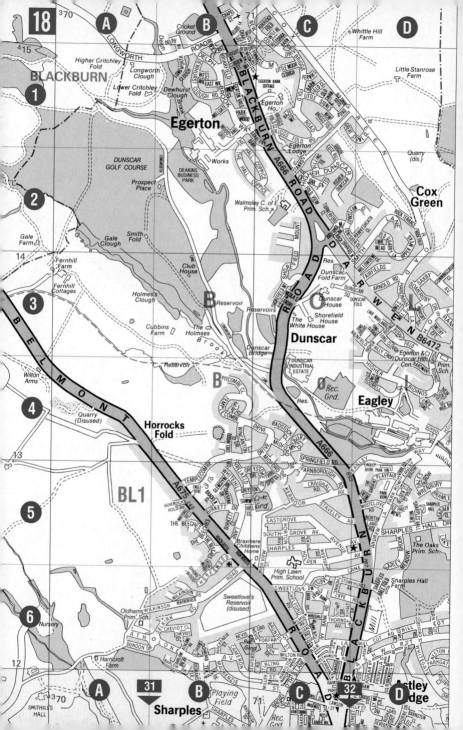

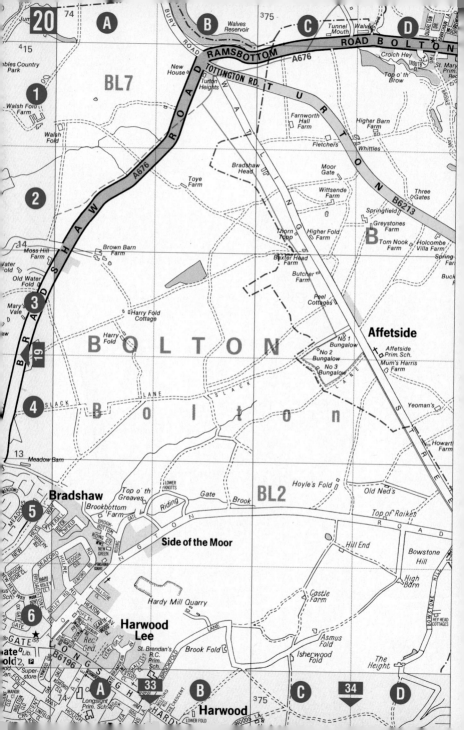

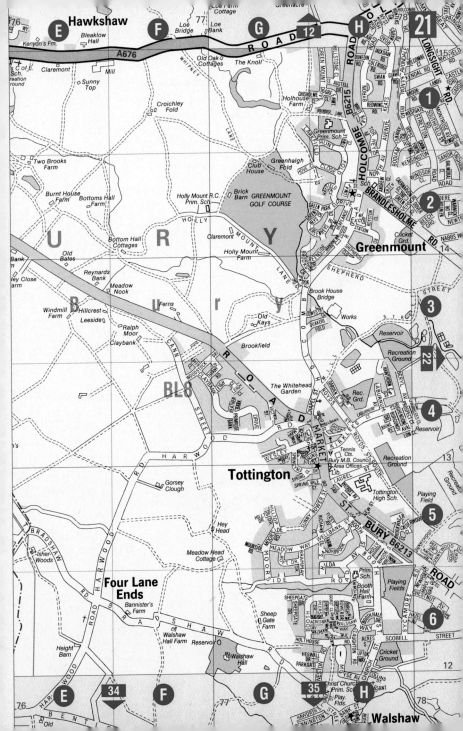

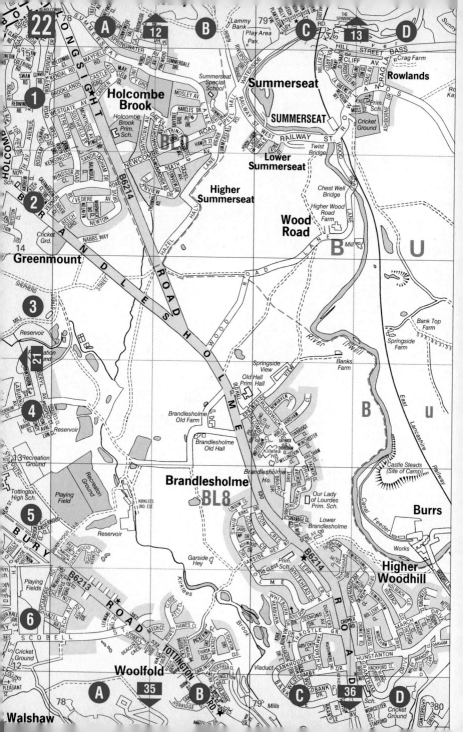

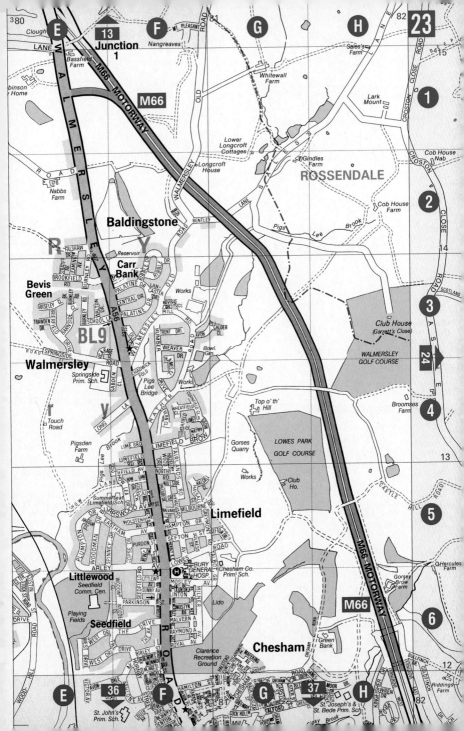

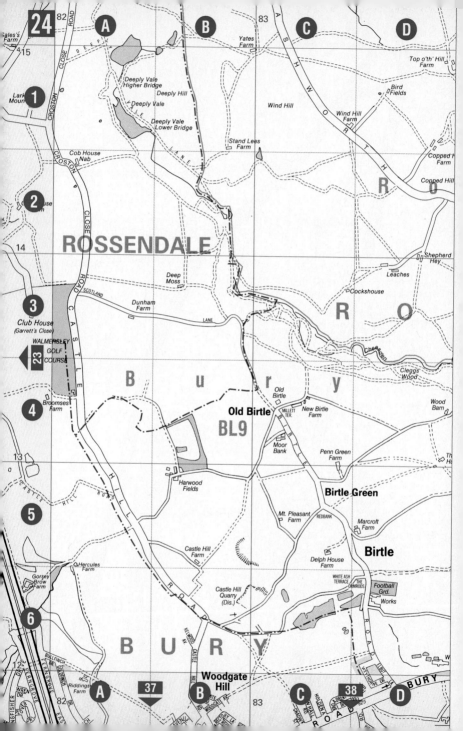

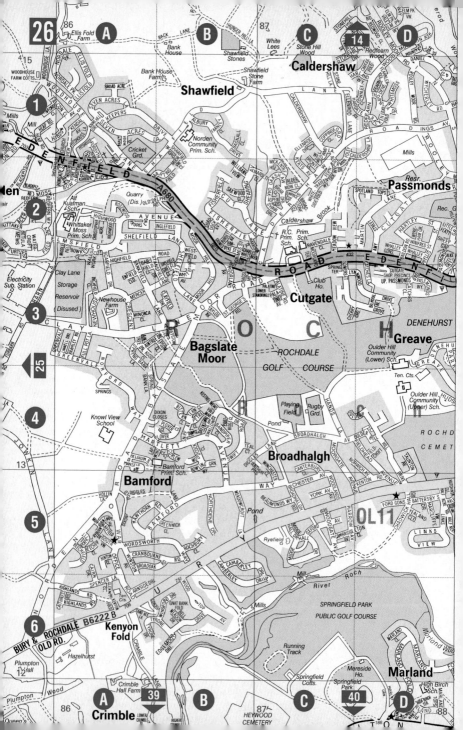

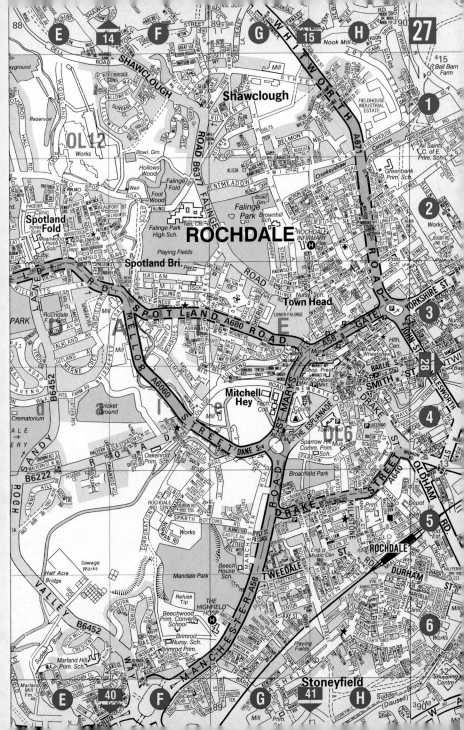

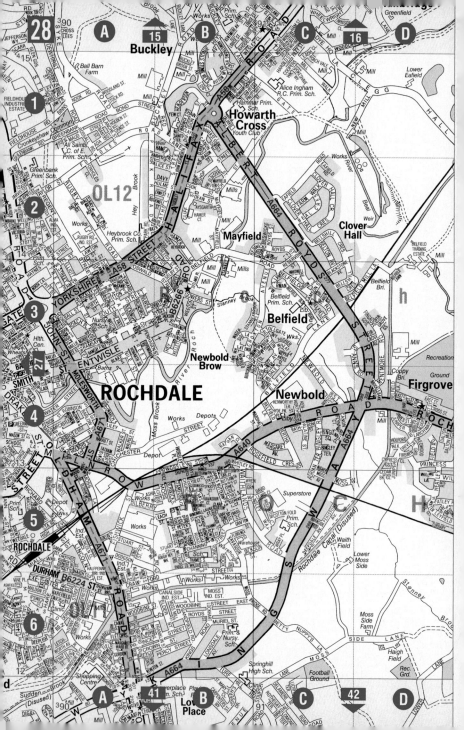

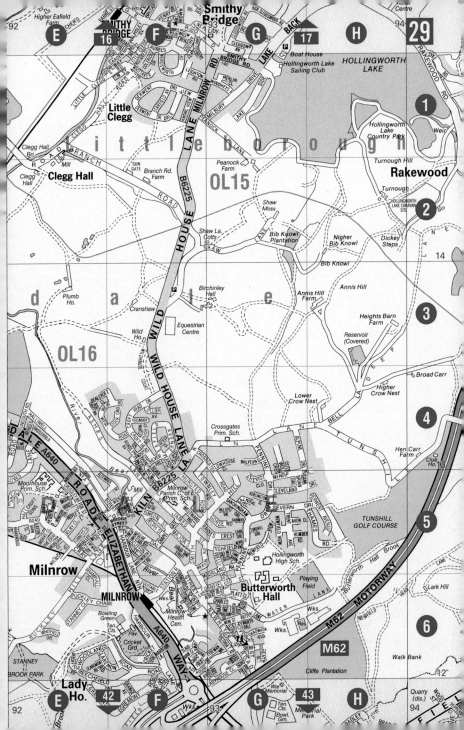

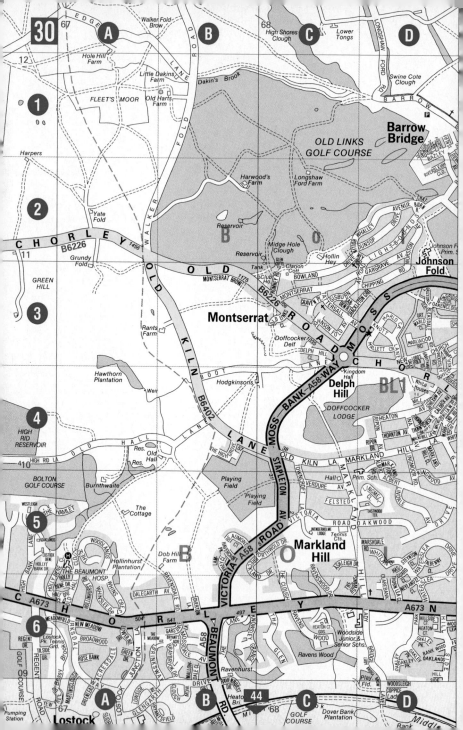

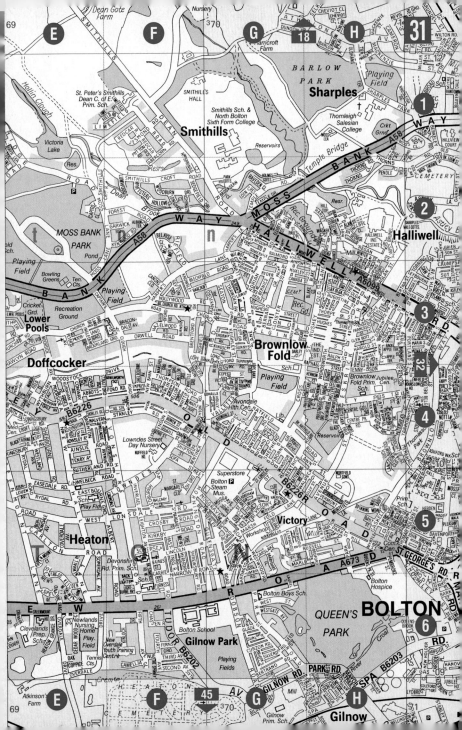

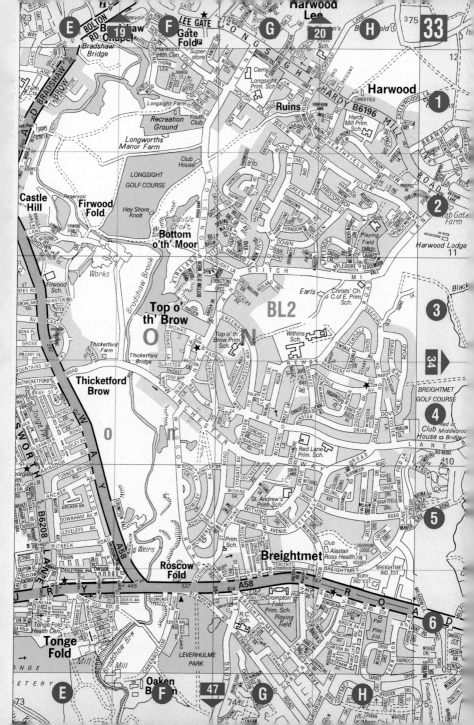

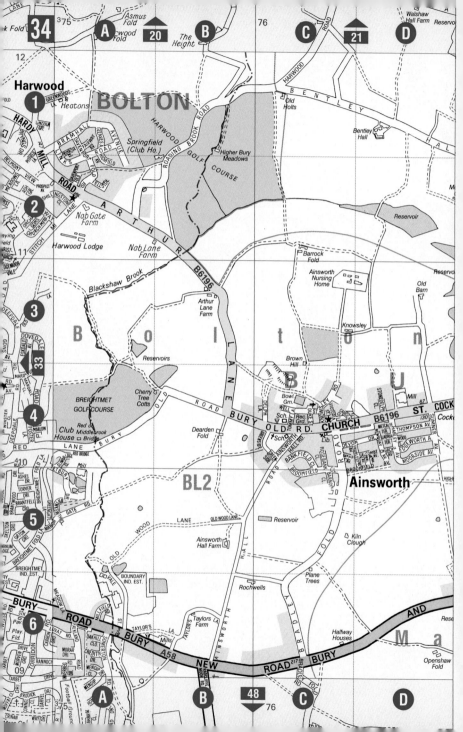

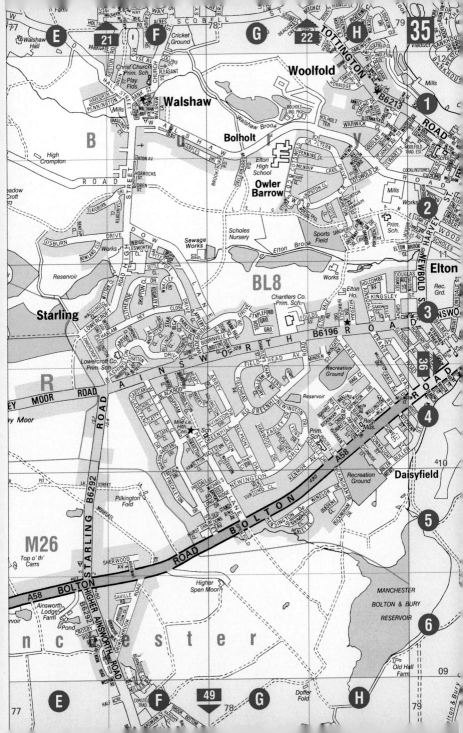

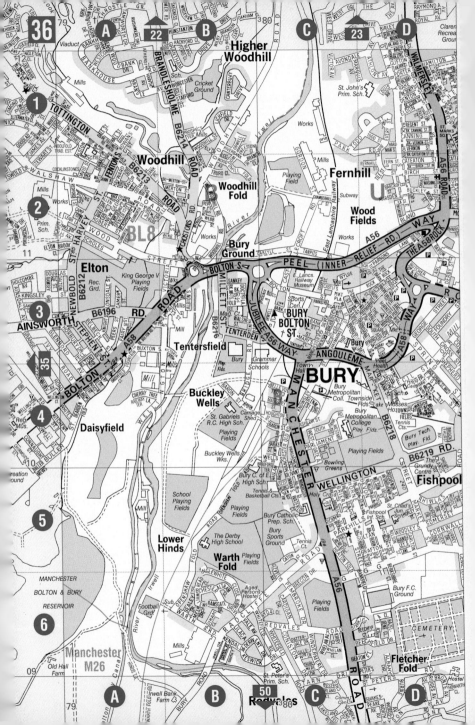

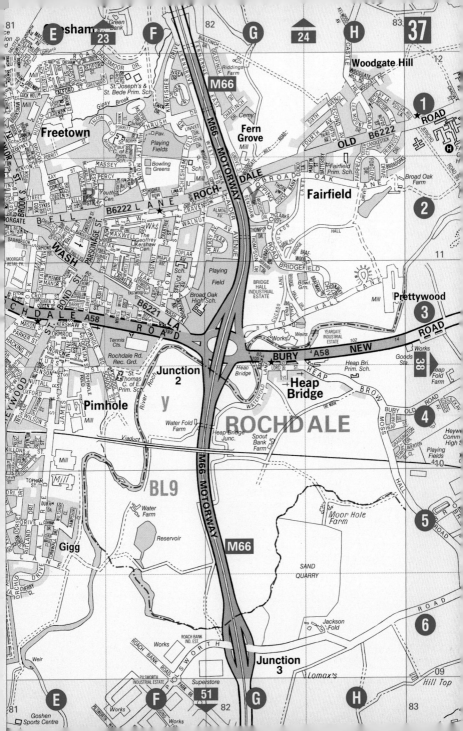

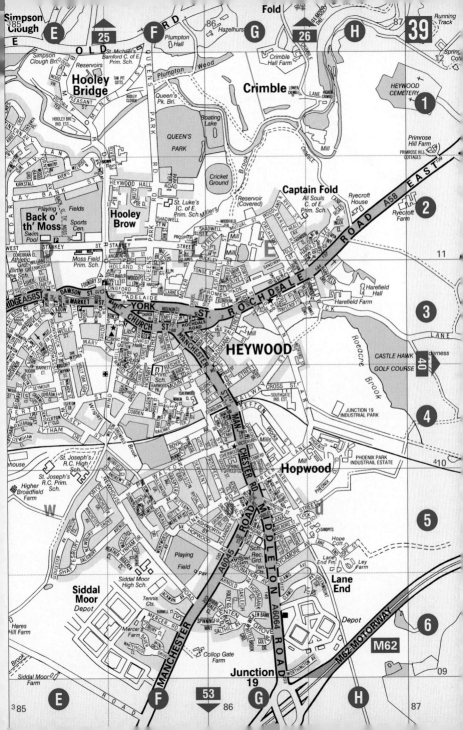

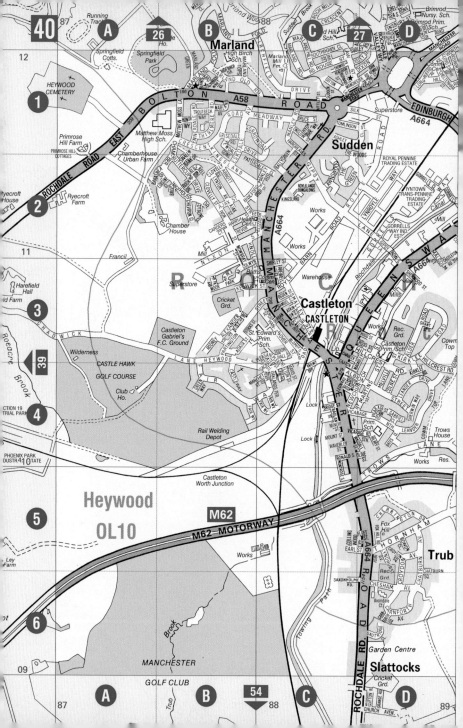

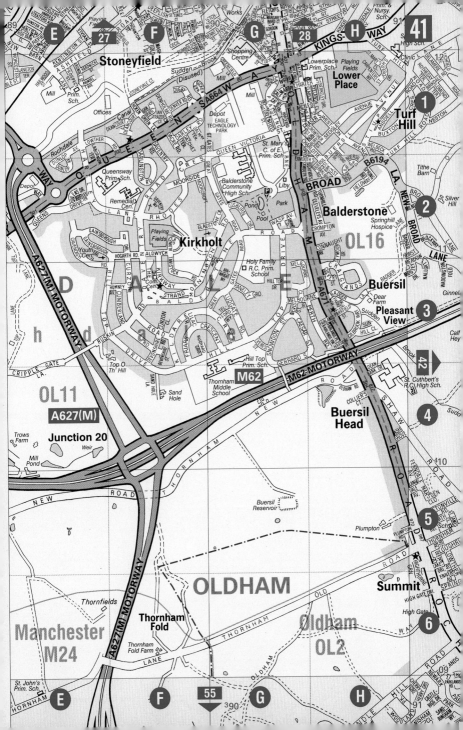

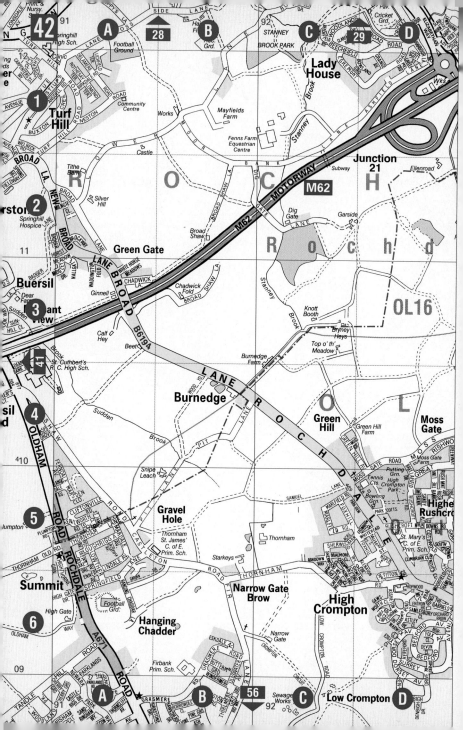

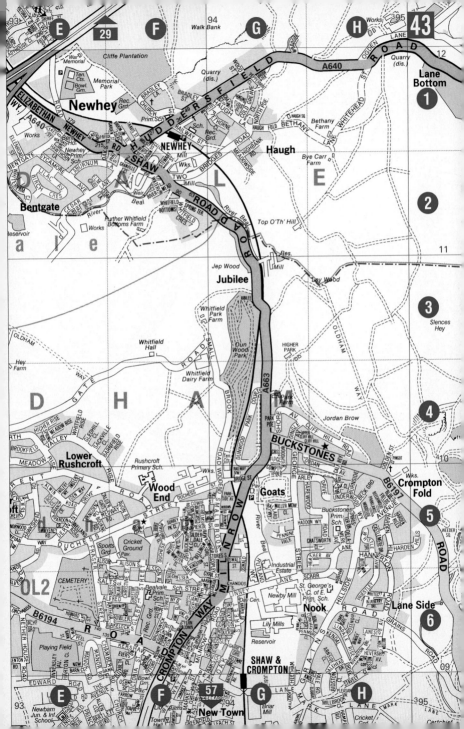

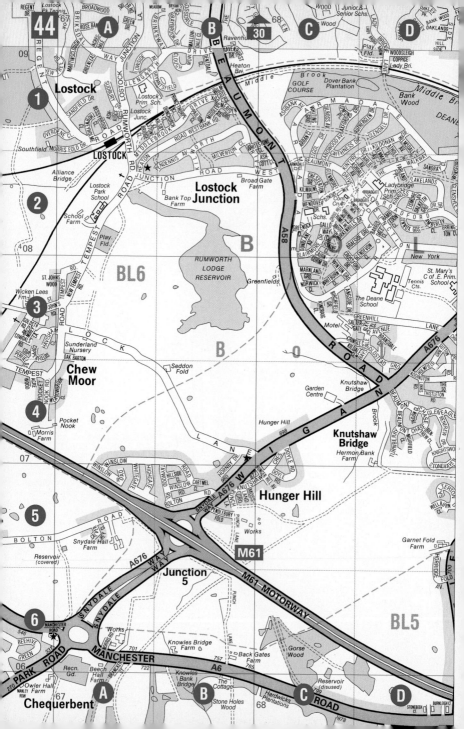

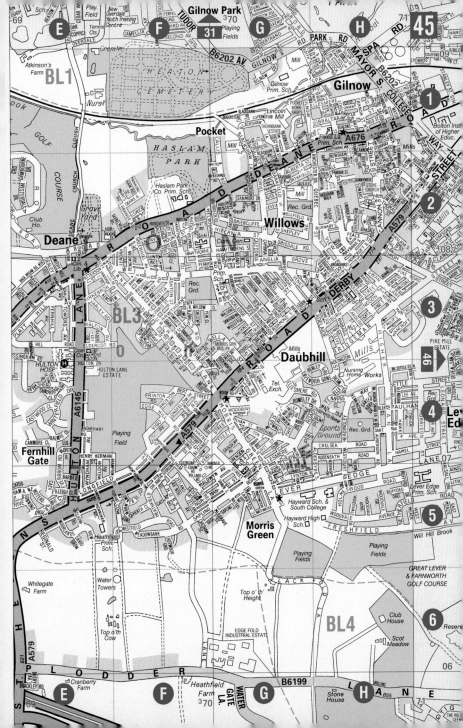

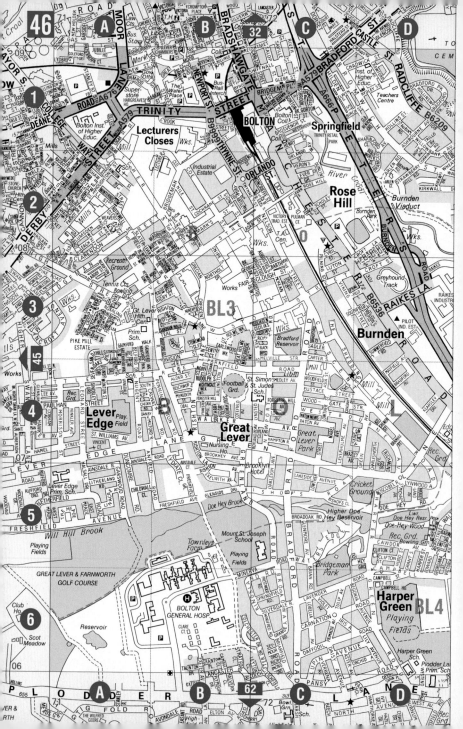

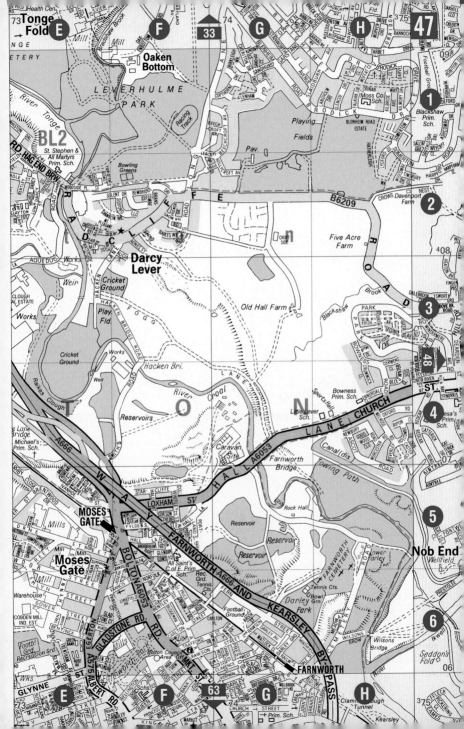

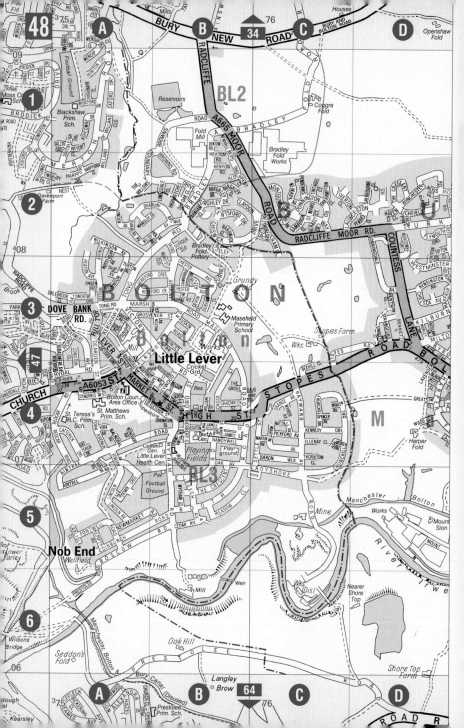

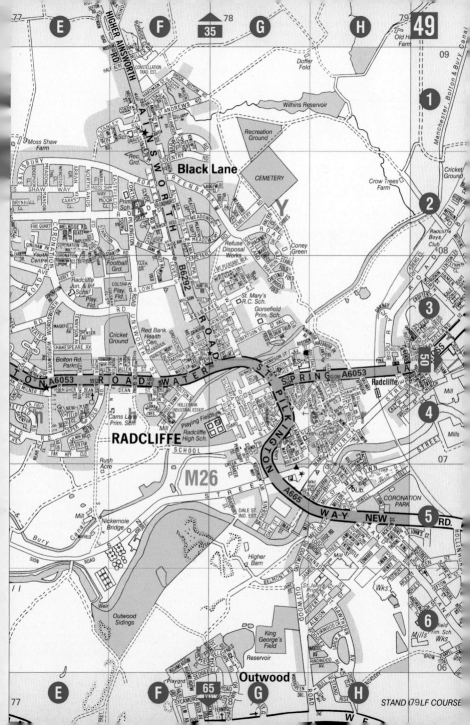

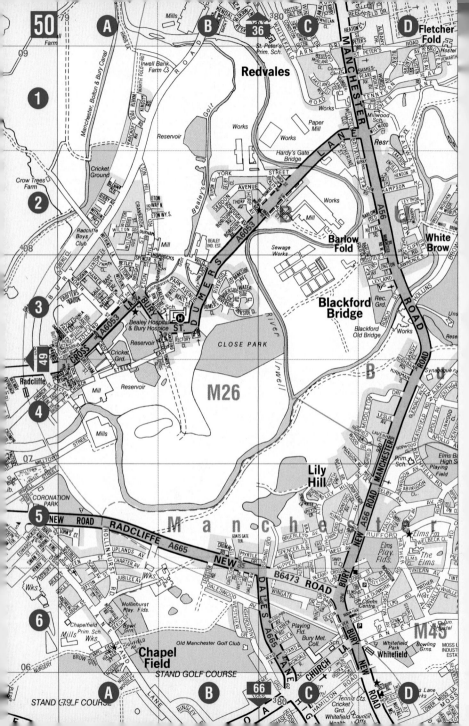

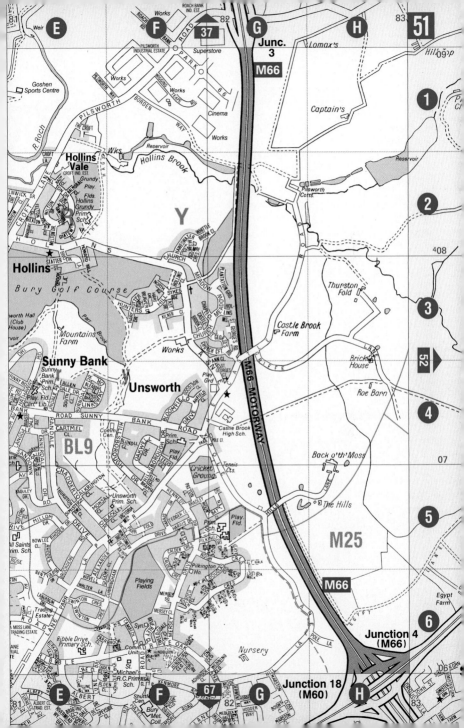

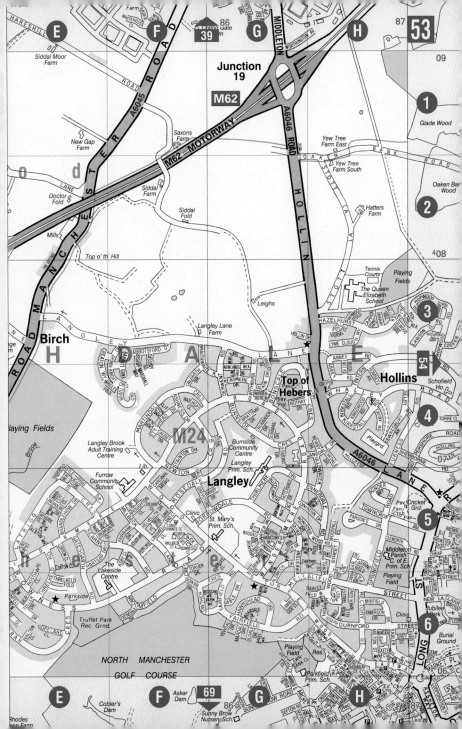

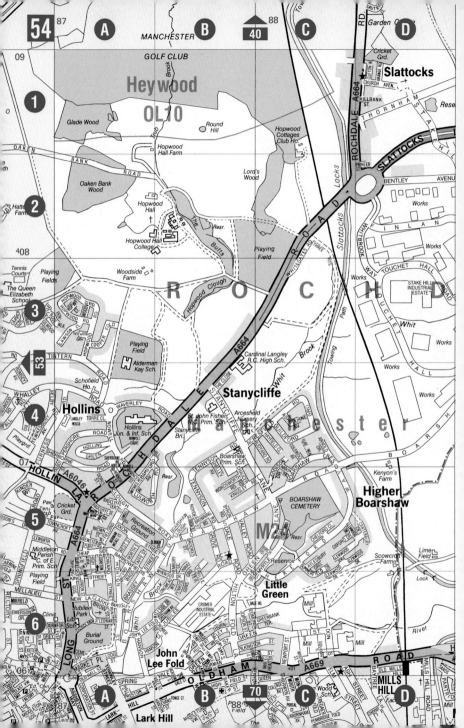

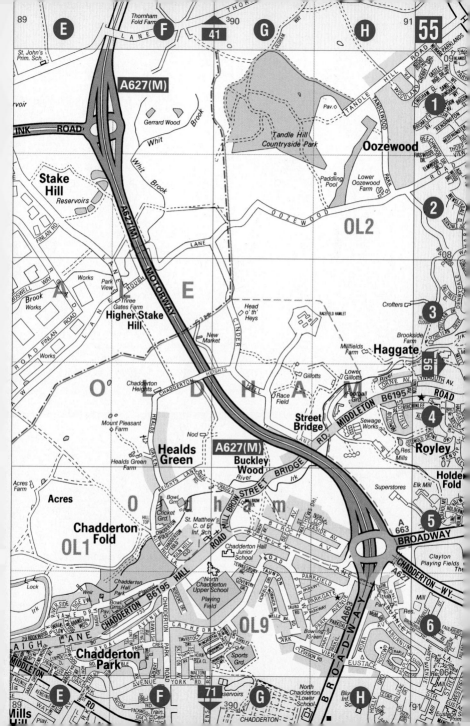

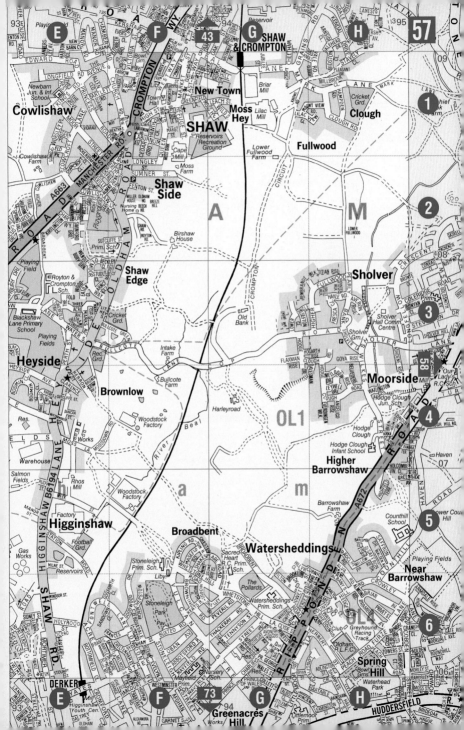

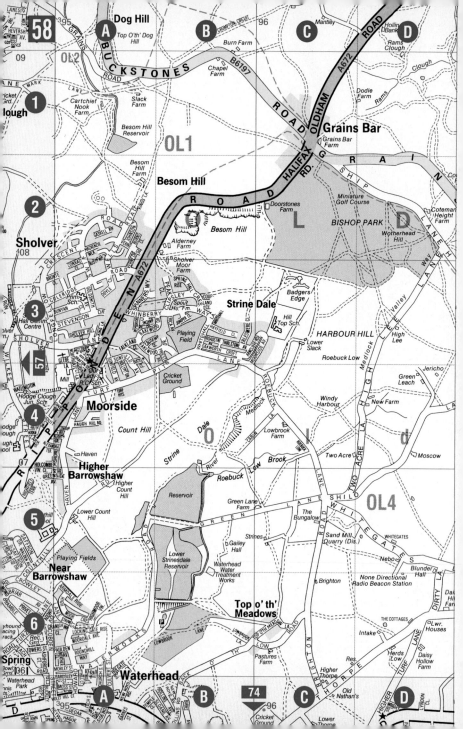

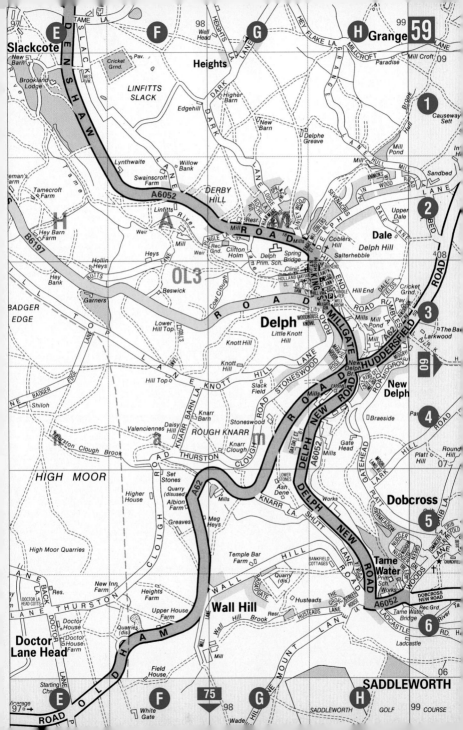

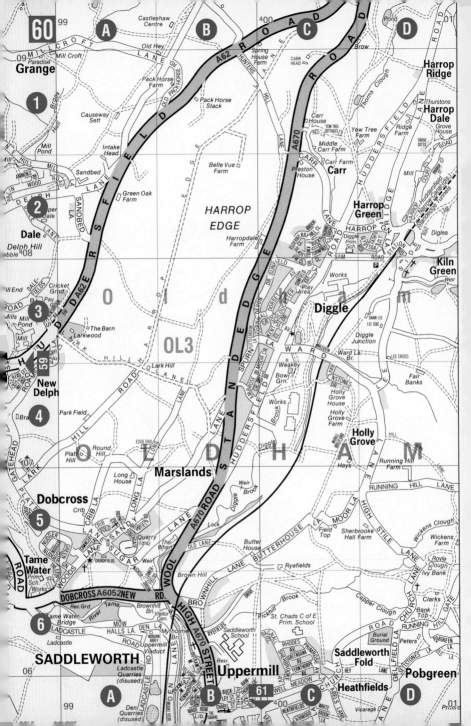

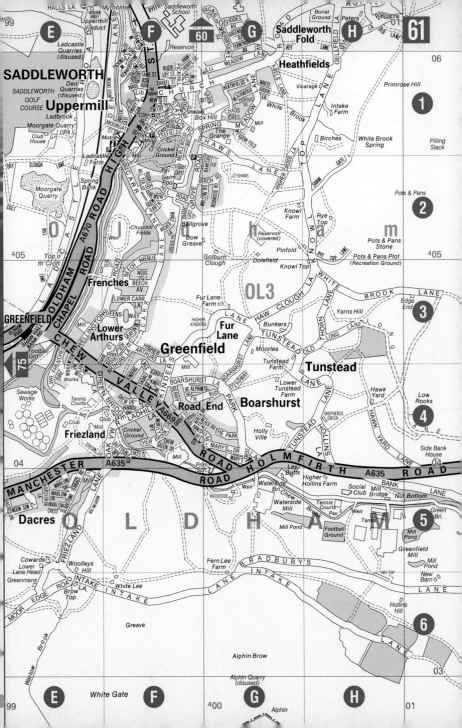

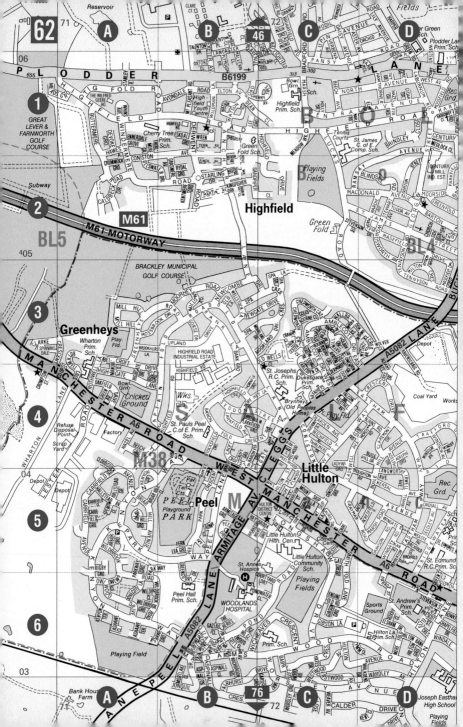

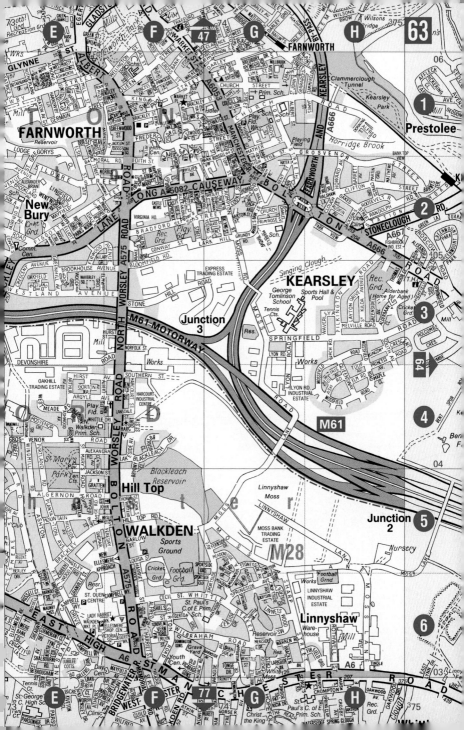

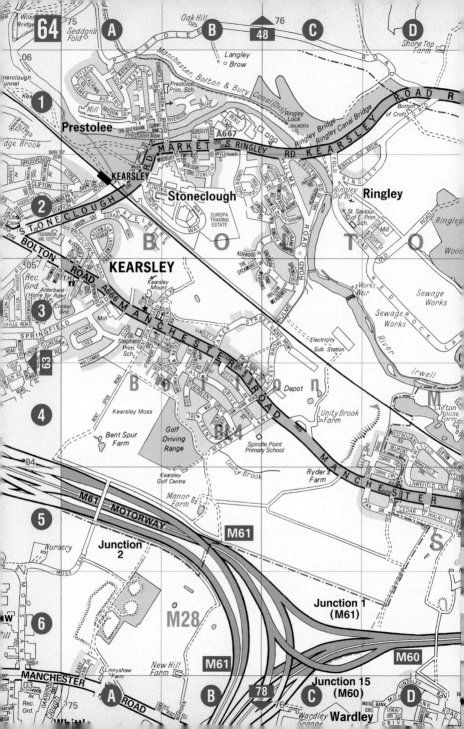

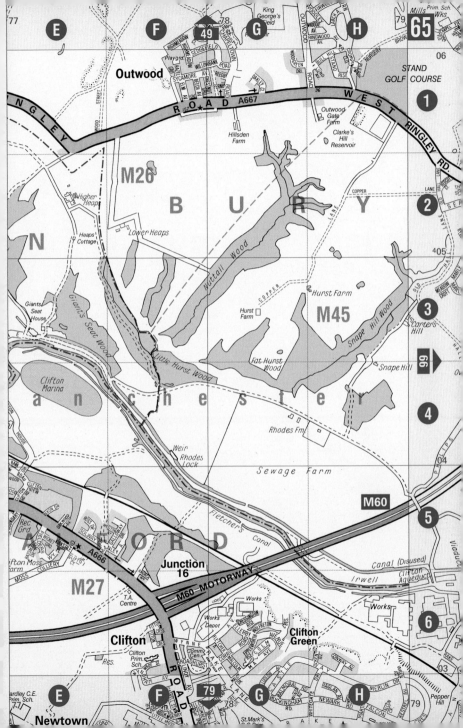

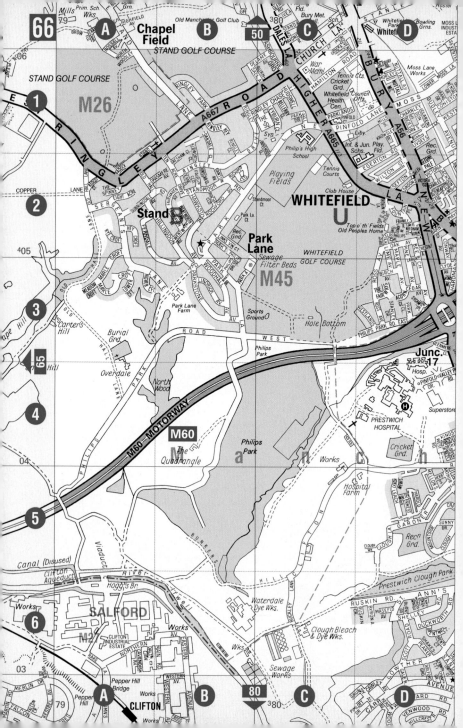

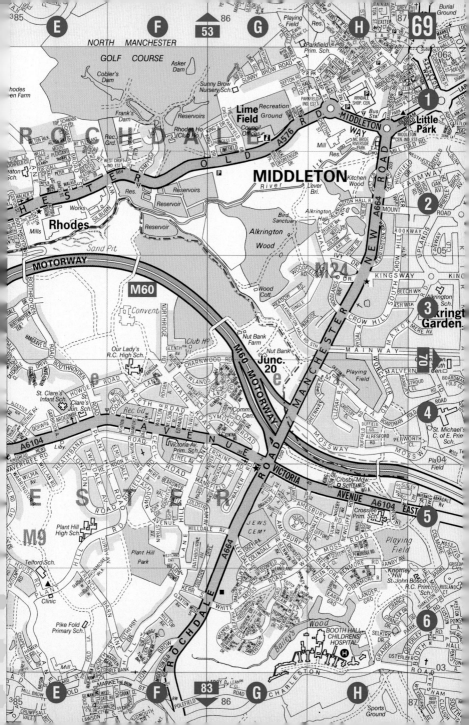

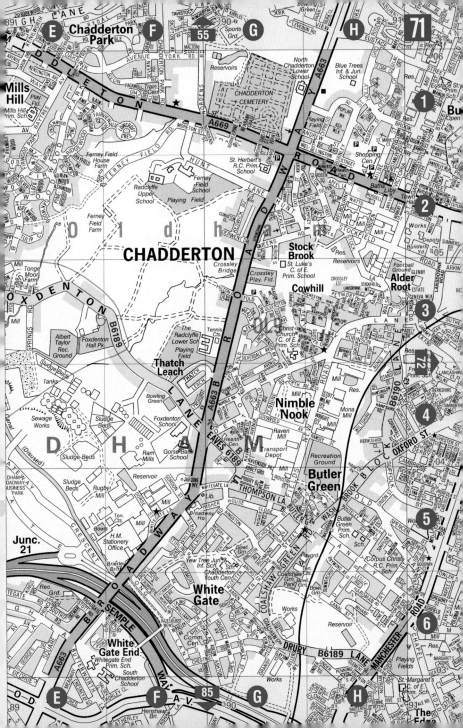

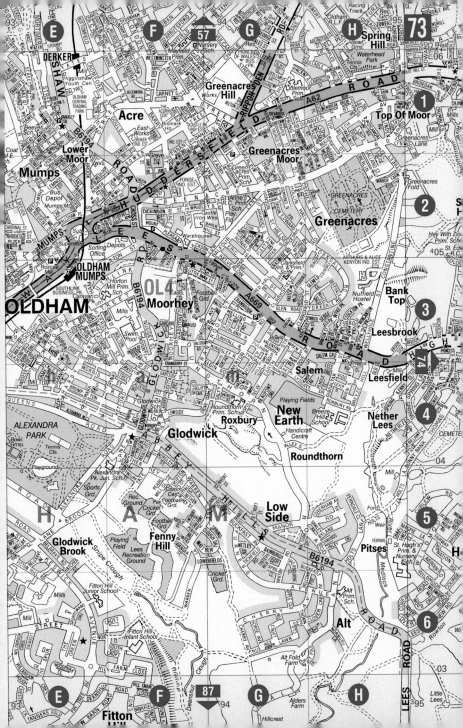

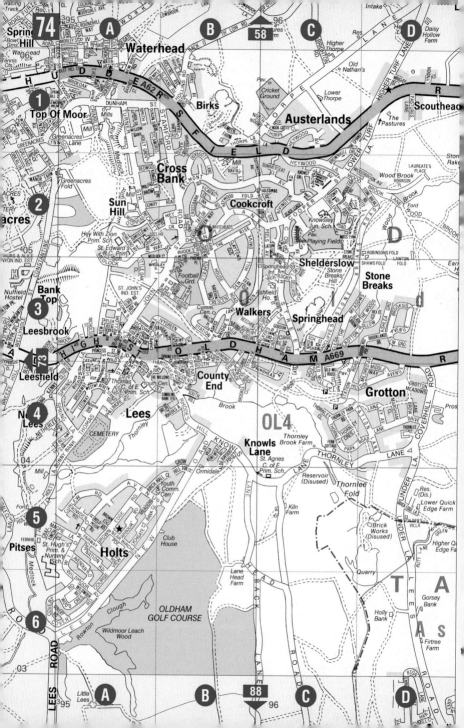

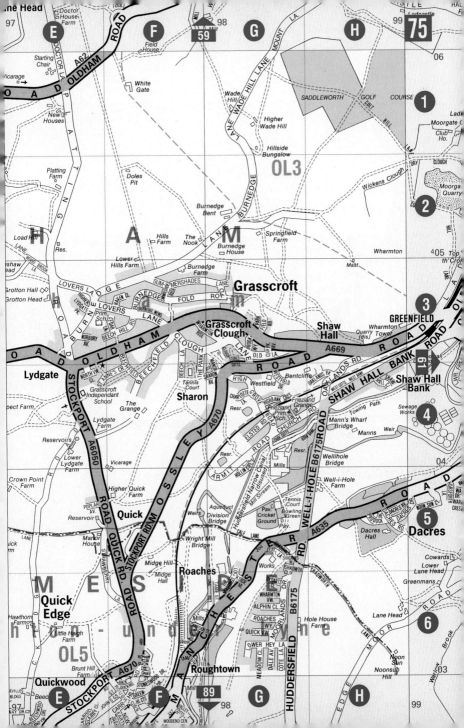

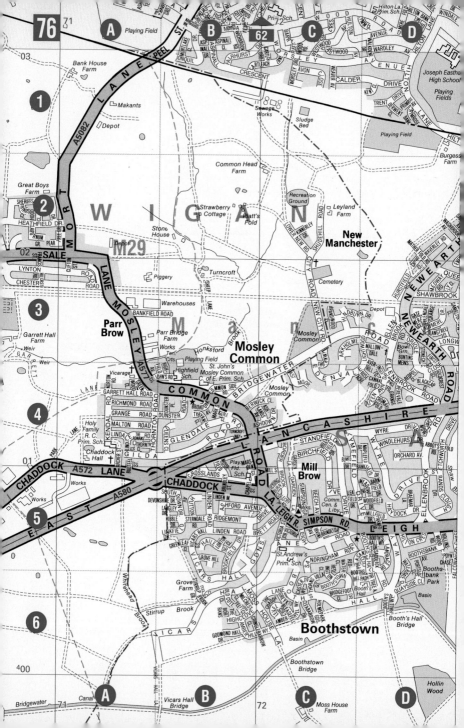

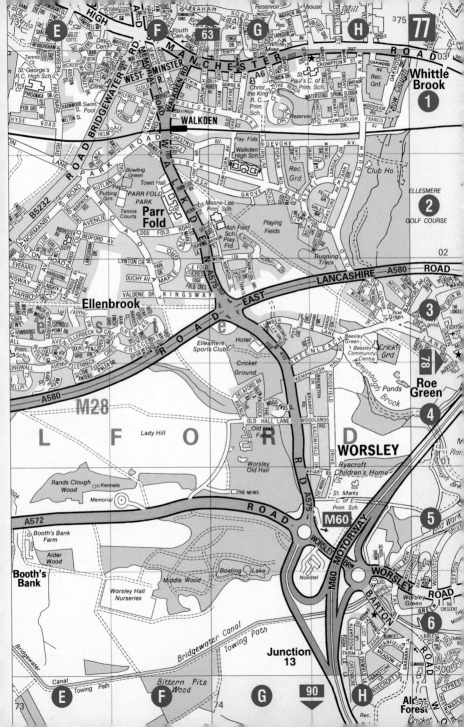

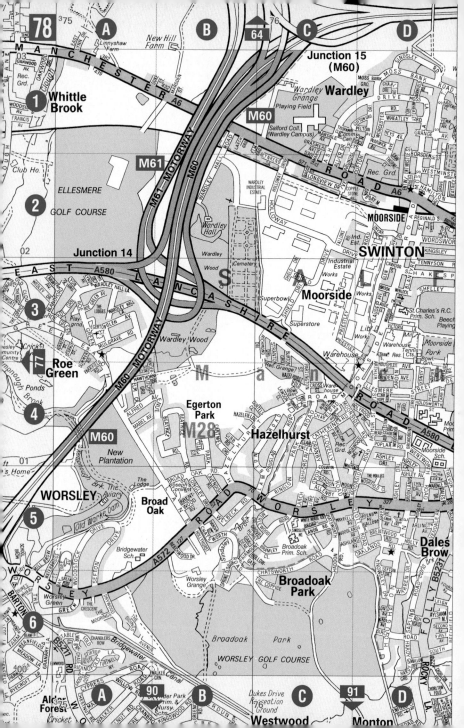

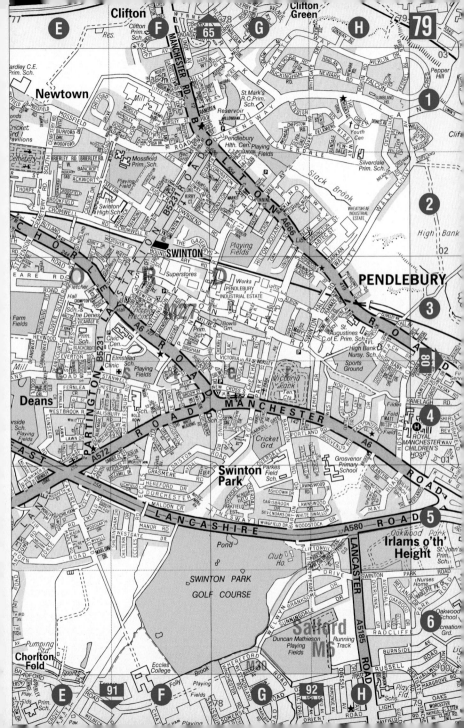

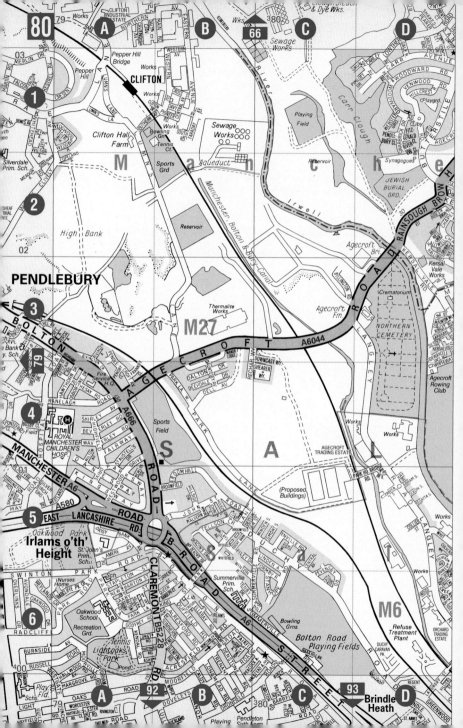

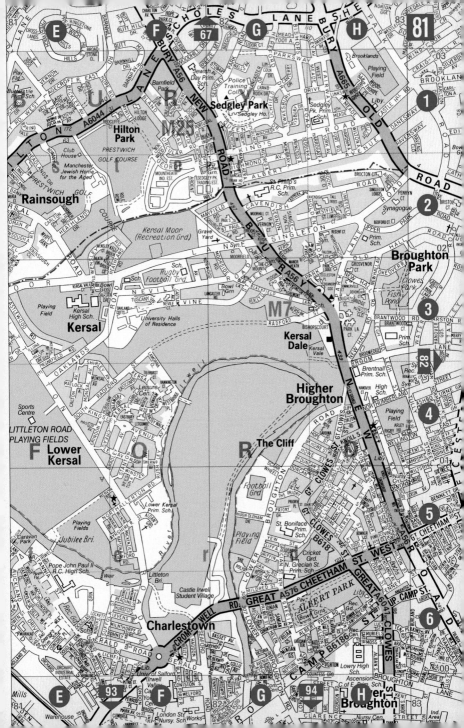

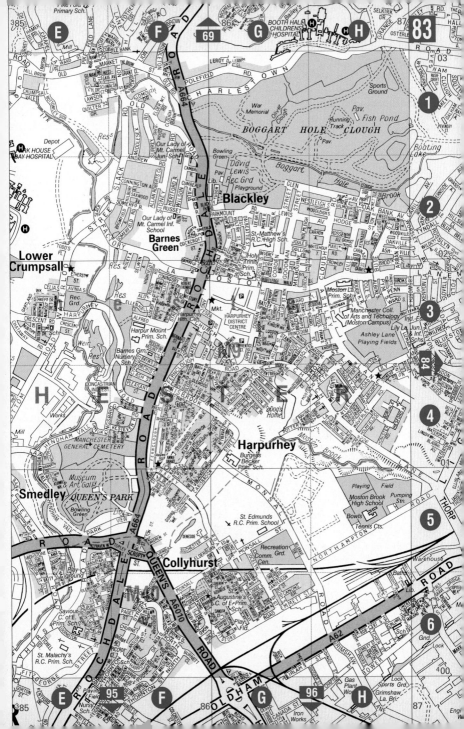

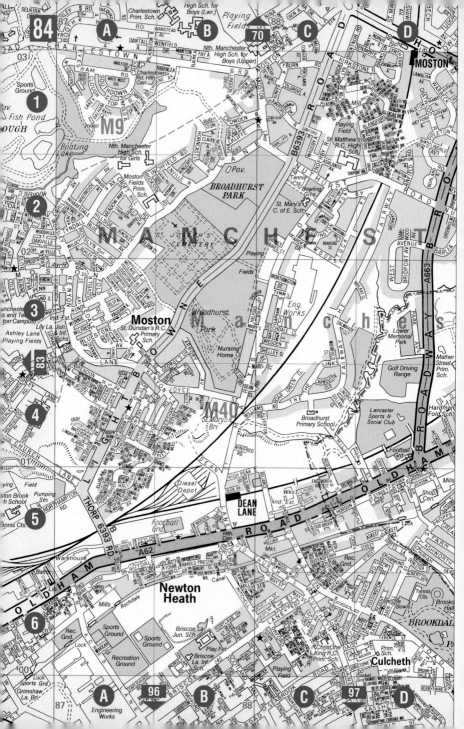

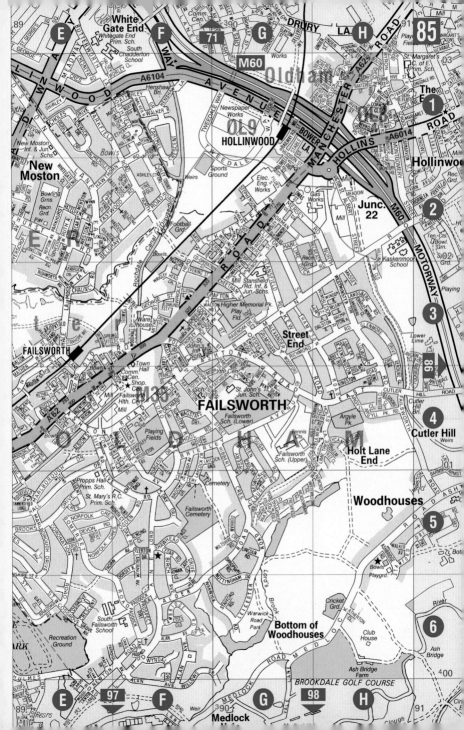

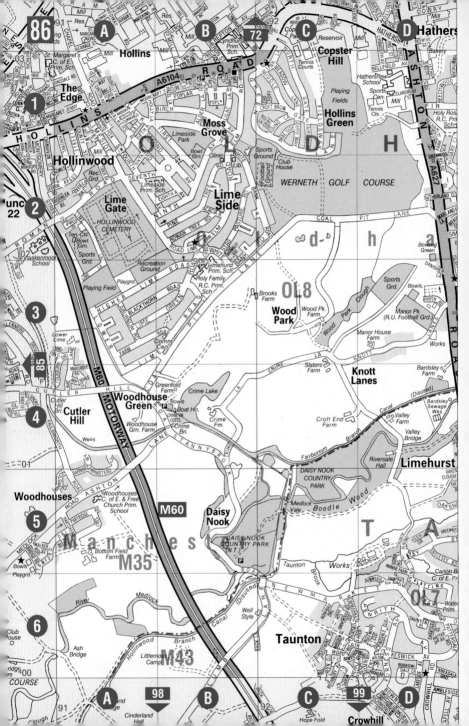

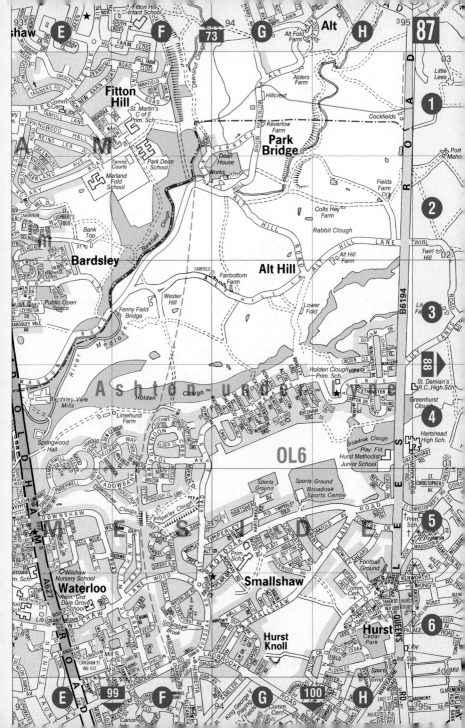

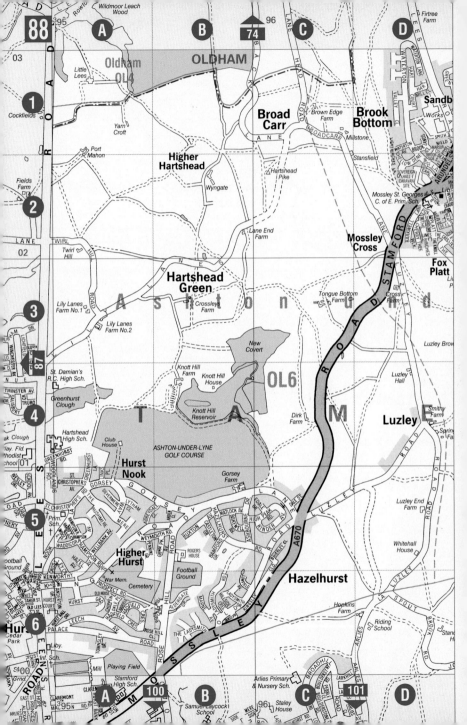

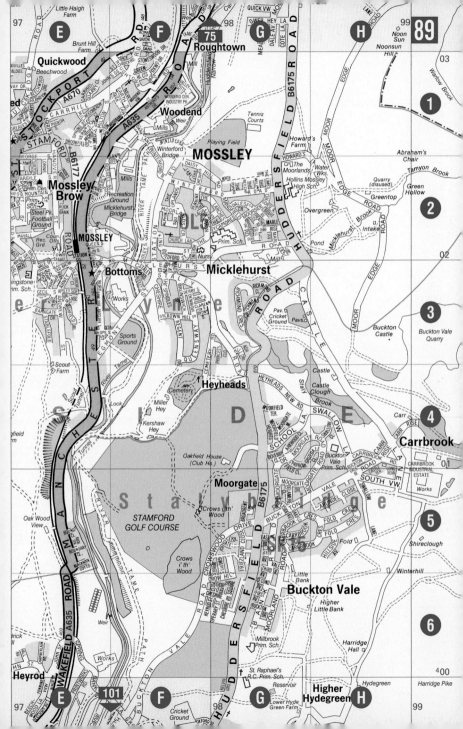

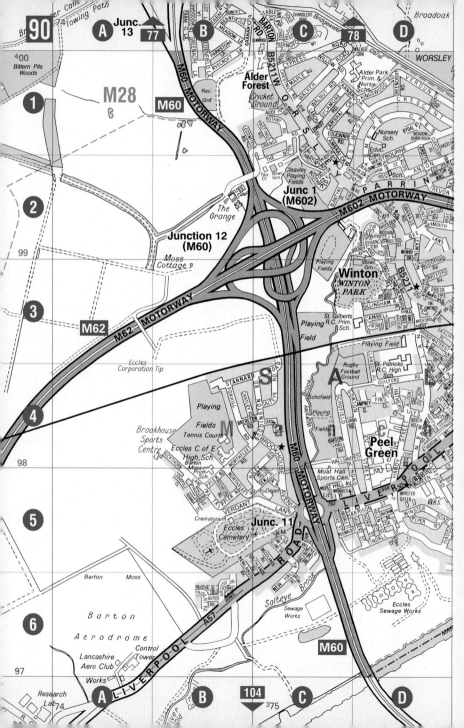

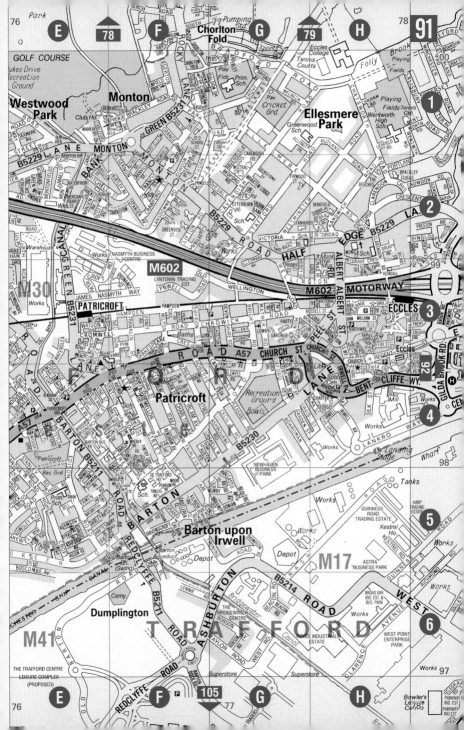

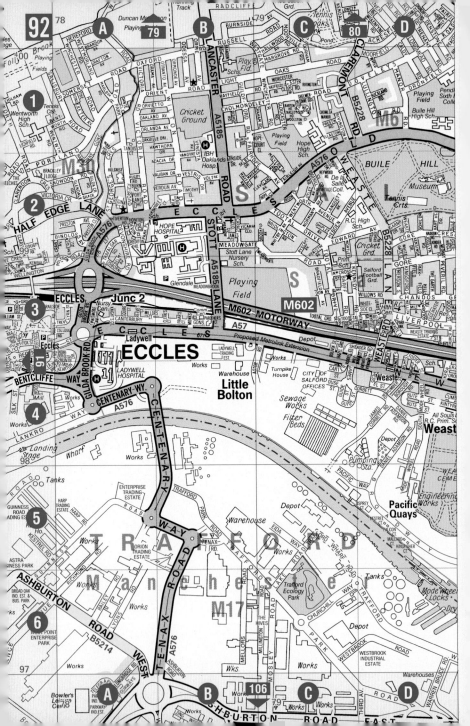

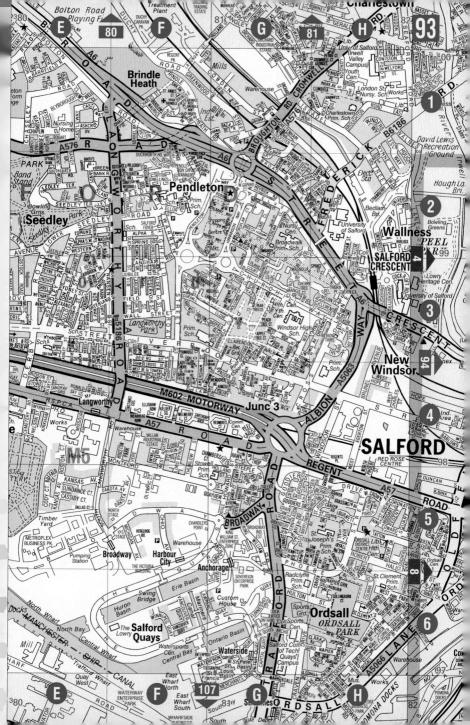

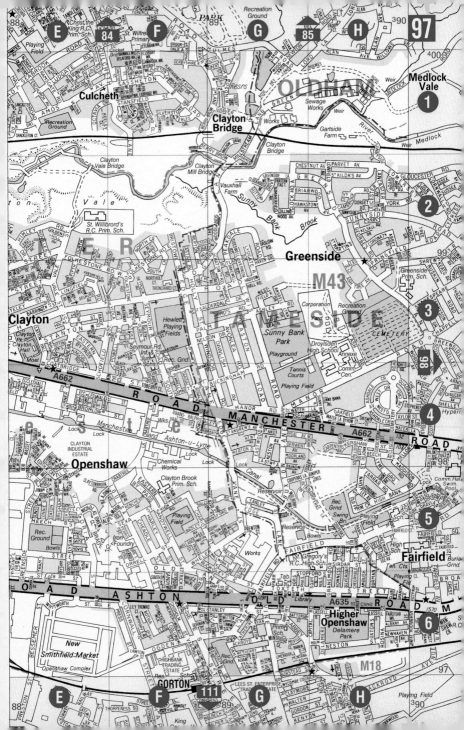

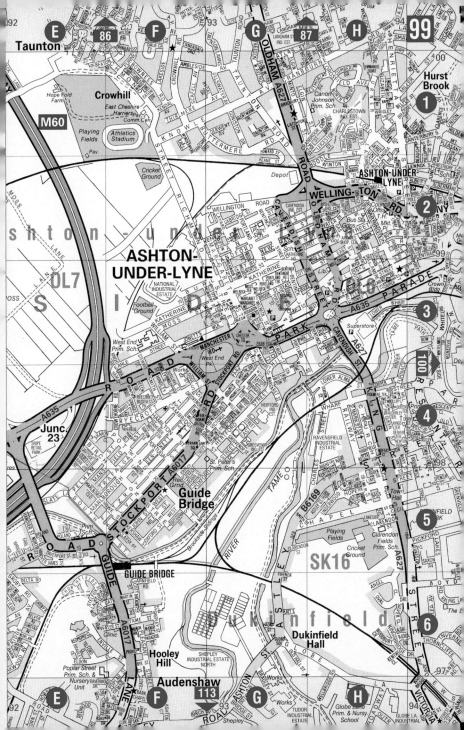

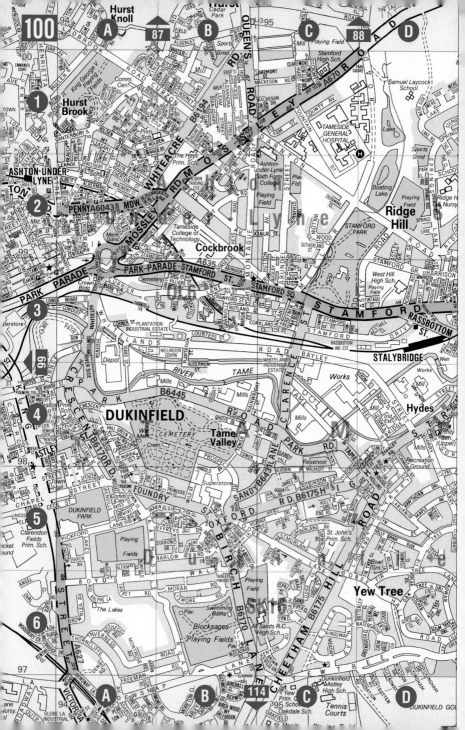

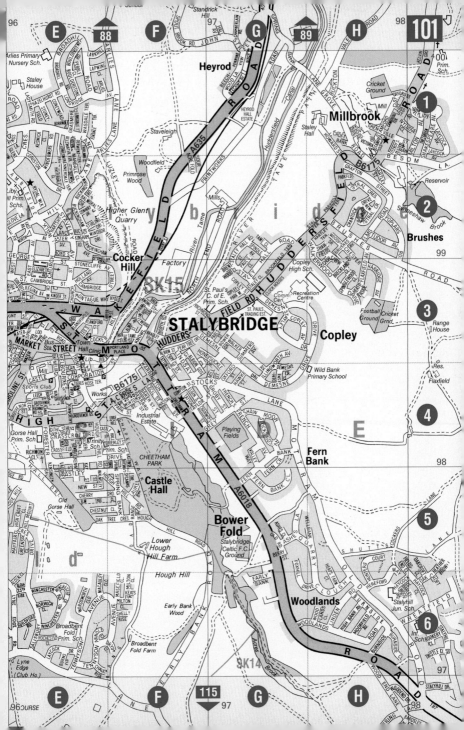

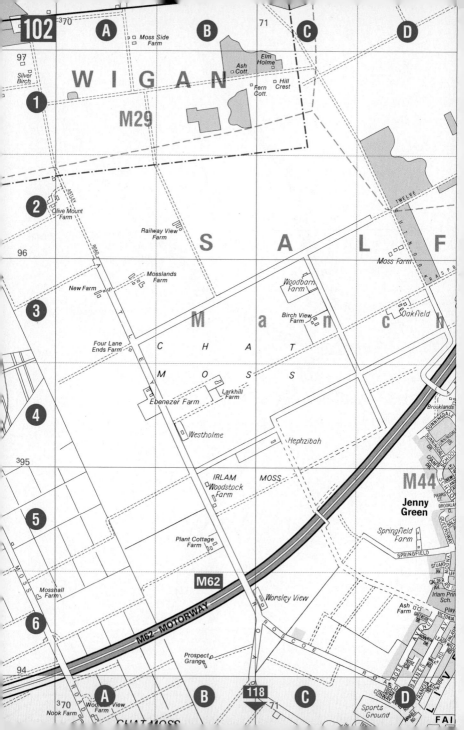

102

370

A B 71 C D

97

Silver
Birch

Moss Side
Farm

Elm
Holme

Ash
Cott.

Fern
Cott.

Hill
Crest

1

W I G A N

M29

TWELVE

2

Olive Mount
Farm

ASTLEY

Railway View
Farm

S A L F

96

Moss Farm

RASB

Mosslands
Farm

New Farm

Woodbarn
Farm

M a n c h

3

Birch View
Farm

Oakfield

Four Lane
Ends Farm

C H A T

Ebenezer Farm

Larkhill
Farm

4

Westholme

Hephzibah

Brooklands

SUNNINGDALE

M O S S

395

IRLAM   MOSS

M44

Woodstock
Farm

**Jenny
Green**

5

Springfield
Farm

Plant Cottage
Farm

SPRINGFIELD

Irlam Prim
Sch.

M62

6

Mosshall
Farm

Worsley View

Ash
Farm

M62 MOTORWAY

ROSCOE

94

Prospect
Grange

Sports
Ground

370

A B 118 71 C D

Woodside
View
Farm

Nook Farm

CHAT MOSS

FAI

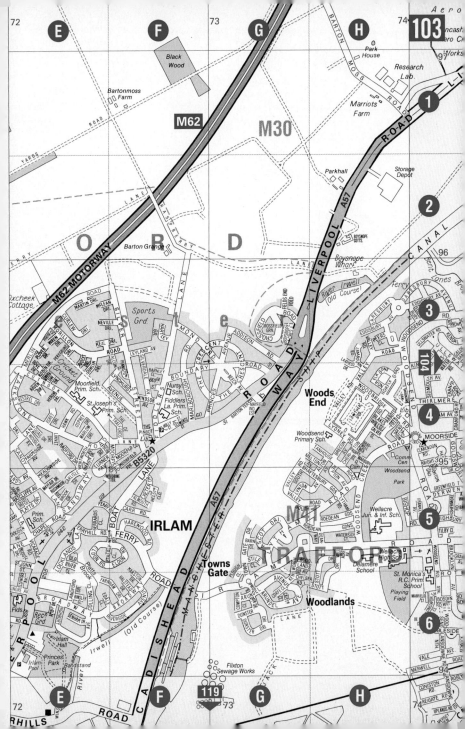

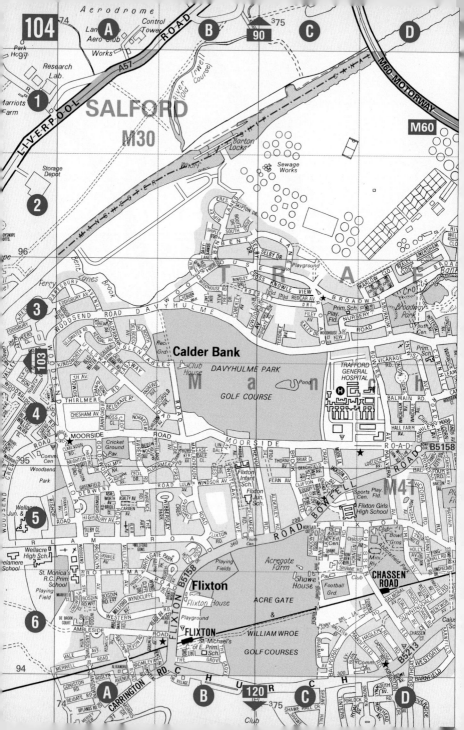

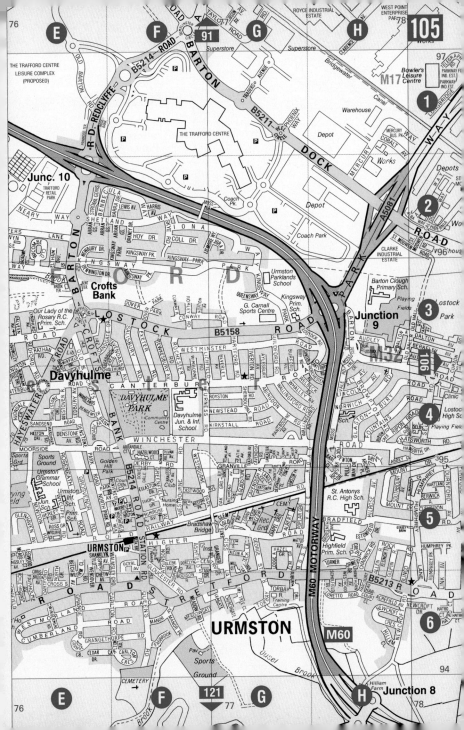

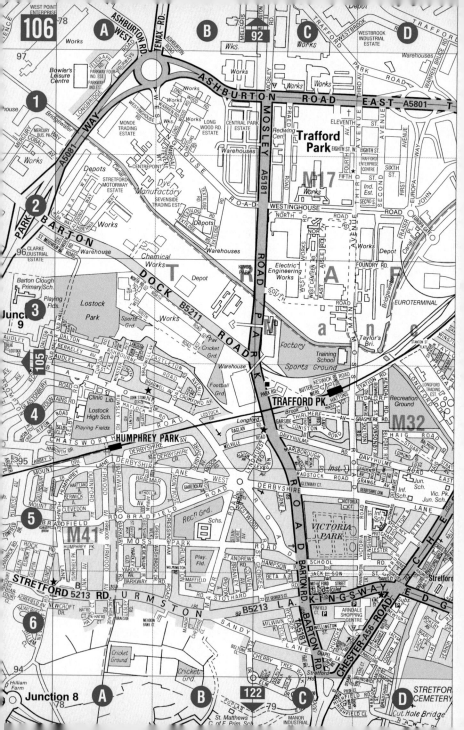

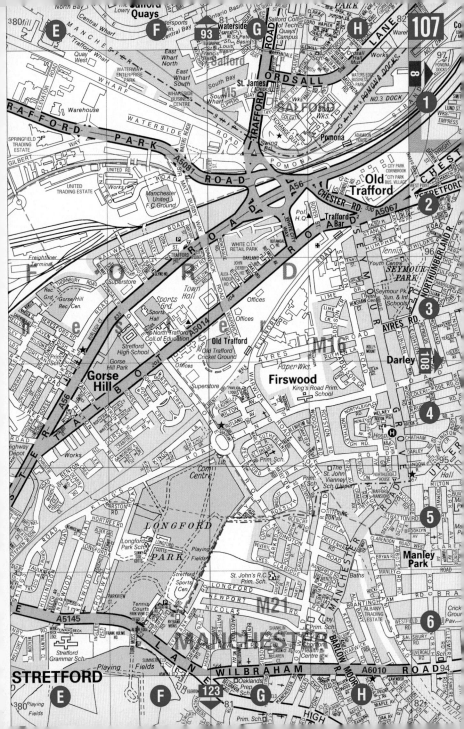

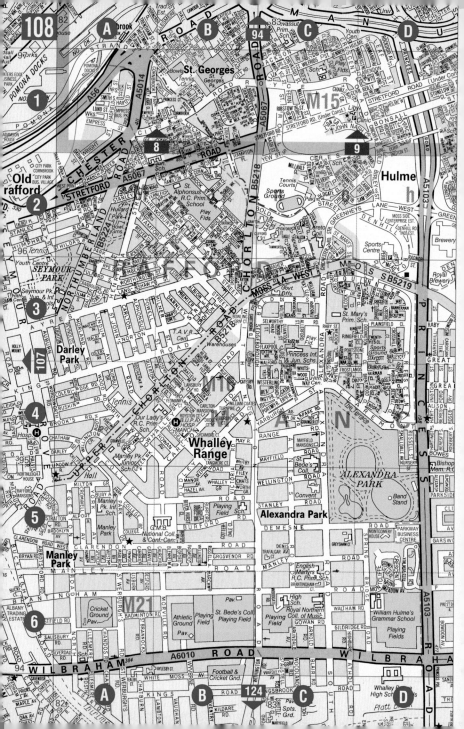

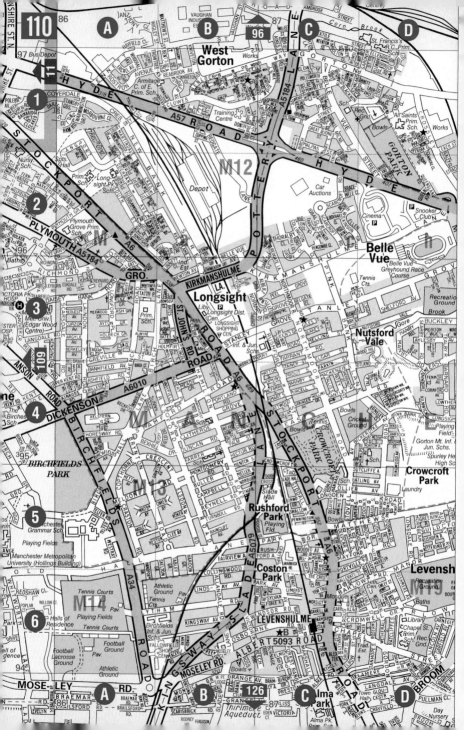

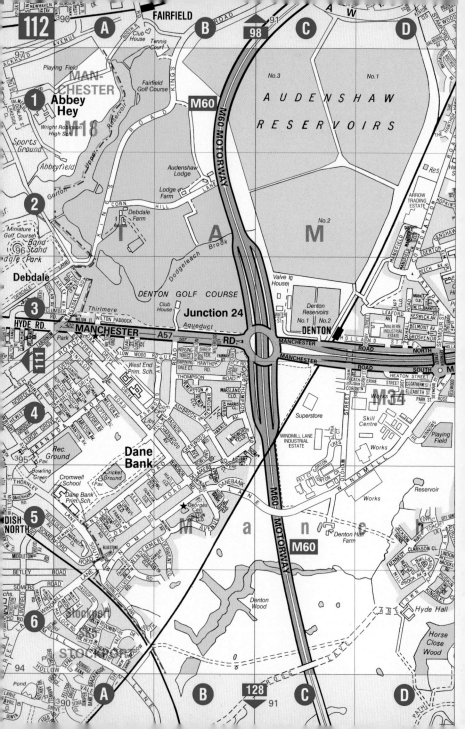

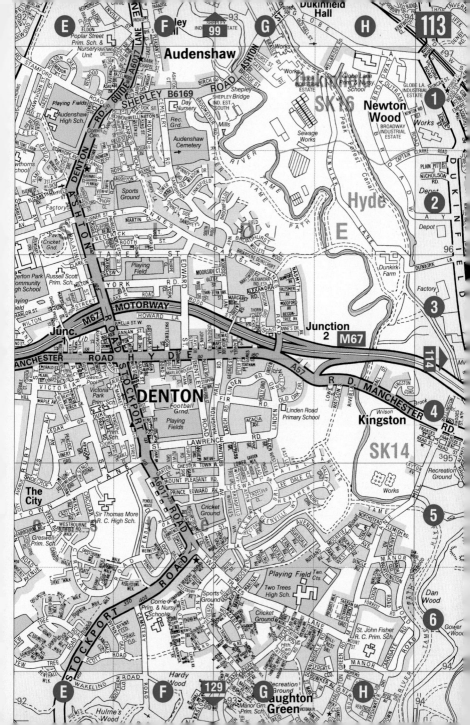

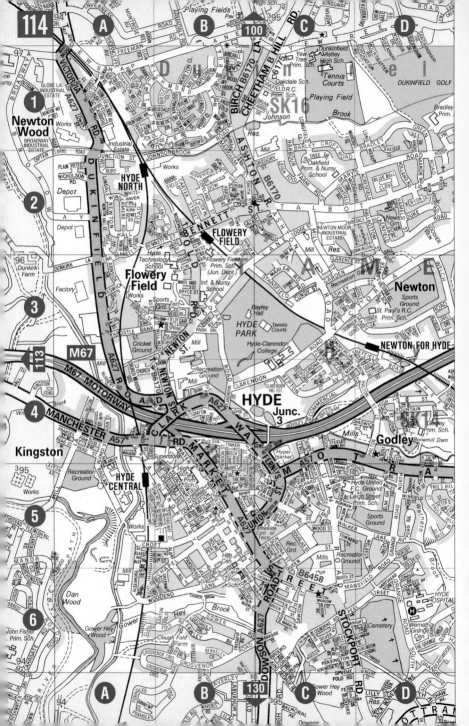

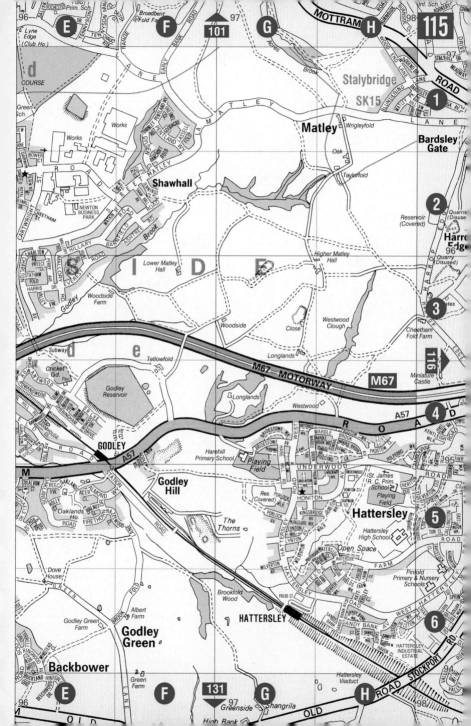

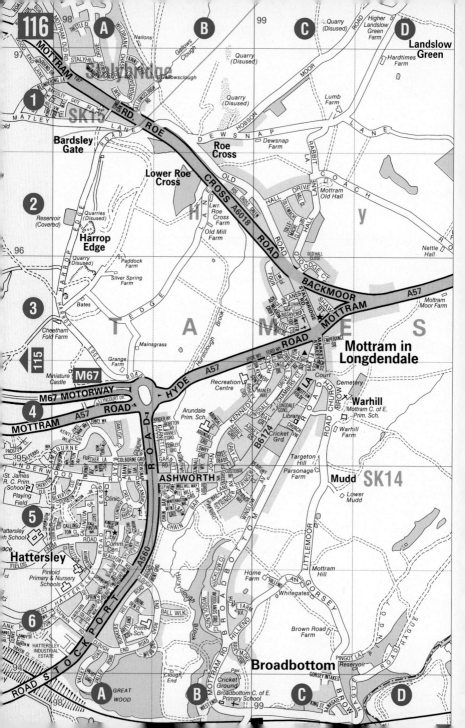

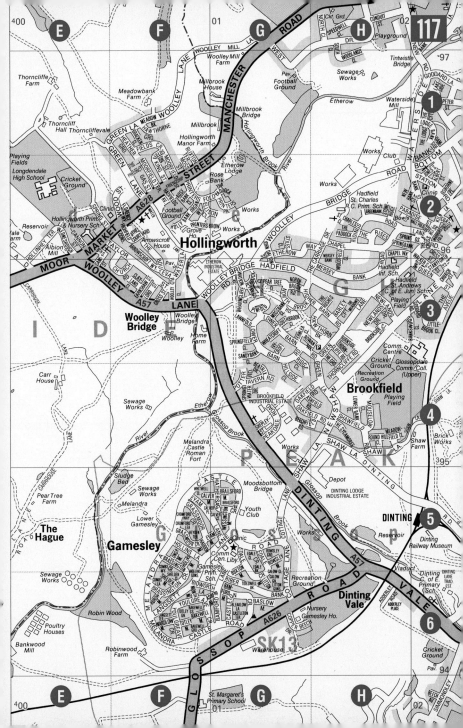

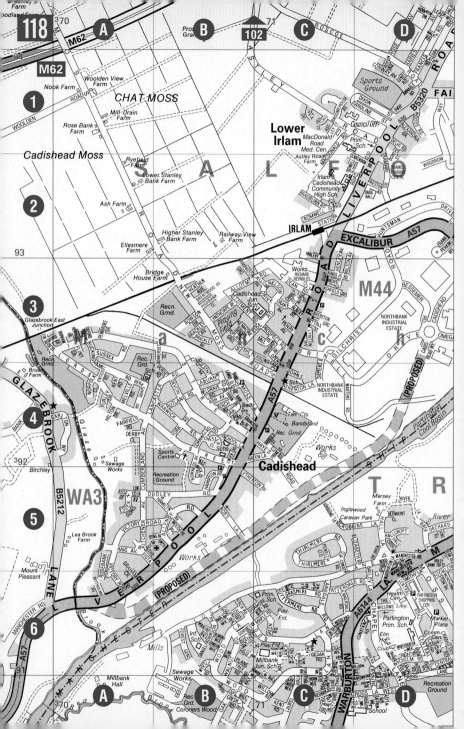

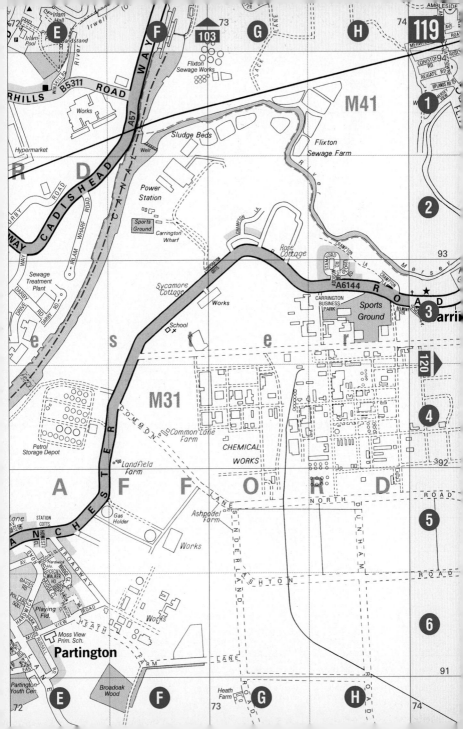

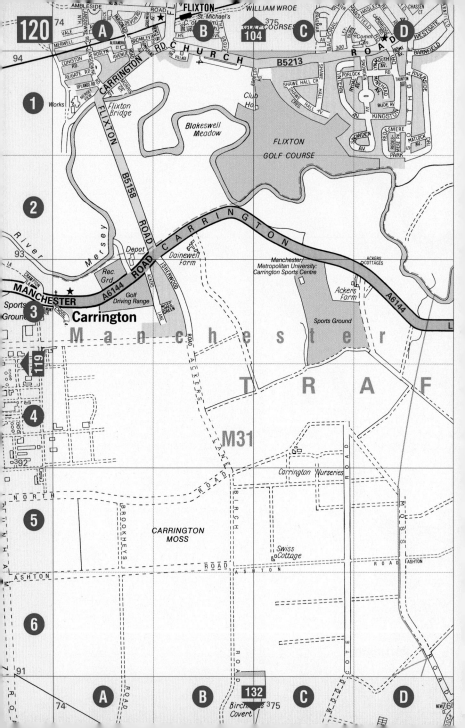

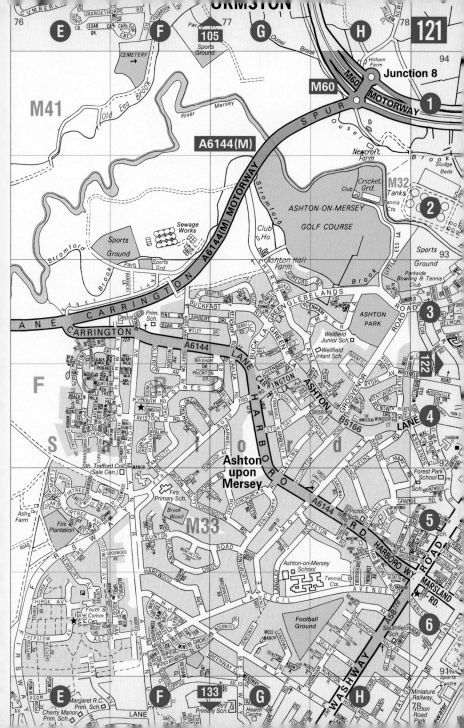

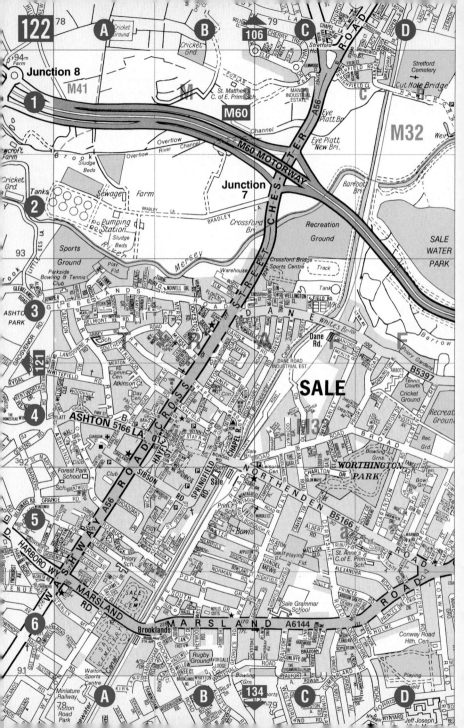

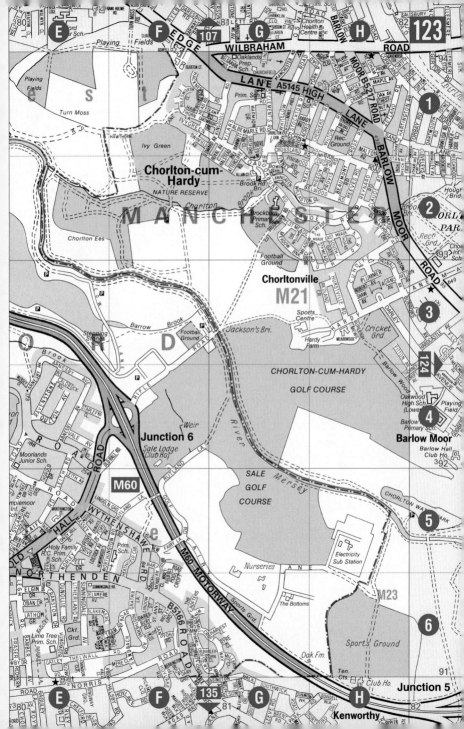

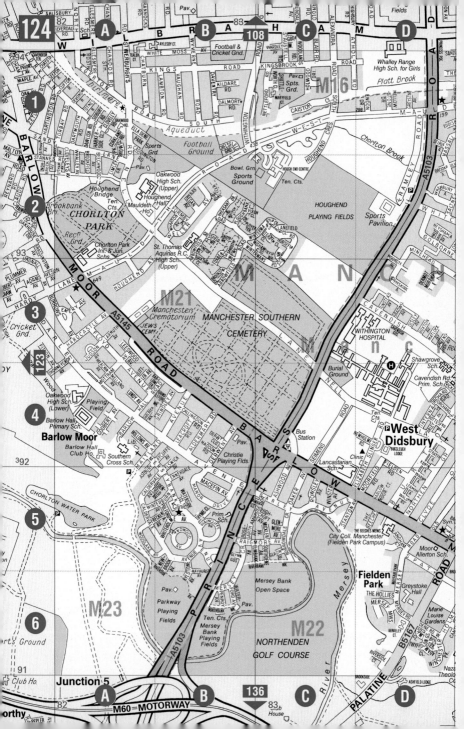

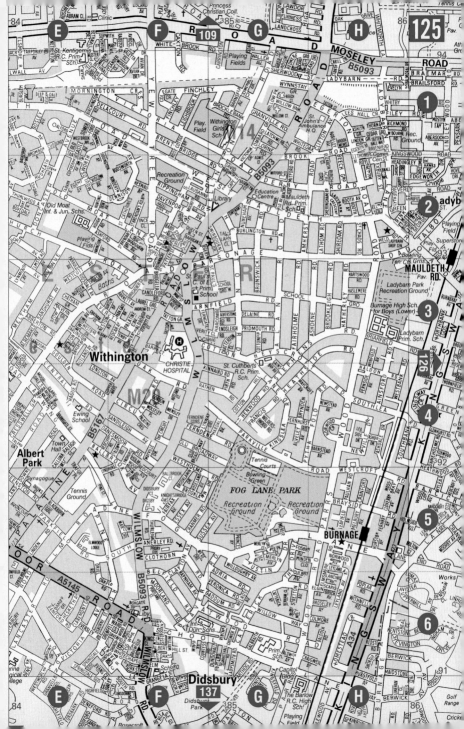

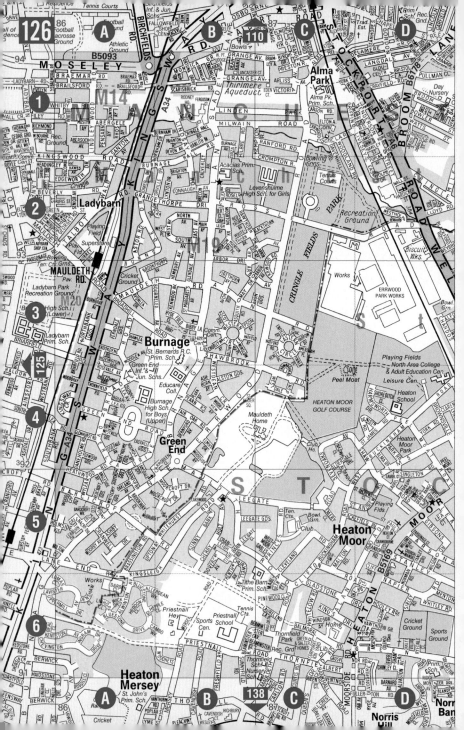

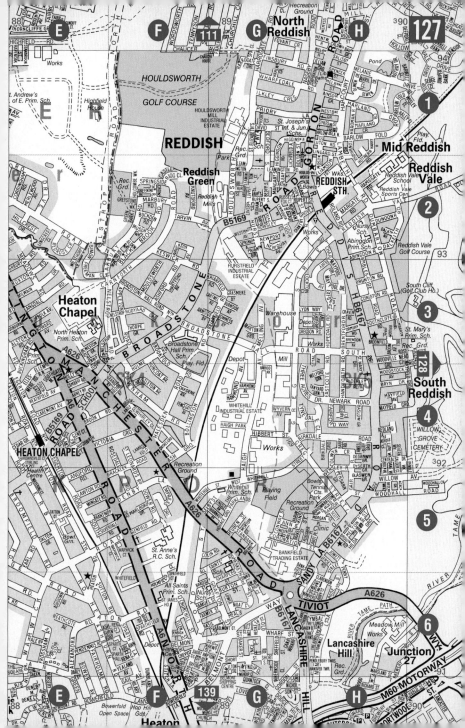

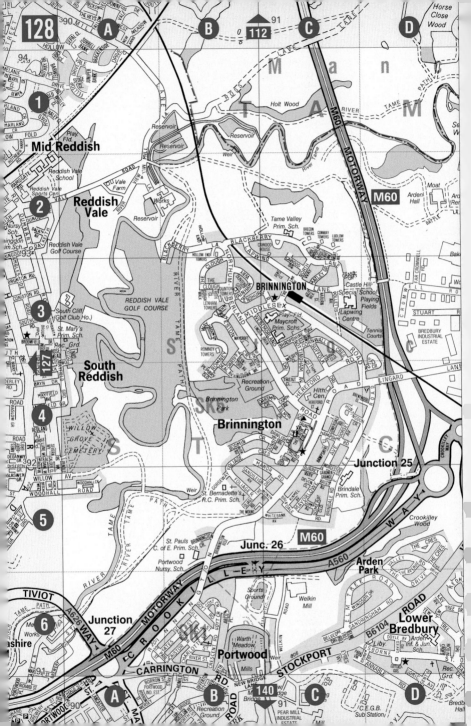

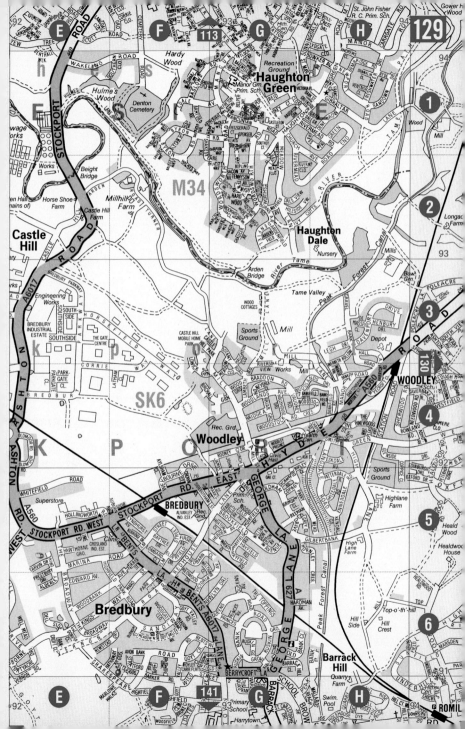

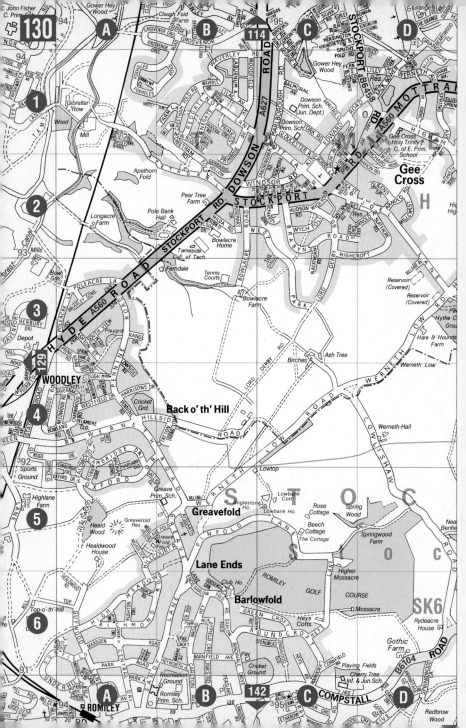

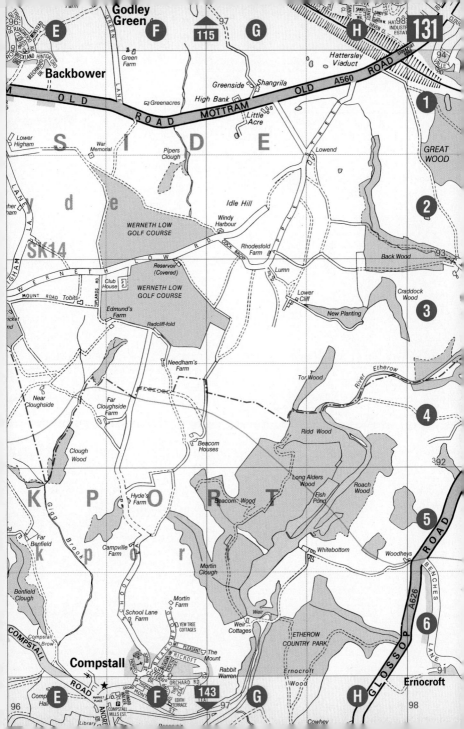

E Godley Green **F** ▲ 97 **G** **H** 131

115

94

Backbower

Hattersley Viaduct

OLD ROAD MOTTRAM OLD A560 ROAD

Greenside Shangrila
Greenacres High Bank
Little Acre
Lowend

1

Lower Higham

S I D E

GREAT WOOD

War Memorial

Pipers Clough

Idle Hill

Windy Harbour

2

y d e

WERNETH LOW GOLF COURSE

Rhodesfold Farm

Back Wood

93

SK14

Reservoir (Covered)

Lumn

Club House

WERNETH LOW GOLF COURSE

Lower Cliff

Craddock Wood

MOUNT ROAD Tobits

Edmund's Farm

New Planting

3

Radcliff-fold

Needham's Farm

Tor Wood

River Etherow

Near Cloughside

Far Cloughside Farm

Ridd Wood

4

392

Clough Wood

Beacom Houses

Long Alders Wood

Roach Wood

K **P** **O** **R** **T**

Hyde's Farm

Beacom Wood

Fish Pond

5

Far Benfield

Campville Farm

Whitebottom

Woodheys

k p r

Mortin Clough

Benfield Clough

Mortin Farm

Weir

6

91

COMPSTALL

School Lane Farm

YEW TREE COTTAGES

Weir Cottages

ETHEROW COUNTRY PARK

A626 GLOSSOP ROAD BENCHES LANE

Compstall Brow

The Mount

Ernocroft

Compstall

RICROFT

Rabbit Warren

Ernocroft Wood

Ernocroft

Compstall Hall

MARKET PLACE

ORCHARD RD

EDITH TERRACE

143

E 96 **F** 97 **G** **H** 98

Library

Cowhey

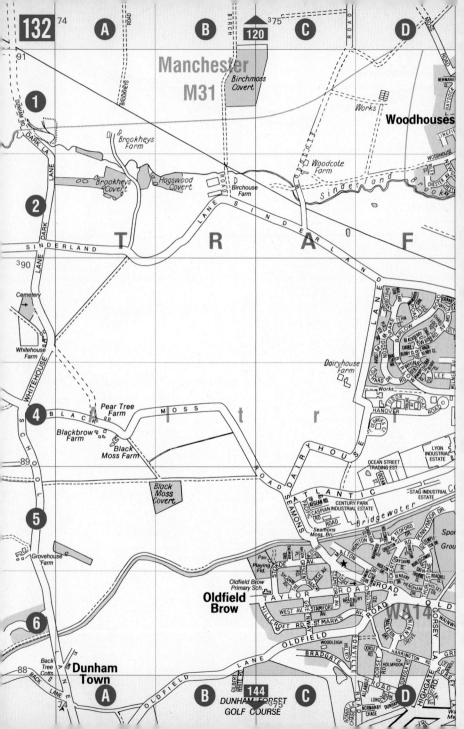

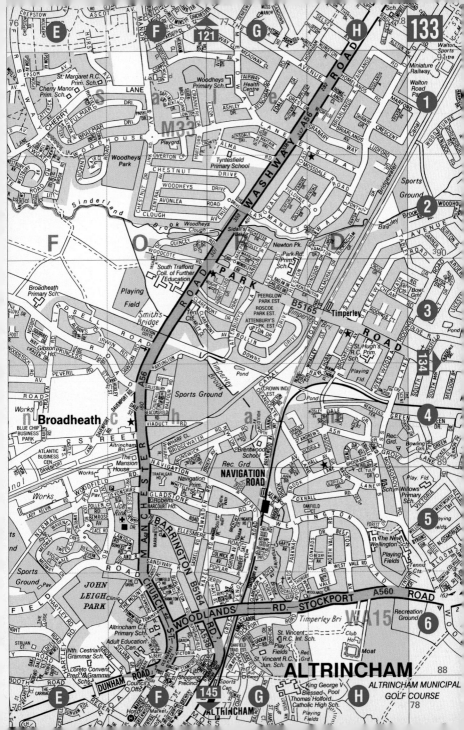

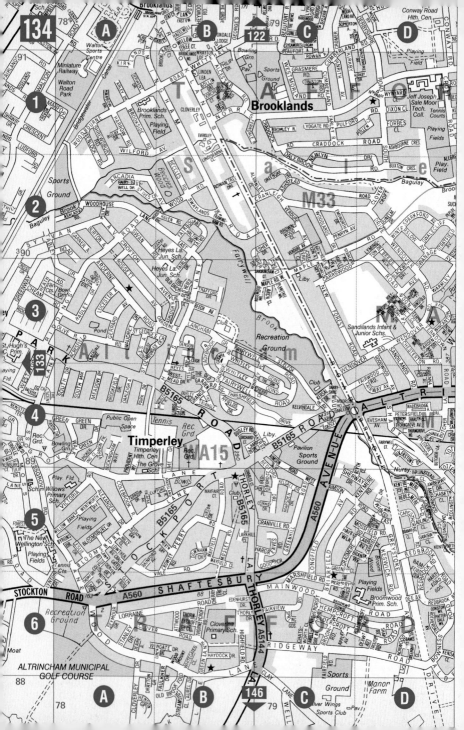

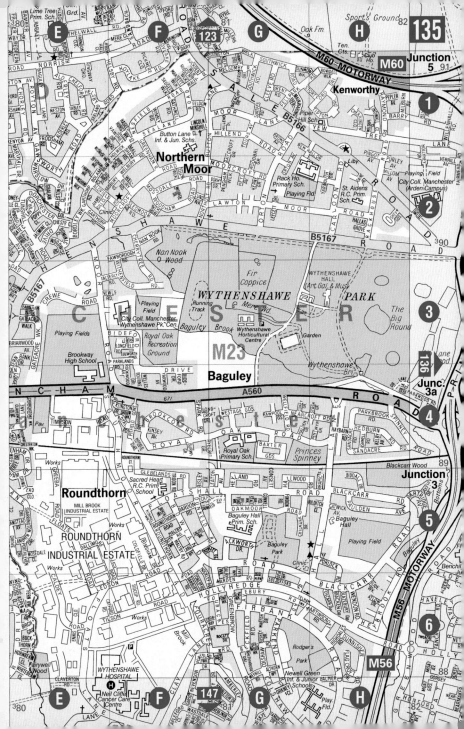

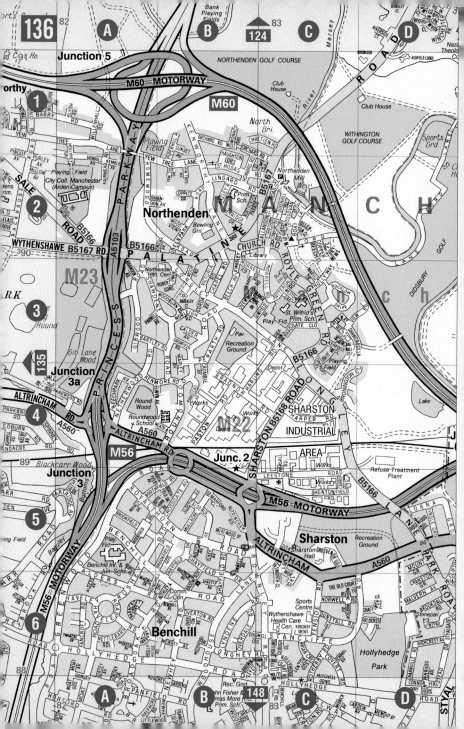

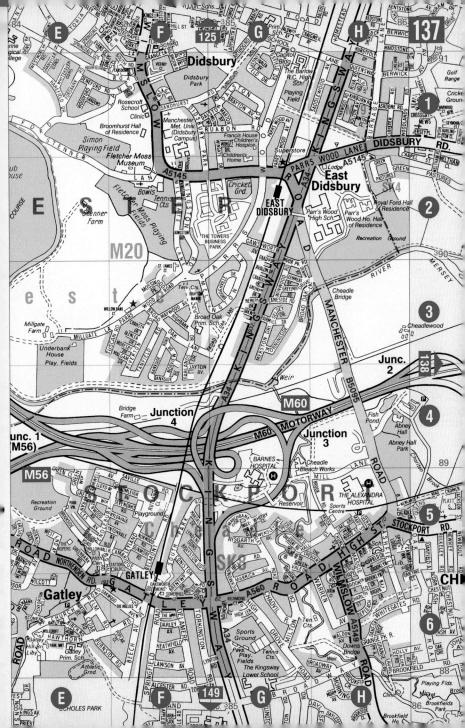

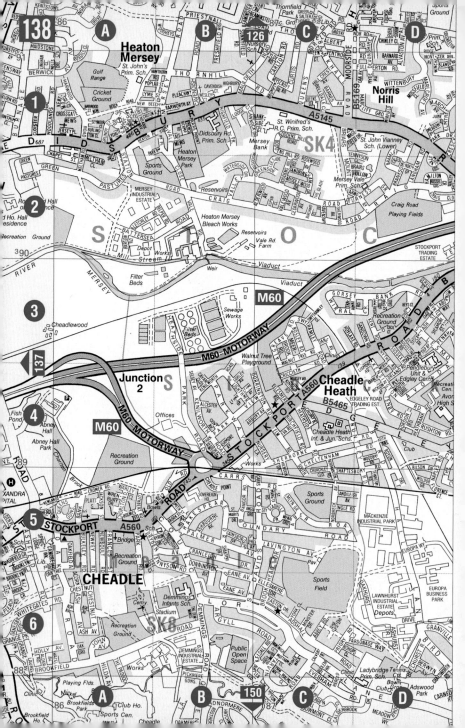

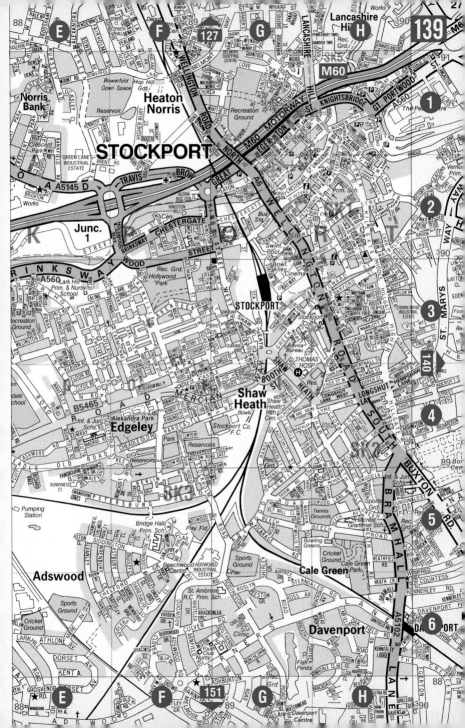

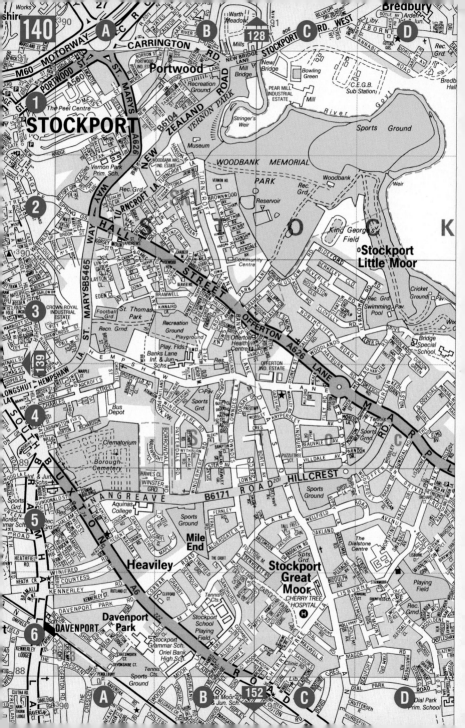

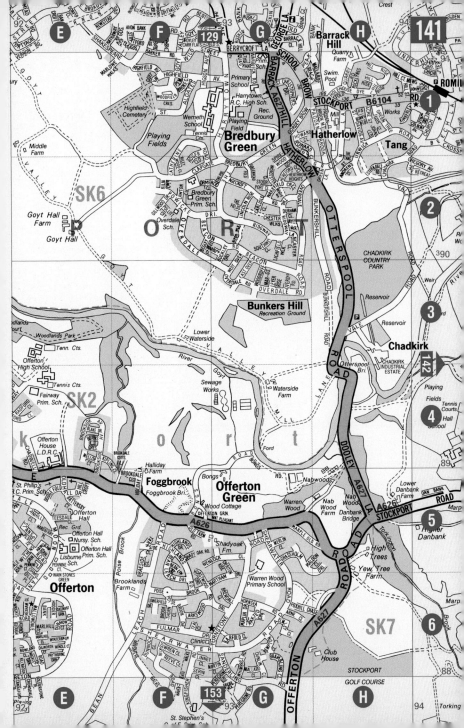

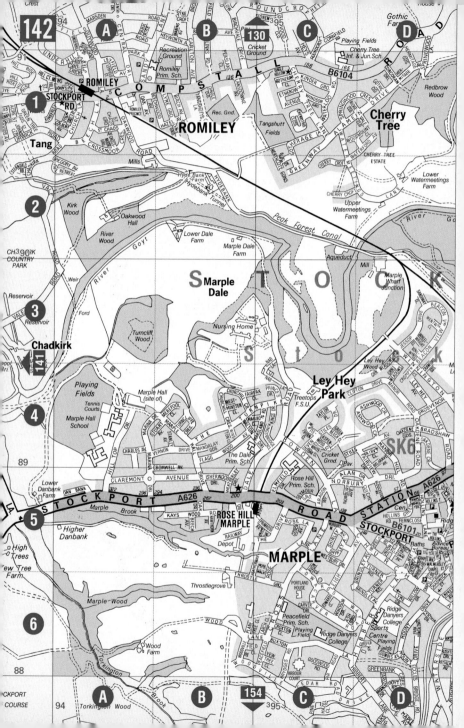

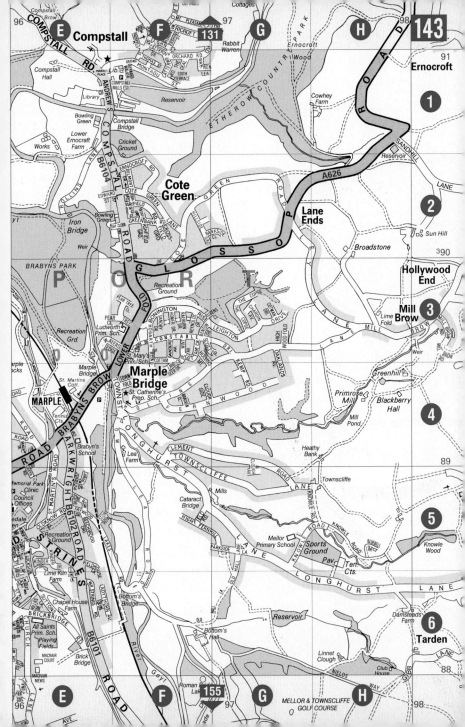

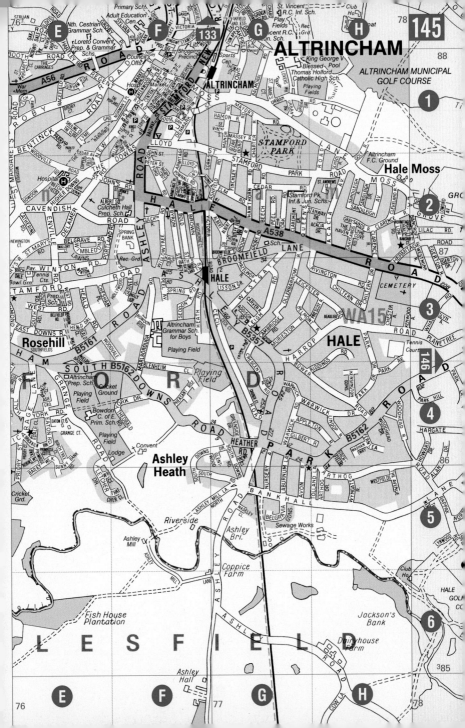

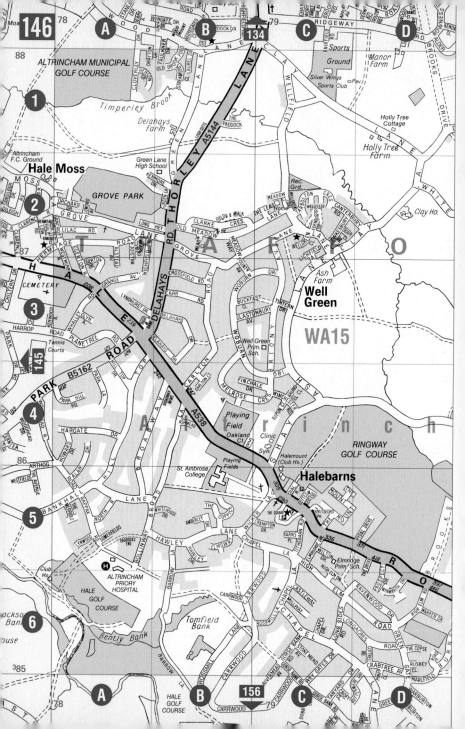

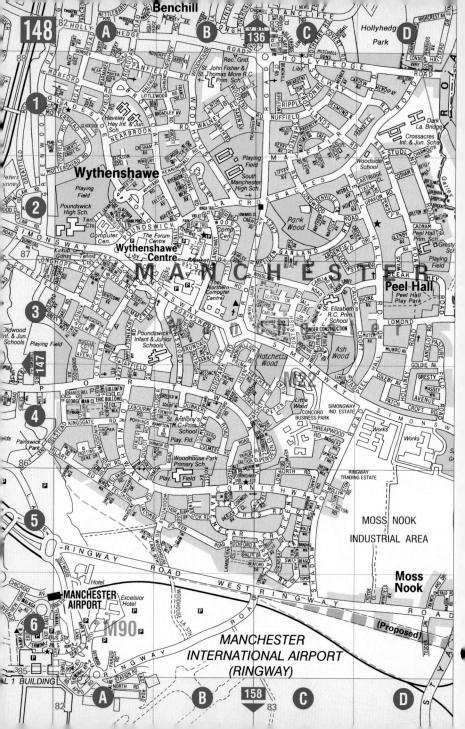

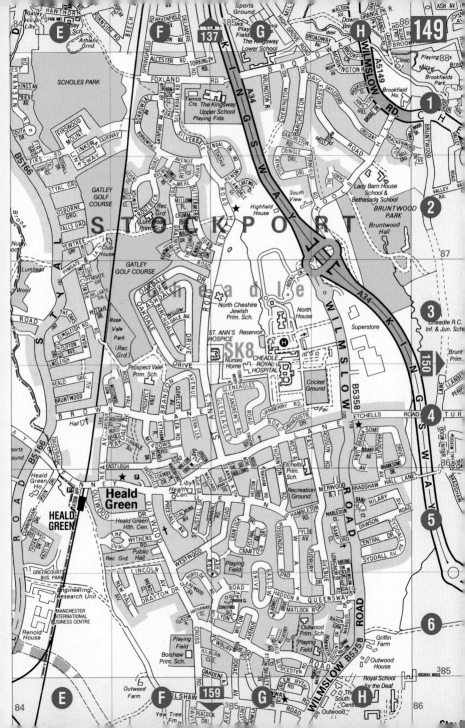

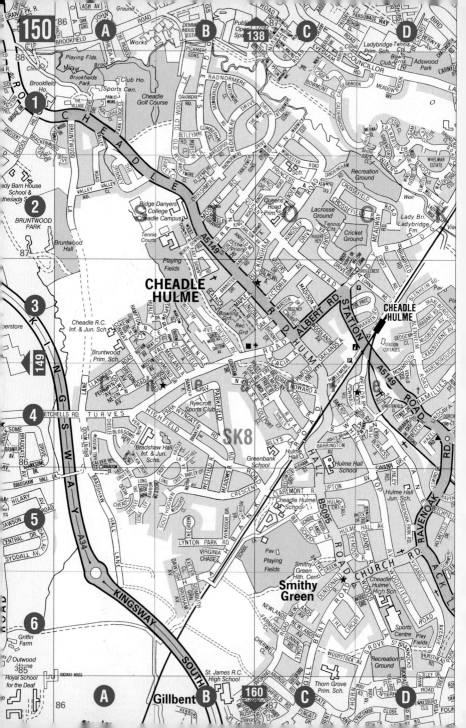

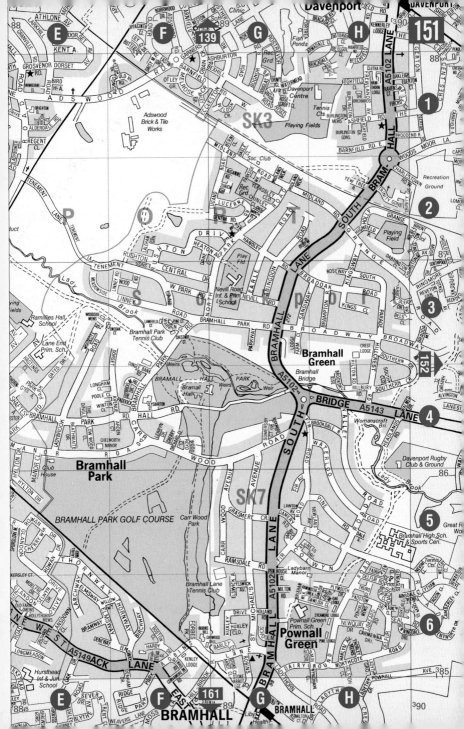

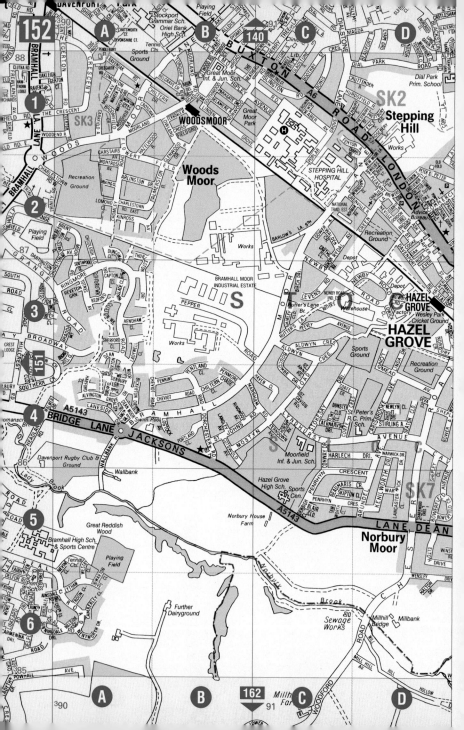

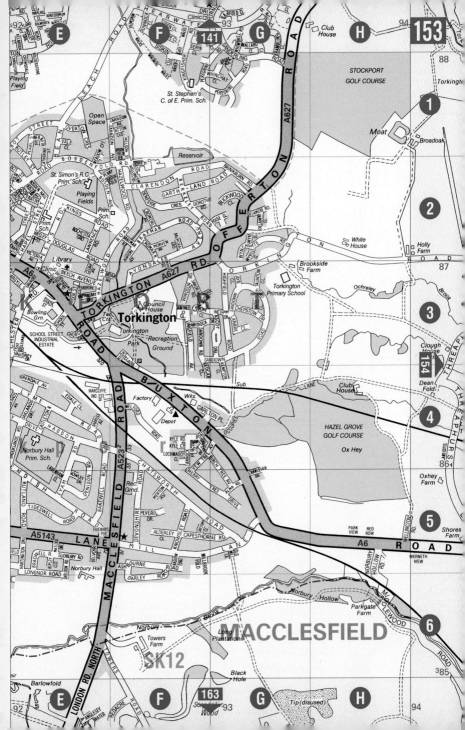

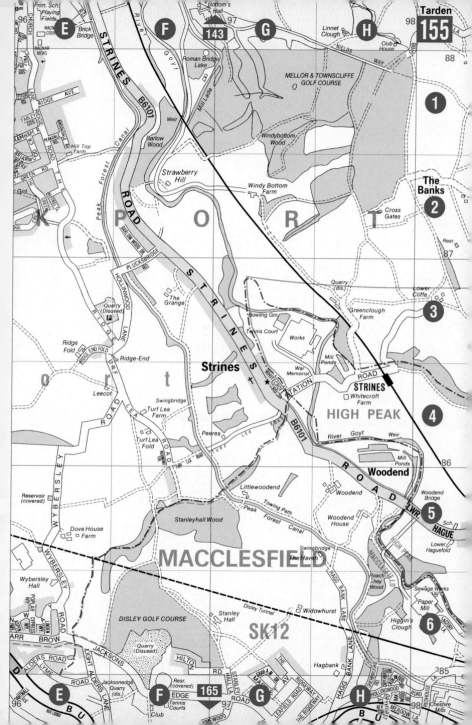

E Brick Bridge F 143 G H
Bottom's Hall
97
Linnet Clough
Club House
NIELDS
WAY
88
98

CHURCH
96
PRIM. SCH.
Playing Fields
MACNAIR COURT
MACNAIR MEWS
E

River Goyt
STRINES ROAD B6101

Roman Bridge Lake
Mill Lane

MELLOR & TOWNSCLIFFE
GOLF COURSE
1

Weir
Barlow Wood
Windybottom Wood

TABLEY GDS.
BAMHAM RD.
RIDGE AVE.
BROOMHILL RD.
PEAKDALE RD.
Hill Top Farm
GREEN
BRIARW'D
C. Grd.
GREEN
LANE
PEAK FOREST CANAL

Strawberry Hill
Windy Bottom Farm

The Banks
2
Cross Gates
Resr.
87

P O R T

PLUCKSBRIDGE RD.
BARLOW WOOD LN.
The Grange
Quarry (Disused) P
HOLLINWOOD LANE
RIDGE END FOLD
Ridge Fold
Ridge-End
RIDGE LANE

STRINES

Quarry (dis.)
Lower Cliffe
3
Greenclough Farm

Bowling Gm.
Tennis Court
Works

o r t

Leecot
Swingbridge
Turf Lea Farm
TURF LEA ROAD
Peeres
Turf Lea Fold
Quarry (dis.)
WYBERSLEY ROAD
TURF LEA ROAD

Strines
★ STRINES STATION
WHITECROFT ROAD
War Memorial
Mill Ponds

ROAD
STRINES
Whitecroft Farm
HIGH PEAK
4

B6101
River Goyt
Weir
Mill Ponds
86

Reservoir (covered)
Dove House Farm
Littlewoodend
Towing Path
Peak Forest Canal
Woodend
Woodend House

Woodend
ROAD
Woodend Bridge
LWR.
5
HAGUE
Sch.

WYBERSLEY HALL
POPLAR WY.
CYPRESS WY.
LINDEN WY.
ASPEN WY.
WYBERSLEY ROAD
WARR BROW

MACCLESFIELD
Stanleyhall Wood
Swingbridge
The Haven
HAGG BANK LANE
MACCLESFIELD
Roachhey Wood
Lower Haguefold
Sewage Works
Paper Mill
6

D E B U
96
ALDERS ROAD
LYME ROAD
LIGHT ALDERS LANE
Jacksonedge Quarry (dis.)
RED LODGE
F
EDGE
165
Tennis Courts Club
97
LYMEWOOD

DISLEY GOLF COURSE
Quarry (Disused)
JACKSONS
HILTON RD.
Stanley Hall
Disley Tunnel
Widowhurst
SK12
Higgin's Clough

THE GRAHAM AV.
STANLEY HALL ROAD
LEAFIELD ROAD
G
THE RIDGEWAY
Hagbank
HAGG BANK LANE
OVERBROOK
DRYHURST
HOLLINGWOOD ROAD
WOOD
H
Cheshire Mills
98
385
FACTORY
RIVER
MEADOW LANE
B

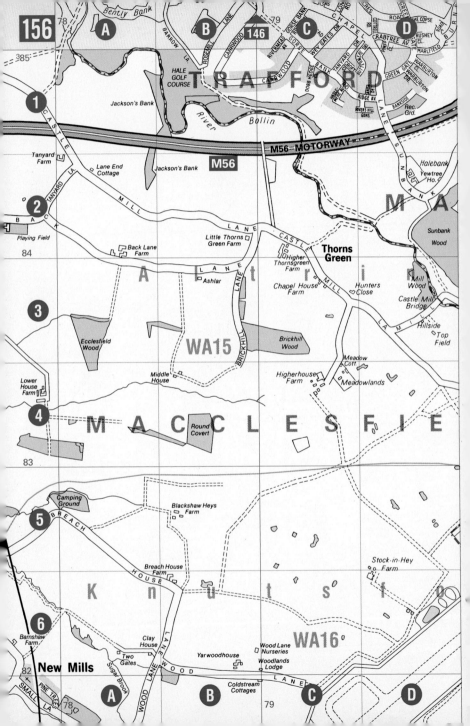

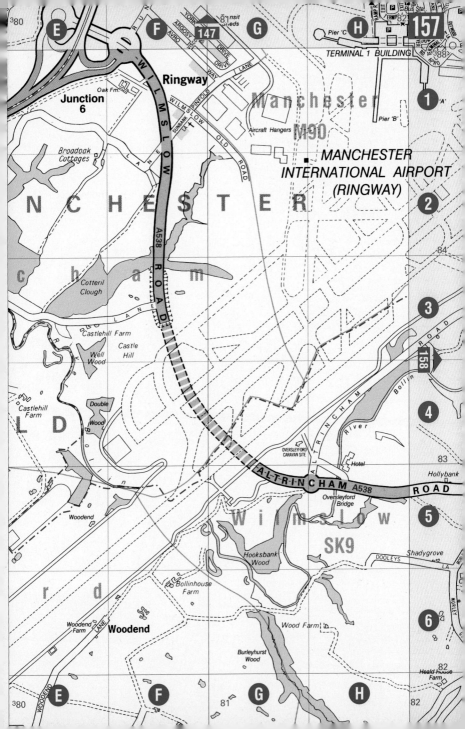

E **F** **G** **H**

147

TERMINAL 1 BUILDING

Pier 'C'

Pier 'B'

1 'A'

Ringway

Junction 6

Oak Fm.

Manchester

M90

MANCHESTER INTERNATIONAL AIRPORT (RINGWAY)

Aircraft Hangers

2

N C H E S T E R

Broadoak Cottages

c h a m

Cotteril Clough

3

158

Castlehill Farm

Well Wood

Castle Hill

Bollin

4

83

Castlehill Farm

L D

Double Wood

B o l l i n

Oversleyford Caravan Site

River

Altrincham

Hotel

Hollybank

ALTRINCHAM A538 **ROAD**

5

Woodend

Oversleyford Bridge

W i l m s l o w

SK9

Shadygrove

DOOLEYS LA.

Hooksbank Wood

MORLEY

6

Bollinhouse Farm

r d

Wood Farm

Woodend Farm

Woodend

Burleyhurst Wood

Heald House Farm

82

E **F** **G** **H**

380 81 82

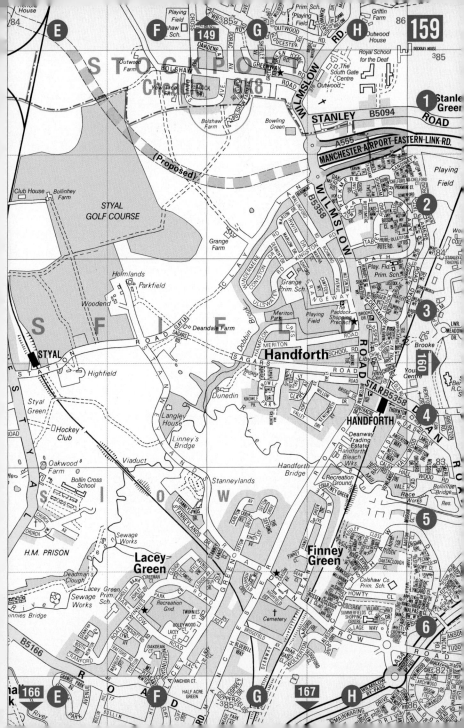

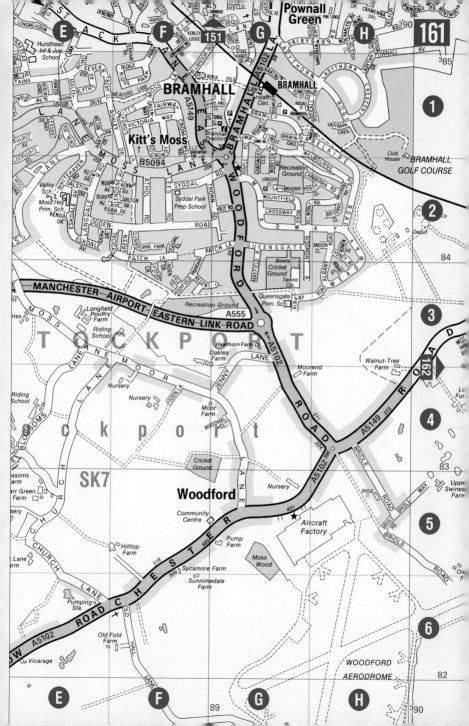

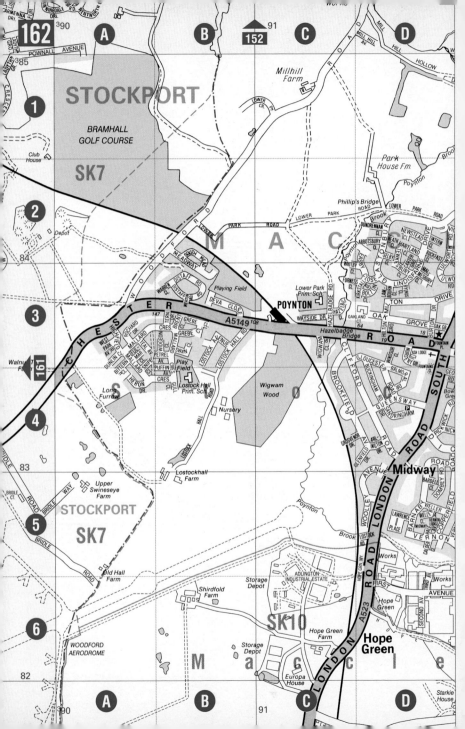

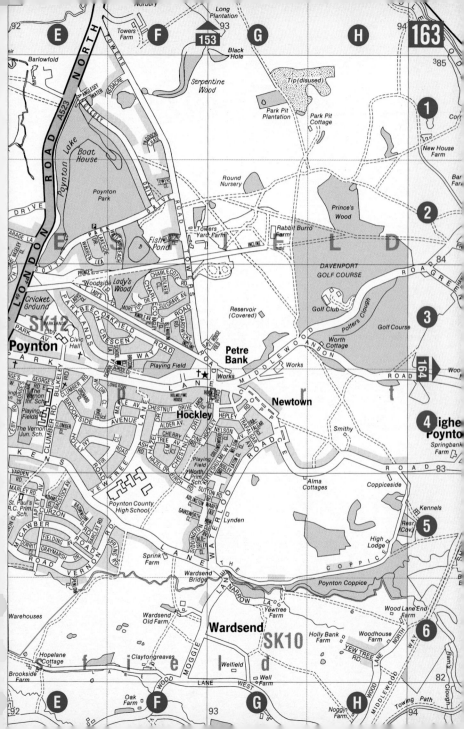

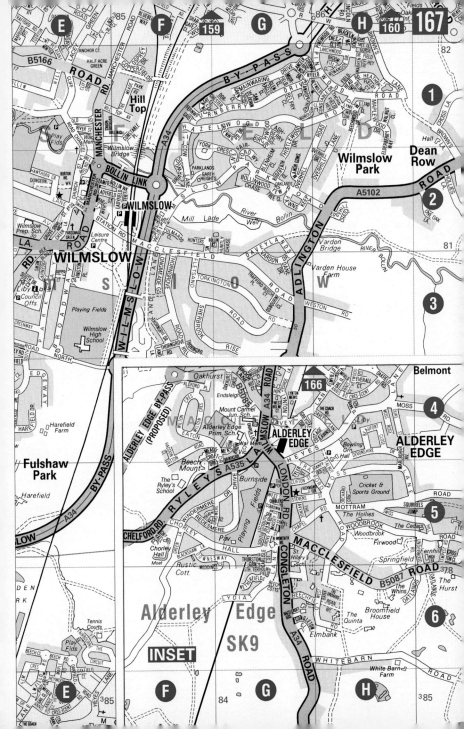

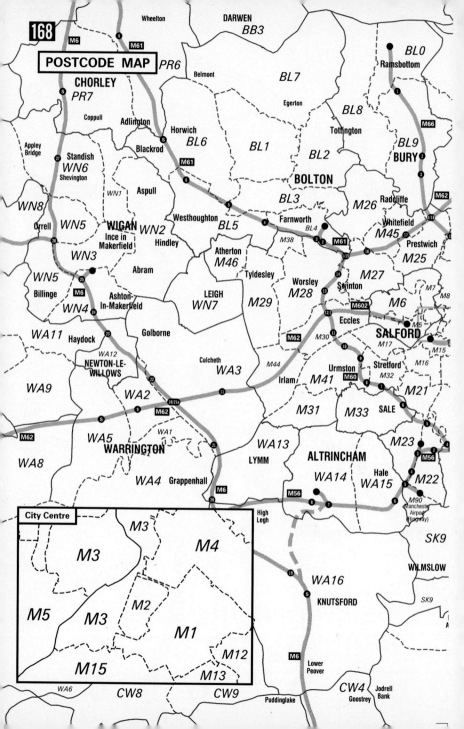

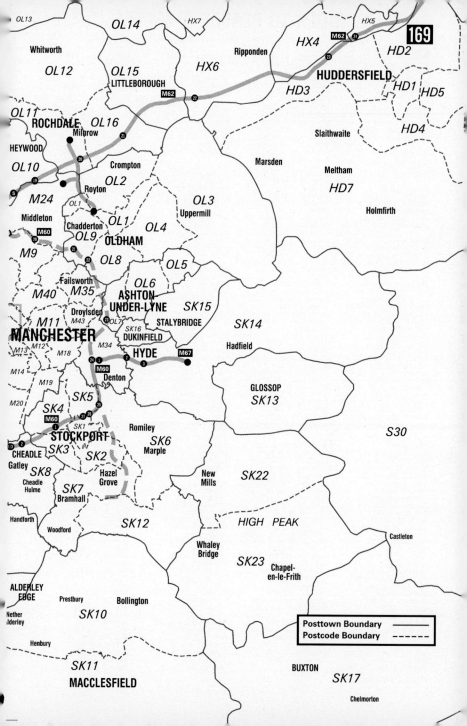

INDEX TO PLACES & AREAS

Names in this index shown in CAPITAL LETTERS, followed by their Postcode District(s), are Posttowns.

ABBEY HEY. (M18) —1G **111**
Acre. —1F **73**
Acres. —5E **55**
Adswood. —6F **139**
AFFETSIDE. (BL8) —3D **20**
AINSWORTH. (BL2) —4C **34**
Albert Park. —4E **125**
Alder Forest. —1C **90**
ALDERLEY EDGE. (SK9) —4G **167**
Alder Root. —3H **71**
Alexandra Park. —5C **108**
Alkrington Garden Village.
—3A **70**
Alma Park. —1C **126**
Alt. —6H **73**
Alt Hill. —3G **87**
ALTRINCHAM. (WA14 & WA15)
—1F **145**
Ancoats. —3G **95**
Arden Park. —5D **128**
ARDWICK. (M12) —6H **95**
Ashbrook Hey. —5A **16**
Ashley Heath. —4F **145**
ASHTON-UNDER-LYNE. (OL5 to
OL7) —2H **99**
Ashton upon Mersey. —4G **121**
Astley Bridge. —1B **32**
AUDENSHAW. (M34) —1E **113**
AUSTERLANDS. (OL4) —1C **74**

B
Backbower. —1E **131**
Back o' th' Bank. —3B **32**
Back o' th' Hill. —4B **130**
Back o' th' Moss. —2E **39**
Bagslate Moor. —3B **26**
BAGULEY. (M23) —4G **135**
Balderstone. —2H **41**
Baldingstone. —2F **23**
Bamford. —5A **26**
Bank Lane. —2G **13**
Banks, The. —2H **155**
Bank Top. —6E **19**
  (Bolton)
Bank Top. —3H **73**
  (Greenacres)
Bank Top. —3C **72**
  (Oldham)
BARDSLEY. (OL8) —3E **87**
Bardsley Gate. —1A **116**
Barlow Fold. —2D **50**
  (Bury)
Barlowfold. —6B **130**
  (Stockport)
Barlow Moor. —4A **124**
Barnes Green. —2F **83**
Barrack Hill. —6G **129**
Barrow Bridge. —1D **30**
Barton upon Irwell. —5F **91**
Belfield. —3C **28**
Belle Vue. —2D **110**
Benchill. —6B **136**
Bentgate. —2E **43**
Besom Hill. —2B **58**
Besses o' th' Barn. —2E **67**
Beswick. —5B **96**
Bevis Green. —3E **23**
Birch. —3E **53**
Birks. —1B **74**
Birtle. —5D **24**
Birtle Green. —5C **24**
Blackford Bridge. —3D **50**
Black Lane. —1F **49**
Blackley. —2G **83**
Boarshurst. —4G **61**
Bolholt. —1G **35**
BOLTON. (BL1 to BL7) —6A **32**
—2F **71**
Booth's Bank. —5D **76**
BOOTHSTOWN. (M28) —5C **76**
Bottom of Woodhouses. —6G **85**
Bottom o' th' Brow. —2D **38**
Bottom o' th' Moor. —2F **33**
Bottoms. —3F **89**
BOWDON. (WA14) —3D **144**

Bower Fold. —5G **101**
Bowgreen. —4C **144**
Bowlee. —6C **52**
Bradford. —3B **96**
BRADSHAW. (BL2) —5H **19**
Bradshaw Chapel. —6G **19**
BRAMHALL. (SK7) —1H **161**
Bramhall Green. —3H **151**
Bramhall Park. —4E **151**
Brandlesholme. —5B **22**
BREDBURY. (SK6) —6F **129**
Bredbury Green. —1G **141**
BREIGHTMET. (BL2) —5G **33**
Brindle Heath. —1F **93**
Brinnington. —4C **128**
Broadbent. —5F **57**
BROADBOTTOM. (SK14) —6C **116**
Broad Carr. —1C **88**
Broadfield. —4C **38**
Broadhalgh. —4C **26**
BROADHEATH. (WA14) —4E **133**
Broadley. —3C **14**
Broad Oak. —5A **78**
Broadoak Park. —6C **78**
BROMLEY CROSS. (BL7) —3F **19**
Brook Bottom. —1D **88**
Brookfield. —4G **117**
Brook Green. —3G **111**
BROOKLANDS. (M33) —1C **134**
Brooksbottoms. —6E **13**
Broughton Park. —2H **81**
Brownlow. —4E **57**
Brownlow Fold. —3G **31**
Brushes. —2H **101**
Buckley. —6H **15**
Buckley Wells. —4B **36**
Buckley Wood. —4G **55**
Buckton Vale. —5G **89**
Buersil. —3H **41**
Buersil Head. —4H **41**
Bunkers Hill. —3G **41**
BURNAGE. (M19) —3B **126**
Burnden. —3D **46**
BURNEDGE. (OL16) —4B **42**
Burnley Brow. —1B **72**
Burrs. —5D **22**
BURY. (BL0, BL8 & BL9) —3D **36**
Bury Ground. —2B **36**
Busk. —1A **72**
Butler Green. —5G **71**
Butterworth Hall. —6G **29**

C
CADISHEAD. (M44) —4B **118**
Calder Bank. —3A **104**
Calderbrook. —6G **17**
Caldermoor. —3E **17**
Caldershaw. —1D **26**
Cale Green. —5H **139**
Captain Fold. —2G **39**
Carr. —2D **12**
  (Bury)
Carr. —2C **60**
  (Oldham)
Carr Bank. —3F **23**
CARRBROOK. (SK15) —4H **89**
CARRINGTON. (M31) —3A **120**
Castle Field. —5C **94**
Castle Hall. —5F **101**
Castle Hill. —2D **32**
  (Bolton)
Castle Hill. —2E **129**
  (Stockport)
Castleton. —3C **40**
Catley Lane Head. —5A **14**
CHADDERTON. (OL1 & OL9)
—2F **71**
Chadderton Fold. —5F **55**
Chadderton Park. —6E **55**
Chadkirk. —3H **141**
Chain Bar. —6C **70**
Chapel Field. —6A **50**
Charlestown. —6A **70**
  (Manchester)

Charlestown. —6F **81**
  (Salford)
Chatterton. —4A **12**
CHEADLE. (SK8) —5H **137**
Cheadle Heath. —4C **138**
CHEADLE HULME. (SK8)
—3B **150**
Cheetham. —5B **82**
Cheetham Hill. —4C **82**
CHEQUERBENT. (BL5) —6A **44**
Cherry Tree. —1C **142**
Chesham. —6G **23**
Chew Moor. —3A **44**
CHORLTON-CUM-HARDY. (M21)
—1G **123**
Chorlton Fold. —1F **91**
Chorlton upon Medlock. —2H **109**
Chorltonville. —3H **123**
City, The. —5E **113**
CLAYTON. (M11) —3E **97**
Clayton Bridge. —1G **97**
Clegg Hall. —2E **29**
Cliff, The. —4G **81**
CLIFTON. (M27) —6F **65**
Clifton Green. —1H **79**
Clough. —1E **17**
  (Littleborough)
Clough. —1H **57**
  (Oldham)
Clover Hall. —2C **28**
Cockbrook. —2B **100**
Cocker Hill. —3E **101**
Cold Hurst. —1C **72**
COLLYHURST. (M40) —6F **83**
COMPSTALL. (SK6) —1E **143**
Cookcroft. —2B **74**
Copley. —3G **101**
Coppice. —5C **72**
Copster Hill. —6C **72**
Cornbrook. —6B **94**
Coston Park. —5C **110**
Cote Green. —2F **143**
County End. —4B **74**
Cowhill. —3H **71**
Cowlishaw. —1E **57**
Cox Green. —2D **18**
Crimble. —1G **39**
Crofts Bank. —3E **105**
Crompton Fold. —5H **43**
Cross Bank. —2B **74**
Crowcroft Park. —4C **110**
Crowhill. —1F **99**
CRUMPSALL. (M8) —1A **82**
Crumpsall Green. —1B **82**
Culcheth. —1E **97**
Cutgate. —3C **26**
Cutler Hill. —4H **85**

D
Dacres. —5H **75**
Daisyfield. —4A **36**
Daisy Nook. —5B **86**
Dale. —2H **59**
Dales Brow. —5D **78**
Dane Bank. —5A **112**
  (Manchester)
Danebank. —1H **165**
  (Stockport)
Darcy Lever. —2F **47**
Darley Park. —3A **108**
Darn Hill. —4B **38**
Daubhill. —4G **45**
Davenport. —6H **139**
Davenport Green. —4E **147**
  (Altrincham)
Davenport Green. —5B **166**
  (Wilmslow)
Davenport Park. —6A **140**
Davyhulme. —4E **105**
Deane. —2E **45**
Dean Row. —6A **160**
Deans. —4E **79**
Dearnley. —5C **16**
Debdale. —3H **111**

Charlestown. —6F **81**
DELPH. (OL3) —3G **59**
Delph Hill. —4C **30**
DENTON. (M34) —4F **113**
DIDSBURY. (M20) —6F **125**
DIGGLE. (OL3) —3C **60**
Dinting Vale. —5H **117**
DISLEY. (SK12) —1H **165**
DOBCROSS. (OL3) —5A **60**
Doctor Lane Head. —6E **59**
Doffcocker. —4E **31**
Dog Hill. —1A **58**
DROYLSDEN. (M43) —4A **98**
DUKINFIELD. (SK16) —5H **99**
Dukinfield Hall. —6G **99**
Dumplington. —6F **91**
DUNHAM TOWN. (WA14)
—1A **144**
Dunscar. —3C **18**
Durn. —3G **17**

E
Eagley. —4D **18**
Ealees. —4G **17**
East Didsbury. —2G **137**
ECCLES. (M30) —3H **91**
EDENFIELD. (BL0) —3A **12**
Edgeley. —4F **139**
Edge, The. —1A **86**
EGERTON. (BL7) —1B **18**
Egerton Park. —5G **99**
Ellenbrook. —3D **76**
Ellesmere Park. —1H **91**
ELTON. (BL8) —3A **36**
Ernocroft. —1H **143**

F
FACIT. (OL12) —3H **15**
FAILSWORTH. (M35) —4G **85**
Fairfield. —2H **37**
  (Bury)
Fairfield. —5A **98**
  (Manchester)
FALLOWFIELD. (M14) —1G **125**
FARNWORTH. (BL4) —1E **63**
Fenny Hill. —5F **73**
Fern Bank. —4G **101**
Fern Grove. —1G **37**
Fernhill. —2D **36**
Fernhill Gate. —4E **45**
Fielden Park. —6D **124**
Finney Green. —5G **159**
FIRGROVE. (OL16) —4D **28**
FIRSWOOD. (M16) —4G **107**
Firwood Fold. —2E **33**
Fishpool. —5D **36**
Fitton Hill. —1F **87**
Fletcher Bank. —3F **13**
Fletcher Fold. —6D **36**
Flixton. —6B **104**
Flowery Field. —3B **114**
Foggbrook. —5F **141**
Fold Head. —1B **14**
Four Lane Ends. —6F **21**
Fox Platt. —3E **89**
Frank Hill. —2C **72**
Freetown. —1E **37**
Frenches. —3E **61**
Friezland. —4E **61**
Fullwood. —1G **57**
Fulshaw Park. —4D **166**
Fur Lane. —3G **61**

G
Gale. —2G **17**
GAMESLEY. (SK13) —5G **117**
Gate Fold. —6H **19**
GATLEY. (SK8) —6E **137**
Gaythorn. —6D **94**
GEE CROSS. (SK14) —1D **130**
Gigg. —6E **37**
Gillbent. —1B **160**
Gilnow. —1H **45**
Gilnow Park. —6F **31**
Glodwick. —4F **73**

Index to Places & Areas

INDEX TO STREETS

HOW TO USE THIS INDEX

1. Each street name is followed by its Postal District (or, if outside the Manchester Postal District, by its Posttown or Postal Locality), and then by its map reference; e.g. Abbotsford Rd. *M20* —3E **125** is in the Manchester 20 Postal District and is to be found in square 3E on page **125**. The page number being shown in bold type. A strict alphabetical order is followed in which Av., Rd., St., etc. (though abbreviated) are read in full and as part of the street name; e.g. Abbotsford appears after Abbot's Fold Rd. but before Abbotsford Clo.

2. Streets and a selection of Subsidiary names not shown on the Maps, appear in the index in *Italics* with the thoroughfare to which it is connected shown in brackets; e.g. *Abbeydale. Roch* —3G **27** (off Spotland Rd.)

3. Railway stations appear in the index in CAPITALS and are referenced to the actual building and not to the station name. The abbreviations *BR*, *M* and *ELR* after the station name indicates whether it is a British Rail, Metro or East Lancashire Railway station; e.g. ALDERLEY EDGE STATION. *BR* —4G **167**

4. The page references shown in brackets indicate those streets that appear on the large scale map pages 4-12; e.g. Aberdaron Wlk. *M13* —6F **95** (4D **10**) appears in square 6F on page **95** and also appears in the enlarged section in square 4D on page **10**.

5. With the now general usage of Postcodes for addressing mail, it is not recommended that this index is used for such a purpose.

GENERAL ABBREVIATIONS

All : Alley	Cir : Circus	Ho : House	Pas : Passage
App : Approach	Clo : Close	Ind : Industrial	Pl : Place
Arc : Arcade	Comn : Common	Junct : Junction	Quad : Quadrant
Av : Avenue	Cotts : Cottages	La : Lane	Rd : Road
Bk : Back	Ct : Court	Lit : Little	S : South
Boulevd : Boulevard	Cres : Crescent	Lwr : Lower	Sq : Square
Bri : Bridge	Dri : Drive	Mnr : Manor	Sta : Station
B'way : Broadway	E : East	Mans : Mansions	St : Street
Bldgs : Buildings	Embkmt : Embankment	Mkt : Market	Ter : Terrace
Bus : Business	Est : Estate	M : Mews	Trad : Trading
Cvn : Caravan	Gdns : Gardens	Mt : Mount	Up : Upper
Cen : Centre	Ga : Gate	N : North	Vs : Villas
Chu : Church	Gt : Great	Pal : Palace	Wlk : Walk
Chyd : Churchyard	Grn : Green	Pde : Parade	W : West
Circ : Circle	Gro : Grove	Pk : Park	Yd : Yard

POSTTOWN AND POSTAL LOCALITY ABBREVIATIONS

Abb H : Abbey Hey	*Clif* : Clifton	*Harw* : Harwood	*Mat* : Matley
A'ton : Adlington	*Col* : Collyhurst	*Hawk* : Hawkshaw	*Mell* : Mellor
Aff : Affetside	*Comp* : Compstall	*Hawk I* : Hawksley Ind. Est.	*Mid* : Middleton
Ain : Ainsworth	*Crum* : Crumpsall	*Haz G* : Hazel Grove	*Mile P* : Miles Platting
Ald E : Alderley Edge	*Del* : Delph	*H Grn* : Heald Green	*Millb* : Millbrook
Alt : Altrincham	*Dem I* : Demmings Ind. Est.	*Heal* : Healey	*Miln* : Milnrow
Ard : Ardwick	*Dent* : Denton	*Heap* : Heap	*Mob* : Mobberley
Ash : Ashley	*Did* : Didsbury	*H Bri* : Heap Bridge	*Mos C* : Mosley Common
Ash L : Ashton-under-Lyne	*Dig* : Diggle	*Heat C* : Heaton Chapel	*Moss* : Mossley
Ast : Astley	*Dis* : Disley	*Heat M* : Heaton Mersey	*Mos S* : Moss Side
Aud : Audenshaw	*Dob* : Dobcross	*Heyr* : Heyrod	*Most* : Moston
Aus : Austerlands	*Droy* : Droylsden	*Heyw* : Heywood	*Mot* : Mottram
Bag : Baguley	*Duk* : Dukinfield	*Heyw D* : Heywood Distribution Park	*Nan* : Nangreaves
Bar : Bardsley	*Dun M* : Dunham Massey		*N Mills* : New Mills
Bolt : Bolton	*Dun T* : Dunham Town	*Hig* : Higginshaw	*N Mos* : New Moston
Boot : Boothstown	*Ecc* : Eccles	*H Lane* : High Lane	*Newt H* : Newton Heath
Bow : Bowdon	*Eden* : Edenfield	*Holc* : Holcombe	*Newt M* : Newton Moor Ind. Est.
Brad F : Bradley Fold	*Eger* : Egerton	*Holl* : Hollingworth	*Nwtwn* : Newtown
Brad T : Bradley Fold Trad. Est.	*Elt* : Elton	*Hulme* : Hulme	*N'den* : Northenden
Brad : Bradshaw	*Fail* : Failsworth	*Hur* : Hurstead	*Oldh* : Oldham
Bram : Bramhall	*Fall* : Fallowfield	*Hyde* : Hyde	*Old T* : Old Trafford
Bred : Bredbury	*Farn* : Farnworth	*Ince* : Ince	*Open* : Openshaw
Bred P : Bredbury Park Ind. Est.	*Firg* : Firgrove	*Irl* : Irlam	*Pad* : Padfield
Brei : Breightmet	*Firs* : Firswood	*Kear* : Kearsley	*Part* : Partington
B'btm : Broadbottom	*Fish I* : Fishbrook Ind. Est.	*Lady* : Ladybarn	*Pen* : Pendlebury
B'hth : Broadheath	*Gam* : Gamesley	*Lees* : Lees	*Poy* : Poynton
Brom X : Bromley Cross	*Gat* : Gatley	*Leigh* : Leigh	*Poy I* : Poynton Ind. Est.
Brook : Brooklands	*Gee X* : Gee Cross	*Lev* : Levenshulme	*P'wch* : Prestwich
Burn : Burnage	*G'brk* : Glazebrook	*L'boro* : Littleborough	*Rad* : Radcliffe
B'edg : Burnedge	*Glos* : Glossop	*L Hul* : Little Hulton	*Ram* : Ramsbottom
Bury : Bury	*Gort* : Gorton	*L Lev* : Little Lever	*Redd* : Reddish
Cad : Cadishead	*Gras* : Grasscroft	*Long* : Longsight	*Redf I* : Redfern Ind. Est.
C'brk : Carrbrook	*Gt H* : Great Howarth	*Los* : Lostock	*Ring* : Ringway
Car : Carrington	*G'fld* : Greenfield	*Lud* : Ludworth	*Roch* : Rochdale
Chad : Chadderton	*G'mnt* : Greenmount	*Lyd* : Lydgate	*Rom* : Romiley
Chea : Cheadle	*Grot* : Grotton	*Man* : Manchester	*Ros* : Rostherne
Chea H : Cheadle Hulme	*Had* : Hadfield	*Man A* : Manchester Airport	*Rnd I* : Roundthorn Ind. Est.
Cheq : Chequerbent	*Hale* : Hale	*Man S* : Manchester Science Park	*Roy O* : Royal Oak Ind. Est.
Chor H : Chorlton cum Hardy	*Haleb* : Halebarns		*Rytn* : Royton
Civ C : Civic Centre	*Hand* : Handforth	*Marp* : Marple	*Rush* : Rusholme
Clay : Clayton	*Harp* : Harpurhey	*Marp B* : Marple Bridge	*St P* : St. Pauls Trad. Est.

A-Z Manchester 173

Posttown and Postal Locality Abbreviations

INDEX TO STREETS

Adstone Clo. *M4*
—4H **95** (5H **7**)
Adswood Clo. *Oldh* —6H **57**
Adswood Gro. *Stoc* —5F **139**
Adswood Ind. Est. *Stoc*
—5F **139**
Adswood La. E. *Stoc* —5H **139**
Adswood La. W. *Stoc* —5H **139**
Adswood Old Hall Rd. *Chea H*
—1F **151**
Adswood Old Rd. *Stoc* —5G **139**
Adswood Rd. *Chea H & Stoc*
—1E **151**
Adswood St. *M40* —3A **96**
Adswood Ter. *Stoc* —5G **139**
Aegean Gdns. *Salf* —6G **81**
Aegean Rd. *B'hth* —5C **132**
Affetside Dri. *Bury* —3E **35**
Affleck Av. *Rad* —1A **64**
Afghan St. *Oldh* —1F **73**
Age Croft. *Oldh* —6G **73**
Agecroft Rd. *Pen* —4A **80**
Agecroft Rd. *Rom* —2G **141**
Agecroft Rd. E. *P'wch* —1E **81**
Agecroft Rd. W. *P'wch* —1D **80**
Agecroft Trad. Est. *Pen* —4C **80**
Agincourt St. *Heyw* —3D **38**
Agnes Clo. *Oldh* —5A **72**
Agnes Ct. *M14* —2G **125**
Agnes St. *M19* —5C **110**
Agnes St. *Bolt* —2F **47**
Agnes St. *Chad* —3H **71**
Agnes St. *Roch* —5A **28**
Agnes St. *Salf* —4B **82**
Agnew Pl. *Salf* —1G **93**
Agnew Rd. *M18* —2E **111**
Aigburth Gro. *Stoc* —5G **111**
Ailsa Clo. *M40* —6F **83**
Aimson Pl. *Tim* —4C **134**
Aimson Rd. E. *Tim* —5C **134**
Aimson Rd. W. *Tim* —4C **134**
Aines St. *M12* —6C **96**
Ainley Rd. *M22* —2B **148**
Ainley Wood. *Del* —2G **59**
Ainley Wood. *Duk* —6B **100**
Ainsbrook Av. *Del* —3H **59**
Ainsbrook Ter. *Dig* —2D **60**
(off Harrop Ct. Rd.)
Ainsdale Av. *Bury* —3H **35**
Ainsdale Av. *Salf* —2H **81**
Ainsdale Clo. *Bram* —6H **151**
Ainsdale Clo. *Oldh* —5B **72**
Ainsdale Ct. *Bolt* —4B **46**
Ainsdale Cres. *Rytn* —5C **56**
Ainsdale Dri. *H Grn* —4F **149**
Ainsdale Dri. *Sale* —1G **133**
Ainsdale Dri. *Whitw* —2D **14**
Ainsdale Gro. *Stoc* —1H **127**
Ainsdale Rd. *Bolt* —5A **46**
(in two parts)
Ainsdale Rd. *Stoc* —6A **112**
Ainsdale St. *M12* —1B **110**
Ainsford Rd. *M20* —4H **125**
Ainsley Gro. *Wor* —1F **77**
Ainsley St. *M40* —6C **84**
Ainslie Rd. *Bolt* —4E **31**
Ainsty Rd. *M14* —3E **109**
Ainsworth Clo. *Dent* —4B **112**
Ainsworth Clo. *Shaw* —3D **56**
Ainsworth Ct. *Bolt* —6E **33**
Ainsworth Hall Rd. *Ain* —6B **34**
Ainsworth La. *Bolt* —4D **32**
Ainsworth Rd. *Bury* —4F **35**
Ainsworth Rd. *L Lev* —4A **48**
Ainsworth Rd. *Rad* —1F **49**
Ainsworth St. *Bolt* —3G **31**
Ainsworth St. *Rad* —3B **50**
Ainsworth St. *Roch* —5A **28**
Ainthorpe Wlk. *M40* —6D **84**
Aintree Av. *Sale* —6E **121**
Aintree Clo. *Haz G* —3F **153**

Aintree Dri. *Roch* —3A **26**
Aintree Gro. *Stoc* —6G **139**
Aintree Rd. *L Lev* —5A **48**
Aintree St. *M11* —4D **96**
Aintree Wlk. *Chad* —2A **72**
Airedale Clo. *Gat* —5G **137**
Airedale Ct. *Alt* —6G **133**
Aire Dri. *Bolt* —6F **19**
Air Hill Ter. *Roch* —2E **27**
Airton Clo. *M40* —2G **95** (1F **7**)
Aitken Clo. *Ram* —4D **12**
Aitken St. *M19* —6E **111**
Ajax Dri. *Bury* —4D **50**
Ajax St. *Ram* —4D **12**
Ajax St. *Roch* —2B **40**
Aked Clo. *M12*
—1H **109** (6H **11**)
Akesmoor Dri. *Stoc* —5C **140**
Alamein Dri. *Rom* —1C **142**
Alan Av. *Fail* —6F **85**
Alandale Av. *Aud* —6E **99**
Alandale Dri. *Rytn* —2A **56**
Alandale Rd. *Stoc* —4E **139**
Alan Dri. *Hale* —5A **146**
Alan Dri. *Marp* —5C **142**
Alan Rd. *M20* —3G **125**
Alan Rd. *Stoc* —6C **126**
Alan St. *Ram* —2H **31**
Alan Turing Way. *M11* —2B **96**
Alban St. *Salf* —6H **81**
Albany Av. *M11* —6H **97**
Albany Clo. *L Hul* —3D **62**
Albany Ct. *Manx* —3E **125**
Albany Ct. *Urm* —4D **104**
Albany Dri. *Bury* —6D **36**
Albany Rd. *M21* —6H **107**
Albany Rd. *Bram* —3G **161**
Albany Rd. *Ecc* —2D **90**
Albany Rd. *Wilm* —4C **166**
Albany St. *Mid* —2B **70**
Albany St. *Oldh* —6H **57**
Albany St. *Roch* —6A **28**
Albany Trad. Est. *M21* —6H **107**
Albany Way. *Hyde* —5A **116**
Albany Way. *Salf* —2G **93**
Alba St. *Holc* —3C **12**
Alba Way. *Stret* —2A **106**
Albemarle Av. *M20* —3E **125**
Albemarle Rd. *M21* —1G **123**
Albemarle Rd. *Swint* —4E **79**
Albemarle St. *M14* —3E **109**
Albemarle Ter. *Ash L* —2A **100**
Albermarle St. *Ash L* —2A **100**
Alberta St. *Bolt* —2G **45**
Alberta St. *Stoc* —3H **139**
Albert Av. *M18* —3H **111**
Albert Av. *Duk* —1A **114**
Albert Av. *P'wch* —6G **81**
Albert Av. *Shaw* —2E **57**
Albert Av. *Urm* —5G **105**
Albert Av. *Wor* —4E **63**
Albert Clo. *Chea H* —3C **150**
Albert Clo. *W'fld* —6E **67**
Albert Clo. Trad. Est. *W'fld*
—1E **67**
Albert Ct. *Alt* —1F **145**
Albert Fildes Wlk. *M8* —4B **82**
Albert Gdns. *M40* —6D **84**
Albert Gro. *M12* —3C **110**
(in two parts)
Albert Gro. *Farn* —1F **63**
Albert Hill St. *M20* —6F **125**
Albert Mt. *Oldh* —6F **57**
Albert Pk. Rd. *Salf* —6G **81**
Albert Pl. *M13* —4B **110**
Albert Pl. *Alt* —6F **133**
Albert Pl. *Lees* —3A **74**
Albert Pl. *W'fld* —6F **51**
Albert Rd. *M19* —6B **110**
Albert Rd. *Bolt* —5F **31**
(Bolton)

Albert Rd. *Bolt* —4D **30**
(Markland Hill)
Albert Rd. *Chea H* —3C **150**
Albert Rd. *Ecc* —2H **91**
Albert Rd. *Farn* —1E **63**
Albert Rd. *Hale* —2G **145**
Albert Rd. *Hyde* —5B **114**
Albert Rd. *Sale* —5C **122**
Albert Rd. *Stoc* —6C **126**
Albert Rd. *W'fld* —6E **51**
Albert Rd. *Wilm* —3D **166**
Albert Rd. E. *Hale* —2G **145**
Albert Rd. W. *Bolt* —5D **30**
Albert Royds St. *Roch* —1B **28**
Albert Sq. *M2* —4D **94** (6H **5**)
(in two parts)
Albert Sq. *Bow* —2E **145**
Albert Sq. *Stal* —4D **100**
Albert St. *M11* —4B **96**
Albert St. *Bury* —3E **37**
Albert St. *Cad* —3C **118**
Albert St. *Chad* —6H **71**
Albert St. *Dent* —4F **113**
Albert St. *Droy* —4B **98**
Albert St. *Ecc* —3H **91**
Albert St. *Eger* —1B **18**
Albert St. *Farn* —2F **63**
Albert St. *Had* —2H **117**
Albert St. *Haz G* —2D **152**
Albert St. *Heyw* —3D **38**
Albert St. *Hyde* —4D **114**
Albert St. *Kear* —1G **63**
Albert St. *Lees* —4A **74**
Albert St. *L'boro* —4F **17**
Albert St. *L Lev* —4B **48**
Albert St. *Mid* —1A **70**
Albert St. *Miln* —6G **29**
Albert St. *Oldh* —2H **85**
Albert St. *P'wch* —4G **67**
Albert St. *Rad* —4H **49**
Albert St. *Ram* —3D **12**
Albert St. *Rytn* —3B **56**
Albert St. *Shaw* —6E **43**
Albert St. *Stoc* —2F **139**
Albert St. *Whitw* —1C **14**
Albert St. W. *Fail* —5D **84**
Albert Ter. *Stoc* —2H **139**
Albine St. *M40* —1H **95**
Albinson Wlk. *Part* —6E **119**
Albion Clo. *Stoc* —6G **127**
Albion Ct. *Bury* —3B **36**
Albion Dri. *Droy* —3A **98**
Albion Fold. *Droy* —3A **98**
Albion Gdns. *Stal* —3F **101**
Albion Gro. *Ecc* —5D **90**
Albion Gro. *Sale* —5D **122**
Albion Pl. *Haz G* —2D **152**
Albion Pl. *P'wch* —5E **67**
Albion Pl. *Salf* —6G **81**
(Charlestown)
Albion Pl. *Salf* —3A **94** (4A **4**)
(New Windsor)
Albion Rd. *M14* —6G **109**
Albion Rd. *Roch* —5F **27**
Albion Rd. Ind. Est. *Roch*
—5F **27**
Albion St. *M1* —6D **94** (3G **9**)
Albion St. *Ash L* —2A **100**
(in two parts)
Albion St. *Bolt* —2B **46**
Albion St. *Bury* —3B **36**
Albion St. *Chad* —2G **71**
Albion St. *Fail* —4E **85**
Albion St. *Hyde* —5B **114**
Albion St. *Kear* —2A **64**
Albion St. *L'boro* —2E **17**
Albion St. *Oldh* —2D **72**
(in two parts)
Albion St. *Old T* —3B **108**
Albion St. *Pen* —3G **79**
Albion St. *Rad* —6H **49**

Albion St. *Roch* —4C **40**
Albion St. *Sale* —5B **122**
Albion St. *Stal* —3F **101**
Albion Ter. *Bolt* —2F **31**
Albion Towers. *Salf* —3H **93**
Albion Trad. Est. *Ash L*
—2B **100**
Albion Way. *Salf* —4G **93**
Albury Dri. *M19* —1H **137**
Albury Dri. *Roch* —1B **26**
Albyns Av. *M8* —4C **82**
Alcester Av. *Stoc* —4B **138**
Alcester Clo. *Bury* —2H **35**
Alcester Clo. *Mid* —3B **70**
Alcester Rd. *Gat* —1F **149**
Alcester Rd. *Sale* —1B **134**
Alcester St. *Chad* —6G **71**
Alcester Wlk. *M9* —4D **68**
Alconbury Wlk. *M9* —3D **68**
Aldborough Clo. *M20* —3F **125**
Aldbourne Clo. *M40* —6F **83**
Aldbury Ter. *Bolt* —4H **31**
Aldcroft St. *M18* —1H **111**
Alden Clo. *W'fld* —1E **67**
Alden Wlk. *Stoc* —2F **127**
Alder Av. *Bury* —2G **37**
Alder Av. *Poy* —4F **163**
Alderbank. *Ward* —2A **16**
Alderbank Clo. *Kear* —3H **63**
Alder Clo. *Ash L* —4F **87**
Alder Clo. *Duk* —6E **101**
Aldercroft Av. *M22* —3A **148**
Aldercroft Av. *Bolt* —4F **33**
Alderdale Clo. *Stoc* —4C **126**
Alderdale Dri. *Droy* —3F **97**
Alderdale Dri. *H Lane* —6C **154**
Alderdale Dri. *Stoc* —4C **126**
Alderdale Gro. *Wilm* —6H **159**
Alderdale Rd. *Chea H* —1E **151**
Alder Dri. *Tim* —6D **134**
Alder Dri. *Wdly* —2C **78**
Alder Edge. *M21* —6F **107**
Alderfield Ho. *M21* —6F **107**
Alderfield Rd. *M21* —6F **107**
Alderford Pde. *M8* —5B **82**
Alder Forest Av. *Ecc* —1C **90**
Aldergate Ct. *Swint* —4C **78**
Aldergate Gro. *Ash L* —6B **88**
Alderglen Rd. *M8* —5B **82**
Alder Gro. *Brom X* —5G **19**
Alder Gro. *Dent* —4G **113**
Alder Gro. *Stoc* —3E **139**
Alder Gro. *Stret* —5E **107**
Alder La. *Oldh* —1B **86**
Alderley Av. *Bolt* —6C **18**
Alderley Clo. *Haz G* —5F **153**
Alderley Clo. *Poy* —5F **163**
Alderley Dri. *Bred* —6E **129**
ALDERLEY EDGE STATION. *BR*
—4G **167**
Alderley Lodge. *Wilm* —4D **166**
Alderley Rd. *Sale* —1E **135**
Alderley Rd. *Stoc* —4H **127**
Alderley Rd. *Urm* —5C **104**
Alderley Rd. *Wilm* —4D **166**
Alderley St. *Ash L* —6H **87**
Alderley Ter. *Duk* —4H **99**
Alderman Foley Dri. *Roch*
—2C **26**
Alderman Sq. *M12* —5A **96**
Aldermary Rd. *M21* —4B **124**
Aldermaston Gro. *M9* —3D **68**
Alder Meadow Clo. *Roch*
—2C **26**
Aldermere Cres. *Urm* —5A **104**
Alderminster Av. *L Hul* —4C **62**
Aldermoor Clo. *M11* —5F **97**
Alderney Wlk. *M40*
—2H **95** (1G **7**)
Alder Rd. *Chea* —6H **137**
Alder Rd. *Fail* —6F **85**

Alder Rd. *Mid* —5C **54**
Alder Rd. *Roch* —3D **40**
Alders Av. *M22* —6A **136**
Alders Ct. *Oldh* —3E **87**
Aldersgate Rd. *Chea H* —2E **161**
Aldersgate Rd. *Stoc* —5B **140**
Aldersgreen Av. *H Lane*
—6D **154**
Aldershot Wlk. *M11* —4B **96**
Alderside Rd. *M9* —3F **83**
Aldersley Av. *M9* —4D **68**
Alderson St. *Oldh* —2C **72**
Alderson St. *Salf* —1G **93**
Alders Rd. *M22* —6A **136**
Alders Rd. *Dis* —6E **155**
Alder St. *Bolt* —4B **46**
Alder St. *Ecc* —1C **90**
Alder St. *Salf* —3F **93**
Aldersyde St. *Bolt* —4H **45**
Alderue Av. *M22* —5B **136**
Alderway. *Ram* —1E **13**
Alderwood Av. *Stoc* —2C **138**
Alderwood Fold. *Lees* —4B **74**
Alderwood Gro. *Ram* —1A **12**
Alderwood Wlk. *M8* —5B **82**
Aldfield Rd. *M23* —2E **135**
Aldford Clo. *M20* —6G **125**
Aldford Gro. *Brad F* —2B **48**
Aldham Av. *M40* —1E **97**
Aldington Clo. *M8* —5D **82**
Aldred Clo. *M8* —5D **82**
Aldred St. *Bolt* —4F **45**
Aldred St. *Ecc* —4E **91**
Aldred St. *Fail* —4E **85**
Aldred St. *Salf* —3H **93**
Aldridge Wlk. *M11* —5B **96**
Aldsworth Dri. *M40* —5G **83**
Aldsworth Dri. *Bolt* —3A **46**
Aldwick Av. *M20* —6G **125**
Aldwinians Clo. *Aud* —2E **113**
Aldworth Gro. *Sale* —6F **121**
Aldwych. *Roch* —2F **41**
Aldwych Av. *M14* —4F **109**
Aldwyn Clo. *Aud* —2E **113**
Aldwyn Cres. *Haz G* —3C **152**
Aldwyn Pk. Rd. *Aud* —5C **98**
Alexander Av. *Fail* —3G **85**
Alexander Briant Ct. *Farn*
—2E **63**
Alexander Dri. *Bury* —5E **51**
Alexander Dri. *Miln* —5E **29**
Alexander Dri. *Tim* —5A **134**
Alexander Gdns. *Salf* —1B **94**
Alexander Ho. *M16* —3G **107**
Alexander Rd. *Bolt* —4E **33**
Alexander St. *Roch* —3B **40**
Alexander St. *Salf* —3E **93**
Alexandra Av. *M14* —5D **108**
Alexandra Av. *Hyde* —5A **114**
Alexandra Av. *W'fld* —1E **67**
Alexandra Cen. Retail Pk. *Oldh*
—3D **72**
Alexandra Clo. *Stoc* —5E **139**
Alexandra Cres. *Oldh* —6F **57**
Alexandra Dri. *M19* —2B **126**
Alexandra Gro. *Irl* —1D **118**
Alexandra Ho. *Oldh* —1F **73**
Alexandra Ind. Est. *Dent*
—3G **113**
Alexandra M. *Oldh* —4E **73**
Alexandra Rd. *M16* —4C **108**
Alexandra Rd. *Ash L* —2H **99**
Alexandra Rd. *Dent* —3G **113**
Alexandra Rd. *Ecc* —4D **90**
Alexandra Rd. *Kear* —2A **64**
Alexandra Rd. *Oldh* —5E **73**
Alexandra Rd. *Rad* —1A **64**
Alexandra Rd. *Sale* —5C **122**
Alexandra Rd. *Stoc* —6E **127**
Alexandra Rd. *Wor* —4E **63**
Alexandra Rd. S. *M16* —4C **108**

Alexandra St. *Ash L* —1B **100**
Alexandra St. *Farn* —2F **63**
Alexandra St. *Heyw* —5G **39**
Alexandra St. *Hyde* —6A **114**
Alexandra St. *Oldh* —4E **73**
Alexandra St. *Salf*
—2B **94** (1D **4**)
Alexandra Ter. *M19* —6C **110**
Alexandra Ter. *Oldh* —4H **57**
Alexandra Ter. *Sale* —3A **122**
Alford Av. *M20* —1E **125**
Alford Clo. *Bolt* —1H **47**
Alford Rd. *Stoc* —3D **126**
Alford St. *Oldh* —1H **85**
Alfred Av. *Wor* —4A **78**
Alfred James Clo. *M40*
—2G **95** (2F **7**)
Alfred St. *M9* —3F **83**
Alfred St. *Ash L* —1B **100**
Alfred St. *Bolt* —3D **46**
Alfred St. *Bury* —5E **37**
Alfred St. *Cad* —3C **118**
Alfred St. *Ecc* —2F **91**
Alfred St. *Eger* —1B **18**
Alfred St. *Fail* —3F **85**
Alfred St. *Farn* —5F **47**
Alfred St. *Hyde* —4A **114**
Alfred St. *Kear* —1H **63**
Alfred St. *L'boro* —3E **17**
Alfred St. *Oldh* —3A **72**
(Oldham)
Alfred St. *Oldh* —6G **71**
(White Gate)
Alfred St. *Ram* —4D **12**
Alfred St. *Shaw* —6E **43**
Alfred St. *Whitw* —3H **15**
Alfred St. *Wor* —6F **63**
Alfreton Av. *Dent* —1G **129**
Alfreton Rd. *Stoc* —5D **140**
Alfreton Wlk. *M40* —6A **84**
(off Thorpebrook Rd.)
Alfriston Dri. *M23* —1G **135**
Algernon Rd. *Wor* —5E **63**
Algernon St. *Ash L* —3B **100**
Algernon St. *Ecc* —2F **91**
Algernon St. *Farn* —5F **47**
Algernon St. *Swint* —3D **78**
Alger St. *Ash L* —1B **100**
Algreave Rd. *Stoc* —3C **138**
Alice Ingham Ct. *Roch* —2D **26**
Alice St. *Bolt* —2G **45**
Alice St. *Droy* —5A **98**
Alice St. *Hyde* —2C **130**
Alice St. *Roch* —2B **28**
Alice St. *Sale* —5D **122**
Alice St. *Swint* —3H **79**
Alicia Ct. *Roch* —2G **27**
Alicia Dri. *Roch* —2G **27**
Alicia St. *Bolt* —2F **47**
Alison St. *M14* —4D **108**
Alison St. *Shaw* —5E **43**
Alixandra Ct. *Urm* —6A **104**
Alker Rd. *M40* —2H **95** (2H **7**)
Alkrington Clo. *Bury* —5E **51**
Alkrington Ct. *Mid* —4B **70**
Alkrington Grn. *Mid* —3H **69**
Alkrington Hall Rd. N. *Mid*
—2H **69**
Alkrington Hall Rd. S. *Mid*
—3G **69**
Alkrington Pk. Rd. *Mid* —2G **69**
Allanbrooke Wlk. *M15* —2C **108**
Allandale. *Alt* —1D **144**
Allandale Ct. *Salf* —2A **82**
Allandale Rd. *M19* —6B **110**
Allan Roberts Clo. *M9* —2F **83**
Allanson Rd. *M22* —2C **136**
Alldis St. *Stoc* —6B **140**
Allen Av. *Hyde* —1D **130**
Allenby Rd. *Cad* —5B **118**

Allenby Rd. *Swint* —5C **78**
Allenby St. *Shaw* —6E **43**
Allenby Wlk. *M40* —6E **83**
Allen Clo. *Shaw* —1E **57**
Allendale Dri. *Bury* —4E **51**
Allendale Gdns. *Bolt* —3A **32**
Allendale Wlk. *Salf*
—3B **94** (3C **4**)
Allen Rd. *Urm* —5H **105**
Allen St. *Bury* —2A **36**
Allen St. *L Lev* —4A **48**
Allen St. *Rad* —4E **49**
(in two parts)
Allen St. *Roch* —5A **28**
Allerdean Wlk. *Stoc* —6A **126**
Allerford St. *M16* —3C **108**
Allerton Ho. *Ram* —5A **32**
(off Duke St. N.)
Allerton Wlk. *M13*
—1F **109** (6D **10**)
Alley St. *Oldh* —4G **73**
Allgreave Clo. *Sale* —1E **135**
Allingham St. *M13* —3A **110**
Allington Dri. *Ecc* —1G **91**
Alliott Wlk. *M15* —2C **108**
Allison Gro. *Ecc* —4D **90**
Allison St. *M8* —6B **82**
Allonby Wlk. *Mid* —5E **53**
Allotment Rd. *Cad* —3B **118**
Alloway Wlk. *M40* —5A **84**
All Saint's Clo. *Rytn* —2B **56**
All Saints' Rd. *Stoc* —5G **127**
All Saints St. *M40* —6C **84**
All Saints St. *Bolt* —1B **32**
All Saints Ter. *Roch* —1B **28**
Allwood St. *Salf* —4B **94** (6C **4**)
Alma Ind. Est. *Roch* —2H **27**
Alma La. *Wilm* —3D **166**
Alma Rd. *M19* —1C **126**
Alma Rd. *Haz G* —5G **153**
Alma Rd. *Sale* —1G **133**
Alma Rd. *Stoc* —4D **126**
Alma St. *Bolt* —3G **45**
Alma St. *Ecc* —4H **91**
Alma St. *Hyde* —4A **114**
Alma St. *Kear* —4B **64**
Alma St. *L Lev* —4B **48**
Alma St. *Rad* —2F **49**
Alma St. *Roch* —2H **27**
Alma St. *Stal* —3F **101**
Alminstone Clo. *M40* —1F **97**
Almond Av. *Bury* —2G **37**
Almond Clo. *Fail* —5F **85**
Almond Clo. *L'boro* —3D **16**
Almond Clo. *Salf* —2G **93**
Almond Clo. *Stoc* —3E **139**
Almond Ct. *Duk* —4A **100**
Almond Dri. *Sale* —3H **121**
Almond Gro. *Bolt* —2B **32**
Almond Rd. *Oldh* —6H **57**
Almond St. *M40* —1F **95**
Almond St. *Bolt* —1B **32**
Almond St. *Farn* —1E **63**
Almond Tree Rd. *Chea H*
—4C **150**
Almond Wlk. *Part* —6B **118**
Almond Way. *Hyde* —5E **115**
Alms Hill Rd. *M8* —5C **82**
Almshouses. *Sale* —5E **123**
Alness Rd. *M16* —4C **108**
Alnwick Dri. *Bury* —2E **51**
Alnwick Rd. *M9* —4F **69**
Alperton Wlk. *M40* —1F **97**
Alpha Ct. *Aud* —4C **112**
Alpha Pl. *M15* —6C **94** (3F **9**)
Alpha Rd. *Stret* —5C **106**
Alpha St. *Open* —6G **97**
Alpha St. *Rad* —3F **49**
Alpha St. *Salf* —2F **93**

Alpha St. W. *Salf* —2E **93**
Alphin Clo. *G'fld* —4F **61**
Alphin Clo. *Moss* —6G **75**
Alphin Sq. *Moss* —2F **89**
Alphonsus St. *M16* —3A **108**
Alpine Dri. *Miln* —4G **29**
Alpine Dri. *Rytn* —4A **56**
Alpine Dri. *Ward* —3A **16**
Alpine Rd. *Stoc* —1A **140**
Alpine St. *M11* —2D **96**
Alpine Ter. *Farn* —1G **63**
Alpington Wlk. *M40* —1C **84**
Alport Av. *M16* —5A **108**
Alport Gro. *Glos* —5G **117**
(off Melandra Castle Rd.)
Alport Lea. *Glos* —5G **117**
(off Hathersage Cres.)
Alport Way. *Glos* —5G **117**
(off Melandra Castle Rd.)
Alresford Rd. *Mid* —4H **69**
Alresford Rd. *Salf* —6B **80**
Alric Wlk. *M22* —5C **148**
Alsham Wlk. *M8* —5C **82**
Alsop Av. *Salf* —4F **81**
Alstead Av. *Hale* —2A **146**
Alston Av. *Sale* —6H **121**
Alston Av. *Shaw* —5F **43**
Alston Av. *Stret* —4B **106**
Alston Clo. *Haz G* —4A **152**
Alstone Dri. *Alt* —5C **132**
Alstone Rd. *Stoc* —3E **127**
Alston Gdns. *M19* —4B **126**
Alston Rd. *M18* —2G **111**
Alston St. *Bolt* —4A **46**
Alston St. *Bury* —1A **36**
Alston Wlk. *Mid* —5E **53**
Altair Av. *M22* —4B **148**
Altair Pl. *Salf* —1A **94**
Altcar Gro. *Stoc* —5G **111**
Altcar Wlk. *M22* —3A **148**
(in two parts)
Alt Fold Dri. *Oldh* —6H **73**
Alt Gro. *Ash L* —5F **87**
Altham Clo. *Bury* —6B **36**
Altham Wlk. *M40* —5A **84**
(off Craiglands Av.)
Alt Hill La. *Ash L* —3G **87**
Alt Hill Rd. *Ash L* —2G **87**
Althorn Wlk. *M23* —6G **135**
Althorpe Wlk. *M40* —1F **97**
Alt La. *Oldh* —1G **87**
Alton Av. *Urm* —4H **103**
Alton Clo. *Ash L* —4G **87**
Alton Clo. *Bury* —2E **51**
Alton Rd. *Wilm* —1C **166**
Alton Sq. *Open* —6G **97**
Alton St. *M9* —5F **83**
Alton St. *Oldh* —6D **72**
Altrincham *M22* & *Gat*
—4A **136**
Altrincham Rd. *M23* —4D **134**
Altrincham Rd. *Styal* —4G **157**
ALTRINCHAM STATION.
BR & M —1G **145**
Altrincham St. *M1*
(in two parts) —5F **95** (2C **10**)
Altrincham St. *Oldh* —1B **72**
Alt Rd. *Ash L* —5F **87**
Alt Wlk. *W'fld* —5G **51**
Alum Cres. *Bury* —4E **51**
Alvanley Clo. *Sale* —2B **134**
Alvanley Cres. *Stoc* —5E **139**
Alvanley Ind. Est. *Bred* —5F **129**
Alvanley St. *Bred* —5G **129**
Alvan Sq. *M11* —6G **97**
Alva Rd. *Oldh* —5H **57**
Alvaston Av. *Stoc* —6D **126**
Alvaston Rd. *M18* —3G **111**
Aveley Av. *M20* —4G **125**
Alverstone Rd. *M20* —3G **125**
Alveston Dri. *Wilm* —6H **159**

Alvington Gro. *Haz G* —4A **152**
Alvon Ct. *Hyde* —5E **115**
Alwin Rd. *Shaw* —5E **43**
Alwinton Av. *Stoc* —6A **126**
Alworth Rd. *M9* —4F **69**
Ambassador Pl. *Alt* —6G **133**
Amber Gdns. *Duk* —5H **99**
Amberhill Way. *Wor* —6B **76**
(in two parts)
Amberidge Wlk. M15 —2E **109**
(off Duxbury Sq.)
Amberley Clo. *Bolt* —2D **44**
Amberley Dri. *M23* —1G **147**
Amberley Dri. *Haleb* —5B **146**
Amberley Dri. *Irl* —6E **103**
Amberley Rd. *Sale* —4G **121**
Amberley Wlk. *Chad* —2A **72**
Amber St. *M4* —3E **95** (3B **6**)
Amberwood. *Chad* —1E **71**
Amberwood Dri. *M23* —5D **134**
Amblecote Dri. E. *L Hul* —3C **62**
Amblecote Dri. W. *L Hul*
                    —3C **62**
Ambleside. *Stal* —2E **101**
Ambleside Av. *Ash L* —1F **99**
Ambleside Av. *Tim* —6C **134**
Ambleside Clo. *Bolt* —1H **33**
Ambleside Clo. *Mid* —6G **53**
Ambleside Rd. *Stoc* —2H **127**
Ambleside Rd. *Urm* —6A **104**
Ambleside Way. *M9* —1A **84**
Ambrose Cres. *Dig* —4B **60**
Ambrose Dri. *M20* —5B **124**
Ambrose Gdns. *M20* —5B **124**
Ambrose St. *M12* —6C **96**
Ambrose St. *Hyde* —2C **130**
Ambrose St. *Roch* —6H **27**
Ambush St. *M11* —6H **97**
Amelia St. *Hyde* —5C **114**
Amelia St. W. *Dent* —3F **113**
Amersham Clo. *Urm* —2D **104**
Amersham Pl. *M19* —3C **126**
Amersham St. *Salf* —4F **93**
Amesbury Gro. *Stoc* —4H **127**
Amesbury Rd. *M9* —5G **69**
Amherst Rd. *M20 & M14*
                    —2G **125**
Amlwch Av. *Stoc* —5D **140**
Ammon's Way. *Del* —2H **59**
Ammon Wrigley Clo. *Oldh*
                    —2D **72**
Amory St. *M12* —5G **95** (2E **11**)
Amos Av. *M40* —1E **97**
Amos St. *M9* —4G **83**
Amos St. *Salf* —3E **93**
Ampleforth Gdns. *Rad* —2E **49**
Ampney Clo. *Ecc* —4D **90**
Amport Wlk. *M40* —1C **84**
Amwell St. *M8* —4D **82**
Amy St. *Mid* —6B **54**
Amy St. *Roch* —2D **26**
Anaconda St. *M11*
                    —2C **94** (2E **5**)
Ancaster Wlk. *M40* —1C **84**
Anchorage Quay. *Salf* —5G **93**
Anchorage Rd. *Urm* —6A **106**
Anchorage Wlk. *M18* —1E **111**
Anchor Clo. *M19* —6E **111**
Anchor Ct. *M8* —2B **82**
Anchor Ct. *Wilm* —1E **167**
Anchor La. *Farn & Wor* —1B **62**
Anchorside Clo. *M21* —2H **123**
Anchor St. *Oldh* —1D **72**
Ancoats Gro. *M4*
                    —4H **95** (6G **7**)
Ancoats Gro. N. *M4*
                    —4H **95** (6G **7**)
Ancoats St. *Lees* —3A **74**
Ancroft Gdns. *Bolt* —4G **45**
Anderton Clo. *Bury* —4F **35**

Anderton Gro. *Ash L* —6A **88**
Anderton Pl. *Salf* —6H **81**
Anderton Way. *Hand* —4H **159**
Andoc Av. *Ecc* —3A **92**
Andover Av. *Mid* —4B **70**
Andover St. *Ecc* —4E **91**
Andover Wlk. *M8* —2C **82**
Andre St. *M11* —3E **97**
Andrew Clo. *G'mnt* —2H **21**
Andrew Clo. *Rad* —6A **50**
Andrew Ct. *Manx* —3F **125**
Andrew Gro. *Duk* —5B **100**
Andrew La. *Bolt* —5D **18**
Andrew La. *H Lane* —4C **154**
Andrew Rd. *M9* —1F **83**
Andrews Av. *Urm* —4A **104**
Andrew's Brow. *M40* —1F **97**
Andrews Clo. *Dent* —1H **129**
Andrews La. *M4* —4E **95** (5B **6**)
Andrew St. *M9* —5F **83**
Andrew St. *Ash L* —6H **87**
Andrew St. *Bury* —3E **37**
Andrew St. *Chad* —1H **71**
Andrew St. *Comp* —1E **143**
Andrew St. *Droy* —1C **98**
Andrew St. *Fail* —3E **85**
Andrew St. *Hyde* —4D **114**
Andrew St. *Mid* —2C **70**
Andrew St. *Moss* —3E **89**
Andrew St. *Stoc* —1F **139**
Andy Nicholson Wlk. *M9*
                    —3H **83**
Anerley Rd. *M20* —5F **125**
Anfield Clo. *Bury* —4F **51**
Anfield M. *Chea H* —2B **150**
Anfield Rd. *M40* —2D **84**
Anfield Rd. *Bolt* —4A **46**
Anfield Rd. *Chea H* —2B **150**
Anfield Rd. *Sale* —4C **122**
Angela Av. *Rytn* —5C **56**
Angela St. *M15* —6B **94** (4D **8**)
Angel Clo. *Duk* —6H **99**
Angelico Rise. *Oldh* —4H **57**
Angelo St. *Ram* —2H **31**
(in two parts)
Angel St. *M4* —2E **95** (2B **6**)
Angel St. *Dent* —3G **113**
Angel St. *Haz G* —2D **152**
Angier Gro. *Dent* —4F **113**
Anglesea Av. *M9* —3F **83**
Anglesea Av. *Stoc* —5H **139**
Anglesey Clo. *Ash L* —5E **87**
Anglesey Dri. *Poy* —1E **163**
Anglesey Gro. *Chea* —5B **138**
Anglesey Rd. *Ash L* —5D **86**
Anglesey Water. *Poy* —1E **163**
Angleside Av. *M19* —5A **126**
Angle St. *Bolt* —4D **32**
Anglia Gro. *Bolt* —3G **45**
Angora Dri. *Salf* —2B **94** (2C **4**)
Angouleme Way. *Bury* —3C **36**
Angus Av. *Heyw* —4C **38**
Aniline St. *M11* —4D **96**
Anita St. *M4* —3F **95** (3D **6**)
Annable Rd. *M18* —1G **111**
Annable Rd. *Bred* —6D **128**
Annable Rd. *Droy* —4B **98**
Annable Rd. *Irl* —1D **118**
Annald Sq. *Droy* —5A **98**
Annan St. *Dent* —3F **113**
Annecy Clo. *Bury* —1H **35**
Anne Line Clo. *Roch* —6A **28**
(off Wellfield St.)
Annersley Av. *Shaw* —1E **57**
Annesley Gdns. *M18* —1F **111**
Annesley Rd. *M40* —2E **85**
Anne St. *Duk* —5B **100**
Annie Darby Ct. *M9* —4F **83**
Annie St. *Ram* —5C **12**
Annie St. *Salf* —3E **93**
Annis Clo. *Ald E* —4H **167**

Annisdale Clo. *Ecc* —3D **90**
Annisfield Av. *G'fld* —4F **61**
Annis Rd. *Ald E* —4H **167**
Annis Rd. *Bolt* —3F **45**
Ann Sq. *Oldh* —1H **73**
Ann St. *Ash L* —5F **99**
Ann St. *Dent* —4E **113**
Ann St. *Heyw* —2F **39**
Ann St. *Hyde* —4A **114**
Ann St. *Kear* —2G **63**
Ann St. *Roch* —5H **27**
Ann St. *Stoc* —5G **127**
Anscombe Clo. *M40*
                    —2H **95** (2H **7**)
Anscombe Wlk. *M40*
                    —2H **95** (1H **7**)
Ansdell Av. *M21* —1A **124**
Ansdell Dri. *Droy* —3G **97**
Ansdell Rd. *Roch* —1H **41**
Ansdell Rd. *Stoc* —6A **112**
Ansdell St. *M8* —4C **82**
Ansell Clo. *M18* —1F **111**
Anselms Ct. *Oldh* —5A **72**
Ansford Wlk. M9 —5E **83**
(off Westmere Dri.)
Ansleigh Av. *M8* —2C **82**
Ansley Gro. *Stoc* —6D **126**
Anslow Clo. *M40* —6F **83**
Anson Av. *Swint* —5E **79**
Anson Clo. *Bram* —2H **161**
Anson Rd. *M14* —3H **109**
Anson Rd. *Dent* —5A **112**
Anson Rd. *Poy* —3H **163**
Anson Rd. *Swint* —5E **79**
Anson Rd. *Wilm* —6A **160**
Anson St. *Bolt* —2B **32**
Anson St. *Ecc* —2D **90**
Anson View. *M14* —4H **109**
Answell Av. *M8* —1C **82**
Antares Av. *Salf* —2B **94** (1C **4**)
Anthistle Ct. *Salf* —3D **92**
Anthony Clo. *M12* —6A **96**
Anthony St. *Bolt* —4B **46**
Anthony St. *Moss* —2D **88**
Antilles Clo. *M12* —3C **110**
Anton Wlk. *M9* —4F **83**
Antrim Clo. *M19* —2H **137**
Anvil St. *M1* —6D **94** (3H **9**)
Anvil St. *Farn* —2F **63**
Anvil Way. *Oldh* —2C **72**
Apethorn La. *Hyde* —2B **130**
Apfel La. *Chad* —2H **71**
Apollo Av. *Bury* —4D **50**
Apollo Wlk. *M12* —1C **110**
Apperley Grange. *Ecc* —1G **91**
Appian Way. *Salf & M8* —5A **82**
Appleby Av. *M12* —4C **110**
Appleby Av. *Hyde* —2A **114**
Appleby Av. *Tim* —6C **134**
Appleby Clo. *Bury* —3F **35**
Appleby Clo. *Stoc* —6F **139**
Appleby Gdns. *Bolt* —4C **32**
Appleby Lodge. *M14* —5H **109**
Appleby Rd. *Gat* —1F **149**
Appleby Wlk. *Rytn* —3C **56**
Apple Clo. *Oldh* —6G **73**
Applecross Wlk. *Open* —5E **97**
Appledore Dri. *M23* —4D **134**
Appledore Dri. *Bolt* —2H **33**
Appledore Wlk. *Chad* —3H **71**
Appleford Dri. *M8* —5D **82**
Apple St. *Hyde* —2G **131**
Apple Ter. *Ram* —3H **31**
Appleton Ct. *Sale* —5B **122**
Appleton Gro. *Sale* —1G **133**
Appleton Rd. *Hale* —4G **145**
Appleton Rd. *Stoc* —3F **127**
Appleton Wlk. *Wilm* —6A **160**
Apple Tree Ct. *Salf* —3G **93**
Apple Tree Wlk. *Sale* —4E **121**
Applewood. *Chad* —2E **71**

Apprentice Ct. *M9* —3G **83**
Apprentice La. *Wilm* —4D **158**
April Clo. *Oldh* —5G **73**
Apron Rd. *Man A* —1A **158**
Apsley Clo. *Bow* —4D **144**
Apsley Gro. *M12*
                    —1G **109** (5F **11**)
Apsley Gro. *Bow* —4D **144**
Apsley Pl. *Ash L* —3G **99**
Apsley Rd. *Dent* —3F **113**
Apsley Side. *Moss* —3E **89**
Apsley St. *Stoc* —2H **139**
Aquarius La. *Salf* —1A **94**
Aquarius St. *M15* —2E **109**
Aqueduct Rd. *Bolt* —3E **47**
Aragon Dri. *Heyw* —3E **39**
Aragon Way. *Marp* —5C **142**
Arbor Av. *M19* —2B **126**
Arbor Dri. *M19* —2B **126**
Arbor Gro. *Droy* —2A **98**
Arbor Gro. *L Hul* —5A **62**
Arbory Av. *M40* —3B **84**
Arbour Clo. *Bury* —5E **23**
Arbour Clo. *Salf* —2F **93**
Arbour Ct. *Marp* —6C **142**
Arbour Rd. *Oldh* —5A **74**
Arbroath St. *M11* —4F **97**
Arbury Av. *Roch* —6G **27**
Arbury Av. *Stoc* —4B **138**
Arcades Shopping Cen. *Ash L*
                    —2H **99**
Arcade, The. *Stal* —5D **100**
Arcade, The. *Stoc* —4C **128**
Arcadia Av. *Sale* —2A **134**
Archer Av. *Bolt* —5E **33**
Archer Gro. *Bolt* —5E **33**
Archer Pk. *Mid* —1G **69**
Archer Pl. *Urm* —4H **105**
Archer St. *M11* —3C **96**
Archer St. *Moss* —1E **89**
Archer St. *Stoc* —6C **140**
Archer St. *Wor* —4A **76**
Archie St. *Salf* —6G **93**
Arch St. *Bolt* —4C **32**
Arclid Clo. *Wilm* —6A **160**
Arcon Clo. *Roch* —5E **29**
Arcon Dri. *M16* —4C **108**
Arcon Pl. *Alt* —5C **132**
Arcon Pl. *Stoc* —6B **128**
Ardale Av. *M40* —1C **84**
Ardcombe Av. *M9* —4E **69**
Ardeen Wlk. *M13*
                    —1G **109** (5E **11**)
Arden Av. *Mid* —4B **70**
Arden Clo. *Ash L* —5B **88**
Arden Clo. *Bury* —5C **36**
Arden Clo. *H Grn* —6G **149**
Arden Ct. *Bram* —4F **151**
Ardenfield. *Dent* —2G **129**
Ardenfield Dri. *M22* —2C **148**
Arden Gro. *M40* —2C **84**
Arden Ho. *Rytn* —3C **56**
Arden Lodge Rd. *M23* —4D **134**
Arden Rd. *Bred* —2E **129**
Ardens Clo. *Swint* —1D **78**
Arden St. *Chad* —6G **71**
Ardent Way. *P'wch* —2F **81**
Arderne Rd. *Tim* —3A **134**
Ardern Field St. *Stoc* —4H **139**
Ardern Gro. *Stoc* —3H **139**
Ardern Rd. *M8* —1B **82**
Ardern Wlk. *Stoc* —2G **139**
Ardingley Wlk. *M23* —3D **134**
Ardmore Wlk. *M22* —2C **148**
Ardwick Grn. N. *M12*
                    —6G **95** (3E **11**)
Ardwick Grn. S. *M13*
                    —6G **95** (4E **11**)
ARDWICK STATION. *BR*
                    —6H **95**

Argo St. *Bolt* —3H **45**
Argosy Dri. *Ecc* —6B **90**
Argosy Dri. *Tim* —6F **147**
Argus St. *Oldh* —2A **86**
Argyle Av. *M14* —3A **110**
Argyle Av. *W'fld* —1E **67**
Argyle Av. *Wor* —4E **63**
Argyle Cres. *Heyw* —4D **38**
Argyle Pde. *Heyw* —4C **38**
Argyle St. *M18* —1F **111**
Argyle St. *Bury* —6F **23**
Argyle St. *Droy* —4A **98**
Argyle St. *Haz G* —3E **153**
Argyle St. *Heyw* —4B **38**
Argyle St. *Moss* —2E **89**
Argyle St. *Oldh* —1F **73**
Argyle St. *Roch* —1G **41**
Argyle St. *Swint* —4E **79**
Argyll Av. *Stret* —5B **106**
Argyll Clo. *Fail* —4H **85**
Argyll Pk. Rd. *Fail* —4H **85**
Argyll Rd. *Chad* —6F **71**
Argyll Rd. *Chea* —6B **138**
Argyll St. *Ash L* —2C **100**
Arkendale Clo. *Fail* —4A **86**
Arkholme. *Wor* —3C **76**
Arkholme Wlk. *M40* —4B **84**
Arkle Av. *Stan G* —3A **160**
Arkley Wlk. *M13*
　　　　　—1F **109** (5D **10**)
Ark St. *M19* —5C **110**
Arkwright Clo. *Bolt* —4G **31**
Arkwright Rd. *Marp* —4E **143**
Arkwright Rd. *Marp* —4E **143**
Arkwright St. *Oldh* —3A **72**
Arkwright Way. *M4*
　　　　　—3E **95** (4A **6**)
(off Arndale Shopping Cen.)
Arkwright Way. *Roch* —3G **41**
Arlen Ct. *Bolt* —2D **46**
Arlen Rd. *Bolt* —2D **46**
Arlen Way. *Heyw* —3D **38**
Arley Av. *M20* —4D **124**
Arley Av. *Bury* —5E **23**
Arley Clo. *Duk* —1B **114**
Arley Clo. *W Tim* —3F **133**
Arley Dri. *Sale* —1A **134**
Arley Dri. *Shaw* —5G **43**
Arley Gro. *Stoc* —1F **151**
Arley Ho. *Salf* —4H **81**
Arleymere Clo. *Chea H* —2B **150**
Arley Moss Wlk. *M13*
　　　　　—6F **95** (4D **10**)
Arley St. *Hyde* —4A **114**
Arley St. *Rad* —6H **49**
Arley Way. *Dent* —6G **113**
Arlies Clo. *Stal* —1E **101**
Arlies La. *Stal* —1E **101**
Arlies St. *Ash L* —1B **100**
Arlington Av. *Dent* —5B **113**
Arlington Av. *P'wch* —1G **81**
Arlington Av. *Swint* —5D **78**
Arlington Clo. *Bury* —1C **22**
Arlington Cres. *Wilm* —4B **166**
Arlington Dri. *Poy* —4D **162**
Arlington Dri. *Stoc* —2A **152**
Arlington Rd. *Chea* —1G **149**
Arlington Rd. *Stret* —5B **106**
Arlington St. *M8* —3B **82**
Arlington St. *Ash L* —2A **100**
Arlington St. *Bolt* —4B **46**
Arlington St. *Salf*
　　　　　—2B **94** (3D **4**)
Arlington Way. *Wilm* —4B **166**
Arliss Av. *M19* —1C **126**
Armadale Av. *M9* —5A **70**
Armadale Clo. *Stoc* —6H **139**
Armadale Ct. *Bolt* —2C **44**
Armadale Rd. *Bolt* —1C **44**
Armadale Rd. *Duk* —5A **100**
Armdale Rise. *Oldh* —6A **58**

Armentieres Sq. *Stal* —4E **101**
Armhope Ter. *Stoc* —3G **139**
Armitage Av. *L Hul* —5B **62**
Armitage Clo. *Hyde* —1C **130**
Armitage Clo. *Mid* —2F **69**
Armitage Clo. *Oldh* —6A **72**
Armitage Gro. *L Hul* —5B **62**
Armitage Ho. *Salf* —2C **92**
Armitage Owen Wlk. *M40*
　　　　　—4A **84**
Armitage Pl. *Bow* —2F **145**
Armitage Rd. *Alt* —2F **145**
Armitage St. *Ecc* —4E **91**
Armit Rd. *G'fld* —5G **75**
Armour Pl. *M9* —1E **83**
Arm Rd. *L'boro* —5C **16**
Armstrong Hurst Clo. *Roch*
　　　　　—6H **15**
Arncliffe Clo. *Farn* —6F **47**
Arncliffe Dri. *M23* —2G **147**
Arncliffe Rise. *Oldh* —3B **58**
Arncot Rd. *Ram* —6D **18**
Arncott Clo. *Rytn* —3E **57**
Arndale Shopping Cen. *M4 & M2*
　　　　　—3E **95** (4A **6**)
Arndale Shopping Cen. *Mid*
　　　　　—1H **69**
Arndale Shopping Cen. *Stret*
　　　　　—6C **106**
Arne Clo. *Stoc* —6G **141**
Arnesby Av. *Sale* —4E **123**
Arnesby Gro. *Bolt* —5D **32**
Arne St. *Chad* —4G **71**
Arnfield Dri. *Wor* —5D **76**
Arnfield Rd. *M20* —3F **125**
Arnfield Rd. *Aud* —6F **99**
Arnfield Rd. *Stoc* —6F **139**
Arnold Av. *Heyw* —6G **39**
Arnold Av. *Hyde* —2D **130**
Arnold Clo. *Duk* —6E **101**
Arnold Dri. *Droy* —4A **98**
Arnold Rd. *M16* —6C **108**
Arnold Rd. *Eger* —3D **18**
Arnold Rd. *Hyde* —2D **130**
Arnold St. *Bolt* —3G **31**
Arnold St. *Oldh* —1E **73**
Arnold St. *Stoc* —4G **139**
Arnold Wlk. *Dent* —2G **129**
Arnott Cres. *M15* —2D **108**
Arnside Av. *Chad* —3G **71**
Arnside Av. *Haz G* —3C **152**
Arnside Av. *Stoc* —3F **127**
Arnside Clo. *Gat* —1F **149**
Arnside Clo. *H Lane* —5C **154**
Arnside Clo. *Shaw* —6H **43**
Arnside Dri. *Hyde* —3A **114**
Arnside Dri. *Roch* —6A **26**
Arnside Dri. *Salf* —2B **92**
Arnside Gro. *Bolt* —5G **33**
Arnside Gro. *Sale* —3B **122**
Arnside St. *M14* —4F **109**
Arran Av. *Oldh* —6D **72**
Arran Av. *Sale* —6C **122**
Arran Av. *Stret* —5A **106**
Arran Clo. *Bolt* —1C **44**
Arrandale Ct. *Urm* —4F **105**
Arran Gdns. *Urm* —2E **105**
(in three parts)
Arran Gro. *Rad* —2E **49**
Arran Rd. *Duk* —6A **100**
Arran St. *M40* —3H **83**
Arran St. *Salf* —5H **81**
Arran Wlk. *Heyw* —4C **38**
Arras Gro. *Dent* —4H **111**
Arreton Sq. *M14* —4H **109**
Arrowfield Rd. *M21* —3B **124**
Arrowhill Rd. *Rad* —6F **35**
Arrowscroft Way. *Holl* —2F **117**
Arrowsmith Wlk. *M11* —4B **96**
(off Redfield Clo.)

Arrow St. *Ram* —5A **32**
Arrow St. *Salf* —6H **81**
Arrow Trad. Est. *Aud* —2D **112**
Arthington St. *Roch* —3B **28**
Arthog Dri. *Hale* —5H **145**
Arthog Rd. *M20* —6G **125**
Arthog Rd. *Hale* —5H **145**
Arthur Av. *Wor* —4E **63**
Arthur La. *Ain* —2A **34**
Arthur Millwood Ct. *Salf*
　　　　　—4B **94** (5D **4**)
Arthur Pits. *Roch* —4B **26**
Arthur Rd. *M16* —4A **108**
Arthurs & Alice Kenyon Ind. Est.
　　　　　Oldh —3H **73**
Arthurs La. *G'fld* —3F **61**
Arthur St. *Bury* —3A **36**
Arthur St. *Ecc* —4E **91**
Arthur St. *Farn* —1F **63**
Arthur St. *Heyw* —3F **39**
Arthur St. *Hyde* —6A **114**
Arthur St. *L Lev* —4B **48**
Arthur St. *P'wch* —4D **66**
Arthur St. *Roch* —3F **27**
Arthur St. *Shaw* —6E **43**
Arthur St. *Stoc* —2G **127**
Arthur St. *Swint* —4D **78**
(in two parts)
Arthur St. *Wor* —1H **77**
(Walkden)
Arthur St. *Wor* —2G **77**
(Worsley)
Arthur Ter. *Stoc* —2G **127**
Artillery Pl. *M22* —1D **148**
Artillery St. *M3* —5C **94** (1F **9**)
Artillery St. *Bolt* —2B **46**
Arundale Av. *M16* —6C **108**
Arundale Clo. *Mot* —4B **116**
Arundale Gro. *Mot* —4B **116**
Arundel Av. *Haz G* —5D **152**
Arundel Av. *Roch* —1E **41**
Arundel Av. *W'fld* —2F **67**
Arundel Clo. *Bury* —5C **22**
Arundel Clo. *C'brk* —5H **89**
Arundel Clo. *Hale* —4C **146**
Arundel Ct. *M9* —4C **68**
Arundel Gro. *Stoc* —1B **152**
Arundel Rd. *Chea H* —1C **160**
Arundel St. *M15* —6B **94** (3D **8**)
Arundel St. *Ash L* —3C **100**
Arundel St. *Bolt* —6C **18**
Arundel St. *Moss* —2D **88**
Arundel St. *Oldh* —2G **73**
Arundel St. *Roch* —1E **41**
Arundel St. *Wdly* —2C **78**
Arundel Wlk. *Chad* —3G **71**
Asbury Ct. *Ecc* —2E **91**
Asby Clo. *Mid* —5F **53**
Ascension Rd. *Salf* —1B **94**
Ascot Av. *Sale* —6E **121**
Ascot Av. *Stret* —4F **107**
Ascot Clo. *Chad* —2A **72**
Ascot Clo. *Roch* —3A **26**
Ascot Ct. *Sale* —6F **121**
Ascot Dri. *Haz G* —3G **153**
Ascot Dri. *Urm* —5G **103**
Ascot Gro. *Stoc* —4B **140**
Ascot Ho. *Sale* —6E **121**
Ascot Meadow. *Bury* —5C **36**
Ascot Pde. *M19* —3B **126**
Ascot Rd. *M40* —1D **96**
Ascot Rd. *L Lev* —4H **47**
Ascot Wlk. *Salf* —6E **81**
Ascroft Ct. *Oldh* —3D **72**
Ascroft St. *Oldh* —3D **72**
Asdwood Clo. *Oldh* —6H **57**
Asgard Dri. *Salf* —5A **94** (1B **8**)
Asgard Gro. *Salf* —5A **94** (2B **8**)
Ash Av. *Alt* —6C **132**

Ash Av. *Cad* —4B **118**
Ash Av. *Chea* —6A **138**
Ashawe Clo. *L Hul* —6A **62**
Ashawe Gro. *L Hul* —6A **62**
Ashawe Ter. *L Hul* —6A **62**
Ashbank Av. *Bolt* —1C **44**
Ashbee St. *Bolt* —2A **32**
Ashberry Clo. *Wilm* —1G **167**
Ashborne Dri. *Bury* —1D **22**
Ashbourne Av. *Bolt* —1D **46**
Ashbourne Av. *Chea* —5B **138**
Ashbourne Av. *Mid* —4C **54**
Ashbourne Av. *Urm* —5A **104**
Ashbourne Clo. *Ward* —3B **16**
Ashbourne Cres. *Sale* —1D **134**
Ashbourne Dri. *Ash L* —5B **88**
Ashbourne Dri. *H Lane* —1C **164**
Ashbourne Gro. *Salf* —4A **82**
Ashbourne Gro. *W'fld* —6B **50**
Ashbourne Gro. *Wor* —3G **77**
Ashbourne Ho. *M14* —3H **109**
Ashbourne Rd. *Dent* —5E **113**
Ashbourne Rd. *Ecc* —4G **91**
Ashbourne Rd. *Haz G* —5F **153**
Ashbourne Rd. *Salf* —6A **80**
Ashbourne Rd. *Stret* —3A **106**
Ashbourne Sq. *Oldh* —4C **72**
Ashbourne St. *Roch* —2A **26**
Ashbridge Rd. *Fail* —5A **86**
Ashbrook Av. *Dent* —4B **112**
Ashbrook Clo. *Dent* —4B **112**
Ashbrook Clo. *H Grn* —4F **149**
Ashbrook Clo. *W'fld* —1F **67**
Ashbrook Cres. *Roch* —6A **16**
Ashbrook Farm Clo. *Stoc*
　　　　　—5H **111**
Ashbrook Hey La. *Roch* —5A **16**
Ashbrook La. *Stoc* —5H **111**
Ashbrook St. *Open* —6A **98**
Ashburn Av. *M19* —4B **126**
Ashburner St. *Bolt* —1A **46**
Ashburn Flats. *Heyw* —3E **39**
(off School St.)
Ashburn Gro. *Stoc* —6E **127**
Ashburn Rd. *Stoc* —6E **127**
Ashburton Clo. *Hyde* —5A **116**
Ashburton Rd. *Stoc* —1G **151**
Ashburton Rd. *Traf P* —6B **92**
Ashburton Rd. E. *Traf P*
　　　　　—1B **106**
Ashburton Rd. W. *Urm & Traf P*
　　　　　—6F **91**
Ashbury Clo. *Bolt* —2A **46**
Ashbury Pl. *M40* —1A **96**
ASHBURYS STATION. *BR*
　　　　　—6C **96**
Ashby Av. *M19* —5A **126**
Ashby Clo. *Farn* —4E **47**
Ashby Gro. *W'fld* —2F **67**
Ash Clo. *Ash L* —6H **87**
Ash Clo. *Mot* —3C **116**
Ash Clo. *Roch* —5A **16**
Ashcombe Dri. *Bolt* —1A **48**
Ashcombe Dri. *Rad* —2D **48**
Ashcombe Wlk. *M11* —4B **96**
(off Aldershot Wlk.)
Ashcott Av. *M22* —1B **148**
Ashcott Clo. *Los* —2C **44**
Ash Ct. *Woodl* —4G **129**
Ashcroft. *Roch* —5B **16**
Ashcroft Av. *Salf* —1E **93**
Ashcroft Clo. *Wilm* —4C **166**
Ashcroft St. *Chad* —4G **71**
Ashdale Av. *Bolt* —2C **44**
Ashdale Clo. *Stoc* —4H **127**
Ashdale Cres. *Droy* —4H **97**
Ashdale Dri. *M20* —4H **125**
Ashdale Dri. *H Grn* —3F **149**
Ashdene. *Ash L* —3B **100**
Ashdene. *Roch* —5D **14**
Ashdene Clo. *Chad* —6A **56**

Ashdene Clo. *Spring* —2B **74**
Ashdene Cres. *Bolt* —6H **19**
Ashdene Rise. *Oldh* —3H **57**
Ashdene Rd. *M20* —3H **125**
Ashdene Rd. *Stoc* —1H **137**
Ashdene Rd. *Wilm* —4C **166**
Ashdown Av. *M9* —5F **69**
Ashdown Av. *Woodl* —4A **130**
Ashdown Dri. *Bolt* —2E **33**
Ashdown Dri. *Swint* —5G **79**
Ashdown Dri. *Wor* —4C **76**
Ashdown Gro. *M9* —5F **69**
Ashdown Rd. *Stoc* —6E **127**
Ashdown Ter. *M9* —5F **69**
Ashdown Way. *Shaw* —5C **42**
Ash Dri. *Wdly* —2C **78**
Ashenhurst Ct. *M9* —6C **68**
Asher St. *Bolt* —5G **45**
Ashes Clo. *Stal* —5G **101**
Ashes Dri. *Bolt* —5H **33**
Ashes La. *Miln* —4E **29**
Ashes La. *Spring* —3B **74**
Ashes La. *Stal* —5G **101**
Ashfell Ct. *M21* —6F **107**
Ash Field. *Dent* —2G **113**
Ashfield Av. *Roch* —6H **27**
Ashfield Clo. *Salf* —2E **93**
Ashfield Cres. *Chea* —5H **137**
Ashfield Cres. *Spring* —3B **74**
Ashfield Dri. *M40* —1F **97**
Ashfield Gro. *M18* —3H **111**
Ashfield Gro. *Bolt* —5E **19**
Ashfield Gro. *Irl* —3C **118**
Ashfield Gro. *Marp B* —2F **143**
Ashfield Gro. *Stoc* —1H **151**
Ashfield Ho. *Roch* —6H **27**
Ashfield La. *Miln* —1D **42**
Ashfield Lodge. *Manx* —1D **136**
Ashfield Rd. *M13* —4A **110**
Ashfield Rd. *Alt* —2G **145**
Ashfield Rd. *Chea* —5H **137**
Ashfield Rd. *Had* —4H **117**
Ashfield Rd. *Roch* —1E **41**
Ashfield Rd. *Sale* —4B **122**
Ashfield Rd. *Stoc* —1H **151**
Ashfield Rd. *Urm* —5F **105**
Ashfield Sq. *Droy* —3H **97**
Ashfield St. *Oldh* —6A **72**
Ashford. *Sale* —5E **121**
Ashford Av. *Ecc* —5E **91**
Ashford Av. *Stoc* —5H **111**
Ashford Av. *Swint* —5C **78**
Ashford Av. *Wor* —5B **76**
Ashford Clo. *Bolt* —1G **33**
Ashford Clo. *Bury* —4H **35**
Ashford Clo. *Hand* —2G **159**
Ashford Ct. *Oldh* —6H **57**
Ashford Grn. *Glos* —6G **117**
(off Ashford M.)
Ashford Gro. *Wor* —3H **77**
Ashford M. *Glos* —6G **117**
Ashford Rd. *M20* —2E **125**
Ashford Rd. *Stoc* —3F **127**
Ashford Rd. *Wilm* —5D **166**
Ashford St. *Heyw* —3B **38**
Ashford Wlk. *Chad* —3H **71**
Ashgate Av. *M22* —1C **148**
Ashgill Wlk. *M9* —4G **83**
(off Fernclough Rd.)
Ash Gro. *M14* —3A **110**
Ash Gro. *Bolt* —5F **31**
Ash Gro. *Bow* —4E **145**
Ash Gro. *Droy* —5A **98**
Ash Gro. *Hand* —4G **159**
Ash Gro. *Harw* —2F **15**
Ash Gro. *H Grn* —5F **149**
Ash Gro. *L'boro* —4D **16**
Ash Gro. *Marp* —6C **142**
Ash Gro. *Miln* —2E **43**
Ash Gro. *P'wch* —3E **67**

Ash Gro. *Ram* —6B **12**
Ash Gro. *Roch* —4H **41**
Ash Gro. *Rytn* —1B **56**
Ash Gro. *Spring* —2C **74**
(in two parts)
Ash Gro. *Stal* —2D **100**
Ash Gro. *Stoc* —4F **127**
Ash Gro. *Stret* —1C **122**
Ash Gro. *Swint* —6D **78**
Ash Gro. *Tim* —4H **133**
Ash Gro. *Tot* —6A **22**
Ash Gro. *Wor* —2F **77**
Ash Hill Dri. *Moss* —3G **89**
Ashia Clo. *Roch* —5B **28**
Ashill Wlk. *M3* —5C **94** (1F **9**)
Ashington Clo. *Bolt* —2F **31**
Ashington Dri. *Bury* —4F **35**
Ashkirk St. *M18* —2F **111**
Ashlands. *Sale* —4A **122**
Ashlands Av. *M40* —2C **84**
Ashlands Av. *Swint* —5C **78**
Ashlands Av. *Wor* —4C **76**
Ashlands Dri. *Ram* —3A **12**
(off Water La.)
Ashlands Dri. *Aud* —1E **113**
Ashlands Rd. *Tim* —2A **134**
Ash La. *Hale* —4C **146**
Ashlar Dri. *M12*
—5H **95** (1H **11**)
Ashlea Gro. *Grot* —3D **74**
Ashleigh Clo. *Rytn* —5C **56**
Ashleigh Dri. *Bolt* —5C **30**
Ashleigh Rd. *Tim* —3B **134**
Ashley Av. *M16* —3B **108**
Ashley Av. *Bolt* —5F **33**
Ashley Av. *Swint* —5D **78**
Ashley Av. *Urm* —5A **104**
Ashley Clo. *Roch* —1C **40**
Ashley Ct. *M40* —2F **85**
Ashley Ct. *Hale* —4G **145**
Ashley Ct. *Swint* —1F **79**
Ashley Ct. *Whitw* —3H **15**
Ashley Ct. Dri. *M40* —2F **85**
Ashley Cres. *Swint* —4D **78**
Ashley Dri. *Bram* —1E **161**
Ashley Dri. *Sale* —1G **133**
Ashley Dri. *Swint* —5D **78**
Ashley Gdns. *H Lane* —5B **154**
Ashley Gdns. *Hyde* —6C **114**
Ashley Gro. *Farn* —1E **63**
Ashley La. *M9* —3H **83**
Ashley M. *W'fld* —2F **67**
Ashley Mill La. *Ash* —5F **145**
Ashley Mill La. N. *Hale* —5F **145**
Ashley Rd. *Droy* —3G **97**
Ashley Rd. *Hale & Ash* —2F **145**
Ashley Rd. *Stoc* —3C **140**
Ashley Rd. *Wilm* —6F **159**
Ashley St. *M4* —2F **95** (2C **6**)
Ashley St. *Hyde* —3C **114**
Ashley St. *Oldh* —1A **72**
Ashley St. *Salf* —3E **93**
Ash Lodge. *Poy* —3D **162**
Ashlor St. *Bury* —4C **36**
Ashlyn Gro. *M14* —1H **125**
Ashmead. *Hale* —4B **146**
Ashmill Wlk. *M9* —5E **83**
Ashmond. *Spring* —3B **74**
Ashmoor Rd. *M22* —4C **148**
Ashmoor Wlk. *M22* —4C **148**
Ashmore Av. *Stoc* —4B **138**
Ashmount Dri. *Roch* —1H **27**
Ashness Dri. *Bolt* —4G **33**
Ashness Dri. *Bram* —5G **151**
Ashness Dri. *Mid* —4F **53**
Ashness Gro. *Bolt* —4G **33**
Ashness Pl. *Bolt* —4G **33**
Ashop Wlk. *M15* —6C **94** (4F **9**)
Ashover Av. *M12* —1B **110**
Ashover Clo. *Bolt* —5D **18**

Ashover St. *Stret* —4E **107**
Ashridge Clo. *Los* —1A **44**
Ashridge Dri. *Duk* —6H **99**
Ashridge Dri. *Ecc* —5E **91**
Ash Rd. *Dent* —4H **111**
Ash Rd. *Droy* —3H **97**
Ash Rd. *Kear* —4H **63**
Ash Rd. *Part* —6B **118**
Ash Rd. *Poy* —4F **163**
Ash Sq. *Oldh* —1H **73**
Ashstead Rd. *Sale* —2C **134**
Ash St. *Aud* —6D **98**
Ash St. *Bolt* —1C **46**
Ash St. *Bury* —3E **37**
Ash St. *Fail* —3E **85**
Ash St. *Harp* —4F **83**
Ash St. *Haz G* —2D **152**
Ash St. *Heyw* —2D **38**
Ash St. *Mid* —6C **54**
Ash St. *Oldh* —3F **73**
Ash St. *Roch* —3C **40**
Ash St. *Salf* —3F **93**
Ash St. *Stoc* —3D **138**
Ashton Av. *Alt* —5G **133**
Ashton Ct. *Aud* —1F **113**
Ashton Ct. *Sale* —5G **121**
Ashton Cres. *Chad* —6G **71**
Ashton Field Dri. *Wor* —5E **63**
Ashton Gdns. *Roch* —6G **27**
Ashton Hill La. *Droy* —5A **98**
Ashton Ho. *Ash L* —2H **99**
Ashton La. *Mid* —1B **70**
Ashton La. *Sale* —4G **121**
Ashton New Rd. *M11* —4A **96**
Ashton Northern By-Pass.
Dent & Ash L —4D **98**
Ashton Old Rd. *M12 & M11*
—5A **96** (2H **11**)
Ashton Rd. *M9* —4F **69**
Ashton Rd. *Bred P* —4E **129**
Ashton Rd. *Dent* —2E **113**
Ashton Rd. *Droy* —4A **98**
Ashton Rd. *Fail* —5A **86**
Ashton Rd. *Hyde* —1B **114**
Ashton Rd. *Oldh* —4C **72**
Ashton Rd. *Part & Sale*
—6G **119**
Ashton Rd. E. *Fail* —3F **85**
Ashton Rd. W. *Fail* —4E **85**
Ashton's Pl. *Stal* —4D **100**
Ashton St. *Bolt* —3F **45**
Ashton St. *Chad* —6G **71**
Ashton St. *Duk* —1G **113**
Ashton St. *Heyw* —3E **39**
Ashton St. *L Lev* —4B **48**
Ashton St. *Roch* —6G **27**
Ashton St. *Stal* —4D **100**
Ashton St. *Woodl* —3A **130**
ASHTON-UNDER-LYNE
STATION. *BR* —2H **99**
Ash Tree Av. *Droy* —3H **97**
Ash Tree Dri. *Duk* —6D **100**
Ash Tree Gro. *Droy* —2H **97**
Ash Tree Rd. *M8* —2C **82**
Ashtree Rd. *Hyde* —2F **115**
Ashurst Av. *M11* —3D **96**
Ashurst Clo. *Bolt* —2H **33**
Ashurst Clo. *Hyde* —6E **115**
Ashurst Dri. *Stoc* —6D **138**
Ashurst Gdns. *Ash L* —6F **87**
Ashurst Rd. *M22* —1D **148**
Ashville Ter. *M40* —2H **83**
Ash Wlk. *Chad* —1H **71**
Ash Wlk. *Mid* —3H **69**
Ash Wlk. *Sale* —4F **121**
Ashwater Wlk. *M9* —4G **69**
(off Brockford Dri.)
Ashway Clough N. *Stoc*
—6D **140**
Ashway Clough S. *Stoc*
—6E **141**

Ashwell M. *Bolt* —2E **33**
Ashwell Rd. *M23* —4H **135**
Ashwell St. *Bolt* —2F **47**
Ashwin Wlk. *M8* —5B **82**
Ashwood. *Bow* —4D **144**
Ashwood. *Rad* —2B **64**
Ashwood Av. *M20* —5C **124**
Ashwood Av. *Dent* —4A **112**
Ashwood Av. *Ram* —2F **13**
Ashwood Av. *Sale* —6G **121**
Ashwood Av. *Wor* —4E **63**
Ashwood Cres. *Marp* —4D **142**
Ashwood Dri. *Bury* —5B **22**
Ashwood Dri. *Rytn* —2A **56**
Ashwood Rd. *Dis* —1H **165**
Ashworth Av. *Aud* —6E **99**
Ashworth Av. *L Lev* —4C **48**
Ashworth Av. *Urm* —5A **104**
Ashworth Clo. *Bow* —4D **144**
Ashworth Clo. *Chad* —5H **71**
Ashworth Clo. *L'boro* —2E **17**
Ashworth La. *Bolt* —6D **18**
Ashworth La. *Mot* —5B **116**
Ashworth Rd. *Roch & Heyw*
—1C **24**
Ashworth St. *Bury* —2A **36**
(in two parts)
Ashworth St. *Dent* —3E **113**
Ashworth St. *Fail* —5D **84**
Ashworth St. *Farn* —1E **63**
Ashworth St. *Heyw* —5F **39**
Ashworth St. *Oldh* —3D **72**
Ashworth St. *Rad* —3B **50**
Ashworth St. *Roch* —3F **27**
Ashworth St. *Shaw* —1F **57**
Ashworth Ter. *Bolt* —1G **33**
Ashworth View. Salf —6H **93**
(off Ordsall Dri.)
Ashworth Way. *Mot* —5B **116**
Asia St. *Bolt* —4C **46**
Askern Av. *M22* —2B **148**
Askett Clo. *M40* —5D **84**
Askett St. *M40* —5D **84**
Askrigg Wlk. *M13* —3B **110**
Aspen Clo. *Stoc* —2C **138**
Aspen Clo. *Tim* —6E **135**
Aspen Gdns. *Roch* —2C **26**
Aspen Grn. *Dent* —5G **113**
Aspens, The. *Gat* —5E **137**
Aspen Way. *H Lane* —6E **155**
Aspen Wood. *Hyde* —4D **114**
Aspenwood Clo. *Marp* —4C **142**
Aspenwood Dri. *Chad* —2E **71**
Aspenwood Dri. *Sale* —5E **121**
Aspinall Clo. *Wor* —6B **62**
Aspinall Cres. *Wor* —6B **62**
Aspinall Gro. *Wor* —6B **62**
Aspinall St. *Heyw* —3G **39**
Aspinall St. *Mid* —2C **70**
Aspinal St. *M14* —4G **109**
Aspin La. *M4* —2E **95** (2B **6**)
Aspland Rd. *Hyde* —1D **130**
Aspull St. *Oldh* —4G **73**
Aspull Wlk. *M13*
—1G **109** (6F **11**)
Asquith Av. *Duk* —1A **114**
Asquith Rd. *M19* —3B **126**
Asquith St. *Stoc* —6H **111**
Assheton Av. *Aud* —6F **99**
Assheton Clo. *Ash L* —2H **99**
Assheton Cres. *M40* —1F **97**
Assheton Ho. *Ash L* —2H **99**
Assheton Rd. *Shaw* —6D **42**
Assheton St. *Mid* —5A **54**
Assheton Way. *Mid* —1A **70**
Assisi Gdns. *M12* —1D **110**
Astan Av. *Droy* —2F **97**

Astbury Av. *M21* —5A **124**
Astbury Av. *Aud* —4D **98**
Astbury Clo. *Alt* —5G **133**
Astbury Clo. *Spring* —3B **74**
Astbury Cres. *Stoc* —5F **139**
Astbury St. *Rad* —6H **49**
Astbury Wlk. *Chea* —6C **138**
Aster Av. *Farn* —6C **46**
Aster Ho. *Oldh* —6C **56**
Aster St. *Oldh* —6C **56**
Aster Wlk. *Part* —6D **118**
Astley Clo. *Shaw* —6D **42**
Astley Ct. *Irl* —1C **118**
Astley Gdns. *Duk* —5H **99**
Astley Gro. *Stal* —2D **100**
Astley La. *Ram* —2A **32**
Astley M. *Duk* —4H **99**
Astley Rd. *Bolt* —6A **20**
Astley Rd. *Irl* —2A **102**
Astley Rd. *Stal* —3D **100**
Astley St. *M11* —4E **97**
Astley St. *Bolt* —3A **32**
Astley St. *Duk* —6G **99**
Astley St. *Hyde* —3A **114**
Astley St. *Stal* —5E **101**
Astley St. *Stoc* —2G **139**
Astley Ter. *Duk* —4A **100**
Aston Av. *M14* —5D **108**
Aston Clo. *Stoc* —5E **139**
Aston Ct. *Oldh* —1C **72**
Aston Gdns. *Farn* —6F **47**
Aston Way. *Hand* —2H **159**
Astor Rd. *M19* —2A **126**
Astor Rd. *Salf* —4B **92**
Astra Bus. Pk. *Traf P* —5H **91**
Astral M. *M14* —4H **109**
Atcham Gro. *M9* —3D **68**
Athenian Gdns. *Salf* —6G **81**
Athens Dri. *Wor* —1E **77**
Athens St. *Stoc* —2A **140**
Atherfield. *Bolt* —1G **33**
Atherfield Clo. *M18* —1H **111**
Atherley Gro. *M40 & Chad*
    —1F **85**
Atherstone. Roch —3G 27
    (off Spotland Rd.)
Atherstone Av. *M8* —1B **82**
Atherstone Clo. *Bury* —1A **36**
Atherton Av. *Mot* —3C **116**
Atherton Clo. *Fail* —6H **85**
Atherton Gro. *Ecc* —4E **91**
Atherton Gro. *Mot* —3C **116**
Atherton La. *Cad* —4C **118**
Atherton St. *M3* —4C **94** (6E **5**)
Atherton St. *Ecc* —4D **90**
Atherton St. *Lees* —4A **74**
    (Lees)
Atherton St. *Lees* —3B **74**
    (Springhead)
Atherton St. *Stoc* —3F **139**
Atherton Way. *Ecc* —4D **90**
Athlone Av. *M40* —3A **84**
Athlone Av. *Bolt* —6A **18**
Athlone Av. *Bury* —1D **36**
Athlone Av. *Chea H* —6E **139**
Athole St. *Salf* —4F **93**
Atholl Av. *Stret* —5A **106**
Atholl Clo. *Bolt* —1D **44**
Atholl Dri. *Heyw* —4C **38**
Athol Rd. *M16* —6C **108**
Athol Rd. *Bram* —2F **161**
Athol St. *M18* —4G **111**
Athol St. *Ash L* —2A **100**
Athol St. *Ecc* —4D **90**
Athol St. *Roch* —2B **28**
Athol St. *Stoc* —6F **127**
Athos Wlk. *M40* —1C **84**
Athur La. *Bolt* —2A **34**
Atkinson Av. *Bolt* —4D **46**
Atkinson Rd. *Sale* —3A **122**
Atkinson Rd. *Urm* —5F **105**

Atkinson St. *M3* —4C **94** (6F **5**)
Atkinson St. *Oldh* —1B **72**
Atkinson St. *Roch* —3C **40**
Atkinson St. *Stoc* —4A **140**
Atkin St. *Wor* —1F **77**
Atlanta Av. *Man A* —5G **147**
Atlantic Bus. Cen. *B'hth*
    —4E **133**
Atlantic St. *B'hth* —5D **132**
Atlantic Wlk. M11 —4B 96
    (off Yeoman Wlk.)
Atlas Ho. *Ram* —5B **32**
Atlas St. *Ash L* —6E **87**
Atlas St. *Duk* —5B **100**
Atlas St. *Oldh* —3C **72**
Atlee Way. *M12* —4A **96**
Atlow Dri. *M23* —6H **135**
Attenburys La. *Tim* —3G **133**
Attenbury's Pk. Est. *Tim*
    —3G **133**
Attercliffe Rd. *M21* —2G **123**
Attewell St. *Open* —5C **96**
Attingham Wlk. *Dent* —6E **113**
Attleboro Rd. *M40* —4A **84**
Attwood Rd. *Tim* —6B **134**
Attwood St. *M12* —4C **110**
Atwood Rd. *M20* —6F **125**
Atwood St. *M1* —5E **95** (2A **10**)
Atworth Gdns. *Salf* —4F **81**
Auberson Rd. *Bolt* —4H **45**
Aubrey Rd. *Manx* —2A **126**
Aubrey St. *Roch* —6H **27**
Aubrey St. *Salf* —5G **93**
Auburn Av. *Bred* —5F **129**
Auburn Av. *Hyde* —6C **114**
Auburn Dri. *Urm* —6G **105**
Auburn Rd. *M16* —3H **107**
Auburn Rd. *Dent* —5D **112**
Auburn St. *M1* —4F **95** (1C **10**)
Auburn St. *Bolt* —3H **45**
Auckland Dri. *Salf* —6E **81**
Auckland Rd. *M19* —1B **126**
Audax Wlk. *M40* —1D **96**
Auden Clo. *M11* —4F **97**
Audenshaw Hall Gro. *Aud*
    —6B **98**
Audenshaw Rd. *Aud* —6B **98**
    (in two parts)
Audlem Wlk. *M40*
    —3H **95** (3H **7**)
Audlem Wlk. *Chea* —6C **138**
Audley Av. *Stret* —3H **105**
Audley Av. *M19* —5D **110**
Audley St. *Ash L* —3C **100**
Audley St. *Moss* —2F **89**
    (in two parts)
Audley Wlk. *M40*
    —3H **95** (3H **7**)
Audlum Ct. *Bury* —3F **37**
Audrey Av. *M18* —2G **111**
Audrey St. *M9* —3H **83**
Augusta Clo. *Roch* —1G **27**
Augusta St. *Roch* —1G **27**
Augustine Webster Clo. *M9*
    —3G **83**
Augustus St. *M3* —1E **95**
Augustus St. *Bolt* —3G **46**
Augustus Way. *M15* —3B **108**
Austell Rd. *M22* —5B **148**
Austen Av. *Bury* —1D **50**
Austen Rd. *Ecc* —4F **91**
Austen Wlk. *Oldh* —3A **58**
Auster Clo. *M14* —1E **125**
Austin Dri. *M20* —5G **125**
Austin Gro. *M19* —1B **126**
Austin St. *Bury* —6E **23**
Austonley Wlk. *M15*
    —6C **94** (4F **9**)
Avallon Clo. *Tot* —4H **21**
Avalon Dri. *M20* —3G **137**
Avebury Clo. *Salf* —5B **82**

Avebury Rd. *M23* —6G **135**
Avenham Clo. *M15* —2C **108**
Avening Wlk. *M22* —3A **148**
Avens Rd. *Part* —6D **118**
Avenue St. *Bolt* —5H **31**
Avenue St. *Stoc* —1H **139**
Avenue, The. *Ald E* —5G **167**
Avenue, The. *Bolt* —6D **32**
Avenue, The. *Bred* —6D **128**
Avenue, The. *Bury* —6F **23**
Avenue, The. *Ecc* —4F **91**
Avenue, The. *Had* —3H **117**
Avenue, The. *Hale* —5H **145**
Avenue, The. *H Grn* —4E **149**
Avenue, The. *Sale* —6F **121**
Avenue, The. *Salf* —6G **81**
Avenue, The. *Shaw* —1E **57**
Avenue, The. *Urm* —5A **104**
Averhill. *Wor* —3D **76**
Averill St. *M40* —6D **84**
Averon Rise. *Oldh* —3H **57**
Aveson Av. *M21* —3H **123**
Avian Clo. *Ecc* —6A **90**
Avian Dri. *M14* —1F **125**
Aviary Rd. *Wor* —5H **77**
Aviemore Wlk. *M11* —5E **97**
Avis St. *Shaw* —6F **43**
Avocet Dri. *B'hth* —3D **132**
Avocet Dri. *Irl* —3E **103**
Avon Bank. *Bred* —6F **129**
Avonbrook Dri. *M40* —1F **85**
Avoncliffe Clo. *Bolt* —2H **31**
Avon Clo. *Marp* —5C **142**
Avon Clo. *Miln* —5G **29**
Avon Clo. *Wor* —1C **76**
Avon Ct. *M15* —1B **108** (6C **8**)
Avoncourt Dri. *M20* —5E **125**
Avondale. Clif —1G 79
Avondale Av. *Bury* —1C **36**
Avondale Av. *Haz G* —3F **153**
Avondale Ct. *Roch* —6D **40**
Avondale Cres. *Urm* —4E **105**
Avondale Dri. *Ram* —1H **21**
Avondale Dri. *Salf* —6H **79**
Avondale Lodge. *Sale* —6B **122**
Avondale Rd. *Farn* —1B **62**
Avondale Rd. *Haz G* —2F **153**
Avondale Rd. *Stoc* —4D **138**
Avondale Rd. *Stret* —3E **107**
Avondale Rd. *W'fld* —6C **50**
Avondale St. *M8* —4C **82**
Avondale St. *Bolt* —4G **31**
Avon Dri. Bury —3F 23
Avon Flats. Heyw —3E 39
    (off Kay St.)
Avon Gdns. *M19* —3C **126**
Avonlea Dri. *M19* —3A **126**
Avonlea Rd. *Droy* —3G **97**
Avonlea Rd. *Sale* —2F **133**
Avonmore Wlk. *M9* —6E **69**
Avon Rd. *M19* —3B **126**
Avon Rd. *Chad* —1F **71**
Avon Rd. *Hale* —5G **145**
Avon Rd. *H Grn* —6G **149**
Avon Rd. *Heyw* —3C **38**
Avon Rd. *Kear* —4B **64**
Avon Rd. *Shaw* —5F **43**
Avon St. *Oldh* —5D **72**
Avon St. *Ram* —4F **31**
Avon St. *Stoc* —4G **139**
Avril Clo. *Stoc* —1H **127**
Avro Clo. *M14* —6F **109**
Avroe Rd. *Ecc* —6B **90**
Avro Way. *Tim* —6F **147**
Awburn Rd. *Hyde* —6A **116**
Axbridge Wlk. *M40*
    —3H **95** (3H **7**)
Axford Clo. *Salf* —5B **82**
Axminster Wlk. *Bram* —6G **151**
Axon Sq. *M16* —3D **108**
Aycliffe Av. *Chor H* —4B **124**

Aylcliffe Gro. *Long* —4A **110**
Aylesbury Av. *Dent* —6F **113**
Aylesbury Av. *Urm* —3G **105**
Aylesbury Clo. *Salf* —4G **93**
Aylesbury Gro. *Mid* —5C **54**
Aylesby Av. *M18* —3D **110**
Aylesby Ct. *M21* —6B **108**
Aylesford Rd. *M14* —4H **109**
Aylesford Wlk. *Bolt* —4A **32**
Aylestone Wlk. *M40* —4A **84**
Aylsham Clo. *Bred* —4F **129**
Aylsham M. *Swint* —6D **78**
Aylwin Dri. *Sale* —6C **122**
Ayr Av. *Oldh* —6D **72**
Ayr Clo. *Haz G* —3G **153**
Ayres Rd. *M16* —3G **107**
Ayr Gro. *Heyw* —4C **38**
Ayrshire Rd. *Salf* —5F **81**
Ayr St. *Bolt* —1E **33**
Ayrton Gro. *L Hul* —3C **62**
Aysgarth. *Roch* —2B **28**
Aysgarth Av. *M18* —2G **111**
Aysgarth Av. *Gat* —5G **137**
Aysgarth Av. *Rom* —5B **130**
Aysgarth Clo. *Sale* —6F **121**
Ayshford Clo. *Alt* —5D **132**
Ayton Ct. *M16* —3B **108**
Ayton Gro. *M14* —3A **110**
Aytoun St. *M1* —4E **95** (6B **6**)
Azalea Av. *M18* —1F **111**

Babbacombe Gro. *M9* —4D **68**
Babbacombe Rd. *Stoc* —5C **140**
Baber Wlk. *Bolt* —1A **32**
Bk. Acton St. *M1*
    —5F **95** (1C **10**)
Bk. Albany St. *Roch* —6A **28**
Bk. Albion Pl. *Bury* —1D **36**
Bk. All Saints St. Ram —5B 32
    (off Bark St.)
Bk. Apple Ter. *Bolt* —3H **31**
Bk. Argyle St. *Bury* —6F **23**
Bk. Ashley St. *M4*
    —2F **95** (2C **6**)
Bk. Ashworth St. *Bury* —2A **36**
Bk. Astley St. *Ram* —3A **32**
Bk. Avondale St. *Ram* —4G **31**
Bk. Baldwin St. N. *Bolt* —2A **46**
Bk. Balloon St. *M4*
    —3E **95** (3A **6**)
Bk. Bank St. *M8* —1E **95**
Bk. Belfast St. *Ram* —3A **32**
Bk. Bennett's La. *Ram* —3G **31**
Bk. Birch St. *Bury* —2D **36**
    (in two parts)
Bk. Bolton Rd. S. *Bury* —3A **36**
Bk. Bower La. *Hyde* —1D **130**
Bk. Bowness Rd. *Bolt* —3H **45**
Bk. Bradshaw St. *Roch* —3A **28**
Bk. Bridge St. *M3*
    —4D **94** (5G **5**)
Bk. Bridge St. *Ram* —3E **13**
Bk. Brierley Rd. *Bury* —5C **36**
Bk. Brook St. N. *Bury* —1E **37**
    (in two parts)
Bk. Broom St. *Bolt* —6C **32**
Bk. Burgess Ter. *M12*
    —6H **95** (4G **11**)
Bk. Burnley Rd. *Bury* —3E **23**
Bk. Burton St. *M12*
    —6G **95** (3F **11**)
Bk. Bury Rd. S. *Bolt* —6G **33**
    (in two parts)
Bk. Byrom St. S. *Bury* —1H **35**
Bk. Cambridge St. *Ash L*
    —4F **99**
Bk. Cambridge St. *Ram* —4A **32**
Bk. Camp St. *Salf* —6H **81**
Bk. Canning St. *Bury* —1D **36**
Bk. Cateaton St. *Bury* —1D **36**

Baker St. *Stoc* —6G **127**
Baker St. *Tim* —4C **134**
Baker Ter. *Dent* —3B **112**
Bakewell Av. *Ash L* —5B **88**
Bakewell Av. *Dent* —1G **129**
Bakewell Bank. Glos —6F **117**
  (off Bakewell Gdns.)
Bakewell Ho. Ecc —3E **91**
  (off Queen Victoria St.)
Bakewell Clo. Glos —6F **117**
  (off Bakewell M.)
Bakewell Fold. Glos —6F **117**
  (off Bakewell M.)
Bakewell Gdns. *Glos* —6F **117**
Bakewell Grn. Glos —6F **117**
  (off Bakewell Gdns.)
Bakewell Gro. *Glos* —6F **117**
Bakewell Lea. Glos —6F **117**
  (off Bakewell M.)
Bakewell M. *Glos* —6F **117**
Bakewell Rd. *Droy* —3G **97**
Bakewell Rd. *Ecc* —5E **91**
Bakewell Rd. *Haz G* —5E **153**
Bakewell St. *Stret* —4A **106**
Bakewell St. *M18* —3E **111**
Bakewell St. *Stoc* —3F **139**
Bakewell Wlk. Glos —6F **117**
  (off Bakewell Gdns.)
Balcary Gro. *Bolt* —5F **31**
Balcombe Clo. *Bury* —4C **22**
Balderstone Rd. *Roch* —3F **41**
Baldock Rd. *M20* —6H **125**
Baldwin Rd. *M19* —3B **126**
Baldwin St. *Bolt* —2H **45**
Bale St. *M2* —5D **94** (1H **9**)
Balfour Gro. *Stoc* —6H **111**
Balfour Rd. *Alt* —4F **133**
Balfour Rd. *Roch* —2E **27**
Balfour Rd. *Urm* —4D **104**
Balfour St. *M8* —3C **82**
Balfour St. *Bolt* —1H **45**
Balfour St. *Oldh* —2G **73**
Balfour St. *Salf* —5E **81**
Balfour St. *Shaw* —6F **43**
Balham Wlk. *M12* —1B **110**
Ballantine St. *M40* —1E **97**
Ballard Clo. *L'boro* —2F **17**
Ballard Way. *Shaw* —5G **43**
Ballater Av. *Urm* —6C **104**
Ballater Clo. *Heyw* —4D **38**
Ballater Wlk. *M8* —4B **82**
Ballbrook Av. *M20* —4E **125**
Ballbrook Ct. *Manx* —5F **125**
Balleratt St. *M19* —6C **110**
Balliol Clo. *Woodl* —5A **130**
Balliol St. *M8* —3C **82**
Balliol St. *Swint* —3E **79**
Balloon St. *M4* —3E **95** (3A **6**)
Ball St. *Roch* —3A **28**
Ball Wlk. *Hyde* —6B **116**
Ballygreen. *Roch* —2C **40**
Balmain Av. *M18* —4E **111**
Balmain Rd. *Urm* —4D **104**
Balmer Dri. *M23* —1H **147**
Balmfield St. *M22* —4B **148**
Balmforth St. *M15*
  —6B **94** (3D **8**)
Balmoral Av. *Aud* —6D **98**
Balmoral Av. *Chea H* —3C **150**
Balmoral Av. *Hyde* —1C **130**
Balmoral Av. *L Lev* —4A **48**
Balmoral Av. *Roch* —3D **26**
Balmoral Av. *Rytn* —3D **56**
Balmoral Av. *Stret* —4D **106**
Balmoral Av. *Urm* —6D **104**
Balmoral Av. *W'fld* —2E **67**
Balmoral Clo. *Bury* —2E **51**
Balmoral Clo. *G'mnt* —2A **22**
Balmoral Clo. *Miln* —5G **29**
Balmoral Ct. *M9* —4B **68**
Balmoral Dri. *Dent* —3A **112**
Balmoral Dri. *Heyw* —4C **38**
Balmoral Dri. *H Lane* —6C **154**

Balmoral Dri. *Poy* —4D **162**
Balmoral Dri. *Stal* —2E **101**
Balmoral Dri. *Tim* —3H **133**
Balmoral Grange. *P'wch*
  —6A **68**
Balmoral Gro. *Haz G* —2F **153**
Balmoral Ho. Ecc —3E **91**
  (off Queen Victoria St.)
Balmoral Rd. *M14* —1H **125**
Balmoral Rd. *Alt* —1G **145**
Balmoral Rd. *Clif* —1G **79**
Balmoral Rd. *Farn* —2E **63**
Balmoral Rd. *Stoc* —6C **126**
Balmoral Rd. *Urm* —6C **104**
Balmoral St. *M18* —3E **111**
Balmoral Way. *Wilm* —3D **166**
Balmore Clo. *Bolt* —4E **45**
Balmore Ct. *Heyw* —4A **38**
Balm St. *Ram* —5C **12**
  (in two parts)
Balsam Clo. *M13*
  —6G **95** (4E **11**)
Balshaw Av. *Irl* —5D **102**
Balshaw Clo. *Bolt* —2G **45**
Balshaw Ct. *Irl* —5E **103**
Baltic St. *Salf* —3E **93**
Baltimore St. *M40* —6H **83**
Bamber Av. *Sale* —6E **123**
Bamburgh Clo. *Rad* —2C **48**
Bamburgh Dri. *Ash L* —6C **86**
Bambury St. *Bury* —2D **36**
Bamford Av. *Dent* —1F **129**
Bamford Av. *Mid* —5A **54**
Bamford Clo. *Bury* —3G **35**
Bamford Clo. *H Grn* —5H **149**
Bamford Ct. Roch —5D **26**
  (off Half Acre M.)
Bamford Fold. Glos —6G **117**
  (off Castleton Cres.)
Bamford Gdns. *Tim* —5D **134**
Bamford Grn. Glos —6G **117**
  (off Castleton Cres.)
Bamford Gro. *M20* —6E **125**
Bamford Gro. *Ash L* —5B **88**
Bamford La. *Glos* —6G **117**
Bamford M. *Glos* —6G **117**
Bamford Pl. *Roch* —2G **27**
Bamford Rd. *M9* —4F **69**
Bamford Rd. *M20* —6E **125**
Bamford Rd. *Heyw* —1E **39**
Bamford Rd. *Ram* —1G **13**
Bamfords Pas. *L'boro* —3E **17**
Bamford St. *M11* —3D **96**
Bamford St. *Chad* —1A **72**
Bamford St. *L'boro* —3D **16**
  (Caldermoor)
Bamford St. *L'boro* —4D **16**
  (Stubley)
Bamford St. *Rytn* —3C **56**
Bamford St. *Stoc* —3H **139**
Bamford Way. *Roch* —5B **26**
Bampton Clo. *Stoc* —4B **140**
Bampton Rd. *M22* —4B **148**
Bampton Wlk. *Mid* —5G **53**
Banbury Dri. *Tim* —3G **133**
Banbury M. *Wdly* —2D **78**
Banbury Rd. *M23* —6F **135**
Banbury Rd. *Mid* —4H **69**
Banbury St. *Bolt* —4E **33**
Banbury St. *Stoc* —2H **139**
Bancroft Av. *Chea H* —4C **150**
Bancroft Clo. *Bred* —6E **129**
Bancroft Ct. *Hale* —2H **145**
Bancroft Fold. *Hyde* —2F **115**
Bancroft Rd. *Hale* —2A **146**
Bancroft Rd. *Swint* —2E **79**
Banff Gro. *Heyw* —4C **38**
Banff Rd. *M14* —3G **109**
Bangor Rd. *Chea* —5B **138**
Bangor St. *Ash L* —3C **100**
Bangor St. *Ram* —5A **32**

Bangor St. *Roch* —5B **28**
Bangor St. *Stoc* —5H **127**
Banham Av. *M9* —2B **16**
Bank. *Roch* —2A **16**
Bank Barn La. *Ward* —2B **16**
Bankbottom. *Had* —2H **117**
Bank Bri. Rd. *M11* —2D **96**
Bank Clo. *L'boro* —6E **17**
Banker St. *Bolt* —2E **47**
Bankfield. *Hyde* —2B **114**
Bankfield Av. *M13* —4A **110**
Bankfield Av. *Cad* —4B **118**
Bankfield Av. *Droy* —3A **98**
Bankfield Av. *Stoc* —1E **139**
Bankfield Clo. *Ain* —4C **34**
Bankfield Cotts. *Dob* —5H **59**
Bankfield Cotts. *Woodl*
  —4G **129**
Bankfield Dri. *Oldh* —1F **87**
Bankfield Dri. *Wor* —4D **76**
Bankfield Ho. *Woodl* —4H **129**
Bankfield M. *Bury* —6C **36**
Bankfield Rd. *Chea H* —4B **150**
Bankfield Rd. *Sale* —3G **121**
Bankfield Rd. *Tyl* —3A **76**
Bankfield Rd. *Woodl* —4H **129**
Bankfield St. *M9* —2F **83**
Bankfield St. *Bolt* —2G **45**
  (in two parts)
Bank Field St. *Rad* —2D **64**
Bankfield St. *Stoc* —5G **127**
Bankfield Trad. Est. *Stoc*
  —5G **127**
Bankfoot Wlk. M8 —5C **82**
  (off Barnsdale Dri.)
Bankgate . *B'btm* —6C **116**
Bank Gro. *L Hul* —3B **62**
Bank Hall Clo. *Bury* —3G **35**
Bankhall La. *Hale* —5G **145**
Bankhall Rd. *Stoc* —6C **126**
Bankhall Wlk. M9 —4G **83**
  (off Broadwell Dri.)
Bank Hill St. *Oldh* —2G **73**
Bankhirst Clo. *Crum* —2C **82**
Bank Ho. Rd. *M9* —5D **68**
Bankhouse Rd. *Bury* —6C **22**
Banklands Clo. *Cad* —4B **118**
Bank La. *G'fld* —5H **61**
Bank La. *L Hul* —3B **62**
Bank La. *Pen & Salf* —6B **80**
Bank La. *Tin* —1H **45**
Bank La. *Ward* —2B **16**
Bankley St. *M19* —6C **110**
Bankmill Clo. *M13*
  —6F **95** (4D **10**)
Bank Pl. *Bury* —2A **36**
Bank Pl. *Salf* —3B **94** (4C **4**)
Bank Rd. *M8* —1C **82**
Bank Rd. *Bred* —6G **129**
Bank Rd. *C'brk* —6G **89**
Banks St. *Tim* —6D **134**
Bankside. *Haleb* —1D **156**
Bankside. *Hyde* —6H **115**
Bank Side. *Moss* —3E **89**
Bankside Av. *Rad* —3B **50**
Bankside Clo. *Marp B* —2F **143**
Bankside Clo. *Oldh* —3B **72**
Bankside Clo. *Upperm* —2G **61**
Bankside Clo. *Wilm* —6H **159**
Bankside Ct. *Stoc* —1C **138**
Bankside Rd. *M20* —4F **137**
Bankside Wlk. *Hyde* —5H **115**
Banks La. *Stoc* —3B **140**
Bank Sq. *Wilm* —2E **167**
Bank St. *M8* —3B **82**
Bank St. *M11* —2D **96**
  (in two parts)
Bank St. *Ash L* —3H **99**
Bank St. *Aud* —1F **113**
Bank St. *Bolt* —6B **32**

Bank St. *Bury* —3C **36**
Bank St. *Chea* —5A **138**
Bank St. *Dent* —1G **129**
Bank St. *Droy* —5H **97**
Bank St. *Farn* —1F **63**
Bank St. *G'brk* —4A **118**
Bank St. *Had* —2H **117**
Bank St. *Heyw* —3D **38**
  (in two parts)
Bank St. *Hyde* —4B **114**
Bank St. *Moss* —3E **89**
Bank St. *Oldh* —3H **73**
Bank St. *Rad* —5H **49**
Bank St. *Ram* —2G **13**
Bank St. *Sale* —4C **122**
Bank St. *Salf* —3B **94** (4C **4**)
Bank St. *Shaw* —6E **43**
Bank St. *Wals* —1F **35**
Bank St. *W'fld* —6C **50**
Bank St. *Woodl* —4H **129**
Bankswood Clo. *Had* —3H **117**
Bank Ter. *Whitw* —1C **14**
Bank, The. *Roch* —4H **27**
Bank Top. *Ash L* —3A **100**
Bank Top. *Bury* —2F **23**
Bank Top Gro. *Bolt* —6E **19**
Bank Top Pk. *Oldh* —3H **73**
Bank Top St. *Heyw* —2D **38**
Bank Top View. *Kear* —2A **64**
Bank View. *Farn* —2G **63**
Bank Wood. *Bolt* —6D **30**
Banky La. *Sale* —3E **121**
Bannatyne Clo. *M40* —2E **85**
Bannerdale Clo. *M13* —3B **110**
Bannerman Av. *P'wch* —6F **67**
Bannerman Rd. *Droy* —4B **98**
Bannerman Sq. *M16* —3D **108**
Bannerman St. *Salf* —4A **82**
Banner Wlk. *M11* —4B **96**
Bannister Dri. *Chea H* —3B **150**
Bannister St. *Bolt* —5G **33**
Bannister St. *Stoc* —4H **139**
Bann St. *Stoc* —3G **139**
Banstead Av. *M22* —4B **136**
Bantry Dri. *M9* —6D **68**
Bantry St. *Bolt* —2A **46**
Bantry St. *Roch* —1A **28**
Baptist St. *M4* —2F **95** (2C **6**)
Barathea Clo. *Roch* —2A **40**
Barbara Rd. *Bolt* —5E **45**
Barbara St. *Bolt* —3H **45**
Barbeck Clo. *M40* —2A **96**
Barberry Bank. *Eger* —1B **18**
Barberry Clo. *B'hth* —4D **132**
Barberry Wlk. *Part* —6D **118**
Barbican St. *M20* —2F **125**
  (in two parts)
Barbirolli Mall. M4
  —3E **95** (4A **6**)
  (off Arndale Shopping Cen.)
Barbirolli Sq. M2 —5D **94 (2H 9)**
  (off Lwr. Mosley St.)
Barbon Wlk. *M4* —3G **95** (4E **7**)
Barbor St. *Roch* —3A **28**
Barchester Av. *Bolt* —4G **33**
Barcheston Rd. *Chea* —1G **149**
Barcicroft Rd. *M19 & Stoc*
  —5A **126**
Barcicroft Wlk. *M19* —5A **126**
Barclay Dri. *Ecc* —2G **91**
Barclay Rd. *Poy* —5E **163**
Barclays Av. *Salf* —5B **80**
Barclay St. *M3* —4C **94** (6F **5**)
Barcliffe Av. *M40* —1C **84**
Barclyde St. *Roch* —6G **27**
Barcombe Clo. *Oldh* —5H **57**
Barcombe Clo. *Urm* —4H **105**
Barcombe Wlk. *M9* —4F **83**
  (in two parts)
Barcroft Rd. *Bolt* —3F **31**
Barcroft St. *Bury* —2D **36**

Bath Cres. *Chea H* —1D **160**
Bath Pl. *Hale* —3F **145**
Bath St. *Alt* —2F **145**
Bath St. *Bolt* —5B **32**
Bath St. *Oldh* —2H **71**
(Chadderton)
Bath St. *Oldh* —4A **72**
(Oldham)
Bath St. *Roch* —2A **28**
Batley St. *M9* —3G **83**
Batley St. *Moss* —2D **88**
Batsmans Dri. *Clif* —5E **65**
Battenberg Rd. *Bolt* —5G **31**
Battersbay Gro. *Haz G* —3E **153**
Battersby Ct. *Stoc* —5E **141**
Battersby St. *M11* —6G **97**
Battersby St. *Bury* —2H **37**
Battersby St. *Roch* —5D **26**
Battersea Rd. *Stoc* —2A **138**
Battle La. *Stoc* —2D **128**
Batty St. *M8* —6E **83**
Baum, The. *Roch* —3H **27**
Baxendale St. *Bolt* —1A **32**
Baxter Gdns. *M23* —4G **135**
Baxter Rd. *Sale* —5B **122**
Baxter St. *Oldh* —1H **85**
Baybutt St. *Rad* —4A **50**
Baycliffe Wlk. *M8* —5B **82**
Baycroft Gro. *M23* —2G **135**
Baydon Av. *Salf* —5B **82**
Bayfield Gro. *M40* —2A **84**
Bayley Ind. Est. *Stal* —4D **100**
Bayley St. *Ram* —5H **31**
Bayley St. *Stal* —3C **100**
Baynard Wlk. *M9* —5D **68**
Baynham Av. *Manx* —6F **125**
Baysdale Av. *Bolt* —3D **44**
Baysdale Dri. *Rytn* —2A **56**
Baysdale Wlk. *M11* —4B **96**
Bayston Wlk. *M12* —1B **110**
(off Gortonvilla Wlk.)
Bay St. *Heyw* —2D **38**
Bay St. *Oldh* —2B **72**
Bay St. *Roch* —2A **28**
Bay St. *Stoc* —3H **139**
Bayswater Av. *M40* —1D **96**
Bayswater St. *Bolt* —5G **45**
Baythorpe St. *Bolt* —2B **32**
Baytree Av. *Chad* —1E **71**
Bay Tree Av. *Wor* —6A **78**
Baytree Dri. *Bred* —5F **129**
Baytree Gro. *Ram* —1B **22**
Baytree La. *Mid* —6D **54**
Baytree Wlk. *Whitw* —4G **15**
Baywood St. *M9* —3F **83**
Bazaar St. *Salf* —1G **93**
Bazley Rd. *M22* —2B **136**
Bazley St. *Bolt* —1D **30**
Beacomfold. *Rom* —6F **131**
Beacon Dri. *M23* —3G **147**
Beaconfield Av. *Hyde* —5C **114**
Beacon Rd. *Rom* —2F **141**
Beacon Rd. *Traf P* —6G **91**
Beaconsfield. *M14* —2G **125**
Beaconsfield Rd. *Alt* —4F **133**
Beaconsfield St. *Bolt* —1H **45**
Beaconsfield Ter. *Moss* —2D **88**
Beacon View. *Marp* —3D **142**
Beadham Dri. *M9* —4C **68**
Beaford Dri. *M22* —5C **148**
Beagle Wlk. *M22* —5C **148**
Beal Clo. *Stoc* —6H **125**
Beal Cres. *Roch* —2C **28**
Bealcroft Clo. *Miln* —4E **29**
Bealcroft Wlk. *Miln* —4E **29**
Beale Gro. *M21* —1H **123**
Bealey Av. *Rad* —2C **50**
Bealey Clo. *M18* —1D **110**
Bealey Clo. *Rad* —3B **50**
Bealey Dri. *Bury* —6B **36**
Bealey Ind. Est. *Rad* —3B **50**

Bealey Row. *Rad* —3A **50**
Beal La. *Shaw* —1G **57**
Beal Ter. *Miln* —5F **29**
Beal View. *Shaw* —6H **43**
Beal Wlk. *W'fld* —1G **67**
Beaminster Av. *Stoc* —6C **126**
Beaminster Clo. *Stoc* —6C **126**
Beaminster Ct. *Stoc* —6C **126**
(off Beaminster Clo.)
Beaminster Rd. *Stoc* —6B **126**
Beaminster Wlk. *M13* —2G **109**
Beamish Clo. *M13*
—1G **109** (5F **11**)
Beamsley Dri. *M22* —3H **147**
Beanfields. *Wor* —6H **77**
Beanfield Ter. *Wor* —6H **77**
Bean Leach Av. *Stoc* —5F **141**
Bean Leach Dri. *Stoc* —5F **141**
Bean Leach Rd. *Haz G & Stoc*
—1E **153**
Beard Rd. *M18* —3E **111**
Beard St. *Droy* —4H **97**
Beard St. *Rytn* —4C **56**
Beardwood Rd. *M9* —5F **69**
Bearswood Clo. *Hyde* —6D **114**
Beathwaite Dri. *Bram* —4E **151**
Beatrice Av. *M18* —3H **111**
Beatrice Av. *Chea H* —3B **150**
Beatrice Rd. *Bolt* —5G **31**
Beatrice Rd. *Wor* —4B **78**
Beatrice St. *Dent* —4E **113**
Beatrice St. *Farn* —1D **62**
Beatrice St. *Roch* —4F **27**
Beatrice St. *Swint* —2D **78**
Beatrice Wignall St. *Droy*
—5A **98**
Beatrix Dri. *Had* —4G **117**
Beatson Wlk. M4 —4G **95** (5F **7**)
(off Caroline Dri.)
Beattock Clo. *M15*
—6B **94** (4D **8**)
Beauchamp St. *Ash L* —1A **100**
Beaufont Dri. *Oldh* —4G **73**
Beaufort Av. *M20* —4E **125**
Beaufort Av. *Sale* —6C **122**
Beaufort Av. *Swint* —4D **78**
Beaufort Chase. *Wilm* —6B **160**
Beaufort Clo. *Ald E* —4H **167**
Beaufort Clo. *Hyde* —6A **116**
Beaufort Rd. *Ash L* —2B **100**
Beaufort Rd. *Hyde* —5A **116**
Beaufort Rd. *Sale* —6C **122**
Beaufort Rd. *Stoc* —1D **152**
Beaufort St. *M3* —5C **94** (2E **9**)
Beaufort St. *Ecc* —2D **90**
Beaufort St. *P'wch* —5G **67**
Beaufort St. *Roch* —2E **27**
Beaufort Wlk. *Hyde* —6A **116**
Beaulieu. *Hale* —3H **145**
Beaumaris Clo. *M12* —1B **110**
Beaumaris Cres. *Haz G*
—5C **152**
Beaumonds Way. *Roch* —5C **26**
Beaumont Chase. *Bolt* —4D **44**
Beaumont Clo. *L'boro* —4D **16**
Beaumont Ct. *Bolt* —5B **30**
Beaumont Ct. *Hand* —2G **159**
Beaumont Dri. *Bolt* —2C **44**
Beaumont Rd. *M21* —2H **123**
Beaumont Rd. *Bolt & Los*
—6B **30**
Beaumont St. *Ash L* —2A **100**
Beauvale Av. *Stoc* —4C **140**
Beaver Dri. *Bury* —3F **51**
Beaver Ho. *Stoc* —3B **140**
Beaver Rd. *M20* —6F **125**
Beaver St. *M1* —5E **95** (2A **10**)
Beaver Wlk. *Hyde* —6H **115**
Bebbington Clo. *Sale* —6F **123**
Bebbington St. *M11* —4E **97**
Beccles Rd. *Sale* —2B **134**

Beckenham Clo. *Bury* —4H **35**
Beckenham Rd. *M8* —4C **82**
Becket Av. *Salf* —5A **82**
Becket Meadows. *Oldh* —3F **73**
Becket Meadow St. *Oldh*
—3F **73**
Beckett St. *M18* —3E **111**
Beckett St. *Lees* —2A **74**
Beckfield Rd. *M23* —6G **135**
Beckfoot Dri. *M13* —4A **110**
Beckford St. *M40* —6G **83**
Beck Gro. *Shaw* —5H **43**
Beck Gro. *Wor* —2G **77**
Beckhampton Clo. *M13*
—2G **109**
Beckley Av. *P'wch* —1E **81**
Beckley Clo. *Rytn* —2E **57**
Beckside. *Stoc* —6A **112**
Beck St. *M11* —6G **97**
Beck St. *Salf* —3C **94** (4E **5**)
Beckton Gdns. *M22* —2A **148**
Becontree Dri. *Dent* —3G **113**
Becontree Dri. *M23* —4E **135**
Bedells La. *Wilm* —3D **166**
Bede St. *Ram* —3G **31**
Bedfont Wlk. M9 —2G **83**
(off Polworth Rd.)
Bedford Av. *M16* —5B **108**
Bedford Av. *Hyde* —4C **114**
Bedford Av. *Sale* —1D **134**
Bedford Av. *Shaw* —6D **42**
Bedford Av. *Swint* —4E **79**
Bedford Av. *Wor* —2E **77**
Bedford Ct. *Salf* —2H **81**
Bedford Dri. *Tim* —5C **134**
Bedford Dri. *Tim* —4C **134**
Bedford Gro. *Cad* —3A **118**
Bedford Rd. *M16* —4G **107**
Bedford Rd. *Ecc* —2G **91**
Bedford Rd. *Urm* —3E **105**
Bedford St. *Ash L* —3A **100**
Bedford St. *Bolt* —5H **31**
Bedford St. *Bury* —1E **37**
Bedford St. *Eger* —1B **18**
Bedford St. *Heyw* —3G **39**
Bedford St. *P'wch* —6G **67**
Bedford St. *Stoc* —1G **127**
Bedford Wlk. *Dent* —6F **113**
Bedlam Grn. *Bury* —3D **36**
Bedlington Clo. *M23* —5D **134**
Bednal Av. *M40* —1A **96**
Bedwell Clo. *M16* —4D **108**
Bedworth Clo. *Bolt* —2D **46**
Beechacre. *Ram* —4F **13**
Beech Av. *M22* —3B **136**
Beech Av. *Chad* —5G **55**
Beech Av. *Dent* —3D **112**
Beech Av. *Droy* —4H **97**
Beech Av. *Farn* —1C **62**
Beech Av. *Gat* —6F **137**
Beech Av. *G'fld* —3F **61**
Beech Av. *Glos* —6H **117**
Beech Av. *Haz G* —3E **153**
Beech Av. *Irl* —4G **103**
Beech Av. *Kear* —4B **64**
Beech Av. *L Lev* —5B **48**
Beech Av. *Marp* —5B **142**
Beech Av. *Oldh* —1H **73**
Beech Av. *Rad* —1F **65**
Beech Av. *Salf* —1E **93**
Beech Av. *Stoc* —5H **139**
Beech Av. *Stret* —6E **107**
Beech Av. *Tim* —3B **134**
Beech Av. *Urm* —5E **105**
Beech Av. *W'fld* —2D **66**
Beech Av. *Wor* —5C **76**
Beech Clo. *Ald E* —6E **167**
Beech Clo. *Bolt* —5G **19**
Beech Clo. *Part* —6D **118**
Beech Clo. *P'wch* —6G **67**
Beech Clo. *Whitw* —4G **15**

Beech Cotts. *Ald E* —6G **167**
Beech Ct. *M8* —2B **82**
Beech Ct. *M14* —1G **125**
Beech Ct. *M21* —6F **107**
Beech Ct. *Bury* —6B **22**
Beech Ct. *Sale* —5H **121**
Beech Ct. *Salf* —2G **93**
Beech Ct. *Wilm* —3G **167**
Beech Cres. *Poy* —3E **163**
Beechcroft. *P'wch* —6G **67**
Beechcroft Av. *Bolt* —1G **47**
Beechcroft Clo. *M40*
—2H **95** (2G **7**)
Beechcroft Gro. *Bolt* —1G **47**
Beechdale Clo. *M40* —3C **84**
Beecher Wlk. M9 —5F **83**
(off Kelvington Dri.)
Beeches M., The. *M20*
—5D **124**
Beeches, The. *M20* —5D **124**
Beeches, The. *Bolt* —5B **18**
Beeches, The. *Chea H* —4D **150**
Beeches, The. *Ecc* —2H **91**
Beeches, The. *Heyw* —3E **39**
Beeches, The. *Moss* —2G **89**
Beeches, The. *Whitw* —4G **15**
Beechey Sq. *Oldh* —1E **73**
Beechfield. *Bow* —2E **145**
Beechfield. *Gras* —3F **75**
Beechfield. *Roch* —5A **26**
Beechfield. *Sale* —1H **133**
Beechfield Av. *L Hul* —4C **62**
Beechfield Av. *Rad* —6A **50**
Beechfield Av. *Urm* —4C **104**
Beechfield Av. *Wilm* —4B **166**
Beechfield Clo. *Lees* —3B **74**
Beechfield Clo. *Roch* —5A **26**
Beechfield Ct. *Bury* —6C **36**
Beechfield Dri. *Bury* —6C **36**
Beechfield M. *Hyde* —4E **115**
Beechfield Rd. *Ald E* —6G **167**
Beechfield Rd. *Bolt* —3F **31**
Beechfield Rd. *Chea H* —5D **150**
Beechfield Rd. *Had* —4G **117**
Beechfield Rd. *Miln* —6E **29**
Beechfield Rd. *Stoc* —1H **151**
Beechfield Rd. *Swint* —6D **78**
Beechfield St. *M8* —5C **82**
Beech Gro. *M14* —2H **125**
Beech Gro. *Ash L* —4F **99**
Beech Gro. *G'mnt* —2A **22**
Beech Gro. *L Hul* —4A **62**
Beech Gro. *Sale* —5H **121**
Beech Gro. *Salf* —1E **93**
Beech Gro. *Stal* —5D **100**
Beech Gro. *Wilm* —3D **166**
Beech Gro. Clo. *Bury* —1F **37**
Beech Hill Rd. *Gras* —3F **75**
Beech Holme Gro. *Stoc*
—3C **140**
Beech Ho. *Ecc* —4D **90**
Beech Ho. *Shaw* —2F **57**
Beech Hurst Clo. *M16* —5B **108**
Beech La. *Gras* —4F **75**
Beech La. *Rom* —1A **142**
Beech La. *Wilm* —3D **166**
Beech Lawn. *Alt* —1E **145**
Beech M. *M21* —2H **123**
Beech M. *Stoc* —6A **140**
Beech Mt. *M9* —3F **83**
Beech Mt. *Ash L* —5E **87**
Beechpark Av. *M22* —4A **136**
Beech Range. *M19* —6C **110**
Beech Rd. *M21* —1G **123**
Beech Rd. *Ald E* —6E **167**
Beech Rd. *Chea H* —4D **150**
Beech Rd. *Hale* —2G **145**
Beech Rd. *H Lane* —6D **154**
Beech Rd. *Sale* —5D **122**
Beech Rd. *Stoc* —5H **139**
Beech St. *Bolt* —3B **32**

Beech St. *Bury* —3F **37**
Beech St. *Chad* —6H **71**
Beech St. *Ecc* —4D **90**
Beech St. *Fail* —3E **85**
Beech St. *Hyde* —4B **114**
Beech St. *Mid* —1H **69**
Beech St. *Miln* —1E **43**
Beech St. *Oldh* —2E **73**
Beech St. *Rad* —6A **50**
Beech St. *Roch* —5F **27**
Beech St. *Shaw* —6F **43**
Beech St. *S'seat* —6E **13**
Beech St. *Swint* —4F **79**
Beech Tree Bank. *P'wch*
          —5E **67**
Beechurst Rd. *Chea H* —6D **138**
Beech View. *Hyde* —5E **115**
Beech Vs. *Sale* —5D **122**
Beech Wlk. *Mid* —3H **69**
Beech Wlk. *Stret* —6C **106**
Beechway. *H Lane* —6D **154**
Beechway. *Wilm* —4D **166**
Beechwood. *Bow* —4D **144**
Beechwood. *Shaw* —5H **43**
Beechwood Av. *M21* —1A **124**
Beechwood Av. *L'boro* —6E **17**
Beechwood Av. *Ram* —3F **13**
Beechwood Av. *Rom* —1A **142**
Beechwood Av. *Stal* —1G **101**
Beechwood Av. *Stoc* —5H **127**
Beechwood Av. *Urm* —4A **104**
Beechwood Dri. *Hyde* —1E **131**
Beechwood Dri. *Marp* —5E **143**
Beechwood Dri. *Moss* —1E **89**
Beechwood Dri. *Rytn* —1A **56**
Beechwood Dri. *Sale* —5E **121**
Beechwood Dri. *Wilm* —1H **167**
Beechwood Dri. *Wor* —5B **78**
Beechwood Gro. *M9* —4G **83**
Beechwood Gro. *Chea H*
          —5C **150**
Beechwood La. *Stal* —1G **101**
Beechwood Rd. *Oldh* —1D **86**
Beechwood Rd. *P'wch* —6H **67**
Beechwood St. *Bolt* —4B **46**
Beede St. *Open* —5D **96**
Beedon Av. *L Lev* —3A **48**
Beehive Grn. *W'houg* —6A **44**
Beehive St. *Oldh* —6D **72**
Beeley St. *Hyde* —5C **114**
Beeley St. *Salf* —6E **81**
Beenham Clo. *Sale* —6E **121**
Beeston Av. *Sale* —5F **81**
Beeston Av. *Tim* —5H **133**
Beeston Clo. *Bolt* —5E **19**
Beeston Gro. *Stoc* —6G **139**
Beeston Gro. *W'fld* —2F **67**
Beeston Rd. *Hand* —2H **159**
Beeston Rd. *Sale* —5G **121**
Beeston St. *M9* —3G **83**
Beeth St. *M11* —6F **97**
Beeton Gro. *M13* —3A **110**
Beetoon Wlk. M4
        —4G **95** (5E **7**)
(off Cardroom Rd.)
Beever St. *M16* —2A **108**
Beever St. *Oldh* —2E **73**
Begley Clo. *Rom* —2F **141**
Begonia Av. *Farn* —6D **46**
Begonia Wlk. *M12* —1B **110**
Beightons Wlk. *Roch* —5D **14**
Belayse Clo. *Bolt* —2F **31**
Belbeck St. *Bury* —3A **36**
Belcroft Dri. *L Hul* —3A **62**
Belcroft Gro. *L Hul* —4A **62**
Belding Av. *M40* —2F **85**
Beldon Rd. *M9* —5D **68**
Belfairs Clo. *Ash L* —4F **87**
Belfield Clo. *Roch* —3C **28**
Belfield Ho. *Bow* —3E **145**
Belfield La. *L'boro* —4D **28**

Belfield La. *Roch* —4C **28**
  (in two parts)
Belfield Lawn. *Roch* —3D **28**
Belfield Mill La. *Roch* —3C **28**
Belfield Old Rd. *Roch* —4C **28**
Belfield Rd. *M20* —5F **125**
Belfield Rd. *P'wch* —6A **68**
Belfield Rd. *Roch* —3B **28**
Belfield Rd. *Stoc* —4H **111**
Belfield Trad. Est. *Miln* —3D **28**
Belford Av. *Dent* —4A **112**
Belford Dri. *Bolt* —3A **46**
Belford Rd. *Stret* —4D **106**
Belford Wlk. *M23* —5G **135**
Belfort Dri. *Salf* —5H **93**
Belfry Clo. *Wilm* —1G **167**
Belgate Clo. *M12* —3C **110**
Belgian Ter. *Rytn* —3D **56**
Belgium St. *Roch* —4A **26**
Belgrave Av. *M14* —4A **110**
Belgrave Av. *Fail* —3H **85**
Belgrave Av. *Marp* —4D **142**
Belgrave Av. *Oldh* —5E **73**
Belgrave Av. *Urm* —4A **104**
Belgrave Clo. *Rad* —3G **49**
Belgrave Ct. *Aud* —3D **112**
Belgrave Ct. *Oldh* —4D **72**
Belgrave Cres. *Ecc* —2H **91**
Belgrave Cres. *Stoc* —1B **152**
Belgrave Dri. *Rad* —3G **49**
Belgrave Gdns. *Bolt* —3A **32**
Belgrave Rd. *M40* —2E **85**
Belgrave Rd. *Bow* —2E **145**
Belgrave Rd. *Cad* —4B **118**
Belgrave Rd. *Oldh* —5D **72**
Belgrave Rd. *Sale* —5G **122**
Belgrave St. *Dent* —3D **112**
Belgrave St. *Heyw* —4E **39**
  (in two parts)
Belgrave St. *Rad* —3F **49**
Belgrave St. *Ram* —4A **32**
  (in two parts)
Belgrave St. *Roch* —2F **27**
Belgrave St. S. *Bolt* —4A **32**
Belgrave Ter. *Ash L* —3F **87**
Belgravia Gdns. *M21* —1G **123**
Belgravia Gdns. *Hale* —5G **145**
Belgravia M. *Shaw* —6G **43**
Belhaven Rd. *M8* —1B **82**
Bellairs St. *Bolt* —4G **45**
Bellamy Ct. *M12* —2G **111**
Bella St. *Bolt* —3G **45**
Bell Clough Rd. *Droy* —2B **98**
Bell Cres. *M11* —5A **96**
Belldale Clo. *Stoc* —1C **138**
Belle Isle Av. *Roch* —3C **14**
Bellerby Clo. *W'fld* —1C **66**
Belleville Av. *M22* —5C **148**
Belle Vue Av. *M12* —2B **110**
BELLE VUE STATION. *BR*
        —2E **111**
Belle Vue St. *M12* —1C **110**
Belle Vue Ter. *Bury* —4C **36**
Bellew St. *M11* —5A **96**
Bellfield Av. *Chea H* —4D **150**
Bellfield Av. *Oldh* —1D **86**
Bellingham Clo. *Bury* —3F **35**
Bellingham Clo. *Shaw* —5F **43**
Bellis Clo. *M12* —4A **96**
Bell La. *Bury* —2E **37**
Bell Meadow Dri. *Roch* —6B **26**
Bellott St. *M8* —5C **82**
Bellott Wlk. *Oldh* —1C **72**
Bellpit Clo. *Wor* —4E **77**
Bellscroft Av. *M40* —4B **84**
Bellshill Cres. *Roch* —3C **28**
Bell St. *Bolt* —1C **46**
Bell St. *Droy* —3B **98**
Bell St. *Oldh* —2E **73**
Bell St. *Roch* —3H **27**
Bell Ter. *Ecc* —5E **91**

Belmont Av. *Clif* —4D **64**
Belmont Av. *Dent* —3D **112**
Belmont Av. *Salf* —2A **92**
Belmont Av. *Spring* —2B **74**
Belmont Clo. *Stoc* —6G **127**
Belmont Dri. *Bury* —4G **35**
Belmont Dri. *Marp B* —1F **143**
Belmont Rd. *Bram* —2G **161**
Belmont Rd. *Eger & Bolt*
         —3A **18**
Belmont Rd. *Gat* —5F **137**
Belmont Rd. *Hale* —3G **145**
Belmont Rd. *Rad* —6G **49**
Belmont Rd. *Sale* —3A **122**
Belmont Shopping Cen. *Stoc*
         —1G **139**
Belmont St. *M16* —2B **108**
Belmont St. *Ecc* —2F **91**
Belmont St. *Lees* —4A **74**
Belmont St. *Oldh* —1C **72**
Belmont St. *Salf* —4D **92**
Belmont St. *Stoc* —6F **127**
Belmont Ter. *Part* —3H **119**
Belmont View. *Bolt* —1H **33**
Belmont Wlk. *M13*
        —1G **109** (5E **11**)
Belmont Way. *Chad* —1A **72**
Belmont Way. *Roch* —1G **27**
Belmore Av. *M8* —2B **82**
Belper Rd. *Ecc* —5D **90**
Belper Rd. *Stoc* —2B **138**
Belper St. *Ash L* —1H **99**
Belper St. *Bolt* —2E **47**
Belper Wlk. *M18* —1E **111**
Belper Way. *Dent* —1G **129**
  (in two parts)
Belsay Clo. *Ash L* —6D **86**
Belsay Dri. *M23* —1G **147**
Belstone Av. *M23* —2G **147**
Belstone Clo. *Bram* —3H **151**
Belsyde Wlk. M9 —4G **83**
  (off Norbet Wlk.)
Belthorne Av. *M9* —1A **84**
Belton Av. *Roch* —2C **28**
Beltone Clo. *Stret* —6B **106**
Belton Wlk. *M8* —5C **82**
Belton Wlk. *Oldh* —3B **72**
Belvedere Av. *G'mnt* —2A **22**
Belvedere Av. *Stoc* —5H **111**
Belvedere Ct. *P'wch* —6E **67**
Belvedere Dri. *Bred* —6C **128**
Belvedere Dri. *Duk* —4C **100**
Belvedere Rise. *Oldh* —4H **57**
Belvedere Rd. *M14* —1A **126**
Belvedere Rd. *Salf* —2G **93**
Belvedere St. *Salf* —2H **93**
Belvoir Av. *M19* —5C **110**
Belvoir Av. *Haz G* —5E **153**
Belvoir Meadows. *Roch* —5C **16**
Belvoir St. *Bolt* —6E **33**
Belvoir St. *Roch* —2E **27**
Belvor Av. *Aud* —6E **99**
Belwood Rd. *M21* —2G **123**
Bembridge Clo. *M14* —4G **109**
Bembridge Dri. *Bolt* —2F **47**
Bembridge Dri. *Dent* —1H **129**
Bempton Clo. *Stoc* —6G **141**
Bemrose Av. *B'hth* —5E **133**
Bemsley Pl. *Salf* —5G **93**
Benbecula Way. *Urm* —2E **105**
Benbow Av. *M12* —2B **110**
Benbow St. *Sale* —4B **122**
Ben Brierley Way. *Oldh* —2D **72**
Benbrook Gro. *Wilm* —5A **160**
Bench Carr. *Roch* —2G **27**
Benches La. *Rom* —6H **131**
Benchill Av. *M22* —6A **136**
Benchill Ct. Rd. *M22* —1C **148**
Benchill Cres. *M22* —6A **136**
Benchill Dri. *M22* —6A **136**

Benchill Rd. *M22* —5A **136**
Bendall St. *Open* —5G **97**
Ben Davies Ct. *Rom* —6A **130**
Bendemeer. *Urm* —4E **105**
Bendix St. *M4* —3F **95** (3C **6**)
  (in two parts)
Benedict Clo. *Salf* —6G **81**
Benedict Dri. *Duk* —1B **114**
Benfield Av. *M40* —1C **84**
Benfield St. *Heyw* —3F **39**
Benfleet Clo. *M12* —1C **110**
Bengal La. *Ash L* —1A **100**
Bengal Sq. *Ash L* —1A **100**
Bengal St. *M4* —3F **95** (3D **6**)
Bengal St. *Stoc* —3G **139**
Benhale Wlk. M8 —5C **82**
  (off Tamerton Dri.)
Benham Clo. *M20* —6G **125**
Benin Wlk. *M40* —6C **84**
Benja Fold. *Bram* —1F **161**
Benjamin Wilson Ct. Salf
  (off Fitzwilliam St.) —1B **94**
Benmore Clo. *Heyw* —3C **38**
Benmore Rd. *M9* —5H **69**
Bennett Clo. *Stoc* —3E **139**
Bennett Dri. *Salf* —5A **82**
Bennett Rd. *M8* —2B **82**
Bennett St. *M12* —1A **110**
Bennett St. *Ash L* —4F **99**
Bennett St. *Hyde* —2A **114**
Bennett St. *Rad* —3D **48**
Bennett St. *Roch* —6A **28**
Bennett St. *Stal* —4E **101**
Bennett St. *Stoc* —3E **139**
Bennett St. *Stret* —6C **106**
Benny La. *Droy* —2C **98**
Benson Clo. *Salf* —6A **82**
Benson St. *Bury* —4E **37**
Benson Wlk. *Wilm* —5H **159**
Ben St. *M11* —3D **96**
Bentcliffe Way. *Ecc* —4H **91**
Bentfield Cres. *Miln* —1E **43**
Bentfold Dri. *Bury* —5E **51**
Bentgate Clo. *Miln* —1E **43**
Bentgate St. *Miln* —2E **43**
Benthall Wlk. *Dent* —1E **129**
Bentham Clo. *Bury* —2E **35**
Bentham Clo. *Farn* —6F **47**
Bent Hill S. *Bolt* —2F **45**
Bentinck Ho. *Ash L* —3G **99**
Bentinck Rd. *Alt* —1E **145**
Bentinck St. *M15*
        —6B **94** (3C **8**)
Bentinck St. *Ash L* —2G **99**
  (in two parts)
Bentinck St. *Bolt* —4F **31**
Bentinck St. *Farn* —6E **47**
Bentinck St. *Oldh* —5D **72**
Bentinck St. *Roch* —2E **27**
Bentinck Ter. *Ash L* —3G **99**
Bent La. *M8* —4B **82**
Bent La. *P'wch* —5G **67**
Bent Lanes. *Urm* —2B **104**
Bentley Av. *Mid* —2D **54**
Bentley Clo. *Rad* —3B **50**
Bentley Ct. *Farn* —6F **47**
Bentley Ct. *Salf* —3A **82**
Bentley Hall Rd. *Bury* —1C **34**
Bentley La. *Bury* —2F **23**
Bentley Rd. *M21* —6G **107**
Bentley Rd. *Dent* —4F **113**
Bentley Rd. *Salf* —3A **82**
Bentleys, The. *Stoc* —6H **127**
Bentley St. *Bolt* —2A **46**
Bentley St. *Chad* —2H **71**
Bentley St. *Farn* —6F **47**
Bentley St. *Oldh* —1F **73**
Bentley St. *Roch* —1F **27**
Bentmeadows. *Roch* —2G **27**

Benton Dri. *Marp B* —3F **143**
Benton St. *M9* —4H **83**
Bents Av. *Bred* —6F **129**
Bents Av. *Urm* —6B **104**
Bentside Rd. *Dis* —2H **165**
Bents La. *Bred* —6F **129**
Bent Spur Rd. *Kear* —4A **64**
Bent St. *M8* —1E **95**
Bent St. *Kear* —2G **63**
Bent Ter. *Urm* —3E **105**
Bentworth Wlk. *M9* —4G **83**
Benville Wlk. *M40* —5B **84**
(off Troydale Dri.)
Benwick Ter. *Bolt* —3A **32**
Benyon St. *Lees* —3A **74**
Berberis Wlk. *Sale* —3E **121**
Beresford Av. *Bolt* —2G **45**
Beresford Cres. *Oldh* —1H **73**
Beresford Cres. *Stoc* —4G **111**
Beresford Rd. *M13* —4B **110**
Beresford Rd. *Stret* —3E **107**
Beresford St. *M14* —4D **108**
Beresford St. *Fail* —4E **85**
Beresford St. *Miln* —1F **43**
Beresford St. *Oldh* —1H **73**
Berger Gro. *Bolt* —6B **32**
Berger St. *M40* —6D **84**
Bergman Wlk. *M40* —5B **84**
(off Harmer Clo.)
Berigan Clo. *M12* —2A **110**
Berisford Clo. *Tim* —4G **133**
Berkeley Av. *M14* —3A **110**
Berkeley Av. *Chad* —6F **71**
Berkeley Av. *Stret* —3A **106**
Berkeley Clo. *Hyde* —6B **114**
Berkeley Clo. *Stoc* —3C **140**
Berkeley Ct. *M8* —2A **82**
Berkeley Ct. *Manx* —6D **124**
Berkeley Cres. *Hyde* —6B **114**
Berkeley Cres. *Rad* —2C **48**
Berkeley Dri. *Roch* —1H **41**
Berkeley Dri. *Rytn* —5B **56**
Berkeley Rd. *Bolt* —1A **32**
Berkeley Rd. *Haz G* —2F **153**
Berkeley St. *Ash L* —2G **99**
Berkeley St. *Rytn* —2B **56**
Berkley Av. *M19* —6C **110**
Berkley Wlk. *L'boro* —4D **16**
Berkshire Clo. *Chad* —4H **71**
Berkshire Ct. *Bury* —5D **36**
Berkshire Dri. *Cad* —4A **118**
Berkshire Pl. *Oldh* —4A **72**
Berkshire Rd. *M40*
—2H **95** (1H **7**)
Berlin Rd. *Stoc* —5F **139**
Berlin St. *Bolt* —1G **45**
Bermondsey St. *Salf* —5H **93**
Bernard Gro. *Bolt* —3G **31**
Bernard St. *M9* —3F **83**
Bernard St. *Roch* —6E **15**
Bernard Walker Ct. *Comp*
—1F **143**
Berne Clo. *Bram* —1G **151**
Berne Clo. *Chad* —3A **72**
Bernice Av. *Chad* —3H **71**
Bernice St. *Bolt* —3G **31**
Berrie Gro. *M19* —1D **126**
Berrington Wlk. *Bolt* —4C **32**
Berry Brow. *M40* —1F **97**
Berry Clo. *Wilm* —4D **166**
Berrycroft La. *Rom* —6G **129**
Berry St. *M1* —5F **95** (2D **10**)
Berry St. *Ecc* —5D **90**
Berry St. *G'fld* —4F **61**
Berry St. *Pen* —1F **79**
Berry St. *Stal* —5G **101**
Bertha Rd. *Roch* —4C **28**
Bertha St. *M11* —5B **96**
Bertha St. *Bolt* —3H **31**
Bertha St. *Shaw* —2F **57**
Bertie St. *Roch* —1D **40**

Bertram St. *M12* —1C **110**
Bertram St. *Sale* —5E **123**
Bertrand Rd. *Bolt* —6G **31**
Bert St. *Bolt* —4F **45**
Berwick Av. *Stoc* —6H **125**
Berwick Av. *Urm* —5A **106**
Berwick Av. *W'fld* —2E **67**
Berwick Clo. *Heyw* —4C **38**
Berwick Clo. *Wor* —4B **76**
Berwick St. *Roch* —5B **28**
Berwyn Av. *M9* —4D **68**
Berwyn Av. *Chea H* —6D **138**
Berwyn Av. *Mid* —1C **70**
Beryl Av. *Tot* —4H **21**
Beryl St. *Ram* —2B **32**
Besom La. *Millb* —2H **101**
Bessemer Rd. *Irl* —3D **118**
Bessemer St. *M11* —6E **97**
Bessemer Way. *Oldh* —2C **72**
BESSES O'TH' BARN STATION.
M —2E **67**
Bessybrook Clo. *Los* —1A **44**
Beswick Dri. *Fail* —5G **85**
Beswicke Royds St. *Roch*
—2B **28**
Beswicke St. *L'boro* —4G **17**
Beswicke St. *Roch* —3G **27**
Beswick Row. *M4*
—2E **95** (2B **6**)
Beswicks La. *Ald E* —6A **166**
Beswick St. *M4* —3H **95** (4H **7**)
Beswick St. *Droy* —4B **98**
Beswick St. *Rytn* —5C **56**
Beta Av. *Stret* —6G **106**
Beta St. *Ram* —5A **32**
Bethany La. *Miln* —1G **43**
Bethel Av. *Fail* —4E **85**
Bethel Grn. *L'boro* —6G **17**
(off Calderbrook Rd.)
Bethel St. *M11* —4D **96**
Bethel St. *Heyw* —3E **39**
Bethesda Ho. *M8* —3A **82**
Bethesda St. *Oldh* —5D **72**
Bethnall Dri. *M14* —6E **109**
Betjeman Pl. *Shaw* —5H **43**
Betleymere Rd. *Chea H*
—1B **150**
Betley Rd. *Stoc* —6H **111**
Betley St. *M1* —5G **95** (1F **11**)
Betley St. *Heyw* —4E **39**
Betley St. *Rad* —3A **50**
Betnor Av. *Stoc* —2B **140**
Bettwood Dri. *M8* —1A **82**
Betty Nuppy's La. *Roch* —6C **28**
Betula Gro. *Salf* —5H **81**
Betula M. *Roch* —2H **25**
Beulah St. *M11* —6E **97**
Bevan Clo. *M12* —4A **96**
Bevendon Sq. *Salf* —5A **82**
Beverdale St. *M11* —5C **96**
Beveridge St. *M14* —4E **109**
Beverley Av. *Dent* —5G **113**
Beverley Av. *Urm* —3G **105**
Beverley Clo. *Ash L* —5F **87**
Beverley Clo. *W'fld* —6F **51**
Beverley Flats. *Heyw* —3E **39**
(off Wilton St.)
Beverley Pl. *Roch* —3A **28**
Beverley Rd. *Bolt* —5F **31**
Beverley Rd. L *Lev* —4H **47**
Beverley Rd. *Pen* —4A **80**
Beverley Rd. *Stoc* —3C **140**
Beverley St. *M9* —2G **83**
Beverley Wlk. *Oldh* —4C **72**
Beverley Wlk. *Rom* —2G **141**
Beverly Rd. *M14* —2H **125**
Beverston. *Roch* —5G **27**
Beverston Dri. *Salf* —5A **82**
Bevill Sq. *Salf* —3C **94** (3E **5**)
Bevis Grn. *Bury* —3F **23**

Bewick St. *Bolt* —2D **32**
Bewley St. *Oldh* —1B **86**
Bewley Wlk. *M40* —5A **84**
Bexhill Av. *Tim* —5H **133**
Bexhill Clo. L *Lev* —4C **48**
Bexhill Dri. *M13* —4A **110**
Bexhill Rd. *Stoc* —1G **151**
Bexhill Wlk. *Chad* —3H **71**
Bexington Rd. *M16* —4C **108**
Bexley Clo. *Urm* —3D **104**
Bexley Dri. *Bury* —4H **35**
Bexley Dri. L *Hul* —5E **63**
Bexley Sq. *Salf* —3B **94** (4D **4**)
Bexley St. *Oldh* —4A **72**
Bexley Wlk. *M40* —5B **84**
(off John Foran Clo.)
Beyer Clo. *M18* —2E **111**
Bibby La. *M19* —3B **126**
Bibby St. *Bury* —2D **50**
Bibby St. *Hyde* —2B **114**
Bibury Av. *M22* —2H **147**
Bickerdike Av. *M12* —4C **110**
Bickershaw Dri. *Wor* —1E **77**
(in two parts)
Bickerstaffe Clo. *Shaw* —1E **57**
Bickerton Ct. *Chad* —6A **72**
Bickerton Dri. *Haz G* —4A **152**
Bickerton Rd. *Alt* —6D **132**
Bickley Wlk. *M16* —3D **108**
Biddall Dri. *M23* —5H **135**
Biddisham Wlk. *M40* —6F **83**
Biddulph Av. *Stoc* —6C **140**
Bideford Dri. *M23* —3F **135**
Bideford Dri. *Bolt* —1A **48**
Bideford Rd. *Roch* —2B **40**
Bideford Rd. *Stoc* —2C **140**
Bidston Av. *M14* —5F **109**
Bidston Clo. *Bury* —3G **35**
Bidston Clo. *Shaw* —1H **57**
Bidston Dri. *Hand* —4A **160**
Bidworth La. *Glos* —6F **117**
Bigginwood Wlk. *M40* —4A **84**
(off Halliford Rd.)
Bignor St. *M8* —5C **82**
Bilbao St. *Ram* —5G **31**
Bilberry St. *Roch* —5A **28**
Bilbrook St. *M4* —2F **95** (1D **6**)
Billing Av. *M12* —6G **95** (3E **11**)
Billinge Clo. *Bolt* —5B **32**
Billington Rd. *Pen* —3C **80**
Bill La. *W'fld* —1D **66**
Bill Williams Clo. *M11* —5E **97**
Billy La. *Clif* —1F **79**
Billy Meredith Clo. *M14*
—4E **109**
Billy's La. *Chea H* —4C **150**
Billy Whelan Wlk. *M40* —6B **84**
Bilsland Wlk. *M40* —6C **84**
Bilson Dri. *Stoc* —4D **138**
Bilson Sq. *Miln* —6G **29**
Bilton Wlk. *M8* —3F **83**
Binbrook Wlk. *Bolt* —3B **46**
Bincombe Wlk. *M13* —2G **109**
Bindloss Av. *Ecc* —2A **92**
Bindon Wlk. *M9* —4F **83**
(off Carisbrook St.)
Bingham Dri. *M23* —5F **135**
Bingham St. *Swint* —3F **79**
Bingley Clo. *M11* —5B **96**
Bingley Dri. *Urm* —3B **104**
Bingley Rd. *Roch* —4C **28**
Bingley Sq. *Roch* —4C **28**
Bingley Ter. *Roch* —4C **28**
Bingley Wlk. *Salf* —3D **80**
Binns Nook Rd. *Roch* —1A **28**
Binns Pl. *M4* —4F **95** (5D **6**)
Binns St. *Stal* —4C **100**
Binn's Ter. *L'boro* —3F **17**
(off Barehill St.)
Binsley Clo. *Irl* —6E **103**
Binstead Clo. *M14* —4A **110**

Birbeck St. *Stal* —4D **100**
Birchacre Gro. *M14* —2H **125**
Birchall Clo. *Duk* —1B **114**
Birchall Grn. *Woodl* —4F **129**
Birch Av. *M16* —3G **107**
Birch Av. *Cad* —4B **118**
Birch Av. *Chad* —5G **55**
Birch Av. *Fail* —5F **85**
Birch Av. *Mid* —2A **70**
Birch Av. *Oldh* —1B **86**
Birch Av. *Roch* —5B **16**
Birch Av. *Rom* —1B **142**
Birch Av. *Sale* —6B **122**
Birch Av. *Salf* —6C **80**
Birch Av. *Stoc* —5D **126**
Birch Av. *Tot* —6A **22**
Birch Av. *W'fld* —3D **66**
Birch Av. *Wilm* —3D **166**
Birch Clo. *Whitw* —3C **14**
Birch Ct. *M13* —4A **110**
Birch Ct. *Duk* —5B **100**
Birch Cres. *Miln* —2E **43**
Birchdale. *Bow* —3E **145**
Birchdale Av. *H Grn* —3F **149**
Birch Dri. *Haz G* —3C **152**
Birch Dri. *Lees* —4B **74**
Birch Dri. *Pen* —3H **79**
Birchenall St. *M40* —3H **83**
Birchen Bower Dri. *Tot* —6H **21**
Birchen Bower Wlk. *Tot*
—6H **21**
Birchenlea St. *Chad* —6G **71**
Birches, The. *Moss* —2D **88**
Birches, The. *Sale* —4G **121**
Birchfield. *Bolt* —5A **20**
Birchfield Av. *Bury* —4A **38**
Birchfield Dri. *Roch* —6E **27**
Birchfield Dri. *Wor* —4C **76**
Birchfield Gro. *Bolt* —3C **44**
Birchfield M. *Hyde* —5B **114**
Birchfield Rd. *Stoc* —4C **138**
Birchfields. *Hale* —4H **145**
Birchfields Av. *M13* —4A **110**
Birchfields Rd. *M13 & M14*
—4A **110**
Birchfold. L *Hul* —5D **62**
Birchfold Clo. L *Hul* —5D **62**
Birchgate Wlk. *Bolt* —3A **46**
Birch Gro. *M14* —4H **109**
Birch Gro. *Aud* —1F **113**
Birch Gro. *Dent* —4E **113**
Birch Gro. *P'wch* —3E **67**
Birch Gro. *Ram* —6C **12**
Birch Gro. *Tim* —6B **133**
Birchgrove Clo. *Bolt* —5E **45**
Birch Hall Clo. *Oldh* —5A **74**
Birch Hall La. *M13* —5A **110**
Birch Hey Clo. *Roch* —5A **16**
Birch Hill Cres. *Roch* —5B **16**
Birch Hill La. *Ward* —3B **16**
Birch Hill Wlk. *L'boro* —4D **16**
Birch Ind. Est. *Heyw* —2C **52**
Birchington Rd. *M14* —1E **125**
Birchin La. *M4* —4E **95** (5B **6**)
Birchinlee Av. *Rytn* —4H **55**
Birch La. *M13* —4A **110**
Birch La. *Duk* —5B **100**
(in two parts)
Birch Lea Clo. *Bury* —6D **36**
Birchleaf Gro. *Salf* —3C **92**
Birch Mt. *Roch* —5B **16**
Birch Polygon. *M14* —4H **109**
Birch Rd. *M8* —2D **82**
Birch Rd. *Gat* —6E **137**
Birch Rd. *Kear* —3H **63**
Birch Rd. *Mid* —5C **54**
Birch Rd. *Part* —5B **120**
(Carrington)
Birch Rd. *Part* —6B **118**
(Partington)
Birch Rd. *Poy* —5F **163**

Birch Rd. *Swint* —6D 78
Birch Rd. *Upperm* —2G 61
Birch Rd. *Ward* —3A 16
Birch Rd. *Wor* —2F 77
Birch St. *M12* —1C 110
Birch St. *Ash L* —4E 99
Birch St. *Bolt* —1C 46
Birch St. *Bury* —1D 36
Birch St. *Droy* —4B 98
Birch St. *Heyw* —4F 39
Birch St. *Rad* —2C 50
Birch St. *Roch* —3A 16
Birch St. *Stal* —1G 101
Birch Tree Av. *Haz G* —4G 153
Birch Tree Clo. *Bow* —4E 145
Birch Tree Ct. *M22* —2B 148
Birch Tree Dri. *M22* —2B 148
Birchvale Clo. *M15*
　　　　　—6C 94 (4E 9)
Birchvale Dri. *Rom* —6B 130
Birch Vs. *Whitw* —4C 14
Birchway. *Bram* —6F 151
Birchway. *H Lane* —6D 154
Birchwood. *Chad* —2E 71
Birchwood Clo. *Stoc* —2C 138
Birchwood Dri. *Wilm* —1G 167
Birchwood Rd. *Mid* —1C 70
Birchwood Way. *Duk* —1B 114
Bird Hall Av. *Chea H* —1E 151
Birdhall Gro. *M19* —1C 126
Bird Hall La. *Stoc* —4D 138
Bird Hall Rd. *Chea H* —6D 138
Birdlip Dri. *M23* —2G 147
Birkby Dri. *Mid* —5G 53
Birkdale Av. *Rytn* —5C 56
Birkdale Av. *W'fld* —3B 66
Birkdale Clo. *Bram* —6H 151
Birkdale Clo. *Heyw* —5F 39
Birkdale Clo. *Hyde* —2C 114
Birkdale Dri. *Bury* —3H 35
Birkdale Dri. *Sale* —1G 133
Birkdale Gdns. *Bolt* —2H 45
Birkdale Gro. *Ecc* —3H 91
Birkdale Gro. *Stoc* —4H 127
Birkdale Rd. *Roch* —1A 42
Birkdale Rd. *Stoc* —4G 127
Birkdale St. *M8* —4C 82
Birkenhills Dri. *Bolt* —2C 44
Birkett Clo. *Bolt* —5B 18
Birkett Dri. *Bolt* —5B 18
Birkinbrook Clo. *W'fld* —6E 51
Birkleigh Wlk. *Bolt* —1G 47
Birks Av. *Lees* —1B 74
Birks Dri. *Bury* —5B 22
Birkworth Ct. *Stoc* —5D 140
Birley Clo. *Tim* —4H 133
Birley Ct. *Salf* —3G 93
Birley Pk. *M20* —6D 124
Birley St. *Bolt* —1A 32
Birley St. *Bury* —6F 23
Birley St. *Roch* —2A 28
Birling Dri. *M23* —1H 147
Birnam Gro. *Heyw* —4C 38
Birstall Wlk. *M23* —5G 135
Birtenshaw Cres. *Brom X*
　　　　　—4F 19
Birtle Rd. *Bury* —4C 24
Birtles Av. *Stoc* —4H 111
Birtles Clo. *Chea* —6G 138
Birtles Clo. *Duk* —1B 114
Birtlespool Rd. *Chea H* —1B 150
Birtles, The. *Civ C* —2B 148
Birtles Way. *Hand* —1H 159
Birtley Wlk. *M40* —2G 95 (2F 7)
Birt St. *M40* —1H 95
Birwood Rd. *M8* —1D 82
Biscay Clo. *M11* —4B 96
Bishop Clo. *Ash L* —4E 87
Bishopdale Clo. *Rytn* —2B 56
Bishop Marshall Clo. *M40*
　　　　　—6F 83

Bishop Marshall Way. *Mid*
　　　　　—3F 53
Bishop Rd. *Salf* —1B 92
Bishop Rd. *Urm* —5H 103
Bishopsbridge Clo. *Bolt* —3B 46
Bishop's Clo. *Bolt* —5C 46
Bishops Clo. *Bow* —4D 144
Bishops Clo. *Chea* —6C 138
Bishopscourt. *Salf* —3G 81
Bishopsgate. *M2*
　　　　　—5D 94 (1H 9)
Bishopsgate Cen. *M2* —5D 94
Bishops Ga. St. *Chad* —3G 71
Bishops M. *Sale* —3G 121
Bishop's Rd. *Bolt* —5C 46
Bishops Rd. *P'wch* —6G 67
Bishops St. *Stoc* —2A 140
Bishop St. *Mid* —2D 70
Bishops Wlk. *Ash L* —4G 99
Bishopton Clo. *M19* —6E 111
Bisley Av. *M23* —5F 135
Bisley St. *Oldh* —3B 72
Bismark St. *Oldh* —4E 73
Bispham Av. *Bolt* —6H 33
Bispham Av. *Stoc* —5H 111
Bispham Clo. *Bury* —4F 35
Bispham Gro. *Salf* —4A 82
Bispham St. *Bolt* —5E 33
Bittern Clo. *Poy* —3A 162
Bittern Clo. *Roch* —4B 26
Bittern Dri. *Droy* —2C 98
Blackbank St. *Bolt* —3B 32
Blackberry Clo. *B'hth* —3D 132
Blackberry La. *Stoc* —2B 128
Black Brook Rd. *Stoc* —2F 127
Blackburn Gdns. *M20* —5E 125
Blackburn Pl. *Salf*
　　　　　—4A 94 (6A 4)
Blackburn Rd. *Bolt & Tur*
　　　　　—1A 32
Blackburn Rd. *Eger* —1B 18
Blackburn Rd. *Ram* —1A 12
Blackburn St. *M16* —2A 108
Blackburn St. *P'wch* —5G 67
Blackburn St. *Rad* —4G 49
Blackburn St. *Salf*
　　　　　—2B 94 (2C 4)
Blackcap Clo. *Wor* —6D 76
Blackcarr Rd. *M23* —6H 135
Blackcroft Clo. *Swint* —3E 79
Black Dad La. *Roch* —3E 25
Blackden Wlk. *Wilm* —6H 159
Blackett St. *M12*
　　　　　—5H 95 (2G 11)
Blackfield La. *Salf* —3G 81
Blackfields. *Salf* —3G 81
Blackford Av. *Bury* —3D 50
Blackford Rd. *Stoc* —2D 126
Blackford Wlk. *M40*
　　　　　—2H 95 (1H 7)
Blackfriar Ct. *Salf*
　　　　　(off Ford St.) —2B 94 (2D 4)
Blackfriars Rd. *Salf*
　　　　　—2C 94 (2D 4)
Blackfriars St. *Salf*
　　　　　—3D 94 (4G 5)
Blackhill Clo. *M13*
　　　　　—6F 95 (3D 10)
Black Horse St. *Bolt* —6A 32
Black Horse St. *Farn* —2G 63
Black Leach. *Spring* —2C 74
Blackleach Dri. *Wor* —4F 63
Blackledge St. *Bolt* —3G 45
Blackley Clo. *Bury* —5E 51
Blackley Ct. *M9* —6C 68
Blackley New Rd. *M9* —6B 68
Blackley Pk. Rd. *M9* —2F 83
Blackley St. *M16* —2A 108
Blackley St. *Mid* —2D 68
Blacklock St. *M8* —1D 94

Blackmoor. *Mot* —3C 116
Black Moss Clo. *Rad* —4D 48
Black Moss Rd. *Dun M*
　　　　　—4A 132
Blackpits Rd. *Roch* —2H 25
Blackpool St. *M11* —3E 97
　　　　　(in two parts)
Blackrock Cotts. *Moss* —5E 89
Blackrock St. *M11* —4B 96
Blackrod Dri. *Bury* —4F 35
Black Sail Wlk. *Oldh* —6E 57
Blackshaw Ho. *Bolt* —1G 45
Blackshaw La. *Ald E* —5F 167
Blackshaw La. *Bolt* —1G 45
Blackshaw La. *Rytn* —3D 56
Blackshaw Row. *Bolt* —2G 45
Blackshaw St. *Stoc* —3G 139
Blacksmith La. *Roch* —1B 40
Blackstock St. *M13* —3G 109
Blackstone Edge Ct. *L'boro*
　　　　　—3G 17
Blackstone Edge Old Rd. *L'boro*
　　　　　—3G 17
Blackstone Rd. *Stoc* —6D 140
Blackstone Wlk. *M9* —5F 83
Blackthorn Av. *M19* —2C 126
Blackthorn Clo. *Roch* —1G 27
Blackthorne Clo. *Bolt* —4E 31
Blackthorne Dri. *Sale* —1F 133
Blackthorne Rd. *Hyde* —3C 130
Blackthorn Rd. *Oldh* —3A 86
Blackthorn Wlk. *Part* —6C 118
Blackwell Wlk. *M40*
　　　　　—3G 95 (4F 7)
　　　　　(off Cardroom Rd.)
Blackwin St. *M12* —1C 110
Blackwood Dri. *M23* —3D 134
Blackwood St. *Bolt* —3C 46
Bladen Clo. *Chea H* —1C 150
Blair Av. *L Hul* —5D 62
Blair Av. *Urm* —5A 104
Blair Clo. *Haz G* —5C 152
Blair Clo. *Sale* —2E 133
Blair Clo. *Shaw* —6F 43
Blairhall Av. *M40* —4A 84
Blair La. *Bolt* —4F 33
Blairmore Dri. *Bolt* —2C 44
Blair Rd. *M16* —6C 108
Blair St. *M16* —2B 108
Blair St. *Brom X* —3D 18
Blair St. *Kear* —3B 64
Blair St. *Roch* —2F 27
Blakedown Wlk. *M12* —2A 110
　　　　　(off Cochrane Av.)
Blake Dri. *Stoc* —4E 141
Blakefield Dri. *Wor* —2G 77
Blake Gdns. *Bolt* —3H 31
Blakelock St. *Shaw* —6E 43
Blakemere Av. *Sale* —6E 123
Blakemore Wlk. *M12* —4A 96
Blake St. *Brom X* —4E 19
Blake St. *Ram* —3H 31
Blake St. *Roch* —3A 28
Blakeswell Clo. *Urm* —4H 103
Blakey St. *Bolt* —3D 44
Blakey St. *M12* —3C 110
Blanche St. *Roch* —1A 28
Blanche Wlk. *Oldh* —1E 73
Bland Clo. *Fail* —4E 85
Blandford Av. *Wor* —3H 77
Blandford Clo. *Bury* —6D 22
Blandford Ct. *Stal* —3E 101
Blandford Dri. *M40* —1D 84
Blandford Rd. *Ecc* —3D 90
Blandford Rd. *Salf* —6F 81
Blandford Rd. *Stoc* —1D 138
Blandford St. *Ash L* —2G 99
Blandford St. *Stal* —3E 101
Bland Rd. *P'wch* —1F 81
Bland St. *M16* —3C 108

Bland St. *Bury* —2D 36
Blanefield Clo. *M21* —2C 124
Blantyre Av. *Wor* —1G 77
Blantyre Rd. *Swint* —5H 79
Blantyre St. *M15*
　　　　　—6B 94 (3D 8)
Blantyre St. *Ecc* —2C 90
Blantyre St. *Swint* —3D 78
Blanwood Dri. *M8* —4D 82
Blaven Clo. *Stoc* —6H 139
Blaydon St. *M1* —5F 95 (1C 10)
Blazemoss Bank. *Stoc* —6D 140
Bleackley St. *Bury* —1A 36
Bleak Hey Rd. *M22* —3D 148
Bleakley St. *W'fld* —6C 50
Bleaklow Fold. *Glos* —6G 117
　　　　　(off Castleton Cres.)
Bleaklow Gdns. *Glos* —6G 117
　　　　　(off Castleton Cres.)
Bleaklow La. *Glos* —6G 117
Bleaklow Wlk. *Glos* —6G 117
　　　　　(off Castleton Cres.)
Bleak St. *Bolt* —3D 32
Bleasby St. *Oldh* —2G 73
Bleasdale Clo. *Bury* —4E 51
Bleasdale Rd. *M22* —3G 147
Bleasdale Rd. *Bolt* —3D 30
Bleasdale St. *Rytn* —2B 56
Bleasefell Chase. *Wor* —6C 76
Bleatarn Rd. *Stoc* —4B 140
Bledlow Clo. *Ecc* —2G 91
Blencarn Wlk. *M9* —4F 83
Blendworth Clo. *M8* —4B 82
Blenheim Av. *M16* —5B 108
Blenheim Av. *Oldh* —4H 57
Blenheim Clo. *Bury* —2D 50
Blenheim Clo. *Hale* —3F 145
Blenheim Clo. *Heyw* —3G 39
Blenheim Clo. *Poy* —3F 163
Blenheim Clo. *Wilm* —2G 167
Blenheim Ct. *M9* —4C 68
　　　　　(off Deanswood Dri.)
Blenheim Rd. *Bolt* —6F 33
Blenheim Rd. *Chea H* —3D 150
Blenheim Rd. *Old T* —4G 107
Blenheim Rd. Est. *Bolt* —1H 47
Blenheim St. *Roch* —2E 27
Blenmar Clo. *Rad* —2A 50
Bleriot St. *Bolt* —4H 45
Bletchley Clo. *M13* —2H 109
Bletchley Rd. *Stoc* —2A 138
Blethyn Clo. *Bolt* —5F 45
Blinco Rd. *Urm* —6H 105
Blind La. *M12* —6H 95 (3H 11)
Blindsill Rd. *Farn* —2D 62
Blisworth Av. *Ecc* —5G 91
Blisworth Clo. *M4*
　　　　　—4H 95 (5H 7)
Blithfield Wlk. *Dent* —5E 113
Block La. *Chad* —5H 71
Blocksage St. *Duk* —6B 100
Blodwell St. *Salf* —3F 93
Blofield Ct. *Farn* —2F 63
Blomley St. *Roch* —3C 40
Bloomfield Dri. *Bury* —4F 51
Bloomfield Dri. *Wor* —4C 76
Bloomfield Rd. *Farn* —3F 63
Bloomfield St. *Bolt* —2A 32
Bloomsbury Gro. *Tim* —5A 134
Bloomsbury La. *Tim* —5A 134
Bloom St. *M1* —5E 95 (1A 10)
　　　　　(in two parts)
Bloom St. *Oldh* —3C 72
Bloom St. *Ram* —5C 12
Bloom St. *Salf* —3C 94 (4E 5)
Bloom St. *Stoc* —3E 139
Blossom Pl. *Roch* —3H 27
Blossom Rd. *Part* —6C 118
Blossoms Hey. *Chea H* —4A 150
Blossoms Hey Wlk. *Chea H*
　　　　　—4A 150

Blossoms La. *Woodf* —5C **160**
Blossom St. *M4* —3F **95** (4D **6**)
Blossom St. *Salf* —3C **94** (3E **5**)
Bloxham Wlk. *M9* —5H **69**
Blucher St. *M12* —1A **110**
Blucher St. *Ash L* —5E **87**
Blucher St. *Salf* —4A **94** (6A **4**)
Blue Bell Av. *M40* —2A **84**
Blue Bell Clo. *Hyde* —2D **114**
Bluebell Dri. *Marp B* —5H **143**
Bluebell Dri. *Roch* —2B **40**
Bluebell Gro. *Chea* —1H **149**
Bluebell Way. *Wilm* —6G **159**
Blueberry Dri. *Shaw* —6H **43**
Blueberry Rd. *Bow* —3C **144**
Blue Chip Bus. Pk. *B'hth*
—4E **133**
Bluefields. *Shaw* —5H **43**
Blue Ribbon Wlk. *Swint*
—2G **79**
Bluestone Dri. *Stoc* —6A **126**
Bluestone Rd. *M40* —3A **84**
Bluestone Rd. *Dent* —5A **112**
Bluestone Ter. *Dent* —5A **112**
Blundell Clo. *Bury* —4F **51**
Blundell St. *Ram* —6A **32**
Blundering La. *Stal* —1H **115**
Blunn St. *Oldh* —5D **72**
Blyborough Clo. *Salf* —1E **93**
Blyth Av. *M23* —1A **136**
Blyth Av. *L'boro* —6D **16**
Blyth Clo. *Tim* —5C **134**
Blythe Av. *Bram* —1E **161**
Blyton St. *M15* —2F **109**
Blyton Way. *Dent* —1F **129**
Boad St. *M1* —5F **95** (1D **10**)
Boardale Dri. *Mid* —6G **53**
Boardman Clo. *Ram* —3A **32**
Boardman Clo. *Stoc* —5H **127**
Boardman Fold Clo. *Mid*
—4A **70**
Boardman Fold Rd. *Mid*
—4H **69**
Boardman La. *Mid* —1D **68**
Boardman Rd. *M8* —1B **82**
Boardman St. *Ecc* —4G **91**
Boardman St. *Hyde* —5B **114**
Boardman St. *Ram* —3A **32**
Board St. *Ash L* —1B **100**
Board St. *Bolt* —1H **45**
Boar Grn. Clo. *M40* —4C **84**
Boarsham Clough. *Mid* —5B **54**
Boarshaw Cres. *Mid* —5C **54**
Boarshaw La. *Mid* —4D **54**
Boarshaw Rd. *Mid* —6A **54**
Boarshurst La. *G'fld* —4F **61**
Boat La. *M22* —2C **136**
Boat La. *Dig* —2D **60**
Boat La. *Irl* —5F **103**
Bobbin Wlk. *M4* —4G **95** (5F **7**)
(off Cardroom Rd.)
Bobbin Wlk. *Oldh* —3E **73**
Bob Massey Clo. *Open* —4E **97**
Bob's La. *Cad* —5B **118**
Boddens Hill Rd. *Stoc* —2C **138**
Boddington Rd. *Ecc* —4C **90**
Bodiam Rd. *G'mnt* —2H **21**
Bodley St. *M11* —3E **97**
Bodmin Clo. *Rytn* —4E **57**
Bodmin Cres. *Stoc* —4B **128**
Bodmin Dri. *Bram* —6G **151**
Bodmin Rd. *Sale* —4F **121**
Bodmin Wlk. *M23* —6G **135**
Bodney Wlk. *M9* —6D **68**
Bogart Ct. *Salf* —1E **93**
Bognor Rd. *Stoc* —1G **151**
Bolam Clo. *M23* —2E **135**
Boland Dri. *M14* —1G **125**
Bolderrod Pl. *Oldh* —1E **73**
Bolderstone Pl. *Stoc* —1E **153**
Bold Row. *Swint* —4F **79**

Bold St. *Alt* —2F **145**
Bold St. *Bolt* —6B **32**
Bold St. *Bury* —2E **37**
Bold St. *Clif* —1F **79**
Bold St. *Hulme* —2C **108**
Bold St. *Mos S* —3C **108**
Bolesworth Clo. *M21* —1F **123**
Boleyn Ct. *Heyw* —4E **39**
Boleywood Ct. *Wilm* —6F **159**
Bolholt Ind. Pk. *Bury* —1G **35**
Bolholt Ter. *Bury* —1H **35**
Bolivia St. *Salf* —3C **92**
Bollin Av. *Bow* —5D **144**
Bollin Clo. *M15* —1B **108** (6C **8**)
Bollin Clo. *Kear* —3A **64**
Bollin Clo. *Wilm* —1F **167**
Bollin Ct. *M15* —1B **108** (6C **8**)
Bollin Ct. *Bow* —4D **144**
Bollin Ct. *Wilm* —2F **167**
Bollin Dri. *Sale* —1B **134**
Bollin Dri. *Tim* —3G **133**
Bollings Yd. *Bolt* —1B **46**
Bollington Clo. *Ash L* —4G **99**
Bollington Clo. *M40*
—3H **95** (3G **7**)
Bollington Rd. *Stoc* —4F **127**
Bollington St. *Ash L* —4G **99**
Bollin Hill. *Wilm* —1D **166**
Bollin Sq. *Bow* —4D **144**
Bollin Wlk. *Stoc* —4H **127**
Bollin Wlk. *W'fld* —5G **51**
Bollin Wlk. *Wilm* —2E **167**
Bollinway. *Hale* —5A **146**
Bollin Way. *W'fld* —5G **51**
Bollinwood Chase. *Wilm*
—2G **167**
Bolney Wlk. *M40* —1H **95**
Bolshaw Farm La. *H Grn*
—1G **159**
Bolshaw Rd. *H Grn* —1F **159**
Boltmeadow. *G'fld* —5E **61**
Bolton Av. *M19* —1H **137**
Bolton Av. *Chea H* —1D **160**
Bolton Clo. *Poy* —3D **162**
Bolton Clo. *P'wch* —1D **80**
Bolton Rd. *Brad* —6G **19**
Bolton Rd. *Bury* —5G **35**
Bolton Rd. *Farn* —5F **47**
Bolton Rd. *Hawk* —1D **20**
Bolton Rd. *Kear* —2G **63**
Bolton Rd. *Pen* —1F **79**
Bolton Rd. *Rad* —3D **48**
Bolton Rd. *Roch* —1A **40**
Bolton Rd. *Salf* —5B **80**
Bolton Rd. *Wor* —5F **63**
Bolton Rd. N. *Ram* —1E **13**
Bolton Rd. W. *Ram* —6B **12**
Bolton Rd. W'houg & *Bolt*
—5A **44**
BOLTON STATION. *BR* —1B **46**
Bolton St. *Bolt* —3B **32**
Bolton St. *Bury* —3B **36**
Bolton St. *Oldh* —3F **73**
(in two parts)
Bolton St. *Rad* —4F **49**
Bolton St. *Ram* —4D **12**
Bolton St. *Salf* —3C **94** (5E **5**)
Bolton St. *Stoc* —2G **127**
Bolton Yd. *Upperm* —1F **61**
Bombay Rd. *Stoc* —4E **139**
Bombay Sq. M1
—5E **95** (2B **10**)
(off Whitworth St.)
Bombay St. *M1* —5E **95** (2B **10**)
Bombay St. *Ash L* —1B **100**
Bonar Clo. *Stoc* —3E **139**
Bonar Rd. *Stoc* —3E **139**
Boncarn Dri. *M23* —1G **147**
Bonchurch Wlk. *M18* —1D **110**
Bondmark Rd. *M18* —1E **111**
Bond Sq. *Salf* —5A **82**

Bond St. *M12* —6G **95** (2E **11**)
Bond St. *Bury* —3E **37**
Bond St. *Dent* —4F **113**
Bond St. *Eden* —3B **12**
Bond St. *Roch* —1A **28**
Bond St. *Stal* —2E **101**
Bond Ter. *Bury* —3E **37**
Bongs Rd. *Stoc* —5F **141**
(in two parts)
Bonhill Wlk. *M11* —3D **96**
Bonington Rise. *Marp B*
—3F **143**
Bonis Cres. *Stoc* —1C **152**
Bonny Brow St. *Mid* —2D **68**
Bonnyfields. *Rom* —1H **141**
Bonsall Bank. Glos —5G **117**
(off Melandra Castle Rd.)
Bonsall Clo. Glos —5G **117**
(off Melandra Castle Rd.)
Bonsall Fold. Glos —5G **117**
(off Melandra Castle Rd.)
Bonsall St. M15
—1D **108** (6G **9**)
Bonscale Cres. *Mid* —4G **53**
Bonthe St. *Irl* —1D **118**
Bonville Chase. *Alt* —1C **144**
Bonville Rd. *Alt* —6C **132**
Boodle St. *Ash L* —2H **99**
Bookham Wlk. *M9* —3G **83**
Boond St. *M4* —4H **95** (5G **7**)
Boond St. *Salf* —3C **94** (3F **5**)
Boonfields. *Brom X* —3E **19**
Booth Av. *M14* —2H **125**
Booth Bri. Clo. *Mid* —2E **69**
Boothby Ct. *Swint* —2D **78**
Boothby Rd. *Swint* —2E **79**
Boothby St. *Stoc* —1C **152**
Booth Clo. *Stal* —4D **100**
Boothcote. *Aud* —1D **112**
Booth Ct. *Farn* —1F **63**
Booth Dri. *Urm* —2B **104**
Boothfield. *Ecc* —2C **90**
Boothfield Av. *M22* —5B **136**
Boothfield Dri. *M22* —5B **136**
Boothfield Rd. *M22* —5A **136**
Boothfields. *Bury* —2A **36**
Booth Hall Rd. *Tot* —6H **21**
Booth Hall Rd. *M9* —6A **70**
Booth Hill La. *Oldh & Rytn*
—6C **56**
Booth Ho. Trad. Est. *Oldh*
—3A **72**
Booth La. *M9* —5C **68**
Booth M16 —4A **108**
Booth Rd. *Alt* —1E **145**
Booth Rd. *Aud* —6A **98**
Booth Rd. *L Lev* —5B **48**
Booth Rd. *Sale* —3B **122**
Booth Rd. *Wilm* —6E **159**
Boothroyden Clo. *Mid* —2D **68**
(in two parts)
Boothroyden Rd. *Mid & M9*
(in two parts) —2E **69**
Boothroyden Ter. *M9* —3E **69**
Boothsbank Av. *Wor* —5D **76**
Booth's Hall Gro. *Wor* —5D **76**
Booths Hall Paddock. *Wor*
—6D **76**
Booth's Hall Rd. *Wor* —5D **76**
Booth's Hall Way. *Wor* —5D **76**
Boothstown Dri. *Wor* —6C **76**
Booth St. *M2* —4D **94** (6H **5**)
Booth St. *Ash L* —3H **99**
Booth St. *Bolt* —2G **31**
Booth St. *Dent* —2F **113**
Booth St. *Fail* —4E **85**
Booth St. *Holl* —2E **117**
Booth St. *Hyde* —6C **114**
Booth St. *Lees* —3A **74**
Booth St. *Mid* —3D **70**
Booth St. *Oldh* —3C **72**

Booth St. *Salf* —3D **94** (4G **5**)
Booth St. *Stal* —5C **100**
Booth St. *Stoc* —4G **139**
Booth St. *Tot* —5H **21**
Booth St. E. *M13*
—1F **109** (5B **10**)
Booth St. W. *M15*
—1E **109** (6A **10**)
Boothway. *Ecc* —3H **91**
Booth Way. *Tot* —6G **21**
Boot La. *Bolt* —4B **30**
Bootle St. *M2* —4D **94** (6G **5**)
Bordale Av. *M9* —4H **83**
Bordan St. *M11* —5B **96**
Borden Way. *Bury* —1F **51**
Border Brook La. *Wor* —5C **76**
Bordesley Av. *L Hul* —3C **62**
Bordley Wlk. *M23* —2E **135**
Bordon Rd. *Stoc* —4D **138**
Boringdon Clo. *M40* —5B **84**
Borland Av. *M40* —2D **84**
Borough Arc. *Hyde* —4B **114**
Borough Av. *Pen* —2G **79**
Borough Av. *Rad* —2B **50**
Borough Rd. *Alt* —1G **145**
Borough Rd. *Salf* —4D **92**
Borough St. *Stal* —4E **101**
Borrans, The. *Wor* —6B **76**
Borron St. *Stoc* —1A **140**
Borrowdale Av. *Bolt* —5E **31**
Borrowdale Av. *Gat* —1F **149**
Borrowdale Clo. *Rytn* —1B **56**
Borrowdale Cres. *M20* —5C **124**
Borrowdale Cres. *Ash L*
—6D **86**
Borrowdale Dri. *Bury* —4E **51**
Borrowdale Dri. *Roch* —1B **40**
Borrowdale Rd. *Mid* —5F **53**
Borrowdale Rd. *Stoc* —3B **140**
Borrowdale Ter. *Stal* —1E **101**
Borsden St. *Swint* —1D **78**
Borth Av. *Stoc* —4B **140**
Borth Wlk. *M23* —5F **135**
Borwell St. *M18* —1F **111**
Boscobel Rd. *Bolt* —5D **46**
Boscombe Av. *Ecc* —5E **91**
Boscombe Dri. *Haz G* —3C **152**
Boscombe St. *M14* —5F **109**
Boscombe St. *Stoc* —5H **111**
Boscow Rd. *L Lev* —5A **48**
Bosden Av. *Haz G* —2E **153**
Bosden Clo. *Hand* —2H **159**
Bosden Clo. Stoc —3H **139**
(off Bosden Fold)
Bosden Fold. *Stoc* —3H **139**
Bosdenfold Rd. *Haz G* —2E **153**
Bosden Hall Rd. *Haz G* —2E **153**
Bosdin Rd. E. *Urm* —6A **104**
Bosdin Rd. W. *Urm* —6A **104**
Bosley Av. *M20* —1E **125**
Bosley Clo. *Wilm* —5H **159**
Bosley Dri. *Poy* —4G **163**
Bosley Rd. *Stoc* —3C **138**
Bossall Av. *M9* —5G **69**
Bossington Clo. *Stoc* —3C **140**
Bostock Wlk. *M13*
—6F **95** (4D **10**)
Boston Clo. *Bram* —6F **151**
Boston Clo. *Fail* —2F **85**
Boston Ct. *Salf* —5E **93**
Boston St. *Bolt* —3A **32**
Boston St. *Hyde* —4C **114**
Boston St. *Oldh* —5D **72**
Boston Wlk. *Dent* —6G **113**
Boswell Av. *Aud* —4D **98**
Boswell Way. *Mid* —3E **55**
Bosworth Clo. *W'fld* —1G **67**
Bosworth Sq. *Roch* —1D **40**
Bosworth St. *M11* —5C **96**
Bosworth St. *Roch* —1D **40**
Botanical Av. *M16* —2G **107**

Botanical Ho. *M16* —2G **107**
Botany Clo. *Heyw* —2D **38**
Botany La. *Ash L* —1A **100**
Botany Rd. *Ecc* —1C **90**
Botany Rd. *Woodl* —3G **129**
Botha Clo. *M11* —6F **97**
Botham Clo. *M15* —2E **109**
Botham Ct. *Ecc* —2D **90**
Bothwell Rd. *M40*
　　　　　—2G **95** (2F **7**)
Bottesford Av. *M20* —4D **124**
Bottomfield Clo. *Oldh* —6E **57**
Bottomley Side. *M9* —1E **83**
Bottom o' th' Moor. *Brad*
　　　　　　—3F **33**
Bottom o' th' Moor. *Oldh*
　　　　　　—2F **73**
Bottom St. *Hyde* —4D **114**
Boulder Dri. *M23* —3G **147**
Boulderstone Rd. *Stal* —1E **101**
Bouldon Dri. *Bury* —6C **22**
Boulevard, The. *Haz G* —3E **153**
Boulevard, The. *Holl* —2F **117**
Bouley Wlk. *M12* —1C **110**
Boulton St. *Salf* —3C **94** (4E **5**)
Boundary Clo. *Moss* —5E **89**
　(in two parts)
Boundary Clo. *Woodl* —4A **130**
Boundary Ct. *Chea* —6G **137**
Boundary Dri. *Brad F* —2A **48**
Boundary Gdns. *Bolt* —3H **31**
Boundary Gdns. *Oldh* —6C **56**
Boundary Grn. *Dent* —2E **113**
Boundary Gro. *Sale* —6F **123**
Boundary Ind. Est. *Bolt* —6A **34**
Boundary La. *M15*
　　　　　　—1E **109** (5A **10**)
Boundary Pk. Rd. *Oldh* —6A **56**
Boundary Rd. *Chea* —5B **138**
Boundary Rd. *Irl* —4F **103**
Boundary Rd. *Swint* —2F **79**
Boundary St. *M12* —2C **110**
Boundary St. *Bolt* —3H **31**
Boundary St. *Bury* —2D **36**
Boundary St. *L'boro* —3E **17**
Boundary St. *Roch* —5G **27**
Boundary St. E. *M13*
　　　　　—6E **95** (4B **10**)
Boundary St. W. *M15*
　　　　　　—1E **109** (5A **10**)
Boundary, The. *Clif* —5E **65**
Boundary Wlk. *Roch* —6G **27**
Bourdon St. *M40*
　　　　　—2H **95** (2H **7**)
Bourget St. *M8* —3B **82**
Bournbrook Av. *L Hul* —3C **62**
Bourne Av. *Swint* —4F **79**
Bourne Dri. *M40* —2B **84**
Bourne Ho. *Salf* —3F **93**
Bournelea Av. *M19* —3B **126**
Bourne Rd. *Shaw* —5E **43**
Bourne St. *Chad* —1H **85**
Bourne St. *Stoc* —5G **127**
Bourne St. *Wilm* —3C **166**
Bourne Wlk. *Bolt* —4B **32**
Bournville Av. *Stoc* —5G **127**
Bournville Dri. *Bury* —2H **35**
Bournville Gro. *M19* —6D **110**
Bourton Clo. *Bury* —2H **35**
Bourton Dri. *M18* —3D **110**
Bowden Clo. *Hyde* —6A **116**
Bowden Clo. *Roch* —5D **40**
Bowden La. *Marp* —4C **142**
Bowden Rd. *Swint* —4G **79**
Bowden St. *Bolt* —1H **45**
Bowden St. *Dent* —4E **113**
Bowden St. *Haz G* —2E **153**
Bowden St. *Hyde* —2B **114**
Bowden St. *Ram* —4F **31**
Bowden View. *Urm* —5D **104**
Bowdon Av. *M14* —6D **108**

Bowdon Ho. *Stoc* —3G **139**
Bowdon Rise. *Bow* —3F **145**
Bowdon Rd. *Alt* —2E **145**
Bowdon St. *Stoc* —3G **139**
　(in two parts)
Bowen Clo. *Bram* —2H **161**
Bowen St. *Bolt* —4F **31**
Bower Av. *Haz G* —4D **152**
Bower Av. *Roch* —5B **16**
Bower Av. *Stoc* —6E **127**
Bower Ct. *Hyde* —2E **115**
Bowerfield Av. *Haz G* —5D **152**
Bowerfield Cres. *Haz G*
　　　　　　—5D **152**
Bowerfold La. *Stoc* —1E **139**
Bower Gro. *Stal* —3G **101**
Bower La. *Chad* —1G **85**
Bower Rd. *Hale* —4G **145**
Bowers Av. *Urm* —3D **104**
Bower St. *Bury* —2G **37**
Bower St. *Newt H* —6H **83**
Bower St. *Oldh* —2E **73**
Bower St. *Salf* —4A **82**
Bower St. *Stoc* —5H **111**
Bower Ter. *Droy* —2C **98**
Bowery Av. *Chea H* —1B **160**
Bowes Clo. *Bury* —6B **22**
Bowes St. *M14* —4D **108**
Bowfell Circ. *Urm* —4D **104**
Bowfell Dri. *H Lane* —5C **154**
Bowfell Gro. *M9* —5D **68**
Bowfell Rd. *Urm* —5C **104**
Bowfield Wlk. *M40* —6C **84**
Bowgreave Av. *Bolt* —6H **33**
Bow Grn. M. *Bow* —3D **144**
Bow Grn. Rd. *Bow* —4B **144**
Bowgreen Wlk. *M15*
　　　　　　—1B **108** (6D **8**)
Bowker Av. *Dent* —1H **129**
Bowker Av. *Urm* —4B **104**
Bowker Bank Av. *M8* —1B **82**
Bowker Clo. *Roch* —2A **26**
Bowker Ct. *Salf* —5H **81**
Bowkers Row. *Ram* —6B **32**
Bowker St. *Hyde* —4C **114**
Bowker St. *Rad* —4G **49**
Bowker St. *Salf* —5H **81**
Bowker St. *Wor* —6D **62**
Bowker Vale Gdns. *M9* —6B **68**
BOWKER VALE STATION. *M*
　　　　　　—6B **68**
Bowlacre Rd. *Hyde* —3B **130**
Bowland Av. *M18* —3A **112**
Bowland Clo. *Ash L* —4G **87**
Bowland Clo. *Bury* —2E **35**
Bowland Clo. *Shaw* —5C **42**
Bowland Clo. *Stoc* —6E **141**
Bowland Ct. *Sale* —5B **122**
Bowland Dri. *Bolt* —3D **30**
Bowland Gro. *Miln* —1D **42**
Bowland Rd. *M23* —5F **135**
Bowland Rd. *Dent* —4B **112**
Bowland Rd. *Woodl* —4H **129**
Bow La. *M2* —4D **94** (6H **5**)
Bow La. *Bow* —5C **144**
Bow La. *Heyw* —3F **39**
Bowlee Clo. *Bury* —5E **51**
Bowler St. *Lev* —1D **126**
Bowler St. *Shaw* —6F **43**
Bowlers Wlk. *Roch* —1H **27**
Bowley Av. *M22* —3G **147**
Bowling Grn. Ct. *M16* —3B **108**
Bowling Grn. St. *Heyw* —3F **39**
Bowling Grn. St. *Hyde* —5B **114**
Bowling Grn. St. *Ram* —2F **13**
　(in two parts)
Bowling Grn. Way. *Roch*
　　　　　　—4B **26**
Bowling Rd. *M18* —4G **111**
Bowling St. *Chad* —1H **85**
Bowman Cres. *Ash L* —2B **100**

Bowmeadow Grange. *M12*
　　　　　　—3B **110**
Bowmead Wlk. *M8* —5B **82**
Bowmont Clo. *Chea H* —1C **150**
Bowness Av. *Cad* —5B **118**
Bowness Av. *Chea H* —4D **150**
Bowness Av. *Roch* —2E **27**
Bowness Av. *Stoc* —3G **127**
Bowness Ct. *Mid* —5F **53**
Bowness Dri. *Sale* —4H **121**
Bowness Rd. *Ash L* —1F **99**
Bowness Rd. *Bolt* —3H **45**
Bowness Rd. *L Lev* —3H **47**
Bowness Rd. *Mid* —5E **53**
Bowness St. *M11* —6H **97**
Bowness St. *Stret* —4D **106**
Bowness Wlk. *Rytn* —3C **56**
　(off Shaw St.)
Bowscale Clo. *M13* —3B **110**
Bowstone Hill Rd. *Bolt* —6D **20**
Bow St. *M2* —4D **94** (6G **5**)
Bow St. *Ash L* —3A **100**
　(off Nelson St.)
Bow St. *Bolt* —6B **32**
Bow St. *Oldh* —2D **72**
Bow St. *Roch* —2D **40**
Bow St. *Stoc* —3E **139**
Bow Vs. *Bow* —3D **144**
Bowyers St. *Lady* —2A **126**
Boxgrove Rd. *Sale* —4G **121**
Boxgrove Wlk. *M8* —5B **82**
Boxhill Dri. *M23* —2G **135**
Box St. *L'boro* —4E **17**
Box St. *Ram* —3F **13**
Boxtree Av. *M18* —3F **111**
Box Wlk. *Part* —6C **118**
Boyd Clo. *M12* —6C **96**
Boyd's Wlk. *Duk* —6A **100**
Boyer St. *M16* —2H **107**
Boyle St. *M8* —5D **82**
Boyle St. *Ram* —4E **31**
Boysnope Cotts. *Ecc* —2H **103**
Boysnope Cres. *Ecc* —3G **103**
Brabant Rd. *Chea H* —3D **150**
Brabham Clo. *M21* —1H **123**
Brabyns Av. *Rom* —6B **130**
Brabyns Brow. *Marp* —4E **143**
Brabyns Rd. *Hyde* —2C **130**
Bracadale Dri. *Stoc* —1H **151**
Bracadale Dri. *Stoc* —6G **139**
Bracewell Clo. *M12* —2C **110**
Bracken Av. *Wor* —6G **63**
Brackenbury Wlk. *M15*
　　　　　　—2E **109**
Bracken Clo. *Bolt* —5B **18**
Bracken Clo. *Droy* —3C **98**
Bracken Clo. *Heyw* —5F **39**
Bracken Clo. *Holl* —1F **117**
Bracken Clo. *Marp B* —4F **143**
Bracken Clo. *Sale* —4E **121**
Bracken Clo. *Spring* —3B **74**
Bracken Dri. *M23* —6H **135**
Brackenfield Wlk. *Tim* —5D **134**
Brackenhall Ct. *Heyw* —3C **38**
Brackenhill Ter. *Dent* —2G **129**
　(off Wordsworth Rd.)
Brackenhurst Av. *Moss* —2G **89**
Brackenlea Fold. *Roch* —1D **26**
Brackenlea Pl. *Stoc* —6F **139**
Bracken Lodge. *Rytn* —6C **56**
Brackenside. *Stoc* —1A **128**
Brackenwood Dri. *Chea*
　　　　　　—1H **149**
Brackenwood M. *Wilm*
　　　　　　—1H **167**
Brackley Av. *M15*
　　　　　　—6B **94** (4C **8**)
Brackley Av. *Cad* —3B **118**

Brackley Ct. *M22* —3B **136**
Brackley Dri. *Mid* —4A **70**
Brackley Lodge. *Ecc* —2H **91**
Brackley Rd. *Bolt* —6E **45**
Brackley Rd. *Ecc* —1F **91**
Brackley Rd. *Stoc* —5E **127**
Brackley Sq. *Oldh* —1E **73**
Brackley St. *Farn* —1F **63**
　(in two parts)
Brackley St. *Oldh* —1E **73**
Brackley St. *Wor* —5E **63**
Bracknell Dri. *M9* —6D **68**
Bracondale Av. *Bolt* —3F **31**
Bradbourne Clo. *Bolt* —2A **46**
Bradburn Av. *Ecc* —4F **91**
Bradburn Clo. *Ecc* —3F **91**
Bradburn Gro. *Ecc* —4F **91**
Bradburn Rd. *Irl* —2C **118**
Bradburn St. *Ecc* —4F **91**
Bradburn Wlk. *M8* —5D **82**
　(off Moordown Clo.)
Bradbury Av. *Alt* —6C **132**
Bradbury's La. *G'fld* —5G **61**
Bradbury St. *Ash L* —1G **99**
Bradbury St. *Bury* —2E **51**
Bradbury St. *Redf I* —6C **114**
Bradbury Wlk. *Rytn* —3C **56**
　(off Shaw St.)
Bradda Mt. *Bram* —3A **152**
Braddan Av. *Sale* —6C **122**
Bradden Clo. *Salf* —4G **93**
Braddocks Clo. *Roch* —5B **16**
Braddon Av. *Urm* —5F **105**
Braddon Rd. *Woodl* —4G **129**
Braddon St. *M11* —4E **97**
Brade Clo. *M11* —5E **97**
Bradfield Av. *Salf* —3C **92**
Bradfield Clo. *Stoc* —5G **111**
Bradfield Rd. *Urm & Stret*
　　　　　　—5H **105**
Bradfield St. *M4* —4G **95** (6F **7**)
Bradford Av. *Bolt* —4D **46**
Bradford Ct. *M40* —2C **84**
Bradford Cres. *Bolt* —3C **46**
Bradford Pk. Dri. *Bolt* —1D **46**
Bradford Rd. *M40*
　　　　　—3H **95** (4G **7**)
Bradford Rd. *Ecc* —6E **79**
Bradford Rd. *Farn & Bolt*
　　　　　　—6C **46**
Bradford St. *Bolt* —1C **46**
Bradford St. *Farn* —2F **63**
Bradford St. *Oldh* —1C **72**
Bradford Ter. *Bury* —4B **36**
Bradgate Av. *H Grn* —4H **149**
Bradgate Clo. *M22* —3C **136**
Bradgate Rd. *Alt* —6C **132**
Bradgate Rd. *Sale* —1B **134**
Bradgate St. *Ash L* —4G **99**
Bradgreen Rd. *Ecc* —2E **91**
Brading Wlk. *M22* —5C **148**
Bradley Av. *Salf* —4F **81**
Bradley Clo. *Aud* —6E **99**
Bradley Clo. *Tim* —4G **133**
Bradley Dri. *Bury* —5F **51**
Bradley Fold. *Stal* —3F **101**
Bradley Fold Rd. *Brad T & Ain*
　　　　　　—1B **48**
Bradley Grn. Rd. *Hyde* —1D **114**
Bradley La. *Bolt* —2B **48**
Bradley La. *Miln* —1F **43**
Bradley La. *Stret* —2B **122**
Bradley's Ct. *M1* —4F **95** (5C **6**)
Bradley St. *M1* —3F **95** (4D **6**)
Bradley St. *Duk* —6G **99**
Bradley St. *Miln* —1F **43**
Bradney Clo. *M9* —5D **68**
Bradnor Rd. *Shar I* —4B **136**
Bradshaw Av. *M20* —2F **125**
Bradshaw Av. *Fail* —6E **85**

Bradshaw Av. *W'fld* —5C **50**
Bradshaw Brow. *Bolt* —1E **33**
Bradshaw Cres. *Marp* —4E **143**
Bradshaw Fold Av. *M40*
　　　　　—6D **70**
Bradshawgate. *Bolt* —6B **32**
Bradshaw Hall Dri. *Bolt* —5G **19**
Bradshaw Hall La. *H Grn*
(in two parts)　—5H **149**
Bradshaw La. *Stret* —6D **106**
Bradshaw Meadows. *Bolt*
　　　　　—5H **19**
Bradshaw Rd. *Bolt & Tur*
　　　　　—6H **19**
Bradshaw Rd. *Marp* —4D **142**
Bradshaw Rd. *Tot* —5E **21**
Bradshaw St. *M4*
　　　　　—3E **95** (3A **6**)
Bradshaw St. *Bolt* —1B **46**
Bradshaw St. *Heyw* —3G **39**
(in two parts)
Bradshaw St. *Mid* —2C **70**
Bradshaw St. *Oldh* —2D **72**
Bradshaw St. *Rad* —4F **49**
Bradshaw St. *Roch* —3A **28**
Bradshaw St. *Salf* —5A **82**
Bradshaw St. N. *Salf* —4H **81**
Bradshaw Trad. Est. *Mid*
　　　　　—3C **70**
Bradstock Clo. *M16* —4C **108**
Bradstock Rd. *M16* —4C **108**
Bradstone Rd. *M8* —6B **82**
Bradwell Av. *M20* —3D **124**
Bradwell Av. *Stret* —4A **106**
Bradwell Dri. *H Grn* —6G **149**
Bradwell Fold. Glos —6G **117**
(off Buxton M.)
Bradwell Lea. Glos —5G **117**
(off Buxton M.)
Bradwell Pl. *Bolt* —4D **32**
Bradwell Rd. *Haz G* —5E **153**
Bradwell Ter. Glos —6G **117**
(off Buxton M.)
Bradwell Wlk. *Urm* —4H **103**
Bradwen Av. *M8* —2C **82**
Bradwen Clo. *Dent* —6G **113**
Braemar Av. *Stret* —5A **106**
Braemar Av. *Urm* —6C **104**
Braemar Ct. *M9* —4C **68**
Braemar Dri. *Bury* —3H **37**
Braemar Dri. *Sale* —1E **133**
Braemar Gdns. *Bolt* —2C **44**
Braemar Gro. *Heyw* —4C **38**
Braemar La. *Wor* —5D **76**
Braemar Rd. *M14* —1A **126**
Braemar Rd. *Haz G* —2F **153**
Braemar Wlk. *Bolt* —2C **44**
Braemore Clo. *Shaw* —5C **42**
Braemore Dri. *B'btm* —6B **116**
Brae Side. *Oldh* —1C **86**
Braeside. *Stret* —6A **106**
Braeside Clo. *Stoc* —5F **141**
Braeside Gro. *Bolt* —2C **44**
Braewood Clo. *Bury* —2G **37**
Bragenham St. *M18* —2E **111**
Brailsford Av. *Glos* —5G **117**
Brailsford Clo. Glos —5G **117**
(off Hathersage Cres.)
Brailsford Gdns. Glos —5G **117**
(off Hathersage Cres.)
Brailsford Grn. Glos —5G **117**
(off Melandra Castle Rd.)
Brailsford M. *Glos* —5G **117**
Brailsford Rd. *M14* —1A **126**
Brailsford Rd. *Bolt* —2E **33**
Braintree Rd. *M22* —5C **148**
Braithwaite Rd. *Mid* —3F **53**
Brakehouse Clo. *Miln* —5E **29**
Brakesmere Gro. *Wor* —5B **62**
Braley St. *M12* —6F **95** (3D **10**)
Bramall Clo. *Bury* —5F **51**

Bramall Ct. *Salf* —2B **94** (2D **4**)
Bramall Mt. *Stoc* —6H **139**
Bramber Way. *Chad* —3H **71**
Bramble Av. *Oldh* —6H **57**
Bramble Av. *Salf* —6A **94** (3A **8**)
Bramble Meadow. Salf —6H **93**
(off W. Park St.)
Bramble Wlk. *M22* —3A **148**
Bramble Wlk. *Sale* —4E **121**
Bramblewood. *Chad* —1E **71**
Brambling Clo. *Aud* —3C **98**
Brambling Clo. *Stoc* —6G **141**
Bramcote Av. *M23* —5H **135**
Bramcote Av. *Bolt* —2D **46**
Bramdean Av. *Bolt* —6A **20**
Bramfield Wlk. *M15*
　　　　　—6B **94** (4D **8**)
Bramhall Av. *Bolt* —1A **34**
Bramhall Clo. *Duk* —1B **114**
Bramhall Clo. *Miln* —5E **29**
Bramhall Clo. *Sale* —6E **123**
Bramhall Clo. *Tim* —5D **134**
Bramhall La. *Bram* —3G **151**
Bramhall La. *Stoc* —5H **139**
Bramhall La. S. *Bram* —1G **161**
Bramhall Moor Ind. Est. *Haz G*
　　　　　—3B **152**
Bramhall Moor La. *Haz G*
　　　　　—4A **152**
Bramhall Pk. Rd. *Bram*
　　　　　—4F **151**
Bramhall Rd. *Bram* —4E **151**
BRAMHALL STATION. *BR*
　　　　　—1G **161**
Bramhall St. *M18* —2G **111**
Bramhall St. *Bolt* —4D **46**
Bramhall St. *Hyde* —3B **114**
Bramhall Wlk. *Dent* —5E **113**
Bramham Rd. *Marp* —1E **155**
Bramhope Wlk. *M9* —4F **83**
Bramley Av. *M19* —1C **126**
Bramley Av. *Stret* —5B **106**
Bramley Clo. *Bram* —1G **161**
Bramley Clo. *Swint* —5C **78**
Bramley Clo. *Wilm* —5A **166**
Bramley Cres. *Stoc* —2D **138**
Bramley Dri. *Bram* —1G **161**
Bramley Dri. *Bury* —5C **22**
Bramley Meade. *Salf* —4H **81**
Bramley Rd. *Bolt* —5D **18**
Bramley Rd. *Bram* —1G **161**
Bramley Rd. *Roch* —3A **26**
Bramley St. *Salf* —1C **94**
Brammall La. *Stoc* —2H **151**
Brammay Dri. *Tot* —5G **21**
Brampton Rd. *Bolt* —4E **45**
Brampton Rd. *Bram* —3H **151**
Brampton Wlk. *M40* —5B **84**
Bramway. *Bram* —6E **151**
Bramway. *H Lane* —6D **154**
Bramwell Dri. *M13*
　　　　　—1G **109** (5E **11**)
Bramwell St. *Stoc* —3B **140**
Bramwood Ct. *Bram* —1G **161**
Bramworth Av. *Ram* —3D **12**
Brancaster Rd. *M1*
　　　　　—6E **95** (3B **10**)
Branch Clo. *Bury* —2B **36**
Branch Rd. *L'boro* —1E **29**
Brancker St. *W'houg* —6A **44**
Brandish Clo. *M13* —2H **109**
Brandle Av. *Bury* —1A **36**
Brandlehow Dri. *Mid* —5E **53**
Brandlesholme Rd. *G'mnt*
　　　　　—2H **21**
Brandon Av. *M22* —3A **136**
Brandon Av. *Dent* —4H **113**
Brandon Av. *Ecc* —6G **79**
Brandon Av. *H Grn* —4F **149**
Brandon Brow. *Oldh* —1C **72**

Brandon Clo. *Bury* —6D **22**
Brandon Cres. *Shaw* —5E **43**
Brandon Rd. *Salf* —6H **79**
Brandon St. *Bolt* —3H **45**
Brandon St. Miln —5E **29**
(off Nall St.)
Brandram Rd. *P'wch* —5G **67**
Brandsby Gdns. *Salf* —5G **93**
Brandwood. *Chad* —6E **55**
Brandwood Av. *M21* —5B **124**
Brandwood Clo. *Wor* —3C **76**
Brandwood St. *Bolt* —3G **45**
Branfield Av. *H Grn* —4H **149**
Brankgate Ct. *Manx* —4E **125**
Branksome Dri. *P'wch* —5E **67**
Branksome Dri. *Salf* —5G **93**
Branksome Dri. *H Grn* —4H **149**
Branksome Dri. *Salf* —6G **79**
Branksome Rd. *Stoc* —2D **138**
Bransby Av. *M9* —5G **69**
Branscombe Dri. *Sale* —4E **121**
Branscombe Gdns. *Bolt* —2F **47**
Bransdale Av. *Rytn* —3A **56**
Bransdale Clo. *Bolt* —3D **44**
Bransford Rd. *M11* —5G **97**
Bransford Rd. *Urm* —3E **105**
Branson St. *M40*
　　　　　—3H **95** (4H **7**)
Branston Rd. *M40* —1D **84**
Brantfell Gro. *Bolt* —5H **33**
Brantingham Ct. *M16* —6C **108**
Brantingham Rd. *Chor H &*
　　Whal R —6H **107**
Brantwood Clo. *Rytn* —2A **56**
Brantwood Ct. *Salf* —3H **81**
Brantwood Dri. *Bolt* —5H **33**
Brantwood Rd. *Chea* R
　　　　　—4B **150**
Brantwood Rd. *Salf* —3H **81**
Brantwood Rd. *Stoc* —5E **127**
Brantwood Ter. *M9* —4H **83**
Brassey St. *Ash L* —1H **99**
Brassey St. *Mid* —6A **54**
Brassington Av. *M21* —2H **123**
Brassington Av. *Salf* —5H **93**
Brassington Cres. *Glos*
　　　　　—5F **117**
Brassington Rd. *Stoc* —5A **126**
Brathay Clo. *Bolt* —3H **33**
Bratton Wlk. *M13*
　　　　　—1H **109** (6G **11**)
Brattray Dri. *Mid* —4G **53**
Braunston Clo. *Ecc* —5G **91**
Braxton Wlk. *M9* —3G **83**
Bray Av. *Ecc* —2D **90**
Braybrook Dri. *Bolt* —6B **30**
Bray Clo. *Chea H* —3A **150**
Brayford Rd. *M22* —4B **148**
Brayshaw Clo. *Heyw* —4E **39**
Brayside Rd. *M20 & M19*
　　　　　—5H **125**
Brayston Gdns. *Gat* —5F **137**
Brayton Av. *M20* —1G **137**
Brayton Av. *Sale* —3F **121**
Brazennose St. *M2*
　　　　　—4D **94** (6G **5**)
Brazil St. *M1* —5E **95** (2B **10**)
Brazil St. *M1* —5E **95** (1B **10**)
Brazley Av. *Bolt* —4C **46**
Breach Ho. La. *Mob* —5A **156**
Bread St. *M18* —1G **111**
Breamore Cres. *Salf* —4F **81**
Brean Wlk. *M22* —4A **148**
Brechin Wlk. *Open* —4E **97**
Brechin Way. *Heyw* —4C **38**
Breckland Clo. *Stal* —3H **101**
Breckland Dri. *Bolt* —5B **30**
Breckles Pl. Bolt —2H **45**
(off Kershaw St.)
Breck Rd. *Ecc* —3D **90**

Brecon Av. *M19* —2B **126**
Brecon Av. *Chea H* —4A **150**
Brecon Av. *Dent* —6F **113**
Brecon Av. *Urm* —4H **103**
Brecon Clo. *Poy* —3F **163**
Brecon Clo. *Rytn* —1A **56**
Brecon Cres. *Ash L* —5F **87**
Brecon Dri. *Bury* —6C **36**
Brecon Towers. *Stoc* —2C **128**
Brecon Wlk. *Oldh* —1H **85**
Bredbury Dri. *Farn* —1G **63**
Bredbury Grn. *Rom* —2G **141**
Bredbury Ind. Est. *Rom*
　　　　　—3E **129**
Bredbury Parkway. Bred P
　　　　　—3E **129**
Bredbury Rd. *M14* —5F **109**
BREDBURY STATION. *BR*
　　　　　—5F **129**
Bredbury St. *Chad* —3H **71**
Bredbury St. *Hyde* —2B **114**
Brede Wlk. *M23* —2D **134**
Breeze Hill. *Shaw* —2F **57**
Breeze Hill Rd. *Oldh* —4H **73**
Breeze Mt. *P'wch* —1F **81**
Breightmet Dri. *Bolt* —6G **33**
Breightmet Fold La. *Bolt*
　　　　　—5H **33**
Breightmet Ind. Est. *Bolt*
　　　　　—6H **33**
Brellafield Dri. *Shaw* —4D **42**
Brenbar Cres. *Whitw* —4H **15**
Brenchley Dri. *M23* —1G **135**
Brencon Av. *M23* —2C **134**
Brendall Clo. *Stoc* —6G **141**
Brendon Av. *M40* —4A **84**
Brendon Av. *Stoc* —3H **127**
Brendon Dri. *Aud* —4D **98**
Brendon Hills. *Rytn* —3C **56**
Brenley Wlk. M9 —3F **83**
(off Alderside Rd.)
Brennan Clo. *M15* —2E **109**
Brennan Ct. *Oldh* —1A **86**
Brennock Clo. *M11* —5B **96**
Brentbridge Rd. *M14* —1F **125**
Brent Clo. *Brad F* —2B **48**
Brent Clo. *Poy* —3B **162**
Brentfield Av. *M8* —5B **82**
Brentford Av. *Bolt* —3F **31**
Brentford Rd. *Stoc* —3H **127**
Brentford St. *M9* —4G **83**
Brent Moor Rd. *Bram* —2A **152**
Brentnall St. *Stoc* —3H **139**
Brentnor Rd. *M40* —1C **84**
Brenton Av. *Sale* —5A **122**
Brent Rd. *M23* —1G **135**
Brent Rd. *Stoc* —2E **139**
Brentwood. *Sale* —5A **122**
Brentwood. *Salf* —1E **93**
Brentwood. *Urm* —6B **104**
Brentwood Av. *Cad* —3B **118**
Brentwood Av. *Tim* —4G **133**
Brentwood Av. *Urm* —5F **105**
Brentwood Av. *Wor* —5B **78**
Brentwood Clo. *M16* —4D **108**
Brentwood Clo. *L'boro* —6D **16**
Brentwood Clo. *Stal* —3G **101**
Brentwood Clo. *Stoc* —4C **128**
Brentwood Cres. *P'wch* —6D **66**
Brentwood Cres. *Alt* —5G **133**
Brentwood Dri. *Ecc* —1F **91**
Brentwood Dri. *Farn* —5E **47**
Brentwood Dri. *Gat* —6F **137**
Brentwood Rd. *Swint* —5D **78**
Brereton Clo. *Bow* —4E **145**
Brereton Ct. *Chea H* —4A **150**
Brereton Dri. *Wor* —4H **77**
Brereton Gro. *Irl* —3C **118**
Brereton Rd. *Ecc* —4B **90**
Brereton Rd. *Hand* —4A **160**

Breslyn St. *M3* —2D **94** (2G **5**)
Brethren's St. *Droy* —5A **98**
Bretland Gdns. *Hyde* —6A **116**
Bretland Wlk. *M22* —2D **148**
Brettargh St. *Salf* —1G **93**
Bretton Wlk. *M22* —5B **148**
Brett Rd. *Wor* —5C **76**
Brett St. *M22* —2C **136**
Brewers Grn. *Haz G* —2D **152**
Brewer St. *M1* —4F **95** (5C **6**)
Brewerton Rd. *Oldh* —4A **72**
Brewery St. *M3* —2D **94** (2H **5**)
Brewery St. *Alt* —1F **145**
Brewery St. *Stoc* —6H **127**
Brewster St. *M9* —3F **83**
Brewster St. *Mid* —5A **54**
Brian Av. *Droy* —2C **98**
Brian Farrell Dri. *Duk* —1C **114**
Brian Rd. *Farn* —5C **46**
Brian St. *Roch* —3B **40**
Briar Av. *Haz G* —3E **153**
Briar Av. *Oldh* —6H **57**
Briar Clo. *Roch* —2C **26**
Briar Clo. *Sale* —5E **121**
Briar Clo. *Urm* —4C **104**
Briar Cres. *M22* —6C **136**
Briardene. *Dent* —2G **113**
Briardene Gdns. *M22* —1C **148**
Briarfield. *Eger* —1B **18**
Briarfield Rd. *M20 & M19*
    —3H **125**
Briarfield Rd. *Chea H* —2D **150**
Briarfield Rd. *Dob* —5A **60**
Briarfield Rd. *Farn* —6C **46**
Briarfield Rd. *Stoc* —3G **127**
Briarfield Rd. *Tim* —6C **134**
Briarfield Rd. *Wor* —4G **77**
Briar Gro. *Chad* —6H **55**
Briar Gro. *Woodl* —4G **129**
Briar Hill Av. *L Hul* —5A **62**
Briar Hill Clo. *L Hul* —5A **62**
Briar Hill Ct. *Salf* —2G **93**
    (off Briar Hill Way)
Briar Hill Gro. *L Hul* —5A **62**
Briar Hill Way. *Salf* —2G **93**
Briarlands Av. *Sale* —1H **133**
Briarlands Clo. *Bram* —1F **161**
Briar Lea Clo. *Bolt* —3A **46**
Briarlea Gdns. *M19* —4A **126**
Briarley Gdns. *Woodl* —3A **130**
Briarmere Wlk. *Chad* —2A **72**
Briars Hollow. *Stoc* —2C **138**
Briars Mt. *Stoc* —2C **138**
Briarstead Clo. *Bram* —6F **151**
Briar St. *Roch* —5F **27**
Briarthorn Clo. *Marp* —2E **155**
Briarwood. *Wilm* —2F **167**
Briarwood Av. *M23* —3E **135**
Briarwood Av. *Droy* —2G **97**
Briarwood Chase. *Chea H*
    —4D **150**
Briarwood Cres. *Marp* —2E **155**
Brice St. *Duk* —5H **99**
Brickbridge Rd. *Marp* —6E **143**
Brickfield St. *Roch* —1B **28**
Brick Ground. *Roch* —1G **27**
Brickhill La. *Ash* —3B **156**
Brickkiln Row. *Bow* —4E **145**
Brickley St. *M3* —2E **95** (1A **6**)
Bricknell Wlk. *M22* —2D **148**
Brick St. *M4* —3E **95** (4B **6**)
Brick St. *Bury* —2E **37**
Bridcam St. *M8* —6C **82**
Briddon St. *M3* —2D **94** (1H **5**)
    (in two parts)
Brideoak St. *M8* —4C **82**
Brideoak St. *Oldh* —1A **74**
Bridestowe Av. *Hyde* —4G **115**
Bridestowe Wlk. *Hyde* —4G **115**
Bride St. *Bolt* —3A **32**
    (in two parts)

Bridge Av. *Woodl* —4G **129**
Bridge Bank Rd. *L'boro* —6D **16**
Bridge Clo. *Part* —6E **119**
Bridge Clo. *Rad* —5F **49**
Bridge Dri. *Chea* —1H **149**
Bridge Dri. *Hand* —4H **159**
Bridge End. *Del* —3H **59**
Bridgefield Av. *Wilm* —6G **159**
Bridgefield Clo. *H Lane*
    —6C **154**
Bridgefield Cres. *Spring*
    —3B **74**
Bridgefield Dri. *Bury* —3G **37**
Bridgefield St. *Rad* —4H **49**
Bridgefield St. *Roch* —4F **27**
Bridgefield St. *Stoc* —1G **139**
Bridgefield Wlk. *Rad* —4H **49**
Bridgeford Rd. *Roch* —4E **27**
Bridgefoot Clo. *Wor* —6C **76**
Bridgeford St. *M15*
    —1E **109** (6B **10**)
Bridge Gro. *Tim* —4H **133**
Bridge Hall Dri. *Bury* —2G **37**
Bridge Hall Fold. *Bury* —3G **37**
Bridge Hall Ind. Est. *H Bri*
    —3G **37**
Bridge Hall La. *Bury* —3G **37**
Bridge La. *Bram* —4H **151**
Bridgelea Rd. *M20* —3F **125**
Bridgeman Pl. *Bolt* —1C **46**
Bridgeman St. *Bolt* —3H **45**
Bridgeman St. *Farn* —6F **47**
Bridgemere Clo. *Rad* —2F **49**
Bridgend Clo. *M12* —1C **110**
Bridgend Clo. *Chea H* —1D **150**
Bridgenorth Av. *Urm* —5H **105**
Bridgenorth Dri. *L'boro* —6D **16**
Bridge Rd. *Bury* —4B **36**
Bridges Av. *Bury* —1D **50**
Bridges Ct. *Bolt* —1B **46**
    (off Soho St.)
Bridge St. *M3* —4D **94** (5G **5**)
Bridge St. *Aud* —6F **99**
Bridge St. *Bolt* —5B **32**
Bridge St. *Bury* —1E **37**
Bridge St. *Droy* —5G **97**
Bridge St. *Duk* —1G **113**
Bridge St. *Farn* —6G **47**
Bridge St. *Heyw* —3E **39**
Bridge St. *Mid* —1A **70**
Bridge St. *Miln* —5F **29**
Bridge St. *Oldh* —3E **73**
Bridge St. *Pen* —3G **79**
Bridge St. *Rad* —1B **64**
Bridge St. *Ram* —3E **13**
Bridge St. *Roch* —4C **40**
Bridge St. *Salf* —4C **94** (5F **5**)
Bridge St. *Shaw* —5G **43**
Bridge St. *Spring* —3B **74**
Bridge St. *Stal* —4D **100**
Bridge St. *Stoc* —1H **139**
Bridge St. *Upperm* —2F **61**
Bridge St. *Whitw* —3H **15**
    (Rochdale)
Bridge St. *Whitw* —4G **15**
    (Whitworth)
Bridge St. Brow. *Stoc* —1H **139**
Bridge St. W. *Salf*
    —4C **94** (5E **5**)
Bridges Way. *Dent* —2F **129**
Bridgewater Cen., The. *Urm*
    —6G **91**
Bridgewater Clo. *H Grn*
    —6H **149**
Bridgewater Hall. *M1* —5D **94**
    (off Gt. Bridgewater St.)
Bridgewater Pl. *M4*
    —4E **95** (5B **6**)
Bridgewater Rd. *Alt* —4F **133**
Bridgewater Rd. *Mos C* —4B **76**
Bridgewater Rd. *Pen* —4H **79**

Bridgewater Rd. *Wor* —1E **77**
Bridgewater St. *M3*
    —5C **94** (2F **9**)
Bridgewater St. *Bolt* —1H **45**
Bridgewater St. *Ecc* —3D **90**
Bridgewater St. *Farn* —1F **63**
Bridgewater St. *L Hul* —5D **62**
Bridgewater St. *Oldh* —1E **73**
Bridgewater St. *Sale* —4B **122**
Bridgewater St. *Salf*
    —2C **94** (1E **5**)
Bridgewater St. *Stret* —5E **107**
Bridgewater Viaduct. *M15*
    —6C **94** (3E **9**)
Bridgewater Wlk. *Wor* —6F **63**
    (off Victoria Sq.)
Bridgeway. *Marp* —5C **142**
Bridgewood Lodge. *Heyw*
    —3D **38**
Bridgnorth Rd. *M9* —6C **68**
Bridle Clo. *Droy* —2C **98**
Bridle Clo. *Urm* —5A **104**
Bridle Ct. *Woodf* —5H **161**
Bridle Fold. *Rad* —3G **49**
Bridle Rd. *P'wch* —2G **67**
Bridle Rd. *Wilm* —6D **158**
Bridle Rd. *Woodf* —4H **161**
Bridle Way. *Woodf* —5H **161**
Bridlington Av. *Salf* —2C **92**
Bridlington Clo. *M40* —5C **84**
Bridlington Sq. *Roch* —5H **27**
Bridport Av. *M40* —3D **84**
Bridson La. *Bolt* —3F **33**
Bridson St. *Oldh* —2G **73**
Bridson St. *Salf* —4E **93**
Brief St. *Bolt* —4E **33**
Brien Av. *Alt* —4F **133**
Briercliffe Clo. *M18* —1F **111**
Briercliffe Rd. *Bolt* —2G **45**
Brierfield Dri. *Bury* —3E **23**
Brierholme Av. *Eger* —2C **18**
Brierley Av. *Fail* —4F **85**
Brierley Av. *W'fld* —5C **50**
Brierley Clo. *Ash L* —5C **88**
Brierley Clo. *Dent* —6E **113**
Brierley Dri. *Mid* —2A **70**
Brierley Rd. E. *Swint* —2E **79**
Brierley Rd. W. *Swint* —2E **79**
Brierleys Pl. *L'boro* —3E **17**
Brierley St. *Bury* —5C **36**
Brierley St. *Chad* —1A **72**
Brierley St. *Heyw* —3F **39**
Brierley St. *Oldh* —6D **72**
Brierley St. *Stal* —4F **101**
Brierley Wlk. *Chad* —1A **72**
Brierton Dri. *M22* —4H **147**
Brierwood Clo. *Oldh* —6C **56**
Briery Av. *Bolt* —5H **19**
Brigade St. *Bolt* —6G **31**
Brigadier Clo. *M20* —3F **125**
Brigantine Clo. *Salf* —5G **93**
Briggs Clo. *Sale* —2E **133**
Briggs Fold Clo. *Eger* —1C **18**
Briggs Fold Rd. *Eger* —1C **18**
Briggs St. *Stret* —3F **107**
Briggs St. *Salf* —2B **94** (2D **4**)
Brigham St. *M11* —5E **97**
Brightman St. *M18* —1F **111**
Brighton Av. *M19* —2B **126**
Brighton Av. *Bolt* —4E **31**
Brighton Av. *Salf* —5A **82**
Brighton Av. *Stoc* —5H **111**
Brighton Av. *Urm* —4A **104**
Brighton Clo. *Chea H* —1E **151**
Brighton Gro. *M14* —5H **109**
Brighton Gro. *Hyde* —6C **114**
Brighton Gro. *Sale* —4A **122**
Brighton Gro. *Urm* —4A **104**
Brighton Pl. *M13*
    —1F **109** (6C **10**)

Brighton Range. *M18* —3H **111**
Brighton Rd. *Scout* —6C **58**
Brighton Rd. *Stoc* —2E **139**
Brighton St. *M4* —2E **95** (1B **6**)
Brighton St. *Bury* —2F **37**
Bright Rd. *Ecc* —3G **91**
Brightstone Wlk. *M13* —3A **110**
Bright St. *Ash L* —3B **100**
Bright St. *Aud* —3E **113**
Bright St. *Bury* —2E **37**
Bright St. *Chad* —5G **71**
Bright St. *Droy* —4B **98**
Bright St. *Eger* —1B **18**
Bright St. *Oldh* —4B **72**
Bright St. *Rad* —3A **50**
Bright St. *Roch* —5A **28**
Brightwater Clo. *W'fld* —1E **67**
Brightwell Wlk. *M4*
    —3F **95** (4C **6**)
Brigsteer Wlk. *M40* —6F **83**
    (off Thornton St. N.)
Brigstock Av. *M18* —2E **111**
Briksdal Way. *Los* —6A **30**
Brimelow St. *Bred* —6C **128**
Brimfield Wlk. *M40* —5C **84**
Brimpton Wlk. *M8* —5B **82**
    (off Kenford Wlk.)
Brimrod La. *Roch* —6F **27**
Brindale Rd. *Stoc* —5C **128**
Brindfale Rd. *Stoc* —5C **128**
Brindle Clo. *Salf* —1F **93**
Brindle Heath Rd. *Salf* —1F **93**
Brindle Mt. *Salf* —1F **93**
Brindle Pl. *M15*
    —1E **109** (6A **10**)
Brindle Rise. *Salf* —1F **93**
Brindle Way. *Shaw* —6H **43**
Brindley Av. *M9* —4D **68**
Brindley Av. *Marp* —6D **142**
Brindley Av. *Sale* —3C **122**
Brindley Clo. *Ecc* —6F **91**
Brindley Clo. *Farn* —1D **62**
Brindley Dri. *Wor* —5C **76**
Brindley Gro. *Wilm* —6A **160**
Brindley Lodge. *Swint* —5E **79**
Brindley Rd. *M16* —2H **107**
Brindley St. *Bolt* —1B **32**
Brindley St. *Ecc* —2D **90**
Brindley St. *Pen* —1F **79**
Brindley St. *Wor* —5B **76**
    (Boothstown)
Brindley St. *Wor* —1F **77**
    (Worsley)
Brinell Dri. *Irl* —3C **118**
Brinkburn Rd. *Haz G* —2G **153**
Brinklow Clo. *M11* —6G **97**
Brinkshaw Av. *M22* —2C **148**
Brinksway. *Bolt* —6A **30**
Brinksway. *Stoc* —3D **138**
Brinksworth Clo. *Bolt* —5A **34**
Brinnington Cres. *Stoc*
    —5B **128**
Brinnington Rise. *Stoc* —5B **128**
Brinnington Rd. *Stoc* —6A **128**
BRINNINGTON STATION.
    —3C **128**
Brinscome Av. *M22* —3A **148**
Brinsop Sq. *M12* —1D **110**
Brinston Wlk. *M40* —4A **84**
Brinsworth Dri. *M8* —5C **82**
Briony Av. *Hale* —3C **146**
Briony Clo. *Rytn* —5C **56**
Brisbane Clo. *Bram* —2H **161**
Brisbane Rd. *Bram* —2H **161**
Brisbane St. *M15* —2F **109**
Briscoe La. *M40* —2B **96**
Briscoe St. *Oldh* —1D **72**
Briscoe Wlk. *Mid* —5E **53**
Bristol Av. *M19* —1D **126**
Bristol Av. *Ash L* —4F **87**
Bristol Av. *Bolt* —4E **33**

Bristol Clo. *H Grn* —6G **149**
Bristol Ct. *Salf* —2A **82**
Bristol St. *Salf* —4A **82**
Bristowe St. *M11* —2F **97**
Britain St. *Bury* —1C **50**
Britannia Av. *Shaw* —1G **57**
Britannia Rd. *Sale* —4B **122**
Britannia St. *Ash L* —5F **99**
Britannia St. *Heyw* —3D **38**
Britannia St. *Salf* —5E **81**
Britnall Av. *M12* —2A **110**
Briton St. *Roch* —3A **28**
Briton St. *Rytn* —5C **56**
Brittania St. *Oldh* —2E **73**
Brittania Way. *Bolt* —3C **32**
Britton St. *Oldh* —2A **72**
Britwell Wlk. M8 —3E **83**
  (off Mawdsley Dri.)
Brixham Av. *Chea H* —6B **150**
Brixham Dri. *Sale* —3F **121**
Brixham Rd. *M16* —3H **107**
Brixham Wlk. *M13* —2G **109**
Brixham Wlk. Bram —6G **151**
Brixton Av. *M20* —3E **125**
Brixworth Wlk. M9 —6G **69**
  (off Greendale Dri.)
Broach St. *Bolt* —3A **46**
Broad Acre. *Roch* —1A **26**
Broadacre. *Stal* —6H **101**
Broadacre. *Shaw* —2E **57**
Broadacre Rd. *M18* —4G **111**
Broadbent. *Shaw* —2E **57**
Broadbent Av. *Ash L* —5G **87**
Broadbent Av. *Duk* —5B **100**
Broadbent Clo. *Stal* —5G **89**
Broadbent Dri. *Bury* —1A **38**
Broadbent Gro. *Hyde* —6A **116**
Broadbent Rd. *Oldh* —5G **57**
Broadbent St. *Hyde* —3B **114**
Broadbent St. *Swint* —4D **78**
Broadbottom Rd. *Mot* —6B **116**
Broadcarr La. *Moss* —1C **88**
Broadfield Clo. *Dent* —5G **113**
Broadfield Dri. *L'boro* —6D **16**
Broadfield Gro. *Stoc* —4G **111**
Broadfield Rd. *M14* —3E **109**
Broadfield Rd. *Stoc* —4G **111**
Broadfield Stile. *Roch* —5G **27**
Broadfield St. *Heyw* —4D **38**
Broadfield St. *Roch* —5H **27**
Broadford Ct. *Heyw* —4B **38**
Broadford Rd. *Bolt* —2D **44**
Broadgate. *Bolt* —2D **44**
Broadgate. *Dob* —6G **59**
Broadgate. *Mid & Chad* —3D **70**
Broadgate Ho. *Bolt* —2D **44**
Broadgate Meadow. *Swint*
  —4F **79**
Broadgate Wlk. M9 —3G **83**
  (off Roundham Wlk.)
Broadgreen Gdns. *Farn* —5F **47**
Broadhalgh Av. *Roch* —4C **26**
Broadhalgh Rd. *Roch* —5C **26**
Broadhaven Rd. *M40* —1H **95**
Broadhead Wlk. *W'fld* —6F **51**
Broad Hey. *Rom* —6B **130**
Broadhill Clo. *Bram* —3A **152**
Broadhill Rd. *M19* —3A **126**
Broadhill Rd. *Stal* —6C **88**
Broadhurst. *Dent* —2G **113**
Broadhurst Av. *Clif* —6F **65**
Broadhurst Av. *Oldh* —6A **56**
Broadhurst Ct. *Bolt* —3H **45**
Broadhurst Gro. *Ash L* —5G **87**
Broadhurst St. *Bolt* —3H **45**
Broadhurst St. *Rad* —2F **49**
Broadhurst St. *Stoc* —4G **139**
Broad Ing. *Roch* —2E **27**
Broadlands Av. *Heyw D* —5A **38**
Broadlands Cres. *Hewy D*
  —5A **38**

Broadlands Rd. *Wor* —5C **78**
Broadlands Wlk. *M40* —5A **84**
Broadlands Way. *Heyw D*
  —5A **38**
Broad La. *B'edg* —2H **41**
Broad La. *Hale* —5A **146**
Broadlea. *Urm* —4E **105**
Broadlea Gro. *Roch* —1E **27**
Broadlea Rd. *M19* —4A **126**
Broadley Av. *M22* —1B **148**
Broadley View. *Whitw* —4C **14**
Broad Meadow. *Brom X* —3F **19**
Broadmeadow Av. *M16*
  —6D **108**
Broadmoss Dri. *M9* —6A **70**
Broadoak Av. *M22* —6A **136**
Broadoak Av. *Wor* —4B **76**
Broadoak Ct. *M8* —5D **82**
Broadoak Cres. *Ash L* —6F **87**
Broadoak Cres. *Oldh* —1E **87**
Broadoak Dri. *M22* —6B **136**
Broad Oak Ind. Est. & Bus. Pk.
  Traf P —6H **91**
Broad Oak La. *M20* —3F **137**
  (in two parts)
Broad Oak La. *Bury* —2G **37**
Broad Oak Pk. *Ecc* —1F **91**
Broadoak Rd. *M22* —1A **148**
Broadoak Rd. *Ash L* —6F **87**
Broadoak Rd. *Bolt* —5C **46**
Broadoak Rd. *Bram* —3G **151**
Broadoak Rd. *Roch* —5A **26**
Broad Oak Rd. *Wor* —5B **78**
Broadoaks. *Bury* —2H **37**
Broadoaks Rd. *Sale* —5A **122**
Broadoaks Rd. *Urm* —6D **104**
Broad Oak Ter. *Bury* —2A **38**
Broad o' th' La. *Bolt* —1A **32**
Broad Rd. *Sale* —4C **122**
Broad Shaw La. *Miln* —3B **42**
  (in two parts)
Broadstone Av. *Oldh* —3B **58**
Broadstone Clo. *P'wch* —6E **67**
Broadstone Clo. *Roch* —2C **26**
Broadstone Hall Rd. N. *Stoc*
  —3F **127**
Broadstone Hall Rd. S. *Stoc*
  —3F **127**
Broadstone Rd. *Bolt* —6H **19**
Broadstone Rd. *Stoc* —3F **127**
Broad St. *Bury* —3C **36**
Broad St. *Mid* —2E **69**
Broad St. *Salf* —6B **80**
  (in two parts)
Broad Wlk. *Salf* —2G **93**
Broad Wlk. *Wilm* —1C **166**
Broadway. *M40 & Chad*
  —2D **84**
Broadway. *Bram* —3G **151**
Broadway. *Chea* —1G **149**
Broadway. *Droy* —5A **98**
Broadway. *Duk & Hyde*
  —1H **113**
Broadway. *Fail* —4D **84**
Broadway. *Farn* —6C **46**
Broadway. *Hale* —4A **146**
Broadway. *Irl* —6E **103**
Broadway. *Part* —5E **119**
Broadway. *Rytn* —5A **56**
Broadway. *Sale* —4A **122**
Broadway. *Salf* —5E **93**
Broadway. *Stoc* —4C **140**
Broadway. *Urm* —3C **104**
Broadway. *Wilm* —3E **167**
Broadway. *Wor* —2F **77**
Broadway Av. *Chea* —6G **137**
Broadway Clo. *Urm* —2E **105**
Broadway Ind. Est. *Duk*
  —1H **113**
Broadway Ind. Est. *Salf* —5H **93**

Broadway M. *Alt* —4B **146**
Broadway N. *Droy* —5A **98**
Broadway St. *Oldh* —5D **72**
Broadway, The. *Bred* —5E **129**
Broadwell Dri. *M9* —4G **83**
Broadwood. *Los* —6A **30**
Broadwood Clo. *Dis* —6D **154**
Brocade Clo. *Salf*
  —2B **94** (2C **4**)
Broche Clo. *Roch* —2B **40**
Brock Av. *Bolt* —6H **33**
Brock Clo. *M11* —4F **97**
Brock Dri. *Chea H* —5D **150**
Brockenhurst Dri. *Bolt* —2H **33**
Brockford Dri. *M9* —4G **69**
Brockholes. *Glos* —6H **117**
Brocklebank Rd. *M14* —1G **125**
Brocklebank Rd. *Roch* —4D **28**
Brocklehurst Av. *Bury* —4D **36**
Brocklehurst St. *M9* —3A **84**
Brockley Av. *M14* —5F **109**
Brock St. *M1* —4F **95** (5D **6**)
Brockton Wlk. *M8* —3C **82**
Brockway. *Roch* —2A **42**
Brocton Ct. *Salf* —2H **81**
Brodick Dri. *Bolt* —1H **47**
Brodick St. *M40* —3H **83**
Brodie Clo. *Ecc* —3D **90**
Brogan St. *M18* —2F **111**
Brogden Dri. *Gat* —6F **137**
Brogden Gro. *Sale* —6A **122**
Brogden Ter. *Sale* —5A **122**
Bromborough Av. *M20*
  —1E **125**
Bromfield. Roch —3G **27**
  (off Spotland Rd.)
Bromfield Av. *M9* —2F **83**
Bromleigh Av. *Gat* —5F **137**
Bromley Av. *Rytn* —1A **56**
Bromley Av. *Urm* —6A **104**
Bromley Cres. *Ash L* —5F **87**
Bromley Cross Rd. *Brom X*
  —4F **19**
BROMLEY CROSS STATION. *BR*
  —4F **19**
Bromley Rd. *Sale* —1C **134**
Bromley St. *M4* —2F **95** (1C **6**)
Bromley St. *Chad* —6G **71**
Bromley St. *Dent* —3F **113**
Bromlow St. *M11* —4E **97**
Brompton Av. *Fail* —3H **85**
Brompton Rd. *M14* —5F **109**
Brompton Rd. *Stoc* —1C **138**
Brompton Rd. *Stret* —4H **105**
Brompton St. *Oldh* —4E **73**
Brompton Ter. Duk —4H **99**
  (off Astley St.)
Bromsgrove Av. *Ecc* —3E **91**
Bromshill Dri. *Salf* —5A **82**
Bromwich Dri. *M9* —4F **83**
Bromwich St. *Bolt* —1C **46**
Bronington Clo. *M22* —4C **136**
Bronte Av. *Bury* —1D **50**
Bronte Clo. *Bolt* —4H **31**
Bronte Clo. *Oldh* —3H **57**
Bronte Clo. *Roch* —2C **26**
Bronte St. *M15* —2E **109**
Bronville Clo. *Chad* —6A **56**
Brookash Rd. *M22* —5E **149**
Brook Av. *M19* —5D **110**
Brook Av. *Droy* —4G **97**
Brook Av. *Shaw* —5G **43**
Brook Av. *Stoc* —4F **127**
Brook Av. *Swint* —4F **79**
Brook Av. *Tim* —5G **133**
Brook Av. *Upperm* —1G **61**
Brook Bank. *Bolt* —2E **33**
Brookbank Clo. *Mid* —2B **70**
Brookbottom. *Bolt* —5A **20**
Brook Bottom Rd. *Rad* —1F **49**
Brookburn Rd. *M21* —1G **123**

Brook Clo. *Tim* —5G **133**
Brook Clo. *W'fld* —1F **67**
Brookcot Rd. *M23* —4F **135**
Brook Ct. *Salf* —2G **81**
Brookcroft Av. *M22* —5B **136**
Brookcroft Rd. *M22* —6B **136**
Brookdale. *Roch* —6E **15**
Brookdale Av. *M40* —6D **84**
Brookdale Av. *Aud* —6D **98**
Brookdale Av. *Dent* —5H **113**
Brookdale Av. *Marp* —1E **155**
Brookdale Clo. *Bolt* —3B **32**
Brookdale Clo. *Stoc* —5F **141**
Brookdale Cotts. *Stoc* —5F **141**
Brookdale Rise. *Bram* —4H **151**
Brookdale Rd. *Bram* —4H **151**
Brookdale Rd. *Gat* —6D **136**
Brookdale St. *Fail* —4E **85**
Brookdean Clo. *Bolt* —2G **31**
Brookdene Rd. *M19* —3A **126**
Brookdene Rd. *Bury* —6E **51**
Brook Dri. *Marp* —1D **154**
Brook Dri. *W'fld* —1F **67**
Brooke Av. *Hand* —3H **159**
Brooke Dri. *Hand* —3H **159**
Brookes St. *Mid* —5B **54**
Brooke Way. *Hand* —3H **159**
Brookfield. *P'wch* —5F **67**
Brookfield. *Shaw* —4E **43**
Brookfield Av. *M21* —1A **124**
Brookfield Av. *Bolt* —4C **34**
  (in two parts)
Brookfield Av. *Bred* —5G **129**
Brookfield Av. *Poy* —4C **162**
Brookfield Av. *Rytn* —4B **56**
Brookfield Av. *Salf* —2C **92**
Brookfield Av. *Stoc* —4A **140**
Brookfield Av. *Tim* —3H **133**
Brookfield Av. *Urm* —5C **104**
Brookfield Clo. *P'wch* —5F **67**
Brookfield Clo. *Stoc* —4A **140**
Brookfield Cres. *Chea* —1H **149**
Brookfield Dri. *L'boro* —3C **16**
Brookfield Dri. *Swint* —2E **79**
Brookfield Dri. *Tim* —4A **134**
Brookfield Dri. *Wor* —5B **76**
Brookfield Gdns. *M22* —5A **136**
Brookfield Gro. *M18* —3F **111**
Brookfield Gro. *Ash L* —3B **100**
Brookfield Ind. Est. *Glos*
  —4G **117**
Brookfield Rd. *M8* —2C **82**
Brookfield Rd. *Bury* —3E **23**
Brookfield Rd. *Dem I* —6H **137**
Brookfield Rd. *Ecc* —1D **90**
Brookfields. *Moss* —1E **89**
Brookfield St. *Aud* —6C **98**
Brookfield St. *Bolt* —6D **32**
Brookfield St. *Oldh* —4D **72**
Brookfield Ter. Haz G —1F **153**
Brookfield Ter. *Stal* —3G **101**
Brookfold. *Fail* —3E **85**
Brookfold La. *Bolt* —1H **33**
Brookfold Rd. *Stoc* —3F **127**
Brook Gdns. *Bolt* —1G **33**
Brook Gdns. *Heyw* —3E **39**
Brook Grn. La. *M18* —4H **111**
Brook Gro. *Irl* —5E **103**
Brookhead Av. *M20* —2D **124**
Brookhead Dri. *Chea* —6C **138**
Brookhey Av. *Bolt* —4B **46**
Brook Hey Clo. *Roch* —5B **16**
Brookheys Rd. *Part* —5A **120**
Brookhill Clo. *Dig* —2C **60**
Brookhill St. *M40* —2A **96**
Brookhouse Av. *Ecc* —4C **90**
Brookhouse Av. *Farn* —3E **63**
Brook Ho. Clo. *Bolt* —2G **33**
Brook Ho. Clo. *G'mnt* —3G **21**
Brookhurst La. *L Hul* —3A **62**

Brookhurst Rd. *M18* —3F 111
Brookland Av. *Farn* —2E 63
Brookland Clo. *Irl* —5D 102
Brookland Gro. *Bolt* —3E 31
Brooklands. *Roch* —2A 16
Brooklands Av. *M20* —3E 125
Brooklands Av. *Chad* —4H 71
Brooklands Av. *Dent* —5D 112
Brooklands Clo. *Dent* —3D 112
Brooklands Clo. *Stoc* —4F 127
Brooklands Ct. *M8* —1B 82
Brooklands Ct. *Roch* —4E 27
Brooklands Ct. *Sale* —1B 134
Brooklands Cres. *Sale* —6B 122
Brooklands Dri. *Droy* —2C 98
Brooklands Dri. *Grot* —3D 74
Brooklands Ho. *Sale* —6B 122
Brooklands Pde. *Grot* —3D 74
Brooklands Rd. *Haz G* —4E 153
Brooklands Rd. *P'wch & Crum* —1A 82
Brooklands Rd. *Ram* —1A 22
Brooklands Rd. *Roch* —2H 41
Brooklands Rd. *Sale & M23* —1B 134
Brooklands Rd. *Stoc* —5G 111
Brooklands Rd. *Swint* —5D 78
BROOKLANDS STATION. *M* —6A 122
Brooklands Sta. App. *Sale* —6A 122
Brooklands St. *Rytn* —2B 56
Brooklands, The. *Heyw* —3E 39
Brook La. *Ald E* —6B 166
Brook La. *Bury* —2E 51
(in two parts)
Brook La. *Dob* —5H 59
Brook La. *Lees* —3A 74
Brook La. *Oldh* —5E 73
Brook La. *Tim* —5G 133
Brooklawn Dri. *M20* —5F 125
Brooklawn Dri. *P'wch* —3G 67
Brookleigh Rd. *M20* —3H 125
Brooklet Clo. *Spring* —4B 74
Brooklyn Av. *M16* —5H 107
Brooklyn Av. *L'boro* —2E 17
Brooklyn Av. *Roch* —5B 16
Brooklyn Av. *Urm* —5A 104
Brooklyn Ct. *Manx* —2G 125
Brooklyn Cres. *Chea* —6H 137
Brooklyn Pl. *Chea* —5H 137
Brooklyn Rd. *Chea* —6H 137
Brooklyn Rd. *Stoc* —5C 140
Brooklyn St. *Bolt* —4A 32
Brooklyn St. *Oldh* —6G 57
Brook M. *M14* —1H 125
Brook Rd. *M14* —2G 125
Brook Rd. *Chea* —5H 137
Brook Rd. *Stoc* —4E 127
(in two parts)
Brook Rd. *Urm* —4C 104
Brooks Av. *Haz G* —2D 152
Brooks Av. *Hyde* —6C 114
Brooks Av. *Rad* —1F 49
Brooksbottom Clo. *Ram* —5E 13
Brooks Dri. *M23 & Tim* —4D 134
Brooks Dri. *Fail* —5E 85
Brooks Dri. *Haleb* —5D 146
Brooks End. *Roch* —2A 26
Brookshaw St. *M11* —4C 96
Brookshaw St. *Bury* —1D 36
(in two parts)
Brookside. *Ald E* —4G 167
Brookside. *Lees* —3H 73
Brookside. *Manx* —1D 136
Brookside. *Moss* —1B 88
Brookside Av. *Droy* —2C 98
Brookside Av. *Farn* —2E 63
Brookside Av. *Grot* —3D 74

Brookside Av. *Poy* —4E 163
Brookside Av. *Stoc* —4E 141
Brookside Bus. Pk. *Mid* —3D 70
Brookside Clo. *Bolt* —6H 19
Brookside Clo. *Chea* —1H 149
Brookside Clo. *Had* —3H 117
Brookside Clo. *Hyde* —4E 115
Brookside Clo. *Ram* —6C 12
Brookside Cotts. *Roch* —6H 27
Brookside Ct. *M19* —5C 110
Brookside Cres. *G'mnt* —2G 21
Brookside Cres. *Mid* —3C 70
Brookside Cres. *Wor* —6G 63
Brookside Dri. *Hyde* —4E 115
Brookside Dri. *Salf* —2H 81
Brookside La. *H Lane* —6C 154
Brookside Rd. *M40* —2A 84
Brookside Rd. *Bolt* —5F 33
Brookside Rd. *Gat* —5E 137
Brookside Rd. *Sale* —1A 134
Brookside Ter. *Ald E* —6B 166
Brookside Ter. *Del* —3G 59
(off High St. Delph)
Brookside Vs. *Gat* —5E 137
Brookside Wlk. *Rad* —6F 35
Brooksmouth. *Bury* —3B 36
Brook's Pl. *Oldh* —5C 72
Brook's Pl. *Roch* —3G 27
Brook's Rd. *M16* —4H 107
Brookstone Clo. *M21* —3B 124
Brook St. *M1* —6E 95 (3B 10)
(in two parts)
Brook St. *Bury* —2E 37
Brook St. *Chad* —1H 71
Brook St. *Chea* —5B 138
Brook St. *Fail* —5C 84
Brook St. *Farn* —6G 47
Brook St. *Haz G* —3E 153
Brook St. *Hyde* —4C 114
Brook St. *L'boro* —4G 17
Brook St. *Oldh* —2E 73
(Prestolee)
Brook St. *Rad* —4H 49
(Radcliffe)
Brook St. *Roch* —5B 28
Brook St. *Rytn* —4B 56
Brook St. *Sale* —4C 122
Brook St. *Salf* —1H 93
Brook St. *Stoc* —4H 139
Brook St. *Swint* —3D 78
Brook St. *Ward* —3A 16
Brook St. E. *Ash L* —3G 99
Brook St. W. *Ash L* —3G 99
Brook Ter. *M12* —4B 110
Brook Ter. *Miln* —1G 43
Brook Ter. *Urm* —3E 105
Brookthorn Clo. *Stoc* —6F 141
Brookthorpe Av. *M19* —3A 126
Brookthorpe Rd. *Bury* —2G 35
Brook View. *Ald E* —4G 167
Brook Vs. *M9* —4G 83
Brookville. *Whitw* —4G 15
(off Rawstron St.)
Brook Wlk. *Dent* —1F 129
Brookwater Clo. *Tot* —5H 21
Brookway. *Lees* —4A 74
Brookway. *Oldh* —3G 75
Brookway. *Tim* —4H 133
Brookway Clo. *M19* —5A 126
Brookwood Av. *M8* —3E 83
Brookwood Av. *Sale* —6G 121
Brookwood Clo. *Dent* —2G 129
Broom Av. *M19* —1D 126
Broom Av. *Salf* —3A 82
Broom Av. *Stoc* —3H 127
Broom Cres. *Salf* —2C 92
Broomedge. *Salf* —4H 93
Broome Gro. *Fail* —5F 85
Broomehouse Av. *Irl* —1C 118
Broome St. *Oldh* —3B 72

Broomfield. *Pen* —5B 80
Broomfield. *Salf* —5B 80
Broomfield Clo. *Ain* —5C 34
Broomfield Clo. *Stoc* —3H 127
Broomfield Clo. *Wilm* —1H 167
Broomfield Ct. *Hale* —2G 145
Broomfield Ct. *Manx* —5E 125
Broomfield Cres. *Mid* —6F 53
Broomfield Cres. *Stoc* —1A 152
Broomfield Dri. *M8* —4B 82
Broomfield Dri. *Stoc* —3H 127
Broomfield La. *Hale* —2G 145
Broomfield Rd. *Bolt* —3G 45
Broomfield Rd. *Stoc* —5E 127
Broomfields. *Dent* —2G 113
Broomfield Sq. *Roch* —6H 27
Broomfield Ter. *Miln* —1F 43
Broom Gro. *Aud* —3G 113
Broomhall Rd. *M9* —4C 68
Broomhall Rd. *Pen* —5B 80
Broomhill Dri. *Bram* —4F 151
Broomhurst Av. *Oldh* —5B 72
Broom La. *M19* —1D 126
Broom La. *Salf* —3H 81
Broom Rd. *Hale* —2G 145
Broom Rd. *Part* —6D 118
Broomstair Rd. *Aud* —1F 113
Broom St. *Bolt* —6C 32
Broom St. *Bury* —3B 36
Broom St. *Miln* —1F 43
Broom St. *Swint* —4F 79
Broomville Av. *Sale* —5B 122
Broomwood Gdns. *Tim* —6C 134
Broomwood Rd. *Tim* —6C 134
Broomwood Wlk. *M15* —1E 109 (5A 10)
(off Chevril Clo.)
Broseley Av. *M20* —6H 125
Broseley Rd. *M16* —5G 107
Brosscroft Village. *Had* —1H 117
Brotherdale Clo. *Rytn* —2B 56
Brotherod Hall Rd. *Roch* —1E 27
Brotherton Clo. *M15* —1B 108 (4C 8)
Brotherton Dri. *Salf* —3B 94 (3D 4)
Brougham St. *Stal* —4D 100
Brougham St. *Wor* —6E 63
Brough St. *M11* —6G 97
Broughton Av. *L Hul* —4C 62
Broughton Clo. *Mid* —5F 53
Broughton La. *Salf & M8* (in two parts) —6H 81
Broughton M. *Sale* —6C 122
Broughton Rd. *Salf* —1G 93
Broughton Rd. *Stoc* —5H 127
Broughton Rd. E. *Salf* —1H 93
Broughton St. *M8* —6B 82
Broughton St. *Bolt* —3H 31
Broughton View. *Salf* —2H 93
Broughville Dri. *M20* —3G 137
Brow Av. *Mid* —3B 70
Browbeck. *Oldh* —2C 72
Browfield Av. *Salf* —6H 93
Browfield Way. *Oldh* —6C 56
Browmere Dri. *M20* —5D 124
Brownacre St. *Manx* —3F 125
Brownbank Wlk. *M15* —2D 108
(off Botham Clo.)
Brown Ct. *M4* —3E 95 (4A 6)
(off Arndale Shopping Cen.)
Browncross St. *Salf* —3C 94 (5F 5)
Brown Edge Rd. *Oldh* —5A 74
Brownhill Dri. *Aus* —2C 74
Brownhill La. *Upperm* —6B 60
Browning Av. *Droy* —4A 98

Browning Clo. *Bolt* —4H 31
Browning Rd. *Mid* —5B 54
Browning Rd. *Oldh* —6F 57
Browning Rd. *Stoc* —6F 111
Browning Rd. *Swint* —3E 79
Browning St. *M15* —1B 108 (6C 8)
Browning St. *Salf* —3B 94 (4D 4)
Brown La. *H Grn* —4E 149
Brownlea Av. *Duk* —6A 100
Brownley Ct. *M22* —6C 136
Brownley Ct. Rd. *M22* —6B 136
Brownley Rd. *M22* —5B 136
Brown Lodge Dri. *L'boro* —6D 16
Brown Lodge St. *L'boro* —6D 16
Brownlow Av. *Rytn* —4E 57
Brownlow Clo. *Poy* —5E 163
Brownlow Way. *Bolt* —4A 32
Brown's La. *Wilm* —6A 160
Brownslow Wlk. *M13* —6F 95 (4D 10)
Brownson Wlk. *M9* —3G 83
Browns Rd. *Brad F* —1B 48
Brown St. *M2* —4E 95 (6H 5)
Brown St. *Ald E* —5G 167
Brown St. *Alt* —2F 145
Brown St. *Aud* —2E 113
Brown St. *Bolt* —6B 32
Brown St. *Chad* —1G 71
Brown St. *Fail* —4E 85
Brown St. *Heyw* —2F 39
Brown St. *L'boro* —4F 17
Brown St. *Mid* —5A 54
Brown St. *Oldh* —2E 73
Brown St. *Rad* —1F 49
Brown St. *Ram* —4D 12
Brown St. *Salf* —3C 94 (4F 5)
(Salford)
Brown St. *Salf* —4H 93
(Weaste)
Brown St. *Stoc* —1G 139
Brownsville Ct. *Stoc* —4E 127
Brownsville Rd. *Stoc* —4D 126
Brownville Gro. *Duk* —6C 100
Brownwood Av. *Stoc* —2B 140
Brownwood Clo. *Sale* —2C 134
Brows Av. *M23* —1G 135
Browside Clo. *Roch* —6A 14
Brow St. *Roch* —1G 41
Brow, The. *M9* —1F 83
Brow Wlk. *M9* —6F 69
Broxton Av. *Bolt* —4F 45
Broxton St. *M40* —2B 96
Broxwood Clo. *M18* —2F 111
Bruce St. *Roch* —1C 40
Bruce Wlk. *M11* —6F 97
Brundage Rd. *M22* —3B 148
Brundrett Pl. *Sale* —5H 121
Brundrett's Rd. *M21* —1H 123
Brundrett St. *Stoc* —3A 140
Brunel Av. *Salf* —4H 93
Brunel Clo. *Stret* —5E 107
Brunel St. *Bolt* —2H 31
Brunstead Clo. *M23* —5D 134
Brunswick Ct. *Bolt* —5A 32
Brunswick Rd. *M20* —3G 125
Brunswick Rd. *Alt* —4F 133
Brunswick St. *M13* —1F 109 (6C 10)
Brunswick St. *Bury* —2D 36
Brunswick St. *Duk* —4A 100
Brunswick St. *Heyw* —3E 39
(in two parts)
Brunswick St. *Moss* —3F 89
Brunswick St. *Oldh* —3C 72
Brunswick St. *Roch* —3A 28
Brunswick St. *Shaw* —6F 43
Brunswick St. *Stret* —1D 122

Brunton Rd. *Stoc* —3H **127**
Brunt St. *M14* —4F **109**
Bruntwood Av. *H Grn* —4E **149**
Bruntwood La. *Chea* —1A **150**
Bruntwood La. *Chea H*
　　　　　　　　　—4A **150**
Brushes Av. *Stal* —2H **101**
Brushes Rd. *Stal* —2H **101**
Brussels Rd. *Stoc* —5F **139**
Bruton Av. *Stret* —6B **106**
Brutus Wlk. *Salf* —5A **82**
Bryan Rd. *M21* —5H **107**
Bryan St. *Oldh* —6G **57**
Bryant Clo. *M13* —1G **109**
Bryant's Acre. *Bolt* —6B **30**
Bryantsfield. *Bolt* —1A **44**
Bryceland Clo. *M12* —5A **96**
Bryce St. *Hyde* —3B **114**
Brydges Rd. *Marp* —6C **142**
Brydon Av. *M12*
　　　　　　　—6G **95** (3F **11**)
Brydon Clo. *Salf* —3F **93**
Bryndale Gro. *Sale* —2H **133**
Brynden Av. *M20* —4G **125**
Bryn Dri. *Stoc* —4H **127**
Brynford Av. *M9* —4C **68**
Bryngs Dri. *Bolt* —1H **33**
Brynhall Clo. *Rad* —2E **49**
Brynheys Clo. *L Hul* —4C **62**
Bryn Lea Ter. *Bolt* —1E **31**
Brynorme Rd. *M8* —1C **82**
Brynton Rd. *M13* —4A **110**
Bryn Wlk. *Bolt* —5B **32**
Bryone Dri. *Stoc* —6B **140**
Bryon Rd. *G'mnt* —1H **21**
Bryon St. *Rytn* —3C **56**
Bryony Clo. *M22* —4A **148**
Bryony Clo. *Wor* —5F **63**
Bryson Wlk. *M18* —2E **111**
Buccleuch Lodge. *Manx*
　　　　　　　　—4D **124**
Buchanan St. *Pen* —2F **79**
Buchanan St. *Ram* —3D **12**
Buchan St. *M11* —3D **96**
Buckden Rd. *Stoc* —2F **127**
Buckden Wlk. *M23* —1F **135**
Buckerstaffe Clo. *Shaw* —1E **57**
Buckfast Av. *Oldh* —5G **73**
(in two parts)
Buckfast Clo. *M21* —6H **107**
Buckfast Clo. *Chea H* —1D **160**
Buckfast Clo. *Hale* —3B **146**
Buckfast Clo. *Poy* —2D **162**
Buckfast Rd. *Mid* —4H **53**
Buckfast Rd. *Sale* —3F **121**
Buckfast Wlk. *Salf* —4A **82**
Buckfield Av. *Salf* —6H **93**
Buckfield Dri. *Salf* —6H **93**
Buckhurst Rd. *M19* —6C **110**
Buckhurst Rd. *Bury* —5H **13**
Buckingham Av. *Dent* —5H **113**
Buckingham Av. *Salf* —3D **92**
Buckingham Av. *W'fld* —2E **67**
Buckingham Dri. *Bury* —5H **35**
Buckingham Dri. *Duk* —6D **100**
Buckingham Gro. *Tim* —2H **133**
Buckingham Rd. *M21* —5H **107**
Buckingham Rd. *Cad* —3A **118**
Buckingham Rd. *Chea H*
　　　　　　　　　—3C **150**
Buckingham Rd. *Clif* —1G **79**
Buckingham Rd. *Droy* —4G **97**
Buckingham Rd. *Poy* —4D **162**
Buckingham Rd. *P'wch* —1F **81**
Buckingham Rd. *Stal* —2E **101**
Buckingham Rd. *Stoc* —4D **126**
(in two parts)
Buckingham Rd. *Stret* —2F **107**
Buckingham Rd. *Wilm* —3C **166**
Buckingham Rd. W. *Stoc*
　　　　　　　　　—5C **126**

Buckinghamshire Pk. Clo. *Shaw*
　　　　　　　　　—5E **43**
Buckingham St. *Roch* —3A **28**
Buckingham St. *Salf* —4F **93**
Buckingham St. *Stoc* —5A **140**
Buckingham Way. *Stoc*
(off Windsor St.)　—5A **140**
Buckingham Way. *Tim*
　　　　　　　　　—4A **134**
Buckland Av. *M9* —6C **68**
Buckland Gro. *Hyde* —1E **131**
Buckland Rd. *Salf* —1D **92**
Buckland St. *M4* —4H **95** (6G **7**)
Buck La. *Sale* —3G **121**
Buckley Av. *M18* —3E **111**
Buckley Brook St. *Roch* —1B **28**
Buckley Chase. *Miln* —6E **29**
Buckley Clo. *Hyde* —2C **130**
Buckley Cotts. *Roch* —6H **15**
Buckley Dri. *Rom* —2G **141**
Buckley Farm La. *Roch* —6H **15**
Buckley Hill La. *Miln* —6E **29**
Buckley La. *Farn* —3D **62**
Buckley La. *Roch* —6H **15**
Buckley La. *W'fld* —6C **66**
Buckley Rd. *M18* —3D **110**
Buckley Rd. *Oldh* —1H **73**
Buckley Rd. *Roch* —1B **28**
Buckley Sq. *Farn* —3E **63**
Buckley St. *Aud* —6D **98**
Buckley St. *Bury* —2D **36**
Buckley St. *Chad* —2G **71**
Buckley St. *Droy* —4A **98**
Buckley St. *Heyw* —2F **39**
Buckley St. *Lees* —4A **74**
Buckley St. *Open* —5F **97**
Buckley St. *Rad* —4G **49**
Buckley St. *Shaw* —6G **43**
Buckley St. *Stal* —5D **100**
Buckley St. *Stoc* —5G **111**
Buckley St. *Upperm* —1F **61**
Buckley Ter. *Roch* —6H **15**
Buckley View. *Roch* —6H **15**
Bucklow Av. *M14* —5F **109**
Bucklow Av. *Part* —5D **118**
Bucklow Clo. *Mot* —6B **116**
Bucklow Clo. *Oldh* —3A **58**
Bucklow Dri. *M22* —3C **136**
Bucklow View. *Bow* —2C **144**
Buckstones Rd. *Shaw & Oldh*
　　　　　　　　　—4G **43**
Buckthorn Clo. *M21* —2B **124**
Buckthorn Clo. *Tim* —6E **135**
Buckthorn La. *Ecc* —4B **90**
Buckton Clo. *Dig* —2C **60**
Buckton Dri. *Stal* —6G **89**
(Mossley)
Buckton Dri. *Stal* —1H **101**
(Stalybridge)
Buckton Vale M. *C'brk* —4H **89**
Buckton Vale Rd. *C'brk* —5G **89**
Buckwood Clo. *Haz G* —2G **153**
Buddleia Gro. *Salf* —5H **81**
(off Bk. Hilton St.)
Bude Av. *Stoc* —4B **128**
Bude Av. *Urm* —1D **120**
Bude Ter. *Duk* —4H **99**
Bude Wlk. *M23* —6H **151**
Budsworth Av. *M20* —2F **125**
Budworth Gdns. *Droy* —4B **98**
Budworth Rd. *Sale* —6E **123**
Budworth Wlk. *Wilm* —6A **160**
Buersil Av. *Roch* —1H **41**
Buersil Gro. *Roch* —2H **41**
Buersil St. *Roch* —2H **41**
Buerton Av. *M9* —4C **68**
Buffalo Ct. *Salf* —5E **93**
Bugle St. *M15 & M1*
　　　　　　　—6C **94** (3F **9**)
Buile Hill Av. *L Hul* —5D **62**

Buile Hill Dri. *Salf* —2D **92**
Buile Hill Gro. *L Hul* —4D **62**
Buile St. *Salf* —4A **82**
Bulford Av. *M22* —3H **147**
Bulkeley Rd. *Chea* —5A **138**
Bulkeley Rd. *Hand* —4G **159**
Bulkeley Rd. *Poy* —4E **163**
Bulkeley St. *Stoc* —3F **139**
Bullcote Grn. *Rytn* —3E **57**
Bullcote La. *Oldh* —3E **57**
Buller M. *Bury* —4H **35**
Buller Rd. *M13* —5B **110**
Buller St. *Bolt* —5E **47**
Buller St. *Bury* —4H **35**
Buller St. *Droy* —5B **98**
Buller St. *Oldh* —1H **73**
Bullfinch Dri. *Bury* —6A **24**
Bullfinch Wlk. *M21* —2B **124**
Bull Hill Cres. *Rad* —1H **65**
Bullock St. *Stoc* —4H **139**
Bullows Rd. *L Hul* —3B **62**
Bulrush Clo. *Wor* —4F **63**
Bulteel St. *Bolt* —5G **45**
Bulteel St. *Ecc* —2D **90**
Bulteel St. *Wor* —4A **78**
Bulwer St. *Roch* —3A **28**
Bunkers Hill. *W'fld* —5B **66**
Bunkers Hill Rd. *Hyde* —6A **116**
Bunkershill Rd. *Rom* —2H **141**
Bunsen St. *M1* —4F **95** (5C **6**)
Bunting M. *Wor* —3D **76**
Bunyan Clo. *Oldh* —3A **58**
Bunyan St. *Roch* —2H **27**
Bunyard St. *M8* —5D **82**
Burbage Bank. *Glos* —5G **117**
(off Edale Cres.)
Burbage Gro. *Glos* —5G **117**
(off Edale Cres.)
Burbage Rd. *M23* —3G **147**
Burbage Way. *Glos* —5G **117**
(off Edale Cres.)
Burbridge Clo. *M11* —4A **96**
Burchall Field. *Roch* —4B **28**
Burcot Wlk. *M8* —6A **82**
Burdale Dri. *Salf* —1B **92**
Burder St. *Oldh* —1A **86**
Burdett Av. *Roch* —2B **26**
Burdett Way. *M12* —2A **110**
Burdith Av. *M14* —5E **109**
Burdon Av. *M22* —2C **148**
Burford Av. *M16* —5B **108**
Burford Av. *Bram* —2E **161**
Burford Av. *Urm* —3G **105**
Burford Clo. *Wilm* —4B **166**
Burford Cres. *Wilm* —4B **166**
Burford Dri. *M16* —5B **108**
Burford Dri. *Bolt* —2A **46**
Burford Dri. *Swint* —1E **79**
Burford Gro. *Sale* —2G **133**
Burford Rd. *M16* —5B **108**
Burford Wlk. *M16* —5B **108**
Burgate Wlk. *Salf* —5B **82**
Burgess Av. *Ash L* —6G **87**
Burgess Dri. *Fail* —4F **85**
Burghley Clo. *Rad* —2B **48**
Burghley Dri. *Rad* —2B **48**
Burgin Wlk. *M40* —6E **83**
Burgundy St. *Tot* —4H **21**
Burke St. *Bolt* —3H **31**
Burkitt St. *Hyde* —5C **114**
Burland Clo. *Salf* —6A **82**
Burleigh Clo. *Haz G* —4A **152**
Burleigh Ct. *Stret* —3E **107**
Burleigh Ho. *M15* —2F **109**
Burleigh M. *M21* —3H **123**
Burleigh Rd. *Stret* —4E **107**
Burleigh St. *M15* —2F **109**
Burlescombe Clo. *Alt* —5D **132**
Burley Ct. *Stoc* —1E **139**
Burlin Ct. *M16* —4B **108**
Burlington Av. *Oldh* —5C **72**

Burlington Clo. *Stoc* —1A **138**
Burlington Ct. *Alt* —6F **133**
Burlington Dri. *Stoc* —1H **151**
Burlington Gdns. *Stoc* —1H **151**
Burlington M. *Stoc* —1H **151**
Burlington Rd. *M20* —2G **125**
Burlington Rd. *Alt* —6F **133**
Burlington Rd. *Ecc* —1G **91**
Burlington St. *M15* —2E **109**
Burlington St. *Ash L* —3F **99**
Burlington St. E. *M15* —2E **109**
Burman St. *M11 & Droy*
　　　　　　　　　—6H **97**
Burnaby St. *Bolt* —2H **45**
Burnaby St. *Oldh* —4B **72**
Burnaby St. *Roch* —1C **40**
Burnage Av. *M19* —1B **126**
Burnage Hall Rd. *M19* —2A **126**
Burnage La. *M19* —1H **137**
Burnage Range. *M19* —6C **110**
BURNAGE STATION. *BR*
　　　　　　　　　—5H **125**
Burn Bank. *G'fld* —4H **75**
Burnbray Av. *M19* —3A **126**
Burnby Wlk. *M23* —2F **135**
Burndale Dri. *Bury* —4E **51**
Burndale Wlk. *M23* —2F **135**
Burnden Rd. *Bolt* —2D **46**
Burnedge Clo. *Whitw* —3H **15**
Burnedge Fold Rd. *Gras*
　　　　　　　　　—3F **75**
Burnedge La. *Gras* —3E **75**
Burnedge M. *Oldh* —3F **75**
Burnell Clo. *M40*
　　　　　　—2H **95** (2G **7**)
Burnell Ct. *Heyw* —6F **39**
Burnett Av. *Salf* —5H **93**
Burnett Clo. *M40* —6F **83**
Burnfield Rd. *M18* —4F **111**
Burnfield Rd. *Stoc* —4G **111**
Burnham Av. *Stoc* —6H **111**
Burnham Clo. *Chea H* —3B **150**
Burnham Dri. *M19* —1B **126**
Burnham Dri. *Urm* —4E **105**
Burnham Wlk. *Farn* —6F **47**
Burnleigh Ct. *Bolt* —6D **44**
Burnley La. *Chad* —5G **55**
Burnley Rd. *Bury* —3E **23**
(in two parts)
Burnley Rd. *Ram* —1A **12**
Burnley St. *Chad* —2H **71**
Burnley St. *Fail* —3G **85**
Burnmoor Rd. *Bolt* —5H **33**
Burnsall Av. *W'fld* —1C **66**
Burnsall Gro. *Rytn* —3B **56**
Burnsall Wlk. *M22* —3G **147**
Burns Av. *Bury* —1D **50**
Burns Av. *Chea* —5B **138**
Burns Av. *Swint* —2D **78**
Burns Clo. *M11* —4A **96**
Burns Clo. *Oldh* —2A **58**
Burns Cres. *Stoc* —4E **141**
Burns Fold. *Duk* —6E **101**
Burns Gdns. *P'wch* —6D **66**
Burns Gro. *Droy* —3A **98**
Burnside. *Had* —3H **117**
Burnside. *Haleb* —6D **146**
Burnside. *Ram* —3A **12**
Burnside. *Shaw* —5H **43**
Burnside. *Stal* —6H **101**
Burnside Av. *Salf* —6H **79**
Burnside Av. *Stoc* —3G **127**
Burnside Clo. *Bred* —6F **129**
Burnside Clo. *Heyw* —4F **39**
Burnside Clo. *Rad* —6F **35**
Burnside Clo. *Stal* —6H **101**
Burnside Cres. *Mid* —4G **53**
Burnside Dri. *M19* —2A **126**
Burnside Rd. *Bolt* —3F **31**
Burnside Rd. *Gat* —6E **137**

Burnside Rd. *Roch* —5C **28**
Burns Rd. *Dent* —2G **129**
Burns Rd. *L Hul* —4D **62**
Burns St. *Bolt* —1B **46**
Burns St. *Heyw* —4F **39**
Burnthorpe Av. *M9* —6D **68**
Burnthorpe Clo. *Roch* —5A **26**
Burntwood Wlk. *M9* —3G **83**
(off Naunton Wlk.)
Burran Rd. *M22* —5B **148**
Burrell St. *M13* —6F **95** (4D **10**)
(off Hanworth Clo.)
Burrows Av. *M21* —3H **123**
Burrswood Av. *Bury* —5F **23**
Burrwood Dri. *Stoc* —6F **139**
Burslem Av. *M20* —1E **125**
Burstead St. *M18* —6G **97**
Burstock St. *M4* —2F **95** (1D **6**)
Burston St. *M18* —1E **111**
Burtinshaw St. *M18* —2F **111**
Burton Av. *M20* —3E **125**
Burton Av. *Stret* —6B **106**
Burton Av. *Tim* —2A **134**
Burton Av. *Tot* —1F **35**
Burton Dri. *Poy* —3D **162**
Burton Gro. *Wor* —3C **78**
Burton Ho. *Wilm* —2E **167**
Burton Rd. *M20* —5D **124**
Burton St. *M40* —1F **95**
Burton St. *Lees* —3A **74**
Burton St. *Mid* —1H **69**
Burton St. *Stoc* —6G **127**
Burton Wlk. *Salf* —3B **94** (3D **4**)
Burton Wlk. Stoc —6G **127**
(off Heskith St.)
Burtonwood Ct. *Mid* —6H **53**
Burtree St. *M12* —1C **110**
Burwell Clo. *Roch* —6D **14**
Burwell Gro. *M23* —4F **135**
Bury Av. *M16* —5A **108**
Bury & Bolton Rd. *Rad* —6C **34**
BURY BOLTON STREET
  STATION. *ELR* —3C **36**
Bury Ind. Est. *Bolt* —6H **33**
Bury New Rd. *Bolt* —6C **32**
Bury New Rd. *Brei* —6A **34**
Bury New Rd. *Bury & Heyw*
  —3G **37**
Bury New Rd. *Ram* —3F **13**
Bury New Rd. *Salf & M8*
  —3G **81**
Bury New Rd. *W'fld & P'wch*
  —6C **50**
Bury Old Rd. *Ain* —4A **34**
Bury Old Rd. *Bolt* —6C **32**
(in two parts)
Bury Old Rd. Heap & Heyw
  —4A **38**
Bury Old Rd. *P'wch & M8*
  —6H **67**
Bury Old Rd. *Walm* —4H **13**
Bury Old Rd. *W'fld & P'wch*
  —2D **66**
Bury Pl. *M11* —3E **97**
Bury Rd. *Bolt* —6D **32**
Bury Rd. *Rad* —3H **49**
Bury Rd. *Ram* —3A **12**
Bury Rd. *Roch* —6A **26**
Bury Rd. *Tot* —5H **21**
Bury Rd. *Tur* —1B **20**
Bury & Rochdale Old Rd.
  Bury & Heyw —1B **38**
BURY STATION. *M* —3C **36**
Bury St. *Heyw* —3D **38**
Bury St. *Moss* —3E **89**
Bury St. *Rad* —3A **50**
Bury St. *Ram* —6C **32**
Bury St. *Salf* —3C **94** (3F **5**)
Bury St. *Stoc* —6H **127**
Bushell St. *Bolt* —3F **45**
Bushey Dri. *M23* —6G **135**

Busheyfield Clo. *Hyde* —2B **114**
Bushfield Wlk. *M23* —4E **135**
Bushgrove Wlk. M9 —4F **69**
(off Claygate Dri.)
Bushmoor Wlk. *M13* —2H **109**
Bushnell Wlk. *M9* —4F **69**
(off Eastlands Rd.)
Bush St. *M40* —6G **83**
Bushton Wlk. *M40* —6E **83**
Bushway Wlk. M8 —5D **82**
(off Geneva Wlk.)
Busk Rd. *Chad* —1A **72**
Busk Wlk. *Chad* —1A **72**
Butcher La. *M23* —4D **134**
(in two parts)
Butcher La. *Bury* —3D **36**
Butcher La. *Rytn* —2A **56**
Bute Av. *Oldh* —6D **72**
Bute St. *M40* —3H **83**
Bute St. *Bolt* —4F **31**
Bute St. *Ecc* —5D **90**
Bute St. *Salf* —4D **92**
Butler Ct. *M40* —2G **95** (2F **7**)
Butler Ct. *Stret* —6D **106**
Butler Grn. *Chad* —5G **71**
Butler La. *M4* —2G **95** (2F **7**)
Butler St. *M4* —2G **95** (2F **7**)
Butler St. *Ram* —5C **12**
Butley St. *Haz G* —1E **153**
Butman St. *M18* —1H **111**
Buttercup Av. *Wor* —6B **62**
Buttercup Dri. *Roch* —2B **40**
Buttercup Dri. *Stoc* —1F **151**
Butterfield Clo. *Chea H*
  —4D **150**
Butterhouse La. *Dob* —5C **60**
Butter La. *M3* —4D **94** (5G **5**)
Butterley Clo. *Duk* —6D **100**
Buttermere Av. *Heyw* —5F **39**
Buttermere Av. *Swint* —5F **79**
Buttermere Clo. *L Lev* —3H **47**
Buttermere Clo. *Stret* —4C **106**
Buttermere Dri. *Haleb* —1D **156**
Buttermere Dri. *Mid* —5G **53**
Buttermere Dri. *Ram* —2D **12**
Buttermere Gro. *Rytn* —6B **42**
Buttermere Rd. *Ash L* —1G **99**
Buttermere Rd. *Farn* —1A **62**
Buttermere Rd. *Gat* —2F **149**
Buttermere Rd. *Oldh* —1H **73**
Buttermere Rd. *Part* —6C **118**
Buttermere Ter. *Stal* —2E **101**
Butterstile La. *P'wch* —2D **80**
Butterwick Clo. *M12* —4D **110**
Butterworth Hall. *Miln* —6G **29**
Butterworth La. *Chad* —6E **71**
Butterworth Pl. *Shore* —3E **17**
Butterworth St. *M11* —5C **96**
Butterworth St. *Chad* —1H **71**
Butterworth St. *L'boro* —4E **17**
Butterworth St. *Mid* —2C **70**
Butterworth St. *Rad* —3H **49**
Butterworth St. *Shaw* —4E **57**
Butterworth Way. *G'fld* —4F **61**
Buttery Ho. La. *Hale* —3E **147**
Butt Hill Av. *P'wch* —6F **67**
Butt Hill Ct. *P'wch* —6F **67**
Butt Hill Dri. *P'wch* —6F **67**
Butt Hill Rd. *P'wch* —6F **67**
Butt La. *Moss* —5D **74**
Button Hole. *Shaw* —6H **43**
Button La. *M23* —1G **135**
Buttress St. *M18* —1E **111**
Butts La. *Del* —3E **59**
Butts, The. *Roch* —4H **27**
Buxted Rd. *Oldh* —6F **57**
Buxton Av. *M20* —3D **124**
Buxton Av. *Ash L* —5B **88**
Buxton Clo. Glos —5G **117**
(off Buxton M.)
Buxton Cres. *Roch* —1H **41**

Buxton Cres. *Sale* —2D **134**
Buxton La. *Droy* —4G **98**
Buxton La. *Marp* —6C **142**
Buxton M. *Glos* —5G **117**
Buxton Old Rd. *Dis* —1H **165**
Buxton Pl. *Oldh* —4C **72**
Buxton Rd. *Dis* —1H **165**
Buxton Rd. *Haz G & H Lane*
  —4F **153**
Buxton Rd. *Stoc* —5A **140**
Buxton Rd. *Stret* —4A **106**
Buxton Rd. W. *Dis* —1E **165**
Buxton St. *M1* —5F **95** (2D **10**)
Buxton St. *Bury* —3A **36**
Buxton St. *Gat* —6E **137**
Buxton St. *Haz G* —2D **152**
Buxton St. *Heyw* —4F **39**
Buxton St. *Whitw* —2H **15**
Buxton Ter. *Holl* —1F **117**
Buxton Wlk. Glos —6G **117**
(off Buxton M.)
Buxton Way. *Dent* —1F **129**
Bycroft Wlk. *M40* —1F **97**
Byer Clo. *Sale* —6G **123**
Bye Rd. *Ram* —2G **13**
Bye St. *Aud* —6F **99**
Byfield Rd. *M22* —1A **148**
Byland Av. *Chea H* —1D **160**
Byland Av. *Oldh* —5H **73**
Byland Clo. *Bolt* —3A **32**
Byland Gdns. *Rad* —3E **49**
Bylands Clo. *Poy* —3D **162**
Bylands Fold. *Duk* —6H **101**
Byland Wlk. *M22* —4B **148**
Byng Av. *Cad* —5B **118**
Byng St. *Farn* —1F **63**
Byng St. *Heyw* —5G **39**
Byng St. E. *Bolt* —1B **46**
Byre Clo. *Sale* —6G **123**
Byrom Av. *M19* —6E **111**
Byrom Ct. *Droy* —4H **97**
Byrom Pde. *M19* —6E **111**
Byrom Pl. *M3* —4C **94** (6F **5**)
Byrom St. *M3* —5C **94** (1F **9**)
Byrom St. *Alt* —2F **145**
Byrom St. *Bury* —1H **35**
Byrom St. *Old T* —3B **108**
Byrom St. *Salf* —5G **93**
Byrom St. *Stal* —4D **100**
Byron Av. *Droy* —3A **98**
Byron Av. *P'wch* —6D **66**
Byron Av. *Rad* —3D **48**
Byron Av. *Swint* —3E **79**
Byron Dri. *Chea* —5B **138**
Byron Gro. *Stoc* —6G **111**
Byron Rd. *Dent* —1F **129**
Byron Rd. *G'mnt* —1H **21**
Byron Rd. *Mid* —5B **54**
Byron Rd. *Stret* —4E **107**
Byrons Dri. *Tim* —5A **134**
Byron St. *Ecc* —3F **91**
Byron St. *Oldh* —1H **85**
Byron St. *Rytn* —3C **56**
Byron Wlk. *Farn* —2D **62**
Byron Wlk. Rytn —3C **56**
(off Shaw St.)
Byrth Rd. *Oldh* —3D **86**
Bywell Wlk. M8 —4B **82**
(off Levenhurst Rd.)
Bywood Wlk. *M8* —6A **82**

Cabin La. *Oldh* —4B **58**
Cablestead Wlk. M11 —5B **96**
(off Cotteridge Wlk.)
Cable St. *M4* —3F **95** (3C **6**)
Cable St. *Bolt* —5B **32**
Cable St. *Salf* —3C **94** (3F **5**)
Cabot Pl. *Stoc* —5H **127**
Cabot St. *M13* —1F **109** (5D **10**)
Caddington Rd. *M21* —1A **124**

Cadishead Way. *Irl* —2E **119**
Cadleigh Wlk. *M40* —4A **84**
Cadman St. *M12*
  —6H **95** (4G **11**)
Cadmium Wlk. *M18* —3E **111**
Cadnam Dri. *M22* —2D **148**
Cadogan Pl. *Salf* —2A **82**
Cadogan St. *M14* —3E **109**
Cadum Wlk. *M13*
  —1G **109** (5E **11**)
Caen Av. *M40* —6C **70**
Caernarvon Clo. *G'mnt* —2H **21**
Caernarvon Dri. *Haz G* —4C **152**
Caernarvon Way. *Dent* —6F **113**
Caesar St. *Roch* —3G **41**
Cairn Dri. *Roch* —5A **26**
Cairn Dri. *Salf* —6G **81**
Cairngorm Dri. *Bolt* —2C **44**
Cairns Pl. *Ash L* —6H **87**
Cairn Wlk. *M11* —4B **96**
Caister Av. *W'fld* —2E **67**
Caister Clo. *Urm* —6G **103**
Caistor Clo. *M16* —1C **124**
Caistor St. *Stoc* —6B **128**
Caistor Wlk. *Oldh* —2D **72**
Caithness Clo. *M23* —1G **147**
Caithness Dri. *Bolt* —1C **44**
Caithness Rd. *Roch* —6A **26**
Cajetan Ho. *Mid* —4H **69**
Cakebread St. *M12*
  —6G **95** (3E **11**)
Calbourne Cres. *M12* —4D **110**
Calcot Wlk. *M23* —5F **135**
Calcutta Rd. *Stoc* —4E **139**
Caldbeck Av. *Bolt* —4D **30**
Caldbeck Av. *Sale* —4E **123**
Caldbeck Dri. *Farn* —2A **62**
Caldbeck Dri. *Mid* —6G **53**
Caldecott Rd. *M9* —4C **68**
Calder Av. *M22* —3B **136**
Calder Av. *Irl* —6D **102**
Calder Av. *L'boro* —2E **17**
Calderbank Av. *Urm* —3A **104**
Calderbrook Dri. *Chea H*
  —1C **150**
Calderbrook Rd. *L'boro* —3E **17**
Calderbrook Ter. *L'boro* —1G **17**
Calderbrook Wlk. *M9* —4F **83**
Calderbrook Way. *Oldh* —4F **73**
Calder Clo. *Bury* —3G **23**
Calder Clo. *Poy* —5D **162**
Calder Clo. *Stoc* —4H **127**
Caldercourt. *Urm* —3A **104**
Calder Cres. *W'fld* —5F **51**
Calder Dri. *Kear* —4B **64**
Calder Dri. *Swint* —2E **79**
Calder Dri. *Wor* —1C **76**
Calder Flats. Heyw —3E **39**
(off Wilton St.)
Calder Gro. *Shaw* —5E **43**
Calder Rd. *Bolt* —4A **46**
Caldershaw La. *Roch* —1C **26**
Caldershaw Rd. *Roch* —2C **26**
Calder St. *Roch* —1B **28**
Calder St. *Salf* —5B **94** (2C **8**)
Caldervale Av. *M21* —5A **124**
Calder Wlk. *Mid* —5E **53**
Calder Wlk. *W'fld* —5F **51**
Calder Way. *W'fld* —5F **51**
Calderwood Clo. *Tot* —5H **21**
Caldey Rd. *Rnd l* —6E **135**
Caldon Clo. *Ecc* —5F **91**
Caldwell St. *Stoc* —6H **111**
Caldy Dri. *Ram* —6C **12**
Caldy Rd. *Hand* —4H **159**
Caldy Rd. *Salf* —6B **80**
Caledon Av. *M40* —3A **84**
Caledonian Dri. *Ecc* —5G **91**
Caledonia St. *Bolt* —2G **45**
Caledonia St. *Rad* —3A **50**
(in two parts)

Carisbrook Dri. *Swint* —5G **79**
Carisbrooke Av. *Haz G* —4D **152**
Carisbrooke Dri. *Bolt* —2B **32**
Carisbrook St. *M9* —5F **83**
Carlburn St. *M11* —3F **97**
Carleton Clo. *Wor* —2E **77**
Carleton Rd. *Poy* —3A **164**
Carley Gro. *M9* —5D **68**
Carlford Gro. *P'wch* —6D **66**
Carlin Ga. *Tim* —5A **134**
Carling Dri. *M22* —3C **148**
Carlingford Clo. *Stoc* —6G **139**
Carlisle Clo. *L Lev* —5A **48**
Carlisle Clo. *Rom* —2G **141**
Carlisle Clo. *W'fld* —2F **67**
Carlisle Cres. *Ash L* —4G **87**
Carlisle Dri. *Irl* —5E **103**
Carlisle Dri. *Tim* —3G **133**
Carlisle St. *Ald E* —5G **167**
Carlisle St. *Brom X* —3E **19**
Carlisle St. *Oldh* —5A **72**
(in two parts)
Carlisle St. *Pen* —1F **79**
Carlisle St. *Roch* —6E **15**
Carlisle St. *Stoc* —3G **139**
Carlisle Way. *Dent* —6F **113**
Carloon Rd. *M23* —2H **135**
Carlow Dri. *M22* —3C **148**
Carl St. *Bolt* —3H **31**
Carlton Av. *Bolt* —3E **45**
Carlton Av. *Bram* —2F **161**
Carlton Av. *Chea H* —2B **150**
Carlton Av. *Fall* —4F **109**
Carlton Av. *Firs* —3H **107**
Carlton Av. *Oldh* —6H **57**
Carlton Av. *P'wch* —1A **82**
Carlton Av. *Rom* —6B **130**
Carlton Av. *W'fld* —6B **50**
Carlton Av. *Wilm* —5G **159**
Carlton Clo. *Bolt* —2G **33**
Carlton Ct. *Hale* —4B **146**
Carlton Ct. *P'wch* —2E **81**
Carlton Cres. *Stoc* —1A **140**
Carlton Cres. *Urm* —6F **105**
Carlton Dri. *Gat* —5E **137**
Carlton Dri. *P'wch* —1A **82**
Carlton Flats. Heyw —3E **39**
(off Brunswick St.)
Carlton Gdns. *Farn* —6F **47**
Carlton Mans. *M16* —4B **108**
Carlton Pl. *Farn* —6G **47**
Carlton Pl. *Haz G* —4F **153**
Carlton Range. *M18* —3H **111**
Carlton Rd. *M16* —4B **108**
Carlton Rd. *Ash L* —6G **87**
Carlton Rd. *Bolt* —5E **31**
Carlton Rd. *Hale* —4B **146**
Carlton Rd. *Hyde* —4E **115**
Carlton Rd. *Sale* —3A **122**
Carlton Rd. *Salf* —1E **93**
Carlton Rd. *Stoc* —1C **138**
Carlton Rd. *Urm* —6D **105**
Carlton Rd. *Wor* —2E **77**
Carlton St. *M16* —3A **108**
Carlton St. *Bolt* —1B **46**
Carlton St. *Bury* —5D **36**
Carlton St. *Ecc* —2F **91**
Carlton St. *Farn* —6F **47**
Carlton Way. *G'brk* —4A **118**
Carlton Way. *Rytn* —5B **56**
Carlyle Clo. *M8* —5C **82**
Carlyle St. *Bury* —2C **36**
Carlyn Av. *Sale* —5D **122**
Carmel Av. *Salf* —5A **94** (2A **8**)
Carmel Clo. *Salf* —5A **94** (2A **8**)
Carmel Ct. *M8* —1B **82**
Carmenna Dri. *Bram* —6H **151**
Carmichael Clo. *Part* —6D **118**
Carmichael St. *Stoc* —3F **139**
Carmine Fold. *Mid* —5H **53**
Carmona Dri. *P'wch* —5E **67**

Carmona Gdns. *Salf* —2G **81**
Carmoor Rd. *M13* —2G **109**
Carnaby St. *M9* —2H **83**
Carna Rd. *Stoc* —5G **111**
Carnarvon St. *M3* —1D **94**
Carnarvon St. *Oldh* —1H **85**
Carnarvon St. *Salf* —4A **82**
Carnarvon St. *Stoc* —2A **140**
Carnation Rd. *Farn* —6C **46**
Carnation Rd. *Oldh* —5A **74**
Carnation St. *M3*
—2D **94** (1H **5**)
Carnegie Av. *M19* —6D **110**
Carnegie Clo. *Sale* —6F **121**
Carnforth Av. *Roch* —4D **15**
Carnforth Dri. *G'mnt* —1A **22**
Carnforth Dri. *Sale* —6A **122**
Carnforth Rd. *Chea H* —1D **150**
Carnforth Rd. *Stoc* —3E **127**
Carnforth Sq. *Roch* —6D **40**
Carnforth St. *M14* —4F **109**
Carnoustie Clo. *M40* —4C **84**
Carnoustie Clo. *Wilm* —1G **167**
Carnoustie Dri. *H Grn* —4G **149**
Carnoustie St. *Ram* —4D **12**
Carnwood Clo. *M40* —1F **97**
Carolina Ho. *Salf* —2C **94** (2E **5**)
Caroline Dri. *M4* —4G **95** (5E **7**)
Caroline St. *Ash L* —2A **100**
Caroline St. *Bolt* —3H **45**
Caroline St. *Irl* —1D **118**
Caroline St. *Salf* —1C **94**
Caroline St. *Stal* —4E **101**
Caroline St. *Stoc* —4F **139**
Carpenters La. *M4*
—3E **95** (4B **6**)
Carpenters Wlk. *Droy* —4H **97**
Carpenters Way. *Roch* —1H **41**
Carradale Dri. *Sale* —4E **121**
Carradale Wlk. *M40* —5A **84**
Carr Av. *P'wch* —1D **80**
Carr Bank Av. *M9* —6B **68**
Carr Bank Av. *Ram* —2D **12**
Carr Bank Dri. *Ram* —2D **12**
Carr Bank Rd. *Ram* —2D **12**
Carrbrook Clo. *C'brk* —5G **89**
Carrbrook Cres. *C'brk* —5G **89**
Carrbrook Dri. *Rytn* —6C **56**
Carrbrook Ind. Est. *C'brk*
—5H **89**
Carrbrook Rd. *C'brk* —4H **89**
(in two parts)
Carrbrook Ter. *Rad* —3H **49**
Carr Brow. *H Lane* —6E **155**
Carrfield Av. *L Hul* —5A **62**
Carrfield Av. *Stoc* —1A **152**
Carrfield Av. *Tim* —5D **134**
Carrfield Gro. *L Hul* —5A **62**
Carrfield Gro. *L Hul* —5A **62**
Carrgate Rd. *Dent* —6H **113**
Carrgreen Clo. *M19* —4B **126**
Carr Gro. *Miln* —5G **29**
Carr Head. *Dig* —1C **60**
Carrhill Quarry Clo. *Moss*
—1E **89**
Carrhill Rd. *Moss* —1E **89**
Carrhouse La. *Holl* —3E **117**
Carr Ho. Rd. *Spring* —2B **74**
Carriage Dri. *L'boro* —2G **17**
Carriage Dri., The. *Had*
—3H **117**
Carriages, The. *Alt* —1E **145**
Carriage St. *M16* —2B **108**
Carrick Gdns. *M22* —1B **148**
Carrick Gdns. *Mid* —3H **53**
Carrie St. *Ram* —5F **31**
Carrill Gro. *M19* —6C **110**
Carrill Gro. E. *M19* —6C **110**
Carrington Bus. Pk. *Car*
—3H **119**

Carrington Clo. *Roch* —6B **16**
Carrington Dri. *Bolt* —2B **46**
Carrington Field St. *Stoc*
—4H **139**
Carrington La. *Car & Sale*
—2B **120**
Carrington Rd. *M14* —1G **125**
Carrington Rd. *Stoc* —6A **128**
Carrington Rd. *Urm* —1A **120**
Carrington Spur. *Sale & Part*
—3E **121**
Carrington St. *Chad* —6H **71**
Carrington St. *Pen* —2H **79**
Carr La. *Ald* E —6A **166**
Carr La. *Dig* —2C **60**
Carr La. *G'fld* —3F **61**
Carmel Ct. *Del* —4H **59**
Carron Av. *M9* —2H **83**
Carron Gro. *Bolt* —6H **33**
Carroway St. *M40* —6G **83**
Carr Rise. *C'brk* —4H **89**
Carr Rd. *Hale* —3B **146**
Carr Rd. *Irl* —5B **103**
Carrs Av. *Chea* —5C **138**
Carrsfield Rd. *M22* —5C **136**
Carrslea Clo. *Rad* —2E **49**
Carrs Rd. *Chea* —5B **138**
Carr St. *Ash L* —6H **87**
Carr St. *Ram* —2D **12**
Carr St. *Swint* —4D **78**
Carrsvale Av. *Urm* —4D **104**
Carrswood Rd. *M23* —3C **134**
Carruthers Clo. *Heyw* —2H **39**
Carruthers St. *M4*
—3H **95** (4G **7**)
Carrwood. *Haleb* —6B **146**
Carr Wood Av. *Bram* —5G **151**
Carrwood Hey. *Ram* —5C **12**
Carr Wood Rd. *Bram* —4F **151**
Carrwood Rd. *Wilm* —6D **158**
Carsdale Rd. *M22* —5C **148**
Carslake Av. *Bolt* —5G **31**
Carslake Rd. *M40* —6F **83**
Carson Rd. *M19* —1C **126**
Carstairs Av. *Stoc* —1A **152**
Carstairs Clo. *M8* —4B **82**
Car St. *Oldh* —2E **73**
Carter Bldgs. *Heyw* —3G **39**
Carter Clo. *Dent* —5F **113**
Carter Pl. *Hyde* —2B **114**
Carter St. *Bolt* —3C **46**
Carter St. *Hyde* —2B **114**
Carter St. *Kear* —2G **63**
Carter St. *Moss* —3E **89**
Carter St. *Salf* —6H **81**
(Lower Broughton)
Carter St. *Salf* —4C **92**
(Weaste)
Carter St. *Stal* —3E **101**
Carthage St. *Oldh* —5D **72**
Carthorpe Arch. *Salf* —4F **93**
Cartleach Gro. *Wor* —1C **76**
Cartleach La. *Wor* —1B **76**
Cartledge St. *M1*
—5F **95** (2D **10**)
Cartmel. Roch —3G **27**
(off Spotland Rd.)
Cartmel Av. *Miln* —1D **42**
Cartmel Av. *Stoc* —3G **127**
Cartmel Clo. *Bolt* —5B **44**
Cartmel Clo. *Bury* —4E **51**
Cartmel Clo. *Gat* —2G **149**
Cartmel Clo. *Haz G* —2C **152**
Cartmel Clo. *Oldh* —6B **72**
Cartmel Cres. *Bolt* —3E **33**
Cartmel Cres. *Chad* —1F **85**
Cartmel Dri. *Tim* —5D **134**
Cartmel Gro. *Wor* —4B **78**
Cartmel Ct. *M9* —5A **70**
Cartmel Wlk. *M9* —4F **83**

Cartmel Wlk. *Mid* —5G **53**
Cartridge Clo. *M22* —1D **148**
Cartridge St. *Heyw* —3E **39**
Cartwright Rd. *M21* —1F **123**
Cartwright St. *Aud* —1F **113**
Cartwright St. *Hyde* —2E **115**
Cartwright St. *Oldh* —3F **73**
Carver Av. *P'wch* —4G **67**
Carver Clo. *M16* —2H **107**
Carver Dri. *Marp* —6C **142**
Carver Rd. *Hale* —3G **145**
Carver Rd. *Marp* —6C **142**
Carver St. *M16* —2H **107**
Carver Wlk. M15 —2D **108**
(off Arnott Cres.)
Carwood Dell. *Bram* —6G **151**
Cashmere Rd. *Stoc* —4E **139**
Cashmoor Wlk. *M12* —1A **110**
Caspian Rd. *B'hth* —5C **132**
Cassandra Ct. *Salf*
—5A **94** (2B **8**)
Cass Av. *Salf* —5G **93**
Cassidy Clo. *M4* —3F **95** (3D **6**)
Cassidy Ct. *Salf* —5E **93**
Cassidy Gdns. *Mid* —3F **53**
Casson Ga. *Roch* —2G **27**
Casson St. *Fail* —4F **85**
Casterton Way. *Wor* —6C **76**
Castle Av. *Dent* —5E **113**
Castle Av. *Roch* —5G **27**
Castlebrook Clo. *Bury* —3F **51**
Castle Clo. *Droy* —3B **98**
Castle Ct. *Ash L* —4F **87**
Castle Croft. *Bolt* —2F **33**
Castlecroft Rd. *Bury* —3C **36**
Castledene Av. *Salf* —2E **93**
Castle Farm Dri. *Stoc* —6B **140**
Castle Farm La. *Stoc* —5B **140**
Castlefield Av. *Salf* —3A **82**
Castleford Clo. *Bolt* —5H **31**
Castleford St. *Chad* —6A **56**
Castleford Wlk. *M21* —2B **124**
Castle Gro. *Ram* —1A **22**
Castle Hall Clo. *Stal* —4E **101**
Castle Hall Ct. *Stal* —4E **101**
Castle Hall View. *Stal* —4E **101**
Castle Hill. *Bred* —2E **129**
Castle Hill. *Roch* —5G **27**
Castle Hill Cres. *Roch* —5G **27**
Castle Hill Mobile Home Pk.
Woodl —3F **129**
Castle Hill Pk. *Woodl* —3F **129**
Castle Hill Rd. *Bury* —3A **24**
Castle Hill Rd. *P'wch* —1H **81**
Castle Hill St. *Bolt* —2D **32**
(in two parts)
Castle La. *C'brk* —3G **89**
Castlemere Dri. *Shaw* —5H **43**
Castlemere Rd. *M9* —6E **69**
Castlemere St. *Roch* —5G **27**
Castlemere Ter. *Roch* —5H **27**
Castle M. *Farn* —2F **63**
Castle Mill La. *Ash* —1A **156**
Castle Mill St. *Oldh* —2F **73**
Castlemoor Av. *Salf* —3F **81**
Castle Pk. Ind. Est. *Oldh* —1F **73**
Castle Quay. *M15*
—6C **94** (3E **9**)
Castlerigg Clo. *Heat C* —2F **137**
Castlerigg Dri. *Mid* —4E **53**
Castlerigg Dri. *Rytn* —1A **56**
Castle Rd. *Bury* —4G **51**
Castleshaw Rd. *Stoc* —6D **140**
Castle St. *M3* —5C **94** (2E **9**)
Castle St. *Bolt* —6C **32**
Castle St. *Bury* —3C **36**
Castle St. *Ecc* —3H **91**
Castle St. *Farn* —2F **63**
Castle St. *Had* —4D **114**
Castle St. *Mid* —2D **70**
Castle St. *Stal* —4E **101**

Chaddesley Wlk. *M11* —5B **96**
Chaddock Level, The. *Wor*
　—6C **76**
Chaddock La. *Ast & Wor*
　—5A **76**
Chadkirk Ind. Est. *Rom*
　—3H **141**
Chadkirk Rd. *Rom* —2H **141**
Chadvil Rd. *Gat* —6G **137**
Chadwell Rd. *Stoc* —4E **141**
Chadwick Clo. *M14* —4F **109**
Chadwick Clo. *Miln* —6G **29**
Chadwick Fold. *Bury* —4F **23**
Chadwick Hall Rd. *Roch*
　—5D **26**
Chadwick La. *Heyw & Roch*
　—3H **39**
Chadwick La. *Roch* —3A **42**
Chadwick Rd. *Ecc* —3G **91**
Chadwick Rd. *Urm* —5H **105**
Chadwick St. *Ash L* —3C **100**
Chadwick St. *Bolt* —1C **46**
Chadwick St. *Bury* —1A **38**
Chadwick St. *Firg* —4E **29**
Chadwick St. *Heyw* —3H **39**
Chadwick St. *Hyde* —4D **114**
Chadwick St. *L Lev* —4B **48**
Chadwick St. *Marp* —6D **142**
Chadwick St. *Oldh* —2B **72**
Chadwick St. *Roch* —4F **27**
Chadwick St. *Stoc* —3H **139**
Chadwick St. *Swint* —3F **79**
Chadwick Ter. *Roch* —5D **14**
Chadwick Wlk. *Swint* —3F **79**
Chaffinch Clo. *M22* —6D **136**
Chaffinch Clo. *Droy* —2C **98**
Chaffinch Clo. *Oldh* —5H **73**
Chaffinch Dri. *Bury* —1G **37**
Chain Bar La. *Mot* —5B **116**
Chain Bar Way. *Mot* —5B **116**
Chainhurst Wlk. *M13*
　—1G **109** (5E **11**)
　(off Ardeen Wlk.)
Chain Rd. *M9* —4F **69**
Chain St. *M1* —4E **95** (6A **6**)
Chain Wlk. *M9* —4G **69**
Chalcombe Grange. *M12*
　—2B **110**
Chale Clo. *M40* —2H **95** (2G **7**)
Chale Dri. *Mid* —3C **70**
Chale Grn. *Bolt* —2G **33**
Chalfont Av. *Urm* —5G **105**
Chalfont Clo. *Oldh* —5F **73**
Chalfont Dri. *M8* —4C **82**
Chalfont Dri. *Wor* —3G **77**
Chalfont Ho. *Salf* —3F **93**
Chalfont St. *Bolt* —3B **32**
　(in two parts)
Chalford Rd. *M23* —2G **147**
Challenor Sq. *M12* —1C **110**
Challinor St. *Ram* —5F **31**
Chalter Wlk. *Salf* —5B **82**
Chamber Hall Clo. *Oldh* —5B **72**
Chamberhall St. *Bury* —2C **36**
Chamber Ho. Dri. *Roch* —1B **40**
Chamberlain Rd. *Heyr* —6E **89**
Chamberlain St. *Bolt* —1H **45**
Chamber Rd. *Oldh* —6A **72**
Chamber Rd. *Shaw* —6E **43**
Chambers Ct. *Mot* —4C **116**
Chambersfield Ct. *Salf* —4F **93**
Champagnole Ct. *Duk* —4H **99**
　(off Astley St.)
Champneys Wlk. *M9* —5F **83**
Chancel Av. *Salf* —5A **94** (2A **8**)
Chancel Clo. *Duk* —1A **114**
Chancel La. *Wilm* —1E **167**
Chancellor La. *M12*
　—5H **95** (2G **11**)
Chancel Pl. *M1* —4G **95** (6E **7**)
Chancel Pl. *Roch* —4H **27**

Chancery La. *M2*
　—4D **94** (6H **5**)
Chancery La. *Bolt* —6B **32**
Chancery La. *Dob* —5A **60**
Chancery La. *Shaw* —6G **43**
Chancery Pl. *M2* —4D **94** (6H **5**)
Chancery St. *Chad* —1A **72**
Chancery St. *Oldh* —3G **73**
Chancery Wlk. *Chad* —1A **72**
Chandler Pl. *M12*
　—6G **95** (3F **11**)
Chandlers Point. *Salf* —5F **93**
Chandlers Row. *Wor* —6A **78**
Chandley Ct. *Stoc* —4A **140**
　(off Ward St.)
Chandley St. *Chea* —5H **137**
Chandos Gro. *Salf* —3D **92**
Chandos Rd. *M21* —6A **108**
Chandos Rd. *P'wch* —1F **81**
Chandos Rd. *Stoc* —3D **126**
Chandos Rd. S. *M21* —1A **124**
Chandos St. *Shaw* —6G **43**
Change Way. *Salf*
　—2C **94** (2E **5**)
Channing Ct. *Roch* —5B **28**
Channing Sq. *Roch* —5B **28**
Channing St. *Roch* —5B **28**
Chanters, The. *Wor* —4E **77**
Chantler's Av. *Bury* —4G **35**
Chantler's St. *Bury* —3G **35**
Chantree Cres. *Shaw* —6F **43**
Chantry Clo. *Stoc* —2G **127**
Chantry Fold. *Dis* —1H **165**
Chantry Rd. *Dis* —1H **165**
Chapel All. *Ram* —6B **32**
　(off Deansgate)
Chapel Clo. *Duk* —5A **100**
Chapel Clo. *Uns* —3F **51**
Chapel Cotts. *Wilm* —6B **158**
Chapel Ct. *Alt* —1F **145**
Chapel Ct. *Hyde* —6A **114**
Chapel Ct. *Marp* —6D **142**
Chapel Ct. *Sale* —3G **121**
Chapel Ct. *Wilm* —3D **166**
Chapel Croft. *Rytn* —3B **56**
Chapel Dri. *Haleb* —6C **146**
Chapelfield. *Rad* —6A **50**
Chapelfield Clo. *Millb* —1H **101**
Chapelfield Dri. *Wor* —6D **62**
Chapelfield Rd. *M12*
　—5G **95** (2F **11**)
Chapelfield Rd. *Dent* —4F **113**
Chapelfield St. *Bolt* —2A **32**
Chapel Ga. *Miln* —5F **29**
Chapel Grn. *Dent* —4F **113**
Chapel Gro. *Urm* —5G **105**
Chapel Hill. *L'boro* —3F **17**
Chapelhill Dri. *M9* —6E **69**
Chapel Ho. *Haz G* —1C **152**
Chapel Ho. *Marp* —6E **143**
Chapel Ho. *Holc* —3C **12**
Chapel La. *Part & Lymm*
　—6D **118**
Chapel La. *Roch* —3F **25**
Chapel La. *Rytn* —3B **56**
Chapel La. *Sale* —3G **121**
Chapel La. *Stret* —6C **106**
Chapel La. *Wilm* —3G **166**
Chapel Meadow. *Wor* —4D **76**
Chapel Pl. *Bolt* —2E **47**
Chapel Pl. *Urm* —5F **91**
Chapel Rd. *M22* —3B **136**
Chapel Rd. *Ald E* —5G **167**
Chapel Rd. *G'fld* —3E **61**
Chapel Rd. *Irl* —5E **103**
Chapel Rd. *Oldh* —6A **72**
Chapel Rd. *P'wch* —2D **80**

Chapel Rd. *Sale* —4B **122**
Chapel Rd. *Swint* —4C **78**
Chapel St. *Ald E* —5G **167**
Chapel St. *Ash L* —2A **100**
Chapel St. *Aud* —1F **113**
Chapel St. *Bury* —3D **36**
Chapel St. *Chea* —6H **137**
Chapel St. *Droy* —4B **98**
Chapel St. *Duk* —5H **99**
Chapel St. *Ecc* —4E **91**
Chapel St. *Eger* —1B **18**
Chapel St. *Farn* —1G **63**
Chapel St. *Haz G* —2E **153**
Chapel St. *Heyw* —3F **39**
　(in two parts)
Chapel St. *Hyde* —5B **114**
Chapel St. *Lees* —3A **74**
Chapel St. *Lev* —6C **63**
Chapel St. *L'boro* —5H **17**
Chapel St. *L Lev* —4B **48**
Chapel St. *Mid* —6H **53**
　(Middleton, in two parts)
Chapel St. *Mid* —2E **69**
　(Rhodes)
Chapel St. *Moss* —2E **89**
Chapel St. *Pen* —2G **79**
Chapel St. *P'wch* —5E **67**
Chapel St. *Rad* —1B **64**
Chapel St. *Roch* —1G **41**
Chapel St. *Rytn* —3B **56**
Chapel St. *Salf* —3B **94** (4C **4**)
Chapel St. *Shaw* —6F **43**
Chapel St. *Stal* —3E **101**
Chapel St. *Stoc* —1H **137**
Chapel St. *Tot* —4G **21**
Chapel St. *Upperm* —1F **61**
　(in two parts)
Chapel St. *Ward* —2A **16**
Chapel St. *Whitw* —1C **14**
Chapel St. *Woodl* —4H **129**
Chapel St. *Wor* —5B **76**
Chapel Ter. *M20* —2F **125**
Chapeltown Rd. *Brom X*
　—4F **19**
Chapeltown Rd. *Rad* —1G **65**
Chapeltown St. *M1*
　—5F **95** (1D **10**)
Chapel View. *Duk* —5A **100**
Chapel Wlk. *Ecc* —3H **91**
Chapel Wlk. *Had* —2H **117**
Chapel Wlk. *Marp* —5D **142**
Chapel Wlk. *Mid* —2E **69**
Chapel Wlk. *P'wch* —3E **81**
Chapel Wlk. *Stal* —4F **101**
Chapel Wlk. *W'fld* —6F **51**
Chapel Walks. *M2*
　—4D **94** (5H **5**)
Chapel Walks. *Chea H* —1D **160**
Chapel Walks. *Sale* —4B **122**
Chapelway Gdns. *Rytn* —1B **56**
Chaplin Clo. *Salf* —1E **93**
Chapman Ct. *Hyde* —5H **115**
Chapman M. *M18* —2F **111**
　(in two parts)
Chapman Rd. *Hyde* —6A **116**
Chapman St. *M18* —1F **111**
Chapman St. *Bolt* —4F **31**
Chappell Rd. *Droy* —3A **98**
Chapter St. *M40* —1B **96**
Charcoal Rd. *Bow* —1A **144**
Charcoal Woods. *Bow* —2C **144**
Chard Dri. *M22* —4B **148**
Chardin Av. *Marp B* —3G **143**
Chard St. *Rad* —4G **49**
Charfield St. *M40* —6B **84**
Charges St. *Ash L* —4F **99**
Chariot St. *Open* —5F **97**
Charlbury Av. *P'wch* —6A **68**
Charlbury Av. *Stoc* —2H **127**
Charlbury Way. *Rytn* —2E **57**

Charlecote Rd. *Poy* —3F **163**
Charles Av. *Aud* —6A **98**
Charles Av. *Marp* —4A **142**
Charles Barry Cres. *M15*
　—1C **108** (5F **9**)
Charles Ct. *Bolt* —5B **32**
Charles Ct. *Tim* —5B **134**
　(in two parts)
Charles Craddock Dri. *Salf*
　—5B **82**
Charles Halle Rd. *M15* —2E **109**
Charles Holden St. *Bolt* —1H **45**
Charles Ho. *Ram* —5B **32**
Charles La. *Miln* —6G **29**
Charles M. *Miln* —6G **29**
Charles Morris Clo. *Fail* —3H **85**
Charles Rupert St. *Ram* —3B **32**
Charles Shaw Clo. Oldh —6H 57
　(off Adswood Clo.)
Charles St. *M1* —6E **95** (3A **10**)
Charles St. *Ash L* —3H **99**
Charles St. *Bolt* —5B **32**
Charles St. *Bury* —2D **36**
Charles St. *Cad* —3C **118**
Charles St. *Dent* —2F **113**
Charles St. *Droy* —4G **97**
Charles St. *Duk* —5H **99**
Charles St. *Eger* —1B **18**
Charles St. *Haz G* —2D **152**
Charles St. *Heyw* —5G **39**
Charles St. *Kear* —2G **63**
Charles St. *L'boro* —4E **17**
Charles St. *Oldh* —3A **72**
Charles St. *Rytn* —3B **56**
Charles St. *Salf* —1F **93**
　(in two parts)
Charles St. *Stoc* —4H **139**
Charles St. *Swint* —2D **78**
Charles St. *W'fld* —2D **66**
Charles St. *Whitw* —3H **15**
Charleston Sq. *Urm* —4D **104**
Charleston St. *Oldh* —5D **72**
Charlestown Ind. Est. *Ash L*
　—1H **99**
Charlestown Rd. *M9* —1F **83**
Charlestown Rd. E. *Stoc*
　—2A **152**
Charlestown Rd. W. *Stoc*
　—2H **151**
Charles Whittaker St. *Roch*
　—2B **26**
Charlesworth Av. *Bolt* —4D **46**
Charlesworth Av. *Dent* —1F **129**
Charlesworth St. *M11* —5B **96**
Charlesworth St. *Stoc* —4H **139**
Charley Av. *Salf* —1B **94**
Charlock Sq. *B'hth* —3D **132**
Charlock Wlk. *Part* —6D **118**
Charlotte La. *Gras* —4G **75**
Charlotte St. *M1* —4E **95** (6A **6**)
Charlotte St. *Bolt* —3A **32**
Charlotte St. *Chea* —6H **137**
Charlotte St. *Ram* —4D **12**
Charlotte St. *Roch* —1H **41**
Charlotte St. *Stoc* —6B **128**
Charlton Av. *Ecc* —4F **91**
Charlton Av. *Hyde* —2E **115**
Charlton Av. *P'wch* —6F **67**
Charlton Ct. *P'wch* —6F **67**
Charlton Dri. *Sale* —5C **122**
Charlton Dri. *Wdly* —1D **78**
Charlton Pl. *Ard*
　—6F **95** (3D **10**)
Charlton Rd. *M19* —5D **110**
Charminster Dri. *M8* —3D **82**
Charmouth Wlk. *M22* —1D **148**
Charnley Clo. *M40* —2A **96**
Charnley St. *W'fld* —1D **66**
Charnley Wlk. *M40* —2A **96**
Charnock Dri. *Bolt* —4A **32**

Charnville Rd.—Chester Rd.

Charnville Rd. *Gat* —6D **136**
Charnwood Av. *Dent* —4B **112**
Charnwood Clo. *Ash L* —4G **87**
Charnwood Clo. *Shaw* —5C **42**
Charnwood Clo. *Wor* —1E **77**
Charnwood Cres. *Haz G*
—5D **152**
Charnwood Rd. *M9* —4F **69**
Charnwood Rd. *Woodl* —4A **130**
Charter. *Ecc* —4H **91**
Charter Av. *Rad* —5A **50**
Charter Clo. *Sale* —6F **121**
Charter Rd. *Alt* —1G **145**
Charter St. *M3* —2D **94** (1H **5**)
Charter St. *Oldh* —1E **73**
Charter St. *Roch* —1G **41**
Chartwell Clo. *Salf* —3F **93**
Chartwell Dri. *M23* —4D **134**
Chasefield. *Bow* —3C **144**
Chaseley Rd. *Roch* —3G **27**
Chaseley Rd. *Salf* —1E **93**
Chase St. *M4* —2E **95** (1B **6**)
Chase, The. *Bolt* —6E **31**
Chase, The. *Wor* —6A **78**
Chasetown Clo. *M23* —5D **134**
Chassen Av. *Urm* —5C **104**
Chassen Ct. *Urm* —6D **104**
Chassen Rd. *Bolt* —6F **31**
Chassen Rd. *Urm* —5D **104**
CHASSEN ROAD STATION. *BR*
—6D **104**
Chataway Rd. *M8* —3E **83**
Chatburn Av. *Roch* —6D **40**
Chatburn Ct. *Shaw* —5F **43**
Chatburn Gdns. *Heyw* —3B **38**
Chatburn Rd. *M21* —1A **124**
Chatburn Rd. *Bolt* —2D **30**
Chatburn Sq. *Roch* —5D **40**
Chatcombe Rd. *M22* —3G **147**
Chatfield Rd. *M21* —1H **123**
Chatford Clo. *Salf* —1C **94**
Chatham Ct. *M20* —3E **125**
Chatham Gdns. *Bolt* —2H **45**
Chatham Gro. *M20* —3E **125**
Chatham Pl. *Bolt* —2H **45**
Chatham Rd. *Gort* —4G **111**
Chatham Rd. *Old T* —4H **107**
Chatham Rd. *M1* —4F **95** (6C **6**)
Chatham St. *Hyde* —2C **130**
Chatham St. *Stoc* —3E **139**
Chatley Rd. *Ecc* —4B **90**
Chatley St. *M3* —1D **94**
Chatsworth Av. *Stoc* —5H **139**
Chatsworth Av. *P'wch* —4F **67**
Chatsworth Clo. *Bury* —2E **51**
Chatsworth Clo. *Shaw* —5H **43**
Chatsworth Clo. *Tim* —6C **134**
Chatsworth Clo. *Urm* —5C **105**
Chatsworth Ct. *M9* —4C **68**
(off Deanswood Dri.)
Chatsworth Ct. *Stoc* —6A **140**
Chatsworth Cres. *Stret*
—4H **105**
Chatsworth Gro. *M16* —5B **108**
Chatsworth Gro. *L Lev* —3A **48**
Chatsworth Rd. *M18* —2E **111**
Chatsworth Rd. *Chea H*
—1D **150**
Chatsworth Rd. *Droy* —2G **97**
Chatsworth Rd. *Ecc* —1H **91**
Chatsworth Rd. *Haz G* —4F **153**
Chatsworth Rd. *H Lane*
—1D **164**
Chatsworth Rd. *Rad* —2D **48**
Chatsworth Rd. *Stret* —4A **106**
Chatsworth Rd. *Wilm* —5B **166**
Chatsworth Rd. *Wor & Swint*
—5B **78**
Chatsworth St. *Oldh* —4G **73**
Chatsworth St. *Roch* —6E **15**
Chatterton Clo. *M20* —3G **125**

Chatterton Old La. *Ram* —3A **12**
Chatterton Rd. *Ram* —3A **12**
Chattock Clo. *M16* —4C **108**
Chatton Clo. *Bury* —3F **35**
Chatwell Ct. *Miln* —1G **43**
Chatwood Rd. *M40* —1D **84**
Chaucer Av. *Dent* —2G **129**
Chaucer Av. *Droy* —4A **98**
Chaucer Av. *Rad* —3E **49**
Chaucer Av. *Stoc* —6F **111**
Chaucer Ho. *Stoc* —1F **127**
Chaucer M. *Stoc* —1F **127**
Chaucer Rise. *Duk* —6E **101**
Chaucer Rd. *Mid* —5B **54**
Chaucer St. *Bolt* —3H **31**
Chaucer St. *Oldh* —3C **72**
Chaucer St. *Roch* —3C **40**
Chaucer St. *Rytn* —2C **56**
Chaucer Wlk. *M13*
—1G **109** (6F **11**)
Chaumont Way. *Ash L* —2H **99**
Chauncy Rd. *M40* —3E **85**
Chaytor Av. *M40* —4A **84**
Cheadle Av. *Salf* —4E **81**
Cheadle Grn. *Chea* —5H **137**
CHEADLE HULME STATION. *BR*
—3D **150**
Cheadle Old Rd. *Stoc* —4D **138**
Cheadle Point. *Chea* —5B **138**
Cheadle Rd. *Chea* —1A **150**
Cheadle St. *M11* —5F **97**
Cheadle St. *Ram* —6A **150**
Cheadle Wood. *Chea H*
—5A **150**
Cheam Clo. *M11* —6D **96**
Cheam Rd. *Tim* —3H **133**
Cheapside. *M2* —4D **94** (5H **5**)
Cheap Side. *Mid* —5A **54**
Cheapside. *Oldh* —2C **72**
Cheddar St. *M18* —2F **111**
Chedlee Dri. *Chea H* —4A **150**
Chedlin Dri. *M23* —1G **147**
Chedworth Cres. *L Hul* —3C **62**
Chedworth Gro. *Bolt* —2A **46**
(off Parrot St.)
Cheeryble St. *M11 & Fail*
—6H **97**
Cheesden Wlk. *W'fld* —6G **51**
Cheetham Av. *Mid* —6B **54**
Cheetham Fold Rd. *Hyde*
—1B **130**
Cheetham Gdns. *Stal* —4H **101**
Cheetham Hill. *Shaw* —1F **57**
Cheetham Hill. *Whitw* —2H **15**
Cheetham Hill Rd. *M4 & M8*
—2E **95** (1A **6**)
Cheetham Hill Rd. *M8* —3B **82**
Cheetham Hill Rd. *Duk & Stal*
—1B **114**
Cheetham Pde. *M8* —3B **82**
Cheetham Rd. *Swint* —4G **79**
Cheethams Cres. *Rytn* —3E **57**
Cheetham St. *M40* —6G **83**
Cheetham St. *Fail* —3G **85**
(in two parts)
Cheetham St. *Hyde* —2E **115**
Cheetham St. *Mid* —1H **69**
Cheetham St. *Oldh* —2F **73**
Cheetham St. *Rad* —4A **50**
Cheetham St. *Roch* —3H **27**
Cheetham St. *Shaw* —1G **57**
Cheetham Wlk. *Hyde* —4C **114**
Cheetwood Rd. *M8* —1D **94**
Cheetwood St. *M8* —1C **94**
Chelbourne Dri. *Oldh* —1H **85**
Chelburne Clo. *Stoc* —6D **140**
Chelburn View. *L'boro* —6G **17**
Cheldon Wlk. *M40* —5C **84**
Chelford Av. *Bolt* —6C **18**
Chelford Clo. *M13* —2H **109**
Chelford Clo. *Alt* —5G **133**

Chelford Clo. *Mid* —5C **54**
Chelford Ct. *Hand* —2A **160**
Chelford Dri. *Swint* —1E **79**
Chelford Gro. *Stoc* —6E **139**
Chelford Rd. *M16* —4A **108**
Chelford Rd. *Ald E* —4F **167**
Chelford Rd. *Hand* —2H **159**
Chelford Rd. *Sale* —1E **135**
Chellow Dene. *Moss* —2D **88**
Chelmer Gro. *Heyw* —2C **38**
Chelmsford Av. *M40* —1D **96**
Chelmsford Rd. *Stoc* —3E **139**
Chelmsford St. *Oldh* —4C **72**
Chelmsford Wlk. *Dent* —6G **113**
Chelsea Av. *Rad* —3D **48**
Chelsea Clo. *Shaw* —6F **43**
Chelsea Rd. *M40* —6B **84**
Chelsea Rd. *Bolt* —4H **45**
Chelsea Rd. *Urm* —6G **103**
Chelsea St. *Bury* —2D **50**
Chelsea St. *Roch* —6F **27**
Chelsfield Gro. *M21* —1B **124**
Chelston Av. *M40* —1D **84**
Chelston Dri. *H Grn* —1G **159**
Cheltenham Cres. *Salf* —3A **82**
Cheltenham Dri. *Sale* —5C **122**
Cheltenham Grn. *Mid* —3A **70**
Cheltenham Rd. *M21* —5H **107**
Cheltenham Rd. *Mid* —3A **70**
Cheltenham Rd. *Stoc* —4C **138**
Cheltenham St. *Oldh* —6F **57**
Cheltenham St. *Roch* —1D **40**
Cheltenham St. *Salf* —1G **93**
Chelt Wlk. *M22* —3H **147**
Chelwood Clo. *Bolt* —4B **18**
Chelworth Mnr. *Bram* —4E **151**
Chemist St. *Ram* —4B **32**
Cheney Clo. *M11* —6F **97**
Chepstow Av. *Sale* —6E **121**
Chepstow Clo. *Roch* —3B **26**
Chepstow Dri. *Haz G* —3G **153**
Chepstow Dri. *Oldh* —6F **57**
Chepstow Rd. *M21* —6G **107**
Chepstow Rd. *Clif* —1G **79**
Chepstow St. *M1*
—5D **94** (2H **9**)
Chepstow St. N. *M1*
—5D **94** (2H **9**)
Chepstow St. S. *M1*
—5D **94** (2H **9**)
Chequers Rd. *M21* —1H **123**
Cherington Clo. *Hand* —4B **160**
Cherington Rd. *Chea* —1G **149**
Cheriton Av. *Sale* —4C **122**
Cheriton Clo. *Hyde* —5H **115**
Cheriton Dri. *Bolt* —1G **47**
Cheriton Rise. *Stoc* —5G **141**
Cheriton Rd. *Urm* —4H **103**
Cherrington Clo. *M23* —1H **135**
Cherrington Dri. *Roch* —5D **40**
Cherry Av. *Ash L* —5F **87**
Cherry Av. *Bury* —2G **37**
Cherry Av. *Oldh* —6G **73**
Cherry Clo. *Bury* —6E **37**
Cherry Ct. *Sale* —5A **122**
Cherry Ct. *Tim* —4C **134**
Cherry Croft. *Rom* —2C **142**
(in two parts)
Cherry Dri. *Swint* —3G **79**
Cherry Gro. *Roch* —3C **26**
Cherry Gro. *Rytn* —1A **56**
Cherry Gro. *Stal* —5E **101**
Cherry Hall Dri. *Shaw* —6C **42**
Cherry Hinton. *Oldh* —1B **72**
Cherry Holt Av. *Stoc* —5B **126**
Cherry La. *Sale* —1E **133**
Cherry Orchard Clo. *Bram*
—4F **151**
Cherry St. *P'wch* —4G **67**
Cherryton Wlk. *M13*
—1G **109** (6E **11**)

Cherry Tree Av. *Farn* —1B **62**
Cherry Tree Av. *Poy* —4F **163**
Cherrytree Clo. *Rom* —1C **142**
Cherry Tree Clo. *Tim* —6B **134**
Cherry Tree Clo. *Wilm* —6A **160**
Cherry Tree Ct. *Salf* —3G **93**
Cherry Tree Ct. *Stoc* —1C **152**
Cherry Tree Dri. *Haz G*
—5F **153**
Cherry Tree Est. *Rom* —1D **142**
Cherry Tree La. *Bury* —4A **36**
Cherry Tree La. *Rom* —1C **142**
Cherry Tree La. *Stoc* —6C **140**
Cherrytree Rd. *M23* —2F **135**
Cherry Tree Rd. *Chea H*
—4B **150**
Cherry Tree Wlk. *Moss* —2D **88**
Cherry Tree Wlk. *Stret* —6C **106**
Cherry Tree Way. *Bolt* —1D **32**
Cherry Wlk. *Chea H* —5E **151**
Cherry Wlk. *Part* —6B **118**
Cherrywood. *Chad* —2D **70**
Cherrywood Clo. *Wor* —2D **76**
Chertsey Clo. *M18* —2G **111**
Chertsey Clo. *Shaw* —5F **43**
Cherwell Av. *Heyw* —2C **38**
Cherwell Clo. *Chea H* —6C **150**
Cherwell Clo. *Oldh* —2A **86**
Cherwell Clo. *W'fld* —1E **67**
Chesham Av. *M22* —1A **148**
Chesham Av. *Bolt* —3A **32**
Chesham Av. *Roch* —6D **40**
Chesham Av. *Urm* —4A **104**
Chesham Clo. *Wilm* —5C **166**
Chesham Cres. *Bury* —2E **37**
Chesham Fold Rd. *Bury* —2F **37**
Chesham Ho. *Salf* —3F **93**
Chesham Pl. *Bow* —3E **145**
Chesham Rd. *Bury* —1D **36**
Chesham Rd. *Ecc* —5E **91**
Chesham Rd. *Oldh* —3G **73**
Chesham Rd. *Wilm* —5C **166**
Chesham St. *Bolt* —5F **45**
Cheshire Clo. *Stret* —6B **106**
Cheshire Ct. *Ram* —3F **13**
Cheshire Gdns. *M14* —6E **109**
Cheshire Rd. *C'brk* —6G **89**
Cheshire Rd. *Part* —6B **118**
Cheshire Sq. *C'brk* —6G **89**
Cheshires, The. *Moss* —2F **89**
Cheshire St. *Moss* —3F **89**
Chesney Av. *Chad* —1E **85**
Chesshyre Av. *M4*
—4H **95** (5H **7**)
Chessington Rise. *Clif* —6G **65**
Chester Av. *Duk* —6C **100**
Chester Av. *Hale* —3H **145**
Chester Av. *L Lev* —3B **48**
Chester Av. *Roch* —5C **26**
Chester Av. *Sale* —2D **132**
Chester Av. *Stal* —2H **101**
Chester Av. *Urm* —4G **105**
Chester Av. *W'fld* —2E **67**
Chester Clo. *Cad* —4B **118**
Chester Clo. *L Lev* —3B **48**
Chester Clo. *Wilm* —6A **160**
Chester Dri. *Ram* —5C **12**
Chesterfield Gro. *Ash L*
—2B **100**
Chesterfield St. *Oldh* —3F **73**
Chesterfield Way. *Dent*
—1F **129**
Chestergate. *Stoc* —2F **139**
Chester Pl. *Rytn* —3B **56**
Chester Rd. *M16 & M15*
—2A **108**
Chester Rd. *Haz G* —6D **152**
Chester Rd. *Ros* —6A **144**
Chester Rd. *Stret & M16*
—2C **122**
Chester Rd. *Tyl* —3A **76**

200 A-Z Manchester

Chester Rd. *Woodf & Poy*
　—6F **161**
Chesters Croft Cvn. Site. *Chea H*
　—2C **160**
Chester Sq. *Ash L* —3G **99**
Chester St. *M15 & M1*
　—6D **94** (4H **9**)
Chester St. *Bury* —1E **37**
Chester St. *Dent* —5F **113**
Chester St. *Oldh* —4A **72**
Chester St. *P'wch* —4E **67**
Chester St. *Ram* —4B **32**
Chester St. *Roch* —5A **28**
Chester St. *Stoc* —2F **139**
Chester St. *Swint* —4E **79**
Chesterton Dri. *Bolt* —2C **44**
Chesterton Gro. *Droy* —3A **98**
Chesterton Rd. *M23* —3D **134**
Chesterton Rd. *Oldh* —5F **57**
Chester Wlk. Bolt —3A **32**
　(off Boardman St.)
Chester Walks. *Rom* —2G **141**
Chestnut Av. *M21* —1H **123**
Chestnut Av. *Bury* —3F **37**
Chestnut Av. *Cad* —4B **118**
Chestnut Av. *Chea* —6A **138**
Chestnut Av. *Droy* —2G **97**
Chestnut Av. *Tot* —6A **22**
Chestnut Av. *W'fld* —2D **66**
Chestnut Av. *Wor* —1F **77**
Chestnut Clo. *Bolt* —3F **45**
Chestnut Clo. *Oldh* —1H **73**
Chestnut Clo. *Stal* —5E **101**
Chestnut Clo. *Wilm* —6A **160**
Chestnut Ct. *Bram* —3F **151**
Chestnut Cres. *Oldh* —1E **87**
Chestnut Dri. *Poy* —4F **163**
Chestnut Dri. *Sale* —2F **133**
Chestnut Fold. *Rad* —3G **49**
Chestnut Gdns. *Dent* —5E **113**
Chestnut Gro. *Fail* —5F **85**
Chestnut Gro. *Rad* —1F **65**
Chestnut Pl. *Roch* —3B **28**
Chestnut Rd. *Ecc* —1C **90**
Chestnut St. *Chad* —6F **71**
Chestnut Vs. *Stoc* —1E **139**
Chestnut Wlk. *Part* —6B **118**
Chestnut Way. *L'boro* —3D **16**
Chesworth Clo. *Stoc* —3H **139**
Chesworth Fold. *Stoc* —3H **139**
Chesworth Wlk. M15
　—6C **94** (4E **9**)
　(off Jackson Cres.)
Chetham Clo. *Salf* —6A **93**
Chetwyn Av. *Brom X* —4E **19**
Chetwyn Av. *Rytn* —3A **56**
Chetwynd Av. *Urm* —5E **105**
Chetwynd Clo. *Sale* —3G **121**
Chevassut St. *M15*
　—1C **108** (5E **9**)
Chevin Gdns. *Bram* —6A **152**
Chevington Dri. *M9* —5F **83**
Chevington Dri. *Stoc* —6H **125**
Chevington Gdns. *Bolt* —2A **32**
Cheviot Av. *Chea H* —3B **150**
Cheviot Av. *Oldh* —6C **72**
Cheviot Av. *Rytn* —4A **56**
Cheviot Clo. *Bolt* —6B **18**
Cheviot Clo. *Bury* —2G **35**
Cheviot Clo. *Chad* —4G **71**
Cheviot Clo. *Mid* —1D **70**
Cheviot Clo. *Miln* —5G **29**
Cheviot Clo. *Ram* —5E **13**
Cheviot Clo. *Salf* —2G **93**
Cheviot Clo. *Stoc* —6F **127**
Cheviot Ct. *Oldh* —5C **72**
Cheviot Rd. *Haz G* —4B **152**
Cheviots Rd. *Shaw* —5E **43**
Cheviot St. *M3* —2D **94** (1H **5**)

Chevithorne Clo. *Alt* —5D **132**
Chevril Clo. *M15*
　—1E **109** (5A **10**)
Chevron Clo. *Roch* —2B **40**
Chevron Clo. *Salf* —3H **93**
Chevron Pl. *Alt* —4F **133**
Chew Brook Dri. *G'fld* —4F **61**
Chew Vale. *Duk* —6D **100**
Chew Vale. *G'fld* —4F **61**
Chew Valley Rd. *G'fld* —3E **61**
Chicago Av. *Man A* —6H **147**
Chichester Clo. *L'boro* —6D **16**
Chichester Clo. *Sale* —6F **121**
Chichester Cres. *Chad* —6G **55**
Chichester Rd. *M15*
　—1D **108** (6G **9**)
Chichester Rd. *Rom* —1A **142**
Chichester Rd. S. *M15*
　—2C **108**
Chichester St. *Roch* —4A **28**
Chichester Way. *Dent* —6G **113**
Chidlow Av. *M20* —2E **125**
Chidwall Rd. *M22* —3H **147**
Chief St. *Oldh* —3E **73**
Chiffon Way. *Salf*
　—2B **94** (2C **4**)
Chigwell Clo. *M22* —6B **136**
Chilcombe Wlk. M9 —4G **69**
　(off Brockford Dri.)
Chilcote Av. *Sale* —5F **121**
Childwall Clo. *Bolt* —5A **46**
Chilham Rd. *Ecc* —1H **91**
Chilham Rd. *Wor* —1G **77**
Chilham St. *Bolt* —4F **45**
Chilham St. *Swint* —5E **79**
Chillington Wlk. *Dent* —6E **113**
Chilmark Dri. *M23* —5G **135**
Chiltern Av. *Chea H* —3B **150**
Chiltern Av. *Urm* —4A **104**
Chiltern Clo. *Haz G* —4B **152**
Chiltern Clo. *Ram* —5E **13**
Chiltern Clo. *Shaw* —5D **42**
Chiltern Clo. *Wor* —3G **77**
Chiltern Dri. *Bolt* —6D **32**
Chiltern Dri. *Bury* —1H **35**
Chiltern Dri. *Hale* —3H **145**
Chiltern Dri. *Rytn* —3A **56**
Chiltern Dri. *Stoc* —1A **152**
Chiltern Dri. *Swint* —5F **79**
Chiltern Gdns. *Sale* —3C **134**
Chiltern Rd. *Ram* —5E **13**
Chilton Av. *Chad* —3G **71**
Chilton Dri. *Mid* —2C **70**
Chilworth St. *M14* —5F **109**
Chime Bank. *M8* —4D **82**
China La. *M1* —4F **95** (5C **6**)
China La. *Bolt* —5B **32**
Chingford Wlk. M13 —3B **110**
　(off St John's Rd.)
Chinley Av. *M40* —3A **84**
Chinley Av. *Stret* —3A **106**
Chinley Clo. *Bram* —2G **151**
Chinley Clo. *Sale* —6D **122**
Chinley Clo. *Stoc* —6D **126**
Chinley St. *Salf* —6F **81**
Chinwell View. *M19* —6C **110**
Chip Hill Rd. *Bolt* —3D **44**
Chippendale Pl. *Ash L* —6A **88**
Chippenham Av. *Stoc* —4D **140**
Chippenham Ct. *M4*
　—3H **95** (4G **7**)
Chippenham Rd. *M4*
　—3G **95** (4F **7**)
Chipping Fold. *Miln* —6F **29**
Chipping Rd. *Bolt* —3D **30**
Chipping Sq. *M12* —3C **110**
Chipstead Wlk. *M12* —2A **110**
Chirmside St. *Bury* —4H **35**
Chirton Wlk. *M40* —4A **84**
Chiseldon Clo. Bolt —2A **46**
　(off Bantry St.)

Chiselhurst St. *M8* —3C **82**
Chisholm Ct. *Mid* —6H **53**
Chisholme Clo. *G'mnt* —1G **21**
Chisholm St. *Open* —6F **97**
Chisledon Av. *Salf* —5B **82**
Chisledon Clo. Bolt —2A **46**
　(off Bantry St.)
Chislehurst Av. *Urm* —4E **105**
Chislehurst Clo. *Bury* —4H **35**
Chiswick Dri. *Rad* —2B **48**
Chiswick Rd. *M20* —6G **125**
Chisworth Clo. *Bram* —2G **151**
Chisworth St. *Bolt* —2D **32**
Chisworth Wlk. *Dent* —1G **129**
Choir St. *Salf* —1C **94**
Chokeberry Clo. *B'hth* —3D **132**
Cholmondeley Av. *Tim*
　—2H **145**
Cholmondeley Rd. *Salf* —1B **92**
Chomlea. *Alt* —1D **144**
Chomlea Mnr. *Salf* —1C **92**
Choral Gro. *Salf* —6H **81**
Chorley Clo. *Bury* —4F **35**
Chorley Hall Clo. *Ald E* —5F **167**
Chorley Hall La. *Ald E* —5F **167**
Chorley New Rd. *Hor & Bolt*
　—6A **30**
Chorley Old Rd. *Hor & Bolt*
　—2A **30**
Chorley Rd. *Sale* —1E **135**
Chorley Rd. *Wdly* —2E **79**
Chorley St. *Bolt* —5A **32**
Chorley St. *Stret* —3F **107**
Chorley Wood Av. *M19*
　—3B **126**
Chorlton Dri. *Chea* —5A **138**
Chorlton Fold. *Ecc* —6D **78**
　(in two parts)
Chorlton Fold. *Woodl* —4A **130**
Chorlton Grn. *M21* —1G **123**
Chorlton Gro. *Stoc* —4B **140**
Chorlton Pl. *Chor H* —6H **107**
Chorlton Rd. *M16 & M15*
　—3B **108** (4D **8**)
Chorlton St. *M1*
　—5E **95** (1B **10**)
Chorlton St. *M16* —2A **108**
Chretien Rd. *M22* —1B **136**
Christ Chu. Av. *Salf* —3H **93**
Christchurch Clo. *Bolt* —2H **33**
Christchurch La. *Bolt* —2H **33**
Christchurch Rd. *Sale* —4E **121**
Christie Rd. *Stret* —4E **107**
Christie St. *Stoc* —3A **140**
Christine St. *Shaw* —6F **43**
　(in two parts)
Christleton Av. *Stoc* —4F **127**
Christleton Way. *Hand*
　—2H **159**
Christopher Acre. *Roch* —2A **26**
Christopher St. *M40* —1F **97**
Christopher St. *Salf* —4G **93**
Chronnell Dri. *Bolt* —5G **33**
Chudleigh Clo. *Alt* —5D **132**
Chudleigh Clo. *Bram* —2A **152**
Chudleigh Rd. *M8* —1C **82**
Chulsey St. *Bolt* —3F **45**
Church Av. *M40* —6C **84**
Church Av. *Bolt* —3G **45**
Church Av. *Dent* —1G **129**
Church Av. *Hyde* —1D **130**
Church Av. *Mid* —1D **54**
Church Av. *Salf* —3D **92**
Church Av. *Styal* —5E **159**
Church Bank. *Bolt* —6C **32**
Church Bank. *Bow* —3D **144**
Churchbank. *Stal* —2H **101**
Church Brow. *Bow* —3D **144**
Church Brow. *Mob* —6A **54**
Church Brow. *Mot* —6B **114**
　(Hyde)

Church Brow. *Mot* —4C **116**
　(Mottram)
Church Clo. *Aud* —6F **99**
Church Clo. *Hand* —4H **159**
Church Clo. *Rad* —1A **64**
Church Ct. *Bury* —2E **37**
Church Ct. *Chad* —4A **72**
Church Ct. *Duk* —4H **99**
Church Ct. *Hale* —4G **145**
Church Ct. *Ram* —1A **12**
Church Croft. *Bury* —3F **51**
Church Dri. *P'wch* —5E **67**
Churchfield. *M21* —1G **123**
Churchfield Clo. *Rad* —6F **49**
Churchfield Rd. *Salf* —6B **80**
Churchfields. *Aud* —6E **99**
Churchfields. *Bow* —4D **144**
Churchfields. *Dob* —5A **60**
Churchfields. *Part* —3F **121**
Churchfield Wlk. M11 —5C **96**
　(off Outrington Dri.)
Churchgate. *Bolt* —6B **32**
Churchgate. *Stoc* —2H **139**
Churchgate. *Urm* —6G **105**
Churchgate Bldgs. *M1*
　—5G **95** (1E **11**)
Church Grn. *Rad* —3B **50**
Church Grn. *Salf* —2F **93**
Church Gro. *Ecc* —4G **91**
Church Gro. *Haz G* —3E **153**
Churchill Av. *M16* —5B **108**
Churchill Av. *Ain* —4D **34**
Churchill Clo. *Heyw* —5G **39**
Churchill Ct. *Salf* —3F **93**
Churchill Cres. *Marp* —4B **142**
Churchill Cres. *Stoc* —6G **111**
Churchill Dri. *L Lev* —4C **48**
Churchill Pl. *Ecc* —1E **91**
Churchill Rd. *Alt* —4F **133**
Churchill St. *Bolt* —6E **33**
Churchill St. *Oldh* —3E **73**
Churchill St. *Roch* —2E **27**
　(in two parts)
Churchill St. *Stoc* —6F **127**
Churchill St. E. *Oldh* —3E **73**
Churchill Way. *Salf* —3G **93**
Churchill Way. *Traf P* —6C **92**
Church La. *M9* —3F **83**
　(in two parts)
Church La. *Ald E* —4G **167**
Church La. *Burn* —3B **60**
Church La. *Marp* —5D **142**
Church La. *Moss* —2F **89**
Church La. *Oldh* —2D **72**
Church La. *P'wch* —5E **67**
Church La. *Ram* —1A **12**
Church La. *Roch* —4H **27**
Church La. *Rom* —1A **142**
Church La. *Sale* —2G **121**
Church La. *Salf* —2G **81**
Church La. *Upperm* —6D **60**
Church La. *W'fld* —1C **66**
Church La. *Woodf* —5E **161**
Churchley Clo. *Stoc* —5C **138**
Churchley Rd. *Stoc* —4C **138**
Church Mnr. *Stoc* —5D **126**
Church Meadow. *G'fld* —4G **75**
Church Meadow. *Hyde* —4A **114**
Church Meadow. *Uns* —3F **51**
Church Meadow Gdns. *Hyde*
　—4A **114**
Church Meadows. *Bolt* —2H **33**
Church M. *Dent* —4E **113**
Church Pl. *Heyw* —3F **39**
Church Pl. *Oldh* —2D **72**
Church Rd. *M22* —2B **136**
Church Rd. *Bolt* —3E **31**
Church Rd. *Chea H* —5C **150**
Church Rd. *Ecc* —3H **91**
Church Rd. *Farn* —1G **63**

Clayton St. *Fail* —4F **85**
Clayton St. *Roch* —1B **28**
Cleabarrow Dri. *Wor* —6C **76**
Cleadon Av. *M18* —3E **111**
Cleadon Dri. S. *Bury* —6C **22**
Cleavley St. *Ecc* —3D **90**
Clee Av. *M13* —5B **110**
Cleethorpes Av. *M9* —6D **68**
Cleeve Rd. *M23* —1G **135**
Cleeve Rd. *Oldh* —3G **73**
Cleeve Way. *Chea H* —1D **160**
Clegg Hall Rd. *Roch & L'boro*
—1D **28**
Clegg Pl. *Ash L* —1B **100**
Clegg's Av. Whitw —3G **15**
(off Clegg St.)
Clegg's Bldgs. *Bolt* —6A **32**
Clegg's Ct. *Salf* —3D **94** (4G 5)
Clegg's Ct. Whitw —3G **15**
(off Clegg St.)
Clegg's La. *L Hul* —5C **62**
Clegg St. *Bolt* —6E **33**
Clegg St. *Bred* —6F **129**
Clegg St. *Droy* —4H **97**
Clegg St. *L'boro* —2D **16**
Clegg St. *Miln* —6G **29**
Clegg St. *Oldh & Spring*
(in two parts) —3D **72**
Clegg St. *Spring* —3C **74**
Clegg St. *W'fld* —2D **66**
Clegg St. *Whitw* —3G **15**
Cleggswood Av. *L'boro* —6E **17**
Clelland St. *Farn* —2G **63**
Clematis Wlk. *Wdly* —1E **79**
Clement Ct. *Roch* —5B **28**
Clementina St. *Roch* —2H **27**
Clementine Clo. *Salf* —3H **93**
Clement Pl. *L'boro* —4G **17**
Clement Rd. *Roch* —3G **27**
Clement Rd. *Marp B* —4F **143**
Clement Royds St. *Roch*
—3G **27**
Clements St. *M11* —6G **97**
Clement Stott Clo. *M9* —5H **69**
Clement St. *Chad* —6H **71**
Clement St. *Stoc* —6G **127**
Cleminson St. *Salf*
—3B **94** (4C 4)
Clemshaw Clo. *Heyw* —4E **39**
Clerewood Av. *H Grn* —6F **149**
Clerke St. *Bury* —3D **36**
Clerk's Ct. *Salf* —3B **92**
Clevedon Av. *Urm* —5A **106**
Clevedon Rd. *Chad* —6G **55**
Clevedon St. *M9* —4G **83**
Cleveland Av. *M19* —5D **110**
Cleveland Av. *Hyde* —5A **114**
Cleveland Av. *Salf* —2C **92**
Cleveland Clo. *Clif* —1G **79**
Cleveland Clo. *Ram* —6E **13**
Cleveland Dri. *Miln* —5G **29**
Cleveland Gdns. *Bolt* —3F **45**
Cleveland Gro. *Rytn* —4A **56**
Cleveland Rd. *M8* —2D **82**
Cleveland Rd. *Hale* —2H **145**
Cleveland Rd. *Stoc* —5C **126**
Clevelands Clo. *Shaw* —5E **43**
Cleveland St. *Bolt* —3F **45**
Cleveleys Av. *M21* —1A **124**
Cleveleys Av. *Bolt* —5E **33**
Cleveleys Av. *Bury* —5C **36**
Cleveleys Av. *H Grn* —4F **149**
Cleveleys Av. *Roch* —2H **41**
Cleveleys Gro. *Salf* —4A **82**
Cleves Ct. *Heyw* —4E **39**
Cleworth Rd. *Mid* —5H **53**
Cleworth St. *M15*
—6B **94** (4C 8)
Cleworth Wlk. *M15*
—6B **94** (4C 8)
Clibran St. *M8* —5D **82**

Clifden Dri. *M22* —3C **148**
Cliff Av. *Bury* —1C **22**
Cliff Av. *Salf* —5G **81**
Cliffbrook Gro. *Wilm* —5H **159**
Cliff Cres. *Salf* —4H **81**
Cliff Dale. *Stal* —5D **100**
Cliffdale Dri. *M8* —2C **82**
Cliffe St. *L'boro* —5H **17**
Cliff Grange. *Salf* —4H **81**
Cliff Gro. *Stoc* —5D **126**
Cliff Hill. *Shaw* —4H **43**
Cliff Hill Rd. *Shaw* —4H **43**
Cliffmere Clo. *Chea H* —2B **150**
Cliff Mt. *Ram* —2D **12**
Clifford Av. *Dent* —2E **113**
Clifford Av. *Tim* —5A **134**
Clifford Ct. *M15* —2C **108**
Clifford Ct. *Stoc* —6B **140**
Clifford Rd. *Bolt* —5E **45**
Clifford Rd. *Poy* —3C **162**
Clifford Rd. *Wilm* —3C **166**
Clifford St. *M13* —1F **109**
Clifford St. *Ecc* —4D **90**
Clifford St. *Roch* —6H **27**
Clifford St. *Swint* —3H **79**
Cliff Rd. *Bury* —2D **50**
Cliff Rd. *Wilm* —1E **167**
Cliff Side. *Wilm* —1E **167**
Cliff St. *Roch* —2B **28**
Clifton Av. *M14* —1H **125**
Clifton Av. *Alt* —6G **133**
Clifton Av. *Ecc* —2F **91**
Clifton Av. *H Grn* —3E **149**
Clifton Av. *Oldh* —4F **73**
Clifton Clo. *M16* —2B **108**
Clifton Clo. *Heyw* —4E **39**
Clifton Clo. *Oldh* —4F **73**
Clifton Ct. *Clif* —5E **65**
Clifton Ct. *Farn* —5D **46**
Clifton Ct. *Stoc* —6D **126**
Clifton Cres. *Rytn* —4E **57**
Clifton Dri. *Gat* —6D **136**
Clifton Dri. *H Grn* —3E **149**
Clifton Dri. *Marp* —4D **142**
Clifton Dri. *Swint* —2D **78**
Clifton Dri. *Wdly* —1A **80**
Clifton Dri. *Wilm* —5B **166**
Clifton Gro. *Old T* —2B **108**
Clifton Gro. *Wdly* —1C **78**
Clifton Ho. Rd. *Clif* —5E **65**
Clifton Ind. Est. *Clif* —6A **66**
Clifton Lodge. *Stoc* —6A **140**
Clifton Pl. *P'wch* —4E **67**
Clifton Rd. *M21* —1A **124**
Clifton Rd. *Ecc* —2F **91**
Clifton Rd. *Mid* —1D **54**
Clifton Rd. *Sale* —6B **122**
Clifton Rd. *Stoc* —6C **126**
Clifton Rd. *Urm* —5C **104**
Clifton Rd. *W'fld & P'wch*
—5C **66**
CLIFTON STATION. *BR* —1A **80**
Clifton St. *Ald E* —5G **167**
Clifton St. *Ash L* —2G **99**
Clifton St. *Ast* —3A **76**
Clifton St. *Bury* —1D **36**
Clifton St. *Fail* —2G **85**
Clifton St. *Farn* —5D **46**
Clifton St. *Kear* —2H **63**
Clifton St. *Mile P* —2B **96**
Clifton St. *Miln* —5F **29**
Clifton St. *Old T* —2B **108**
Clifton St. *Ram* —5A **32**
Clifton View. *Clif* —5E **65**
Clifton Vs. *Fail* —2G **85**
Cliftonville Dri. *Swint & Salf*
—5G **79**
Cliftonville Rd. *Roch* —5A **42**
Clifton Wlk. *Mid* —4F **53**
Clinton Av. *M14* —5D **108**

Clinton Gdns. *M14* —5E **109**
Clinton Ho. *Salf* —4F **93**
Clinton St. *Ash L* —1B **100**
Clinton Wlk. *Oldh* —3E **73**
Clippers Quay. *Salf* —1G **107**
Clipsley Cres. *Oldh* —3B **58**
Cliston Wlk. *Haz G* —3A **152**
Clitheroe Clo. *Heyw* —2F **39**
Clitheroe Dri. *Bury* —4F **35**
Clitheroe Rd. *M13* —4B **110**
Clito St. *M9* —3H **83**
Clive Av. *W'fld* —6C **50**
Clive Av. *Clif* —2H **79**
Clive Rd. *Fail* —4E **85**
Clive St. *M4* —2F **95** (2C 6)
Clive St. *Ash L* —6E **87**
Clive St. *Bolt* —6B **32**
Clive St. *Oldh* —1B **86**
(in two parts)
Clivewood Wlk. *M12* —1A **110**
Clivia Gro. *Salf* —5H **81**
Cloak St. *M1* —6E **95** (3B 10)
Clock Ho. Av. *Droy* —2G **97**
Clockhouse M. *Droy* —2G **97**
Clock Houses. *Stal* —3G **101**
Clock St. *Chad* —1H **85**
Clock Tower Clo. *Wor* —6B **62**
Cloister Clo. *Duk* —1A **114**
Cloister Rd. *Stoc* —1H **137**
Cloisters, The. *Chea* —6C **138**
Cloisters, The. *Roch* —2B **28**
Cloisters, The. *Sale* —5D **122**
Cloister St. *Bolt* —3G **31**
Clopton Wlk. *M15*
(in four parts) —1C **108** (5F 9)
Close, The. *Alt* —6E **133**
(Altrincham)
Close, The. *Alt* —1E **145**
(Bowdon)
Close, The. *Bolt* —2D **32**
Close, The. *Bury* —5C **22**
Close, The. *Dent* —3D **112**
Close, The. *Marp B* —2F **143**
Close, The. *Mid* —4B **54**
Close, The. *Stal* —1D **100**
(in two parts)
Clothorn Rd. *M20* —5F **125**
Cloudberry Wlk. *Part* —6D **118**
Cloudstock Gro. *L Hul* —4A **62**
Clough. *Shaw* —1H **57**
Clough Av. *Marp B* —4G **143**
Clough Av. *Sale* —2F **133**
Clough Av. *Wilm* —5F **159**
Clough Bank. *M9* —1F **83**
Clough Bank. *L'boro* —1E **17**
Cloughbank. *Rad* —2C **64**
Clough Clo. *Oldh* —3G **75**
Clough Ct. *Mid* —5B **54**
Clough Dri. *P'wch* —5D **66**
Clough End Rd. *Hyde* —6A **116**
Clough Field. *L'boro* —5E **17**
Cloughfield Av. *Salf* —5H **93**
Clough Fold Av. *Hyde* —6B **114**
Clough Fold Rd. *Hyde* —6A **114**
Clough Ga. *Hyde* —1C **130**
Clough Ga. *Oldh* —1B **86**
Clough Gro. *W'fld* —5B **50**
Clough Head. L'boro —5G **17**
(off Higher Calderbrook Rd.)
Clough Ho. La. *Ward* —3A **16**
Clough La. *Gras* —3F **75**
Clough La. *Heyw* —1E **39**
Clough La. *P'wch* —5D **66**
Clough Meadow. *Bolt* —1B **44**
Clough Meadow. *Woodl*
—4A **130**
Clough Meadow Rd. *Rad*
—4E **49**

Clough Pk. Av. *Gras* —3G **75**
Clough Rd. *M9* —3H **83**
Clough Rd. *Droy* —3A **98**
Clough Rd. *Fail* —4G **85**
Clough Rd. *L'boro* —1E **17**
Clough Rd. *Mid* —5A **54**
Clough Rd. *Oldh* —4H **57**
Clough Rd. *Shaw* —1H **57**
Cloughs Av. *Chad* —1D **70**
Clough Side. *M9* —2H **83**
Clough Side. *Marp B* —4F **143**
Clough St. *M40* —6C **84**
Clough St. *Kear* —2H **63**
Clough St. *Mid* —5B **54**
Clough St. *Rad* —6A **50**
Clough St. *Ward* —3A **16**
Clough, The. *Bolt* —6C **30**
Clough, The. *Stoc* —3B **128**
Cloughton Wlk. *M40* —6D **84**
Clough Top Rd. *M9* —1A **84**
Clough Wlk. *P'wch* —5D **66**
Clough Wlk. *Stoc* —3B **128**
Clovelly Av. *Oldh* —1A **86**
Clovelly Rd. *M21* —1A **124**
Clovelly Rd. *Stoc* —3C **140**
Clovelly Rd. *Swint* —4C **78**
Clovelly St. *M40* —6D **84**
Clovelly St. *Roch* —2B **40**
Clover Av. *Stoc* —6F **139**
Cloverbank Av. *M19* —5H **125**
Clover Cres. *Oldh* —6H **73**
Clover Croft. *Sale* —2D **134**
Cloverdale Sq. *Bolt* —4E **31**
Cloverfield Wlk. Wor —6F **63**
(off Bolton Rd.)
Clover Hall Cres. *Roch* —2C **28**
Cloverley. *Sale* —1B **134**
Cloverley Dri. *Tim* —1A **146**
Clover Rd. *Rom* —6C **130**
Clover Rd. *Tim* —6A **134**
Clover St. *Roch* —3D **28**
Clover View. *Roch* —3C **28**
Clowes St. *Chad* —1H **85**
Clowes St. *M12* —1B **110**
(in two parts)
Clowes St. *Chad* —1H **85**
Clowes St. *Salf* —6H **81**
(Lower Broughton)
Clowes St. *Salf* —3C **94** (4F 5)
(Salford)
Club St. *M11* —6H **97**
Clumber Clo. *Poy* —4E **163**
Clumber Rd. *M18* —3H **111**
Clumber Rd. *Poy* —4E **163**
Clunton Av. *Bolt* —2F **45**
Clutha Rd. *Stoc* —1H **151**
Clwyd Av. *Stoc* —4F **139**
Clyde Av. *W'fld* —3D **66**
Clyde Ct. *Roch* —5B **28**
Clyde Rd. *M20* —5D **124**
Clyde Rd. *Rad* —2F **49**
Clyde Rd. *Stoc* —4E **139**
Clydesdale Gdns. *M11* —4C **96**
Clydesdale Rise. *Dig* —2D **60**
Clydesdale St. *Oldh* —5C **72**
Clyde St. *Ash L* —4F **99**
Clyde St. *Bolt* —3A **32**
Clyde St. *Oldh* —6G **57**
Clyde Ter. *Rad* —2F **49**
Clyne Ho. *Stret* —3F **107**
Clyne St. *Stret* —2F **107**
Clysbarton Ct. *Bram* —4F **151**
Coach Ho., The. *Ald E*
—4H **167**
Coach La. *Roch* —6A **26**
Coach Rd. *Holl* —2C **116**
Coach Rd. *Man A* —6A **148**
Coach St. *Bolt* —2C **46**
Coalbrook Wlk. *M12* —4A **96**
(off Aden Clo.)
Coalburn St. *M12* —1C **110**
Coal Pit La. *Oldh* —4A **86**

Coalshaw Grn. Rd.—Coniston St.

Coalshaw Grn. Rd. *Chad*
—6G **71**
Coatbridge St. *M11* —3E **97**
Cobalt Av. *Urm* —1H **105**
Cobb Clo. *M8* —6A **68**
Cobbett's Way. *Wilm* —5C **166**
Cobble Bank. *M9* —6E **69**
Cobblers Yd. *Ald E* —5G **167**
Cobden Mill Ind. Est. *Farn*
—6E **47**
Cobden St. *M9* —3G **83**
Cobden St. *Ash L* —3B **100**
Cobden St. *Bolt* —2H **31**
Cobden St. *Bury* —2E **37**
Cobden St. *Chad* —2H **71**
Cobden St. *Eger* —1B **18**
Cobden St. *Heyw* —4F **39**
Cobden St. *Oldh* —1H **73**
Cobden St. *Rad* —1F **49**
Cobden St. *Salf* —1G **93**
Coberley Av. *Urm* —3B **104**
Cob Hall Rd. *Stret* —6C **106**
Cobham Av. *M40* —6C **70**
Cobham Av. *Bolt* —4H **45**
Coblers Hill. *Del* —2H **59**
Cobourg St. *M1* —5F **95** (1C **10**)
Coburg Av. *Salf* —1B **94**
Cochrane Av. *M12* —2A **110**
Cochrane St. *Bolt* —2B **46**
Cock Brow. *Hyde* —2G **131**
Cockcroft St. *M9* —2F **83**
Cocker Hill. *Stal* —3E **101**
Cocker Mill La. *Shaw* —2D **56**
Cockers La. *Stal* —5H **101**
Cocker St. *L Hul* —5C **62**
Cockey Moor Rd. *Bolt & Bury*
—4D **34**
Cockhall La. *Whitw* —4G **15**
Cock Hollow. *Bury* —1E **37**
Cocklinstones. *Bury* —2H **35**
Cockroft Rd. *Salf* —3H **93**
Coconut Gro. *Salf* —3H **93**
Codale Dri. *Bolt* —4H **33**
Coddington Av. *Open* —5G **97**
Cody Ct. *Salf* —5E **93**
Coe St. *Bolt* —2B **46**
Coghlan Clo. *M11* —3D **96**
Cohen St. *M40* —6G **83**
Coke St. *Salf* —3B **82**
Colborne Av. *Ecc* —3D **90**
Colborne Av. *Rom* —1H **141**
Colborne Av. *Stoc* —4H **111**
Colborne Gro. *Hyde* —4A **116**
Colborne Way. *Hyde* —4A **116**
Colbourne Av. *M8* —1B **82**
Colby Wlk. *M40* —4A **84**
Colchester Av. *Bolt* —5G **33**
Colchester Av. *P'wch* —1G **81**
Colchester Clo. *M23* —2E **135**
Colchester Dri. *Farn* —6B **46**
Colchester Pl. *Stoc* —6D **126**
Colchester St. *M40* —1H **95**
Colchester Wlk. *Oldh* —2D **72**
Colclough Clo. *M40* —5B **84**
Coldfield Dri. *Rnd I* —5F **135**
Cold Greave Clo. *Miln* —1G **43**
Coldhurst Hollow Est. *Oldh*
—6C **56**
Coldhurst St. *Oldh* —1C **72**
Coldstream Av. *M9* —5F **69**
Coldwall St. *Roch* —3F **27**
Colebrook Dri. *M40* —5A **84**
Colebrook Rd. *Tim* —5A **134**
Coleby Av. *Old T* —3A **108**
Coleby Av. *Wyth* —4G **169**
Coledale Dri. *Mid* —5E **53**
Coleford Gro. *Bolt* —1A **46**
Coleford Wlk. M16 —4C 108
(off Maclure Clo.)
Colegate Cres. *M14* —1F **125**

Colenso Ct. *Bolt* —6E **33**
Colenso Gro. *Stoc* —6D **126**
Colenso Rd. *Bolt* —6F **33**
Colenso St. *Oldh* —6B **72**
Coleport Clo. *Chea H* —4C **150**
Coleridge Av. *Mid* —4C **54**
Coleridge Av. *Rad* —4E **49**
Coleridge Clo. *Stoc* —6G **111**
Coleridge Dri. *L'boro* —1F **29**
Coleridge Rd. *M16* —4A **108**
Coleridge Rd. *G'mnt* —1H **21**
Coleridge Rd. *Oldh* —3H **57**
Coleridge Rd. *Stoc* —6G **111**
Coleridge St. *M40* —1E **97**
Coleridge Way. *Stoc* —6G **111**
Colesbourne Clo. *L Hul* —3C **62**
Coleshill St. *M40* —2A **96**
Colesmere Wlk. *M40* —2D **84**
Cole St. *M40* —3H **83**
Colgate La. *Salf* —1G **107**
Colgrove Av. *M40* —1C **84**
Colindale Av. *M9* —5G **69**
Colindale Clo. *Bolt* —2G **45**
Colin Rd. *Stoc* —5F **127**
Colinton Clo. *Bolt* —4H **31**
Colinwood Clo. *Bury* —4D **50**
Coll Dri. *Urm* —2F **105**
College Av. *Droy* —5H **97**
College Av. *Oldh* —6B **72**
College Clo. *Bolt* —1A **46**
College Clo. *Stoc* —5A **140**
College Clo. *Wilm* —1C **166**
College Croft. *Ecc* —3H **91**
College Dri. *M16* —5A **108**
College Land. *M3*
—4D **94** (5G **5**)
College Rd. *M16* —4A **108**
College Rd. *Ecc* —3A **92**
College Rd. *Oldh* —5B **72**
College Rd. *Roch* —4F **27**
College Way. *Bolt* —1H **45**
Collen Cres. *Bury* —5B **22**
Collett St. *Oldh* —1G **73**
Colley St. *Roch* —2A **28**
Colley St. *Stret* —2F **107**
Collie Av. *Salf* —6G **81**
Collier Av. *Miln* —4F **29**
Collier Clo. *Hyde* —6A **116**
Collier Hill. *Oldh* —6B **72**
Collier Hill Av. *Oldh* —6A **72**
Collier's Ct. *Roch* —4H **41**
Collier St. *Rad* —4H **49**
Collier St. *Salf* —5D **80**
Collier St. *Salf* —5C **94** (2F **9**)
(Manchester)
Collier St. *Salf* —2C **94** (3F **5**)
(Salford)
Collier St. *Swint* —4E **79**
Collier Wlk. *Hyde* —6A **116**
Colliery St. *M11* —4C **96**
(in two parts)
Collin Av. *M18* —3E **111**
Collingburn Av. *Salf* —6H **93**
Collingburn Ct. *Salf* —6H **93**
Colling Clo. *Irl* —6E **103**
Collinge Av. *Mid* —1C **70**
Collinge St. *Bury* —1H **35**
Collinge St. *Heyw* —3E **39**
Collinge St. *Mid* —2D **70**
Collinge St. *Shaw* —6F **43**
Collingham St. *M8* —1E **95**
Colling St. *Ram* —4D **12**
Collington Clo. *M12* —2C **110**
Collingwood Av. *Droy* —2G **97**
Collingwood Clo. *Poy* —4G **163**
Collingwood Dri. *Swint* —4H **79**
Collingwood Rd. *M19* —6B **110**
Collingwood St. *Roch* —5C **40**
Collingwood Way. *Oldh* —1D **72**
Collins Av. *Farn* —1F **63**
Collins St. *Wals* —1F **35**

Collop Dri. *Heyw* —6G **39**
Coll's La. *Del* —3F **59**
Collyhurst Av. *Wor* —1G **77**
Collyhurst Rd. *M40* —1F **95**
Collyhurst St. *M40* —1G **95**
Colman Gdns. *Salf* —6H **93**
Colmar Way. *Hyde* —5B **114**
Colmore Av. *Manx* —6H **125**
Colmore Dri. *M9* —5A **70**
Colmore Gro. *Bolt* —1D **32**
Colmore St. *Bolt* —2D **32**
Colne St. *Roch* —4D **40**
Colonial Rd. *Stoc* —5A **140**
Colshaw Clo. E. *Rad* —3F **49**
Colshaw Clo. S. *Rad* —3F **49**
Colshaw Dri. *Wilm* —6H **159**
Colshaw Rd. *M23* —1G **147**
Colshaw Wlk. *Wilm* —6H **159**
Colson Dri. *Mid* —2H **69**
Colsterdale Clo. *Rytn* —2C **56**
Colt Hill La. *Upperm* —1H **75**
Coltness Wlk. *M40* —6C **84**
Colts Acre. Salf —6A 94 (3A 8)
(off Bramble Av.)
Coltsfoot Dri. *B'hth* —3D **132**
Columbia Av. *M18* —3H **111**
Columbia Rd. *Bolt* —5G **31**
Columbia St. *Oldh* —5D **72**
Columbine Clo. *Roch* —6C **14**
Columbine St. *Open* —6F **97**
Columbine Wlk. *Part* —6D **118**
Colville Dri. *Bury* —4H **35**
Colville Gro. *Sale* —2G **133**
Colville Gro. *Tim* —5A **134**
Colville Rd. *Oldh* —6B **56**
Colwell Av. *Stret* —5B **106**
Colwell Wlk. *M9* —4D **68**
Colwick Av. *Alt* —5G **133**
Colwith Av. *Bolt* —4G **33**
Colwood Wlk. M8 —5B 82
(off Elizabeth St.)
Colwyn Av. *M14* —1A **126**
Colwyn Av. *Mid* —3A **70**
Colwyn Cres. *Stoc* —4H **127**
Colwyn Gro. *Bolt* —4H **31**
Colwyn Rd. *Bram* —5G **151**
Colwyn Rd. *Chea H* —4A **150**
Colwyn Rd. *Swint* —4C **78**
Colwyn St. *Ash L* —5E **87**
Colwyn St. *Oldh* —2B **72**
Colwyn St. *Roch* —3B **40**
Colwyn St. *Salf* —2F **93**
Colwyn Ter. *Ash L* —5E **87**
Colyton Wlk. *M22* —2D **148**
Combe Clo. *M11* —2D **96**
Combermere Av. *M20* —2E **125**
Combermere Clo. *Chea H*
—1B **150**
Combermere St. *Duk* —4A **100**
Combs Bank. Glos —6F 117
(off Melandra Castle Rd.)
Combs Fold. Glos —5F 117
(off Brassington Cres.)
Combs Gdns. Glos —6F 117
(off Brassington Cres.)
Combs Gro. Glos —5F 117
(off Brassington Cres.)
Combs Lea. *Glos* —6F **117**
Combs M. Glos —5F 117
(off Brassington Cres.)
Combs Ter. Glos —6F 117
(off Melandra Castle Rd.)
Combs Way. *Glos* —5F **117**
Comer Ter. *Sale* —5A **122**
Comet St. *M1* —4F **95** (6D **6**)
Commercial Av. *Stan G*
—2A **160**
Commercial Brow. *Hyde*
—3C **114**
Commercial Rd. *Haz G*
—2D **152**

Commercial Rd. *Oldh* —3D **72**
Commercial St. *M15*
—6C **94** (3F **9**)
Commercial St. *Hyde* —4C **114**
Commercial St. *Oldh* —3A **72**
Common La. *Car* —4F **119**
Common Side Rd. *Wor* —4B **76**
Como Wlk. *M18* —1D **110**
Compass St. *Open* —6E **97**
Compstall Av. *M14* —5F **109**
Compstall Gro. *M18* —1G **111**
Compstall Mills Est. *Comp*
—1F **143**
Compstall Rd. *Rom* —1A **142**
(in two parts)
Compton Clo. *Urm* —6G **103**
Compton Dri. *M23* —3G **147**
Compton Fold. *Shaw* —5G **43**
Compton St. *Stal* —4F **101**
Compton Way. *Mid* —2C **70**
Comrie Wlk. *M23* —6G **135**
Comus St. *Salf* —5A **94** (1A **8**)
Concastrian Ind. Est. *M9*
—4E **83**
Concert La. *M2* —4E **95** (6A **6**)
Concil St. *M15* —1E **109** (5A **10**)
Concord Bus. Pk. *M22*
—4C **148**
Concord Pl. *Salf* —6E **81**
Concord Way. *Duk* —5A **100**
(in two parts)
Condor Clo. *Droy* —2C **98**
Condor Pl. *Salf* —6E **81**
Condor Wlk. M13
—1G **109** (6D **10**)
(off Glenbarry Clo.)
Conduit St. *Ash L* —3A **100**
Conduit St. *Oldh* —4H **57**
Conduit St. *Tin* —1H **117**
Conewood Wlk. *M13*
—1G **109** (6F **11**)
Coney Gro. *M23* —4G **135**
Coneymead. *Stal* —1E **101**
Congham Rd. *Stoc* —3E **139**
Congleton Av. *M14* —5E **109**
Congleton Clo. *Ald E* —6G **167**
Congleton Rd. *Ald E* —5G **167**
Congou St. *M1* —4G **95** (1E **11**)
Congreave St. *Oldh* —1C **72**
Conifer Wlk. *Part* —6C **118**
Coningsby Dri. *M9* —3F **83**
Conisber Clo. *Eger* —2C **18**
Conisborough. *Roch* —5G **27**
Conisborough Pl. *W'fld* —2F **67**
Coniston Av. *M9* —3F **83**
Coniston Av. *Farn* —1A **62**
Coniston Av. *Hyde* —3A **114**
Coniston Av. *L Hul* —4C **62**
Coniston Av. *Oldh* —6B **72**
Coniston Av. *Sale* —1C **134**
Coniston Av. *W'fld* —1D **66**
Coniston Clo. *Chad* —2G **71**
Coniston Clo. *Dent* —5B **112**
Coniston Clo. *L Lev* —3A **48**
Coniston Clo. *Ram* —1E **13**
Coniston Clo. *Bury* —6C **36**
Coniston Dri. *Hand* —3G **159**
Coniston Dri. *Mid* —5G **53**
Coniston Dri. *Stal* —1E **101**
Coniston Gro. *Ash L* —1G **99**
Coniston Gro. *Heyw* —5F **39**
Coniston Gro. *L Hul* —5C **62**
Coniston Gro. *Rytn* —1B **56**
Coniston Rd. *Gat* —5F **137**
Coniston Rd. *H Lane* —5B **154**
Coniston Rd. *Part* —5C **118**
Coniston Rd. *Stoc* —3H **127**
Coniston Rd. *Stret* —4C **106**
Coniston Rd. *Swint* —5F **79**
Coniston Rd. *Urm* —1A **120**
Coniston St. *M40* —6C **84**

Coniston St. *Bolt* —2B **32**
Coniston St. *Salf* —1H **93**
Coniston Wlk. *Tim* —6D **134**
Conmere Sq. *M15*
    —6D **94** (4H **9**)
Connaught Av. *M19* —2B **126**
Connaught Av. *Roch* —2H **41**
Connaught Av. *W'fld* —1E **67**
Connaught Clo. *Wilm* —1F **167**
Connaught Pl. *Salf* —3F **93**
Connaught Sq. *Bolt* —3C **32**
Connaught St. *Bury* —4H **35**
Connaught St. *Oldh* —3C **72**
Connel Clo. *Bolt* —1H **47**
Connell Rd. *M23* —5G **135**
Connell Way. *Heyw* —2H **39**
Connery Cres. *Ash L* —5H **87**
Connie St. *M11* —5E **97**
Conningsbury Clo. *Brom X*
    —3D **18**
Connington Av. *M9* —2F **83**
Connington Clo. *Rytn* —3A **56**
Connor Way. *Gat* —1D **148**
Conquest Clo. *M12* —1B **110**
Conrad Clo. *Oldh* —3A **58**
Conrad St. *Ram* —5A **32**
Conran St. *M9* —4F **83**
Consett Av. *M23* —5G **135**
Consort Av. *Rytn* —1A **56**
Consort Clo. *Duk* —1A **114**
Consort Pl. *Bow* —3D **144**
Constable Clo. *Bolt* —4H **31**
Constable Dri. *Marp B* —3F **143**
Constable Dri. *Wilm* —1H **167**
Constable St. *M18* —1G **111**
Constable Wlk. *Dent* —2G **129**
Constance Gdns. *Salf* —4F **93**
Constance Rd. *Bolt* —3G **45**
Constance Rd. *Part* —6D **118**
Constance St. *M15*
    —6C **94** (3F **9**)
Constantine Rd. *Roch* —4H **27**
Constantine St. *Oldh* —3H **73**
Constellation Trad. Est. *Rad*
    —1F **49**
Consul St. *M22* —2C **136**
Convamore Rd. *Bram* —6F **151**
Convent St. *Oldh* —5G **73**
Conway Av. *Bolt* —4E **31**
Conway Av. *Clif* —6H **65**
Conway Av. *Irl* —1D **118**
Conway Av. *W'fld* —2D **66**
Conway Clo. *M16* —4H **107**
Conway Clo. *Heyw* —2C **38**
Conway Clo. *Mid* —2A **70**
Conway Clo. *Ram* —3D **12**
Conway Clo. *W'fld* —2D **66**
Conway Cres. *G'mnt* —1H **21**
Conway Dri. *Bury* —3H **37**
Conway Dri. *Haz G* —4C **152**
Conway Dri. *Stal* —2E **101**
Conway Dri. *Tim* —5C **134**
Conway Gro. *Chad* —6F **55**
Conway Rd. *Chea H* —3A **150**
Conway Rd. *Sale* —6D **122**
Conway Rd. *Urm* —3F **105**
Conway St. *Farn* —2D **62**
Conway St. *Stoc* —5G **127**
Conway Towers. *Stoc* —2C **128**
Conyngham Rd. *M14* —3H **109**
Cooke St. *Dent* —4E **113**
Cooke St. *Fail* —3F **85**
Cooke St. *Farn* —2G **63**
Cooke St. *Haz G* —2D **152**
Cooke St. *Hyde* —2D **114**
Cooks Croft. *Spring* —2C **74**
Cook St. *Aud* —1F **113**
Cook St. *Bury* —3D **36**
Cook St. *Ecc* —3E **91**
Cook St. *Oldh* —2G **73**
Cook St. *Roch* —2B **28**

Cook St. *Salf* —3C **94** (4F **5**)
Cook St. *Stoc* —2G **139**
Cook Ter. Duk —4H **99**
    (off Astley St.)
Cook Ter. *Rad* —4H **49**
Cook Ter. *Roch* —2B **28**
Coomassie St. *Heyw* —3E **39**
Coomassie St. *Rad* —4G **49**
Coomassie St. *Salf* —2F **93**
Coombes Av. *Hyde* —6D **114**
Coombes Av. *Marp* —6D **142**
Coombes St. *Stoc* —6B **140**
Co-operation St. *Fail* —2F **85**
Co-operative St. *Haz G*
    —2E **153**
Co-operative St. *L Hul* —4A **62**
Co-operative St. *Rad* —3G **49**
Co-operative St. *Salf* —3F **93**
Co-operative St. *Shaw* —6F **43**
Co-operative St. *Spring* —3B **74**
Co-operative St. *Upperm*
    —1F **61**
Cooper Fold. *Mid* —3A **54**
Cooper Ho. *M15*
    —1E **109** (6A **10**)
Cooper La. *M9* —4F **69**
Cooper La. *Mid* —4H **53**
Cooper Rd. *Irl* —2C **118**
Coopers Fold. *Chea H* —1B **160**
Coopers Row. *Ram* —6B **32**
Cooper St. *M2* —4E **95** (6H **5**)
Cooper St. *Bury* —3C **36**
Cooper St. *Duk* —4H **99**
Cooper St. *Haz G* —2F **153**
Cooper St. *Ram* —4B **32**
Cooper St. *Roch* —5B **16**
Cooper St. *Roy O* —4H **139**
Cooper St. *Spring* —2C **74**
Cooper St. *Stret* —6D **106**
Coopers Wlk. *Roch* —1C **28**
Coop St. *M4* —3F **95** (3C **6**)
Coop St. *Bolt* —1A **32**
Coop Ter. *Roch* —4D **28**
Copage Dri. *Bred* —5G **129**
Cope Bank. *Bolt* —4G **31**
Cope Bank E. *Bolt* —4G **31**
Cope Bank W. *Bolt* —3F **31**
Cope Clo. *M11* —6G **97**
Copeland Av. *Clif* —2A **80**
Copeland Clo. *Mid* —6E **53**
Copeland M. *Bolt* —6E **31**
Copeland St. *Hyde* —2B **114**
Copeman Clo. *M13*
    —1G **109** (6E **11**)
Copenhagen Sq. *Roch* —3A **28**
Copenhagen St. *Roch* —3A **28**
Cope St. *Ram* —4G **31**
Copgrove Rd. *M21* —2H **123**
Copgrove Wlk. *M22* —6C **148**
Copley Av. *Stal* —3G **101**
Copley Pk. M. *Stal* —3G **101**
Copley Rd. *M21* —5G **107**
Copley St. *Shaw* —5G **43**
Copley St. *Stal* —3G **101**
Copperas La. *Droy* —5G **97**
Copperas St. *M4* —3E **95** (4B **6**)
Copperbeech Clo. *M22*
    —2C **136**
Copper Beech Dri. *Glos*
    —6G **117**
Copperfield Ct. *Alt* —2E **145**
Copperfield Rd. *Chea H*
    —2D **160**
Copperfield Rd. *Poy* —5D **162**
Copperfields. *Wilm* —1F **167**
Copper La. *P'wch* —3G **65**
Copperways. *Manx* —4F **125**
Coppice Av. *Dis* —1E **165**
Coppice Av. *Sale* —1F **133**
Coppice Clo. *Dis* —1E **165**

Coppice Clo. *Woodl* —4H **129**
Coppice Dri. *M22* —2B **136**
Coppice Dri. *Dis* —1E **165**
Coppice Dri. *Whitw* —2C **14**
Coppice Rd. *Poy* —4G **163**
Coppice St. *Bury* —2G **37**
Coppice St. *Oldh* —4B **72**
    (in two parts)
Coppice, The. *Bolt* —6H **19**
Coppice, The. *Haleb* —5B **146**
Coppice, The. *Mid* —3B **70**
Coppice, The. *Poy* —5G **163**
Coppice, The. *Ram* —5C **12**
Coppice, The. *Swint* —6C **78**
Coppice, The. *Wor* —3H **77**
Coppice Wlk. *Dent* —5D **112**
Coppice Way. *Hand* —3A **160**
Coppingford Clo. *Roch* —1C **26**
Copping St. *M12* —1B **110**
Coppins, The. *Wilm* —5B **166**
Coppleridge Dri. *M8* —2C **82**
Copplestone Ct. *Wor* —2C **78**
Copplestone Dri. *Sale* —4E **121**
Cop Rd. *Oldh* —3G **57**
Copse Av. *M22* —2C **148**
Copse Dri. *Bury* —5F **23**
Copse, The. *Haleb* —6D **146**
Copse, The. *Marp B* —3G **143**
Copse, The. *Tur* —1G **19**
Copse Wlk. *L'boro* —4D **16**
Copson St. *M20* —2F **125**
Copster Av. *Oldh* —6C **72**
Copster Hill Rd. *Oldh* —6C **72**
Copster Pl. *Oldh* —6C **72**
Copthall La. *M8* —3B **82**
Copthorne Clo. *Heyw* —5F **39**
Copthorne Cres. *M13* —5A **110**
Copthorne Dri. *Bolt* —3B **44**
Copthorne Wlk. *Tot* —6H **21**
Coptrod Head Clo. *Roch* —5E **15**
Coral Av. *Chea H* —4C **150**
Coral M. *Rytn* —4C **56**
Coral Rd. *Chea H* —4C **150**
Coral St. *M13* —6G **95** (4E **11**)
Coram St. *M18* —1H **111**
Corbar Rd. *Stoc* —6A **140**
Corbett St. *M11* —3C **96**
    (in two parts)
Corbett St. *Roch* —3A **28**
Corbridge Wlk. *M8* —5D **82**
Corbrook Rd. *Chad* —6E **55**
Corby St. *M12* —1C **110**
Corcoran Clo. *Heyw* —2E **39**
Corcoran Dri. *Rom* —1D **142**
Corda Av. *M22* —3B **136**
Corday La. *P'wch* —1H **67**
Cordingley Av. *Droy* —5H **97**
Cordova Av. *Dent* —4H **111**
Corelli St. *M40* —1B **96**
Corfe Clo. *Urm* —6G **103**
Corfe Cres. *Haz G* —4C **152**
Corinthian Av. *Salf* —6G **81**
Corinth Wlk. *Wor* —1F **77**
Corkland Clo. *Ash L* —3B **100**
Corkland Rd. *M21* —1H **123**
Corkland St. *Ash L* —3C **100**
Corks La. *Dis* —2H **165**
Cork St. *M12* —5H **95** (1H **11**)
Cork St. *Ash L* —2A **100**
Cork St. *Bury* —3E **37**
Corley Av. *Stoc* —4B **138**
Corley Wlk. *M11* —4B **96**
Cormallen Gro. *Fail* —4G **85**
Cormorant Clo. *Wor* —6E **63**
Cormorant Wlk. *M12* —1C **110**
Cornall St. *Bury* —2A **36**
Cornbrook Arches. *M15*
    —6A **94** (4B **8**)
Cornbrook Clo. *Ward* —3A **16**
Cornbrook Ct. *M15*
    —1B **108** (6C **8**)

Cornbrook Gro. *M16* —2B **108**
Cornbrook Pk. Rd. *M15*
    —1A **108** (5B **8**)
Cornbrook Rd. *M15*
    —1A **108** (5A **8**)
Cornbrook St. *M16 & M15*
    —2B **108**
Cornbrook Way. *M16* —2B **108**
Corn Clo. *M13* —2G **109**
Cornell St. *M4* —3F **95** (3D **6**)
Corner Croft. *Wilm* —5D **166**
Corner St. *Ash L* —3A **100**
Cornerways. Had —2H **117**
    (off Albert St.)
Cornet St. *Salf* —5H **81**
Corn Exchange. *M4*
    —3D **94** (4H **5**)
Cornfield. *Stal* —1A **116**
Cornfield Clo. *Bury* —4F **23**
Cornfield Clo. *Sale* —6F **123**
Cornfield Dri. *M22* —2A **148**
Cornfield Rd. *Rom* —6C **130**
Cornfield St. *Miln* —6F **29**
Cornford Av. *M18* —4D **110**
Cornhey Rd. *Sale* —1E **133**
Cornhill Av. *Urm* —4D **104**
Corn Hill La. *Aud* —2A **112**
Cornhill Rd. *Urm* —3D **104**
Cornhill St. *Oldh* —5H **57**
Cornish Clo. *M22* —5B **148**
Cornishway. *M22* —4A **148**
Cornish Way. *Rytn* —4D **56**
Cornishway Ind. Est. *M22*
    —5B **148**
Cornlea Dri. *Wor* —4E **77**
Corn Mill Clo. *Roch* —5A **16**
Corn St. *Fail* —5C **84**
Corn St. *Oldh* —2E **73**
Cornwall Av. *M19* —1D **126**
Cornwall Clo. *Bury* —5E **3**
Cornwall Clo. *H Lane* —6C **154**
Cornwall Cres. *Dig* —3B **60**
Cornwall Cres. *Stoc* —3C **128**
Cornwall Dri. *Bury* —5D **36**
Cornwall Ho. *Salf*
    —4B **94** (5D **4**)
Cornwall Rd. *Cad* —4B **118**
Cornwall Rd. *Droy* —2A **98**
Cornwall Rd. *H Grn* —5F **149**
Cornwall St. *M11* —6F **97**
Cornwall St. *Ecc* —4E **91**
Cornwall St. *Oldh* —4H **71**
Cornwell Clo. *Wilm* —1G **167**
Cornwood Clo. *M8* —4B **82**
Corona Av. *Hyde* —4C **114**
Corona Av. *Oldh* —6B **72**
Coronation Av. *Duk* —1D **114**
Coronation Av. *Heyw* —6G **39**
Coronation Av. *Hyde* —6C **114**
Coronation Bldgs. *M4* —1F **95**
Coronation Gdns. *Rad* —2E **49**
Coronation Rd. *Ash L* —5G **87**
Coronation Rd. *Droy* —2H **97**
Coronation Rd. *Fail* —5E **85**
Coronation Rd. *Rad* —2E **49**
Coronation Sq. *M12*
    —5G **95** (2F **11**)
Coronation Sq. *Aud* —6D **98**
Coronation Sq. *L Lev* —4B **48**
Coronation St. *M11* —5E **97**
Coronation St. *Dent* —4C **112**
Coronation St. *Oldh* —2E **73**
Coronation St. *Pen* —2G **79**
Coronation St. *Ram* —1B **46**
    (off Gt. Moor St.)
Coronation St. *Salf* —5H **93**
Coronation St. *Stoc* —5G **127**
Coronation Vs. *Whitw* —3H **15**
Coronation Wlk. *Rad* —2E **49**
Corporation Cotts. *Part*
    —3G **119**

Corporation Rd. *Aud* —2D **112**
Corporation Rd. *Ecc* —3G **91**
Corporation Rd. *Roch* —5F **27**
Corporation St. *M4*
　　　　—3D **94** (4H **5**)
Corporation St. *Bolt* —6B **32**
Corporation St. *Hyde* —5B **114**
Corporation St. *Mid* —1A **70**
Corporation St. *Stal* —4E **101**
Corporation St. *Stoc* —1H **139**
Corporation Yd. *Redd* —1H **127**
Corporation Yd. *Stoc* —6C **126**
Corran Clo. *Ecc* —3D **90**
Corrie Clo. *Dent* —6F **113**
Corrie Cres. *Kear* —4D **64**
Corrie Dri. *Kear* —5D **64**
Corrie Dri. *Clif* —6G **65**
Corrie Way. *Bred P* —4E **129**
Corrigan St. *M18* —1G **111**
Corringham Rd. *M19* —2E **127**
Corring Way. *Bolt* —1D **32**
Corrin Rd. *Bolt* —2D **46**
Corris Av. *M9* —4C **68**
Corry St. *Heyw* —3G **39**
Corson St. *Bolt* —5F **47**
　(in two parts)
Corston Wlk. *M40* —5B **84**
Corwen Clo. *Oldh* —1H **85**
Corwen St. *M9* —3G **83**
Cosgrove Cres. *Fail* —6E **85**
Cosgrove Rd. *Fail* —6E **85**
Cosham Rd. *M22* —2D **148**
Costabeck Wlk. *M40* —1F **97**
Costobadie Clo. *Mot* —4B **116**
Costobadie Way. *Mot* —4B **116**
Cotaline Clo. *Roch* —2B **40**
Cotall Wlk. *M8* —1C **94**
Cotefield Av. *Bolt* —4B **46**
Cotefield Clo. *Marp* —6D **142**
Cotefield Rd. *M22* —3H **147**
Cote Grn. La. *Marp B* —2F **143**
Cote Grn. Rd. *Marp B* —2F **143**
Cote La. *L'boro* —3D **16**
Cote La. *Moss* —6G **75**
Cotford Rd. *Ram* —6D **18**
Cotham St. *M3* —1D **94**
Cotman Dri. *Marp B* —3G **143**
Cotswold Av. *Chad* —4G **71**
Cotswold Av. *Haz G* —4B **152**
Cotswold Av. *Shaw* —5D **42**
Cotswold Av. *Urm* —4B **104**
Cotswold Clo. *P'wch* —4G **67**
Cotswold Clo. *Ram* —5E **13**
Cotswold Cres. *Bury* —2G **35**
Cotswold Cres. *Miln* —4G **29**
Cotswold Dri. *Rytn* —4H **55**
Cotswold Dri. *Salf* —2F **93**
Cotswold Rd. *Stoc* —6F **127**
Cottage Gdns. *Bred* —6D **128**
Cottage La. *Glos* —6G **117**
Cottage Lawns. *Ald E* —4H **167**
Cottage, The. *Heyw* —3E **53**
Cottage Wlk. *Roch* —5C **14**
Cottam Cres. *Marp B* —3F **143**
Cottam Gro. *Swint* —4G **79**
Cottam St. *Bury* —2A **36**
Cottam St. *Oldh* —1B **72**
Cottenham La. *Salf* —1C **94**
Cottenham St. *M13*
　　　　—1F **109** (5D **10**)
Cotterdale Clo. *M16* —5B **108**
Cotteridge Wlk. *M11* —5B **96**
Cotterill Clo. *M23* —2C **134**
Cotter St. *M12* —6G **95** (3E **11**)
Cottesmore Dri. *M8* —3E **83**
Cottesmore Gdns. *Haleb*
　　　　—5C **146**
Cottingham Dri. *Ash L* —1A **100**
Cottingham Rd. *M12* —1A **110**
Cottonfield Rd. *M20* —3G **125**

Cotton Fold. *Roch* —5C **28**
Cotton Hill. *M20* —4G **125**
Cotton La. *M20* —3F **125**
Cotton La. *Roch* —1C **40**
Cotton St. *M4* —3F **95** (4D **6**)
Cotton St. *Bolt* —3H **31**
Cotton St. *Hyde* —4C **114**
Cotton St. E. *Ash L* —3G **99**
Cotton St. W. *Ash L* —3G **99**
Cotton Tree Clo. *Oldh* —1H **73**
Cotton Tree St. *Stoc* —2G **139**
Cottonwood Dri. *Sale* —4E **121**
Cottrell Rd. *Haleb* —6D **146**
Cottrill St. *Salf* —3H **93**
Coucill Sq. *Farn* —1G **63**
Coulsden Dri. *M9* —6F **69**
Coulthart St. *Ash L* —2H **99**
Coulthurst St. *Ram* —3D **12**
Coulton Clo. *Oldh* —1E **73**
Coulton Wlk. *Salf* —3F **93**
Councillor La. *Chea* —5B **138**
Councillor St. *M12* —4A **96**
Countess Av. *Stan G* —2A **160**
Countess Gro. *Salf* —6G **81**
Countess La. *Rad* —2D **48**
Countess Pl. *P'wch* —5G **67**
Countess Rd. *M20* —6F **125**
Countess St. *Ash L* —3B **100**
Countess St. *Stoc* —6H **139**
Counthill Dri. *M8* —1A **82**
Counthill Rd. *Oldh* —6H **57**
Counting Ho. Rd. *Dis* —2H **165**
Count St. *Roch* —6A **28**
County Av. *Ash L* —1C **100**
County Rd. *Wor* —5C **62**
County St. *M2* —4D **94** (6H **5**)
County St. *Oldh* —1A **86**
Coupland Clo. *Oldh* —3B **58**
Coupland St. *M15* —2E **109**
Coupland St. *Whitw* —1C **14**
Coupland St. E. *M15*
　　　　—1E **109** (6B **10**)
Courier St. *M18* —6G **97**
Course View. *Oldh* —6A **74**
Court Dri. *M40* —1G **97**
Courtfield Av. *M9* —5F **69**
Courthill St. *Stoc* —3A **140**
Court Ho. Way. *Heyw* —3F **39**
　(off Longford St.)
Courtney Grn. *Wilm* —5H **159**
Courtney Pl. *Bow* —4C **144**
Court St. *Bolt* —6C **32**
Court St. *Upperm* —1F **61**
Court, The. *P'wch* —5F **67**
Courtyard Dri. *Wor* —6C **62**
Courtyard, The. *Holl* —2F **117**
Cousin Fields. *Brom X* —4G **19**
Covall Wlk. *M8* —5D **82**
Covell Rd. *Poy* —2E **163**
Covent Garden. *Stoc* —2H **139**
Coventry Av. *Stoc* —4B **138**
Coventry Gro. *Chad* —6G **55**
Coventry Rd. *Rad* —2F **49**
Coventry St. *Roch* —5H **27**
Coverdale Av. *Bolt* —5E **31**
Coverdale Av. *Rytn* —2A **56**
Coverdale Clo. *Heyw* —4E **39**
Coverdale Cres. *M12*
　　　　—1H **109** (5G **11**)
Coverham Av. *Oldh* —5H **73**
Coverhill Rd. *Grot* —4D **74**
Covert Rd. *M22* —6C **136**
Covert Rd. *Oldh* —6H **73**
Cove, The. *Hale* —2H **145**
Covington Pl. *Wilm* —3E **167**
Cowan St. *M40* —3H **95** (4H **7**)
Cowburn St. *M3* —2D **94** (1H **5**)
Cowburn St. *Heyw* —4G **39**
Cowesby St. *M14* —4E **109**
Cowhill La. *Ash L* —2A **100**
Cowie St. *Shaw* —5F **43**

Cow La. *Alt* —6A **132**
Cow La. *Ash* —6H **145**
Cow La. *Bolt* —5F **45**
Cow La. *Fail* —4E **85**
Cow La. *Haz G* —1D **152**
Cow La. *Oldh* —2G **73**
Cow La. *Sale* —3E **123**
Cow La. *Salf* —4A **94** (6B **4**)
Cow La. *Wilm* —2F **167**
Cowley Gro. *Mot* —4B **116**
Cowley Rd. *Ram* —6D **18**
Cowling St. *Oldh* —5D **72**
Cowling St. *Swint* —3D **80**
Cowlishaw. *Shaw* —2E **57**
Cowlishaw La. *Shaw* —2E **57**
Cowlishaw Rd. *Hyde* —4D **130**
Cowm Pk. Way N. *Whitw*
　　　　—3G **15**
Cowm Pk. Way S. *Whitw*
　　　　—1C **14**
Cowm Top La. *Roch* —4D **40**
　(in two parts)
Cowper St. *Ash L* —2A **100**
Cowper St. *Mid* —1D **70**
Cowper Wlk. *M11* —4B **96**
Cox Grn. Rd. *Eger* —1C **18**
Coxton Rd. *M22* —4C **148**
Coxwold Gro. *Bolt* —4G **45**
Crabbe St. *M4* —2E **95** (1B **6**)
Crab La. *M9* —5D **68**
Crabtree Av. *Dis* —2H **165**
Crabtree Av. *Haleb* —6D **146**
Crabtree Ct. *Dis* —1H **165**
Crabtree La. *M11* —5F **97**
　(in two parts)
Crabtree Rd. *Oldh* —1F **73**
Crabtree St. *Bury* —2F **37**
Craddock Rd. *Sale* —1C **134**
Craddock St. *Moss* —2D **88**
Cradley Av. *M11* —5F **97**
Crag Av. *Bury* —1D **22**
Cragg Pl. *L'boro* —4F **17**
Cragg Rd. *Chad* —5F **55**
　(in two parts)
Crag La. *Bury* —1D **22**
Craig Av. *Bury* —4H **35**
Craig Av. *Urm* —4C **104**
Craig Clo. *Stoc* —2D **138**
Craigend Dri. *M9* —4G **83**
Craig Hall. *Irl* —2D **118**
Craighall Av. *M19* —1B **126**
Craighall Rd. *Bolt* —5C **18**
Craigie St. *M8* —6B **82**
Craiglands. *Roch* —3H **41**
Craiglands Av. *M40* —5A **84**
Craigmore Av. *M20* —5B **124**
Craignair Ct. *Pen* —4A **80**
Craig Rd. *M18* —3E **111**
Craig Rd. *Stoc* —2B **138**
Craig Wlk. *Oldh* —4C **72**
Craigweil Av. *M20* —6G **125**
Craigwell Rd. *P'wch* —1A **82**
Craigwell Wlk. *M13*
　　　　—6F **95** (4C **10**)
Crail Pl. *Heyw* —4B **38**
Cramer St. *M40* —6H **83**
Crammond Clo. *M40* —5D **84**
Cramond Clo. *Bolt* —4H **31**
Cramond Wlk. *Bolt* —4H **31**
Crampton Dri. *Haleb* —5C **146**
Crampton La. *Car* —2G **119**
　(in three parts)
Cranage Av. *Hand* —2H **159**
Cranage Rd. *M19* —1D **126**
Cranark Clo. *Bolt* —6E **31**
Cranberry Clo. *B'hth* —3D **132**
Cranberry Rd. *Part* —6D **118**
Cranberry St. *Oldh* —3F **73**
Cranbourne Av. *Chea H*
　　　　—3D **150**
Cranbourne Clo. *Ash L* —1G **99**

Cranbourne Ct. *Stoc* —5D **126**
Cranbourne Rd. *Ash L* —1G **99**
Cranbourne Rd. *Chor H*
　　　　—1H **123**
Cranbourne Rd. *Old T* —3A **108**
Cranbourne Rd. *Roch* —5A **26**
Cranbourne Rd. *Stoc* —5D **126**
Cranbourne St. *Salf*
　　　　—4A **94** (6A **4**)
Cranbourne Ter. *Ash L* —6F **87**
Cranbrook Clo. *Bolt* —4B **32**
　(off Lindfield Dri.)
Cranbrook Dri. *P'wch* —1G **81**
Cranbrook Gdns. *Ash L*
　　　　—1H **99**
Cranbrook Pl. *Oldh* —3G **73**
Cranbrook Rd. *M18* —4G **111**
Cranbrook Rd. *Ecc* —1C **90**
Cranbrook St. *Ash L* —1H **99**
Cranbrook St. *Oldh* —3F **73**
Cranbrook St. *Rad* —2A **50**
Cranbrook Wlk. *Chad* —3G **71**
Crandon Ct. *Clif* —1G **79**
Crandon Dri. *M20* —3G **137**
Cranes Bill Clo. *M22* —4A **148**
Crane St. *M12* —5G **95** (2F **11**)
Crane St. *Bolt* —4F **45**
Cranfield Wlk. *M40* —3A **96**
Cranford Av. *M20* —5H **125**
Cranford Av. *Sale* —3C **122**
Cranford Av. *Stret* —4F **107**
Cranford Av. *W'fld* —5C **50**
Cranford Clo. *Swint* —5H **79**
Cranford Clo. *W'fld* —5C **50**
Cranford Dri. *Irl* —4D **102**
Cranford Gdns. *Marp* —4D **142**
Cranford Gdns. *Urm* —4A **104**
Cranford Rd. *Urm* —4A **104**
Cranford Rd. *Wilm* —6E **159**
Cranford St. *Bolt* —5G **45**
Cranham Clo. *Bury* —2H **35**
Cranham Clo. *L Hul* —3C **62**
Cranham Rd. *M22* —3G **148**
Cranleigh Av. *Stoc* —5B **126**
Cranleigh Clo. *Oldh* —6A **58**
Cranleigh Dri. *Brook* —2C **134**
Cranleigh Dri. *Chea* —5B **138**
Cranleigh Dri. *Haz G* —5G **153**
Cranleigh Dri. *Sale* —4A **122**
Cranleigh Dri. *Wor* —3G **77**
Cranlington Dri. *M8* —5B **82**
Cranmer Ct. *Heyw* —4B **39**
Cranmere Av. *M19* —5E **111**
Cranmere Dri. *Sale* —1F **133**
Cranmer Rd. *M20* —5F **125**
Cranston Dri. *M20* —3F **137**
Cranston Dri. *Sale* —6E **123**
Cranston Gro. *Gat* —6D **136**
Cranswick St. *M14* —4E **109**
Crantock Dri. *H Grn* —5G **149**
Crantock Dri. *Stal* —2H **101**
Crantock St. *M12* —4D **110**
Cranwell Dri. *M19* —5A **126**
Cranworth Av. *Stal* —4F **101**
Craston Rd. *M13* —5A **110**
Crathie Ct. *Bolt* —4F **31**
Craven Av. *Salf* —5H **93**
Craven Clo. *Salf* —5H **93**
Craven Dri. *B'hth* —3E **133**
Craven Dri. *Salf* —1G **107**
Craven Gdns. *Roch* —6G **27**
Cravenhurst Av. *M40* —1D **96**
Craven Pl. *M11* —3E **97**
Craven Pl. *Bolt* —3C **30**
Craven Rd. *B'hth* —4E **133**
　(in two parts)
Craven Rd. *Stoc* —3H **127**
Craven Rd. *Ash L* —5H **87**
Craven St. *Bury* —2F **37**
Craven St. *Droy* —4A **98**
Craven St. *Oldh* —6C **56**

Craven St. *Salf* —5D **80**
(Charlestown)
Craven St. *Salf* —4A **94** (6B **4**)
(Salford)
Craven Ter. *Sale* —5C **122**
Cravenwood Rd. *M8* —3C **82**
Crawford Av. *Bolt* —1D **46**
Crawford Av. *Wor* —3H **77**
Crawford Sq. *Heyw* —4C **38**
Crawford St. *M40* —6C **84**
Crawford St. *Ash L* —3B **100**
Crawford St. *Bolt* —1D **46**
Crawford St. *Ecc* —2F **91**
Crawford St. *Roch* —4C **28**
Crawley Av. *M22* —2B **148**
Crawley Av. *Ecc* —2A **92**
Crawley Gro. *Stoc* —4B **140**
Crawley Ter. *M9* —4C **68**
Crawley Way. *Chad* —3G **71**
Craydon St. *Open* —5D **96**
Crayfield Rd. *M19* —1D **126**
Crayford Rd. *M40* —1D **96**
Cray, The. *Miln* —5E **29**
(in two parts)
Cray Wlk. *M13* —6F **95** (4C **10**)
Creaton Way. *Mid* —3E **53**
Creden Av. *M22* —2D **148**
Crediton Clo. *M15* —2D **108**
Crediton Clo. *Alt* —5D **132**
Crediton Dri. *Bolt* —6A **34**
Crediton Ho. Salf —2A 92
(off Devon Clo.)
Creel Clo. *M9* —5D **68**
Cresbury St. *M12*
—5H **95** (3G **11**)
Crescent. *Salf* —3H **93**
Crescent Av. *M8* —3C **82**
Crescent Av. *Bolt* —5H **31**
Crescent Av. *Farn* —3E **63**
Crescent Av. *Pen* —3A **80**
Crescent Av. *P'wch* —1F **81**
Crescent Clo. *Duk* —4A **100**
Crescent Clo. *Stoc* —6H **139**
Crescent Ct. *M21* —6F **107**
Crescent Ct. *Sale* —6B **122**
Crescent Dri. *L Hul* —4D **62**
Crescent Gro. *M19* —6C **110**
Crescent Gro. *Chea* —5G **137**
Crescent Gro. *P'wch* —1F **81**
Crescent Pk. *Stoc* —1D **138**
Crescent Range. *M14* —4G **109**
Crescent Rd. *M8* —3B **82**
Crescent Rd. *Ald E* —4H **167**
(in two parts)
Crescent Rd. *Alt* —5C **132**
Crescent Rd. *Bolt* —3C **46**
Crescent Rd. *Chad* —1E **85**
Crescent Rd. *Chea* —5G **137**
Crescent Rd. *Duk* —4A **100**
Crescent Rd. *Hale* —3G **145**
Crescent Rd. *Kear* —3H **63**
Crescent Rd. *Roch* —1B **40**
Crescent Rd. *Stoc* —6B **128**
Crescent St. *M8* —3E **83**
Crescent, The. *M19* —6C **110**
Crescent, The. *Alt* —6C **132**
Crescent, The. *Bolt* —1H **33**
Crescent, The. *Bred* —5D **128**
Crescent, The. *Brom X* —4E **19**
Crescent, The. *Chea* —5H **137**
Crescent, The. *Droy* —4H **97**
Crescent, The. *Duk* —5A **100**
Crescent, The. *Irl* —4F **103**
Crescent, The. *L Lev* —5B **48**
Crescent, The. *Mid* —1G **69**
Crescent, The. *Moss* —2D **88**
Crescent, The. *P'wch* —5F **67**
Crescent, The. *Rad* —2D **48**
Crescent, The. *Shaw* —1E **57**
Crescent, The. *Tim* —4H **133**

Crescent, The. *Urm* —5B **104**
Crescent, The. *Whitw* —1C **14**
Crescent, The. *Wor* —6A **78**
Crescent View. Duk —4A 100
(off Astley St.)
Crescent Way. *Stoc* —6A **140**
Cresgarth Ho. *Stoc* —1A **152**
Cressfield Way. *M21* —2B **124**
Cressingham Rd. *Bolt* —3E **45**
Cressingham Rd. *Stret*
—5B **106**
Cressington Clo. *Salf* —3E **93**
Cresswell Gro. *M20* —4E **125**
Crestfield. *Wor* —5C **62**
Crestfold. *L Hul* —5C **62**
Crest Lodge. *Bram* —3H **151**
Crest St. *M3* —2E **95** (1H **5**)
Crest, The. *Droy* —6A **98**
Crestwood Wlk. *M40* —5E **83**
Crete St. *Oldh* —5D **72**
Crewe Rd. *M23* —3E **135**
Crib Fold. *Dob* —5A **60**
Crib La. *Dob* —5A **60**
Criccieth Rd. *Stoc* —4C **138**
Criccieth Way. *M16* —3D **108**
Cricketfield La. *Wor* —6E **63**
Crickets La. *Ash L* —2A **100**
(in two parts)
Cricket St. *Bolt* —2H **45**
Cricket St. *Dent* —3G **113**
Cricket View. *Miln* —6F **29**
Cricklewood Rd. *M22* —3A **148**
Crimble La. *Roch & Heyw*
—6A **26**
Crimbles St. *Oldh* —1A **74**
(in two parts)
Crimble St. *Roch* —4F **27**
Crime La. *Fail & Oldh* —4B **86**
Crime View Cotts. *Fail* —4B **86**
Crimsworth Av. *M16* —5H **107**
Crinan Sq. *Heyw* —4B **38**
Crinan Wlk. *M40*
—2H **95** (1G **7**)
Crinan Way. *Bolt* —1H **47**
Cringlebarrow Clo. *Wor* —6C **76**
Cringle Clo. *Bolt* —3C **44**
Cringle Dri. *Chea* —2G **149**
Cringleford Wlk. *M12* —2A **110**
Cringle Hall Rd. *M19* —1B **126**
Cringle Rd. *M19* —2D **126**
Cripple Ga. La. *Roch* —4E **41**
Crispin Rd. *M22* —5C **148**
Critchley Clo. *Hyde* —6D **114**
Criterion St. *Stoc* —5H **111**
Croal St. *Ram* —1H **45**
Croal Wlk. *W'fld* —6F **51**
Croasdale Dri. *Rytn* —2C **56**
Croasdale St. *Bolt* —4B **32**
(in two parts)
Crocker Wlk. *M9* —4G **83**
Crocus Dri. *Rytn* —2E **57**
Crocus St. *Bolt* —1B **32**
Crocus Wlk. Salf —5H 81
(off Hilton St. N.)
Croftacres. *Ram* —3A **12**
Croft Av. *P'wch* —1B **68**
Croft Bank. *M18* —2G **111**
Croft Bank. *Millb* —1H **101**
Croft Bank. *Salf* —6G **81**
Croft Bank. *Whitw* —3H **15**
Croft Brow. *Oldh* —1C **86**
Croft Clo. *Haleb* —1C **156**
Croft Dri. *Tot* —5G **21**
Crofters Brook. *Rad* —3A **50**
Crofters Grn. *Wilm* —3C **166**
Crofters Hall Wlk. *M40* —4B **84**
Crofters, The. *Sale* —6F **123**
Crofters Wlk. *Bolt* —5G **19**
Croft Ga. *Bolt* —1G **33**
Croft Gates Rd. *Mid* —2F **69**
Croft Gro. *L Hul* —4B **62**

Crofthead. *L'boro* —2F **17**
Croft Head Dri. *Miln* —4F **29**
Crofthill Ct. *Roch* —5B **16**
Croft Hill Rd. *M40* —2A **84**
Croft Ind. Est. *Bury* —2E **51**
Croftlands. *Ram* —6C **12**
Croftlands Rd. *M22* —1C **148**
Croft La. *Bolt* —2D **46**
Croft La. *Bury* —2E **51**
Croft La. *Rad* —3A **50**
Croftleigh Clo. *W'fld* —5C **50**
Crofton Av. *Tim* —2A **134**
Crofton St. *M14* —4F **109**
Crofton St. *Oldh* —6C **72**
(in two parts)
Crofton St. *Old T* —3B **108**
Croft Rd. *Chea H* —2D **150**
Croft Rd. *Sale* —1D **134**
Croft Rd. *Wilm* —5B **166**
Crofts Bank Rd. *Urm* —3E **105**
Croft Side. *Bolt* —2G **47**
Croftside Av. *Wor* —6G **63**
Croftside Clo. *Wor* —6G **63**
Croftside Gro. *Wor* —6G **63**
Croft Sq. *Roch* —6A **16**
Croft St. *M11* —3D **96**
Croft St. *Bolt* —3D **46**
Croft St. *Bury* —3E **37**
Croft St. *Fail* —2G **85**
Croft St. *Hyde* —5A **114**
Croft St. *L Hul* —4B **62**
Croft St. *Moss* —3E **89**
Croft St. *Roch* —6A **16**
Croft St. *Salf* —6G **81**
Croft St. *Stal* —3F **101**
Croft, The. *Bury* —1E **51**
Croft, The. *Had* —1H **117**
Croft, The. *Oldh* —1C **86**
Croft, The. *Stoc* —5B **140**
Cromar Rd. *Haz G* —2F **153**
Cromarty Av. *Chad* —6F **71**
Cromarty Sq. *Heyw* —4C **38**
Cromarty Wlk. *M11* —4B **96**
Crombie Av. *M22* —4B **136**
Crombouke Fold. *Wor* —4D **76**
Cromdale Av. *Bolt* —5F **31**
Cromdale Av. *Haz G* —2F **153**
Cromer Av. *M20* —3F **125**
Cromer Av. *Bolt* —4E **33**
Cromer Av. *Dent* —4A **112**
Cromer Ind. Est. *Mid* —6B **54**
Cromer Rd. *Bury* —6C **22**
(in two parts)
Cromer Rd. *Chea* —5A **138**
Cromer Rd. *Sale* —6C **122**
Cromer St. *M11* —4F **97**
Cromer St. *Mid* —6B **54**
Cromer St. *Roch* —3G **27**
Cromer St. *Stoc* —1B **140**
Cromford Av. *Stret* —4B **106**
Cromford Bank. Glos —5F 117
(off Grassmoor Cres.)
Cromford Clo. *Bolt* —4A **32**
Cromford Clo. Glos —5F 117
(off Grassmoor Cres.)
Cromford Ct. M4 —3E 95 (4A 6)
(off Arndale Shopping Cen.)
Cromford Courts. *M4*
—3E **95** (4A **6**)
Cromford Fold. Glos —5F 117
(off Grassmoor Cres.)
Cromford Gdns. *Bolt* —3B **32**
Cromford Grn. Glos —5F 117
(off Grassmoor Cres.)
Cromford Glos. Glos —5F 117
(off Grassmoor Cres.)
Cromford Lea. *Glos* —5F **117**
Cromford Pl. Glos —5F 117
(off Grassmoor Cres.)
Cromford St. *Oldh* —1E **73**
Cromford Way. *Glos* —5F **117**

Cromhall Wlk. *M8* —5C **82**
Cromhurst St. *M8* —2C **82**
Cromley Dri. *H Lane* —1C **164**
Cromley Rd. *H Lane* —6C **154**
Cromley Rd. *Stoc* —2A **152**
Crompton Av. *Bolt* —5G **33**
Crompton Av. *Roch* —2H **41**
Crompton Circuit. *Oldh* —1B **58**
Crompton Clo. *Bolt* —1C **32**
Crompton Clo. *Marp* —4D **142**
Crompton Clo. *Rad* —1H **65**
Crompton Ho. *Swint* —3E **79**
Crompton Pl. *Rad* —4H **49**
Crompton Rd. *M19* —1C **126**
Crompton Rd. *Rad* —1A **64**
Cromptons St. *Rytn* —4C **56**
Crompton St. *Ash L* —1C **100**
Crompton St. *Bury* —3C **36**
Crompton St. *Chad* —2A **72**
Crompton St. *Farn* —2G **63**
Crompton St. *L Hul* —4A **62**
Crompton St. *Oldh* —1C **72**
Crompton St. *Ram* —5C **32**
Crompton St. *Shaw* —4C **56**
(Royton)
Crompton St. *Shaw* —6F **43**
(Shaw)
Crompton St. *Swint* —3E **79**
Crompton St. *Wor* —1H **77**
Crompton Vale. *Bolt* —5F **33**
Crompton Way. *Bolt* —1B **32**
Crompton Way. *Shaw* —1F **57**
Cromwell Av. *M16* —5A **108**
Cromwell Av. *Gat* —5E **137**
Cromwell Av. *Marp* —4B **142**
Cromwell Ct. *Irl* —2C **118**
Cromwell Ct. *Oldh* —3D **72**
Cromwell Ct. *Salf* —1H **93**
Cromwell Gro. *M19* —6D **110**
Cromwell Gro. *Salf* —6G **81**
Cromwell Range. *M14* —5H **109**
Cromwell Rd. *Bram* —1F **161**
Cromwell Rd. *Bred P* —3D **128**
Cromwell Rd. *Ecc* —3E **91**
Cromwell Rd. *Irl* —2C **118**
Cromwell Rd. *P'wch* —5G **67**
Cromwell Rd. *Rytn* —1A **56**
Cromwell Rd. *Salf* —1G **93**
Cromwell Rd. *Stret* —6E **107**
Cromwell Rd. *Swint* —2E **79**
Cromwell Rd. *W'fld* —5B **50**
Cromwell St. *Heyw* —4F **39**
Cromwell St. *Oldh* —3D **72**
Cromwell St. *Ram* —6A **32**
Cromwell St. *Stoc* —6F **127**
Crondale Wlk. M13
—1G **109** (6E **11**)
(off Watkin Clo.)
Crondall St. *M14* —4E **109**
Cronefield Wlk. *M16* —4D **108**
Cronkeyshaw Rd. *Roch* —2G **27**
Cronshaw St. *M19* —1D **126**
Crookhill Dri. *M8* —4B **82**
Crookhilley Way. *Stoc* —6A **128**
Crook St. *Bolt* —1B **46**
Crook St. *Hyde* —5B **114**
Crook St. *Rad* —4H **49**
Crook St. *Roch* —3A **28**
Croom Wlk. *M40*
—2H **95** (3G **7**)
Crosby Av. *Wor* —1H **77**
Crosby Ho. Ram —5B 32
(off Haydock St.)
Crosby Rd. *M40* —6C **84**
Crosby Rd. *Bolt* —5F **31**
Crosby Rd. *Rad* —6E **35**
Crosby St. *Salf* —6B **80**
Crosby St. *Roch* —1H **27**
Crosby St. *Stoc* —4H **139**
Crosfield Av. *S'seat* —1C **13**
Crosfield Gro. *M18* —2F **111**

Curzon Rd. *Ash L* —1B **100**
Curzon Rd. *Bolt* —6G **31**
Curzon Rd. *H Grn* —6F **149**
Curzon Rd. *Poy* —5E **163**
Curzon Rd. *Roch* —3F **41**
Curzon Rd. *Sale* —4B **122**
Curzon Rd. *Salf* —4H **81**
Curzon Rd. *Stoc* —4D **140**
Curzon Rd. *Stret* —4A **106**
Curzon St. *Moss* —2E **89**
Curzon St. *Oldh* —2D **72**
Cutgate Clo. *M23* —2E **135**
Cutgate Rd. *Roch* —2D **26**
Cutgate Shopping Precinct.
    Roch —3D **26**
Cuthbert Av. *M19* —5D **110**
Cuthbert Mayne Ct. *Roch*
    —5G **27**
Cuthbert Rd. *Chea* —5A **138**
Cuthbert St. *Bolt* —5F **45**
Cuthill Wlk. *M40* —1F **97**
Cutland St. *M40* —5A **84**
Cut La. *Roch* —2B **26**
Cutler Hill Rd. *Fail* —4H **85**
Cutler St. *Chad* —2A **72**
Cutnook La. *Irl* —2D **102**
Cutter Clo. *Salf* —5G **93**
Cycle St. *M11* —5D **96**
Cyclone St. *M11* —5B **96**
Cygnus Av. *Salf* —2A **94** (1B **4**)
Cymbal Ct. *Stoc* —6H **127**
Cynthia Dri. *Marp* —6D **142**
Cypress Av. *Chad* —1H **71**
Cypress Clo. *Stoc* —3E **139**
Cypress Gdns. *Firg* —4D **28**
Cypress Gro. *Dent* —4G **113**
Cypress Gro. *Kear* —2H **63**
Cypress Rd. *Droy* —2A **98**
Cypress Rd. *Ecc* —1C **90**
Cypress Rd. *Oldh* —1H **73**
Cypress St. *M9* —4F **83**
Cypress St. *Mid* —2C **70**
Cypress Wlk. *Sale* —3E **121**
Cypress Way. *H Lane* —6E **155**
Cyprus Clo. *Oldh* —3H **73**
Cyprus Clo. *Salf* —4F **93**
Cyprus St. *Stret* —6D **106**
Cyril St. *M14* —4F **109**
Cyril St. *Bolt* —2C **46**
Cyril St. *Shaw* —6G **43**
Cyrus St. *M40* —3H **95** (4H **7**)

Daccamill Dri. *Swint* —4F **79**
Dacre Av. *M16* —5H **107**
Dacre Clo. *Mid* —6D **52**
Dacre Rd. *Roch* —1F **41**
Dacres Av. *G'fld* —5H **75**
Dacres Dri. *G'fld* —5H **75**
Dacres Rd. *G'fld* —5H **75**
Daffodil Clo. *Roch* —6E **15**
Daffodil Rd. *Farn* —6C **46**
Daffodil St. *Ram* —6D **18**
Dagenham Rd. *M14* —3G **109**
Dagmar St. *Wor* —5E **63**
Dagnall Av. *M21* —2H **123**
Dahlia Clo. *Roch* —6D **14**
Daimler St. *M8* —5C **82**
Dain Clo. *Duk* —5C **100**
Daine Av. *M23* —2H **135**
Dainton St. *M12*
    —5H **95** (3H **11**)
Daintry Clo. *M15*
    —1D **108** (5G **9**)
Daintry Rd. *Oldh* —2A **72**
Dairybrook Gro. *Wilm* —6A **160**
Dairyground Rd. *Bram* —6G **151**
Dairyhouse La. *Dun M* —5C **132**
Dairy Ho. La. *Woodf* —4C **160**
Dairy St. *Chad* —2H **71**
Daisey St. *Stoc* —4H **139**

Daisy Av. *M13* —3A **110**
Daisy Av. *Farn* —6C **46**
Daisy Bank. *M40* —6C **84**
Daisy Bank. *Hyde* —1A **130**
Daisy Bank Av. *Pen & Salf*
    —5A **80**
Daisybank La. *H Grn* —4E **149**
Daisy Bank Rd. *M14* —3H **109**
Daisyfield Clo. *M22* —4A **148**
Daisyfield Ct. *Bury* —4A **36**
Daisyfield Wlk. *Wor* —6F **63**
Daisy Hill Clo. *Sale* —5E **123**
Daisy Hill Ct. *Oldh* —1A **74**
    (off Howard St.)
Daisy Hill Rd. *Moss* —2F **89**
Daisy M. *Stoc* —1F **151**
Daisy Row. *L'boro* —6D **16**
Daisy St. *Bolt* —3G **45**
Daisy St. *Bury* —3A **36**
Daisy St. *Chad* —1G **71**
Daisy St. *Oldh* —2B **72**
Daisy St. *Roch* —3G **27**
Daisy Way. *H Lane* —6D **154**
Dakerwood Clo. *M40* —6C **84**
Dakota Av. *Salf* —5E **93**
Dalbeattie St. *M9* —2G **83**
Dalberg St. *M12*
    —6H **95** (4G **11**)
Dalbury Dri. *M40* —6E **83**
Dalby Av. *Swint* —4E **79**
Dalby Gro. *Stoc* —2A **140**
Dale Av. *Bram* —5H **151**
Dale Av. *Ecc* —2E **91**
Dale Av. *Moss* —6G **75**
Dale Bank M. *Clif* —4D **64**
Dalebeck Clo. *W'fld* —1G **67**
Dalebeck Wlk. *W'fld* —1G **67**
Dalebrook Av. *Duk* —1B **114**
Dalebrook Clo. *L Lev* —3A **48**
Dalebrook Rd. *Sale* —1C **134**
Dale Ct. *Dent* —5F **113**
Dale End. *Oldh* —1E **87**
Dale Gro. *Tim* —4H **133**
Dalefields St. *M13*
    —6F **95** (4E **11**)
Dalegarth Av. *Bolt* —6A **30**
Dale Gro. *Ash L* —6E **87**
Dale Gro. *Tim* —4H **133**
Dalehead Clo. *M18* —1H **111**
Dalehead Dri. *Shaw* —6H **43**
Dale Ho. *Mid* —6B **54**
Dale Ho. *Shaw* —1F **57**
Dale Ho. Fold. *Poy* —3G **163**
Dale La. *Del* —2H **59**
Dale Rd. *Marp* —5B **142**
Dale Rd. *Mid* —6B **54**
Dales Av. *M8* —1B **82**
Dales Av. *W'fld* —6B **50**
Dales Brow. *Bolt* —5D **18**
Dales Brow. *Swint* —5D **78**
Dales Brow Av. *Ash L* —6F **87**
Dalesfield Cres. *Moss* —2G **89**
Dales Gro. *Wor* —2H **77**
Dales La. *W'fld* —6C **50**
Dalesman Dri. *Oldh* —4H **57**
Dalesman Wlk. *M15*
    —1E **109** (5A **10**)
    (off Wilmott St.)
Dales Pk. Dri. *Swint* —5D **78**
Dale Sq. *Rytn* —3D **56**
Dale St. *M1* —4F **95** (5B **6**)
    (in two parts)
Dale St. *Ash L* —5C **88**
Dale St. *B'hth* —4F **133**
Dale St. *Bury* —1A **36**
Dale St. *Kear* —6G **47**
Dale St. *Mid* —2B **70**
Dale St. *Miln* —5F **29**
Dale St. *Rad* —5G **49**
Dale St. *Ram* —1E **13**

Dale St. *Roch* —4C **28**
Dale St. *Shaw* —1F **57**
Dale St. *Stal* —4D **100**
Dale St. *Stoc* —5F **139**
Dale St. *Swint* —5B **79**
Dale St. *W'fld* —6C **50**
Dale St. Ind. Est. *Rad* —5G **49**
Dale St. W. *Ash L* —3G **99**
Daleswood Av. *W'fld* —6B **50**
Dale View. *Dent* —2G **129**
Dale View. *Hyde* —1B **130**
Dale View. *L'boro* —1F **29**
Dalham Av. *M9* —1A **84**
Dalkeith Av. *Stoc* —2H **127**
Dalkeith Gro. *Bolt* —2D **44**
Dalkeith Rd. *Stoc* —2H **127**
Dalkeith Sq. *Heyw* —4C **38**
Dallas Ct. *Salf* —5E **93**
Dalley Av. *Salf* —1B **94**
Dallimore Rd. *Rnd I* —5E **133**
Dalmahoy Rd. *M40* —3C **84**
Dalmain Clo. *M8* —5B **82**
Dalmain Wlk. *M8* —5B **82**
Dalmeny Ter. *Roch* —1F **41**
Dalmorton Rd. *M21* —1B **124**
Dalny St. *M19* —6D **110**
Dalry Wlk. *M23* —5G **135**
Dalston Av. *Fail* —3H **85**
Dalston Dri. *M20* —1F **137**
Dalston Dri. *Bram* —2E **161**
Dalston Gdns. *Bolt* —3A **32**
    (off Gladstone St.)
Dalton Av. *M14* —5E **109**
Dalton Av. *Clif* —6A **66**
Dalton Av. *Roch* —4D **28**
Dalton Av. *Stret* —3H **105**
Dalton Av. *W'fld* —2E **67**
Dalton Clo. *Ram* —5C **12**
Dalton Clo. *Roch* —4D **28**
Dalton Ct. *M40* —1F **95**
Dalton Dri. *Pen* —4B **80**
Dalton Gdns. *Urm* —4D **104**
Dalton Gro. *Stoc* —5E **127**
Dalton Rd. *M9* —4F **69**
Dalton Rd. *Mid* —2D **68**
Dalton St. *M4 & M40* —1F **95**
Dalton St. *Bury* —3A **36**
    (in two parts)
Dalton St. *Chad* —2H **71**
Dalton St. *Ecc* —2F **91**
Dalton St. *Fail* —3E **85**
Dalton St. *Oldh* —2F **73**
Dalton St. *Sale* —3C **122**
Daltrey St. *Oldh* —1E **73**
Dalveen Av. *Urm* —3E **105**
Dalveen Dri. *Tim* —4H **133**
Dalymount Clo. *Bolt* —3D **32**
Damask Av. *Salf* —3B **94** (3C **4**)
Dame Hollow. *H Grn* —6H **149**
Damery Ct. *Bram* —5G **151**
Damery Rd. *Bram* —5G **151**
Dame St. *Oldh* —1B **72**
Dam Head Dri. *M9* —6G **69**
Damien St. *M12* —5C **110**
Damside. *Had* —1H **117**
Damson Wlk. *Part* —6B **118**
Dan Bank. *Marp* —5A **142**
Danbury Wlk. *M23* —3D **134**
Danby Clo. *Hyde* —3D **114**
Danby Ct. *Oldh* —1C **72**
Danby Pl. *Hyde* —3D **114**
Danby Rd. *Bolt* —4A **46**
Danby Rd. *Hyde* —3D **114**
Danby Wlk. *M9* —2G **83**
    (off Polworth Rd.)
Dane Av. *Part* —5D **118**
Dane Av. *Stoc* —3C **138**
Danebank. *Dent* —5B **112**
Dane Bank Dri. *Dis* —1H **165**
Danebank Wlk. *M13*
    —6F **95** (4D **10**)

Danebridge Clo. *Farn* —1G **63**
Dane Clo. *Bram* —2F **151**
Danecroft Clo. *M13* —1H **109**
Dane Dri. *Wilm* —3G **167**
Danefield Ct. *H Grn* —5H **149**
Danefield Rd. *Sale* —3C **122**
Dane Hill Clo. *Dis* —2H **165**
Daneholme Rd. *M19* —4A **126**
Dane M. *Sale* —3B **122**
Dane Rd. *Dent* —5A **112**
Dane Rd. *Sale* —3B **122**
Dane Rd. Ind. Est. *Sale*
    —3C **122**
DANE ROAD STATION. *M*
    —3C **122**
Danesbury Rise. *Chea* —6H **137**
Danesbury Rd. *Bolt* —1D **32**
Daneshill. *P'wch* —3F **67**
Danesmoor Dri. *Bury* —1F **37**
Danesmoor Rd. *M20* —4E **125**
Danes Rd. *M14* —5H **109**
Danes, The. *M8* —2B **82**
Dane St. *M11* —6G **97**
Dane St. *Moss* —6F **75**
Dane St. *Oldh* —2G **73**
Dane St. *Roch* —4G **27**
Danesway. *Pen* —4A **80**
Danesway. *P'wch* —1H **81**
Daneswood Av. *M9* —5H **69**
Daneswood Av. *Whitw* —1C **14**
Daneswood Clo. *Whitw* —1B **14**
Danett Clo. *M12* —1D **110**
Dane Wlk. *Stoc* —4H **127**
Danforth Gro. *M19* —1D **126**
Daniel Adamson Av. *Part*
    —6B **118**
Daniel Adamson Rd. *Salf*
    —4D **92**
Daniel Fold. *Roch* —1D **26**
Daniel's La. *Stoc* —1G **139**
Daniel St. *Haz G* —3E **153**
Daniel St. *Heyw* —3D **38**
Daniel St. *Oldh* —1F **73**
Daniel St. *Rytn* —4E **57**
Daniel St. *Whitw* —3H **15**
Danisher La. *Oldh* —3D **86**
Dannywood Clo. *Hyde* —1A **130**
Danson St. *M40* —2A **96**
Dantall Av. *M9* —6A **70**
Dante Clo. *Ecc* —1A **92**
Danty St. *Duk* —4H **99**
Dantzic St. *M4* —3E **95** (4A **6**)
Danwood Clo. *Dent* —5H **113**
Dapple Gro. *M11* —5C **96**
Darbishire St. *Bolt* —4C **32**
Darby Rd. *Irl* —3E **119**
Darbyshire Clo. *Bolt* —5G **31**
Darbyshire Ho. *Tim* —4C **134**
Darbyshire St. *Rad* —4G **49**
Darbyshire Wlk. *Rad* —4H **49**
Darcy Wlk. *M14* —3E **109**
Darden Clo. *Stoc* —6A **126**
Darell Wlk. *M8* —5D **82**
Darenth Clo. *M15*
    —1D **108** (6G **9**)
Daresbury. *Urm* —3H **103**
Daresbury Av. *Alt* —6G **133**
Daresbury Av. *Urm* —3H **103**
Daresbury Clo. *Sale* —6F **123**
Daresbury Clo. *Stoc* —6F **139**
Daresbury Rd. *M21* —6F **107**
Daresbury St. *M8* —3C **82**
Darfield Wlk. *M40*
    —2H **95** (2G **7**)
Dargai St. *M11* —4F **97**
Dargle Rd. *Sale* —3B **122**
Darian Av. *M22* —5B **148**
Dark La. *M12* —5H **95** (2G **11**)
Dark La. *Alt* —2A **132**

Delamere St. *Bury* —6G **23**
Delamere St. *Oldh* —4F **73**
Delamer Rd. *Bow* —2E **145**
Delaunays Rd. *M8 & M9*
　　　　　—2C **82**
Delaunays Rd. *Sale* —5H **121**
Delaware Mik. *M9* —4F **83**
Delbooth Av. *Urm* —3A **104**
Delft Wlk. *Salf* —6E **81**
Delfur Rd. *Bram* —6H **151**
Delhi Rd. *Irl* —1D **118**
Dellar St. *Roch* —2E **27**
Dell Av. *Pen* —4B **80**
Dell Clo. *Spring* —4B **74**
Dellcot Clo. *P'wch* —1H **81**
Dellcot Clo. *Salf* —6H **79**
Dellcot La. *Wor* —6H **77**
Dell Gdns. *Roch* —1D **26**
Dellhide Clo. *Spring* —3C **74**
Dell Meadow. *Whitw* —4C **14**
Dell Rd. *Roch* —6B **14**
Dell Side. *Bred* —6E **129**
Dellside Gro. *Wor* —6G **63**
Dell Side Way. *Roch* —1E **27**
Dell St. *Bolt* —6G **19**
Dell, The. *Bolt* —6G **19**
Delph Av. *Eger* —1B **18**
Delph Brook Way. *Eger* —1B **18**
Delph Hill Clo. *Bolt* —3C **30**
Delphi Av. *Wor* —1F **77**
Delph La. *Bolt* —4C **34**
Delph La. *Del* —2H **59**
Delph New Rd. *Del* —4G **59**
Delph St. *Bolt* —2H **45**
Delph St. *Miln* —5F **29**
Delside Av. *M40* —3A **84**
Delta Clo. *Rytn* —5A **56**
Delta Rd. *Aud* —6E **99**
Delta Wlk. *M40* —4A **84**
Delvino St. *M15* —2D **108**
Delvino Wlk. *M14* —3E **109**
Delwood Gdns. *M22* —2B **148**
De Massey Clo. *Woodl*
　　　　　—3H **129**
Demesne Clo. *Stal* —4G **101**
Demesne Cres. *Stal* —4G **101**
Demesne Dri. *St P* —3G **101**
Demesne Rd. *M16* —5C **108**
Demmings Ind. Est. *Dem I*
　　　　　—6B **138**
Demmings Rd. *Dem I* —6B **138**
Demmings, The. *Chea* —6B **138**
Dempsey Dri. *Bury* —5F **51**
Denbigh Clo. *Haz G* —5C **152**
Denbigh Dri. *Shaw* —1D **56**
Denbigh Pl. *Salf* —3G **93**
(in two parts)
Denbigh Rd. *Bolt* —2D **46**
Denbigh Rd. *Clif* —1G **79**
Denbigh Rd. *Dent* —6F **113**
Denbigh St. *Moss* —3F **89**
Denbigh St. *Oldh* —6D **72**
Denbigh St. *Stoc* —6F **127**
Denbigh Wlk. *M15* —2C **108**
Denbury Dri. *Alt* —6D **132**
Denbury Grn. *Haz G* —4A **152**
Denbury Wlk. M9 —5E 83
(off Westmere Dri.)
Denbydale Way. *Rytn* —3A **56**
(in two parts)
Denby La. *Stoc* —5F **127**
Denby Rd. *Duk* —6A **100**
Dencombe St. *M13* —3B **110**
Dene Av. *Bury* —5C **22**
Dene Bank. *Bolt* —6G **19**
Dene Brow. *Dent* —1H **129**
Dene Ct. *Stoc* —1E **139**
Dene Dri. *Mid* —2H **69**
Denefield Clo. *Marp B* —2F **143**
Denefield Pl. *Ecc* —2H **91**
Deneford Rd. *M20* —1E **137**

Dene Hollow. *Stoc* —6A **112**
Denehurst Rd. *Roch* —3D **26**
Denehurst St. *M12* —1B **110**
Dene Pk. *M20* —6E **125**
Dene Rd. *M20* —6E **125**
Dene Rd. W. *Manx* —6D **124**
Deneside. *M40* —5F **83**
Deneside Cres. *Haz G* —2F **153**
Deneside Wlk. M9 —2G 83
(off Dalbeattie St.)
Dene St. *Bolt* —6G **19**
Denesway. *Sale* —6G **121**
(in two parts)
Deneway. *Bram* —6E **151**
Deneway. *H Lane* —5D **154**
Deneway. *Stoc* —1E **139**
Deneway Clo. *Stoc* —1E **139**
Deneway M. *Stoc* —1E **139**
Denewell Clo. *M13*
　　　　　—1H **109** (6G **11**)
Denewood Ct. *Wilm* —3D **166**
Denham Clo. *Bolt* —5E **19**
Denham Dri. *Bram* —6F **151**
Denham Dri. *Irl* —6E **103**
Denham St. *M13* —3H **109**
Denham St. *Rad* —1F **49**
Den Hill Dri. *Spring* —3B **74**
Denhill Rd. *M15* —2D **108**
Denhill Rd. Ind. Est. *M15*
　　　　　—2D **108**
Denholme Rd. *Roch* —1F **41**
Denholm Rd. *M20* —3G **137**
Denhurst Rd. *L'boro* —3F **17**
Denis Av. *M16* —5C **108**
Denison Rd. *M14* —4G **109**
Denison Rd. *Haz G* —5E **153**
Deniston Rd. *Stoc* —4D **126**
Den La. *Spring* —2B **74**
Den La. *Upperm* —1F **61**
Denman Wlk. M8 —5B 82
(off Ermington Dri.)
Denmark Rd. *M15* —3D **108**
Denmark Rd. *Sale* —3B **122**
Denmark St. *Alt* —1F **145**
Denmark St. *Chad* —1A **72**
Denmark St. *Oldh* —2G **73**
Denmark St. *Roch* —3A **28**
Denmark Way. *Chad* —1A **72**
Denmore Rd. *M40* —6D **70**
Dennington Dri. *Urm* —3E **105**
Dennison Av. *M20* —2F **125**
Dennison St. *Mid* —1H **69**
Dennison Rd. *Chea H* —5D **150**
Denshaw Av. *Dent* —2D **112**
Denshaw Clo. *M19* —6A **126**
Denshaw Rd. *Del* —1E **59**
Densmond Wlk. *M40*
　　　　　—2G **95** (2F **7**)
Densmore St. *Fail* —4F **85**
Denson Rd. *Tim* —3B **134**
Denstone Av. *Ecc* —2G **91**
Denstone Av. *Sale* —6G **121**
Denstone Av. *Urm* —4E **105**
Denstone Cres. *Bolt* —3G **33**
Denstone Rd. *Salf* —6B **80**
Denstone Rd. *Stoc* —6H **111**
Denstone Wlk. M9 —6G 69
(off Dam Head Dri.)
Dent Clo. *Stoc* —3C **128**
Dentdale Clo. *Bolt* —1B **44**
Dentdale Wlk. *M22* —5A **148**
Denton La. *Chad* —4G **71**
Denton Relief Rd. *Aud* —3D **112**
Denton Rd. *Aud* —2E **113**
Denton Rd. *Bolt* —1B **48**
DENTON STATION. *BR*
　　　　　—3C **112**
Denton St. *Bury* —1D **36**
Denton St. *Heyw* —4E **39**
Denton St. *Roch* —2H **27**
Denver Av. *M40* —2H **95** (1H **7**)

Denver Dri. *Tim* —5A **134**
Denver Rd. *Roch* —1F **41**
Denville Cres. *M22* —2C **148**
Denyer Ter. *Duk* —4H **99**
Depleach Rd. *Chea* —6H **137**
Deptford Av. *M23* —2G **147**
De Quincey Clo. *W Tim*
　　　　　—2F **133**
De Quincey Rd. *W Tim* —2F **133**
Deramore Clo. *Ash L* —2C **100**
Deramore St. *M14* —4F **109**
Derby Av. *Salf* —3E **93**
Derby Clo. *Cad* —4A **118**
Derby Ct. *Oldh* —4A **72**
Derby Ct. *Sale* —6C **122**
Derby Gro. *M19* —6D **110**
Derby Ho. *M15* —2F **109**
Derby Range. *Stoc* —5D **126**
Derby Rd. *M14* —2G **125**
Derby Rd. *Ash L* —2B **100**
Derby Rd. *Hyde* —3C **114**
Derby Rd. *Rad* —1A **64**
Derby Rd. *Sale* —3G **121**
Derby Rd. *Salf* —4E **93**
Derby Rd. *Stoc* —5C **127**
Derby Rd. *Urm* —4F **105**
Derby Rd. *W'fld* —3E **67**
Derbyshire Av. *Stret* —4A **106**
Derbyshire Cres. *Stret* —4B **106**
Derbyshire Grn. *Stret* —5D **106**
Derbyshire Gro. *Stret* —4A **106**
Derbyshire La. *Stret* —5C **106**
Derbyshire La. W. *Stret*
　　　　　—4A **106**
Derbyshire Rd. *M40* —1F **97**
Derbyshire Rd. *Poy* —2B **164**
Derbyshire Rd. *Ram* —2A **32**
Derbyshire Rd. *Sale* —5C **122**
Derbyshire Rd. S. *Sale*
　　　　　—6C **122**
Derbyshire St. *M11* —6E **97**
Derby St. *M8* —6A **82**
Derby St. *Alt* —6G **133**
Derby St. *Ash L* —6E **87**
Derby St. *Bolt* —3H **45**
Derby St. *Bury* —3D **36**
Derby St. *Chad* —6H **71**
(Chadderton)
Derby St. *Chad* —4A **72**
(Oldham)
Derby St. *Dent* —4D **112**
(in two parts)
Derby St. *Fail* —2G **85**
Derby St. *Heyw* —3D **38**
Derby St. *Marp* —5D **142**
Derby St. *Moss* —3F **89**
Derby St. *P'wch* —5E **67**
Derby St. *Ram* —3F **13**
Derby St. *Roch* —6A **28**
Derby St. *Stal* —2F **101**
Derby St. *Stoc* —3F **139**
Derby Way. *Marp* —5D **142**
Dereham Clo. *Bury* —6D **22**
Derg St. *Salf* —3F **93**
DERKER STATION. *BR* —1E **73**
Derker St. *Oldh* —1E **73**
Dermot Murphy Clo. *M20*
　　　　　—3D **124**
Dernford Av. *M19* —4B **126**
Derrick Walker Ct. *Roch* —6F **27**
Derry Av. *M22* —1C **148**
Derry St. *Oldh* —3D **72**
Derville Wlk. M9 —3F 83
(off Alderside Rd.)
Derwen Rd. *Stoc* —4G **139**
Derwent Av. *M21* —4B **124**
Derwent Av. *Ash L* —1G **99**
Derwent Av. *Droy* —4G **97**
Derwent Av. *Heyw* —4F **39**
Derwent Av. *Miln* —5H **29**
Derwent Av. *Tim* —6D **134**

Derwent Av. *W'fld* —1F **67**
Derwent Clo. *Chor H* —4B **124**
Derwent Clo. *Dent* —5B **112**
Derwent Clo. *L Lev* —4H **47**
Derwent Clo. *Part* —5D **118**
Derwent Clo. *W'fld* —1F **67**
Derwent Clo. *Wor* —1D **76**
Derwent Dri. *Bram* —2E **161**
Derwent Dri. *Bury* —6B **36**
Derwent Dri. *Chad* —2G **71**
Derwent Dri. *Hand* —2G **159**
Derwent Dri. *Kear* —4B **64**
Derwent Dri. *L'boro* —1F **29**
Derwent Dri. *Sale* —1A **134**
Derwent Dri. *Shaw* —5E **43**
Derwent Ind. Area. *Salf*
　　　　　—6A **94** (2B **8**)
Derwent Rd. *Farn* —1B **62**
Derwent Rd. *H Lane* —5C **154**
Derwent Rd. *Mid* —4G **53**
Derwent Rd. *Stret* —4D **106**
Derwent Rd. *Urm* —5A **104**
Derwent St. *M8* —5E **83**
Derwent St. *Droy* —3F **97**
Derwent St. *Roch* —2H **27**
Derwent St. *Salf* —5A **94** (2B **8**)
Derwent Ter. *Stal* —1E **101**
Derwent Wlk. *Oldh* —2H **73**
Derwent Wlk. *W'fld* —1F **67**
Desford Av. *M21* —6A **108**
Design St. *Bolt* —3F **45**
Desmond Rd. *M22* —1C **148**
Destructor Rd. *Swint* —2E **79**
De Trafford Ho. *Ecc* —4F **91**
De Traffords, The. *Irl* —4F **103**
Dettingen St. *Salf* —5B **80**
Deva Cen., The. *M3* —3F **5**
Deva Clo. *Haz G* —4D **152**
Deva Clo. *Poy* —3B **162**
Devaney Wlk. *Dent* —6E **113**
Deva Sq. *Oldh* —4A **72**
Devas St. *M15* —2F **109**
(in two parts)
Deverill Av. *M18* —3H **111**
Devine Clo. *Rytn* —1B **56**
Devine Clo. *Salf* —3B **94** (3C **4**)
Devisdale Ct. *Alt* —2D **144**
Devisdale Rd. *Alt* —1D **144**
Devoke Av. *Wor* —1G **77**
Devoke Gro. *Farn* —1A **62**
Devon Av. *M19* —1B **126**
Devon Av. *W'fld* —6C **50**
Devon Clo. *L Lev* —3B **48**
Devon Clo. *Salf* —2A **92**
Devon Clo. *Shaw* —6D **42**
Devon Clo. *Stoc* —5C **128**
Devon Dri. *Bolt* —4C **34**
Devon Dri. *Dig* —3B **60**
Devonport Cres. *Rytn* —3D **56**
Devon Rd. *Cad* —4B **118**
Devon Rd. *Droy* —2A **98**
Devon Rd. *Fail* —5E **85**
Devon Rd. *Urm* —6A **104**
Devonshire Clo. *Heyw* —3C **38**
Devonshire Clo. *Urm* —5G **105**
Devonshire Ct. *Salf* —3H **81**
Devonshire Ct. *Stoc* —6A **140**
Devonshire Dri. *Ald E* —4H **167**
Devonshire Dri. *Wor* —5A **76**
Devonshire Pk. Rd. *Stoc*
　　　　　—6A **140**
Devonshire Pl. *P'wch* —4E **67**
Devonshire Rd. *M21* —1A **124**
Devonshire Rd. *Bolt* —4F **31**
Devonshire Rd. *B'hth* —5F **133**
Devonshire Rd. *Ecc* —3G **91**
Devonshire Rd. *Haz G* —5F **153**
Devonshire Rd. *Roch* —3F **41**
Devonshire Rd. *Salf* —2A **92**
Devonshire Rd. *Stoc* —1D **138**
Devonshire Rd. *Wor* —3E **63**

Devonshire St. *M12*
—1H **109** (5G **11**)
Devonshire St. *Salf* —5H **81**
Devonshire St. E. *Fail* —5D **84**
Devonshire St. N. *M12*
—6H **95** (3H **11**)
Devonshire St. S. *M13*
—2H **109**
Devon St. *Bolt* —6C **32**
Devon St. *Bury* —5D **36**
Devon St. *Farn* —5F **47**
Devon St. *Oldh* —5H **71**
Devon St. *Pen* —1F **79**
Devon St. *Roch* —5H **27**
Dewar Clo. *M11* —4C **96**
Dewar St. *M11* —5C **96**
Dewberry Clo. *Swint* —1E **79**
Dewes Av. *Clif* —1H **79**
Dewey St. *M11* —6F **97**
Dewhirst Rd. *Roch* —5F **15**
(in three parts)
Dewhirst Way. *Roch* —5F **15**
Dewhurst Clough Rd. *Eger*
—1B **18**
Dewhurst Ct. *Eger* —1B **18**
Dewhurst Rd. *Bolt* —2G **33**
Dewhurst St. *M8* —1D **94**
Dewhurst St. *Heyw* —3G **39**
De Wint Av. *Marp B* —3F **143**
Dew Meadow Clo. *Roch* —1G **27**
Dewsnap Clo. *Duk* —1A **114**
Dewsnap La. *Duk* —1A **114**
Dewsnap La. *Mot* —1B **116**
Dewsnap Way. *Hyde* —5A **116**
Dew Way. *Oldh* —2B **72**
Dexter Rd. *M9* —4C **68**
Deyne Av. *M14* —3G **109**
Deyne Av. *P'wch* —5F **67**
Deyne St. *Salf* —3E **93**
Dial Ct. *Farn* —6F **47**
Dial Pk. Rd. *Stoc* —1D **152**
Dial Rd. *Haleb* —5C **146**
Dial Rd. *Stoc* —6C **140**
Dialstone La. *Stoc* —4C **140**
Diamond Clo. *Ash L* —1B **100**
Diamond St. *Ash L* —1B **100**
Diamond St. *Stoc* —5A **140**
Diamond Ter. *Marp* —1D **154**
Dibden Wlk. *M23* —6G **135**
Dicken Grn. *Roch* —1F **41**
Dicken Grn. La. *Roch* —1F **41**
Dickens Clo. *Chea H* —2D **160**
Dickens La. *Poy* —4D **162**
Dickenson Rd. *M14 & M13*
—4G **109**
Dickens Rd. *Ecc* —4F **91**
Dickens St. *Oldh* —3A **58**
Dickinson Clo. *Bolt* —4A **32**
Dickinson St. *M1*
—5D **94** (1H **9**)
Dickinson St. *Bolt* —4A **32**
Dickinson St. *Oldh* —2F **73**
Dickinson St. *Salf*
—2C **94** (1F **5**)
Dickinson Ter. Bolt —4A **32**
(off Dickinson St.)
Dickins St. *Heyw* —3D **38**
Didcot Rd. *M22* —4A **148**
Didley Sq. *M12* —6C **96**
Didsbury Ct. *Manx* —5F **125**
Didsbury Pk. *M20* —1F **137**
Didsbury Rd. *Stoc* —1H **137**
Digby Rd. *Roch* —1F **41**
Digby Wlk. M11 —4B **96**
(off Albert St.)
Dig Ga. La. *Miln* —2C **42**
Diggles La. *Roch* —5A **26**
(in two parts)
Diggle St. *Shaw* —1F **57**
Diggle Wlk. *C'brk* —5G **89**
Digsby Ct. *Manx* —5F **125**

Dijon St. *Bolt* —3G **45**
Dilham Ct. *Bolt* —5G **31**
Dillicar Wlk. *M9* —4F **83**
Dillmoss Wlk. *M15*
—1B **108** (6D **8**)
Dillon Dri. *M12* —2A **110**
Dilston Clo. *M13*
—1G **109** (6F **11**)
Dilworth Clo. *Heyw* —3B **38**
Dilworth Ct. *Stoc* —6E **141**
Dilworth Ho. *M15* —2F **109**
Dilworth St. *M15* —2F **109**
Dinas Wlk. M15
—1C **108** (6E **9**)
(off Ipstone Clo.)
Dingle Av. *Ald E* —6A **166**
Dingle Av. *Dent* —5H **113**
Dingle Av. *Shaw* —4G **43**
Dingle Bank Rd. *Bram* —3F **151**
Dinglebrook Gro. *Wilm*
—6A **160**
Dingle Clo. *Rom* —1B **142**
Dingle Dri. *Droy* —2B **98**
Dingle Gro. *Gat* —5D **136**
Dingle Hollow. *Rom* —1C **142**
Dingle Rd. *Mid* —3G **69**
Dingle Ter. *Ash L* —1F **87**
Dingle, The. *Bram* —4E **151**
Dingle, The. *Hyde* —3C **130**
Dingle Wlk. *Bolt* —5B **32**
Dinmore Ct. *Stoc* —6D **140**
Dinmor Rd. *M22* —4B **148**
Dinnington Dri. *M8* —5B **82**
Dinorwic Clo. *M8* —1C **82**
Dinsdale Clo. *M40*
—3H **95** (3H **7**)
Dinsdale Dri. *Bolt* —2H **45**
Dinslow Wlk. *M8* —4B **82**
Dinting Av. *M20* —2E **125**
Dinting La. Trad. Est. *Glos*
—6H **117**
Dinting Lodge Ind. Est. *Glos*
—5H **117**
Dinting Rd. *Glos* —5H **117**
DINTING STATION. *BR*
—5H **117**
Dinting Vale. *Glos* —5G **117**
Dinton St. *M15* —6A **94** (4B **8**)
Dipton Wlk. M8 —5E **83**
(off Smedley Rd.)
Dirty La. *Ros* —6A **144**
Dirty La. *S'dale* —6D **58**
Dirty Leech. *Whitw* —3F **15**
Disley Av. *M20* —3D **124**
DISLEY STATION. *BR* —1G **165**
Disley St. *Roch* —1C **40**
Disley Wlk. *Dent* —6G **113**
Distaff Rd. *Poy* —3B **162**
Ditton Mead Clo. *Roch* —1B **28**
Ditton Wlk. *M23* —5F **135**
Division St. *Bolt* —3B **46**
Division St. *Roch* —1B **28**
Dixon Av. *Salf* —5H **81**
Dixon Clo. *Sale* —1D **134**
Dixon Closes. *Roch* —4B **26**
Dixon Ct. *Chea* —6H **137**
Dixon Dri. *Clif* —5E **65**
Dixon Fold. *Roch* —5A **26**
Dixon Fold. *W'fld* —6C **50**
Dixon Rd. *Dent* —6H **113**
Dixon St. *M40* —5B **84**
(in two parts)
Dixon St. *Ash L* —1B **100**
Dixon St. *Irl* —1D **118**
Dixon St. *Lees* —1A **74**
Dixon St. *Mid* —5A **54**
Dixon St. *Oldh* —1C **72**
Dixon St. *Roch* —1D **40**
Dixon St. *Salf* —5D **80**
Dobb Hedge Clo. *Haleb*
—1C **156**

Dobbinets La. *Tim & M23*
—1E **147**
Dob Brook Clo. *M40* —5C **84**
Dobcross Clo. *M13* —5C **110**
Dobcross New Rd. *Dob* —6A **60**
Dobhill St. *Farn* —1F **63**
Dobroyd St. *M8* —3C **82**
Dobsen St. *Ram* —3H **31**
Dobson Clo. *M13*
—1H **109** (6G **11**)
Dobson Ct. *M40* —1D **96**
Dobson Rd. *Bolt* —6G **31**
Dock Office. *Salf* —6G **93**
Dockray Ho. *Chea H* —6A **150**
Doctor Dam Cotts. *Roch*
—1H **25**
Doctor Fold La. *Heyw* —1D **52**
Doctor La. *Scout* —6E **59**
Doctor La. Head Cotts. *Oldh*
—6E **59**
Doctors La. *Bury* —3B **36**
Doddington La. *Salf* —5G **93**
Doddington Wlk. *Dent* —6E **113**
Dodd St. *Salf* —3D **92**
Dodge Fold. *Stoc* —5E **141**
Dodge Hill. *Stoc* —1G **139**
Dodgson St. *Roch* —5A **28**
Dodington Clo. *M16* —3D **108**
Dodworth Clo. *M15*
—1D **108** (6G **9**)
Doefield Av. *Wor* —3E **77**
Doe Hey Gro. *Farn* —5D **46**
Doe Hey Rd. *Bolt* —5D **46**
Doffcocker Brow. *Ram* —4D **30**
Doffcocker La. *Bolt* —4D **30**
Dogford Rd. *Rytn* —2B **56**
Dolbey St. *Salf* —4E **93**
Dolefield. *M3* —4C **94** (5F **5**)
D'Oliveira Ct. *Mid* —5G **53**
Dolley Pl. *Chad* —2H **71**
Dollis Wlk. *M11* —5B **96**
Dollond St. *M9* —2G **83**
Dolman Wlk. *M8* —5B **82**
Dolphin Pl. *M12*
—6G **95** (4F **11**)
Dolphin St. *M12*
—6G **95** (4F **11**)
Dolwen Wlk. *M40* —6B **84**
Doman St. *Bolt* —2B **46**
Dombey Rd. *Poy* —5D **162**
Domestic Arrivals. *Man A*
—6A **148**
Domett St. *M9* —1E **83**
Dominic Clo. *M23* —2E **135**
Donald Av. *Hyde* —6D **114**
Donald St. *M1* —5E **95** (2A **10**)
Dona St. *Stoc* —3A **140**
Don Av. *Salf* —3C **92**
Doncaster Av. *M20* —2E **125**
Doncaster Clo. *L Lev* —4H **47**
Doncaster Wlk. *Oldh* —2D **72**
Donhead Wlk. *M13*
—1G **109** (6F **11**)
Donkey La. *Wilm* —4D **166**
Donlan St. *M18* —1H **111**
Donleigh St. *M40* —5D **84**
Donnington. *Roch* —5G **27**
Donnington Av. *Chea* —5B **138**
Donnington Gdns. *Wor* —6F **63**
Donnington Rd. *M18* —2G **111**
Donnington Rd. *Rad* —2C **48**
Donnison St. *M12* —1B **110**
Donovan Av. *M40* —1G **95**
Don St. *Bolt* —4H **45**
Don St. *Mid* —6C **54**
Doodson Av. *Irl* —5E **103**
Doodson Sq. *Farn* —1F **63**
Dooley La. *Marp* —4H **141**
Dooleys La. *Wilm* —5H **157**
Dorac Av. *H Grn* —1G **159**
Dora St. *Ram* —5C **12**

Dorchester Av. *Bolt* —4G **33**
Dorchester Av. *Dent* —6F **113**
Dorchester Av. *P'wch* —1G **81**
Dorchester Av. *Urm* —4H **105**
Dorchester Clo. *Hale* —2C **146**
Dorchester Clo. *Wilm* —1G **167**
Dorchester Ct. *Chea H* —4D **150**
Dorchester Ct. *Sale* —1B **134**
Dorchester Dri. *M23* —2E **135**
Dorchester Dri. *Rytn* —6B **56**
Dorchester Gro. *Heyw* —5E **39**
Dorchester Pde. *Haz G* —4B **152**
Dorchester Rd. *Haz G* —4B **152**
Dorchester Rd. *Swint* —5F **79**
Dorclyn Av. *Urm* —5F **105**
Dorfield Clo. *Bred* —6E **129**
Doric Av. *Bred* —6D **128**
Doric Clo. *M11* —4B **96**
Doris Av. *Bolt* —6F **33**
Doris Rd. *Stoc* —3E **139**
Doris St. *Mid* —5A **54**
Dorking Av. *M40* —1D **96**
Dorking Clo. *Stoc* —4B **140**
Dorlan Av. *M18* —3H **111**
Dorland Gro. *Stoc* —4B **140**
Dorman St. *M11* —6F **97**
Dormer St. *Bolt* —2B **32**
Dorney St. *M18* —2F **111**
Dorning Rd. *Swint* —4G **79**
Dorning St. *Bury* —1H **35**
Dorning St. *Ecc* —4F **91**
Dorning St. *Kear* —1H **63**
Dornton Wlk. M8 —5B **82**
(off Waterloo Rd.)
Dorothy Haz G —2F **153**
Dorothy St. *M8* —4B **82**
Dorothy St. *Ram* —4D **12**
Dorrington Rd. *Sale* —5F **121**
Dorrington Rd. *Stoc* —4C **138**
Dorrington St. *M15*
—1D **108** (6G **9**)
Dorris St. *M19* —1D **126**
Dorrit Clo. *Poy* —5E **163**
Dorset Av. *M14* —5E **109**
Dorset Av. *Aud* —5C **98**
Dorset Av. *Bram* —3F **151**
Dorset Av. *Chea H* —6E **139**
Dorset Av. *Dig* —3C **60**
Dorset Av. *Farn* —1E **63**
Dorset Av. *Shaw* —6D **42**
Dorset Av. *Stoc* —4C **128**
Dorset Clo. *Farn* —1E **63**
Dorset Clo. *Heyw* —6C **38**
Dorset Dri. *Bury* —5E **37**
Dorset Rd. *M19* —6E **111**
Dorset Rd. *Alt* —6D **132**
Dorset Rd. *Cad* —4B **118**
Dorset Rd. *Droy* —2H **97**
Dorset Rd. *Fail* —5F **85**
Dorset St. *M4* —3F **95** (4B **6**)
Dorset St. *Ash L* —3B **100**
Dorset St. *Bolt* —6C **32**
Dorset St. *Oldh* —4A **72**
Dorset St. *Pen* —1F **79**
Dorset St. *Roch* —5H **27**
Dorset St. *Stret* —5D **106**
Dorstone Clo. *M40* —6C **84**
Dorwood Av. *M9* —4E **69**
Dougall Wlk. *M12* —1C **110**
Doughty Av. *Ecc* —2H **91**
Dougill St. *Bolt* —4F **31**
Douglas Av. *Bury* —3H **35**
Douglas Av. *Stret* —4D **106**
Douglas Clo. *Droy* —5B **98**
Douglas Clo. *W'fld* —6G **51**
Douglas Grn. *Salf* —6E **81**
Douglas Rd. *Haz G* —2E **153**
Douglas Rd. *Stoc* —1G **151**
Douglas Rd. *Wor* —5C **78**
Douglas Sq. *Heyw* —4B **38**
Douglas St. *M40* —4A **84**

Douglas St. *Ash L* —2C **100**
Douglas St. *Bolt* —6C **18**
Douglas St. *Fail* —4G **85**
Douglas St. *Hyde* —5C **114**
Douglas St. *Oldh* —1E **73**
Douglas St. *Ram* —3D **12**
Douglas St. *Salf* —5H **81**
Douglas St. *Swint* —4G **79**
Douglas St. Bk. *Ram* —3D **12**
Douglas Wlk. *Sale* —4E **121**
Douglas Wlk. *W'fld* —6G **51**
Douglas Way. *W'fld* —6G **51**
Doulton St. *M40* —3C **84**
Dounby Av. *Ecc* —2D **90**
Douro St. *M40* —6H **83**
Douthwaite Dri. *Rom* —2C **142**
Dove Bank Rd. *L Lev* —3H **47**
Dovebrook Clo. *C'brk* —4G **89**
Dovecote. *Droy* —2D **98**
Dovecote Clo. *Brom X* —3F **19**
Dovecote La. *Lees* —1B **74**
Dovecote La. *L Hul* —6A **62**
Dovecote M. *M21* —1G **123**
Dovedale Av. *M20* —2E **125**
Dovedale Av. *Droy* —3G **97**
Dovedale Av. *Ecc* —2G **91**
Dovedale Av. *P'wch* —6H **67**
Dovedale Av. *Urm* —5F **105**
Dovedale Clo. *H Lane* —6C **154**
Dovedale Dri. *Ward* —3B **16**
Dovedale Rd. *Bolt* —4H **33**
Dovedale Rd. *Stoc* —4D **140**
Dovedale St. *Fail* —4E **85**
Dove Dri. *Bury* —1F **37**
Dove Dri. *Irl* —3E **103**
Dovehouse Clo. *W'fld* —1C **66**
Doveleys Rd. *Salf* —1C **92**
Dover Clo. *BL8* —2A **22**
Dovercourt Av. *Stoc* —5B **126**
Dover Gro. *Bolt* —1H **45**
Dove Rd. *Bolt* —3F **45**
Dover Pk. *Urm* —3F **105**
Dover Rd. *Clif* —1G **79**
Dover St. *M13* —1F **109** (6D **10**)
Dover St. *Ecc* —3D **90**
Dover St. *Farn* —5E **47**
Dover St. *Oldh* —4A **72**
Dover St. *Roch* —1B **28**
Dover St. *Stoc* —1G **127**
Dovestone Cres. *Duk* —6D **100**
Doveston Gro. *Sale* —3B **122**
Doveston Rd. *Sale* —3B **122**
Dove St. *Oldh* —4G **73**
Dove St. *Ram* —1A **32**
Dove St. *Roch* —4F **27**
Dove Wlk. *M8* —6D **82**
Dove Wlk. *Farn* —1B **62**
Dow Fold. *Bury* —2F **35**
Dow La. *Bury* —2F **35**
Dowling St. *M19* —6E **111**
(in two parts)
Dowling St. *Roch* —5H **27**
Downcast Way. *Swint* —3C **80**
Downesway. *Ald E* —5F **167**
Downfield Clo. *Ram* —3C **12**
Downfields. *Stoc* —6A **112**
Downgate Wlk. *M8* —5C **82**
Down Grn. Rd. *Bolt* —2G **33**
Downhall Grn. *Bolt* —5B **32**
Downham Av. *Bolt* —5E **33**
Downham Chase. *Tim* —5B **134**
Downham Clo. *Rytn* —5A **56**
Downham Cres. *P'wch* —6H **67**
Downham Gdns. *P'wch* —6A **68**
Downham Gro. *P'wch* —6A **68**
Downham Rd. *Heyw* —2C **38**
Downham Rd. *Stoc* —4F **127**
Downham Wlk. *M23* —3B **135**
Downhill Clo. *Oldh* —6C **56**
Downing Clo. *Ash L* —5D **86**

Downing St. *M1*
                              —6F **95** (3D **10**)
Downing St. *Ash L* —6D **86**
Downing St. Ind. Est. *Ard*
                              —6G **95** (3D **10**)
(off Charlton Pl.)
Downley Clo. *Roch* —1C **26**
Downley Dri. *M4* —3G **95** (4F **7**)
Downs Dri. *Tim* —3G **133**
Downshaw Rd. *Ash L* —5E **87**
Downs, The. *Alt* —2E **145**
Downs, The. *Chea* —2H **149**
Downs, The. *Mid* —3B **70**
(in two parts)
Downs, The. *P'wch* —1E **81**
Dowry Rd. *Lees* —2A **74**
Dowry St. *Oldh* —6D **72**
Dowson Rd. *Hyde* —2B **130**
Dowson St. *Bolt* —6C **32**
Dow St. *Hyde* —2B **114**
Doyle Av. *Bred* —6D **128**
Doyle Clo. *Oldh* —3A **58**
Doyle Rd. *Bolt* —4C **46**
Draba Brow. *Ram* —3E **13**
Drake Av. *Cad* —3C **118**
Drake Av. *Farn* —2F **63**
Drake Clo. *Oldh* —1D **72**
Drake Ct. *Stoc* —5G **127**
Drake Rd. *B'hth* —3D **132**
Drake Rd. *L'boro* —6G **17**
Drake St. *Roch* —4H **27**
Draxford St. *Wilm* —3E **167**
Draycott St. *Bolt* —3A **32**
Draycott St. E. *Bolt* —3B **32**
Drayfields. *Droy* —3D **98**
Drayton Clo. *Bolt* —3H **31**
Drayton Clo. *Sale* —1F **133**
Drayton Dri. *H Grn* —6F **149**
Drayton Gro. *Tim* —1A **146**
Drayton Mnr. *Manx* —3F **137**
Drayton Wlk. *Roch* —2B **108**
Drefus Av. *M11* —3E **97**
Dresden St. *M40* —1F **95**
Dresser Cen., The. *Open*
                              —6D **96**
Drewett St. *M40* —1A **96**
Driffield St. *M14* —4E **109**
Driffield St. *Ecc* —5E **91**
Drill Wlk. *M4* —3G **95** (4F **7**)
(off Kirby Wlk.)
Drinkwater Rd. *P'wch* —2D **80**
Driscoll St. *M13* —4B **110**
Drive, The. *M20* —6G **125**
Drive, The. *Bred* —6D **128**
Drive, The. *Bury* —6F **23**
Drive, The. *Chea H* —1E **151**
Drive, The. *Haleb* —5D **146**
Drive, The. *Marp* —5C **142**
Drive, The. *P'wch* —5F **67**
Drive, The. *Ram* —2A **12**
Drive, The. *Sale* —2G **133**
Drive, The. *Salf* —2G **81**
Drive, The. *Stoc* —5B **128**
Droitwich Rd. *M40* —1H **95**
Dronfield Rd. *M22* —3B **136**
Dronfield Rd. *Salf* —1D **92**
Droughts La. *P'wch* —1H **67**
Droylsden Rd. *M40* —5C **84**
Droylsden Rd. *Aud* —4B **98**
Drummond St. *Bolt* —1A **32**
Drury La. *Chad* —6G **71**
Drury St. *M19* —6C **110**
Dryad Clo. *Pen* —1F **79**
Drybrook Clo. *M13* —2A **110**
Dryburgh Av. *Bolt* —1H **31**
Dry Clough La. *Upperm* —2E **61**
Dryclough Wlk. *Rytn* —4C **56**
Dryden Av. *Chea* —5A **138**
Dryden Av. *Swint* —4D **78**
Dryden Clo. *Duk* —6F **101**
Dryden Clo. *Marp* —1D **154**

Dryden Rd. *M16* —4A **108**
Dryden St. *M13*
                              —1G **109** (6E **11**)
Dryden Way. *Dent* —1G **129**
Drygate Wlk. *M9* —4G **83**
(off Orpington Rd.)
Dryhurst Dri. *Dis* —1H **165**
Dryhurst La. *Dis* —1H **165**
Dryhurst Wlk. *M15*
                              —1E **109** (6A **10**)
Drymoss. *Oldh* —2E **87**
Drywood Av. *Wor* —6A **78**
Ducal St. *M4* —1F **95** (1C **6**)
Duchess Pk. Clo. *Shaw* —5F **43**
Duchess Rd. *Crum* —3D **82**
Duchess St. *Shaw* —5E **43**
Duchess Wlk. *Bolt* —3F **45**
Duchy Av. *Bolt* —6E **45**
Duchy Av. *Wor* —3F **77**
Duchy Bank. *Salf* —5B **80**
Duchy Cvn. Pk. *Salf* —6D **80**
Duchy Rd. *Salf* —5C **80**
Duchy St. *Salf* —2F **93**
Duchy St. *Stoc* —4F **139**
Ducie Av. *M15* —2F **109**
Ducie Av. *Bolt* —6G **31**
Ducie Cres. *M15* —2F **109**
Ducie Gro. *M15* —2F **109**
Ducie Pl. *Salf* —4A **94** (6A **4**)
Ducie St. *M1* —4F **95** (6C **6**)
Ducie St. *Oldh* —1D **86**
Ducie St. *Rad* —2F **49**
Ducie St. *Ram* —2D **12**
Ducie St. *W'fld* —1D **66**
Duckshaw La. *Farn* —1E **63**
Duckworth Ho. *Salf* —1F **93**
Duckworth Rd. *P'wch* —6D **66**
Duckworth St. *Bolt* —3G **45**
Duckworth St. *Bury* —1E **37**
(in two parts)
Duckworth St. *Shaw* —6G **43**
Duddon Av. *Bolt* —4H **33**
Duddon Clo. *W'fld* —1G **67**
Duddon Wlk. *Mid* —5G **53**
Dudley Av. *Bolt* —4H **33**
Dudley Av. *W'fld* —1D **66**
Dudley Clo. *M15* —2C **108**
Dudley Ct. *M16* —4B **108**
Dudley Rd. *M16* —5B **108**
Dudley Rd. *Cad* —5B **118**
Dudley Rd. *Pen* —2F **79**
Dudley Rd. *Sale* —3C **122**
Dudley Rd. *Tim* —4B **134**
Dudley St. *Dent* —3E **113**
Dudley St. *Ecc* —4E **91**
Dudley St. *Oldh* —3H **73**
Dudley St. *Salf & M8* —4A **82**
Dudlow Wlk. *M15*
                              —1B **108** (6D **8**)
Dudwell Clo. *Bolt* —4G **31**
Duerden St. *Bolt* —5E **45**
Duffield Ct. *M15* —2E **109**
Duffield Gdns. *Mid* —4H **69**
Duffield Rd. *Mid* —4H **69**
Duffield Rd. *Salf* —6A **80**
Duffins Clo. *Roch* —6D **14**
Dufton Wlk. *M22* —4C **148**
Dufton Wlk. *Mid* —5G **53**
Dugdale Av. *M9* —5G **69**
Duke Av. *Stan G* —1B **158**
Duke Clo. *M16* —2B **108**
Duke Ct. *M16* —2B **108**
Dukefield St. *M22* —3C **136**
Duke Pl. *M3* —5C **94** (2E **9**)
Duke Rd. *Hyde* —2D **114**
Dukes All. *Ram* —6B **32**
(off Ridgeway Gdns.)
Duke's Av. *L Lev* —3A **48**
Dukes Platting. *Ash L* —6B **88**
Duke's Ter. *Duk* —4H **99**
(off Astley St.)

Duke St. *M3* —5C **94** (2E **9**)
(Manchester)
Duke St. *M3* —3D **94** (3G **5**)
(Salford)
Duke St. *Ain* —4C **34**
Duke St. *Ald E* —4H **167**
Duke St. *Ash L* —2H **99**
Duke St. *Bolt* —5A **32**
(in two parts)
Duke St. *Dent* —4E **113**
Duke St. *Droy* —4B **98**
Duke St. *Ecc* —1E **91**
Duke St. *Fail* —3G **85**
Duke St. *Heyw* —3D **38**
Duke St. *L'boro* —4E **17**
Duke St. *L Hul* —4C **62**
Duke St. *Moss* —2G **89**
Duke St. *Rad* —5H **49**
Duke St. *Ram* —5C **12**
Duke St. *Roch* —2H **27**
(in two parts)
Duke St. *Shaw* —1G **57**
Duke St. *Stal* —4D **100**
Duke St. *Stoc* —2H **139**
Duke St. *Wor* —1A **78**
Duke St. N. *Ram* —5A **32**
Duke's Wharf. *Wor* —6H **77**
Dukinfield Rd. *Hyde* —2A **114**
Dulford Wlk. *M13* —2G **109**
(off Plymouth Gro.)
Dulford Wlk. *Salf* —5B **82**
Dulgar St. *Open* —5D **96**
Dulverton St. *M40* —5B **84**
Dulwich Clo. *Sale* —6F **121**
Dulwich St. *M4* —2F **95** (1C **6**)
Dumbarton Clo. *Stoc* —3H **127**
Dumbarton Dri. *Heyw* —4C **38**
Dumbarton Rd. *Stoc* —2H **127**
Dumbell St. *Pen* —1F **79**
Dumber La. *Sale* —3H **121**
Dumers Clo. *Rad* —3B **50**
Dumers La. *Rad & Bury* —3B **50**
Dumfries Wlk. *Heyw* —4C **38**
Dumplington Circ. *Urm* —6F **91**
Dunbar Av. *M23* —2G **147**
Dunbar Dri. *Bolt* —4A **46**
Dunbar Gro. *Heyw* —5B **38**
Dunbar St. *Oldh* —1C **72**
Dunblaine Av. *Stoc* —6F **127**
Dunblane Av. *Bolt* —2C **44**
Dunblane Av. *Stoc* —1F **139**
Dunblane Gro. *Heyw* —5C **38**
Duncan Edwards Ct. *M40*
                              —6B **84**
(off Eddie Colman Clo.)
Duncan Edwards Ho. *Salf*
(off Sutton Dwellings) —2F **93**
Duncan Rd. *M13* —4B **110**
(in two parts)
Duncan St. *Duk* —1A **114**
Duncan St. *Ram* —5B **32**
Duncan St. *Salf* —4G **81**
(Higher Broughton)
Duncan St. *Salf* —5A **94** (1A **8**)
(Salford)
Duncan St. *Shaw* —4E **57**
Dunchurch Clo. *Los* —1B **44**
Dunchurch Rd. *Sale* —5G **121**
Dun Clo. *Salf* —3B **94** (3C **4**)
Duncombe Clo. *Bram* —2A **152**
Duncombe Dri. *M40* —4B **84**
Duncombe Rd. *Bolt* —4A **46**
Duncombe St. *Salf* —5A **82**
Duncote Gro. *Rytn* —2D **56**
Dundee. *Ecc* —3G **91**
(off Monton La.)
Dundee Clo. *Heyw* —4B **38**
Dundee La. *Ram* —3D **12**
Dundonald Rd. *M20* —6G **125**
Dundonald Rd. *Chea H* —6C **150**
Dundonald St. *Stoc* —5H **139**

Dundraw Clo.—East Rd.

Dundraw Clo. *Mid* —6D **52**
Dundrennan Clo. *Poy* —2D **162**
Dunecroft. *Dent* —3G **113**
Dunedin Dri. *Salf* —5D **80**
Dunedin Rd. *G'mnt* —1H **21**
Dunelm Dri. *Sale* —2D **134**
Dungeon Wlk. *Wilm* —2E **167**
Dunham Lawn. *Alt* —1D **144**
Dunham M. *Bow* —4B **144**
Dunham Rise. *Alt* —1E **145**
Dunham Rd. *Bow* —5A **144**
Dunham Rd. *Duk* —1B **114**
Dunham Rd. *Hand* —2H **159**
Dunham Rd. *Part* —5H **119**
Dunham St. *Lees* —1A **74**
Dunkeld Gdns. *M23* —5F **135**
Dunkeld Rd. *M23* —5F **135**
Dunkerley Av. *Fail* —4F **85**
Dunkerleys Clo. *M8* —3B **82**
Dunkerley St. *Ash L* —6E **87**
Dunkerley St. *Oldh* —1G **73**
Dunkerley St. *Rytn* —3B **56**
Dunkery Rd. *M22* —4B **148**
Dunkirk Clo. *Dent* —5A **112**
Dunkirk La. *Hyde* —2H **113**
Dunkirk Rise. *Roch* —4G **27**
Dunkirk Rd. *W'fld* —6D **50**
Dunkirk St. *Droy* —4B **98**
Dunley Clo. *M12* —2C **110**
Dunlin Clo. *Bolt* —2C **46**
Dunlin Clo. *Poy* —3A **162**
Dunlin Clo. *Roch* —4B **26**
Dunlin Clo. *Stoc* —6G **141**
Dunlin Dri. *Irl* —4E **103**
Dunlin Wlk. *B'hth* —3D **132**
Dunlop Av. *Roch* —1E **41**
Dunlop St. *M3* —4D **94** (5G **5**)
Dunmail Dri. *Mid* —4G **53**
Dunmere Wlk. *M9* —4E **83**
  (off Mannington Dri.)
Dunmore Rd. *Gat* —5F **137**
Dunmow Wlk. *M23* —1G **135**
Dunnerdale Wlk. *M18* —2E **111**
Dunnisher Rd. *M23* —6H **135**
Dunnock Clo. *Stoc* —6F **141**
Dunollie Rd. *Sale* —6E **123**
Dunoon Clo. *Heyw* —4C **38**
Dunoon Dri. *Bolt* —6A **18**
Dunoon Rd. *Stoc* —2H **127**
Dunoon Wlk. *M9* —4F **83**
Dunrobin Clo. *Heyw* —5C **38**
Dunscar Clo. *W'fld* —2B **66**
Dunscar Fold. *Eger* —3C **18**
Dunscar Ind. Est. *Eger* —4C **18**
Dunscar Sq. *Eger* —3C **18**
Dunsfold Dri. *M23* —3D **134**
Dunsford Ct. *Spring* —3B **74**
Dunsley Av. *M40* —1D **84**
Dunsmore Clo. *M16* —3B **108**
Dunsop Dri. *Bolt* —2D **30**
Dunsop Wlk. *M15*
  (in two parts) —1D **108** (6G **9**)
Dunstable. *Roch* —3G **27**
  (off Spotland Rd.)
Dunstable St. *M19* —6D **110**
Dunstall Rd. *M22* —6C **136**
Dunstan St. *Bolt* —6E **33**
Dunstar Av. *Aud* —6E **99**
Dunster Av. *M9* —5G **69**
Dunster Av. *Clif* —1H **79**
Dunster Av. *Roch* —6G **27**
Dunster Av. *Stoc* —4C **128**
Dunster Clo. *Haz G* —4C **152**
Dunster Dri. *Urm* —6G **103**
Dunster Pl. *Wor* —4B **76**
Dunster Rd. *Wor* —4B **76**
Dunsters Av. *Bury* —6C **22**
Dunsterville Ter. *Roch* —6G **27**
  (off New Barn La.)
Dunston St. *M11* —5E **97**

Eades St. *Salf* —2G **93**
Eadington St. *M8* —2C **82**
Eafield Av. *Miln* —4F **29**
Eafield Clo. *Miln* —4F **29**

Eafield Rd. *L'boro* —6C **16**
Eafield Rd. *Roch* —2C **28**
Eagar St. *M40* —5C **84**
Eagle Dri. *Salf* —6E **81**
Eagle Mill Ct. *Del* —2G **59**
Eagles Nest. *P'wch* —6E **67**
Eagle St. *M4* —3E **95** (3B **6**)
Eagle St. *Bolt* —6C **32**
Eagle St. *Oldh* —2C **72**
Eagle Technology Pk. *Roch*
  —1G **41**
Eagley Bank. *Bolt* —4D **18**
Eagley Brow. *Ram* —5D **18**
Eagley Ct. *Brom X* —4E **19**
Eagley Dri. *Bury* —4G **35**
Eagley Way. *Bolt* —4D **18**
Ealees. *L'boro* —4G **17**
Ealees Rd. *L'boro* —4G **17**
Ealing Av. *M14* —5G **109**
Ealing Pl. *M19* —3C **126**
Ealing Rd. *Stoc* —3E **139**
Eames Av. *Rad* —1A **64**
Eamont Wlk. *M9* —4F **83**
Earby Gro. *M9* —6H **69**
Earle Rd. *Bram* —3G **151**
Earlesden Cres. *L Hul* —3C **62**
Earle St. *Ash L* —4F **99**
Earl Rd. *Stan G* —2A **160**
Earl Rd. *Stoc* —5E **127**
Earlscliffe Ct. *Bow* —1D **144**
Earlston Av. *Dent* —4A **112**
Earl St. *Bolt* —2C **46**
Earl St. *Bury* —3D **36**
Earl St. *Dent* —5E **99**
  (Audenshaw)
Earl St. *Dent* —3A **112**
  (Denton)
Earl St. *Heyw* —3E **39**
Earl St. *Moss* —2D **88**
Earl St. *P'wch* —5G **67**
Earl St. *Ram* —3F **13**
Earl St. *Roch* —5C **40**
Earl St. *Salf* —1B **94**
Earl St. *Stoc* —3F **139**
Earlswood Wlk. *M18* —1E **111**
Earlswood Wlk. *Bolt* —3B **46**
Earl Ter. *Duk* —4H **99**
  (off Astley St.)
Earl Wlk. *M12* —2B **110**
Early Bank. *Stal* —6G **101**
Early Bank Rd. *Duk* —1F **115**
Earney St. *Alt* —1F **145**
Earnshaw Av. *Roch* —6E **15**
Earnshaw Av. *Stoc* —2B **140**
Earnshaw Clo. *Ash L* —6D **86**
Earnshaw St. *M40* —5G **83**
Earnshaw St. *Bolt* —4F **45**
Earnshaw St. *Holl* —3F **117**
Easby Clo. *Chea H* —1D **160**
Easby Clo. *Poy* —2D **162**
Easby Rd. *Mid* —4H **53**
Easedale Clo. *Urm* —4B **104**
Easedale Rd. *Bolt* —5E **31**
Easington Wlk. *M40* —5A **84**
E. Aisle Rd. *Traf P* —3C **106**
East Av. *M19* —2B **126**
East Av. *H Grn* —4G **149**
East Av. *Stal* —2E **101**
  (in two parts)
East Av. *W'fld* —5C **50**
E. Bank Rd. *Ram* —6C **12**
  (in two parts)
Eastbank St. *Bolt* —3B **32**
Eastbourne Gro. *Bolt* —5E **31**
Eastbourne St. *Oldh* —5F **73**
Eastbourne St. *Roch* —6H **27**
Eastbrook Av. *Rad* —3A **50**
Eastburn Av. *M40*
  —2G **95** (1F **7**)
Eastbury Ct. *Salf* —4F **81**

E. Central Dri. *Swint* —4H **79**
Eastchurch Clo. *Farn* —2F **63**
Eastcombe Av. *Salf* —4F **81**
Eastcote Av. *Open* —5G **97**
Eastcote Rd. *Stoc* —4H **127**
Eastcote Wlk. *Farn* —6G **47**
Eastcourt Wlk. *M13*
  —1G **109** (6F **11**)
East Cres. *Mid* —2H **69**
Eastdale Pl. *Alt* —4F **133**
EAST DIDSBURY STATION. *BR*
  —2G **137**
E. Downs Rd. *Bow* —3E **145**
E. Downs Rd. *Chea H* —2B **150**
East Dri. *M21* —6F **107**
East Dri. *Bury* —3F **51**
East Dri. *Marp* —2D **154**
East Dri. *Salf* —6C **80**
East Dri. *Swint* —4H **79**
Easterdale. *Oldh* —3G **73**
Eastern Av. *Clif* —6B **66**
Eastern By-Pass. *M11* —3E **97**
  (in two parts)
Eastern Circ. *M19* —3C **126**
Eastfield. *Salf* —1E **93**
Eastfield Av. *M40* —2A **96**
Eastfield Av. *Mid* —2A **70**
Eastfields. *Rad* —2F **49**
Eastford Sq. *M40* —1G **95**
E. Garth Wlk. *M9* —6G **69**
Eastgate. *Whitw* —2C **14**
Eastgate St. *Ash L* —4G **99**
E. Gate St. *Roch* —3H **27**
E. Grange Av. *M11* —2E **97**
East Gro. *M13* —2G **109**
Eastgrove Av. *Bolt* —5C **18**
Eastham Av. *M14* —6F **109**
Eastham Av. *Bury* —5E **23**
Eastham Way. *Ham* —1H **159**
Eastham Way. *L Hul* —4D **62**
Easthaven Av. *M11* —2E **97**
E. Hill St. *Oldh* —3E **73**
Eastholme Dri. *M19* —2D **126**
Easthope Clo. *M20* —2F **125**
E. Lancashire Rd. *Wor & Swint*
  —5A **76**
Eastlands Rd. *M9* —4F **69**
East Lea. *Dent* —4G **113**
Eastleigh Av. *Salf* —3A **82**
Eastleigh Dri. *M40*
  —2H **95** (1G **7**)
Eastleigh Gro. *Bolt* —5A **32**
Eastleigh Rd. *H Grn* —4F **149**
Eastleigh Rd. *P'wch* —6A **68**
  (in two parts)
E. Lynn Dri. *Wor* —6A **64**
E. Meade. *M21* —2H **123**
E. Meade. *Bolt* —5A **46**
E. Meade. *P'wch* —1H **81**
E. Meade. *Swint* —5E **79**
East Moor. *Mos C* —4C **76**
Eastmoor Dri. *M40* —6D **84**
Eastmoor Gro. *Bolt* —5F **45**
E. Newton St. *M4*
  —2G **95** (2F **7**)
Eastnor Clo. *M15*
  —1B **108** (6C **8**)
Easton Clo. *Mid* —3C **70**
Easton Dri. *Chea* —6C **138**
Easton Rd. *Droy* —3G **97**
E. Ordsall La. *Salf*
  —4B **94** (6C **4**)
E. Over. *Rom* —3G **141**
Eastpark Clo. *M13*
  —1G **109** (5F **11**)
E. Philip St. *Salf* —2C **94** (1F **5**)
East Rd. *C'brk* —5G **89**
East Rd. *Gort* —4D **110**
East Rd. *Long* —4C **110**
East Rd. *Man A* —1A **158**
East Rd. *Stret* —3B **106**

Eastry Av. *Stoc* —3B **128**
East St. *M2* —5D **94** (1H **9**)
East St. *Ash L* —1B **100**
East St. *Aud* —1F **113**
East St. *Bury* —4D **36**
East St. *Firg* —4D **28**
(in two parts)
East St. *L'boro* —4G **17**
East St. *Rad* —4H **49**
East St. *Ram* —1A **12**
East St. *Roch* —3A **28**
East St. *Stoc* —3F **139**
East St. *Ward* —3A **16**
E. Union St. *M16*
—1A **108** (6B **8**)
East Vale. *Marp* —6E **143**
East View. *Bury* —6E **13**
East View. *Mid* —1H **69**
East View. *Ram* —1E **13**
East View. *Sale* —6B **122**
East View. Whitw —3H **15**
(off Market St.)
Eastville Gdns. *M19* —4A **126**
East Wlk. *Eger* —1B **18**
Eastward Av. *Wilm* —3C **166**
East Way. *Bolt* —2D **32**
Eastway. *Mid* —6H **53**
Eastway. *Sale* —1H **133**
Eastway. *Shaw* —1F **57**
Eastway. *Urm* —4A **104**
Eastwood Av. *M40* —2F **85**
Eastwood Av. *Droy* —4G **97**
Eastwood Av. *Urm* —5F **105**
Eastwood Av. *Wor* —6C **62**
Eastwood Clo. *Bolt* —4E **45**
Eastwood Clo. *Bury* —3F **37**
Eastwood Ct. *Bury* —3F **37**
Eastwood Dri. *Stoc* —1F **151**
Eastwood Rd. *M40* —2E **85**
Eastwood St. *Aud* —6D **98**
Eastwood St. *L'boro* —4F **17**
Eastwood Ter. *Bolt* —5D **30**
Eastwood View. *Stal* —4F **101**
Eaton Clo. *Chea H* —2B **150**
Eaton Clo. *Duk* —1A **114**
Eaton Clo. *Pen* —1F **79**
Eaton Clo. *Poy* —4G **163**
Eaton Ct. *Bow* —4E **145**
Eaton Dri. *Ash L* —1F **99**
Eaton Dri. *Tim* —3A **134**
Eaton Rd. *M8* —2B **82**
Eaton Rd. *Bow* —4E **145**
Eaton Rd. *Sale* —5A **122**
Eaversham St. *Oldh* —1C **72**
Eaves La. *Chad* —4G **71**
Ebbdale Clo. *Stoc* —3A **140**
Ebberstone St. *M14* —5E **109**
Ebdon St. *M1* —5F **95** (1C **10**)
Ebenezer St. *M15*
—6D **94** (4H **9**)
Ebenezer St. *Ash L* —2A **100**
Ebnall Wlk. *M14* —2H **125**
Ebor Clo. *Shaw* —5E **43**
Ebor Rd. *M22* —1C **148**
Ebor St. *L'boro* —4F **17**
Ebsworth St. *M40* —3A **84**
Ebury St. *Rad* —3F **49**
Eccles Bri. Rd. *Marp* —6D **142**
Eccles By-Pass. *Ecc* —2F **91**
Eccles Clo. *M11* —5E **97**
Eccleshall Clo. *M15*
—1E **109** (5A **10**)
Eccleshall St. *M11* —4E **97**
(in two parts)
Eccles New Rd. *Salf* —3B **92**
Eccles Old Rd. *Ecc & Salf*
—3A **92**
Eccles Rd. *Swint* —5F **79**
ECCLES STATION. *BR* —3H **91**
Eccles St. *Ram* —3D **12**
Eccleston Av. *M14* —6F **109**

Eccleston Av. *Bolt* —4D **32**
Eccleston Av. *Swint* —4D **78**
Eccleston Clo. *Bury* —4G **35**
Eccleston Pl. *Salf* —3H **81**
Eccleston Rd. *Stoc* —1F **151**
Eccleston St. *Fail* —3G **85**
Eccleston Way. *Hand* —3H **159**
Eccups La. *Wilm* —6A **158**
Echo St. *M1* —5F **95** (1C **10**)
Eckersley Clo. *M23* —5F **135**
Eckersley Rd. *Bolt* —2A **32**
Eckersley St. *Bolt* —3G **45**
Eckford St. *M8* —5D **82**
Eclipse Clo. *Roch* —4C **28**
Edale Av. *M40* —3A **84**
Edale Av. *Aud* —6D **98**
Edale Av. *Dent* —1F **129**
Edale Av. *Stoc* —6A **112**
Edale Av. *Urm* —6D **104**
Edale Bank. *Glos* —5G **117**
Edale Clo. *Bow* —4E **145**
Edale Clo. *Glos* —5G **117**
Edale Clo. *Haz G* —4E **153**
Edale Clo. *H Grn* —6H **149**
Edale Clo. *Irl* —6E **103**
Edale Cres. *Glos* —5G **117**
Edale Fold. Glos —5G 117
(off Edale Cres.)
Edale Gro. *Ash L* —5C **88**
Edale Gro. *Sale* —1G **133**
Edale Rd. *Bolt* —3E **45**
Edale Rd. *Farn* —2E **63**
Edale Rd. *Stret* —4B **106**
Edale St. *Fail* —4B **(4B 6)**
Edale St. *Salf* —6F **81**
Edbrook Wlk. *M13* —2H **109**
Eddie Colman Clo. *M40* —6B **84**
Eddie Colman Ct. Salf —2G 93
(off Belvedere Rd.)
Eddisbury Av. *M20* —1D **124**
Eddisbury Av. *Urm* —3H **103**
Edditch Gro. *Bolt* —6E **33**
Eddystone Clo. *Salf* —4G **93**
Eden Av. *Bolt* —2A **32**
Eden Av. *Eden* —2A **12**
Eden Av. *H Lane* —6C **154**
Edenbridge Rd. *M40* —1D **96**
Edenbridge Rd. *Chea H*
—1D **150**
Eden Clo. *M15*
—1E **109** (6A **10**)
Eden Clo. *Heyw* —2D **38**
Eden Clo. *Stoc* —3A **140**
Eden Clo. *Wilm* —4B **166**
Eden Ct. *M19* —1C **126**
Eden Ct. *Eden* —3A **12**
(off N. Bury Rd.)
Edendale Dri. *M22* —4B **148**
Edenfield Av. *M21* —5B **124**
Edenfield La. *Wor* —6H **77**
Edenfield Rd. *P'wch* —6A **68**
Edenfield Rd. *Roch* —1E **25**
Edenfield St. *Roch* —3E **27**
Eden Gro. *Bolt* —2H **31**
Edenhall Av. *M19* —1B **126**
Edenham Wlk. *M40* —1D **84**
Edenhurst Dri. *Tim* —6B **134**
Edenhurst Rd. *Stoc* —5B **140**
Eden Lodge. *Bolt* —2A **32**
Eden Pl. *Chea* —5H **137**
Edensor Dri. *Hale* —2C **146**
Eden St. *Bolt* —1A **32**
Eden St. *Oldh* —2C **72**
Eden St. *Ram* —3A **12**
Eden St. *Roch* —3F **27**
Edenvale. *Wor* —4C **76**
Eden Way. *Shaw* —5E **43**
Edgar St. *Bolt* —1A **46**
Edgar St. *Ram* —4D **12**
Edgar St. *Roch* —1C **28**
Edgar St. W. *Ram* —4D **12**

Edgbaston Dri. *M16* —4G **107**
Edgedale Av. *M19* —4A **126**
Edge End. *Dob* —4A **60**
Edgefield Av. *M9* —5G **69**
Edge Fold Cres. *Wor* —3F **77**
Edge Fold Ind. Est. *W'houg*
—6G **45**
Edge Fold Rd. *Wor* —2F **77**
Edge Grn. *Wor* —3E **77**
Edge Hill. *Stal* —4F **101**
Edge Hill Av. *Rytn* —5C **56**
Edgehill Chase. *Wilm* —2H **167**
Edgehill Clo. *Salf* —3F **93**
Edgehill Ct. *Stret* —5E **107**
Edge Hill Rd. *Bolt* —4F **45**
Edge Hill Rd. *Rytn* —4C **56**
Edgehill Rd. *Salf* —2C **92**
Edgehill St. *M4* —3E **95** (4B **6**)
Edge La. *M11 & Droy* —3F **97**
Edge La. *Bolt* —1A **30**
Edge La. *Mot* —3A **116**
Edge La. *Stret & M21* —6D **106**
Edge La. Rd. *Oldh* —1D **72**
Edge La. St. *Rytn* —3C **56**
Edgeley Fold. *Stoc* —4E **139**
Edgeley Rd. *Stoc* —4C **138**
Edgeley Rd. *Urm* —1C **120**
Edgeley Rd. Trad. Est. *Stoc*
—4C **138**
Edgemoor. *Bow* —3C **144**
Edgemoor Clo. *Oldh* —6H **57**
Edgemoor Clo. *Rad* —2E **49**
Edgemoor Dri. *Roch* —6B **26**
Edge St. *M4* —3E **95** (4B **6**)
Edge View. *Chad* —6E **55**
Edgeview Wlk. *M13*
—6F **95** (4D **10**)
Edgeware Av. *P'wch* —5B **68**
Edgeware Rd. *Chad* —6E **71**
Edgeware Rd. *Ecc* —1C **90**
Edgewater. *Salf* —3D **92**
Edgeway. *Wilm* —4E **167**
Edgeworth Av. *Bolt* —4D **34**
Edgeworth Dri. *M14* —2A **126**
Edgmont Av. *Bolt* —3H **45**
Edgware Rd. *M40* —1D **96**
Edgworth Clo. *Heyw* —3C **38**
Edgworth Dri. *Bury* —4G **35**
Edilom Rd. *M8* —1A **82**
Edinburgh Clo. *Chea* —5B **138**
Edinburgh Clo. *Sale* —6F **121**
Edinburgh Dri. *Woodl* —4A **130**
Edinburgh Ho. *Salf* —4B **94**
Edinburgh Rd. *L Lev* —5A **48**
Edinburgh Sq. *M40* —1H **95**
Edinburgh Way. *Roch* —1D **40**
Edington. *Roch* —3G **27**
(off Spotland Rd.)
Edison Rd. *Ecc* —4E **91**
Edison St. *M11* —6G **97**
Edith Av. *M14* —5A **110**
Edith Cavell Clo. *Open* —4E **97**
Edith Cliff Wlk. *M40* —2F **85**
Edith St. *Bolt* —1G **45**
Edith St. *Farn* —2F **63**
Edith St. *Oldh* —6D **72**
Edith St. *Ram* —1G **13**
Edith Ter. *Comp* —1F **143**
Edleston Gro. *Wilm* —6A **160**
Edlin Clo. *M12* —2A **110**
Edlingham. *Roch* —5G **27**
Edlington Wlk. *M40* —5C **84**
Edmonds Ct. *Mid* —6B **54**
Edmonton Ct. *Stoc* —1A **152**
Edmonton Rd. *M40* —1C **96**
Edmonton Rd. *Stoc* —1A **152**
Edmund Clo. *Stoc* —6G **127**
Edmunds Fold. *L'boro* —3D **16**
Edmunds Pas. *L'boro* —2E **17**

Edmund St. *M3* —4E **5**
Edmund St. *Bolt* —5B **32**
Edmund St. *Droy* —4A **98**
Edmund St. *Fail* —3F **85**
Edmund St. *Miln* —5F **29**
Edmund St. *Rad* —3A **50**
Edmund St. *Roch* —3F **27**
Edmund St. *Salf* —2E **93**
Edmund St. *Shaw* —6G **43**
Edna St. *Hyde* —6B **114**
Edson Rd. *M8* —6B **68**
Edward Av. *M21* —1F **123**
Edward Av. *Bred* —6E **129**
Edward Av. *L'boro* —6D **16**
Edward Av. *Salf* —2C **92**
Edward Charlton Rd. *M16*
—5G **107**
Edward M. *Oldh* —4A **72**
Edward Onyon Ct. *Salf* —2E **93**
Edward Rd. *M9* —4F **69**
Edward Rd. *Shaw* —1E **57**
Edwards Clo. *Marp* —6C **142**
Edwards Ct. *M22* —2B **148**
Edward St. *M9* —3G **83**
Edward St. *Ash L* —3C **100**
(Audenshaw)
Edward St. *Aud* —3F **113**
(Denton)
Edward St. *Bolt* —2H **45**
Edward St. *Bury* —4D **36**
Edward St. *Droy* —5A **98**
Edward St. *Duk* —1A **114**
Edward St. *Fail* —4E **85**
Edward St. *Farn* —5D **46**
Edward St. *Hyde* —4A **114**
(in two parts)
Edward St. *Marp B* —2E **143**
Edward St. *Mid* —5A **54**
Edward St. *Oldh* —2G **71**
(Chadderton)
Edward St. *Oldh* —3A **72**
(Oldham)
Edward St. *P'wch* —4E **67**
Edward St. *Rad* —5H **49**
(Radcliffe)
Edward St. *Rad* —1B **64**
(Stoneclough)
Edward St. *Roch* —3A **28**
Edward St. *Sale* —5E **123**
Edward St. *Salf* —1C **94**
Edward St. *Stoc* —3H **139**
Edward St. *Ward* —5B **16**
Edward St. *Whitw* —3H **15**
Edwards Way. *Marp* —6C **142**
Edwin Rd. *M11* —3A **96**
Edwin St. *Bury* —3C **36**
Edwin St. *Stoc* —3B **140**
Edwin Waugh Gdns. *Roch*
—6D **14**
Edzell Wlk. *Open* —4E **97**
Eeasbrook. *Urm* —6F **105**
Egbert St. *M40* —4A **84**
Egerton Barn Cottage. *Eger*
—1C **18**
Egerton Clo. *Heyw* —4F **39**
Egerton Ct. *M21* —3F **123**
Egerton Ct. *Stoc* —1H **151**
Egerton Ct. *Wor* —3A **78**
Egerton Cres. *M20* —2F **125**
Egerton Cres. *Heyw* —4E **39**
Egerton Dri. *Has* —2A **146**
Egerton Dri. *Sale* —4B **122**
Egerton Gro. *Wor* —6F **63**
Egerton M. *Droy* —5A **98**
Egerton M. *Manx* —1H **125**
Egerton M. *Salf* —4B **94** (5D **4**)
Egerton Pk. *Wor* —4B **78**
Egerton Pl. *Shaw* —1E **57**
Egerton Rd. *M14* —1H **125**
Egerton Rd. *Ecc* —1F **91**

Egerton Rd. *Hale* —2A **146**
Egerton Rd. *Stoc* —6A **140**
Egerton Rd. *W'fld* —2D **66**
Egerton Rd. *Wilm* —6F **159**
Egerton Rd. *Wor* —6F **63**
Egerton Rd. N. *M16 & M21*
   —5A **108**
Egerton Rd. N. *Stoc* —4E **127**
Egerton Rd. S. *M21* —1A **124**
Egerton Rd. S. *Stoc* —5E **127**
Egerton St. *M15* —6B **94** (2D **8**)
Egerton St. *Ash L* —2A **100**
Egerton St. *Dent* —2D **112**
Egerton St. *Droy* —4B **98**
Egerton St. *Ecc* —3D **90**
Egerton St. *Farn* —6E **47**
Egerton St. *Heyw* —4E **39**
Egerton St. *L'boro* —4G **13**
Egerton St. *Mid* —2E **69**
Egerton St. *Moss* —1E **89**
Egerton St. *Oldh* —2D **72**
Egerton St. *P'wch* —5G **67**
Egerton St. *Salf* —4B **94** (5D **4**)
Egerton Ter. *M14* —2H **125**
Egerton Vale. *Eger* —1B **18**
Egerton Wlk. *Wor* —6F **63**
Eggington St. *M40* —6E **83**
Egham Ct. *Bolt* —4D **32**
Egham Ho. *Bolt* —5F **45**
Egmont Ho. *M3* —2D **94**
Egmont St. *M8* —3C **82**
Egmont St. *Moss* —3E **89**
Egmont St. *Salf* —5C **80**
Egremont Av. *M20* —2E **125**
Egremont Clo. *W'fld* —6E **51**
Egremont Ct. *Salf* —3G **81**
Egremont Gro. *Stoc* —3D **138**
Egremont Rd. *Miln* —1C **42**
Egret Dri. *Irl* —4E **103**
Egyptian St. *Bolt* —4B **32**
Egypt La. *P'wch* —6H **51**
Eida Way. *Traf P* —5C **92**
Eight Acre. *W'fld* —2A **66**
Eighth Av. *Oldh* —2B **86**
Eighth St. W. *Traf P* —1C **106**
Eigth St. *Traf P* —1D **106**
Eileen Gro. *M14* —5G **109**
Eileen Gro. W. *M14* —5F **109**
Elaine Av. *M9* —1B **84**
Elbain Wlk. *M40* —6C **84**
Elberton Wlk. M8 —4B 82
(off Landfield Dri.)
Elbe St. *M12* —5G **95** (2F **11**)
Elbow La. *Roch* —5A **28**
Elbow St. *M19* —6C **110**
Elbow St. Trad. Est. *M19*
   —6D **110**
Elbut La. *Bury* —6D **24**
Elcho Ct. *Bow* —2D **144**
Elcho Rd. *Bow* —2D **144**
Elcot Clo. *M40* —6E **83**
Elderberry Clo. *Dig* —2C **60**
Elderberry Wlk. *Part* —6C **118**
Elderberry Way. *Wilm* —1H **167**
Elderburn Dri. *M40* —5F **83**
Elder Clo. *Stoc* —3D **140**
Eldercot Gro. *Bolt* —3E **45**
Eldercot Rd. *Bolt* —3E **45**
Eldercroft Rd. *Tim* —6C **134**
Elderfield Dri. *Bred* —5F **129**
Elder Gro. *M40* —1F **85**
Elder Mt. Rd. *M9* —1F **83**
Elder Rd. *Lees* —3A **74**
Elder St. *Roch* —6B **28**
Elder Wlk. *Sale* —3E **121**
Elderwood. *Chad* —2E **71**
Eldon Clo. *Aud* —6E **99**
Eldon Pl. *Ecc* —4E **91**
Eldon Precinct. *Oldh* —4C **72**
Eldon Rd. *Irl* —5E **103**
Eldon Rd. *Stoc* —4E **139**

Eldon St. *Bolt* —4D **32**
Eldon St. *Bury* —1D **36**
Eldon St. *Oldh* —4D **72**
Eldridge Dri. *M40* —6A **84**
Eleanor Rd. *M21* —1F **123**
Eleanor Rd. *Rytn* —5C **56**
Eleanor St. *Bolt* —6E **19**
Eleanor St. *Oldh* —1B **72**
Elevator Rd. *Traf P* —1E **107**
Eleventh St. *Traf P* —1C **106**
Elf Mill Clo. *Stoc* —5G **139**
Elf Mill Ter. *Stoc* —5G **139**
Elford Gro. *M18* —3A **112**
Elgar St. *M12* —3C **110**
Elgin Av. *M20* —6H **125**
Elgin Dri. *Sale* —6E **123**
Elgin Rd. *Duk* —1A **114**
Elgin Rd. *Oldh* —3G **73**
Elgin St. *Ash L* —1G **99**
(in two parts)
Elgin St. *Bolt* —3G **31**
Elgin St. *Roch* —6A **28**
Elgin St. *Stal* —4F **101**
Elgol Clo. *Stoc* —6H **139**
Elgol Ct. *Heyw* —4C **38**
Elgol Dri. *Bolt* —1C **44**
Elham Clo. *Rad* —2C **64**
Elim St. *L'boro* —2G **17**
Eliot Rd. *Ecc* —4F **91**
Eliot Wlk. *Mid* —4C **54**
Elisie St. *Ram* —5C **12**
Eli St. *Chad* —6G **71**
Elitex Ho. *Salf* —1C **94**
Eliza Ann St. *M40* —1G **95**
Eliza Ann St. *Ecc* —4E **91**
Elizabethan Way. *Miln* —5F **29**
Elizabeth Av. *Chad* —6G **71**
Elizabeth Av. *Dent* —2E **113**
Elizabeth Av. *Dis* —2H **165**
Elizabeth Av. *Rytn* —4A **56**
Elizabeth Av. *Stal* —3E **101**
Elizabeth Av. *Stoc* —3H **139**
Elizabeth Ct. *M14* —1H **125**
Elizabeth Ct. *Stoc* —1E **139**
Elizabeth Gro. *Shaw* —6F **43**
Elizabeth Rd. *Part* —5D **118**
Elizabeth Slinger Rd. *M20*
   —5D **124**
Elizabeth St. *M8* —5B **82**
Elizabeth St. *Ash L* —1H **99**
Elizabeth St. *Dent* —4D **112**
Elizabeth St. *Heyw* —3E **39**
Elizabeth St. *Hyde* —4B **114**
Elizabeth St. *L'boro* —6E **16**
Elizabeth St. *Oldh* —1B **72**
Elizabeth St. *Pen* —2F **79**
Elizabeth St. *P'wch* —5G **67**
Elizabeth St. *Rad* —4G **49**
Elizabeth St. *Ram* —1A **12**
Elizabeth St. *Roch* —2C **40**
Elizabeth St. *W'fld* —2D **66**
Elizabeth Yarwood Ct. *M13*
   —1F **109** (5D **10**)
Eliza St. *M15* —1C **108** (5E **9**)
Eliza St. *Ram* —3F **13**
Eliza St. *Sale* —4B **122**
Elkstone Av. *L Hul* —3C **62**
Ella Dene Pk. *M21* —1A **124**
Ellanby Clo. *M14* —4F **109**
Elland Clo. *Bury* —5F **51**
Ellaston Dri. *Urm* —5F **105**
Ellastone Rd. *Salf* —1C **92**
Ellbourne Rd. *M9* —6C **68**
Ellenbrook Clo. *M12* —1D **110**
Ellenbrook Rd. *M22* —5B **148**
Ellenbrook Rd. *Wor* —3D **76**
Ellenbrook St. *M12* —1D **110**
Ellendale Grange. *Wor* —3D **76**
Ellen Gro. *Kear* —4C **64**
Ellenhall Clo. *M9* —3F **83**
Ellenroad St. *Miln* —1E **43**

Ellenrod Dri. *Roch* —1C **26**
Ellenrod La. *Roch* —1C **26**
Ellens Pl. *L'boro* —6D **16**
Ellen St. *Bolt* —2G **31**
(in two parts)
Ellen St. *Droy* —5B **98**
Ellen St. *Oldh* —1B **72**
Ellen St. *Stoc* —6F **127**
Ellen Wilkinson Cres. *M12*
   —2C **110**
Elleray Clo. *L Lev* —4C **48**
Elleray Rd. *Mid* —4H **69**
Elleray Rd. *Salf* —6B **80**
Ellerbeck Clo. *Bolt* —6G **19**
Ellerbeck Cres. *Wor* —3E **77**
Ellerbrook Clo. *Bolt* —6F **19**
Ellerby Av. *Clif* —6G **65**
Ellesmere Av. *Ash L* —4G **87**
Ellesmere Av. *Ecc* —2G **91**
Ellesmere Av. *Marp* —5D **142**
Ellesmere Av. *Wor* —6E **63**
Ellesmere Clo. *Duk* —5C **100**
Ellesmere Clo. *L Hul* —6D **62**
Ellesmere Dri. *Chea* —6C **138**
Ellesmere Gdns. *Bolt* —4H **45**
Ellesmere Pl. *M15*
   —1B **108** (6D **8**)
Ellesmere Pl. *Alt* —1F **145**
Ellesmere Rd. *M21* —6A **108**
Ellesmere Rd. *Alt* —5F **133**
Ellesmere Rd. *Bolt* —4G **45**
Ellesmere Rd. *Ecc* —1G **91**
Ellesmere Rd. *Stoc* —4C **138**
Ellesmere Rd. N. *Stoc* —4E **127**
Ellesmere Rd. S. *M21* —1A **124**
Ellesmere Shopping Cen. *Wor*
   —6F **63**
Ellesmere St. *M15*
   —6B **94** (4C **8**)
Ellesmere St. *Bolt* —1H **45**
Ellesmere St. *Ecc* —4F **91**
(in two parts)
Ellesmere St. *Fail* —3F **85**
Ellesmere St. *Farn* —1F **63**
Ellesmere St. *L Hul* —6D **62**
Ellesmere St. *Roch* —6H **27**
Ellesmere St. *Swint* —2G **79**
(Pendlebury)
Ellesmere St. *Swint* —4D **78**
(Swinton)
Ellesmere Ter. *M14* —2H **125**
Ellesmere Wlk. *Farn* —1F **63**
Ellingham Clo. *M11* —4B **96**
Elliot Sq. *Oldh* —1E **73**
Elliott Av. *Hyde* —2B **114**
Elliott Dri. *Sale* —5G **121**
Elliott St. *Bolt* —2G **31**
Elliott St. *Farn* —2E **63**
Elliott St. *Lees* —3A **74**
Elliott St. *Roch* —3A **28**
Ellisbank Wlk. *M13*
   —6F **95** (4D **10**)
Ellis Cres. *Wor* —6D **62**
Ellis Fold. *Roch* —1A **26**
Ellishaw Row. *Salf* —4F **93**
Ellisland Wlk. *M40* —5A **84**
Ellis La. *Mid* —1D **68**
Ellison Clo. *Holl* —2F **117**
Ellis St. *Bolt* —2H **45**
Ellis St. *Bury* —3H **35**
Ellis St. *Hyde* —5D **114**
Ellis St. *Ram* —4D **12**
Ellis St. *Salf* —1C **94**
Elliston Sq. *M12* —1C **110**
Ellon Wlk. *Open* —4E **97**
Ellor St. *Salf* —2F **93**
Ellwood Rd. *Stoc* —2B **140**
Elm Av. *Rad* —1F **65**
Embank Av. *M20* —5C **124**
Embank Rd. *Mid* —1C **70**
Elm Beds Rd. *Poy* —5A **164**

Elmbridge Wlk. *M40* —5A **84**
Elmbridge Wlk. *Bolt* —2H **45**
Elm Clo. *Mot* —3C **116**
Elm Clo. *Part* —6D **118**
Elm Clo. *Poy* —4F **163**
Elm Ct. *Stoc* —3B **140**
Elm Cres. *Ald E* —4H **167**
Elm Cres. *Wor* —4A **78**
Elmdale Av. *H Grn* —3F **149**
Elmdale Wlk. *M15*
   —6E **95** (4A **10**)
Elm Dri. *Stret* —6B **106**
Elmfield Av. *M22* —3C **136**
Elmfield Clo. *Ald E* —4H **167**
Elmfield Dri. *Marp* —5C **142**
Elmfield Rd. *Ald E* —4H **167**
Elmfield Rd. *Aud* —5C **98**
Elmfield Rd. *Stoc* —6H **139**
Elmfield St. *M8* —5C **82**
Elmfield St. *Bolt* —2B **32**
(in three parts)
Elmgate Gro. *M19* —6C **110**
Elm Gro. *M20* —6F **125**
Elm Gro. *Ash L* —6G **87**
Elm Gro. *Brom X* —3E **19**
Elm Gro. *Dent* —2D **112**
Elm Gro. *Droy* —3F **97**
Elm Gro. *Farn* —1D **62**
Elm Gro. *Grot* —3D **74**
Elm Gro. *Hand* —4G **159**
Elm Gro. *Hyde* —5D **114**
Elm Gro. *Miln* —2E **43**
Elm Gro. *P'wch* —3E **67**
Elm Gro. *Roch* —6G **27**
(in two parts)
Elm Gro. *Sale* —3B **122**
Elm Gro. *Urm* —5G **105**
Elm Gro. *Ward* —4A **16**
Elm Gro. *Wdly* —1B **78**
Elmham Wlk. *M40* —1G **95**
Elmhurst Dri. *M19* —4B **126**
Elmin Wlk. *M15* —6C **94** (4F **9**)
Elmley Clo. *Stoc* —6G **141**
Elmore Wood. *L'boro* —3C **16**
Elm Pk. Ga. *Roch* —6B **14**
Elm Pk. Gro. *Roch* —6B **14**
Elm Pk. Vale. *Roch* —6B **14**
Elm Pk. View. *Roch* —6B **14**
Elm Pk. Way. *Roch* —6B **14**
Elmridge Dri. *Haleb* —5C **146**
Elm Rd. *M20* —5E **125**
Elm Rd. *Gat* —6E **137**
Elm Rd. *Hale* —2G **145**
Elm Rd. *H Lane* —6D **154**
Elm Rd. *Kear* —4H **63**
Elm Rd. *L Lev* —5B **48**
Elm Rd. *Oldh* —2B **86**
Elm Rd. S. *Stoc* —4C **138**
Elms Clo. *W'fld* —5D **50**
Elmscott Wlk. *M13* —2H **109**
Elmsdale Av. *M9* —4F **69**
Elmsfield Av. *Roch* —2A **26**
Elmsleigh Rd. *H Grn* —3E **149**
Elmsmere Rd. *M20* —6H **125**
Elms Rd. *Stal* —2H **101**
Elms Rd. *Stoc* —5D **126**
Elms Rd. *W'fld* —6D **50**
Elms Sq. *W'fld* —6C **50**
Elms St. *W'fld* —6C **50**
Elmstead Av. *M20* —3E **125**
Elmsted Clo. *Chea H* —2D **150**
Elms, The. *L'boro* —5C **16**
Elms, The. *Moss* —2D **88**
Elms, The. *Wilm* —3G **166**
Elmstone Gro. *Bolt* —4B **32**
Elm St. *Bred* —5F **129**
Elm St. *Bury* —3F **37**
Elm St. *Ecc* —4F **91**
Elm St. *Fail* —3F **85**
Elm St. *Farn* —6F **47**
Elm St. *Heyw* —3F **39**

Elm St. *L'boro* —1F **29**
Elm St. *Mid* —1C **70**
Elm St. *Ram* —2B **12**
(Edenfield)
Elm St. *Ram* —3F **13**
(Ramsbottom)
Elm St. *Roch* —2H **27**
Elm St. *Swint* —2E **79**
Elm St. *Whitw* —3H **15**
Elmsway. *Bram* —6E **151**
Elmsway. *Haleb* —5B **146**
Elmsway. *H Lane* —1C **164**
Elmwood Av. *M14* —5D **108**
Elmwood Dri. *Hyde* —4E **115**
Elmsworth Av. *M19* —6D **110**
Elmton Rd. *M9* —5G **69**
Elm Tree Clo. *Fail* —4H **85**
Elm Tree Clo. *Stal* —5E **101**
Elm Tree Dri. *M22* —2B **148**
Elm Tree Dri. *Duk* —6D **100**
Elmtree Dri. *Stoc* —1D **138**
Elm Tree Rd. *Bred* —6C **128**
Elmwood. *Sale* —5E **121**
Elmwood. *Wor* —6A **78**
Elmwood Ct. *Stret* —1C **122**
Elmwood Dri. *Rytn* —2A **56**
Elmwood Gro. *M9* —4H **83**
Elmwood Gro. *Bolt* —5G **31**
Elmwood Gro. *Farn* —3E **63**
Elmwood Lodge. *Manx*
—5E **125**
Elrick Wlk. *Open* —4D **96**
Elsa Rd. *M19* —6E **111**
Elsdon Dri. *M18* —1F **111**
Elsdon Gdns. *Bolt* —4D **32**
Elsdon Rd. *M13* —5B **100**
Elsfield Clo. *Bolt* —3H **31**
Elsham Dri. *Wor* —6D **62**
Elsham Gdns. *M18* —3D **110**
Elsie St. *M9* —3G **83**
Elsie St. *Farn* —1E **63**
Elsinore Av. *Irl* —6E **103**
Elsinore Clo. *Fail* —4H **85**
Elsinore Rd. *M16* —3G **107**
Elsinore St. *Bolt* —2D **32**
Elsinor Ter. *Urm* —5H **105**
Elsma Rd. *M40* —1G **97**
Elsmore Rd. *M14* —6E **109**
Elson Ct. *Hyde* —2B **130**
Elson Dri. *Hyde* —2B **130**
Elson St. *Bury* —1H **35**
Elstead Wlk. *M9* —6C **68**
Elsted Rd. *G'fld* —4G **75**
Elston Wlk. *M15*
—1D **108** (5H **9**)
Elstree Av. *M40* —1D **96**
Elstree Gro. *Stoc* —3F **139**
Elswick Av. *M21* —4B **124**
Elswick Av. *Bolt* —2F **45**
Elswick Av. *Bram* —6G **151**
Elsworth Dri. *Bolt* —1B **32**
Elsworth St. *M3* —2E **95** (1A **6**)
Elterwater Clo. *Bury* —1H **35**
Eltham Av. *Stoc* —6C **140**
Eltham Dri. *Urm* —2E **105**
Eltham St. *M19* —5C **110**
Elton Av. *M12* —1C **126**
Elton Av. *Farn* —1B **62**
Elton Bank. *Glos* —6F **117**
(off Brassington Cres.)
Elton Brook Clo. *Bury* —2H **35**
Elton Clo. *Glos* —6F **117**
(off Brassington Cres.)
Elton Clo. *W'fld* —1E **67**
Elton Clo. *Wilm* —6A **160**
Elton Dri. *Haz G* —5D **152**
Elton Lea. *Glos* —6F **117**
(off Langsett La.)
Elton Pl. *Glos* —6F **117**
(off Brassington Cres.)
Elton Rd. *Sale* —1G **133**

Elton Sq. *Bury* —3A **36**
Elton St. *Bolt* —6C **32**
Elton St. *Roch* —4C **40**
Elton St. *Salf* —2B **94** (1D **4**)
Elton St. *Stret* —2F **107**
Eltons Yd. *Salf* —2B **94** (1D **4**)
Elton Vale Rd. *Bury* —3H **35**
Elvate Cres. *M8* —6B **82**
Elverdon Clo. *M15* —2C **108**
Elverston St. *M22* —2C **136**
Elverston Way. *Chad* —1A **72**
Elvey St. *M40* —6H **83**
Elvington Cres. *Wor* —3E **77**
Elvington Wlk. *M11*
—1E **109** (5A **10**)
Elvira Clo. *Fail* —4H **85**
Elwick Clo. *M16* —4D **108**
Elworth Way. *Hand* —3H **159**
Elwyn Av. *M22* —4B **136**
Ely Av. *Stret* —4H **105**
Ely Clo. *Wor* —3D **76**
Ely Cres. *Fail* —6F **85**
Ely Dri. *Bury* —1B **36**
Ely Gdns. *Urm* —5G **105**
Ely Gro. *Bolt* —4A **32**
Elysian St. *Open* —5E **97**
Ely St. *Chad* —4H **71**
Embankment Footway. *Stoc*
—4F **139**
Embassy Wlk. *M18* —3F **111**
Ember St. *M11* —3F **97**
Emblem St. *Bolt* —2H **45**
Embleton Wlk. *M18* —1E **111**
Emerald Rd. *M22* —6D **148**
Emerald St. *Bolt* —2B **32**
Emerald St. *Dent* —4E **113**
Emerson Av. *Ecc* —2A **92**
Emerson Dri. *Mid* —6H **53**
Emerson St. *Salf* —3D **92**
Emery Av. *M21* —3A **124**
Emery Clo. *Stoc* —5C **126**
Emily Beavan Clo. *M11* —4D **96**
Emily Pl. *Droy* —4H **97**
Emley St. *M19* —6D **110**
Emlyn Gro. *Chea* —5C **138**
Emlyn St. *Farn* —6E **47**
Emlyn St. *Swint* —3D **78**
Emlyn St. *Wor* —6F **63**
Emmanuel Clo. *Bolt* —2H **45**
(off Emmanuel Pl.)
Emmanuel Ct. *Ash L* —1H **99**
Emmanuel Pl. *Bolt* —2H **45**
Emma St. *Oldh* —6D **72**
Emma St. *Roch* —3G **27**
Emmaus Wlk. *Salf* —2F **93**
Emmerson St. *Pen* —2F **79**
Emmett St. E. *M40* —6G **83**
Emmott St. *Oldh* —3D **72**
Empire Rd. *Bolt* —5F **33**
Empire Rd. *Duk* —1A **114**
Empress Av. *Marp* —6D **142**
Empress Bus. Cen. *M16*
—1A **108** (6B **8**)
(off Chester Rd.)
Empress Bus. Pk. *M16*
—1A **108** (6B **8**)
Empress Clo. *M15*
—1A **108** (6B **8**)
Empress Dri. *Stoc* —5F **127**
Empress St. *M8* —3B **82**
Empress St. *Bolt* —4F **31**
Empress St. *Old T*
—1A **108** (6A **8**)
Emsworth Clo. *Bolt* —4D **32**
Emsworth Dri. *Sale* —2C **134**
Ena St. *Bolt* —4C **46**
Ena St. *Oldh* —6G **57**
Enbridge St. *Salf* —5G **93**
Encombe Pl. *Salf* —3B **94** (4C **4**)
Endcott Clo. *M18* —1D **110**

Enderby Rd. *M40* —2C **84**
Ending Rake. *Whitw* —5C **14**
Endon Dri. *M21* —1D **124**
Endon St. *Bolt* —4F **31**
Endsleigh Rd. *M20* —3G **125**
Endsley Av. *Wor* —2E **77**
Endsor Clo. *M16* —4D **108**
Enfield Av. *M19* —3C **126**
Enfield Av. *Oldh* —6C **72**
Enfield Clo. *Bolt* —4A **32**
Enfield Clo. *Bury* —2D **50**
Enfield Clo. *Ecc* —5F **91**
Enfield Clo. *Roch* —3A **26**
Enfield Dri. *M11* —3E **97**
Enfield Ho. *Ecc* —5F **91**
Enfield Rd. *Ecc* —1H **91**
Enfield Rd. *Swint* —5E **79**
Enfield St. *Hyde* —2C **130**
Enfield St. *Wor* —4F **63**
Enford Av. *M22* —3G **147**
Engell Clo. *M18* —2F **111**
Engels Ho. *Ecc* —5F **91**
(off Trafford Rd.)
Engine Fold Rd. *Wor* —6C **62**
Engine St. *Chad* —5H **71**
Engledene. *Bolt* —5B **18**
Englefield Gro. *M18* —3F **111**
Enid Clo. *Salf* —6A **82**
Enid St. *Salf* —6A **82**
Enmore Wlk. *Salf* —5A **82**
Ennerdale Av. *M21* —5B **124**
Ennerdale Av. *Bolt* —4H **33**
Ennerdale Av. *Rytn* —6A **42**
Ennerdale Av. *Swint* —5F **79**
Ennerdale Clo. *L Lev* —4H **47**
Ennerdale Dri. *Bury* —4H **51**
Ennerdale Dri. *Gat* —2F **149**
Ennerdale Dri. *Sale* —4G **121**
Ennerdale Dri. *Tim* —3A **134**
Ennerdale Gdns. *Bolt* —4G **33**
Ennerdale Gro. *Ash L* —6D **86**
Ennerdale Gro. *Farn* —1A **62**
Ennerdale Rd. *Mid* —5H **53**
Ennerdale Rd. *Part* —6C **118**
Ennerdale Rd. *Roch* —1B **40**
Ennerdale Rd. *Stoc* —4B **140**
Ennerdale Rd. *Stret* —4C **106**
Ennerdale Rd. *Woodl* —5H **129**
Ennerdale Ter. *Stal* —2E **101**
Ennis Clo. *Rnd I* —6E **135**
Ennismore Av. *Ecc* —3A **92**
Enoch St. *M40* —6G **83**
Enstone Dri. *M40* —2D **84**
Enterprise Ho. *Salf* —6F **93**
Enterprise Trad. Est. *Traf P*
—5A **92**
Enticott Rd. *Cad* —4A **118**
Entron Ho. *Shaw* —6D **42**
Entwisle Av. *Urm* —3D **104**
Entwisle Rd. *Roch* —3A **28**
Entwisle Row. *Farn* —1F **63**
Entwisle St. *Farn* —6F **47**
Entwisle St. *Bolt* —5D **32**
Entwistle St. *Miln* —5E **29**
Entwistle St. *Rad* —5H **49**
Entwistle St. *Wdly* —2D **78**
Enver Rd. *M8* —3D **82**
Enville Rd. *M40* —2B **84**
Enville Rd. *Bow* —2E **145**
Enville Rd. *Salf* —5C **80**
Enville St. *Ash L* —2A **100**
Enville St. *Aud* —6E **99**
Enys Wlk. *Salf* —6E **81**
Epping Clo. *Ash L* —4G **87**
Epping Clo. *Chad* —1E **71**
Epping Dri. *Sale* —4E **121**
Epping Rd. *Dent* —5B **112**
Epping St. *M15*
—1E **109** (5H **9**)
Epping Wlk. *M15* —1E **109**
Eppleworth Rise. *Clif* —6G **65**

Epsley Clo. *M15*
—1E **109** (6A **10**)
Epsom Av. *M19* —3B **126**
Epsom Av. *Sale* —1E **133**
Epsom Av. *Stan G* —3A **160**
Epsom Clo. *Roch* —3B **26**
Epsom Clo. *Stoc* —3F **153**
Epsom M. *Salf* —5H **81**
Epsom Wlk. *Chad* —2A **72**
Epworth Gro. *Bolt* —4G **45**
(in two parts)
Epworth St. *M1* —4G **95** (6F **7**)
Equitable St. *Miln* —6F **29**
Equitable St. *Oldh* —1H **73**
Equitable St. *Roch* —5A **28**
Era St. *Bolt* —6G **33**
Era St. *Sale* —5B **122**
Ercall Av. *M12* —1A **110**
Erica Av. *Oldh* —3B **58**
Erica Clo. *Stoc* —1A **128**
Erica Dri. *M19* —5A **126**
Eric Brook Clo. *M14* —4E **109**
Eric Bullows Clo. *M22*
—4A **148**
Eric St. *L'boro* —3E **17**
Eric St. *Oldh* —2G **73**
Eric St. *Salf* —4F **93**
Erindale Wlk. *M40* —5F **83**
Erin St. *M11* —6G **97**
Erith Clo. *Stoc* —3B **128**
Erith Rd. *Oldh* —3G **73**
Erlesmere Av. *Dent* —3G **113**
Erlesmere Clo. *Oldh* —3B **58**
Erley Rd. *Pen* —4A **80**
Erlington Av. *M16* —4H **107**
Erman's Bldgs. *Swint* —1F **79**
Ermen Rd. *Ecc* —5E **91**
Ermington Dri. *M8* —5B **82**
Erneley Clo. *M12* —4D **110**
Ernest St. *Bolt* —1H **45**
(in two parts)
Ernest St. *Chea* —5G **137**
Ernest St. *P'wch* —5D **66**
Ernest St. *Stoc* —5A **140**
Ernest Ter. *Roch* —2B **28**
Ernlouen Av. *Bolt* —5E **31**
Erncroft Gro. *M18* —1G **111**
Erncroft La. *Marp B* —6H **131**
Erncroft Rd. *Marp B* —2F **143**
Erringdon Clo. *Stoc* —5D **140**
Errington Clo. *Bolt* —2D **44**
Errington Dri. *Salf* —1B **94**
Errol Av. *M9* —4C **68**
Errol Av. *M22* —1A **148**
Errwood Cres. *M19* —1C **126**
Errwood Rd. *M19* —4B **126**
Erskine Clo. *Bolt* —2C **44**
Erskine Rd. *M9* —4G **69**
Erskine Rd. *Part* —6D **118**
Erskine St. *M15*
—1B **108** (6D **8**)
Erskine St. *Comp* —6F **131**
Erwin St. *M40* —5B **84**
Eryngo St. *Stoc* —2A **140**
Escott Wlk. *M16* —3D **108**
Esher Dri. *Sale* —2C **134**
Esk Av. *Ram* —1A **12**
Esk Clo. *Urm* —3C **104**
Eskdale. *Gat* —1G **149**
Eskdale Av. *M20* —2E **125**
Eskdale Av. *Bolt* —3H **33**
Eskdale Av. *Bram* —2E **161**
Eskdale Av. *G'fld* —4F **61**
Eskdale Av. *Oldh* —5B **72**
Eskdale Av. *Roch* —2B **40**
Eskdale Av. *Rytn* —6B **42**
Eskdale Av. *Woodl* —4H **129**
Eskdale Clo. *Bury* —4E **51**
Eskdale Dri. *Mid* —4H **53**
Eskdale Dri. *Tim* —4C **134**
Eskdale Gro. *Farn* —1B **62**

Eskdale Ho. *M13* —3A **110**
Eskdale M. *G'fld* —4F **61**
Eskdale Ter. *Stal* —1E **101**
Eskrick St. *Bolt* —4H **31**
Eskrigge Clo. *M8* —3B **82**
Esmond Rd. *M8* —4C **82**
Esmont Dri. *Mid* —4G **53**
Esplanade, The. *Roch* —4G **27**
Essex Av. *M20* —5F **125**
Essex Av. *Bury* —4A **38**
Essex Av. *Droy* —2A **98**
Essex Av. *Stoc* —3D **138**
Essex Clo. *Fail* —6F **85**
Essex Clo. *Shaw* —6D **42**
Essex Dri. *Bury* —5D **36**
Essex Gdns. *Cad* —5A **118**
Essex Pl. *Clif* —1F **79**
Essex Rd. *M18* —3H **111**
Essex Rd. *Stoc* —5C **128**
Essex St. *M2* —4D **94** (6H **5**)
Essex St. *Roch* —5H **27**
Essex Wlk. *M15* —2B **108**
Essex Way. *M15* —2B **108**
Essingdon St. *Bolt* —3H **45**
(in two parts)
Essington Wlk. *Dent* —6E **113**
Est. South St. *Oldh* —5D **72**
Estate St. *Oldh* —5D **72**
Estate St. S. *Oldh* —5D **72**
Estate Wlk. *Oldh* —5D **72**
Esther St. *L'boro* —4D **16**
Esther St. *Oldh* —2H **73**
Estonfield Dri. *Urm* —5H **105**
Eston St. *M13* —3H **109**
Eswick St. *M11* —4E **97**
Etchells Rd. *H Grn* —4H **149**
Etchells St. *Stoc* —2H **139**
Etchell St. *M40* —6E **83**
Ethel Av. *M9* —4F **69**
Ethel Av. *Pen* —3H **79**
Ethel Ct. *Roch* —5B **28**
Ethel St. *Bolt* —1H **45**
Ethel St. *Oldh* —6D **72**
Ethel St. *Roch* —5B **28**
Ethel St. *Whitw* —3H **15**
Ethel Ter. *M19* —6C **110**
Etherly Clo. *Irl* —5E **103**
Etherow Av. *Rom* —1C **142**
Etherow Gro. *M40* —1F **85**
Etherow Way. *Had* —2G **117**
Etherstone St. *M8* —3E **83**
Ethrow Ind. Est. *Holl* —3F **117**
Eton Av. *Oldh* —6C **72**
Eton Clo. *M16* —2B **108**
Eton Clo. *Roch* —5D **26**
Eton Ct. *M16* —2B **108**
Eton Hill Rd. *Rad* —3A **50**
Eton Way N. *Rad* —2A **50**
Eton Way S. *Rad* —2A **50**
Etropway. *M22* —2B **148**
Etruria Clo. *M13* —2H **109**
Ettington Clo. *Bury* —2G **35**
Ettrick Clo. *Open* —5F **97**
Europa Bus. Pk. *Stoc* —5D **138**
Europa Ga. *Traf P* —2D **106**
Europa Trad. Est. *Rad* —2B **64**
Europa Way. *Rad* —2A **64**
Europa Way. *Stoc* —5D **138**
Europa Way. *Traf P* —2D **106**
Eustace St. *Bolt* —4C **46**
Eustace St. *Chad* —6H **55**
Euston Av. *M9* —6A **70**
Euxton Clo. *Bury* —4G **35**
Evans Rd. *Ecc* —4C **90**
Evans St. *Ash L* —1B **100**
Evans St. *Mid* —1A **70**
Evans St. *Oldh* —1D **72**
Evans St. *Salf* —2C **94** (2F **5**)
Evan St. *M40* —6G **83**

Evanton Wlk. M9 —4G 83
(off Nethervale Dri.)
Eva Rd. *Stoc* —4C **138**
Eva St. *M14* —4G **109**
Eva St. *Roch* —1A **28**
Evelyn St. *M14* —1H **125**
Evelyn St. *Oldh* —6F **57**
Evening St. *Fail* —3F **85**
Evenley Clo. *M11* —6F **97**
Everall Bldgs. *Rytn* —3B **56**
Everard Clo. *Wor* —3E **77**
Everard St. *Salf* —6A **94** (3B **8**)
Everbrom Rd. *Bolt* —5E **45**
Everdingen Wlk. *Oldh* —4H **57**
Everest Av. *Ash L* —6F **87**
Everest Clo. *Hyde* —3E **115**
Everest Rd. *Hyde* —3E **115**
Everest St. *Roch* —3G **41**
Everett Ct. *Manx* —3F **125**
Everett Rd. *M20* —3E **125**
Everglade. *Oldh* —2E **87**
Evergreen Wlk. *Sale* —3E **121**
Everitt St. *Bolt* —3A **32**
Everleigh Clo. *Bolt* —6A **20**
Everleigh Dri. *M8* —5B **82**
Eversden Ct. *Salf* —1C **94**
Eversley Ct. *Sale* —1B **134**
Eversley Rd. *M20* —6E **125**
Everson M. *Upperm* —1F **61**
Everton Rd. *Oldh* —5B **72**
Everton Rd. *Stoc* —5H **111**
Everton St. *Swint* —3E **79**
Every St. *M4* —4H **95** (6G **7**)
Every St. *Bury* —1D **36**
Every St. *Ram* —3F **13**
Evesham Av. *M23* —4D **134**
Evesham Av. *Stoc* —6D **126**
Evesham Clo. *Bolt* —1H **45**
Evesham Clo. *Mid* —4B **70**
Evesham Dri. *Farn* —5D **46**
Evesham Gro. *Ash L* —4G **87**
Evesham Gro. *Sale* —5E **123**
Evesham Rd. *M9* —1A **84**
Evesham Rd. *Chea* —6C **138**
Evesham Rd. *Mid* —4A **70**
Evesham Wlk. *Bolt* —2H **45**
Evesham Wlk. *Mid* —4B **70**
Evesham Wlk. *Oldh* —4C **72**
Eveside Clo. *Chea H* —1D **150**
Eve St. *Oldh* —1D **86**
Evington Av. *Open* —6A **98**
Ewan St. *M18* —1F **111**
Ewart Av. *Salf* —4G **93**
Ewart St. *Bolt* —3A **32**
Ewhurst Av. *Swint* —5D **78**
Ewing Clo. *M8* —2C **82**
Ewood. *Oldh* —3E **87**
Ewood Dri. *Bury* —5G **35**
Exbourne Rd. *M22* —4A **148**
Exbridge Wlk. *M40* —1F **97**
Exbury. Roch —3G 27
(off Spotland Rd.)
Exbury St. *M14* —2H **125**
Excalibur Way. *Irl* —2C **118**
Exchange Quay. *Salf* —1G **107**
Exchange St. *M2*
—4D **94** (5H **5**)
Exchange St. *Bolt* —6B **32**
Exchange St. *Eden* —2A **12**
Exchange St. *Oldh* —2F **73**
Exchange St. *Stoc* —2G **139**
Exeter Av. *Bolt* —3D **32**
Exeter Av. *Dent* —6F **113**
Exeter Av. *Ecc* —1A **92**
Exeter Av. *Farn* —6B **46**
Exeter Av. *Rad* —2D **48**
Exeter Clo. *Chea H* —5B **150**
Exeter Clo. *Duk* —1B **114**
Exeter Ct. *Mid* —6H **53**
Exeter Dri. *Ash L* —4H **87**
Exeter Dri. *Irl* —5F **103**

Exeter Gro. *Roch* —6H **27**
Exeter Rd. *Stoc* —4C **128**
Exeter Rd. *Urm* —3F **105**
Exeter St. *Roch* —6A **28**
Exeter Wlk. *Bram* —6H **151**
Exford Clo. *M40* —2H **95** (1G **7**)
Exford Clo. *Stoc* —3H **127**
Exford Dri. *Bolt* —1A **48**
Exford Wlk. *M40*
—2H **95** (2G **7**)
Exhall Clo. *L Hul* —3C **62**
Exit Rd. E. *Man A* —6H **147**
Exit Rd. W. *Man A* —6H **147**
Exmoor Clo. *Ash L* —4G **87**
Exmoor Wlk. *M23* —2G **147**
Exmouth Av. *Stoc* —4C **128**
Exmouth Pl. *Roch* —1H **41**
Exmouth Rd. *Sale* —4F **121**
Exmouth Sq. *Roch* —2G **41**
Exmouth St. *Roch* —1H **41**
Exmouth Wlk. *M16* —4D **108**
Express Trad. Est. *Farn* —3G **63**
Exton Wlk. *M16* —3C **108**
Eyam Clo. Glos —5F 117
(off Eyam La.)
Eyam Fold. Glos —5G 117
(off Langsett La.)
Eyam Gdns. Glos —5G 117
(off Eyam M.)
Eyam Grn. Glos —5F 117
(off Eyam La.)
Eyam Gro. Glos —5F 117
(off Eyam La.)
Eyam Gro. *Stoc* —6D **140**
Eyam La. *Glos* —5F **117**
Eyam M. *Glos* —5G **117**
Eyam Rd. *Haz G* —5E **153**
Eyebrook Rd. *Bow* —3C **144**
Eynford Av. *Stoc* —3B **128**
Eyre St. *M15* —2E **109**
Eyres Way. *Bred* —6C **128**

Faber St. *M4* —2E **95** (1B **6**)
Factory Brow. *Mid* —2E **69**
Factory La. *M9* —2E **83**
Factory La. *Dis* —6H **155**
Factory La. *Salf* —4B **94** (5C **4**)
Factory St. *Mid* —1H **69**
Factory St. *Rad* —4H **49**
Factory St. *Ram* —2E **13**
Failsworth Ind. Est. *Fail* —5C **84**
Failsworth Rd. *Fail* —4H **85**
FAILSWORTH STATION. *BR*
—3E **85**
Fairacres. *Bolt* —2G **33**
Fairacres Rd. *H Lane* —5C **154**
Fairbank Av. *M14* —3F **109**
Fairbank Dri. *Mid* —5F **53**
Fairbottom St. *Oldh* —2D **72**
Fairbottom Wlk. *Droy* —5A **98**
Fairbourne Av. *Ald E* —6E **167**
Fairbourne Av. *Wilm* —5C **166**
Fairbourne Clo. *Wilm* —5C **166**
Fairbourne Dri. *Tim* —2B **134**
Fairbourne Dri. *Wilm* —5C **166**
Fairbourne Rd. *M19* —6E **111**
Fairbourne Rd. *Dent* —5E **113**
Fairbrook Dri. *Salf* —3E **93**
Fairbrother St. *Salf*
—6A **94** (3A **8**)
Fairclough St. *M11* —3C **96**
Fairclough St. *Bolt* —3B **46**
Fairfax Av. *M20* —5F **125**
Fairfax Av. *Tim* —5A **134**
Fairfax Clo. *Marp* —4B **142**
Fairfax Dri. *L'boro* —6D **16**
Fairfax Dri. *Wilm* —5C **166**
Fairfax Rd. *P'wch* —4E **67**
Fairfield Av. *Bred* —5G **129**
Fairfield Av. *Chea H* —3B **150**

Fairfield Av. *Droy* —5A **98**
Fairfield Ct. *M13* —3H **109**
Fairfield Ct. *Droy* —5A **98**
Fairfield Dri. *Bury* —1H **37**
Fairfield Gdns. *Ald E* —4G **167**
Fairfield Rd. *M11* —6G **97**
Fairfield Rd. *Cad* —4A **118**
Fairfield Rd. *Droy* —5G **97**
Fairfield Rd. *Farn* —2E **63**
Fairfield Rd. *Mid* —6G **53**
Fairfield Rd. *Tim* —6C **134**
Fairfields. *Eger* —3D **18**
Fairfields. *Oldh* —1C **86**
Fairfield Sq. *Droy* —5A **98**
FAIRFIELD STATION. *BR*
—6A **98**
Fairfield St. *M1 & M12*
—5F **95** (1C **10**)
Fairfield St. *Salf* —6B **80**
Fairfield View. *Aud* —6A **98**
Fairford Clo. *Stoc* —4H **127**
Fairford Dri. *Bolt* —2A **46**
Fairford Way. *Stoc* —4H **127**
Fairford Way. *Wilm* —2G **167**
Fairham Wlk. *M4*
—4H **95** (6H **7**)
Fairhaven Av. *M21* —1H **123**
Fairhaven Av. *W'fld* —2B **66**
Fairhaven Clo. *Bram* —5H **151**
Fairhaven Clo. *W'fld* —2B **66**
Fairhaven Rd. *Bolt* —2B **32**
Fairhaven St. *M12* —1B **110**
Fairhills Rd. *Irl* —1D **118**
Fairholme Av. *Urm* —6E **105**
Fairholme Rd. *M20* —3G **125**
Fairholme Rd. *Stoc* —6E **127**
Fairhope Av. *Salf* —1B **92**
Fairhurst Dri. *Wor* —1B **76**
Fairisle Clo. *M11* —4B **96**
Fairland Pl. *Bolt* —2D **44**
Fairlands Pl. *Roch* —3H **41**
Fairlands Rd. *Bury* —4F **23**
Fairlands Rd. *Sale* —1H **133**
Fairlands St. *Roch* —3H **41**
Fairlands View. *Roch* —3H **41**
Fairlawn. *Stoc* —6F **127**
Fairlawn Clo. *M14* —3E **109**
Fairlea. *Dent* —5G **113**
Fairlea Av. *M20* —1G **137**
Fairlee Av. *Aud* —4C **98**
Fairleigh Av. *Salf* —2C **92**
Fairless Rd. *Ecc* —4F **91**
Fairlie Av. *Bolt* —2D **44**
Fairlie Dri. *Tim* —3B **134**
Fairman Clo. *M16* —4D **108**
Fairmead Rd. *M23* —2A **136**
Fairmile Dri. *M20* —3G **137**
Fairmount Av. *Bolt* —5G **33**
Fairmount Rd. *Swint* —5B **78**
Fairoak Ct. *Bolt* —2H **45**
Fair Oak Rd. *M19* —4B **126**
Fairstead Wlk. *Open* —6H **97**
Fair St. *M1* —4G **95** (6E **7**)
Fair St. *Bolt* —5G **45**
Fair St. *Pen* —2G **79**
Fairthorne Gro. *Ash L* —4F **99**
Fair View. *L'boro* —2G **17**
Fairview Av. *M19* —5B **110**
Fairview Av. *Dent* —6A **112**
Fairview Clo. *Chad* —1E **71**
Fairview Clo. *Marp* —4D **142**
Fairview Clo. *Roch* —1G **25**
Fairview Dri. *Marp* —4D **142**
Fairview Rd. *Dent* —5A **112**
Fairview Rd. *Tim* —6C **134**
Fairway. *Bram* —1F **161**
Fairway. *Droy* —5A **98**
Fairway. *Gat* —1E **149**
Fairway. *Miln* —5G **29**
Fairway. *Pen* —4A **80**
Fairway. *P'wch* —1H **81**

Fair Way. *Roch* —4B **40**
Fairway. *Whitw* —2C **14**
Fairway Av. *M23* —4D **134**
Fairway Av. *Bolt* —1A **34**
Fairway Ct. *Dent* —3B **112**
Fairway Cres. *Rytn* —1B **56**
Fairway Dri. *Sale* —1G **133**
Fairway Rd. *Bury* —4D **50**
Fairway Rd. *Oldh* —5A **74**
Fairways, The. *W'fld* —3D **66**
Fairway, The. *M40* —4C **84**
Fairway, The. *Stoc* —4D **140**
Fairwood Rd. *M23* —4D **134**
Fairy La. *M8* —6A **82**
Fairy La. *Sale* —5F **123**
Fairy St. *Bury* —3A **36**
Fairywell Clo. *Wilm* —6A **160**
Fairywell Ct. *M23* —4D **134**
Fairywell Dri. *Sale* —2A **134**
Fairywell Rd. *Tim* —3B **134**
Faith St. *Bolt* —4E **31**
Falcon Av. *Urm* —5G **105**
Falcon Clo. *Bury* —1E **37**
Falcon Clo. *Roch* —1H **25**
Falcon Ct. *M15* —2C **108**
Falcon Ct. *Salf* —2H **81**
Falcon Cres. *Clif* —1H **79**
Falcon Dri. *Chad* —1A **72**
Falcon Dri. *Irl* —3F **103**
Falcon Dri. *L Hul* —4C **62**
Falcon Dri. *Mid* —4G **53**
Falcon St. *Bolt* —5B **32**
Falcon St. *Oldh* —4C **72**
Falcons View. *Oldh* —6C **72**
Falconwood Chase. *Wor*
—5D **76**
Falfield Dri. *M8* —6D **82**
Falinge Fold. *Roch* —2F **27**
Falinge Rd. *Roch* —2F **27**
Falkirk Dri. *Bolt* —1H **47**
Falkirk St. *Oldh* —2G **73**
Falkirk Wlk. *M23* —3G **147**
Falkland Av. *M40* —1A **96**
Falkland Av. *Roch* —3E **27**
Falkland Clo. *Oldh* —3A **58**
Falkland Ho. *M14* —6G **109**
Falkland Rd. *Bolt* —6A **34**
Fall Bank. *Stoc* —2E **127**
Fallons Rd. *Wor* —2C **78**
Fallon Wlk. *M15*
—1C **108** (6E **9**)
Fallowfield Av. *Salf* —5H **93**
Fallowfield Dri. *Roch* —1F **27**
Fallow Fields Dri. *Stoc* —6A **112**
Fallowfield Shopping Cen. *M14*
—6B **110**
Fallows, The. *Chad* —4G **71**
Falls Gro. *H Grn* —2E **149**
Falmer Clo. *M18* —1H **111**
Falmer Clo. *Bury* —4C **22**
Falmer Dri. *M22* —4B **148**
Falmouth Av. *Sale* —4F **121**
Falmouth Av. *Urm* —4A **104**
Falmouth Cres. *Stoc* —4C **128**
Falmouth Rd. *Irl* —5F **103**
Falmouth St. *M40* —1B **96**
Falmouth St. *Oldh* —5D **72**
Falmouth St. *Roch* —6A **28**
Falsgrave Clo. *M40* —6A **84**
Falshaw Dri. *Bury* —2E **23**
Falside Wlk. *M40* —6C **84**
Falston Av. *M40* —1D **84**
Falstone Av. *Ram* —5E **13**
Falterley Rd. *M23* —3E **135**
Fancroft Rd. *M22* —6A **136**
Fane Wlk. *M9* —6D **68**
Faraday Av. *M8* —5C **82**
Faraday Av. *Clif* —1B **80**
Faraday Dri. *Bolt* —4A **32**
Faraday Ho. *Bolt* —4A **32**
(off Faraday Dri.)

Faraday St. *M1* —3F **95** (4C **6**)
Farcroft Av. *Rad* —1A **50**
Farcroft Clo. *M23* —3F **135**
Far Cromwell Rd. *Bred P*
—3D **128**
Fardale. *Shaw* —1F **57**
Farden Dri. *M23* —3D **134**
Fareham Ct. *M16* —2B **108**
Farewell Clo. *Roch* —3C **40**
Fargner St. *M11* —4F **97**
Far Hey Clo. *Rad* —4E **49**
Farholme. *Rytn* —5A **56**
Faringdon. *Roch* —5G **27**
Faringdon Wlk. *Bolt* —2A **46**
Farington Av. *Manx* —2E **125**
Farland Pl. *Bolt* —2D **44**
Farlands Dri. *M20* —4F **137**
Far La. *M18* —3F **111**
Farley Av. *M18* —3A **112**
Farley Ct. *Chea H* —2B **150**
Farley Rd. *Sale* —1C **134**
Farley Way. *Stoc* —6G **111**
Farman St. *Bolt* —4H **45**
Farm Av. *Stret* —3A **106**
Farm Clo. *Stoc* —3E **127**
Farm Clo. *Tot* —5H **21**
Farmers Clo. *Sale* —6G **123**
Farmer St. *Stoc* —6F **127**
Farmfield. *Sale* —3G **121**
Farmfold. *Styal* —3D **158**
Farm La. *Dis* —1E **165**
Farm La. *Hyde* —1B **130**
Farm La. *P'wch* —1A **68**
Farm La. *Wor* —6H **77**
Farm Rd. *Oldh* —3A **86**
Farmside Av. *Irl* —4E **103**
Farmside Pl. *M19* —6C **110**
Farmstead Clo. *Fail* —5A **86**
Farm St. *Chad* —6H **71**
Farm St. *Fail* —5D **84**
Farm St. *Heyw* —5G **39**
Farm Wlk. *Bow* —3A **144**
Farm Wlk. *L'boro* —4D **16**
Farm Wlk. *Roch* —2C **28**
Farmway. *Mid* —2H **69**
Farm Yd. *M19* —6C **110**
Farn Av. *Redd* —5G **111**
Farnborough Rd. *M40*
—2H **95** (1G **7**)
Farnborough Rd. *Bolt* —5C **18**
Farncombe Clo. *M23* —4D **134**
Farndale Sq. *Wor* —6E **63**
Farndale Wlk. *M9* —3G **83**
(off Up. Conran St.)
Farndon Av. *Haz G* —1F **153**
Farndon Clo. *Sale* —6E **123**
Farndon Dri. *Tim* —5A **134**
Farndon Rd. *Stoc* —6G **111**
Farnham Av. *M9* —4F **69**
Farnham Clo. *Bolt* —4A **32**
Farnham Clo. *Chea H* —6C **150**
Farnham Dri. *Irl* —6E **103**
Farnhill Wlk. *M23* —2E **135**
Farnley Clo. *Roch* —1B **26**
Farnsworth Av. *Ash L* —6F **87**
Farnsworth Clo. *Ash L* —6F **87**
Farnsworth St. *M11* —6F **97**
Farnworth Dri. *M14* —5G **109**
Farnworth & Kearsley By-Pass.
Farn —5F **47**
FARNWORTH STATION. *BR*
—6G **47**
Farnworth St. *Bolt* —3G **45**
Farnworth St. *Heyw* —3E **39**
Farrand Rd. *Oldh* —1H **85**
Farrant Rd. *M12* —3C **110**
Farrar Rd. *Droy* —5H **97**
Farrell St. *Salf* —2C **94** (1E **5**)
Farrer Rd. *M13* —4B **110**
Far Ridings. *Rom* —6B **130**
Farriers La. *Roch* —1B **40**

Farringdon Dri. *Rad* —2E **49**
Farringdon St. *Salf* —2E **93**
Farrowdale Av. *Shaw* —1F **57**
Farrow St. *Shaw* —1F **57**
(in two parts)
Farrow St. E. *Shaw* —1F **57**
(off Market St.)
Farr St. *Stoc* —3F **139**
Farwood Clo. *M16* —2A **108**
Fastnet St. *M11* —5C **96**
Fatherford Clo. *Dig* —2D **60**
Faulkenhurst M. *Chad* —4A **56**
Faulkenhurst St. *Chad* —4A **56**
Faulkner Dri. *Tim* —1B **146**
Faulkner Rd. *Stret* —5E **107**
Faulkner St. *M1*
—5E **95** (1A **10**)
Faulkner St. *Bolt* —2A **46**
Faulkner St. *Roch* —4H **27**
Faversham Brow. *Oldh* —1C **72**
Faversham St. *M40* —4B **84**
Fawborough Rd. *M23* —2F **135**
Fawcett St. *Bolt* —6D **32**
Fawley Av. *Hyde* —6B **114**
Fawley Gro. *M22* —1B **148**
Fawns Keep. *Stal* —1A **116**
Fawns Keep. *Wilm* —2G **167**
Fay Av. *M9* —6B **70**
Fay Gdns. *Had* —3G **117**
Faywood Dri. *Marp* —5E **143**
Fearn Dene. *Roch* —1D **26**
Fearney Side. *L Lev* —4H **47**
Fearnhead Clo. *Farn* —1G **63**
Fearnhead St. *Bolt* —3G **45**
Fearnlea Clo. *Roch* —1D **26**
Fearn St. *Heyw* —3E **39**
Featherstall Ho. *Oldh* —4A **72**
(off Featherstall Rd. S.)
Featherstall Rd. *L'boro* —4D **16**
Featherstall Rd. N. *Oldh* —2B **72**
Featherstall Rd. S. *Oldh* —3A **72**
Featherstall Sq. *L'boro* —4E **17**
Federation St. *M4*
—3E **95** (3A **6**)
Federation St. *P'wch* —4D **66**
Feldom Rd. *M23* —1F **135**
Fellbrigg Clo. *M18* —4E **111**
Fellfoot Clo. *Wor* —6B **76**
Felling Wlk. *M14* —5F **109**
Fellpark Rd. *M23* —1G **135**
Fells Gro. *Wor* —2H **77**
Fellside. *Bolt* —2A **34**
Fellside. *Oldh* —2C **72**
Fellside Clo. *G'mnt* —2H **21**
Fell St. *Bury* —3A **36**
Felltop Dri. *Stoc* —1A **128**
Fell Wlk. *Bury* —1C **50**
Felskirk Rd. *M22* —5A **148**
Felsted. *Bolt* —5C **30**
Felt Ct. *Dent* —5C **112**
Feltham St. *M12* —1C **110**
Felthorpe Dri. *M8* —5B **82**
Felton Av. *M22* —2B **148**
Felton Clo. *Bury* —2E **51**
Felton Wlk. *Bolt* —3A **32**
Fencegate Av. *Stoc* —4F **127**
Fence St. *Stoc* —1D **152**
Fenchurch Av. *M40* —1E **97**
Fencot Dri. *M12* —3C **110**
Fenella St. *M13* —3A **110**
Fenham Clo. *M40* —6E **83**
Fenmore Av. *M18* —4D **110**
Fennel St. *M4* —3D **94** (4H **5**)
Fenners Clo. *Bolt* —4H **45**
Fenney St. *Salf* —6H **81**
Fenney St. E. *Salf* —5A **82**
Fenside Rd. *M22* —6C **136**
Fenstock Wlk. *M40* —1F **97**
Fentewan Wlk. *Hyde* —4A **116**
Fenton Av. *Haz G* —1C **152**
Fenton M. *Roch* —6G **27**

Fenton St. *M12* —2C **110**
Fenton St. *Bury* —2A **36**
Fenton St. *Oldh* —3F **73**
Fenton St. *Roch* —6G **27**
Fenton St. *Shaw* —2F **57**
Fenwick Dri. *Stoc* —6A **126**
Fenwick St. *M15*
—1E **109** (5A **10**)
Fenwick St. *Roch* —4G **27**
Ferdinand St. *M40* —1H **95**
Fereday St. *Wor* —5F **63**
Ferguson Ct. *M19* —1B **126**
Fernacre. *Sale* —4C **122**
Fernaley St. *Hyde* —4C **114**
Fern Av. *Urm* —5C **104**
Fernbank. *Rad* —1G **65**
Fern Bank. *Stal* —5G **101**
Fern Bank Clo. *Stal* —5G **101**
Fern Bank Dri. *M23* —3E **135**
Fern Bank St. *Aud* —3F **113**
Fern Bank St. *Hyde* —1C **130**
Fernbray Av. *M19* —5H **125**
Fernbrook Clo. *M13* —2H **109**
Fernbrook Wlk. *M8* —4B **82**
(off Hillbrow Wlk.)
Fernclose. *Marp* —5D **142**
Fern Clo. *Mid* —1D **70**
Fern Clo. *Spring* —3B **74**
Fern Clough. *Bolt* —6D **30**
Fernclough Rd. *M9* —4F **83**
Fern Comn. *Shaw* —6F **43**
Fern Cres. *Stal* —4G **101**
Ferndale Av. *Roch* —5A **42**
Ferndale Av. *Stoc* —1B **152**
Ferndale Av. *W'fld* —2A **66**
Ferndale Clo. *Oldh* —5H **73**
Ferndale Gdns. *M19* —3A **126**
Ferndale Rd. *Sale* —1B **134**
Ferndene Gdns. *M20* —4F **125**
Ferndene Rd. *M20* —4F **125**
Ferndene Rd. *W'fld & P'wch*
—2G **67**
Ferndown Av. *Chad* —2D **70**
Ferndown Av. *Haz G* —4C **152**
Ferndown Dri. *Irl* —4E **103**
Ferndown Rd. *M23* —3D **134**
Ferndown Rd. *Bolt* —2G **33**
Ferney Field Rd. *Chad* —2F **71**
Ferngate Dri. *M20* —3F **125**
Ferngrove E. *Bury* —6H **23**
Ferngrove W. *Bury* —1F **37**
Fernham Gro. *Salf* —4F **81**
Fernhill. *Mell* —5F **143**
Fernhill. *Oldh* —5H **73**
Fernhill Av. *Bolt* —3E **45**
Fernhill Dri. *M18* —3D **110**
Fern Hill La. *Roch* —6A **14**
Fernhills. *Eger* —1C **18**
Fernhill St. *Bury* —2D **36**
Fernholme Ct. *Oldh* —5A **72**
Fernhurst Gro. *Bolt* —4A **32**
Fernhurst Rd. *M20* —4G **125**
Fernhurst St. *Chad* —4A **56**
Fernie St. *M4* —2E **95** (1A **6**)
Fern Isle Clo. *Whitw* —3B **14**
Fernlea. *Hale* —4H **145**
Fern Lea. *H Grn* —4F **149**
Fernlea Av. *Chad* —6A **56**
Fernlea Clo. *Had* —3G **117**
Fernlea Cres. *Swint* —4E **79**
Fernleaf St. *M14* —4F **109**
Fern Lea Gro. *L Hul* —5B **62**
Fernleigh Av. *M19* —6E **111**
Fernleigh Dri. *M16* —2A **108**
Fernley Av. *Dent* —5G **113**
Fernley Rd. *Stoc* —5B **140**
Ferns Gro. *Bolt* —6F **31**
Fernside. *Rad* —2C **64**
Fernside Av. *M20* —4H **125**
Fernside Gro. *Wor* —5G **63**
Fernside Way. *Roch* —2C **26**

Flexbury Wlk. *M40* —6D **84**
Flint Clo. *M11* —3D **96**
Flint Clo. *Haz G* —4C **152**
Flint Gro. *Cad* —3A **118**
Flint St. *Bury* —2D **36**
Flint St. *Droy* —3B **98**
Flint St. *Oldh* —1G **73**
Flint St. *Stoc* —3G **139**
Flitcroft Ct. *Bolt* —3B **46**
Flixton Rd. *Urm* —1A **120**
(Carrington)
Flixton Rd. *Urm* —6B **104**
(Flixton)
FLIXTON STATION. *BR*
—6B **104**
Flixton Wlk. *M13* —2H **109**
Floatshall Rd. *M23* —5F **135**
Floats Rd. *Rnd I* —6E **135**
(in two parts)
Flora Dri. *Salf* —1B **94**
Floral Ct. *Salf* —5H **81**
Flora St. *Bolt* —3H **45**
Flora St. *Oldh* —2C **72**
Florence Av. *Bolt* —1B **32**
Florence Ct. *Stoc* —5D **138**
Florence Pk. Ct. *Manx* —5G **125**
Florence St. *Bolt* —3H **45**
Florence St. *Droy* —5B **98**
Florence St. *Ecc* —4D **90**
Florence St. *Fail* —3F **85**
Florence St. *Roch* —5B **28**
Florence St. *Sale* —3B **122**
Florence St. *Stoc* —1G **139**
Florence Way. *Holl* —2F **117**
Florida St. *Oldh* —4C **72**
Florist St. *Stoc* —4G **139**
Flowery Bank. *Oldh* —5F **73**
Flowery Field. *Stoc* —1A **152**
FLOWERY FIELD STATION. *BR*
—2B **114**
Floyd Av. *M21* —3A **124**
Floyer Rd. *M9* —5G **69**
Flynn Ct. *Salf* —1E **93**
Foden La. *Woodf* —4F **161**
Foden Wlk. *Wilm* —5H **159**
Fogg La. *Bolt* —3F **47**
Fog La. *M20 & M21* —2B **124**
Fold Av. *Droy* —3B **98**
Fold Cres. *C'brk* —5H **89**
Fold Gdns. *Roch* —6B **14**
Fold Grn. *Chad* —3G **71**
Fold M. *Haz G* —2E **153**
Fold Rd. *Stone* —2C **64**
Folds Rd. *Bolt* —5C **32**
Fold St. *M40* —3A **84**
Fold St. *Bury* —3B **36**
Fold St. *Farn* —1G **63**
Fold St. *Heyw* —2G **39**
Fold, The. *M9* —6F **69**
Fold, The. *Rytn* —3E **57**
Fold, The. *Urm* —4C **104**
Fold View. *Eger* —2C **18**
Fold View. *Oldh* —1E **87**
Foleshill Av. *M9* —4F **83**
Foley Gdns. *Heyw* —6G **39**
Foley Wlk. *M22* —5C **148**
Foliage Cres. *Stoc* —4B **128**
Foliage Gdns. *Stoc* —4C **128**
Foliage Rd. *Stoc* —4B **128**
Folkestone Rd. *M11* —3F **97**
Folkestone Rd. E. *M11* —3F **97**
Folkestone Rd. W. *M11* —2E **97**
Follows St. *M18* —1F **111**
Folly La. *Swint* —6D **78**
Folly Wlk. *Roch* —2H **27**
Fonthill Gro. *Sale* —5H **121**
Fontwell Clo. *M16* —4A **108**
Fontwell La. *Oldh* —6E **57**
Fontwell Rd. *L Lev* —5A **48**
Fontwell Wlk. *M40* —1D **84**
Foot Mill Cres. *Roch* —1F **27**

Foot Wood Cres. *Roch* —1F **27**
Forber Cres. *M18* —4F **111**
Forbes Clo. *Sale* —1D **134**
Forbes Clo. *Stoc* —3B **140**
Forbes Pk. *Bram* —6F **151**
Forbes Rd. *Stoc* —2B **140**
Forbes St. *Bred* —5F **129**
Fordbank Rd. *M20* —1E **137**
Fordel Wlk. *Salf* —1C **94**
Ford Gdns. *Roch* —5D **26**
Ford Gro. *Mot* —3C **116**
Fordham Gro. *Bolt* —5G **31**
Ford La. *N'den & Did* —2C **136**
Ford La. *Salf* —1G **93**
Ford Lodge. *Manx* —1F **137**
Ford's La. *Bram* —1F **161**
Ford St. *M12* —6H **95** (4G **11**)
Ford St. *Duk* —1A **114**
Ford St. *Roch* —4A **28**
Ford St. *Salf* —6G **81**
(Charlestown)
Ford St. *Salf* —3B **94** (4D **4**)
(Salford)
Ford St. *Stoc* —2F **139**
Ford St. *Stone* —1A **64**
Ford Way. *Mot* —3C **116**
Foreland Clo. *M40* —6F **83**
Forest Clo. *Duk* —1A **114**
Forest Dri. *Sale* —1G **133**
Forest Dri. *Tim* —5H **133**
Forester Dri. *Stal* —4E **101**
Forester Hill Av. *Bolt* —4B **46**
(in two parts)
Forester Hill Clo. *Bolt* —4B **46**
Forest Gdns. *Part* —6B **118**
Forest Range. *M19* —6C **110**
Forest Rd. *Bolt* —2F **31**
Forest St. *Ash L* —1A **100**
Forest St. *Ecc* —1C **90**
Forest St. *Oldh* —6D **72**
Forest View. *Roch* —1F **27**
Forest Way. *Brom X* —4G **19**
Forfar St. *Bolt* —6C **18**
Forge Ind. Est. *Oldh* —2F **73**
Forge St. *Oldh* —2F **73**
Formby Av. *M21* —2B **124**
Formby Dri. *H Grn* —5F **149**
Formby Rd. *Salf* —5C **80**
Forrester Dri. *Shaw* —5H **43**
*Forrester Ho. M12 —1C **110**
(off Blackwin St.)
Forrester St. *Wor* —3A **78**
Forrest Rd. *Dent* —6H **113**
Forshaw Av. *M18* —1H **111**
Forshaw St. *Dent* —3D **112**
Forston Wlk. *M8* —5D **82**
Forsythia Wlk. *Part* —6C **118**
Forsyth St. *Roch* —1A **26**
Fortescue Rd. *Stoc* —4D **140**
Fortgate Wlk. *M13*
—1H **109** (6H **11**)
Forth Pl. *Rad* —2F **49**
Forth Rd. *Rad* —2F **49**
Forton Av. *Bolt* —6G **33**
Fortran Clo. *Salf* —4G **93**
Fort Rd. *P'wch* —1H **81**
Fortrose Av. *M9* —6D **68**
Fortuna Gro. *M19* —1B **126**
Fortune St. *Bolt* —2D **46**
Fortyacre Dri. *Bred* —6E **129**
Forum Gro. *Salf* —6A **82**
Fosbrook Av. *M20* —5G **125**
Foscarn Dri. *M23* —4H **135**
Fossgill Av. *Bolt* —6G **19**
Foster Ct. *Bury* —1H **37**
Foster La. *Bolt* —4H **33**
Foster St. *Dent* —4F **113**
Foster St. *Oldh* —2G **73**
Foster St. *Rad* —4F **49**
Foster St. *Salf* —3D **92**

Foster Ter. *Bolt* —4A **32**
(off Barnwood Dri.)
Fotherby Dri. *M9* —6F **69**
Foulds Av. *Bury* —3G **35**
Foundry La. *M4* —3F **95** (4C **6**)
Foundry Rd. *Traf P* —3D **106**
Foundry St. *Bolt* —2B **46**
(Bolton)
Foundry St. *Bolt* —4A **48**
(Little Lever)
Foundry St. *Bury* —3D **36**
Foundry St. *Duk* —5A **100**
(in two parts)
Foundry St. *Heyw* —3E **39**
Foundry St. *Oldh* —3C **72**
Foundry St. *Rad* —4H **49**
Fountain Av. *Hale* —3B **146**
Fountain Pl. *Poy* —3D **162**
Fountain Pl. *W'fld* —2D **66**
Fountains Av. *Bolt* —4E **33**
Fountains Clo. *Poy* —4D **162**
Fountains Sq. *Dis* —1G **165**
Fountains Rd. *Chea H & Bram*
—1D **160**
Fountains Rd. *Stret* —4H **105**
Fountain St. *M2* —4E **95** (6A **6**)
Fountain St. *Ash L* —1C **100**
Fountain St. *Bury* —3E **37**
Fountain St. *Ecc* —5F **91**
Fountain St. *Elt* —3A **36**
Fountain St. *Hyde* —4D **114**
Fountain St. *Mid* —1H **69**
Fountain St. *Oldh* —2C **72**
Fountain St. N. *Bury* —3E **37**
Fountains Wlk. *Chad* —4G **71**
Fount Rd. *M15* —1C **108** (6E **9**)
Fouracres. *M23* —6G **135**
Fouracres Rd. *M23* —6F **135**
Four Lanes. *Mot* —3C **116**
Four Lanes Way. *Roch* —2G **25**
Fourth Av. *M11* —2E **97**
Fourth Av. *Bolt* —6F **31**
Fourth Av. *Bury* —1H **37**
Fourth Av. *C'brk* —5G **89**
Fourth Av. *Chad* —4G **71**
Fourth Av. *L Lev* —3H **47**
Fourth Av. *Oldh* —2A **86**
Fourth Av. *Swint* —6D **78**
Fourth Av. *Traf P* —1C **106**
Fourth St. *Bolt* —1D **30**
Fourways. *Traf P* —1A **106**
Fourways Wlk. *M40* —1B **84**
Four Yards. *M2* —4D **94** (6H **5**)
Fovant Cres. *Stoc* —6G **111**
Fowey Wlk. *M23* —6G **135**
Fowey Wlk. *Hyde* —4A **116**
Fowler Av. *M18* —6H **97**
Fowler St. *Oldh* —6A **72**
Fownhope Av. *Sale* —6H **121**
Fownhope Rd. *Sale* —6H **121**
Foxall Clo. *Mid* —2E **69**
Foxall St. *Mid* —2E **69**
Fox Bank Ct. *Stoc* —3F **139**
Foxbank St. *M13* —3A **110**
Fox Bench Clo. *Chea H*
—1E **161**
Foxbench Wlk. *M21* —2B **124**
Fox Clo. *Tim* —5H **133**
Foxcroft St. *L'boro* —4D **16**
Foxdale St. *M11* —4E **97**
Foxdenton Dri. *Urm* —4H **105**
Foxdenton La. *Mid & Chad*
—3E **71**
Foxdenton Wlk. *Dent* —6E **113**
Foxendale Wlk. *Bolt* —2B **46**
Foxfield Clo. *Bury* —6B **22**
Foxfield Dri. *Oldh* —2A **86**
Foxfield Rd. *M23* —2F **147**
Foxford Wlk. *M22* —3C **148**
Foxglove Ct. *Roch* —6D **14**

Foxglove Dri. *B'hth* —3D **132**
Foxglove Dri. *Bury* —2H **37**
Foxglove La. *Stal* —2E **101**
Foxglove Wlk. *Part* —6D **118**
Foxhall Rd. *Dent* —3D **112**
Foxhall Rd. *Tim* —5G **133**
Foxham Wlk. *Salf* —5A **82**
Foxhill. *Shaw* —5C **42**
Foxhill Chase. *Stoc* —6G **141**
Foxhill Dri. *Stal* —5G **101**
Foxhill Rd. *Ecc* —4B **90**
Fox Hill Rd. *Roch* —5D **40**
Foxholes Clo. *Roch* —2A **28**
Foxholes Rd. *Hyde* —1A **130**
Foxholes Rd. *Roch* —2A **28**
Foxlair Rd. *M22* —2H **147**
Foxland Rd. *Gat* —1F **149**
Foxley Clo. *Droy* —5G **97**
Foxley Gro. *Bolt* —1H **45**
Foxley Wlk. *M12* —2C **110**
Fox Platt Rd. *Moss* —2D **88**
Fox Platt Ter. *Moss* —3E **89**
Fox St. *Bury* —2D **36**
Fox St. *Ecc* —3H **91**
Fox St. *Heyw* —3E **39**
Fox St. *Miln* —5E **29**
(Milnrow)
Fox St. *Miln* —3B **28**
(Rochdale)
Fox St. *Oldh* —1A **86**
Fox St. *Stoc* —3F **139**
Foxton St. *Mid* —2E **69**
Foxton Wlk. *M23* —3G **147**
Foxwell Wlk. *M8* —5D **82**
Foxwood Dri. *Moss* —1F **89**
Foxwood Gdns. *M19* —4A **126**
Foynes Clo. *M40* —6F **83**
Framingham Rd. *Sale* —6A **122**
Framley Rd. *M21* —2D **124**
Frampton Clo. *Mid* —2B **70**
Fram St. *M9* —3H **83**
Fram St. *Salf* —3E **93**
Frances Av. *Gat* —5E **137**
Francesca Wlk. *M18* —1E **111**
Frances St. *Bolt* —3H **31**
Frances St. *Chea* —5A **138**
Frances St. *Hyde* —4A **114**
Frances St. *Oldh* —6E **57**
(in two parts)
Frances St. *Roch* —5B **16**
Frances St. *Stoc* —3G **139**
Frances St. W. *Hyde* —4A **114**
Francis Av. *Ecc* —4C **90**
Francis Av. *Wor* —1H **77**
Francis Rd. *M20* —4G **125**
Francis Rd. *Irl* —1D **118**
Francis St. *M3* —2D **94** (1H **5**)
Francis St. *M13*
—1F **109** (5D **10**)
Francis St. *Ast* —3A **76**
Francis St. *Cad* —4C **118**
Francis St. *Dent* —1H **129**
Francis St. *Ecc* —2F **91**
Francis St. *Fail* —4F **85**
Francis St. *Farn* —6E **47**
*Francis Ter. Duk —4A **100**
(off Astley St.)
Francis Thompson Dri. *Ash L*
—2H **99**
Frandley Wlk. *M13*
—6F **95** (3D **10**)
Frankby Clo. *Pen* —4B **80**
Frank Cowin Ct. *Salf* —1B **94**
Frankford Av. *Bolt* —3G **31**
Frankford Sq. *Bolt* —3G **31**
Frank Hulme Ho. *Stret* —6E **107**
Frankland Clo. *M11* —3D **96**
Franklin Av. *Droy* —4A **98**
Franklin Rd. *M18* —1G **111**
Franklin St. *Ecc* —3F **91**
Franklin St. *Oldh* —1C **72**

Franklin St. *Roch* —6B **28**
Franklin Ter. *L'boro* —4E **17**
(off William St.)
Franklyn Av. *Urm* —5A **104**
Franklyn Clo. *Dent* —5A **112**
Frank Perkins Way. *Irl* —2D **118**
Frank Price Ct. *M22* —2A **148**
Frank St. *M1* —6D **94** (3H **9**)
Frank St. *Bolt* —3H **31**
Frank St. *Bury* —4D **36**
Frank St. *Fail* —4E **85**
Frank St. *Hyde* —5C **114**
Frank St. *Oldh* —1F **73**
Frank St. *Salf* —1G **93**
Frank Swift Wlk. *M14* —4E **109**
Frankton Rd. *W'fld* —2D **66**
Franton Rd. *M11* —3D **96**
Fraser Av. *Sale* —6E **123**
Fraser Ho. *Bolt* —4H **31**
(off Kirk Hope Dri.)
Fraser Pl. *Traf P* —2D **106**
Fraser Rd. *Crum* —2B **82**
Fraser St. *Ash L* —2A **100**
Fraser St. *Pen* —2G **79**
Fraser St. *Roch* —1H **41**
Fraser St. *Shaw* —5E **43**
Fraternitas Ter. *Droy* —2G **97**
Freckleton Av. *M21* —5A **124**
Freckleton Dri. *Bury* —5F **35**
Freda Wlk. *M11* —4B **96**
Frederick Av. *Shaw* —2F **57**
Frederick Ct. *Farn* —1G **63**
Frederick Rd. *Salf* —2H **93**
Frederick St. *Ash L* —3C **100**
Frederick St. *Chad* —1H **71**
Frederick St. *Dent* —2E **113**
Frederick St. *L'boro* —3E **17**
Frederick St. *Oldh* —4A **72**
Frederick St. *Ram* —4D **12**
Frederick St. *Salf*
　　　　　—3C **94** (4E **5**)
Fred Tilson Clo. *M14* —4E **109**
Freehold St. *Roch* —6G **27**
Freeland Wlk. *Open* —5E **97**
Freemantle St. *Stoc* —3F **139**
Freestone Clo. *Bury* —1B **36**
Freetown Clo. *M14* —3E **109**
Freetrade St. *Roch* —6G **27**
Fremantle Av. *M18* —4F **111**
French Av. *Oldh* —6G **57**
French Av. *Stal* —4G **101**
French Barn La. *M9* —6E **69**
French Gro. *Bolt* —2F **47**
French St. *Ash L* —1B **100**
French St. *Stal* —4G **101**
Frensham Wlk. *M23* —1F **147**
Fresca Rd. *Oldh* —3H **57**
Freshfield. *H Grn* —5F **149**
Freshfield Av. *Bolt* —5H **45**
Freshfield Av. *Hyde* —6B **114**
Freshfield Av. *P'wch* —3G **67**
Freshfield Clo. *Fail* —5G **85**
Freshfield Clo. *Marp B* —2F **143**
Freshfield Gro. *Bolt* —5A **46**
Freshfield Rd. *Stoc* —1B **138**
Freshfields. *Rad* —2D **48**
Freshfield Wlk. *M11* —3E **97**
Freshford Wlk. *M22* —4H **147**
Freshwater Dri. *Dent* —1H **129**
Freshwater St. *M18* —1G **111**
Freshwinds Ct. *Oldh* —5H **73**
Fresia Av. *Wor* —6B **62**
Fresnel Clo. *Hyde* —1F **115**
Frew Clo. *M40* —1B **84**
Frewland Av. *Stoc* —1H **151**
Freya Gro. *Salf* —5A **94** (2B **8**)

Friarmere Rd. *Del* —2G **59**
Friars Clo. *Bow* —4D **144**
Friars Clo. *Wilm* —1B **166**
Friar's Ct. *Salf* —3B **92**
Friars Cres. *Roch* —3F **41**
Friar's Rd. *Sale* —5B **122**
Friendship Av. *M18* —3G **111**
Friendship Sq. *Holl* —2F **117**
Frieston. Roch —3G **27**
(off Spotland Rd.)
Frieston Rd. *Tim* —3G **133**
Friezland Clo. *C'brk* —5G **89**
Friezland La. *G'fld* —5E **61**
Frimley Gdns. *M22* —2B **148**
Frinton Av. *M40* —6D **70**
Frinton Clo. *Sale* —2H **133**
Frinton Rd. *Bolt* —4F **45**
Frobisher Clo. *M13* —2H **109**
Frobisher Pl. *Stoc* —5G **127**
Frobisher Rd. *L'boro* —6G **17**
Frodesley Wlk. *M12* —1B **110**
Frodsham Av. *Stoc* —6E **127**
Frodsham Rd. *Sale* —1E **135**
Frodsham St. *M14* —4F **109**
Frodsham Way. *Hand* —3A **160**
Frogley St. *Bolt* —2D **32**
Frogmore Av. *Hyde* —2C **130**
Frome Av. *Stoc* —6C **140**
Frome Av. *Urm* —6D **104**
Frome Dri. *M8* —4D **82**
Frome St. *Oldh* —3G **73**
Frostlands Rd. *M16* —4C **108**
Frost St. *M4* —4H **95** (5H **7**)
Frost St. *Oldh* —5C **72**
Frowde Wlk. *M16* —3C **108**
Froxmer St. *M18* —1E **111**
Fuchsia Gro. *Salf* —5H **81**
Fulbeck Wlk. *M8* —6A **82**
Fulford St. *M16* —3A **108**
Fulham Av. *M40* —6B **84**
Fulham St. *Oldh* —3G **73**
Fullbrook Dri. *Chea H* —1B **160**
Fullerton Rd. *Stoc* —1D **138**
Full Pot La. *Roch* —3A **26**
Fulmar Clo. *Poy* —3A **162**
Fulmar Dri. *Sale* —1E **133**
Fulmar Dri. *Stoc* —6F **141**
Fulmards Clo. *Wilm* —2F **167**
Fulmar Gdns. *Roch* —4B **26**
Fulmead Wlk. M8 —5B **82**
(off Kilmington Dri.)
Fulmer Dri. *M4* —3G **95** (3F **7**)
Fulmere Ct. *Swint* —5D **78**
Fulneck Sq. *Droy* —5A **98**
Fulshaw Av. *Wilm* —3D **166**
Fulshaw Ct. *Wilm* —4D **166**
Fulshaw Pk. Rd. *Wilm* —5D **166**
Fulshaw Pk. S. *Wilm* —5C **166**
Fulshaw Wlk. *M13*
　　　　　—6F **95** (4D **10**)
Fulstone M. *Stoc* —5B **140**
Fulthorpe Wlk. *M9* —4G **69**
Fulton Ct. M15 —2E **109**
(off Boundary La.)
Fulton's Ct. *Lees* —3A **74**
Fulwood Av. *M9* —5H **69**
Fulwood Clo. *Bury* —4F **35**
Furbarn La. *Roch* —3H **25**
Furbarn Rd. *Roch* —4H **25**
Furlong Rd. *M22* —2H **147**
Furnace St. *Duk* —4H **99**
Furnace St. *Hyde* —3A **114**
Furness Av. *Ash L* —6D **86**
Furness Av. *Bolt* —3D **32**
Furness Av. *Heyw* —2E **39**
Furness Av. *L'boro* —3E **17**
Furness Av. *Oldh* —5G **73**
Furness Av. *W'fld* —1E **67**
Furness Clo. *Miln* —5E **29**
Furness Clo. *Poy* —3C **162**
Furness Gro. *Stoc* —2C **138**

Furness Quay. *Salf* —6G **93**
Furness Rd. *M14* —6G **109**
Furness Rd. *Bolt* —6F **31**
Furness Rd. *Chea H* —1E **161**
Furness Rd. *Mid* —4H **53**
Furness Rd. *Urm* —4F **105**
Furness Sq. *Bolt* —3D **32**
Furnival Clo. *Dent* —5A **112**
Furnival Rd. *M18* —2E **111**
Furnival St. *Stoc* —5H **111**
Further Field. *Roch* —2H **25**
Further Heights Rd. *Roch*
　　　　　—1H **27**
Further Hey Clo. *Lees* —2A **74**
Further La. *Hyde* —4A **116**
Further Pits. *Roch* —4E **27**
Furtherwood Rd. *Oldh* —6A **56**
Furze La. *Oldh* —6H **57**
(in two parts)
Furze Wlk. *Part* —6E **119**
Fyfield Wlk. *M8* —5D **82**
Fylde Av. *Bolt* —6G **33**
Fylde Av. *H Grn* —5G **149**
Fylde Ct. *Stret* —1C **122**
Fylde Rd. *Stoc* —1C **138**
Fylde St. *Bolt* —5F **47**
Fylde St. E. *Bolt* —5F **47**

G

Gable Av. *Wilm* —2D **166**
Gable Ct. *Dent* —4F **113**
Gable Dri. *Mid* —6G **53**
Gables, The. *Sale* —6B **122**
(Brooklands)
Gables, The. *Sale* —4C **122**
(Sale)
Gable St. *M11* —5B **96**
Gable St. *Bolt* —6F **19**
Gabriels Ter. *Mid* —2C **70**
Gabriels, The. *Shaw* —6D **42**
Gabriel Wlk. *M16* —4D **108**
Gaddum Rd. *M20* —6G **125**
Gaddum Rd. *Bow* —4C **144**
Gadwall Clo. *Wor* —3F **77**
Gail Av. *Stoc* —1F **139**
Gail Clo. *Ald E* —4H **167**
Gail Clo. *Fail* —6E **85**
Gainford Av. *Gat* —1F **149**
Gainford Gdns. *M40* —2B **84**
Gainford Rd. *Stoc* —6H **111**
Gainford Wlk. *Bolt* —3A **46**
Gainsboro Rd. *Aud* —4D **98**
Gainsborough Av. *M20*
　　　　　—3G **125**
Gainsborough Av. *Bolt* —4G **45**
Gainsborough Av. *Marp B*
　　　　　—3F **143**
Gainsborough Av. *Oldh* —5C **72**
Gainsborough Av. *Stret*
　　　　　—4F **107**
Gainsborough Clo. *Wilm*
　　　　　—1G **167**
Gainsborough Dri. *Chea*
　　　　　—5B **138**
Gainsborough Dri. *Roch*
　　　　　—2E **41**
Gainsborough Rd. *Chad* —6E **55**
Gainsborough Rd. *Ram* —2B **22**
Gainsborough St. *Salf* —4A **82**
Gainsborough Wlk. *Dent*
　　　　　—6E **113**
Gainsborough Wlk. *Hyde*
　　　　　—2C **114**
Gairlock Av. *Stret* —5B **106**
Gair Rd. *Stoc* —5H **127**
Gair St. *Hyde* —3B **114**
Gaitskell Clo. *M12* —4A **96**
Galbraith Rd. *M20* —6G **125**
Galbraith St. *M1*
　　　　　—5E **95** (2B **10**)
Gale Dri. *Mid* —5F **53**

Gale Rd. *P'wch* —6D **66**
Gale St. *Heyw* —3D **38**
Gale St. *Roch* —6E **15**
Galey St. *Bolt* —3D **30**
Galgate Clo. *M15*
　　　　　—6C **94** (4E **9**)
Galgate Clo. *Bury* —4F **35**
Galindo St. *Bolt* —1E **33**
Galland St. *Oldh* —1H **73**
Galloway Clo. *Bolt* —2C **44**
Galloway Clo. *Heyw* —4B **38**
Galloway Dri. *Clif* —5F **65**
Galloway Rd. *Swint* —5D **78**
Gallowsclough Rd. *Mat*
　　　　　—1A **116**
Galston St. *M11* —5C **96**
Galsworthy Av. *M8* —5C **82**
Galvin Rd. *M9* —6D **68**
Galway St. *Oldh* —3D **72**
Galway Wlk. *M23* —3F **147**
Gambleside Clo. *Wor* —3D **76**
Gambrel Bank Rd. *Ash L*
　　　　　—5F **87**
Gambrel Gro. *Ash L* —5F **87**
Game St. *Oldh* —4G **73**
Games Wlk. *M22* —4H **147**
Gamma Wlk. *M11* —3D **96**
Gandy La. *Roch* —5C **14**
Gan Eden. *Salf* —3A **82**
Gantock Wlk. *M14* —4G **109**
Ganton Av. *W'fld* —2B **66**
Garbo Ct. *Salf* —1E **93**
Garbrook Av. *M9* —4E **69**
Garden Av. *Droy* —3D **98**
Garden Av. *Stret* —4D **106**
Garden City. *Ram* —1A **22**
Garden Clo. *Aud* —1F **113**
Garden Clo. *L'boro* —6D **16**
Garden La. M3 —4D **94** (5G **5**)
(off St Mary's Parsonage)
Garden La. *Alt* —6F **133**
Garden La. *Salf* —3C **94** (3F **5**)
(in two parts)
Garden La. *Wor* —5C **76**
Garden M. L'boro —4F **17**
(off Industry St.)
Garden Row. *Heyw* —5D **38**
Garden Row. *Roch* —1F **27**
Gardens, The. *M2*
　　　　　—3D **94** (4H **5**)
Gardens, The. *Bolt* —5D **18**
Gardens, The. *Ecc* —1A **92**
Garden St. *M4* —3E **95** (4A **6**)
Garden St. *Aud* —1F **113**
Garden St. *Ecc* —4G **91**
Garden St. *Heyw* —2E **39**
Garden St. *Hyde* —3C **114**
Garden St. *Kear* —1G **63**
Garden St. *Miln* —1F **43**
Garden St. *Oldh* —2E **73**
Garden St. *Ram* —3E **13**
Garden St. *Spring* —4B **74**
Garden St. *Stoc* —6C **140**
Garden St. *S'seat* —6E **13**
Garden St. *Tot* —4H **21**
Garden Ter. *Rytn* —6A **42**
Garden View. *Sale* —3B **122**
Garden Wlk. *Ash L* —1A **100**
Garden Wlk. *Dent* —4G **113**
Garden Wlk. *Part* —6C **118**
Garden Wall Clo. *Salf*
　　　　　—5A **94** (2A **8**)
Garden Way. *L'boro* —1F **29**
Gardner. *Ecc* —3G **91**
Gardner Grange. *Stoc* —5C **128**
Gardner Rd. *P'wch* —5D **66**
Gardner St. *M12* —1D **110**
Gardner St. *Salf* —1G **93**
Garfield Av. *M19* —6D **110**
Garfield Clo. *Roch* —3A **26**
Garfield Gro. *Bolt* —2H **45**

Garfield St. *Salf* —1G **107**
Garfield St. *Stoc* —6A **128**
Garforth Av. *M4* —3G **95** (3F **7**)
Gargrave Av. *Bolt* —3D **30**
Gargrave St. *Oldh* —3F **73**
Gargrave St. *Salf* —3D **80**
Garland Rd. *M22* —2C **148**
Garlick St. *M18* —2F **111**
Garlick St. *Hyde* —4D **114**
Garlick St. *Oldh* —3C **72**
(in two parts)
Garnant Ct. *M9* —3H **83**
Garner Av. *Tim* —2A **134**
Garner Clo. *Bow* —3F **145**
Garner Dri. *Ecc* —2E **91**
Garner St. *Salf* —2D **92**
Garners La. *Stoc* —6G **139**
Garnet St. *Oldh* —1F **73**
Garnett Clo. *Mot* —4B **116**
Garnett Rd. *Mot* —4B **116**
Garnett St. *Bolt* —2A **32**
Garnett St. *Ram* —3D **12**
Garnett St. *Stoc* —2H **139**
Garnett Way. Mot —4B **116**
(off Garnett Clo.)
Garnham Wlk. *M9* —4G **69**
Garratt Way. *M18* —2E **111**
Garrett Gro. *Shaw* —6G **43**
Garrett Hall Rd. *Wor* —4A **76**
Garrett La. *Tyl* —3A **76**
Garrett Wlk. *Stoc* —3E **139**
Garron Wlk. *M22* —3G **147**
Garrowmore Wlk. *M9* —6G **69**
Garsdale La. *Bolt* —6B **30**
Garsdale St. *M1* —6E **95** (3B **10**)
Garsden Wlk. *M23* —1F **147**
Garside Gro. *Bolt* —3G **31**
Garside Hey Rd. *Bury* —5B **22**
Garside St. *Bolt* —6A **32**
Garside St. *Dent* —5F **113**
Garside St. *Hyde* —6C **114**
Garstang Av. *Bolt* —1G **47**
Garstang Dri. *Bury* —4F **35**
Garstang Ho. *M15* —2F **109**
Garston Clo. *Stoc* —6E **127**
Garston St. *Bury* —1E **37**
Garswood Dri. *Bury* —5B **22**
Garswood Rd. *M14* —5D **108**
Garswood Rd. *Bolt* —5A **46**
Garth Av. *Tim* —5G **133**
Garth Heights. *Wilm* —2F **167**
Garthland Rd. *Haz G* —2F **153**
Garthorne Clo. *M16* —3B **108**
Garthorp Rd. *M23* —2E **135**
Garth Rd. *M22* —1B **148**
Garth Rd. *Marp* —4E **143**
Garth Rd. *Stoc* —4C **140**
Garth, The. *Salf* —3D **92**
Garthwaite Av. *Oldh* —5C **72**
Gartland Wlk. *M8* —3E **83**
Garton Wlk. *M9* —4G **69**
Gartside St. *M3* —4C **94** (6F **5**)
Gartside St. *Ash L* —4E **99**
Gartside St. *Del* —3G **59**
Gartside St. *Oldh* —4F **73**
Garwick Rd. *Bolt* —2F **31**
Garwood St. *M15*
—6D **94** (3G **9**)
Gascoyne St. *M14* —4F **109**
Gaskell Clo. *L'boro* —3E **17**
Gaskell Rise. *Oldh* —2A **58**
Gaskell Rd. *Alt* —5F **133**
Gaskell Rd. *Ecc* —4F **91**
Gaskell St. *M40* —6C **84**
Gaskell St. *Bolt* —5H **31**
Gaskell St. *Duk* —4H **99**
Gaskell St. *Pen* —1F **79**
Gaskill St. *Heyw* —3C **38**
Gas St. *Ash L* —2H **99**
Gas St. *Bolt* —6A **32**

Gas St. *Farn* —6F **47**
Gas St. *Heyw* —3F **39**
Gas St. *Holl* —2F **117**
Gas St. *Roch* —4G **27**
Gas St. *Stoc* —2G **139**
Gaston Wlk. M9 —4F **69**
(off Claygate Dri.)
Gatcombe M. *Wilm* —3D **166**
Gatcombe Sq. *M14* —4G **109**
Gateacre Wlk. *M23* —3E **135**
Gate Cen., The. *Rom* —3E **129**
Gate Field Clo. *Rad* —4E **49**
Gatehead Croft. *Del* —4H **59**
Gatehead M. *Del* —4H **59**
Gatehead Rd. *Del* —5H **59**
Gatehouse Rd. *Wor* —5C **62**
Gate Keeper Fold. *Ash L* —4E **87**
Gatemere Clo. *Wor* —3D **76**
Gate Rd. *Stret* —3A **106**
Gatesgarth Rd. *Mid* —5E **53**
Gateshead Clo. *M14* —3F **109**
Gateside Wlk. M9 —4G **69**
(off Brockford Dri.)
Gate St. *M11* —5E **97**
Gate St. *Duk* —1G **113**
Gate St. *Roch* —6H **27**
Gateway Cres. *Chad* —4D **70**
Gateway Ind. Est. *M1*
—4F **95** (6D **6**)
Gateway Rd. *M18* —1E **111**
Gateways, The. *Pen* —2F **79**
Gathill Clo. *Chea H* —4B **150**
Gathurst St. *M18* —1G **111**
Gatley Av. *M14* —6E **109**
Gatley Brow. *Oldh* —1C **72**
Gatley Grn. *Gat* —6E **137**
Gatley Rd. *Gat* —6E **137**
Gatley Rd. *Sale* —6E **123**
GATLEY STATION. *BR* —5F **137**
Gatling Av. *M12* —5C **110**
Gatwick Av. *M23* —5H **135**
Gatwick Clo. *Bury* —4C **22**
Gavel Wlk. *Mid* —6G **53**
Gavin Av. *Salf* —4G **93**
Gawsworth Av. *M20* —2G **137**
Gawsworth Clo. *Bram* —2G **161**
Gawsworth Clo. *Poy* —5E **163**
Gawsworth Clo. *Shaw* —6D **42**
Gawsworth Clo. *Stoc* —6F **139**
Gawsworth Clo. *Tim* —5D **134**
Gawsworth Ct. M9 —4C **68**
(off Deanswood Dri.)
Gawsworth Rd. *Sale* —1E **135**
Gawsworth Way. *Dent* —6G **113**
Gawsworth Way. *Hand*
—3A **160**
Gawthorpe Clo. *Bury* —2E **51**
Gaydon Rd. *Sale* —5F **121**
Gayford Wlk. M9 —4G **69**
(off Brockford Dri.)
Gayrigg Wlk. *M9* —4F **83**
Gaythorne St. *Bolt* —2B **32**
Gaythorn St. *Salf*
—4A **94** (5B **4**)
Gayton Wlk. *M40* —1D **84**
Gaywood Wlk. *M40* —5E **83**
Gazebo Clo. *Wor* —6B **62**
Gee Cross Fold. *Hyde* —2D **130**
Gee La. *Ecc* —2D **90**
Gee St. *Stoc* —4F **139**
Gelder Clough Cvn. Pk. *Heyw*
—6G **25**
Gellfield La. *Upperm* —6D **60**
Gemini Rd. *Salf* —1A **94**
Gendre St. *Eger* —3C **18**
Geneva Rd. *Bram* —2G **151**
Geneva Ter. *Roch* —3E **27**
Geneva Wlk. *M8* —5D **82**
Geneva Wlk. *Chad* —3A **72**
Genista Gro. Salf —6H **81**
(off Hilton St. N.)

Gentsia Gro. *Salf* —5H **81**
Geoff Bent Wlk. *M40* —5B **84**
Geoffrey St. *Bury* —1E **37**
Geoffrey St. *Ram* —5C **12**
George Barton St. *Bolt* —4D **32**
George Ct. Duk —4H **99**
(off Astley St.)
George La. *Bred* —5G **129**
George Leigh St. *M4*
—3F **95** (4D **6**)
George Man Clo. *M22* —4A **148**
George Rd. *Ram* —4D **12**
George's Clo. *Poy* —4E **163**
George's Sq. *Oldh* —3C **72**
George's Rd. *Sale* —6B **122**
Georges Rd. *Stoc* —1F **139**
George's Rd. E. *Poy* —4E **163**
George's Rd. W. *Poy* —4D **162**
George St. *M1* —5D **94** (1A **10**)
(in two parts)
George St. *Ald E* —5G **167**
George St. *Alt* —1F **145**
George St. *Ash L* —2A **100**
George St. *Bury* —3D **36**
George St. *Chad* —2G **71**
George St. *Comp* —1F **143**
George St. *Dent* —4G **113**
George St. *Ecc* —4E **91**
George St. *Fail* —3F **85**
George St. *Farn* —2D **62**
George St. *Firg* —4E **29**
George St. *Heyw* —2D **38**
George St. *Hur* —6B **16**
George St. *Irl* —4F **103**
George St. *L'boro* —3F **17**
George St. *Moss* —1E **89**
George St. *Oldh* —3C **72**
George St. *P'wch* —2F **81**
George St. *Rad* —4F **49**
George St. *Roch* —3A **28**
(in two parts)
George St. *Shaw* —6G **43**
George St. *Stal* —3E **101**
George St. *Stoc* —2A **140**
George St. *Urm* —5G **105**
George St. *W'fld* —6C **50**
George St. *Whitw* —1C **14**
George St. E. *Stoc* —3B **140**
George St. N. *M8* —2H **83**
George St. S. *M8* —3B **82**
George St. W. *Hyde* —4A **114**
George St. W. *Stoc* —3B **140**
George Thomas Ct. *M9* —3F **83**
Georgiana St. *Bury* —4D **36**
Georgiana St. *Farn* —5D **46**
Georgina Ct. *Bolt* —4F **45**
Georgina St. *Bolt* —5F **45**
Gerald Av. *M8* —3C **82**
Gerald Rd. *Salf* —6E **81**
Germain Clo. *M9* —4E **69**
German Bldgs. *Stoc* —5A **140**
Gerrard Av. *Tim* —3A **134**
Gerrards Clo. *Irl* —5E **103**
Gerrards Gdns. *Hyde* —2C **130**
Gerrards Hollow. *Hyde*
—2B **130**
Gerrard St. *Kear* —1G **63**
Gerrard St. *Roch* —3G **41**
Gerrard St. *Salf* —2B **93**
Gerrard St. *Stal* —4F **101**
Gertrude Clo. *Salf* —5G **93**
Gervis Clo. *M40* —6F **83**
Ghyll Gro. *Wor* —1G **77**
Gibb La. *Mell* —6H **143**
Gibbon Av. *M22* —3B **148**
Gibbon St. *M11* —3C **96**
Gibbon St. *Bolt* —2H **45**
Gibb Rd. *Wor* —4B **78**
Gibbs St. *Salf* —4B **94** (5C **4**)
Gib La. *M23* —4A **136**
Gib La. Cotts. *M23* —4H **135**

Gibraltar La. *Dent* —1H **129**
Gibraltar St. *Bolt* —1H **45**
Gibraltar St. *Oldh* —4H **73**
Gibsmere Clo. *Tim* —5D **134**
Gibson Av. *M18* —6H **97**
Gibson Gro. *Wor* —6C **62**
Gibson Ho. *B'hth* —3E **133**
Gibson La. *Wor* —6C **62**
Gibson Pl. *M3* —2E **95** (1A **6**)
Gibsons Rd. *Stoc* —5D **126**
Gibson St. *Bolt* —4E **33**
Gibson St. *Oldh* —3G **73**
Gibson St. *Roch* —3C **28**
Gibson Way. *B'hth* —3E **133**
Gibwood Rd. *M22* —3A **136**
Giddings Rd. *M1*
—5G **95** (1F **11**)
Gidlow St. *M18* —1G **111**
Gifford Av. *M9* —5H **69**
Gifford Wlk. *Bram* —3A **152**
Gigg La. *Bury* —6C **36**
Gilbertbank. *Bred* —5G **129**
Gilbert Rd. *Hale* —4G **145**
Gilbert St. *M15* —6C **94** (3F **9**)
Gilbert St. *Ecc* —5D **90**
Gilbert St. *Ram* —1E **13**
Gilbert St. *Salf* —4F **93**
Gilbert White Rd. *Alt* —1B **144**
Gilbrook Way. *Roch* —3H **41**
Gilchrist Rd. *Irl* —3C **118**
Gilcrest Rd. *Cad* —3G **118**
Gilda Brook Rd. *Ecc* —4A **92**
(in three parts)
Gilda Cres. Rd. *Ecc* —2A **92**
Gilda Rd. *Wor* —4A **76**
Gildenhall. *Fail* —4G **85**
Gilden Wlk. *M9* —4G **69**
Gilderdale Clo. *Shaw* —5F **43**
Gilderdale Dri. *M9* —3D **68**
Gilderdale St. *Bolt* —3G **46**
Gildridge Rd. *M16* —6C **108**
Gilesgate. M14 —4G **109**
(off Grelley Wlk.)
Giles St. *M12* —3C **110**
Gill Bent Rd. *Chea H* —1C **160**
Gillbrook Rd. *M20* —6F **125**
Gillemere Gro. *Shaw* —6G **43**
Gillers Grn. *Wor* —6E **63**
Gillford Av. *M9* —2H **83**
Gillingham Rd. *Ecc* —3D **90**
Gillingham Sq. M11 —4B **96**
(off Jobling St.)
Gill St. *M9* —3H **83**
Gill St. *Stoc* —6B **128**
Gillwood Dri. *Rom* —2F **141**
Gilman Clo. *M9* —1E **83**
Gilmerton Dri. *M40* —6C **84**
Gilmore Dri. *P'wch* —4F **67**
Gilmore St. *Stoc* —4G **139**
Gilmour St. *Mid* —1A **70**
Gilmour Ter. *M9* —2H **83**
Gilnow Gdns. *Bolt* —1G **45**
Gilnow Gro. *Bolt* —1H **45**
Gilnow La. *Bolt* —1G **45**
Gilnow Rd. *Bolt* —1G **45**
Gilpin Rd. *Urm* —5H **105**
Gilpin Wlk. *Mid* —6F **53**
Giltbrook Av. *M40* —1H **95**
Gilwell Dri. *M23* —1F **147**
Gilwood Gro. *Mid* —3H **53**
Gin Croft La. *Ram* —2B **12**
Gingham Pk. *Rad* —2E **49**
Gipsy La. *Roch* —2C **40**
Gird La. *Marp B* —3H **143**
Girton St. *Bolt* —6F **33**
Girton St. *Salf* —1C **94**
Girton Wlk. *M40* —2D **84**
Girvan Av. *M40* —1D **84**
Girvan Clo. *Bolt* —6A **45**
Girvan Wlk. *Heyw* —4B **38**
Gisborne Dri. *Salf* —6B **80**

Gold St. *M1* —4E **95** (6B **6**)
Goldsworthy Rd. *Urm* —4A **104**
Goldwick Wlk. *M23* —2E **135**
Golf Rd. *Hale* —2H **145**
Golf Rd. *Sale* —5F **123**
Golfview Dri. *Ecc* —1F **91**
Gomer Wlk. *M8* —5E **83**
Goodacre. *Hyde* —1F **115**
Gooden Pl. *Farn* —5E **47**
Gooden St. *Heyw* —4G **39**
Goodfellow Pl. *L Hul* —3C **62**
Goodiers Dri. *Salf* —5G **93**
Goodier St. *M40* —6H **83**
Goodier St. *Sale* —5A **122**
Goodier View. *Hyde* —2D **114**
Good Intent. *Miln* —6G **29**
Goodison Clo. *Bury* —4F **51**
Goodlad St. *Bury* —1H **35**
Goodman St. *M9* —3G **83**
Goodrich. *Roch* —5G **27**
Goodridge Av. *M22* —3A **148**
Goodrington Rd. *Hand*
　　　　　—4A **160**
Goodshaw Rd. *Wor* —3E **77**
Goodwill Clo. *Swint* —4F **79**
Goodwin Ct. *Chad* —5A **72**
Goodwin St. *Bolt* —5C **32**
Goodwood Av. *M23* —3D **134**
Goodwood Av. *Sale* —5E **121**
Goodwood Clo. *L Lev* —4H **47**
Goodwood Ct. Salf —5H **81**
(off Bury New Rd.)
Goodwood Cres. *Tim* —5C **134**
Goodwood Dri. *Oldh* —6F **57**
Goodwood Dri. *Pen* —4H **79**
Goodwood Rd. *Marp* —6C **142**
Goodworth Wlk. M40 —4A **84**
(off Hanson Rd.)
Goole St. *M11* —5C **96**
Goosecote Hill. *Eger* —1C **16**
Goose Grn. *Alt* —1F **145**
Goosehouse Grn. *Rom*
　　　　　—6B **130**
Goose La. *Roch* —3H **27**
Goosetrey Clo. *Wilm* —6A **160**
Goostrey Av. *M20* —1E **125**
Gorden St. *Roch* —6A **28**
Gorden Ter. *M9* —3G **83**
Gordon Av. *M19* —6D **110**
Gordon Av. *Bolt* —2G **45**
Gordon Av. *Chad* —6G **71**
Gordon Av. *Haz G* —2D **152**
Gordon Av. *Oldh* —3F **73**
Gordon Av. *Sale* —3B **122**
Gordon Pl. *M20* —4F **125**
Gordon Rd. *Ecc* —2F **91**
Gordon Rd. *Swint* —5C **78**
Gordon St. *Abb R* —1G **111**
Gordon St. *Ash L* —1B **100**
Gordon St. *Bury* —1C **36**
Gordon St. *Chad* —5F **71**
Gordon St. *Hyde* —5C **114**
Gordon St. *Lees* —4A **74**
Gordon St. *Miln* —1F **43**
Gordon St. *Old T* —2B **108**
Gordon St. *Salf* —1B **94**
Gordon St. *Shaw* —6G **43**
(in two parts)
Gordon St. *Spring* —3C **74**
Gordon St. *Stal* —4F **101**
Gordon St. *Stoc* —1G **139**
Gordon Way. *Heyw* —4B **38**
Gore Av. *Fail* —3H **85**
Gore Av. *Salf* —3D **92**
Gorebrook Ct. *M12* —3C **110**
Gore Cres. *Salf* —2D **92**
Goredale Av. *M18* —4G **111**
Gore Dri. *Salf* —2D **92**
Gorelan Rd. *M18* —2F **111**
Gore St. *M1* —4F **95** (6C **6**)
Gore St. *H Bri* —3G **37**

Gore St. *Salf* —2G **93**
　(Pendleton)
Gore St. *Salf* —4C **94** (5E **5**)
　(Salford)
Goring Av. *M18* —1F **111**
Gorrells Clo. *Roch* —2D **40**
Gorrell St. *Roch* —6A **28**
Gorrells Way. *Roch* —2D **40**
　(in two parts)
Gorrells Way Ind. Est. *Roch*
　　　　　—2D **40**
Gorse Av. *Droy* —3C **98**
Gorse Av. *Marp* —5C **142**
Gorse Av. *Moss* —2G **89**
Gorse Av. *Oldh* —6G **73**
Gorse Av. *Stret* —4F **107**
Gorse Bank. *Bury* —2G **37**
Gorse Bank Rd. *Haleb* —6C **146**
Gorse Cres. *Stret* —4F **107**
Gorse Dri. *L Hul* —3B **62**
Gorse Dri. *Stret* —4F **107**
Gorse Field Clo. *Rad* —3G **49**
Gorsefield Dri. *Swint* —4F **79**
Gorsefield Hey. *Wilm* —1H **167**
Gorse Hall Clo. *Duk* —6D **100**
Gorse Hall Dri. *Stal* —4D **100**
Gorse Hall Rd. *Duk* —6C **100**
Gorselands. *Chea H* —2D **160**
Gorse La. *Stret* —4F **107**
Gorse Pit. *Bury* —2G **37**
Gorse Rd. *Miln* —5G **29**
Gorse Rd. *Swint* —5E **79**
Gorse Rd. *Wor* —1G **77**
Gorses Mt. *Bolt* —2E **47**
Gorse Sq. *Part* —6B **118**
Gorse St. *Chad* —5F **71**
Gorse St. *Stret* —4E **107**
Gorse, The. *Bow* —5D **144**
Gorseway. *Stoc* —5B **128**
Gorsey Av. *M22* —6A **136**
Gorsey Bank. *L'boro* —2G **17**
Gorsey Bank Rd. *Stoc* —3C **138**
Gorsey Brow. *B'btm* —6C **116**
Gorsey Brow. *Rom* —1G **141**
Gorsey Brow. *Urm* —5H **105**
Gorsey Brow St. *Stoc* —2A **140**
Gorsey Clough Dri. *Tot* —6H **21**
Gorsey Clough Wlk. *Tot*
　　　　　—6H **21**
Gorsey Dri. *M22* —1A **148**
Gorseyfields. *Droy* —5A **98**
Gorsey Hill St. *Heyw* —4F **39**
Gorsey Intakes. *B'btm* —6C **116**
Gorsey La. *Alt* —6D **132**
Gorsey La. *Ash L* —5A **88**
Gorsey Mt. St. *Stoc* —2A **140**
Gorsey Rd. *M22* —1A **148**
Gorsey Rd. *Wilm* —2C **166**
Gorsey Way. *Ash L* —5A **88**
Gorston Wlk. *M22* —5A **148**
Gort Clo. *Bury* —6E **51**
Gorton Cres. *Dent* —5C **112**
Gorton Cross Cen. *M18*
　　　　　—2F **111**
Gorton Gro. *Wor* —4E **63**
Gorton La. *M12 & M18* —6C **96**
Gorton Rd. *M11 & M12* —5B **96**
Gorton Rd. *Redd* —2H **127**
GORTON STATION. *BR*
　　　　　—1F **111**
Gorton St. *M40* —1G **95**
Gorton St. *Ash L* —4F **99**
Gorton St. *Bolt* —1C **46**
Gorton St. *Chad* —3H **71**
Gorton St. *Ecc* —4C **90**
Gorton St. *Farn* —2D **62**
Gorton St. *Heyw* —3G **39**
Gorton St. *Salf* —3D **94** (3G **5**)
Gortonvilla Wlk. *M12* —1B **110**
Gort Wlk. M15 —1C **108** (6F **9**)
(off John Nash Cres.)

Gosforth Clo. *Bury* —6C **22**
Gosforth Clo. *Oldh* —6C **57**
Gosforth Wlk. *M23* —2F **135**
Goshen La. *Bury* —1D **50**
Gosling Clo. *M16* —4D **108**
Gosport Sq. *Salf* —6H **81**
Gosport Wlk. M8 —5E **83**
(off Smeaton St.)
Goss Hill St. *Oldh* —3G **73**
　　　　　—1H **85**
Gotha Wlk. *M13*
　　　　　—1G **109** (5E **11**)
Gotherage Clo. *Rom* —1C **142**
Gotherage La. *Rom* —1C **142**
Gothic Clo. *Rom* —1D **142**
Gough St. *Heyw* —3G **39**
Gough St. *Stoc* —2F **139**
Goulden Rd. *M20* —3E **125**
Goulden St. *M4* —3F **95** (3C **6**)
Goulden St. *Salf* —3E **93**
Goulder Rd. *M18* —4G **111**
Gould St. *M4* —2F **95** (2C **6**)
Gould St. *Dent* —4E **113**
Gould St. *Oldh* —1F **73**
Gourham Dri. *Chea H* —3B **150**
Govan St. *M22* —2C **136**
Gowan Dri. *Mid* —6F **53**
Gowanlock's St. *Bolt* —3A **32**
Gowan Rd. *M16* —6C **108**
Gower Av. *Haz G* —2C **152**
Gowerdale Rd. *Stoc* —4C **128**
Gower Rd. *Hyde* —6B **114**
Gower Rd. *Stoc* —5F **127**
Gowers St. *Roch* —3B **28**
Gower St. *Ash L* —2A **100**
Gower St. *Bolt* —5H **31**
Gower St. *Farn* —6E **47**
Gower St. *Oldh* —2E **73**
Gower St. *Pen* —2G **79**
Gowran Pk. *Oldh* —3H **73**
Gowy Clo. *Wilm* —5A **160**
Goya Rise. *Oldh* —3H **57**
Goyt Av. *Marp* —1D **154**
Goyt Cres. *Bred* —6F **129**
Goyt Cres. *Stoc* —6B **128**
Goyt Rd. *Dis* —2H **165**
Goyt Rd. *Marp* —1D **154**
Goyt Rd. *Stoc* —6B **128**
Goyt Valley. *Rom* —1E **141**
Goyt Valley Rd. *Bred* —6F **129**
Goyt Valley Wlk. *Bred* —6F **129**
Goyt View. *Rom* —1F **141**
Goyt Wlk. *W'fld* —5F **51**
Grace St. *Roch* —1A **28**
Grace Wlk. *M4* —4H **95** (6H **7**)
Gracie Av. *Oldh* —6F **57**
Gradwell St. *Stoc* —3F **139**
Grafton Av. *Ecc* —1A **92**
Grafton Ct. *M15* —2B **108**
Grafton Ct. Oldh —3A **58**
(off Grafton St.)
Grafton Ct. *Roch* —5B **28**
Grafton Mall. *Alt* —1F **145**
Graftons, The. *Alt* —1F **145**
Grafton St. *M13* —2F **109**
Grafton St. *Alt* —1F **145**
Grafton St. *Ash L* —3B **100**
　(in two parts)
Grafton St. *Bolt* —5H **31**
Grafton St. *Bury* —5D **36**
Grafton St. *Fail* —3G **85**
Grafton St. *Hyde* —4B **114**
Grafton St. *Millb* —1H **101**
Grafton St. *Oldh* —3A **58**
Grafton St. *Roch* —5B **28**
Grafton St. *Stoc* —6G **155**
Graham Cres. *Cad* —5A **118**
Graham Dri. *Dis* —6G **155**
Graham Rd. *Salf* —1C **92**
Graham Rd. *Stoc* —3B **140**
Graham St. *M11* —5C **96**

Graham St. *Ash L* —4F **99**
Graham St. *Bolt* —5B **32**
Grainger Av. *M12* —4C **110**
Grains Rd. *Del* —1C **58**
Grains Rd. *Shaw* —1G **57**
Grain View. *Salf* —5G **93**
Grainary Way. *Sale* —1H **133**
Granby Ho. *M1* —5E **95** (2B **10**)
Granby Rd. *Chea H* —5D **150**
Granby Rd. *Stoc* —6B **140**
Granby Rd. *Stret* —6D **106**
Granby Rd. *Swint* —4C **78**
Granby Rd. *Tim* —2B **134**
Granby Row. *M1*
　　　　　—5E **95** (2B **10**)
Granby St. *Chad* —6G **71**
Granby St. *Tot* —1F **35**
Grandale St. *M14* —4G **109**
Grand Central Sq. *Stoc*
　　　　　—2G **139**
Grandidge St. *Roch* —6G **27**
Grand Union Way. *Ecc* —5F **91**
Grange Av. *Chea H* —2B **150**
Grange Av. *Dent* —5H **113**
Grange Av. *Ecc* —1F **91**
Grange Av. *Hale* —3A **146**
Grange Av. *Lev* —1B **126**
Grange Av. *L Lev* —4C **48**
Grange Av. *Miln* —1D **42**
Grange Av. *Oldh* —5A **72**
Grange Av. *Stoc* —4F **127**
Grange Av. *Stret* —5D **106**
Grange Av. *Swint* —1D **78**
Grange Av. *Tim* —4B **134**
Grange Av. *Urm* —5A **104**
Grange Clo. *Hyde* —6D **114**
Grange Ct. *Bow* —4E **145**
Grange Ct. *Oldh* —5B **72**
Grange Cres. *Urm* —6E **105**
Grange Dri. *M9* —6H **69**
Grange Dri. *Ecc* —1F **91**
Grangeforth Rd. *M8* —3B **82**
Grange Gro. *W'fld* —1D **66**
Grange La. *M20* —1F **137**
Grange La. *Del* —1H **59**
Grange Mill Wlk. *M40* —4B **84**
Grange Pk. Av. *Ash L* —5B **88**
Grange Pk. Av. *Chea* —6H **137**
Grange Pk. Av. *Wilm* —1D **166**
Grange Pk. Rd. *M9* —6H **69**
Grange Pk. Rd. *Brom X* —5G **19**
Grange Pk. Rd. *Chea* —6H **137**
Grange Pl. *Cad* —4B **118**
Grange Rd. *M21* —5G **107**
Grange Rd. *Bolt* —2F **45**
Grange Rd. *Bow* —4E **145**
Grange Rd. *Bram* —2H **151**
Grange Rd. *Brom X* —4G **19**
Grange Rd. *Bury* —3H **35**
Grange Rd. *Ecc* —1C **90**
Grange Rd. *Farn* —6C **46**
Grange Rd. *Mid* —1D **54**
Grange Rd. *Sale* —5D **121**
Grange Rd. *Tim* —4B **134**
Grange Rd. *Urm* —6E **105**
Grange Rd. *Whitw* —3H **15**
Grange Rd. *Wor* —4A **76**
Grange Rd. N. *Hyde* —5D **114**
Grange Rd. S. *Hyde* —6D **114**
　(in two parts)
Granger St. *Swint* —3F **79**
Grange St. *Fail* —5D **84**
Grange St. *Oldh* —2C **72**

Grange St. *Roch* —1H **27**
Grange St. *Salf* —3E **93**
Grange, The. *M14* —4G **109**
Grange, The. *Hyde* —6D **114**
Grange, The. *Oldh* —1F **73**
Grangethorpe Dri. *M19*
 —2A **126**
Grangethorpe Rd. *M14*
 —5G **109**
Grangethorpe Rd. *Urm*
 —6E **105**
Grange Wlk. *Mid* —5G **53**
Grangeway. *Hand* —3H **159**
Grangewood. *Brom X* —4G **19**
Grangewood Dri. *M9* —4F **83**
Granite St. *Oldh* —1F **73**
Granshaw St. *M40* —2A **96**
Gransmoor Av. *M11* —6H **97**
Gransmoor Rd. *M11* —6H **97**
Grantchester Pl. *Farn* —6B **46**
Grantchester Way. *Bolt* —4G **33**
Grant Clo. *M9* —1F **83**
Grant Ct. *Ram* —2D **12**
Grantham Clo. *Bolt* —4A **32**
Grantham Dri. *Bury* —6D **22**
Grantham Rd. *Stoc* —1E **139**
Grantham St. *M14* —4E **109**
Grantham St. *Oldh* —4E **73**
Grant St. *Farn* —5D **46**
Grant St. *Roch* —3D **40**
Granville Av. *M16* —5A **108**
Granville Av. *Salf* —3A **82**
Granville Clo. *Chad* —2A **72**
Granville Ct. *Miln* —2F **43**
Granville Gdns. *M20* —1E **137**
Granville Rd. *M14* —1G **125**
Granville Rd. *Aud* —4B **98**
Granville Rd. *Bolt* —4G **45**
Granville Rd. *Chea H* —6D **138**
Granville Rd. *Tim* —5C **134**
Granville Rd. *Urm* —4A **105**
Granville Rd. *Wilm* —4C **166**
Granville St. *Ash L* —3B **100**
Granville St. *Chad* —1A **72**
Granville St. *Ecc* —2F **91**
Granville St. *Farn* —5F **47**
Granville St. *Swint* —3F **79**
Granville St. *Wor* —6E **63**
Granville Ter. *Ash L* —3B **100**
Grasdene Av. *M9* —6G **69**
Grasmere Av. *Farn* —2B **62**
Grasmere Av. *Heyw* —5F **39**
Grasmere Av. *L Lev* —3A **48**
Grasmere Av. *Stoc* —3G **127**
Grasmere Av. *Urm* —6A **104**
Grasmere Av. *Wdly* —1C **78**
Grasmere Av. *W'fld* —2A **66**
Grasmere Clo. *Stal* —1E **101**
Grasmere Cres. *Bram* —5G **151**
Grasmere Cres. *Ecc* —2D **90**
Grasmere Cres. *H Lane*
 —4C **154**
Grasmere Gro. *Ash L* —1F **99**
Grasmere Rd. *Ald E* —5G **167**
Grasmere Rd. *Gat* —2F **149**
Grasmere Rd. *Oldh* —3G **73**
Grasmere Rd. *Part* —6C **118**
Grasmere Rd. *Rytn* —1A **56**
Grasmere Rd. *Sale* —1C **134**
Grasmere Rd. *Stret* —4D **106**
Grasmere Rd. *Swint* —5F **79**
Grasmere Rd. *Tim* —5C **134**
Grasmere St. *M12* —4D **110**
Grasmere St. *Bolt* —3B **32**
Grasmere St. *Roch* —3C **40**
Grasmere Wlk. *Mid* —5H **53**
Grason Av. *Wilm* —6G **159**
Grasscroft. *Stoc* —3C **128**

Grasscroft Clo. *M14* —5D **108**
Grasscroft Rd. *Stal* —4E **101**
Grassfield Av. *Salf* —5G **81**
Grassholm Dri. *Stoc* —5G **141**
Grassingham Gdns. *Salf*
 —2F **93**
Grassington Av. *M40* —2A **84**
Grassington Ct. *Wals* —1F **35**
Grassington Dri. *Bury* —4H **37**
Grassington Pl. *Bolt* —4C **32**
Grass Mead. *Dent* —1H **129**
Grassmoor Cres. *Glos* —5F **117**
Grathome Wlk. *Bolt* —3A **46**
Gratrix Av. *Salf* —6H **93**
Gratrix La. *Sale* —6F **123**
Gratrix St. *M18* —3G **111**
Gratten Ct. *Wor* —5E **63**
Gravel Bank Rd. *Woodl*
 —3H **129**
Gravel La. *Salf* —3C **94** (4F **5**)
(in two parts)
Gravel La. *Wilm* —5B **166**
Gravel Walks. *Oldh* —2F **73**
Graver La. *M40* —6D **84**
Graves St. *Rad* —1F **49**
Gray Clo. *Mot* —4B **116**
Gray Ho. Bolt —5A 32
(off Gray St.)
Graymar Rd. *L Hul* —5C **62**
Graymarsh Dri. *Poy* —5E **163**
Grayrigg Wlk. *M9* —4F **83**
Graysands Rd. *Hale* —2H **145**
Grayson Av. *W'fld* —1E **67**
Grayson Rd. *L Hul* —5D **62**
Grayson Way. *G'fld* —3F **61**
Gray St. *Bolt* —5A **32**
Gray St. N. *Bolt* —5B **32**
Graythorpe Wlk. *Salf* —4G **93**
Graythorp Wlk. *M14* —4F **109**
Graythwaite Rd. *Bolt* —3D **30**
Greame St. *M14* —4D **108**
Gt. Ancoats St. *M4*
 —3F **95** (4C **6**)
Gt. Arbor Way. *Mid* —6H **53**
Gt. Bent Clo. *Roch* —5B **16**
Gt. Bridgewater St. *M1*
 —5C **94** (2F **9**)
Gt. Cheetham St. E. *Salf & M8*
 —5A **82**
Gt. Cheetham St. W. *Salf*
 —6G **81**
Gt. Clowes St. *Salf* —5G **81**
Gt. Ducie St. *M3* —2D **94** (1G **5**)
Gt. Eaves Rd. *Ram* —2E **13**
Gt. Egerton St. *Stoc* —2G **139**
Gt. Flatt. *Roch* —2D **26**
Gt. Gable Clo. *Oldh* —1E **73**
Gt. Gates Clo. *Roch* —1G **41**
Gt. Gates Rd. *Roch* —2G **41**
Gt. George St. *Roch* —5H **27**
Gt. George St. *Salf*
 —3B **94** (4C **4**)
Gt. Hall Clo. *Rad* —3G **49**
Gt. Heaton Clo. *Mid* —2E **69**
Gt. Holme. *Bolt* —3B **46**
Gt. Howarth. *Roch* —6H **15**
Gt. Howarth Rd. *Roch* —5A **16**
Gt. Jackson St. *M15*
 —6C **94** (3E **9**)
Gt. John St. *M3* —5C **94** (1E **9**)
Gt. Jones St. *M12* —1C **110**
Great Lee. *Roch* —6D **14**
Gt. Lee Wlk. *Roch* —6D **14**
Gt. Marlborough St. *M1*
 —6E **95** (3A **10**)
Gt. Marld Clo. *Bolt* —3D **30**
Gt. Meadow. *Shaw* —4C **42**
Gt. Moor St. *Bolt* —1B **46**
Gt. Moor St. *Stoc* —6B **140**
Gt. Newton St. *M40* —6C **84**

Gt. Norbury St. *Hyde* —4A **114**
Gt. Portwood St. *Stoc* —1H **139**
Gt. Southern St. *M14* —4F **109**
Gt. Stone Clo. *Eger* —1C **18**
Great Stone Rd. *Stret & M16*
 —3F **107**
Gt. Underbank. *Stoc* —2H **139**
Gt. Western St. *M14* —3D **108**
Greave. *Rom* —5B **130**
Greave Av. *Roch* —3D **26**
Greave Fold. *Rom* —5A **130**
Greave Pk. *Upperm* —2F **61**
Greave Rd. *Stoc* —3C **140**
Greaves Av. *Bolt* —1A **34**
Greaves Av. *Fail* —5D **84**
Greaves Rd. *Wilm* —2A **166**
Greaves St. *Lees* —3B **74**
Greaves St. *Moss* —1E **89**
Greaves St. *Oldh* —2D **72**
Greaves St. *Shaw* —6G **43**
Grebe Clo. *Poy* —3B **162**
Grebe Wlk. *Stoc* —1G **153**
Grecian Cres. *Bolt* —3B **46**
Grecian St. *Salf* —6G **81**
Grecian St. N. *Salf* —5G **81**
Grecian Ter. *Salf* —6G **81**
Gredle Clo. *Urm* —5H **105**
Greeba Rd. *Rnd I* —5E **135**
Greek St. *M1* —6F **95** (3C **10**)
Greek St. *Stoc* —3G **139**
Greenacre Clo. *Ram* —2G **13**
Greenacre La. *Wor* —6H **77**
Greenacre Rd. *Swint* —5D **78**
Greenacres Ct. *Roch* —5B **16**
Greenacres Dri. *M19* —5A **126**
Greenacres Rd. *Oldh* —2F **73**
Green Av. *M12* —6G **95** (3F **11**)
Green Av. *Bolt* —4D **46**
Green Av. *L Hul* —4A **62**
Green Av. *Swint* —4F **79**
Green Bank. *Bolt* —2G **33**
Green Bank. *Farn* —6E **47**
Greenbank. *Had* —2H **117**
Green Bank. *Stoc* —2F **127**
Greenbank. Whitw —4C 14
(off Tonacliffe Rd.)
Greenbank Av. *Gat* —6E **137**
Greenbank Av. *Stoc* —1A **138**
Greenbank Av. *Swint* —5D **78**
Greenbank Av. *Upperm* —6C **60**
Greenbank Cres. *Marp*
 —6D **142**
Greenbank Dri. *L'boro* —6D **16**
Greenbank Rd. *Bolt* —2F **45**
(in two parts)
Greenbank Rd. *Gat* —5E **137**
Greenbank Rd. *Marp B*
 —2F **143**
Green Bank Rd. *Rad* —2F **49**
Greenbank Rd. *Roch* —1H **27**
Greenbank Rd. *Sale* —4G **121**
Greenbank Rd. *Salf* —2E **93**
Greenbank Ter. *Mid* —6C **54**
Greenbank Ter. *Stoc* —1G **139**
Green Beech Clo. *Marp*
 —4C **142**
Greenbooth Clo. *Duk* —6D **100**
Greenbooth Rd. *Roch* —1H **25**
Green Bri. Clo. *Roch* —1F **41**
Green Bri. La. *G'fld* —4F **61**
Greenbrook Clo. *Bury* —1E **37**
Greenbrook St. *Bury* —1E **37**
Greenbrow Rd. *M23* —1G **147**
Greenbrow Rd. *M23* —6G **135**
Greenburn Dri. *Bolt* —3G **33**
Green Clo. *Gat* —5E **137**
Greencourt Dri. *L Hul* —5B **62**
Green Courts. *Bow* —2D **144**
Greencourts Bus. Pk. *M22*
 —5E **149**

Green Croft. *Rom* —6B **130**
Green Croft La. *Eden* —2B **12**
Greencroft Rd. *Ecc* —1D **90**
Greendale Dri. *M9* —6G **69**
Greendale Gro. *Dent* —1H **129**
Green Dri. *M19* —6B **110**
Green Dri. *Los* —6A **30**
Green Dri. *Tim* —4A **134**
Green Dri. *Wilm* —5H **159**
Green End. *Dent* —1H **129**
Green End Rd. *M19* —1A **126**
Greenfield Av. *Ecc* —5C **90**
Greenfield Av. *Urm* —5F **105**
Greenfield Clo. *Bury* —4G **35**
Greenfield Clo. *Stoc* —5G **139**
Greenfield Clo. *Tim* —5C **134**
Greenfield Ct. *Heyw* —4F **39**
Greenfield La. *Roch* —1G **41**
Greenfield La. *Shaw* —1F **57**
Greenfield La. *Smal* —6B **16**
Greenfield Rd. *L Hul* —5D **62**
GREENFIELD STATION. *BR*
 —3E **61**
Greenfield St. *Aud* —6D **98**
Greenfield St. *Had* —1H **117**
Greenfield St. *Hyde* —5B **114**
Greenfield St. *Roch* —1G **41**
Greenfield Ter. *Urm* —5A **104**
Green Fold. *M18* —1H **111**
Greenfold Av. *Farn* —2D **62**
Greenford Clo. *Chea H*
 —1D **150**
Greenford Rd. *M8* —4C **82**
Green Gables Clo. *H Grn*
 —4F **149**
Greengate. *M40 & Mid* —6C **70**
Green Ga. *Haleb* —1D **156**
Green Ga. *Hyde* —1B **130**
Greengate. *Salf* —2D **94** (2G **5**)
Greengate Clo. *Roch* —5B **16**
Greengate La. *Bolt* —5H **33**
Greengate La. *P'wch* —5E **67**
Greengate Rd. *Dent* —3B **113**
Greengate St. *Mid* —3D **70**
Greengate St. *Oldh* —3E **73**
(in three parts)
Greengate W. *Salf*
 —2C **94** (2E **5**)
Greenhalgh Moss La. *Bury*
 —6B **22**
Greenhalgh St. *Fail* —5C **84**
Greenhalgh St. *Stoc* —1G **139**
Greenhalgh Wlk. M4
 —3G **95** (4F **7**)
(off Jackroom Dri.)
Greenhall M. *Wilm* —3C **167**
Greenham Rd. *M23* —1F **135**
Greenhead Fold. *Rom* —2G **141**
Greenhead Wlk. *Bolt* —3A **46**
Greenheys. *Bolt* —2G **33**
Greenheys Cen. *M14* —3E **109**
Greenheys Cres. *G'mnt* —2H **21**
Greenheys La. *M15* —2D **108**
Greenheys La. W. *M15*
 —2C **108**
Greenheys Rd. *L Hul* —3A **62**
Green Hill. *P'wch* —5E **67**
Greenhill Av. *Bolt* —2F **45**
Greenhill Av. *Farn* —2E **63**
Greenhill Av. *Roch* —3G **27**
Greenhill Av. *Sale* —3A **122**
Greenhill Av. *Shaw* —4C **42**
Greenhill Cotts. *Moss* —1F **89**
Greenhill La. *Bolt* —3D **44**
Greenhill Pas. *Oldh* —3E **73**
Green Hill Pl. *Stoc* —4F **139**
Greenhill Rd. *M8* —4C **82**
Greenhill Rd. *Bury* —4G **35**
Green Hill Rd. *Hyde* —4D **114**
Greenhill Rd. *Mid* —2C **70**
Greenhill Rd. *Tim* —5C **134**

Greenhill St. *M15* —2D **108**
Green Hill St. *Stoc* —4F **139**
Greenhill Ter. *Mid* —2D **70**
Greenhill Terraces. *Oldh*
—3E **73**
Greenhill Wlk. *Dis* —1H **165**
Greenholme Clo. *M40* —2D **84**
Greenhow St. *Droy* —5H **97**
Greenhurst Cres. *Ash L* —5A **88**
Greenhurst La. *Ash L* —5A **88**
Greenhurst Rd. *Ash L* —4H **87**
Green Hythe Rd. *H Grn*
—1G **159**
Greening Rd. *M19* —5D **110**
Greenland Rd. *Bolt & Farn*
—4B **46**
Greenland St. *M8* —4B **82**
Greenland St. *Salf* —3E **93**
Green La. *M18* —1F **111**
Green La. *Ald E* —5F **167**
Green La. *Ash L* —6F **87**
Green La. *Bolt* —4B **46**
Green La. *Cad* —4C **118**
Green La. *Del* —3G **59**
Green La. *Dis* —3H **165**
Green La. *Ecc* —3E **91**
Green La. *Fail* —1G **97**
Green La. *Glos* —6H **117**
Green La. *Had* —3H **117**
Green La. *Haz G* —2D **152**
Green La. *Heyw* —3G **39**
Green La. *Holl* —1F **117**
Green La. *Hyde* —6E **115**
(Godley Green)
Green La. *Hyde* —5E **115**
(Hyde)
Green La. *Kear* —2A **64**
Green La. *Mid* —2D **70**
(Middleton Junction)
Green La. *Mid* —5B **54**
(Middleton)
Green La. *Moss* —5D **74**
Green La. *Oldh* —1B **86**
(Hollins Green)
Green La. *Oldh* —5B **58**
(Top o' th' Meadows)
Green La. *Poy* —3A **164**
Green La. *Roch* —3A **28**
(Rochdale)
Green La. *Roch* —3G **27**
(Town Head)
Green La. *Rom* —2H **141**
Green La. *Sale* —3G **121**
Green La. *Stoc* —6D **126**
Green La. *Tim* —2B **146**
Green La. *W'fld* —6C **50**
Green La. *Wilm* —2E **167**
Green La. Ind. Est. *Stoc*
—1F **139**
Green La. N. *Tim* —6B **134**
Greenlaw Ct. *M16* —2A **108**
Greenlea Av. *M18* —4F **111**
Greenleach La. *Wor* —3G **77**
Greenleaf Clo. *Wor* —5B **76**
Greenleas. *Los* —1A **44**
Greenlees St. *Roch* —3C **27**
Green Meadow. *Roch* —5B **16**
Green Meadows. *Marp*
—4D **142**
Green Meadows Dri. *Marp*
—4D **142**
Green Meadow Wlk. *M22*
—4C **148**
Greenmount Clo. *G'mnt*
—1H **21**
Greenmount Ct. *Bolt* —5E **31**
Green Mt. Dri. *G'mnt* —1H **21**
Greenmount Dri. *Heyw* —6H **39**
Greenmount Ho. *Bolt* —6E **31**
Greenmount La. *Bolt* —4D **30**

Greenmount Pk. *Kear* —2A **64**
Greenoak. *Rad* —2C **64**
Greenoak Dri. *Sale* —2C **134**
Greenoak Dri. *Wor* —4E **63**
Greenock Clo. *Bolt* —2C **44**
Greenock Dri. *Heyw* —4B **38**
Green Pk. Clo. *G'mnt* —2H **21**
Greenpark Rd. *M22* —2B **136**
Green Pastures. *Stoc* —2H **137**
Green Rd. *Part* —6C **118**
Greenroyd Av. *Bolt* —3G **33**
Greenroyde. *Roch* —6G **27**
Green & Salter Homes. *Stoc*
—6C **126**
Greenshank Clo. *Roch* —4B **26**
Greenside. *Bolt* —4C **34**
Greenside. *Farn* —6E **47**
Greenside. *Stoc* —2C **138**
Greenside. *Wor* —6A **78**
Greenside Av. *Kear* —3H **63**
Greenside Av. *Oldh* —5H **57**
Greenside Clo. *Duk* —5E **101**
Greenside Clo. *Hawk* —1D **20**
Greenside Ct. *Ecc* —2F **91**
Greenside Cres. *Droy* —3H **97**
Greenside Dri. *G'mnt* —2H **21**
Greenside Dri. *Hale* —4G **145**
Greenside Dri. *Irl* —6D **102**
Greenside La. *Droy* —2G **97**
Greenside Pl. *Dent* —1G **129**
Greenside St. *M11* —5D **96**
Greenside Way. *Mid* —4C **70**
Greenson Dri. *Mid* —2G **69**
Greenstead Av. *M8* —3C **82**
Greens, The. *Whitw* —4G **15**
Greenstone Dri. *Salf* —6D **80**
Green St. *M14* —2H **125**
Green St. *Ald E* —5G **167**
Green St. *Bolt* —6B **32**
Green St. *Bury* —1H **35**
Green St. *Ecc* —5D **90**
Green St. *Eden* —2B **12**
Green St. *Fail* —4E **85**
Green St. *Farn* —6E **47**
Green St. *Hyde* —6C **114**
Green St. *Mid* —6B **54**
Green St. *Oldh* —3B **72**
Green St. *Rad* —4G **49**
(in two parts)
Green St. *Stoc* —5H **139**
Green St. *Stret* —1C **122**
Green St. *Tot* —1F **35**
Green, The. *Chea H* —5B **150**
Green, The. *Clif* —1H **79**
Green, The. *G'mnt* —2H **21**
Green, The. *Hand* —4A **160**
Green, The. *Marp* —2E **155**
Green, The. *Millb* —1H **101**
Green, The. *Oldh* —6E **73**
Green, The. *Part* —5D **118**
Green, The. *Roch* —2C **40**
Green, The. *Stoc* —6E **127**
Green, The. *Tim* —4C **134**
Green, The. *Wor* —6H **77**
Greenthorne Av. *Stoc* —2F **127**
Greenthorn Wlk. *M15* —2D **108**
(off Botham Clo.)
Green Tree Gdns. *Rom*
—1H **141**
Greenvale. *Roch* —3A **26**
Greenvale Cotts. *L'boro* —1H **17**
Greenvale Dri. *Chea* —5G **137**
Greenview Dri. *M20* —3G **137**
Green Villa Pk. *Wilm* —5B **166**
Green Wlk. *M16* —4A **108**
Green Wlk. *Bow* —2C **144**
Green Wlk. *Gat* —5E **137**
Green Wlk. *Mot* —5B **116**
Green Wlk. *Stret* —5B **106**
Green Wlk. *Tim* —4H **133**
Green Walks. *P'wch* —6G **67**

Greenway. *M22* —3C **136**
Greenway. *Alt* —6C **132**
Green Way. *Bolt* —2C **32**
Greenway. *Bram* —1F **161**
Greenway. *Hyde* —6B **114**
Greenway. *Mid* —4H **69**
Green Way. *Mot* —5B **116**
Green Way. *Roch* —4B **40**
Greenway. *Rom* —2C **142**
Greenway. *Shaw* —4D **42**
Greenway. *Wilm* —3E **167**
Greenway Av. *M19* —1D **126**
Greenway Clo. *Bolt* —1C **32**
Greenway Clo. *Sale* —6G **121**
Greenway Clo. *Bury* —2H **35**
Greenway Dri. *Moss* —1H **73**
Greenway Rd. *H Grn* —1G **159**
Greenway Rd. *Tim* —3H **133**
Greenways. *M40* —2D **84**
Greenways. *Ash L* —5B **86**
Greenwich Clo. *M40* —1F **97**
Greenwich Clo. *Roch* —5B **26**
Greenwood Av. *Ash L* —5G **87**
(in two parts)
Greenwood Av. *Clif* —2H **79**
Greenwood Av. *Stoc* —5C **140**
Greenwood Av. *Wor* —5E **63**
Greenwood Clo. *Tim* —6D **134**
Greenwood Clo. *Wor* —4A **76**
Greenwood Dri. *Wilm* —1G **167**
Greenwood Gdns. *Bred*
—6F **129**
Greenwood Pl. L'boro —4F **17**
(off Hare Hill Rd.)
Greenwood Rd. *M22* —2H **147**
Greenwoods La. *Bolt* —1H **33**
Greenwood St. *Alt* —1F **145**
Greenwood St. *Bar* —1D **86**
Greenwood St. *Farn* —1F **63**
Greenwood St. *Lees* —4A **74**
Greenwood St. *L'boro* —4F **17**
Greenwood St. *Oldh* —1G **73**
(in two parts)
Greenwood St. *Roch* —4H **27**
Greenwood St. *Salf* —1F **93**
Greenwood Vale. *Bolt* —2A **32**
Greer St. *Open* —5E **97**
Gregge St. *Heyw* —4G **39**
Gregory Av. *Bolt* —5G **33**
Gregory Av. *Rom* —2A **142**
Gregory St. *M12* —1B **110**
Gregory St. *Hyde* —2C **114**
Gregory St. *Oldh* —6A **72**
Gregory Way. *Stoc* —3H **127**
Gregson Field. *Bolt* —3A **46**
(in two parts)
Gregson Rd. *Stoc* —3G **127**
Gregson St. *Oldh* —3D **72**
Greg St. *Stoc* —4G **127**
Grelley Wlk. *M14* —4F **109**
Grendale Av. *Haz G* —4E **153**
Grendale Av. *Stoc* —2B **140**
Grendale Dri. *M16* —2A **108**
Grendon Av. *Oldh* —5C **72**
Grendon St. *Bolt* —4G **45**
Grendon Wlk. *M12* —1C **110**
Grenfell Rd. *M20* —6E **125**
Grenfell St. *Manx* —6E **125**
Grenham Av. *M15*
—1B **108** (5C **8**)
Grenville St. *Stoc* —3F **139**
Grenville Rd. *Haz G* —2C **152**
Grenville St. *Duk* —5A **100**
Grenville St. *Millb* —1H **101**
Grenville St. *Stoc* —3F **139**
Grenville Wlk. *L'boro* —6G **17**
Gresford Clo. *M21* —1G **123**
Gresham Clo. *W'fld* —2B **66**
Gresham Dri. *Oldh* —2A **72**
Gresham St. *Bolt* —2B **32**
Gresham St. *Dent* —3F **113**

Gresham Wlk. *Stoc* —6G **127**
Gresty Av. *M22* —4D **148**
Greswell St. *Dent* —3E **113**
Greta Av. *H Grn* —1G **159**
Gretney Wlk. *M15* —2D **108**
Greton Clo. *M13* —3A **110**
Gretton Clo. *Rytn* —3D **56**
Greville St. *M13* —3A **110**
Grey Clo. *Bred* —5G **129**
Grey Friar Ct. *Salf*
—2C **94** (1E **5**)
Greyfriars Rd. *M22* —3H **147**
Greyhound Dri. *Salf* —6G **81**
Grey Knotts. *Wor* —6C **76**
Greylag Cres. *Wor* —3F **77**
Greylands Clo. *Sale* —5H **121**
Greylands Rd. *M20* —3G **137**
Grey Mare La. *M11* —4B **96**
Greymont Rd. *Bury* —5F **23**
Grey Rd. *Alt* —6D **132**
Greysham Ct. *M16* —5C **108**
Greystoke Av. *M19* —6E **111**
Greystoke Av. *Sale* —6B **122**
Greystoke Av. *Tim* —5D **134**
Greystoke Cres. *W'fld* —5C **50**
Greystoke Dri. *Ald E* —4G **167**
Greystoke Dri. *Bolt* —5B **18**
Greystoke Dri. *Mid* —5F **53**
Greystoke Hall. *Manx* —6D **124**
Greystoke La. *Fail* —5E **85**
Greystoke St. *Stoc* —2A **140**
Greystone Av. *M21* —1D **124**
Greystone Wlk. *Stoc* —2F **127**
Grey St. *M12* —1A **110**
Grey St. *Ash L* —3A **100**
Grey St. *Dent* —4D **112**
Grey St. *Mid* —6H **53**
Grey St. *P'wch* —5G **67**
Grey St. *Rad* —4H **49**
Grey St. *Stal* —4G **101**
Greyswood Av. *M8* —4B **82**
Greytown Clo. *Salf* —6D **80**
Greywood Av. *Bury* —3F **37**
Grierson St. *Bolt* —2A **32**
Grierson Wlk. *M16* —3C **108**
Griffe La. *Bury* —3G **51**
Griffin Clo. *Bury* —1F **37**
Griffin Ct. *Salf* —3C **94** (4E **5**)
Griffin Gro. *M19* —1C **126**
Griffin M. *P'wch* —4E **67**
Griffin Rd. *Fail* —5D **84**
Griffin St. *Salf* —5G **81**
Griffiths Clo. *Salf* —1B **94**
Griffiths St. *M40* —6C **84**
Grimes Cotts. *Roch* —2B **26**
Grimes St. *Roch* —2B **26**
Grime St. *Ram* —5C **12**
Grimscott Clo. *M9* —2H **83**
Grimshaw Av. *Fail* —3E **85**
Grimshaw Clo. *Bred* —5G **129**
Grimshaw La. *M40* —6H **83**
Grimshaw La. *Mid* —1A **70**
Grimshaw St. *Fail* —3E **85**
Grimshaw St. *Stoc* —2A **140**
Grimstead Clo. *M23* —5E **135**
Grindall Av. *M40* —1B **84**
Grindleford Gdns. Glos
(off Buxton M.) —5G **117**
Grindleford Gro. *Gam* —5G **117**
(off Edale Cres.)
Grindleford Lea. *Glos* —5G **117**
(off Edale Cres.)
Grindleford Wlk. *M21* —4B **124**
Grindleford Wlk. Glos —5G **117**
(off Edale Cres.)
Grindle Grn. *Ecc* —5E **91**
Grindley Av. *M21* —4B **124**
Grindlow St. *M13* —2A **110**
Grindon Av. *Salf* —4E **81**
Grindrod St. *Rad* —3F **49**
(in two parts)

Grindrod St. *Roch* —2G **27**
Grindsbrook Rd. *Rad* —6F **35**
Gringle St. *M3* —4C **94** (6E **5**)
Grinton Av. *M13* —5A **110**
Grisdale Dri. *Mid* —5G **53**
Grisbeck Way. *Oldh* —2C **72**
Grisedale Av. *Rytn* —5A **42**
Grisedale Ct. *M9* —5A **70**
Grisedale Rd. *Roch* —1B **40**
Gritley Wlk. *M22* —4A **148**
Grizebeck Clo. *M18* —1E **111**
Grizedale Clo. *Bolt* —3D **30**
Grizedale Clo. *C'brk* —4G **89**
Grizedale Rd. *Woodl* —5H **129**
Groby Ct. *Alt* —1E **145**
Groby Pl. *Alt* —6E **133**
Groby Rd. *M21* —1H **123**
Groby Rd. *Alt* —1D **144**
Groby Rd. *Aud* —6E **99**
Groby Rd. N. *Aud* —5D **98**
Groby St. *Oldh* —6E **73**
Groby St. *Stal* —4G **101**
Grogan Dri. *Harp* —3G **83**
Groomsport Dri. *M8* —6A **82**
Groom St. *M1* —6F **95** (3C **10**)
Grosvenor Av. *W'fld* —6C **50**
Grosvenor Clo. *Wilm* —5D **166**
Grosvenor Clo. *Wor* —4E **63**
Grosvenor Ct. *Ash L* —4G **99**
Grosvenor Ct. *Sale* —4H **121**
Grosvenor Ct. *Salf* —3H **81**
Grosvenor Cres. *Hyde* —6A **114**
Grosvenor Dri. *Poy* —4C **162**
Grosvenor Dri. *Wor* —4E **63**
Grosvenor Gdns. *M22* —5C **136**
Grosvenor Gdns. *Salf* —1B **94**
Grosvenor Gdns. *Stal* —4E **101**
Grosvenor Ho. *Sale* —5H **121**
Grosvenor Ho. M. *Crum*
—1B **82**
Grosvenor Ind. Est. *Ash L*
—4G **99**
Grosvenor Pl. *Ash L* —4G **99**
Grosvenor Rd. *M16* —5B **108**
Grosvenor Rd. *Alt* —6G **133**
Grosvenor Rd. *Chea H* —1E **151**
Grosvenor Rd. *Ecc* —2C **90**
Grosvenor Rd. *Hyde* —6B **114**
Grosvenor Rd. *Marp* —4D **142**
Grosvenor Rd. *Pen* —4H **79**
Grosvenor Rd. *Sale* —4H **121**
Grosvenor Rd. *Stoc* —6C **126**
(in two parts)
Grosvenor Rd. *Urm* —5E **105**
Grosvenor Rd. *W'fld* —6C **50**
Grosvenor Rd. *Wor* —4E **63**
Grosvenor Sq. *M15*
—6E **95** (4A **10**)
Grosvenor Sq. *Sale* —5H **121**
Grosvenor Sq. *Salf* —1B **94**
Grosvenor Sq. *Stal* —4E **101**
Grosvenor St. *M13 & M1*
—6E **95** (4B **10**)
Grosvenor St. *Ash L* —4F **99**
(in two parts)
Grosvenor St. *Bolt* —1C **46**
Grosvenor St. *Bury* —5D **36**
Grosvenor St. *Dent* —3D **112**
Grosvenor St. *Haz G* —2D **152**
Grosvenor St. *Heyw* —4E **39**
Grosvenor St. *Kear* —1G **63**
Grosvenor St. *L Lev* —3A **48**
Grosvenor St. *Pen* —1F **79**
Grosvenor St. *P'wch* —5G **67**
Grosvenor St. *Rad* —4F **49**
Grosvenor St. *Roch* —4C **40**
Grosvenor St. *Stal* —4E **101**
(in two parts)
Grosvenor St. *Stoc* —3H **139**
Grosvenor St. *Stret* —5D **106**

Grosvenor Way. *Rytn* —5B **56**
Grotton Hollow. *Grot* —3C **74**
Grotton Meadows. *Grot* —4D **74**
Grouse St. *Roch* —2H **27**
Grove Arc. *Wilm* —2E **167**
Grove Av. *Fail* —6E **85**
Grove Av. *Wilm* —2D **166**
Grove Clo. *M14* —4G **109**
Grove Cotts. *Dig* —1D **60**
Grove Ct. *Haz G* —2E **153**
Grove Ct. *Sale* —5D **122**
Grove Hill. *Wor* —5B **76**
Grove Ho. *M15* —2F **109**
Grovehurst. *Swint* —5B **78**
Grove La. *M20* —6E **125**
Grove La. *Chea H* —1C **160**
Grove La. *Hale* —2A **146**
Grove La. *Tim* —4H **133**
Grove M. *Wor* —6F **63**
Grove Pk. *Sale* —5H **121**
Grove Rd. *Hale* —2G **145**
Grove Rd. *Mid* —5B **54**
Grove Rd. *Millb* —1H **101**
Grove Rd. *Upperm* —2F **61**
Grove St. *Ash L* —6C **86**
Grove St. *Bolt* —3H **31**
Grove St. *Bury* —1G **37**
Grove St. *Droy* —5H **97**
Grove St. *Duk* —4B **100**
Grove St. *G'fld* —4F **61**
Grove St. *Haz G* —2E **153**
Grove St. *Heyw* —3G **39**
Grove St. *Kear* —1G **63**
Grove St. *Oldh* —2E **73**
(in two parts)
Grove St. *Roch* —6G **27**
Grove St. *Salf* —6A **82**
Grove St. *Wilm* —2E **167**
Grove Ter. *Oldh* —1A **74**
Grove, The. *M20* —2F **137**
Grove, The. *Alt* —6F **133**
Grove, The. *Bolt* —2D **46**
Grove, The. *Chea H* —1C **160**
Grove, The. *Dob* —6H **59**
Grove, The. *Ecc* —4H **91**
Grove, The. *Had* —3H **117**
Grove, The. *L Lev* —4B **48**
Grove, The. *Sale* —6B **122**
Grove, The. *Shaw* —1E **57**
Grove, The. *Stoc* —4G **139**
Grove, The. *Urm* —6B **104**
Grovewood Clo. *Ash L* —6C **86**
Grundey St. *Haz G* —3E **153**
Grundy La. *Bury* —4E **37**
Grundy Rd. *Kear* —2G **63**
Grundy St. *Heyw* —5G **39**
Grundy St. *Oldh* —2E **73**
Grundy St. *Stoc* —1A **138**
Grundy St. *Wor* —6H **63**
Guardian Ct. *Sale* —4A **122**
Guest Rd. *P'wch* —3E **67**
GUIDE BRIDGE STATION. *BR*
—5F **99**
Guide La. *Aud* —1F **113**
Guide Post Sq. *M13*
—1H **109** (6G **11**)
Guide St. *Salf* —4C **92**
Guido St. *Bolt* —3H **31**
Guido St. *Fail* —4E **85**
Guild Av. *Wor* —1F **77**
Guildford Av. *Chea H* —6C **150**
Guildford Clo. *Stoc* —4B **140**
Guildford Dri. *Ash L* —4G **87**
Guildford Gro. *Mid* —4C **54**
Guildford Rd. *M19* —5D **110**
Guildford Rd. *Bolt* —3F **31**
Guildford Rd. *Duk* —6E **101**
Guildford Rd. *Salf* —1B **92**
Guildford Rd. *Urm* —3G **105**
Guildford St. *Moss* —2F **89**

Guildford St. *Roch* —4A **28**
(in two parts)
Guildhall Clo. *Man S* —2E **109**
Guild St. *Brom X* —4E **19**
Guilford Rd. *Ecc* —4D **90**
Guiness Ho. *Roch* —5B **28**
Guinness Rd. *Traf P* —5H **91**
Guinness Rd. Trad. Est. *Traf P*
—5H **91**
Guiseley Clo. *Bury* —3E **23**
Gullane Clo. *M40* —4C **84**
Gull Clo. *Poy* —4B **162**
Gunderson Ct. *Oldh* —2C **72**
Gunson Ct. *M40* —2G **95** (2F **7**)
Gunson St. *M40* —2G **95** (2F **7**)
Gun St. *M4* —3F **95** (4D **6**)
Gurner Av. *Salf* —6H **93**
Gurney St. *M4* —4H **95** (5H **7**)
Gutter La. *Ram* —2D **12**
Guy Fawkes St. *Salf* —6H **93**
Guy St. *Salf* —4B **82**
Guywood La. *Rom* —6A **130**
Gwelo St. *M11* —3C **96**
Gwenbury Av. *Stoc* —2B **140**
Gwendor Av. *M8* —6B **68**
Gwladys St. *C'brk* —5G **89**
Gwynant Pl. *M20* —2G **125**
Gylden Clo. *Hyde* —1F **115**
Gypsy La. *Stoc* —5C **140**
Gypsy Wlk. *Stoc* —5D **140**

H

Habergham Clo. *Wor* —4E **77**
Hackberry Clo. *B'hth* —3D **132**
Hacken Bri. Rd. *Bolt* —3E **47**
Hacken La. *Bolt* —3E **47**
Hackford Clo. *Bolt* —5G **31**
Hackford Clo. *Bury* —6D **22**
Hacking St. *Bury* —3E **37**
Hacking St. *P'wch* —5E **67**
Hacking St. *Salf* —5B **82**
Hackle St. *M11* —3E **97**
Hackleton Clo. *M4*
—4H **95** (5H **7**)
Hackness Rd. *M21* —1F **123**
Hackney Av. *M40* —1E **97**
Hackney Clo. *Rad* —2G **49**
Hackwood Wlk. *M8* —4B **82**
(off Levenhurst Rd.)
Haddington Dri. *M9* —6G **69**
Haddon Av. *M40* —2F **85**
Haddon Clo. *Bury* —2E **51**
Haddon Clo. *H Lane* —1C **164**
Haddon Grn. *Glos* —5F **117**
(off Haddon M.)
Haddon Gro. *Sale* —5A **122**
Haddon Gro. *Stoc* —2G **127**
Haddon Gro. *Tim* —4H **133**
Haddon Hall Rd. *Droy* —3G **97**
Haddon Ho. *Salf* —2D **92**
Haddon Lea. *Glos* —5F **117**
(off Grassmoor Cres.)
Haddon M. *Glos* —5F **117**
Haddon Rd. *M21* —4B **124**
Haddon Rd. *Ecc* —5D **90**
Haddon Rd. *Haz G* —4E **153**
Haddon Rd. *H Grn* —6G **149**
Haddon Rd. *Wor* —5C **78**
Haddon St. *Salf* —6F **81**
Haddon St. *Stret* —3D **106**
Haddow Way. *Dent* —6G **113**
Hadfield Av. *Chad* —4H **71**
Hadfield Cres. *Ash L* —6A **88**
Hadfield Rd. *Had* —3G **117**
Hadfields Av. *Holl* —2F **117**
Hadfield St. *M16*
—1A **108** (6B **8**)
Hadfield St. *Duk* —5D **100**
Hadfield St. *Oldh* —6C **72**
Hadfield St. *Salf* —5A **82**

Hadfield Ter. *Ash L* —6A **88**
Hadleigh Clo. *Bolt* —5E **19**
Hadley Av. *M13* —5A **110**
Hadley Clo. *Chea H* —4B **150**
Hadley St. *Salf* —6F **81**
Hadlow Grn. *Stoc* —3B **128**
Hadlow Wlk. *M40* —2A **96**
Hadwin St. *Bolt* —4B **32**
Hafton Rd. *Salf* —5F **81**
Hag End Brow. *Bolt* —2E **47**
Haggate. *Rytn* —4A **56**
Haggate Cres. *Rytn* —4A **56**
Hagg Bank La. *Dis* —1H **165**
Hagley Rd. *Salf* —1H **107**
Hags, The. *Bury* —2E **51**
Hague Ho. *Oldh* —4D **72**
Hague Pl. *Stal* —3D **100**
Hague Rd. *M20* —4E **125**
Hague Rd. *B'btm* —6D **116**
Hague St. *M40* —6H **83**
Hague St. *Ash L* —1A **100**
Hague St. *Oldh* —1A **74**
Haig Av. *Cad* —5A **118**
Haig Ct. *Bury* —4H **35**
Haigh Av. *Stoc* —5C **128**
Haigh Hall Clo. *Ram* —5D **12**
Haigh La. *Chad* —6E **55**
Haigh Pk. *Stoc* —4G **127**
Haigh St. *Bolt* —5B **32**
Haigh St. *Roch* —5A **28**
Haig Rd. *Bury* —3H **35**
Haig Rd. *Stret* —4D **106**
Haile Dri. *Wor* —5B **76**
Hailsham Clo. *Bury* —4C **22**
Hail St. *Ram* —5C **12**
Hailwood St. *Roch* —1E **41**
Halbury Wlk. *Bolt* —3B **32**
(off Ulleswater St.)
Haldene Wlk. *M8* —5B **82**
Haldon Rd. *M20* —4H **125**
Hale Av. *Poy* —5D **162**
Hale Bank Av. *M20* —2D **124**
Hale Ct. *Bow* —2F **145**
Hale Grn. Ct. *Hale* —2A **146**
Hale La. *Fail* —3E **85**
Hale Low Rd. *Hale* —2H **145**
Hale Rd. *Alt & Hale* —2F **145**
Hale Rd. *Haleb* —4B **146**
Hale Rd. *Stoc* —6E **127**
Hales Clo. *Droy* —3H **97**
Halesden Rd. *Stoc* —4F **127**
HALE STATION. *BR* —3F **145**
Halesworth Wlk. *M40* —1G **95**
Haletop. *Civ C* —3B **148**
Hale Wlk. *Chea* —1C **150**
Haley Clo. *Stoc* —1H **127**
Haley St. *M8* —4C **82**
Half Acre. *Rad* —1E **49**
Half Acre Dri. *Roch* —5E **27**
Half Acre Grn. *Wilm* —1E **167**
Half Acre La. *Roch* —5D **26**
Half Acre La. *W'fld* —3F **67**
(in two parts)
Half Acre M. *Roch* —5D **26**
Halfacre Rd. *M22* —1A **148**
Half Acre Rd. *Roch* —5D **26**
Half Edge La. *Ecc* —2G **91**
Half Moon La. *Stoc* —5D **140**
Half Moon St. *M2*
—4D **94** (5H **5**)
Halford Dri. *M40* —3B **84**
Halfpenny Bri. Ind. Est. *Roch*
—5A **28**
Half St. *Mid* —6H **53**
Half St. *Salf* —2C **94** (2F **5**)
Halifax Rd. *L'boro & HX6*
—4G **17**
Halifax Rd. *Oldh* —2B **58**
Halifax Rd. *Roch* —2B **28**
Halifax St. *Ash L* —1H **99**
Haliwell St. *Bolt* —3H **31**

Hallam Rd. *M40* —6B **84**
Hallam St. *Rad* —3B **50**
Hallam St. *Stoc* —5A **140**
Hallas Gro. *M23* —2H **135**
Hall Av. *M14* —4H **109**
Hall Av. *Heyr* —6E **89**
Hall Av. *Sale* —3G **121**
Hall Av. *Tim* —4H **133**
Hall Bank. *Ecc* —3E **91**
Hallbottom Pl. *Hyde* —2D **114**
Hallbottom St. *Hyde* —2D **114**
Hall Clo. *Mot* —2C **116**
Hall Coppice, The. *Eger* —2B **18**
Hall Cotts. *G'fld* —3F **61**
Hallcroft. *Part* —5D **118**
Hallcroft Gdns. *Miln* —5E **29**
Hall Dri. *Mid* —2H **69**
Hall Dri. *Mot* —2C **116**
Halle Mall. M4 —3E **95** *(4A* **6***)*
  (off Arndale Shopping Cen.)
Halle Sq. M4 —3E **95** *(4A* **6***)*
  (off Arndale Cen.)
Hall Farm Av. *Urm* —4D **104**
Hall Fold. *Had* —2H **117**
Hall Fold. *Whitw* —1B **14**
Hall Gdns. *Roch* —1E **27**
Hallgate Dri. *H Grn* —3E **149**
Hallgate Rd. *Stoc* —3B **140**
Hall Grn. Clo. *Duk* —4A **100**
Hall Grn. Rd. *Duk* —4A **100**
Hall Gro. *M14* —4H **109**
Hall Gro. *Chea* —5G **137**
Halliday Ct. *L'boro* —5C **16**
Halliday Rd. *M40* —6B **84**
Halliford Rd. *M40* —5A **84**
Hallington Clo. *Bolt* —3A **46**
Hall i' th' Wood. *Bolt* —1C **32**
Hall i' th' Wood La. *Bolt*
  —2D **32**
HALL I' TH' WOOD STATION. *BR*
  —2D **32**
Halliwell Av. *Oldh* —6C **72**
Halliwell Ind. Est. Bolt —2H **31**
  (off Rossini St.)
Halliwell La. *M8* —4B **82**
Halliwell Rd. *Bolt* —2G **31**
Halliwell Rd. *P'wch* —2D **80**
Halliwell St. *Chad* —2G **85**
Halliwell St. *Firg* —4E **29**
Halliwell St. *L'boro* —4G **17**
Halliwell St. *Roch* —3G **27**
  (in two parts)
Halliwell St. W. *M8* —4B **82**
Halliwell Wlk. *P'wch* —2D **80**
Hallkirk Wlk. *M40* —1D **84**
Hall La. *M23* —5H **135**
Hall La. *Farn* —5F **47**
  (in two parts)
Hall La. *Part* —5D **118**
Hall La. *Woodl* —3H **129**
Hall Meadow. *Chea H* —4A **150**
Hall Moss La. *Bram* —2D **160**
Hall Moss Rd. *M9* —5A **70**
Hallows Av. *M21* —4A **124**
Hall Rd. *M14* —4H **109**
Hall Rd. *Ash L* —6G **87**
Hall Rd. *Bow* —4E **145**
Hall Rd. *Bram* —4F **151**
Hall Rd. *Hand* —4A **160**
Hall Rd. *Moss* —2E **89**
Hall Rd. *Wilm* —2D **166**
Hallroyd Brow. *Oldh* —1C **72**
Hall's Pl. *Spring* —3B **74**
Hallstead Av. *L Hul* —5A **62**
Hallstead Gro. *L Hul* —5A **62**
Hall St. *M2* —5D **94** (1H **9**)
Hall St. *Ash L* —3C **100**
Hall St. *Bolt* —5F **47**
  (in two parts)
Hall St. *Bury* —1A **36**
Hall St. *Chea* —5G **137**

Hall St. *Fail* —5D **84**
Hall St. *Heyw* —4G **39**
Hall St. *Hyde* —4H **113**
Hall St. *Mid* —1A **70**
Hall St. *Oldh* —2F **73**
Hall St. *Pen* —1F **79**
Hall St. *Rad* —1F **49**
Hall St. *Rytn* —3B **56**
Hall St. *Stoc* —2A **140**
Hall St. *S'seat* —1C **22**
Hall St. *Wals* —1F **35**
Hall St. *Whitw* —1C **14**
Hallsville Rd. *M19* —6E **111**
Hallsworth Rd. *Ecc* —4C **90**
Hallwood Av. *Salf* —6A **80**
Hallwood Rd. *M23* —5G **135**
Hall Wood Rd. *Hand* —5H **159**
Hallwood St. *Roch* —1E **41**
Hallworth Av. *Aud* —4B **98**
Hallworth Rd. *M8* —3D **82**
Halmore Rd. *M40*
  —3H **95** (3G **7**)
Halsall Clo. *Bury* —5F **23**
Halsall Dri. *Bolt* —5A **46**
Halsbury Clo. *M12* —1A **110**
Halsey Clo. *Chad* —1E **85**
Halsey Wlk. *M8* —4B **82**
Halshaw La. *Kear* —2H **63**
Halsmere Dri. *M9* —6G **69**
Halstead Av. *M21* —2G **123**
Halstead Av. *Salf* —1D **92**
Halstead Dri. *Irl* —6F **103**
Halstead Gro. *Gat* —1D **148**
Halstead St. *Bolt* —6C **32**
Halstead St. *Bury* —6G **23**
Halston St. *M15* —6D **94**
Halstock Wlk. M40 —6F **83**
  (off Carslake Rd.)
Halstone Av. *Wilm* —5B **166**
Halter Clo. *Rad* —2G **49**
Halton Bank. *Salf* —1F **93**
Halton Dri. *Tim* —2B **134**
Halton Flats. Heyw —3E **39**
  (off Pitt St.)
Halton Ho. *Salf* —4F **93**
Halton Rd. *M11* —3E **97**
Halton St. *Bolt* —6D **32**
Halton St. *Hyde* —4D **114**
Halvard Av. *Bury* —5F **23**
Halvard Ct. *Bury* —5F **23**
Halvis Gro. *M16* —4H **107**
Hambledon Clo. *Bolt* —2D **44**
Hamble M. *Salf* —4F **81**
Hambleton Clo. *Bury* —4F **35**
Hambleton Dri. *M23* —1G **147**
Hambleton Dri. *Sale* —4F **121**
Hambleton Rd. *H Grn* —5G **149**
Hambleton Wlk. *Sale* —4F **121**
Hambridge Clo. *M8* —4C **82**
Hamel St. *Bolt* —4H **45**
Hamel St. *Hyde* —2D **114**
Hamer Bldgs. *Heyw* —3D **38**
Hamer Clo. *Ash L* —4G **99**
Hamer Ct. *Roch* —2B **28**
Hamer Dri. *M16* —2B **108**
Hamer Hall Cres. *Roch* —1B **28**
Hamer Hill. *M9* —6E **69**
Hamer La. *Roch* —2B **28**
Hamer St. *Rad* —3A **50**
Hamer St. *Ram* —1B **22**
Hamer Ter. Bury —6E **13**
  (off Ruby St.)
Hamerton Rd. *M40* —1G **95**
Hamilcar Av. *Ecc* —3G **91**
Hamilton Av. *Cad* —5B **118**
Hamilton Av. *Ecc* —4G **91**
Hamilton Av. *Rytn* —4H **55**
Hamilton Clo. *Bury* —2H **35**
Hamilton Clo. *P'wch* —6E **67**
Hamilton Ct. *L Lev* —4B **48**
Hamilton Ct. *Sale* —5B **122**

Hamilton Cres. *Stoc* —2D **138**
Hamilton Gro. *M16* —2B **108**
Hamilton Ho. *Alt* —6F **133**
Hamilton Lodge. *M14* —4G **109**
Hamilton M. *Ecc* —2D **90**
Hamilton M. *P'wch* —6E **67**
Hamilton Pl. *Ash L* —4F **99**
Hamilton Rd. *M13* —4B **110**
Hamilton Rd. *P'wch* —6E **67**
Hamilton Sq. *Stoc* —6G **127**
Hamilton St. *Ash L* —4F **99**
Hamilton St. *Bolt* —6C **18**
Hamilton St. *Bury* —1D **36**
Hamilton St. *Chad* —2G **71**
Hamilton St. *Ecc* —2D **90**
Hamilton St. *Oldh* —3E **73**
Hamilton St. *Old T* —2B **108**
Hamilton St. *Salf* —4H **81**
Hamilton St. *Stal* —3D **100**
Hamilton St. *Swint* —2D **78**
Hamilton Way. *Heyw* —4A **38**
Hamlet Dri. *Sale* —3G **121**
Hamlet, The. *Los* —5A **30**
Hammerstone Rd. *M18*
  —1E **111**
Hammett Rd. *M21* —1G **123**
Hammond Av. *Stoc* —4G **127**
Hammond Flats. Heyw —3E **39**
  (off Ashton St.)
Hamnet Clo. *Bolt* —6E **19**
Hamnett St. *M11* —4F **97**
Hamnett St. *Hyde* —4B **114**
Hamon Rd. *Alt* —1G **145**
Hampden Ct. *Ecc* —3F **91**
Hampden Cres. *M18* —2E **111**
Hampden Gro. *Ecc* —3F **91**
Hampden Rd. *P'wch* —5F **67**
Hampden Rd. *Sale* —6A **122**
Hampden Rd. *Shaw* —1H **57**
Hampden St. *Heyw* —4F **39**
Hampden St. *Roch* —5H **27**
Hampshire Clo. *Bury* —5E **37**
Hampshire Clo. *Stoc* —4C **128**
Hampshire Rd. *Chad* —4H **71**
Hampshire Rd. *Droy* —2A **98**
Hampshire Rd. *Stoc* —4C **128**
Hampshire St. *Salf* —4H **81**
Hampshire Wlk. *M8* —5D **82**
Hampson Clo. *Ecc* —4D **90**
Hampson Cres. *Hand* —3G **159**
Hampson Fold. *Rad* —3F **49**
Hampson Mill La. *Bury* —2D **50**
Hampson Pl. *Ash L* —5A **88**
Hampson Rd. *Stret* —5C **106**
Hampson St. *M40* —1H **95**
Hampson St. *Droy* —3A **98**
Hampson St. *Ecc* —4D **90**
Hampson St. *Pen* —2G **79**
Hampson St. *Rad* —3G **49**
Hampson St. *Sale* —5D **122**
Hampson St. *Salf*
  —4A **94** (6B **4**)
Hampson St. *Stoc* —3B **140**
Hampson St. Trad. Est. *Salf*
  —4B **94** (6C **4**)
Hampstead Av. *Urm* —6A **104**
Hampstead Dri. *Stoc* —6C **140**
Hampstead La. *Stoc* —6C **140**
Hampton Gro. *Bury* —5F **23**
Hampton Gro. *Chea H* —3A **150**
Hampton Gro. *Tim* —2H **133**
Hampton Pl. *M15*
  —1B **108** (6D **8**)
Hampton Rd. *M21* —6F **107**
Hampton Rd. *Bolt* —4C **46**
Hampton Rd. *Cad* —5B **118**
Hampton Rd. *Fail* —3H **85**
Hampton Rd. *Urm* —6F **105**
Hampton St. *Oldh* —5B **72**

Hamsell Rd. *M13*
  —6G **95** (4E **11**)
Hancock Clo. *M14* —4F **109**
Hancock St. *Stret* —1D **122**
Handel Av. *Urm* —5C **104**
Handel M. *Sale* —5C **122**
Handel St. *Bolt* —2H **31**
Handforth By-Pass. *Wilm*
  —3F **167**
Handforth Gro. *M13* —5A **110**
Handforth Rd. *Stoc* —4H **127**
Handforth Rd. *Wilm* —5A **160**
HANDFORTH STATION. *BR*
  —4H **159**
Handle St. *Whitw* —1B **14**
Handley Av. *M14* —6F **109**
Handley Clo. *Stoc* —6E **139**
Handley Rd. *Bram* —2G **151**
Handley St. *Bury* —5D **36**
Handley St. *Roch* —3F **27**
Hands La. *Roch* —4C **26**
Handsworth St. *M12*
  —6H **95** (3H **11**)
Hanging Birch. *Mid* —2D **68**
Hanging Bri. M3 —3D **94** (4H **5**)
  (off Cateaton St.)
Hanging Chaddar La. *Rytn*
  —6A **42**
Hanging Ditch. *M4*
  —3D **94** (4H **5**)
Hanging Lees Clo. *Miln* —1G **43**
Hankinson Clo. *Part* —6D **118**
Hankinson Way. *Salf* —2G **93**
Hanley Clo. *Dis* —2H **165**
Hanley Clo. *Mid* —4A **70**
Hanlith M. *M19* —1B **126**
Hanlon St. *M8* —2B **82**
Hannah Baldwin Clo. *M11*
  —5B **96**
Hannah St. *M12* —5C **110**
Hannerton Rd. *Shaw* —5H **43**
Hannet Rd. *M22* —3B **148**
Hannington Ct. *Salf* —4F **81**
Hanover Ct. Bolt —2F **45**
  (off Greenbank Rd.)
Hanover Ct. *Salf* —4H **81**
Hanover Ct. *Wor* —5B **78**
Hanover Cres. *M14* —3H **109**
Hanover Gdns. *Salf* —3A **82**
Hanover Ho. *Bolt* —4F **45**
Hanover Rd. B'hth —4D **132**
Hanover St. *M4* —3E **95** (3A **6**)
Hanover St. *Bolt* —6A **32**
Hanover St. *L'boro* —4E **17**
Hanover St. *Moss* —1E **89**
Hanover St. *Roch* —3C **40**
Hanover St. *Stal* —3D **100**
Hanover St. N. *Aud* —5E **99**
Hanover St. S. *Aud* —5E **99**
Hanover Ter. *Stoc* —6H **127**
Hansdon Clo. *M8* —5C **82**
Hansen Wlk. *M22* —3A **148**
Hanslope Wlk. M9 —3G **83**
  (off Swainsthorpe Dri.)
Hanson Clo. *Mid* —6A **54**
Hanson M. *Stoc* —1B **140**
Hanson Rd. *M40* —4A **84**
Hanson St. *Bury* —1D **36**
Hanson St. *Mid* —1B **70**
  (in two parts)
Hanson St. *Oldh* —2G **73**
Hanworth Clo. *M13*
  —6F **95** (4D **10**)
Hapsford Wlk. *M40* —6A **84**
Hapton Av. *Stret* —6D **106**
Hapton Pl. *Stoc* —6G **127**
Hapton St. *M19* —5C **110**
Harbern Clo. *Ecc* —1F **91**
Harborne Wlk. *G'mnt* —2H **21**
Harboro Clo. *Sale* —6H **121**
Harboro Gro. *Sale* —5H **121**

Harboro Rd. *Sale* —4G **121**
Harboro Way. *Sale* —5H **121**
Harbour Farm Rd. *Hyde*
—1C **114**
Harbour La. *Miln* —6F **29**
Harbour La. N. *Miln* —5F **29**
Harbour M. Ct. *Brom X* —3F **19**
Harbourne Av. *Wor* —3E **77**
Harbourne Clo. *Wor* —3E **77**
Harburn Wlk. *M22* —5C **148**
Harbury Cres. *M22* —6A **136**
Harcles Dri. *Ram* —1B **22**
Harcombe Rd. *M20* —3G **125**
Harcourt Av. *Urm* —6H **105**
Harcourt Clo. *Urm* —6H **105**
Harcourt Ind. Cen. *Wor* —4F **63**
Harcourt Rd. *Alt* —5F **133**
Harcourt Rd. *Sale* —3A **122**
Harcourt St. *Farn* —5F **47**
Harcourt St. *Oldh* —1F **73**
Harcourt St. *Stoc* —1H **127**
Harcourt St. *Stret* —4E **107**
Harcourt St. *Wor* —4F **63**
Harcourt St. S. *Wor* —4F **63**
Hardberry Pl. *Stoc* —5E **141**
Hardcastle Av. *M21* —3A **124**
Hardcastle Rd. *Stoc* —4F **139**
Hardcastle St. *Bolt* —3B **32**
Hardcastle St. *Oldh* —2D **72**
Harden Dri. *Bolt* —3F **33**
Harden Hills. *Shaw* —5H **43**
Harden Pk. *Ald E* —6D **166**
Hardfield Rd. *Mid* —4A **70**
Hardfield St. *Heyw* —3F **39**
Hardicker St. *M19* —2D **126**
Hardie Av. *Farn* —2D **62**
Harding St. *M4* —4H **95** (6H **7**)
Harding St. *Hyde* —2B **114**
Harding St. *Salf* —1G **93**
(Pendleton)
Harding St. *Salf* —3D **94** (3G **5**)
(Salford)
Harding St. *Stoc* —2B **140**
Hardman Av. *Bred* —6G **129**
Hardman Av. *P'wch* —1H **81**
Hardman Clo. *Rad* —1F **49**
Hardman La. *Fail* —3E **85**
Hardmans. *Brom X* —4D **18**
Hardman's La. *Brom X* —3D **18**
Hardmans M. *W'fld* —3D **66**
Hardman's Rd. *W'fld* —3D **66**
Hardman St. *M3* —4C **94** (6F **5**)
Hardman St. *Bury* —1D **36**
Hardman St. *Chad* —6H **71**
Hardman St. *Fail* —4D **84**
Hardman St. *Farn* —2G **63**
(in two parts)
Hardman St. *Heyw* —3F **39**
Hardman St. *Miln* —6G **29**
Hardman St. *Rad* —1F **49**
Hardman St. *Stoc* —2F **139**
Hardon Gro. *M13* —5B **110**
Hardrush Fold. *Fail* —5G **85**
Hardshaw Clo. *M13*
—1F **109** (5D **10**)
Hardsough La. *Ram* —1A **12**
Hardwick Clo. *H Lane* —1D **164**
Hardwick Clo. *Rad* —2B **48**
Hardwicke Rd. *Poy* —3F **163**
Hardwicke St. *Roch* —1E **41**
Hardwick Rd. *Part* —6B **119**
Hardwick St. *Ash L* —3F **99**
Hardy Av. *M21* —1G **123**
Hardy Dri. *Bram* —6F **151**
Hardy Farm. *M21* —3H **123**
Hardy Gro. *Swint* —6D **78**
Hardy Gro. *Wor* —3H **77**
Hardy La. *M21* —3H **123**
Hardy Mill Rd. *Bolt* —1H **33**
Hardy St. *Ash L* —5A **88**

Hardy St. *Ecc* —5D **90**
Hardy St. *Oldh* —4E **73**
Harebell Av. *Wor* —6B **62**
Harebell Clo. *Roch* —6D **14**
Harecastle Av. *Ecc* —5G **91**
Haredale Dri. *M8* —5D **82**
Hare Dri. *Bury* —3F **51**
Harefield Av. *Roch* —6A **28**
Harefield Dri. *M20* —1E **137**
Harefield Dri. *Heyw* —3H **39**
Harefield Dri. *Wilm* —4E **167**
Harefield Rd. *Hand* —3A **160**
Harehill Clo. *M13*
—6F **95** (3D **10**)
Hare Hill Ct. *L'boro* —3F **17**
Hare Hill Rd. *Hyde* —4G **115**
Hare Hill Rd. *L'boro* —3E **17**
Hare Hill Wlk. *Hyde* —5G **115**
Hareshill Rd. *Heyw* —5D **38**
Hare St. *M4* —3E **95**
Hare St. *Roch* —6H **27**
Harewood Av. *Roch* —1H **25**
Harewood Av. *Sale* —5F **121**
Harewood Clo. *Roch* —2H **25**
Harewood Ct. *M9* —4C **68**
(off Deanswood Dri.)
Harewood Ct. *Sale* —6C **122**
Harewood Dri. *Roch* —2G **25**
Harewood Dri. *Rytn* —2A **56**
Harewood Gro. *Stoc* —1G **127**
Harewood Rd. *Irl* —5D **103**
Harewood Rd. *Roch* —1G **25**
Harewood Rd. *Shaw* —5G **43**
Harewood Wlk. *Dent* —6G **113**
Harewood Way. *Roch* —2G **25**
Harford Clo. *Haz G* —4A **152**
Hargate Av. *Roch* —1C **26**
Hargate Clo. *Bury* —1C **22**
Hargate Dri. *Hale* —4A **146**
Hargate Dri. *Irl* —4E **103**
Hargrave Clo. *M9* —3E **69**
Hargreaves Ho. *Bolt* —1A **46**
Hargreaves Rd. *Tim* —5C **134**
Hargreaves St. *M4*
—2E **95** (1B **6**)
Hargreaves St. *Bolt* —3A **32**
Hargreaves St. *Oldh* —2D **72**
(Frank Hill)
Hargreaves St. *Oldh* —3A **72**
(Westwood)
Hargreaves St. *Roch* —1C **40**
Harington Rd. *H Grn* —5H **149**
Harkerside Clo. *M21* —1A **124**
Harkness St. *M12*
—6G **95** (4F **11**)
Harland Dri. *M8* —4D **82**
Harland Way. *Roch* —1C **26**
Harlech Av. *W'fld* —2F **67**
Harlech Clo. *M15* —2E **109**
Harlech Dri. *Haz G* —4C **152**
Harleen Gro. *Stoc* —4D **140**
Harlesden Cres. *Bolt* —2G **45**
Harley Av. *M14* —4A **110**
Harley Av. *Ain* —4D **34**
Harley Av. *Harw* —2G **33**
Harley Ct. *Mid* —6H **53**
Harley Rd. *Mid* —6H **53**
Harley Rd. *Sale* —4B **122**
Harley St. *M11* —5F **97**
Harley St. *Ash L* —2H **99**
Harling Rd. *Shar I* —4B **136**
Harlow Dri. *M18* —4F **111**
Harlyn Av. *Bram* —6H **151**
Harmer Clo. *M40* —6A **84**
Harmol Gro. *Ash L* —5D **86**
Harmony St. *Oldh* —3E **73**
Harmsworth Dri. *Stoc* —4D **126**
Harmsworth St. *Salf* —3E **93**
Harold Av. *M18* —3H **111**

Harold Av. *Duk* —4B **100**
Haroldene St. *Bolt* —3D **32**
Harold Lees Rd. *Heyw* —2H **39**
Harold Priestnall Clo. *M40*
—5B **84**
Harold St. *M16* —1A **108** (6B **8**)
Harold St. *Bolt* —3H **31**
Harold St. *Fail* —4E **85**
Harold St. *Mid* —1G **69**
Harold St. *Oldh* —2B **72**
Harold St. *P'wch* —5D **66**
Harold St. *Roch* —1C **28**
Harold St. *Stoc* —3B **140**
Haroman Rd. *Stoc* —1H **127**
Harper Fold Rd. *Rad* —4D **48**
Harper Grn. Rd. *Farn* —5D **46**
Harper Pl. *Ash L* —2A **100**
Harper Rd. *Shar I* —4C **136**
Harper's La. *Bolt* —3F **31**
Harper Sq. *Shaw* —6G **43**
Harper St. *Ash L* —2A **100**
Harper St. *Farn* —5D **46**
Harper St. *Oldh* —5C **72**
Harper St. *Roch* —6G **27**
Harper St. *Stoc* —4G **139**
Harpford Clo. *Bolt* —2A **48**
Harpford Dri. *Bolt* —2A **48**
Harp Rd. *Traf P* —5A **92**
Harp St. *M11* —5D **96**
Harp Trad. Est. *Traf P* —5A **92**
Harpurhey District Cen. *M9*
—3G **83**
Harpurhey Rd. *M8 & M9*
—3E **83**
Harridge Av. *Roch* —6C **14**
(in two parts)
Harridge Av. *Stal* —3H **101**
Harridge Bank. *Roch* —1E **27**
Harridge St. *Roch* —6C **14**
Harridge, The. *Roch* —6C **14**
Harrier Clo. *Wor* —3F **77**
Harriet St. *M4* —3G **95** (3F **7**)
Harriet St. *Bolt* —5F **45**
Harriet St. *Roch* —4A **28**
Harriet St. *Wor* —6F **63**
Harriett St. *Cad* —4C **118**
Harringay Rd. *M40* —6B **84**
Harrington Rd. *Alt* —6D **132**
Harrington St. *M18* —2G **111**
Harris Av. *Dent* —4B **112**
Harris Av. *Urm* —2F **105**
Harris Clo. *Dent* —4B **112**
Harris Clo. *Heyw* —4A **38**
Harris Dri. *Bury* —5F **51**
Harris Dri. *Hyde* —3E **115**
Harrison Av. *M19* —5D **110**
Harrison Clo. *Roch* —2B **26**
Harrisons Dri. *Woodl* —4A **130**
Harrison St. *M4* —4H **95** (6G **7**)
Harrison St. *Ecc* —5D **90**
Harrison St. *Hyde* —1D **130**
Harrison St. *L Hul* —5C **62**
Harrison St. *Oldh* —3D **72**
Harrison St. *Salf* —1B **94**
Harrison St. *Stal* —3D **100**
Harrison St. *Stoc* —4H **139**
Harris St. *M8* —1C **94**
Harris St. *Bolt* —1A **46**
Harrod Av. *Stoc* —4G **127**
Harrogate Av. *P'wch* —1H **81**
Harrogate Dri. *Stoc* —1G **127**
Harrogate Rd. *Stoc* —1G **127**
Harrogate Sq. *Bury* —4F **35**
Harroll Ga. *Swint* —4G **79**
Harrop Ct. *Dig* —2D **60**
Harrop Ct. Rd. *Dig* —2D **60**
Harrop Edge La. *Del* —3A **60**
Harrop Edge Rd. *Mot* —3A **116**
Harrop Fold. *Oldh* —2E **87**
Harrop Grn. La. *Dig* —2C **60**
Harrop Rd. *Hale* —3G **145**

Harrop St. *M18* —1H **111**
Harrop St. *Bolt* —3E **45**
Harrop St. *Stal* —3E **101**
Harrop St. *Stoc* —4A **140**
Harrop St. *Wor* —6D **62**
Harrow Av. *M19* —3C **126**
Harrow Av. *Oldh* —6C **72**
Harrow Av. *Roch* —5C **26**
Harrowby Ct. *Farn* —1D **62**
Harrowby Dri. *M40* —6F **83**
Harrowby Fold. *Farn* —1E **63**
Harrowby La. *Farn* —1E **63**
Harrowby Rd. *Bolt* —3D **30**
(Doffcocker)
Harrowby Rd. *Bolt* —4E **45**
(Fernhill Gate)
Harrowby Rd. *Swint* —4E **79**
Harrowby St. *Farn* —1D **62**
Harrow Clo. *Bury* —2D **50**
Harrowdene Wlk. *M9* —3F **83**
Harrow Dri. *Sale* —1A **134**
Harrowgate Clo. *Open* —6G **97**
Harrow M. *Shaw* —6F **43**
Harrow Rd. *Bolt* —5F **31**
Harrow Rd. *Sale* —1A **134**
Harrow St. *M8* —2D **82**
Harrow St. *Roch* —3H **41**
Harrycroft Rd. *Woodl* —4H **129**
Harry Hall Gdns. *Salf* —1A **94**
Harry Rd. *Stoc* —1H **127**
Harry St. *Oldh* —3A **72**
Harry St. *Roch* —2B **40**
Harry St. *Rytn* —5C **56**
Harry Thorneycroft Wlk. *M11*
—5A **96**
Harrytown. *Rom* —1G **141**
Harrywood Rd. *Dent* —2G **129**
Hart Av. *Droy* —4B **98**
Hart Av. *Sale* —5F **123**
Hart Ct. *Moss* —1D **88**
Hart Dri. *Bury* —3F **51**
Harter St. *M1* —5E **95** (1A **10**)
Hartfield Clo. *M13*
—1G **109** (5E **11**)
Hartfield Wlk. *Bolt* —5E **33**
Hartford Av. *Heyw* —2D **38**
Hartford Av. *Stoc* —3F **127**
Hartford Av. *Wilm* —4C **166**
Hartford Clo. *Heyw* —2D **38**
Hartford Gdns. *Tim* —6D **134**
Hartford Grange. *Oldh* —5B **72**
Hartford Ind. Est. *Oldh* —3A **72**
Hartford Rd. *Sale* —1F **133**
Hartford Rd. *Urm* —3G **105**
Hartford Sq. *Oldh* —3A **72**
Hartford St. *Dent* —2E **113**
Hartford Wlk. *M9* —5E **83**
(off Westmere Dri.)
Hart Hill Dri. *Salf* —2D **92**
Harthill St. *M8* —6B **82**
Hartington Clo. *Urm* —5G **105**
Hartington Ct. *Rytn* —3C **56**
Hartington Dri. *M11* —2D **96**
Hartington Dri. *Haz G* —5E **153**
Hartington Rd. *M21* —1H **123**
Hartington Rd. *Alt* —3F **133**
Hartington Rd. *Bolt* —6G **31**
Hartington Rd. *Bram* —1G **161**
Hartington Rd. *Ecc* —2C **90**
Hartington Rd. *H Grn* —5H **149**
Hartington Rd. *H Lane & Dis*
—6C **154**
Hartington Rd. *Stoc* —6D **140**
Hartington St. *M14* —4D **108**
Hartis Av. *Salf* —5A **82**
Hartland Av. *Urm* —5A **106**
Hartland Clo. *Poy* —2D **162**
Hartland Clo. *Stoc* —3C **140**
Hartland Ct. *Bolt* —2A **32**
(off Blackburn Rd.)
Hartland St. *Heyw* —3F **39**

Hartlebury. *Roch* —5G **27**
Hartlepool Clo. *M14* —4F **109**
Hartley Av. *P'wch* —6G **67**
Hartley Gro. *Irl* —3F **103**
Hartley La. *Roch* —1E **41**
Hartley Pl. *Roch* —4D **28**
Hartley Rd. *M21* —6G **107**
Hartley Rd. *Alt* —6E **133**
Hartley St. *M40* —3H **83**
Hartley St. *Firg* —4D **28**
Hartley St. *Heyw* —3F **39**
Hartley St. *L'boro* —4E **17**
Hartley St. *Millb* —2H **101**
Hartley St. *Roch* —2D **26**
Hartley St. *Stoc* —3F **139**
Hartley St. *Ward* —3A **16**
Hartley Ter. *L'boro* —4E **17**
(off William St.)
Hartley Ter. *Millb* —2H **101**
Hartley Ter. *Roch* —2E **41**
Hart Mill Clo. *Moss* —1D **88**
Harton Av. *M18* —3E **111**
Harton Clo. *Shaw* —1E **57**
Hart Rd. *M14* —5E **109**
Hartshead Av. *Ash L* —5G **87**
Hartshead Av. *Stal* —2E **101**
Hartshead Clo. *M11* —6A **98**
Hartshead Cres. *Fail* —5A **86**
Hartshead Rd. *Ash L* —5G **87**
Hartshead St. *Lees* —3B **74**
Hartshead View. *Hyde* —6D **114**
Hartsop Dri. *Mid* —5E **53**
Hartspring Av. *Swint* —4G **79**
Hart St. *M1* —5E **95** (1B **10**)
(in two parts)
Hart St. *Alt* —6G **133**
Hart St. *Droy* —3A **98**
Hartswood Clo. *Dent* —3G **113**
Hartswood Rd. *M20* —3H **125**
Hartwell Clo. *M11* —5B **96**
Hartwell Clo. *Bolt* —2E **33**
Harty. *Ecc* —3G **91**
Harvard Clo. *Woodl* —4A **130**
Harvard St. *Roch* —1G **41**
Harvest Clo. *Sale* —6G **123**
Harvest Clo. *Salf* —6C **80**
Harvey Clo. *M11* —5B **96**
Harvey Ct. *L'boro* —3G **17**
Harvey St. *Bolt* —2H **31**
Harvey St. *Bury* —2A **36**
Harvey St. *Roch* —2B **28**
Harvey St. *Stoc* —2H **139**
Harvin Gro. *Dent* —5G **113**
Harvington Wlk. *M15* —2E **109**
(off Persian Clo.)
Harwich Clo. *M19* —6D **110**
Harwich Clo. *Stoc* —3C **128**
Harwin Clo. *Roch* —6D **14**
Harwood Ct. *Salf* —1H **93**
Harwood Ct. *Stoc* —1A **138**
Harwood Cres. *Tot* —4G **21**
Harwood Dri. *Bury* —4G **35**
Harwood Gdns. *Heyw* —4F **39**
Harwood Gro. *Bolt* —4D **32**
Harwood Meadow. *Bolt* —2H **33**
Harwood Pk. *Heyw* —4F **39**
Harwood Rd. *M19* —3A **126**
Harwood Rd. *Stoc* —1A **138**
Harwood Rd. *Tot* —1C **34**
Harwood St. *Bolt* —5B **32**
Harwood St. *L'boro* —4D **16**
Harwood St. *Stoc* —6F **127**
Harwood Vale. *Bolt* —2G **33**
Harwood Vale Ct. *Bolt* —2G **33**
Harwood Wlk. *Tot* —4G **21**
Haseley Clo. *Poy* —2E **163**
Haseley Clo. *Rad* —2B **48**
Haselhurst Wlk. *M23* —1F **135**
Hasguard Clo. *Bolt* —5D **30**
Haslam Brow. *Bury* —5C **36**
Haslam Ct. *Bolt* —2F **45**

Haslam Hey Clo. *Bury* —3E **35**
Haslam Rd. *Stoc* —5G **139**
Haslam St. *Bolt* —2H **45**
Haslam St. *Bury* —1E **37**
Haslam St. *Mid* —2C **70**
Haslam St. *Roch* —3F **27**
Haslemere Av. *Haleb* —1C **156**
Haslemere Dri. *Chea H* —4C **150**
Haslemere Rd. *M20* —3H **125**
Haslemere Rd. *Urm* —6D **104**
Haslington Rd. *M22* —3C **148**
Hassall Av. *M20* —1D **124**
Hassall St. *Rad* —2C **50**
Hassall St. *Stal* —4F **101**
Hassall Way. *Hand* —2A **160**
Hassop Av. *Salf* —4E **81**
Hassop Clo. *M11* —4A **96**
Hassop Rd. *Stoc* —6A **112**
Hastings Av. *M21* —1G **123**
Hastings Av. *W'fld* —2F **67**
Hastings Clo. *Chea H* —3E **151**
Hastings Clo. *Stoc* —4B **140**
Hastings Clo. *W'fld* —2F **67**
Hastings Ct. *Stoc* —3C **138**
Hastings Dri. *Urm* —4A **104**
Hastings Rd. *Bolt* —5F **31**
Hastings Rd. *Ecc* —1C **90**
Hastings Rd. *P'wch* —4G **67**
Hastings St. *Roch* —6H **27**
Haston Clo. *Stoc* —5H **127**
Hasty La. *Ring* —6E **147**
(in two parts)
Hatchett Rd. *M22* —4B **148**
Hatchmere Clo. *Chea H*
—1B **150**
Hatchmere Clo. *Tim* —5D **134**
(in two parts)
Hateley Rd. *M16* —4G **107**
Hatfield Av. *M19* —3B **126**
Hatfield Rd. *Bolt* —4G **31**
Hathaway Clo. *H Grn* —6F **149**
Hathaway Dri. *Bolt* —6E **19**
Hathaway Gdns. *Bred* —6F **129**
Hathaway Rd. *Bury* —4E **51**
Hatherleigh Wlk. *Bolt* —1H **47**
Hatherley Rd. *M20* —3H **125**
Hatherlow. *Rom* —1G **141**
Hatherlow La. *Haz G* —3D **152**
Hatherop Clo. *Ecc* —4D **90**
Hathersage Av. *Salf* —2D **92**
Hathersage Cres. *Glos* —5G **117**
Hathersage Rd. *M13* —3G **109**
Hathersage St. *Oldh* —3A **72**
Hathersage Way. *Dent* —1G **129**
Hathershaw La. *Oldh* —6D **72**
Hatro Ct. *Urm* —6A **106**
Hattersley St. *Hyde* —6H **115**
Hattersley Ind. Est. *Hyde*
—6H **115**
Hattersley Rd. E. *Hyde* —5A **116**
Hattersley Rd. W. *Hyde*
—5G **115**
HATTERSLEY STATION. *BR*
—6G **115**
Hattersley Wlk. *Hyde* —6A **106**
Hatter St. *M4* —3F **95** (3C **6**)
Hatton Av. *Salf* —2B **94** (1C **4**)
Hatton Gro. *Bolt* —6E **19**
Hatton's Ct. *Salf* —3D **94** (3G **5**)
Hattons Ct. *Stret* —4C **106**
Hattons Rd. *Traf P* —1B **106**
Hatton St. *M12* —4G **110**
Hatton St. *Stoc* —1G **139**
Haugh Fold. *Miln* —1G **43**
Haugh Hill Rd. *Oldh* —4A **58**
Haugh La. *Miln* —1G **43**
Haugh Sq. *Miln* —1G **43**
Haughton Clo. *Woodl* —3G **129**
Haughton Dri. *M22* —1B **136**
Haughton Grn. Rd. *Dent*
—1G **129**

Haughton Hall Rd. *Dent*
—4F **113**
Haughton St. *Aud* —2F **113**
Haughton St. *Hyde* —6C **114**
Havana Clo. *M11* —4B **96**
(in two parts)
Haveley Rd. *M22* —6A **136**
Havelock Dri. *Salf*
—1B **94** (1C **4**)
Havelock St. *Oldh* —4D **72**
Havenbrook Gro. *Ram* —6C **12**
Haven Clo. *Gras* —3F **75**
Haven Clo. *Haz G* —4C **152**
Haven Clo. *Rad* —2D **48**
Haven Dri. *Droy* —2G **97**
Haven La. *Oldh* —5A **58**
Havenscroft Av. *Ecc* —5F **91**
Haven St. *Salf* —3E **93**
Haven, The. *Hale* —2H **145**
Haven, The. *L Lev* —4A **48**
Havercroft Pk. *Bolt* —5B **30**
Haverfield Rd. *M9* —6G **69**
Haverford St. *M12* —1A **110**
Havergate Walks. *Stoc* —1F **153**
Haverhill Gro. *Bolt* —3D **32**
Haversham Rd. *M8* —1A **82**
Havers Rd. *M18* —2G **111**
Haverton Dri. *M22* —3H **147**
Hawarden Av. *M16* —5A **108**
Hawarden Rd. *Alt* —5F **133**
Hawarden St. *Bolt* —6C **18**
Haw Clough La. *G'fld* —3G **61**
Hawdraw Grn. *Stoc* —5E **141**
Hawes Av. *M14* —2A **126**
Hawes Av. *Swint* —5F **79**
Hawes Clo. *Bury* —6B **22**
Hawes Clo. *Stoc* —5A **140**
Hawes Ct. *Stoc* —6B **140**
Haweswater Clo. *Dent* —5A **112**
Haweswater Cres. *Uns* —2F **51**
Haweswater Dri. *Mid* —5G **53**
Haweswater M. *Mid* —5G **53**
Hawfinch Gro. *Wor* —3F **77**
Hawick Gro. *Heyw* —4A **38**
Hawk Clo. *Bury* —1F **37**
Hawker Av. *Bolt* —4H **45**
Hawkesheath Clo. *Eger* —2D **18**
Hawke St. *Ash L* —2B **100**
Hawke St. *Stal* —4G **101**
Hawk Grn. Clo. *Marp* —2D **154**
Hawk Grn. Rd. *Marp* —2D **154**
Hawkhurst Rd. *M13* —4B **110**
Hawkins St. *Stoc* —6C **140**
Hawkins Way. *L'boro* —6G **17**
Hawk Rd. *Irl* —4E **103**
Hawkshaw Ct. *Salf* —4G **93**
Hawkshaw La. *Hawk* —1D **20**
Hawkshead Dri. *Bolt* —4E **45**
Hawkshead Dri. *Mid* —6G **53**
Hawkshead Dri. *Rytn* —1B **56**
Hawkshead Rd. *M8* —5D **82**
Hawkshead Rd. *Shaw* —5E **43**
Hawksley St. *Oldh* —6A **72**
Hawksmoor Clo. *M15*
—1C **108** (6F **9**)
Hawksmoor Dri. *Shaw* —5F **43**
Hawkstone Av. *Droy* —2G **97**
Hawkstone Av. *W'fld* —2B **66**
Hawkstone Clo. *Dent* —2G **33**
Hawkswick Dri. *M23* —1G **135**
Hawk Yd. La. *G'fld* —4H **61**
Hawley Dri. *Haleb* —5B **146**
Hawley Grn. *Roch* —1F **27**
Hawley La. *Haleb* —5B **146**
Hawley St. *M19* —1D **126**
Haworth Av. *Ram* —1B **22**
Haworth Ct. *Rad* —4H **49**
Haworth Dri. *Stret* —4H **105**
Haworth Rd. *M18* —3F **111**
Haworth St. *Oldh* —6C **56**

Haworth St. *Rad* —4H **49**
Haworth St. *Wals* —1E **35**
Haworth Wlk. *Rad* —4H **49**
Hawsworth Clo. *M15* —2F **109**
Hawthorn Av. *Bury* —1A **36**
Hawthorn Av. *Ecc* —2F **91**
Hawthorn Av. *Marp* —5B **142**
Hawthorn Av. *Rad* —6H **49**
Hawthorn Av. *Ram* —3B **12**
(Edenfield)
Hawthorn Av. *Ram* —1A **22**
(Ramsbottom)
Hawthorn Av. *Tim* —4H **133**
Hawthorn Av. *Urm* —6H **105**
Hawthorn Av. *Wilm* —2D **166**
Hawthorn Av. *Wor* —2G **77**
Hawthorn Bank. *Bolt* —1G **33**
Hawthorn Bank. *Had* —3H **117**
Hawthorn Clo. *Tim* —4H **133**
Hawthorn Cres. *Oldh* —1D **86**
Hawthorn Cres. *Shaw* —1F **57**
Hawthorn Cres. *Tot* —4H **21**
Hawthorn Dri. *M19* —2B **126**
Hawthorn Dri. *Cad* —4B **118**
Hawthorn Dri. *Pen* —4A **80**
Hawthorn Dri. *Salf* —1B **92**
Hawthorn Dri. *Stal* —5D **100**
Hawthorne Av. *Farn* —1D **62**
Hawthorne Dri. *Wor* —4A **78**
Hawthorne Gro. *Ash L* —4F **99**
Hawthorne Gro. *Bred* —5E **129**
Hawthorne Gro. *Chad* —1H **71**
Hawthorne Gro. *Holl* —1F **117**
Hawthorne Rd. *Bolt* —2F **45**
Hawthorn Gro. *Bram* —1E **161**
Hawthorn Gro. *Hyde* —6B **114**
Hawthorn Gro. *Poy* —3A **164**
Hawthorn Gro. *Stoc* —6D **126**
Hawthorn Gro. *Wilm* —2E **167**
Hawthorn La. *M21* —1F **123**
Hawthorn La. *Miln* —1E **43**
Hawthorn La. *Sale* —3F **121**
Hawthorn La. *Wilm* —2D **166**
Hawthorn Lodge. *Stoc*
—1H **151**
Hawthorn Pk. *Wilm* —2D **166**
Hawthorn Rd. *M40* —2E **85**
Hawthorn Rd. *Dent* —4B **112**
Hawthorn Rd. *Droy* —3C **98**
(in two parts)
Hawthorn Rd. *Gat* —6E **137**
Hawthorn Rd. *Hale* —2G **145**
Hawthorn Rd. *Kear* —4B **64**
Hawthorn Rd. *Oldh* —1H **85**
Hawthorn Rd. *Roch* —5A **26**
Hawthorn Rd. *Sale* —1D **122**
Hawthorn Rd. *Stoc* —1B **138**
Hawthorn Rd. S. *Droy* —3C **98**
Hawthorns, The. *Aud* —1D **112**
Hawthorn St. *M18* —1F **111**
Hawthorn St. *Aud* —1E **113**
Hawthorn St. *Wilm* —3D **166**
Hawthorn Ter. *Stoc* —6D **126**
Hawthorn Ter. *Wilm* —3D **166**
Hawthorn View. *Wilm* —2D **166**
Hawthorn Wlk. *L'boro* —4D **16**
Hawthorn Wlk. *Part* —6C **118**
Hawthorn Wlk. *Wilm* —2D **166**
Hawthorpe Gro. *Upperm*
—1F **61**
Haxby Rd. *M18* —4F **111**
Haybarn Rd. *M23* —4H **135**
Hayburn Rd. *Stoc* —3C **140**
Haycock Clo. *Stal* —6H **101**
Hay Croft. *Chea H* —5A **150**
Hayden Ct. *M40* —6F **83**
(off Sedgeford Rd.)
Haydn Av. *M14* —3F **109**
Haydn St. *Bolt* —3H **31**
Haydock Av. *Sale* —1D **132**

Haydock Dri. *Haz G* —3F **153**
Haydock Dri. *Tim* —6B **134**
Haydock Dri. *Wor* —5D **76**
Haydock La. *Brom X* —2E **19**
(in two parts)
Haydock St. *Bolt* —5B **32**
Haydock Wlk. *Chad* —2A **72**
Haye's Rd. *Cad* —4C **118**
Hayeswater Circ. *Urm* —4E **105**
Hayeswater Rd. *Urm* —4E **105**
Hayfield Av. *Bred* —5G **129**
Hayfield Clo. *M12* —6A **96**
Hayfield Clo. *G'mnt* —2H **21**
Hayfield Clo. *Mid* —4C **54**
Hayfield Clo. *Oldh* —3B **58**
Hayfield Rd. *Bred* —5G **129**
Hayfield Rd. *Salf* —1B **92**
Hayfield St. *Sale* —4A **122**
Hayfield Wlk. *Dent* —1G **129**
Hayfield Wlk. *Tim* —5C **134**
Haygrove Wlk. *M9* —3F **83**
Hayle Rd. *Oldh* —3H **57**
Hayley St. *M13* —3A **110**
Hayling Rd. *Sale* —4G **121**
Haymaker Rise. *Ward* —3B **16**
Haymans Wlk. *M13*
—6F **95** (4D **10**)
Haymarket Clo. *M13* —2G **109**
Haymarket St. *Bury* —3C **36**
Haymarket, The. *Bury* —3D **36**
Haymill Av. *L Hul* —3C **62**
Haymond Clo. *Salf* —5E **81**
Haynes St. *Bolt* —4F **45**
Haynes St. *Roch* —3H **27**
Haysbrook Av. *Wor* —5B **62**
Haysbrook Clo. *Ash L* —4E **87**
Haythorp Av. *M22* —2C **148**
Hayward Av. *L Lev* —4C **48**
Hayward St. *Bury* —2A **36**
Hayward Way. Mot —4B **116**
(off Garnett Clo.)
Hazel Av. *M16* —5B **108**
Hazel Av. *Ash L* —5A **88**
Hazel Av. *Bury* —3F **37**
Hazel Av. *Chea* —6A **138**
Hazel Av. *L Hul* —4A **62**
Hazel Av. *Miln* —2E **43**
Hazel Av. *Rad* —1A **64**
Hazel Av. *Ram* —2B **22**
Hazel Av. *Rom* —1B **142**
Hazel Av. *Sale* —6B **122**
Hazel Av. *Swint* —4G **79**
Hazel Av. *Tot* —6H **21**
Hazelbadge Clo. *Poy* —3C **162**
Hazelbadge Rd. *Poy* —3C **162**
Hazelbank Av. *M20* —2F **125**
Hazelbottom Rd. *M8* —4D **82**
Hazel Clo. *Droy* —3C **98**
Hazel Clo. *Marp* —1C **154**
Hazelcroft Gdns. *Ald E*
—6G **167**
Hazel Dene Clo. *Bury* —6D **36**
Hazeldene Rd. *M40* —2E **85**
Hazel Dri. *M22* —5E **149**
Hazel Dri. *Poy* —4F **163**
Hazel Dri. *Stoc* —5D **140**
Hazelfields. *Wor* —4B **78**
Hazel Gro. *Chad* —1H **71**
Hazel Gro. *Farn* —1D **62**
Hazel Gro. *Rad* —1F **65**
Hazel Gro. *Salf* —3C **92**
Hazel Gro. *Urm* —5G **105**
HAZEL GROVE STATION. *BR*
—3D **152**
Hazel Hall La. *Ram* —2B **22**
Hazelhurst Clo. *Bolt* —3A **32**
Hazelhurst Clo. *Ram* —5D **12**
Hazelhurst Dri. *Mid* —3H **53**
Hazelhurst Fold. *Wor* —4C **78**
Hazelhurst M. *Chad* —6F **71**
Hazelhurst Rd. *Ash L* —5B **88**

Hazelhurst Rd. *Stal* —1E **101**
Hazelhurst Rd. *Wor* —5B **78**
Hazel La. *Oldh* —1B **86**
Hazelmere. *Kear* —2A **64**
Hazelmere Av. *Ecc* —1D **90**
Hazel Mt. *Eger* —1C **18**
Hazel Rd. *Alt* —6F **133**
Hazel Rd. *Chea H* —4D **150**
Hazel Rd. *Mid* —5B **54**
Hazel Rd. *W'fld* —1F **67**
Hazel St. *Aud* —1E **113**
Hazel St. *Haz G* —2E **153**
Hazel St. *Ram* —5C **12**
Hazel View. *Marp* —2D **154**
Hazel Wlk. *Part* —6C **118**
Hazelwell. *Sale* —6B **122**
Hazelwood. *Chad* —1E **71**
Hazelwood Av. *Bolt* —2G **33**
Hazelwood Clo. *Hyde* —5E **115**
Hazelwood Ct. *Urm* —4F **105**
Hazelwood Dri. *Aud* —1F **113**
Hazelwood Dri. *Bury* —4F **23**
Hazelwood Rd. *Bolt* —3F **31**
Hazelwood Rd. *Hale* —3G **145**
Hazelwood Rd. *Haz G* —2F **153**
Hazelwood Rd. *Stoc* —1A **152**
Hazelwood Rd. *Wilm* —1F **167**
Headingley Ct. M14 —2H **125**
(off Ladybarn La.)
Headingley Dri. *M16* —4G **107**
Headingley Rd. *M14* —2H **125**
Headingley Way. *Bolt* —4H **45**
Headlands Dri. *P'wch* —1E **81**
Headlands Rd. *Bram* —4H **151**
Headlands St. *Roch* —2G **27**
Heady Hill Ct. *Heyw* —3C **38**
Heady Hill Rd. *Heyw* —3C **38**
Heald Av. *M14* —4F **109**
Heald Clo. *Bow* —3E **145**
Heald Clo. *L'boro* —6E **17**
Heald Clo. *Roch* —6C **14**
Heald Dri. *Bow* —3E **145**
Heald Dri. *Roch* —6C **14**
HEALD GREEN STATION. *BR*
—5E **149**
Heald Gro. *M14* —3F **109**
Heald Gro. *H Grn* —4E **149**
Heald La. *L'boro* —5E **17**
Heald Pl. *M14* —3F **109**
(in two parts)
Heald Rd. *Bow* —3E **145**
Healds Grn. *Chad* —4F **55**
Heald St. *Stoc* —1A **140**
Healdwood Rd. *Woodl* —6A **130**
(in two parts)
Healey Av. *Heyw* —2G **39**
Healey Av. *Roch* —5D **14**
Healey Clo. *M23* —1F **135**
Healey Clo. *Salf* —3G **81**
Healey Dell. *Roch* —5B **14**
Healey Hall M. *Roch* —5C **14**
Healey La. *Roch* —6E **15**
Healey Stones. *Roch* —5D **14**
Healey St. *Roch* —5D **28**
Healing St. *Roch* —6A **28**
Heanor Av. *Dent* —1G **129**
Heap Brow. *Bury* —4H **37**
Heape St. *Roch* —4C **40**
Heaplands. *G'mnt* —2H **21**
Heap Rd. *Roch* —1H **25**
Heaps Farm Ct. *Stal* —5H **101**
Heap St. *Bolt* —2A **46**
Heap St. *Bury* —4H **37**
Heap St. *Oldh* —2G **73**
Heap St. *Rad* —4H **49**
Heap St. *W'fld* —2D **66**
Heapworth Av. *Ram* —3D **12**
Heapy Clo. *Bury* —4F **35**
Heath Av. *Ram* —2B **22**
Heath Av. *Salf* —1A **94**

Heath Av. *Urm* —4G **105**
Heathbank Rd. *M9* —4E **69**
Heathbank Rd. *Chea H*
—6B **150**
Heathbank Rd. *Stoc* —4D **138**
Heathcliffe Wlk. *M13* —1G **109**
Heath Clo. *Bolt* —5F **45**
Heathcote Av. *Stoc* —6E **127**
Heathcote Gdns. *Rom* —1C **142**
Heathcote Rd. *M18* —3E **111**
Heath Cotts. *Bolt* —5B **18**
Heath Cres. *Stoc* —6H **139**
Heather Av. *Cad* —3B **118**
Heather Av. *Droy* —3C **98**
Heather Av. *Shaw* —5H **43**
Heather Bank. *Tot* —4G **21**
Heather Brow. *Stal* —5H **101**
Heather Clo. *Heyw* —5F **39**
Heather Clo. *Oldh* —6A **58**
Heather Ct. *Bow* —2D **144**
Heather Dale Dri. *M8* —5C **82**
Heatherfield. *Bolt* —6B **18**
Heatherfield Ct. *Wilm* —1H **167**
Heather Gro. *Droy* —5B **98**
Heather Gro. *Holl* —1F **117**
Heatherlands. *Whitw* —1H **15**
Heather Lea. *Dent* —5G **113**
Heather Rd. *Alt* —4G **145**
Heathersett Dri. *M9* —4F **83**
Heatherside. *Stal* —3H **101**
Heatherside. *Stoc* —6A **112**
Heatherside Av. *Moss* —2G **89**
Heatherside Rd. *Ram* —2D **12**
Heathers, The. *Stoc* —1B **152**
Heather St. *M11* —3D **96**
Heatherway. *M14* —3F **109**
Heatherway. *Marp* —5C **142**
Heatherway. *Sale* —4F **121**
Heath Farm La. *Part* —6E **119**
Heathfield. *Farn* —6G **47**
Heathfield. *Harw* —1H **33**
Heathfield. *Wilm* —4D **166**
Heathfield. *Wor* —6H **77**
Heathfield Av. *Dent* —5D **112**
Heathfield Av. *Gat* —6F **137**
Heathfield Av. *Stoc* —4E **127**
Heathfield Clo. *Sale* —5F **123**
Heathfield Dri. *Bolt* —5F **45**
Heathfield Dri. *Swint* —4G **79**
Heathfield Dri. *Tyl* —2A **76**
Heathfield Rd. *Bury & W'fld*
—4D **50**
Heathfield Rd. *Stoc* —5H **139**
Heathfield Sq. *Upperm* —1G **61**
Heathfields Rd. *Upperm*
—1G **61**
Heathfield St. *M40* —6B **84**
Heath Gdns. *Salf* —1F **93**
Heathland Rd. *Salf* —3F **81**
Heathlands Dri. *P'wch* —2E **81**
Heathland Ter. *Stoc* —4G **139**
Heath Rd. *Hale* —3F **145**
Heath Rd. *Stoc* —5H **139**
Heath Rd. *Tim* —3H **133**
Heath Rd. *Ward* —3A **16**
Heathrow Heights. *Rom*
—2G **141**
Heathside Gro. *Wor* —6G **63**
Heathside Pk. Rd. *Stoc*
—3B **138**
Heathside Rd. *M20* —4G **125**
Heathside Rd. *Stoc* —4C **138**
Heath St. *M8* —4B **82**
Heath St. *Roch* —5F **27**
Heath, The. *Ash L* —4E **87**
Heath, The. *Mid* —3B **70**
Heath View. *Alt* —2F **145**
Heath View. *Salf* —3E **81**
Heathway Av. *M11* —3F **97**
Heathwood. *Upperm* —1G **61**

Heathwood Rd. *M19* —5A **126**
Heatley Clo. *Dent* —5B **113**
Heatley Way. *Hand* —3H **159**
Heaton Av. *Bolt* —4D **30**
Heaton Av. *Brad* —6A **20**
Heaton Av. *Bram* —2F **151**
Heaton Av. *Farn* —1E **63**
Heaton Av. *L Lev* —3A **48**
HEATON CHAPEL STATION. *BR*
—4E **127**
Heaton Clo. *Bury* —2E **51**
Heaton Clo. *Rad* —6B **36**
Heaton Ct. *Bolt* —6D **30**
Heaton Ct. *Bury* —6C **36**
Heaton Ct. *Sale* —6C **122**
Heaton Ct. *Stoc* —5D **126**
Heaton Ct. Gdns. *Bolt* —6C **30**
Heaton Dri. *Bury* —2E **51**
Heaton Fold. *Bury* —5C **36**
Heaton Grange Dri. *Bolt* —6E **31**
Heaton La. *Stoc* —2G **139**
Heaton Moor Rd. *Stoc*
—6D **126**
Heaton Pk. Rd. *M9* —4C **68**
Heaton Pk. Rd. W. *M9* —4C **68**
HEATON PARK STATION. *M*
—5G **67**
Heaton Pl. *Stoc* —1A **138**
Heaton Rd. *M20* —2G **125**
Heaton Rd. *Brad F* —2B **48**
Heaton Rd. *Los* —2A **44**
Heaton Rd. *Stoc* —6E **127**
Heaton St. *Dent* —4D **112**
Heaton St. *Mid* —2D **68**
Heaton St. *Miln* —6G **29**
Heaton St. *P'wch* —5F **67**
Heaton St. *Salf* —4A **82**
Heaton Towers. Stoc —1G **139**
(off Wilkinson Rd.)
Heaviley Gro. *Stoc* —4A **140**
Hebble Butt Clo. *Miln* —5E **29**
Hebble Clo. *Bolt* —6F **19**
Hebburn Dri. *Bury* —6C **22**
Hebburn Wlk. *M14* —3F **109**
Hebden Av. *Bred* —5G **129**
Hebden Av. *Salf* —2C **92**
Hebden Ct. *Bolt* —5A **32**
Hebden Wlk. M15 —2D **108**
(off Arnott Cres.)
Heber Pl. *L'boro* —4F **17**
(off Victoria St.)
Heber St. *Rad* —4G **49**
Hebron St. *Rytn* —4E **57**
Hector Av. *Roch* —3B **28**
Hector Rd. *M13* —4B **110**
Heddon Clo. *Stoc* —6A **126**
Heddon Wlk. M8 —5E **83**
(off Smedley Rd.)
Hedgehog Ho. *Salf* —5F **93**
Hedgelands Wlk. *Sale* —4E **121**
Hedge Rows. *Whitw* —4G **15**
Hedges St. *Fail* —3G **85**
Hedley St. *Bolt* —3G **31**
Hedley Wlk. M8 —4B **82**
(off Halliwell La.)
Heginbottom Cres. *Ash L*
—6G **87**
Heights Av. *Roch* —1G **27**
(in three parts)
Heights Clo. *Roch* —1G **27**
Heights La. *Chad* —5F **55**
Heights La. *Del* —1G **59**
Heights La. *Roch* —2G **27**
Helena St. *Salf* —6A **80**
Helen Av. *Salf* —5F **93**
Helen St. *M11* —4D **96**
Helen St. *Ecc* —5D **90**
Helen St. *Farn* —1F **63**
Helen St. *Salf* —6G **81**
Helensville Av. *Salf* —6D **80**
Helga St. *M40* —1H **95**
Helias Clo. *Wor* —6B **62**

Hellidon Clo. *M12*
   —1H **109** (5G 11)
Helmclough Way. *Wor* —3E 77
Helmet St. *M1* —5G **95** (1F 11)
Helmsdale. *Wor* —1E 77
Helmsdale Av. *Bolt* —1D 44
Helmsdale Clo. *Ram* —5C 12
Helmshore Av. *Oldh* —5A 58
Helmshore Ho. *Shaw* —5F *43*
  (off Helmshore Way)
Helmshore Rd. *Holc* —3C 12
Helmshore Wlk. *M13*
   —6F **95** (4D 10)
Helmshore Way. *Shaw* —5F 43
Helrose St. *M40* —6C 84
Helsby Clo. *Spring* —3C 74
Helsby Gdns. *Bolt* —1B 32
Helsby Rd. *Sale* —1E 135
Helsby Wlk. *M12* —5A 96
Helston Clo. *Bram* —6H 151
Helston Clo. *Hyde* —6H 115
Helston Clo. *Irl* —5F 103
Helston Dri. *Rytn* —3D 56
Helston Gro. *H Grn* —5G 149
Helston Wlk. *Hyde* —6H 115
Helthorn St. *M40* —6C 84
Helton Wlk. *Mid* —6D 52
Helvellyn Dri. *Mid* —5F 53
Helvellyn Wlk. *Oldh* —6E 57
Hembury Av. *M19* —3B 126
Hembury Clo. *Mid* —5B 54
Hemlock Av. *Oldh* —6C 72
Hemming Dri. *Ecc* —4G 91
Hemmington Dri. *M9* —4F 83
Hemmons Rd. *M12* —5D 110
Hempcroft Rd. *Tim* —6C 134
Hempshaw La. *Stoc* —4H 139
  (in two parts)
Hemsby Clo. *Bolt* —3E 45
Hemsley St. *M9* —2G 83
Hemsley St. S. *M9* —3G 83
Hemswell Clo. *Salf* —1E 93
Hemsworth Rd. *M18* —4F 111
Hemsworth Rd. *Bolt* —5H 31
Henbury Dri. *Chea H* —1B 160
Henbury La. *Chea H* —1B 160
Henbury Rd. *Hand* —3H 159
Henbury St. *M14* —4E 109
Henbury St. *Stoc* —1C 152
Henderson Av. *Pen* —2F 79
Henderson St. *M19* —1D 126
Henderson St. *L'boro* —4E 17
Henderson St. *Roch* —1B 28
Henderville St. *L'boro* —3E 17
Hendham Clo. *Haz G* —3A 152
Hendham Dri. *Alt* —6D 132
Hendham Vale. *M9* —4E 83
Hendham Wlk. *Haz G* —4A 152
Hendon Dri. *Bury* —2D 50
Hendon Dri. *Stoc* —4C 138
Hendon Rd. *M9* —5E 69
Hendriff Pl. *Roch* —2H 27
Hendy St. *Boot* —5D 76
Henfield Wlk. *M22* —2A 148
Hengist St. *M18* —3F 111
Hengist St. *Bolt* —6E 33
Henley Av. *M16* —4H 107
Henley Av. *Chea H* —3A 150
Henley Av. *Irl* —3C 118
Henley Clo. *Bury* —5G 35
Henley Clo. *Ash L* —1F 99
Henley Dri. *Tim* —4H 133
Henley Gro. *Bolt* —4H 45
Henley Pl. *M19* —3C 126
Henley St. *Chad* —6G 71
Henley St. *Oldh* —1B 72
Henley St. *Roch* —2G 27
Henley Ter. *Roch* —6G 27
Henlow Wlk. *M40* —1D 84
Hennelly St. *Hyde* —3C 114

Hennicker St. *Wor* —2F 77
Henniker Rd. *Bolt* —5E 45
Henniker St. *Swint* —5E 79
Hennon St. *Bolt* —4H 31
Henrietta St. *M16* —3A 108
Henrietta St. *Ash L* —6F 87
Henrietta St. *Bolt* —3F 45
Henry Cres. *M16* —2A 108
Henry Herman St. *Bolt* —4E 45
  (in two parts)
Henry Lee St. *Bolt* —4G 45
Henry St. *M4* —3F **95** (4D 6)
  (in two parts)
Henry St. *Bolt* —1C 46
Henry St. *Dent* —1H 129
Henry St. *Droy* —4A 98
Henry St. *Ecc* —4E 91
Henry St. *Fail* —4F 85
Henry St. *Hyde* —5B 114
Henry St. *L'boro* —6D 16
Henry St. *Mid* —1H 69
Henry St. *Old T* —2A 108
Henry St. *P'wch* —4G 67
Henry St. *Ram* —2F 13
Henry St. *Roch* —5H 27
Henry St. *Stoc* —3B 140
Henry St. *Ward* —2A 16
Henshaw Ct. *M16* —3H 107
Henshaw La. *Chad* —1F 85
Henshaw St. *Oldh* —2C 72
Henshaw St. *Stret* —5D 106
Henshaw Wlk. *M13*
   —6F **95** (4D 10)
Henshaw Wlk. *Bolt* —3A *32*
  (off Madeley Gdns.)
Henson Gro. *Tim* —1A 146
Henthorn St. *Oldh* —1E 73
Henthorn St. *Shaw* —1F 57
Henton Wlk. *M40* —1G 95
Henwick Hall Av. *Ram* —5D 12
Henwood Rd. *M20* —4G 125
Hepburn Ct. *Salf* —1E 93
Hepley Rd. *Poy* —4G 163
Hepple Clo. *Stoc* —6A 126
Heppleton Rd. *M40* —1D 84
Hepple Wlk. *Ash L* —6C 86
Heptonstall Wlk. *M18* —2E 111
Hepton St. *Oldh* —1C 72
Hepworth St. *Hyde* —2C 130
Heraldic Ct. *Salf* —6E 81
Herbert St. *M8* —6B 82
Herbert St. *Chad* —2H 71
Herbert St. *Dent* —3G 113
Herbert St. *Droy* —4H 97
Herbert St. *L Lev* —4B 48
Herbert St. *Oldh* —6H 57
Herbert St. *P'wch* —5D 66
Herbert St. *Rad* —2F 49
Herbert St. *Stoc* —4F 139
Herbert St. *Stret* —5D 106
Hereford Clo. *Ash L* —4H 87
Hereford Clo. *Rom* —2G 141
Hereford Clo. *Shaw* —6D 42
Hereford Ct. *Stoc* —4C 128
Hereford Cres. *L Lev* —3A 48
Hereford Dri. *Bury* —5D 36
Hereford Dri. *Hand* —4A 160
Hereford Dri. *P'wch* —6G 67
Hereford Dri. *Swint* —5F 79
Hereford Gro. *Urm* —5E 105
Hereford Rd. *Bolt* —5F 31
Hereford Rd. *Chea* —1C 150
Hereford Rd. *Ecc* —6G 79
Hereford Rd. *Stoc* —4C 128
Hereford St. *Bolt* —3B 32
Hereford St. *Oldh* —4H 71
Hereford St. *Roch* —6A 28
Hereford St. *Sale* —5B 122
  (in two parts)
Hereford Wlk. *Dent* —6F 113
Hereford Wlk. *Rom* —2G 141

Hereford Way. *Mid* —5C 54
Hereford Way. *Stal* —6H 101
Herevale Grange. *Wor* —4D 76
Herevale Hall Dri. *Ram* —5D 12
Heristone Av. *Dent* —4E 113
Heritage Gdns. *M20* —1F 137
Herle Dri. *M22* —4A 148
Hermitage Av. *Rom* —1D 142
Hermitage Ct. *Hale* —2H 145
Hermitage Gdns. *Rom* —1D 142
Hermitage Rd. *M8* —2C 82
Hermitage Rd. *Hale* —2H 145
Hermon Av. *Oldh* —5C 72
Herne St. *M11* —5C 96
Heron Av. *Duk* —5C 100
Heron Av. *Farn* —1B 62
Heron Ct. *Salf* —2B 92
Herondale Clo. *M40* —6B 84
Heron Dri. *Aud* —4C 98
Heron Dri. *Irl* —4E 103
Heron Dri. *Poy* —4A 162
Heron St. *Hawk I* —5A 72
Heron St. *Pen* —2G 79
Heron St. *Stoc* —3F 139
Heron's Way. *Bolt* —2C 46
Herries St. *Ash L* —1B 100
Herristone Rd. *M8* —1C 82
Herschel St. *M40* —3A 84
Hersey St. *Salf* —3E 93
Hersham Wlk. *M9* —2G *83*
  (off Huncote Dri.)
Herston Wlk. *Salf* —5B 82
Hertford Gro. *Cad* —3A 118
Hertford Ind. Est. *Ash L*
   —4G 99
Hertford Rd. *M9* —2F 83
Hertfordshire Pk. Clo. *Shaw*
   —5E 43
Hertford St. *Ash L* —4G 99
Hesford Av. *M9* —4H 83
Hesketh Av. *M20* —6E 125
Hesketh Av. *Bolt* —6D 18
Hesketh Av. *Shaw* —2E 57
Hesketh Rd. *Roch* —4C 28
Hesketh Rd. *Sale* —6H 121
Hesketh St. *Stoc* —5G 127
  (in two parts)
Hesketh Wlk. *Farn* —1F 63
Hesketh Wlk. *Mid* —5G 53
Hessel St. *Salf* —4D 92
Hester Wlk. *M15*
   —1E **109** (6H 9)
Heston Av. *M13* —3A 110
Heston Dri. *Urm* —4E 105
Heston Gro. *H Grn* —5G 149
Heswall Av. *M20* —2F 125
Heswall Dri. *Wals* —6G 21
Heswall Rd. *Stoc* —6H 111
Hetherington Wlk. *M12*
   —3C 110
Hetton Av. *M13* —5A 110
Heversham Av. *Shaw* —6H 43
Heversham Wlk. *M18* —2E 111
  (off Beyer Clo.)
Hever Wlk. *M4* —3G **95** (4F 7)
Hewart Clo. *M40* —6E 83
Hewart Dri. *Bury* —2G 37
Hewitt Av. *Dent* —4H 111
Hewitt St. *M15* —6C **94** (3F 9)
Hewlett Ct. *Ram* —1A 22
Hewlett Rd. *M21* —6G 107
Hewlett St. *Bolt* —6C 32
Hexham Av. *Bolt* —4D 30
Hexham Clo. *Sale* —6F 121
Hexham Clo. *Stoc* —6E 141
Hexham Rd. *M18* —4E 111
Hexworth Wlk. *Bram* —3A 152
Hey Bottom La. *Whitw* —4F 15
Heybrook. *Roch* —2B 28
Heybrook Clo. *W'fld* —1G 67
Heybrook Rd. *M23* —6H 135

Heybrook St. *Roch* —3B 28
Heybrook Wlk. *W'fld* —1G 67
Heybury Clo. *M11* —5B 96
Hey Cres. *Lees* —2B 74
Hey Croft. *W'fld* —2A 66
Heycrofts View. *Eden* —2A 12
Heyden Bank. *Glos* —5F *117*
  (off Grassmoor Cres.)
Heyden Fold. *Glos* —5F *117*
  (off Grassmoor Cres.)
Heyden Ter. *Glos* —5F 117
Heyes Av. *Tim* —4B 134
Heyes Dri. *Tim* —4B 134
Heyes La. *Ald E* —4G 167
Heyes La. *Tim* —4B 134
Heyes Leigh. *Tim* —3B 134
Hey Flake La. *Del* —1G 59
Heyford Av. *M40* —1D 84
Hey Head Cotts. *Bolt* —6D 20
Hey Head La. *L'boro* —1F 17
Heyheads New Rd. *C'brk*
   —4G 89
Hey Hill Clo. *Rytn* —2E 57
Heyland Rd. *M23* —5G 135
Hey La. *Upperm* —6C 60
Heyridge Dri. *M22* —2B 136
Heyrod Hall Est. *Heyr* —1G 101
Heyrod St. *M1* —5G **95** (1E 11)
Heyrod St. *C'brk* —6F 89
Heyrose Wlk. *M15*
   —1B **108** (6D 8)
Heys Av. *M23* —2G 135
Heys Av. *Rom* —6C 130
Heys Av. *Wdly* —1C 78
Heysbank Rd. *Dis* —1H 165
Heys Clo. N. *Wdly* —1C 78
Heys Ct. *Stoc* —3D 138
Heyscroft Rd. *M20* —3G 125
Heyscroft Rd. *Stoc* —1C 138
Heysham Av. *M20* —2D 124
Heyshaw Wlk. *M23* —2E 135
Heyside. *Rytn* —4E 57
Heyside Av. *Rytn* —4E 57
Heyside Clo. *C'brk* —5G 89
Heyside Way. *Bury* —4D 36
Heys La. *Heyw* —3C 38
Heys La. *Rom* —6C 130
Heys Rd. *Ash L* —2B 100
Heys Rd. *P'wch* —4E 67
Heys St. *Bury* —3B 36
Heys, The. *P'wch* —4F 67
Heys, The. *Stoc* —6A 112
Hey St. *Roch* —3B 28
Heys View. *P'wch* —5F 67
Hey Top. *G'fld* —6H 61
Heywood Av. *Aus* —1C 74
Heywood Av. *Clif* —1H 79
Heywood Bus. Pk. *Heyw*
   —5C 38
Heywood Clo. *Ald E* —4H 167
Heywood Ct. *Mid* —2D 68
Heywood Fold Rd. *Spring*
   —2B 74
Heywood Gdns. *Bolt* —3A 46
Heywood Gdns. *P'wch* —5F 67
Heywood Gro. *Sale* —3B 122
Heywood Hall Rd. *Heyw*
   —2F 39
Heywood Ho. *Oldh* —4D 72
Heywood Ho. *Salf* —2C 92
Heywood La. *Aus* —2C 74
Heywood Old Rd. *Mid & Heyw*
   —6C 52
Heywood Pk. View. *Bolt*
   —3A 46
Heywood Rd. *P'wch* —6F 67
Heywood Rd. *Roch* —3B 40
Heywood Rd. *Sale* —6B 122
Heywood's Hollow. *Bolt*
   —2B 32
Heywood St. *M8* —4C 82

Heywood St. *Bolt* —5B **32**
Heywood St. *Bury* —4E **37**
Heywood St. *Fail* —4D **84**
Heywood St. *L Lev* —4B **48**
Heywood St. *Oldh* —1A **74**
Heywood St. *Swint* —3E **79**
Heywood Way. *Salf* —2F **93**
Heyworth Av. *Rom* —6B **130**
Heyworth St. *Salf* —4E **93**
Hibbert Av. *Dent* —2E **113**
Hibbert Av. *Hyde* —6C **114**
Hibbert Cres. *Fail* —4G **85**
Hibbert La. *Marp* —6D **142**
Hibbert St. *M14* —4G **109**
Hibbert St. *Bolt* —3B **32**
Hibbert St. *Lees* —2A **74**
Hibbert St. *Stoc* —4G **127**
Hibernia St. *Bolt* —2G **45**
Hibernia Way. *Stret* —2A **106**
Hibson Av. *Roch* —1H **25**
Hibson Clo. *Ward* —3A **16**
Hickenfield Rd. *Hyde* —2D **114**
Hicken Pl. *Hyde* —2D **114**
Hickton Dri. *Alt* —5D **132**
Higginshaw La. *Oldh & Rytn*
—5E **57**
Higginshaw Rd. *Oldh* —6D **56**
Higginson Rd. *Stoc* —2G **127**
Higgs Clo. *Oldh* —2H **73**
Higham Clo. *Rytn* —2E **57**
Higham La. *Hyde* —1D **130**
Higham St. *Chea H* —4C **150**
Higham View. *Salf* —2G **93**
Higham Wlk. *M40*
—2H **95** (1H **7**)
High Ash Gro. *Aud* —6D **98**
High Av. *Bolt* —5G **33**
High Bank. *M18* —2G **111**
High Bank. *Alt* —6F **133**
High Bank. *Brom X* —4D **18**
High Bank. *Dent* —5B **112**
Highbank. *Swint* —3A **80**
High Bank Av. *Stal* —6H **101**
Highbank Clo. *Cad* —3B **118**
Highbank Cres. *Gras* —4G **75**
Highbank Dri. *M20* —3F **137**
High Bank Cres. *P'wch* —6G **67**
Highbank Dri. *M20* —3F **137**
High Bank Gro. *P'wch* —6G **67**
High Bank La. *Los* —6A **30**
Highbank Rd. *Bury* —3D **50**
High Bank Rd. *Droy* —5H **97**
Highbank Rd. *Hyde* —4D **98**
Highbank Rd. *Miln* —1G **43**
High Bank Rd. *Pen* —3H **79**
High Bankside. *Stoc* —2H **139**
High Bank St. *Bolt* —6E **33**
Highbank Trad. Est. *M11*
—6F **97**
High Barn Clo. *Roch* —6G **27**
Highbarn Ho. *Rytn* —3C **56**
High Barn La. *Whitw* —1B **14**
(Hallford)
High Barn La. *Whitw* —3G **15**
(Whitworth)
Highbarn Rd. *Mid* —2A **70**
High Barn Rd. *Rytn* —3D **56**
High Barn St. *Rytn* —3C **56**
High Beeches. *Brad F* —2B **48**
High Bent Av. *Chea H* —1C **160**
High Birch Ter. *Roch* —1B **40**
Highbridge Clo. *Bolt* —1A **48**
High Brindle. *Salf* —1F **93**
Highbrook Gro. *Bolt* —4B **32**
Highbury. *Stoc* —1B **138**
Highbury Av. *Irl* —6E **103**
Highbury Av. *Urm* —5A **104**
Highbury Ct. *P'wch* —4F **67**
Highbury Rd. *M16* —6C **108**
Highbury Rd. *Stoc* —3E **127**
Highbury Way. *Rytn* —2B **56**
Highclere Av. *M8* —5B **82**

Highclere Rd. *M8* —1B **82**
Highcliffe Rd. *M9* —6C **68**
Highclove La. *Wor* —6B **76**
(in two parts)
Highcrest Av. *Gat* —6D **136**
Highcroft. *Hyde* —2C **130**
Highcroft Av. *M20* —5C **124**
High Croft Clo. *Duk* —5E **101**
Highcroft Rd. *Rom* —6A **130**
Highcroft Way. *Roch* —5F **15**
Highdales Rd. *M23* —6H **135**
High Down Wlk. M9 —3G **83**
(off Roundham Wlk.)
High Elm Dri. *Haleb* —5C **146**
High Elm Rd. *Haleb* —5C **146**
High Elms. *Chea H* —2D **160**
Higher Ainsworth Rd. *Rad*
—6E **35**
Higher Ardwick. *M12*
—6G **95** (4F **11**)
Higher Arthurs La. *G'fld* —3F **61**
Higher Bank Rd. *L'boro* —6E **17**
Higher Barlow Row. *Stoc*
—3H **139**
Higher Barn Rd. *Had* —3G **117**
Higher Bents La. *Bred* —6F **129**
Higher Bri. St. *Bolt* —4B **32**
Higher Bury St. *Stoc* —1F **139**
Higher Calderbrook. *L'boro*
—6G **17**
Higher Calderbrook Rd. *L'boro*
—6G **17**
Higher Cambridge St. *M15*
—1E **109** (5A **10**)
Higher Carr La. *G'fld* —2F **61**
Higher Chatham St. *M15*
—1E **109** (5A **10**)
Higher Cleggswood Av. *L'boro*
—6E **17**
Higher Crimble. *Roch* —1H **39**
Higher Croft. *Ecc* —5E **91**
Higher Croft. *W'fld* —3A **66**
Higher Crossbank. *Oldh*
—1B **74**
Higher Cross La. *Upperm*
—2G **61**
Higher Darcy St. *Bolt* —2E **47**
Higher Dean St. *Rad* —4E **49**
Higher Downs. *Alt* —2E **145**
Higher Dunscar. *Eger* —2C **18**
Higher Fold. *Shaw* —2E **57**
Higher Fold La. *Ram* —2G **13**
Higher Fullwood. *Oldh* —3H **57**
Higher Grn. *Ash L* —1A **100**
Higher Grn. *Salf* —1F **93**
Higher Henry St. *Hyde* —6B **114**
Higher Hillgate. *Stoc* —3H **139**
Higher Ho. Clo. *Chad* —5G **71**
Higher Kinders. *G'fld* —3F **61**
Higher La. *Dis* —6H **165**
Higher La. *W'fld* —1C **66**
Higher Lee St. *Oldh* —3B **72**
Higher Lime Rd. *Oldh* —3A **86**
Higher Lodge. *Roch* —1H **25**
Higher Lomax La. *Heyw*
—3C **38**
Higher Lydgate Pk. *Gras*
—3E **75**
Higher Mkt. St. *Farn* —1G **63**
(in two parts)
Higher Ormond St. *M15*
(in two parts) —1E **109** (5B **10**)
Higher Pk. *Shaw* —3G **43**
Higher Pit La. *Rad* —5E **35**
Higher Ridings. *Brom X*
(in two parts) —3D **18**
Higher Rise. *Shaw* —4E **43**
Higher Rd. *Urm* —5F **105**
Higher Row. *Bury* —2F **37**
Higher Shady La. *Brom X*
—4F **19**

Higher Shore Rd. *L'boro*
—2C **16**
Higher Summerseat. *Ram*
—1B **22**
Higher Swan La. *Bolt* —3H **45**
Higher Tame St. *Stal* —3F **101**
Higher Turf La. *Scout* —1D **74**
Higher Turf Pk. *Rytn* —4C **56**
Higher Wharf St. *Ash L* —3H **99**
Higher Wheat La. *Roch* —3C **28**
Higher Wood St. *Mid* —6H **53**
Higher York St. *M13*
—1F **109** (5C **10**)
Highfield. *Manx* —1E **137**
Highfield. *Sale* —6C **122**
Highfield Av. *Bolt* —2A **34**
Highfield Av. *Heyw* —3C **38**
Highfield Av. *Rad* —6A **50**
Highfield Av. *Rom* —1F **141**
Highfield Av. *Sale* —6C **122**
Highfield Av. *Wor* —4B **76**
Highfield Clo. *Hyde* —1D **114**
Highfield Clo. *Stoc* —1H **151**
Highfield Clo. *Stret* —1C **122**
Highfield Ct. *P'wch* —4F **67**
Highfield Cres. *Wilm* —6G **159**
Highfield Dri. *Ecc* —1F **91**
Highfield Dri. *Farn* —1C **62**
Highfield Dri. *Mid* —2H **69**
Highfield Dri. *Moss* —3E **89**
Highfield Dri. *Pen* —4A **80**
Highfield Dri. *Rytn* —5C **56**
Highfield Dri. *Urm* —4E **105**
Highfield Gdns. *Wilm* —6G **159**
Highfield Gdns. *Holl* —2F **117**
Highfield Ho. *Farn* —1B **62**
Highfield Ho. *Stoc* —6H **139**
Highfield La. *W'fld* —4D **50**
Highfield Pk. *Stoc* —1B **138**
Highfield Pk. Rd. *Bred*
—5E **129**
Highfield Parkway. *Bram*
—3F **161**
Highfield Pl. *M18* —3H **111**
Highfield Pl. *P'wch* —4E **67**
Highfield Range. *M18* —3H **111**
Highfield Rd. *M8* —4B **82**
Highfield Rd. *Bolt* —3F **31**
Highfield Rd. *Bram* —2H **151**
Highfield Rd. *Chea H* —4A **150**
Highfield Rd. *Ecc* —1F **91**
Highfield Rd. *Eden* —3A **12**
Highfield Rd. *Farn* —1A **62**
Highfield Rd. *Hale* —3A **146**
Highfield Rd. *Haz G* —3G **153**
Highfield Rd. *Lev* —6E **111**
Highfield Rd. *L Hul* —4B **62**
Highfield Rd. *Marp* —5D **142**
Highfield Rd. *Mell* —5F **143**
Highfield Rd. *Miln* —5G **29**
Highfield Rd. *Poy* —3A **162**
Highfield Rd. *P'wch* —3E **67**
Highfield Rd. *Roch* —2A **26**
Highfield Rd. *Salf* —2F **93**
Highfield Rd. *Stret* —1C **122**
Highfield Rd. *Tim* —6B **134**
Highfield Rd. Ind. Est. *L Hul*
—3B **62**
Highfield St. *Aud* —1F **113**
(Audenshaw)
Highfield St. *Aud* —2E **113**
(Denton)
Highfield St. *Bred* —6F **129**
Highfield St. *Duk* —4H **99**
Highfield St. *Kear* —3A **64**
Highfield St. *Mid* —1B **70**
Highfield St. *Oldh* —2C **72**
(in two parts)
Highfield St. *Stoc* —3E **139**
Highfield St. W. *Duk* —4H **99**
Highfield Ter. *M9* —3F **83**

Highfield Ter. *Ash L* —4D **86**
Highfield Ter. *Oldh* —5H **57**
Highgate. *Bolt* —5A **44**
Highgate Av. *Urm* —3C **104**
Highgate Cres. *M18* —3F **111**
Highgate Dri. *L Hul* —4A **62**
High Gate Dri. *Rytn* —6H **41**
Highgate La. *L Hul* —4A **62**
Highgate La. *Whitw* —3C **14**
Highgate Rd. *Alt* —1D **144**
Highgrove Clo. *Bolt* —1B **32**
Highgrove M. *Wilm* —3D **166**
Highgrove Ct. *M9* —4B **68**
High Gro. Rd. *Gat* —6G **137**
High Gro. Rd. *Gras & G'fld*
—4G **75**
Highgrove, The. *Bolt* —4B **30**
High Houses. *Bolt* —5B **18**
High Hurst Clo. *Mid* —1E **69**
Highland Rd. *Brom X* —3F **19**
Highlands. *L'boro* —6E **17**
Highlands. *Rytn* —4A **56**
Highlands Dri. *Stoc* —5F **141**
Highlands Rd. *Roch* —6A **26**
Highlands Rd. *Rytn* —4A **56**
Highlands Rd. *Shaw* —5D **42**
Highlands Rd. *Stoc* —5F **141**
Highlands, The. *Moss* —2D **88**
Highland View. *Moss* —1E **89**
Highland Wlk. *M40* —5D **84**
High La. *M21* —1G **123**
High La. *Woodl* —4H **129**
High Lea. *Ald E* —5H **167**
High Lea. *Gat* —6G **137**
High Lee La. *Oldh* —4D **58**
High Legh Rd. *M11* —5F **97**
High Level Rd. *Roch* —5H **27**
High Meadow. *Brom X* —3F **19**
High Meadow. *Chea H*
—5A **150**
Highmeadow. *Rad* —6F **49**
High Meadows. *Rom* —6A **130**
Highmead St. *M18* —2F **111**
Highmead Wlk. *M16* —2B **108**
High Moor Cres. *Oldh* —6A **58**
Highmoor View. *Oldh* —6A **58**
Highmore Dri. *M9* —6G **69**
High Mt. *Bolt* —2G **33**
Highnam Wlk. *M22* —4G **147**
High Peak Rd. *Ash L* —5C **88**
High Peak Rd. *Whitw* —3C **14**
High Peak St. *M40* —5B **84**
High Rid La. *Los* —4A **30**
Highshore Dri. *M8* —4B **82**
High Stile La. *Dob* —5D **60**
High Stile St. *Kear* —2G **63**
Highstone Dri. *M8* —5E **83**
High St. Bury, *Bury* —2F **35**
High St. Hyde, *Hyde* —4D **114**
High St. Lees, *Lees* —3A **74**
High St. Shaw, *Shaw* —1F **57**
High St. Altrincham, *Alt*
—1F **145**
High St. Bolton, *Bolt* —3H **45**
High St. Cheadle, *Chea*
—5H **137**
High St. Delph, *Del* —3H **59**
High St. Droylesden, *Droy*
—4A **98**
High St. Hazel Grove, *Haz G*
—3F **153**
High St. Heywood, *Heyw*
—3D **38**
High St. Littleborough, *L'boro*
—4D **16**
High St. Little Lever, *L Lev*
—4B **48**
High St. Manchester, *M4*
—4E **95** (5A **6**)
High St. Middleton, *Mid*
—5A **54**

High St. Mossley, *Moss* —1F **89**
High St. Oldham, *Oldh* —2D **72**
High St. Rochdale, *Roch*
    —3H **27**
High St. Royton, *Rytn* —3B **56**
High St. Stalybridge, *Stal*
    —5C **100**
HIGH STREET STATION. *M*
    —4E **95**
High St. Stockport, *Stoc*
    —2H **139**
High St. Uppermill, *Upperm*
    —6B **60**
High St. Worsley, *Wor* —6E **63**
Highthorne Grn. *Rytn* —5A **42**
High View. *P'wch* —6F **67**
High View St. *Bolt* —3G **45**
  (Daubhill)
Highview St. *Bolt* —5C **18**
  (Sharples)
Highview Wlk. *M9* —6G **69**
Highwood. *Roch* —2A **26**
Highwood Clo. *Bolt* —4H **33**
High Wood Fold. *Marp B*
    —3G **143**
Highworth Clo. *Bolt* —2A **46**
Highworth Dri. *M40* —1D **84**
Higson Av. *M21* —2H **123**
Higson Av. *Ecc* —5E **91**
Higson Av. *Rom* —1F **141**
Higson St. *Bolt* —6C **32**
Hilary Av. *H Grn* —5H **149**
Hilary Av. *Oldh* —2D **86**
Hilary Clo. *Stoc* —1F **139**
Hilary Gro. *Farn* —2E **63**
Hilary Rd. *M22* —4A **148**
Hilary St. *Roch* —4D **40**
Hilbre Av. *Oldh & Rytn* —5B **56**
Hilbre Av. *Rytn* —5B **56**
Hilbre Rd. *M19* —1B **126**
Hilbre Way. *Hand* —3H **159**
Hilbury Av. *M9* —2F **83**
Hilda Av. *Chea* —6A **138**
Hilda Av. *Tot* —5H **21**
Hilda Gro. *Stoc* —5H **127**
Hilda Rd. *Hyde* —2B **130**
Hilda St. *Heyw* —2F **39**
Hilda St. *Oldh* —2B **72**
  (in two parts)
Hilda St. *Stoc* —5H **127**
Hilden Ct. *M16* —3B **108**
Hilden St. *Bolt* —1C **46**
Hilditch Clo. *M23* —5H **135**
Hiley Rd. *Ecc* —5B **90**
Hillam Clo. *Urm* —6H **105**
Hillary Av. *Ash L* —6F **87**
Hillary Rd. *Hyde* —2E **115**
Hillbank Clo. *Bolt* —2G **31**
Hillbank St. *Mid* —1D **54**
Hillbrook Av. *M40* —1B **84**
Hillbrook Rd. *Bram* —1F **161**
Hillbrook Rd. *Stoc* —3C **140**
Hillbrow Wlk. *M8* —4B **82**
Hillbury Rd. *Bram* —4H **151**
Hill Carr M. *Alt* —1D **144**
Hill Clo. *Oldh* —4G **73**
Hillcote Wlk. *M18* —1D **110**
Hill Cot Rd. *Bolt* —6D **18**
Hill Ct. M. *Rom* —1H **141**
Hillcourt Rd. *M1*
    —6E **95** (4B **10**)
Hillcourt Rd. *H Lane* —6C **154**
Hillcourt Rd. *Rom* —5A **130**
Hill Cres. *M9* —6C **68**
Hillcrest. *Hyde* —2D **130**
Hillcrest. *Mid* —4H **53**
Hillcrest. *Salf* —2A **92**
Hillcrest Av. *Heyw* —2C **38**
Hill Crest Av. *Stoc* —1C **138**
Hillcrest Cres. *Heyw* —2C **38**

Hillcrest Dri. *M19* —2E **127**
Hillcrest Dri. *Dent* —6H **113**
Hillcrest Rd. *Ast* —3A **76**
Hillcrest Rd. *Bram* —3H **151**
Hillcrest Rd. *P'wch* —1D **80**
Hillcrest Rd. *Roch* —3D **40**
  (in two parts)
Hillcrest Rd. *Stoc* —5C **140**
Hillcroft. *Oldh* —2E **87**
Hill Croft. *Stoc* —5E **141**
Hillcroft Clo. *M8* —3C **82**
Hillcroft Ho. *Salf* —2F **93**
Hillcroft Rd. *Alt* —6C **132**
Hilldale Av. *M9* —5F **69**
Hill Dri. *Hand* —4A **160**
Hillel Ho. *M15* —2E **109**
Hillend. *B'btm* —6C **116**
Hill End. *Rom* —5B **130**
Hillend La. *Mot* —6B **116**
Hillend Pl. *M23* —1G **135**
Hillend Rd. *M23* —1G **135**
Hill End Rd. *Del* —2H **59**
Hill Farm Clo. *Oldh* —6E **73**
Hillfield. *Salf* —3D **92**
Hillfield Clo. *M13* —2H **109**
Hillfield Dri. *Bolt* —4D **32**
Hillfield Dri. *Wor* —4C **76**
Hillfield Wlk. *Bolt* —4D **32**
Hillfoot Wlk. *M15*
    —1B **108** (5D **8**)
Hillgate Av. *Salf* —6H **93**
Hillgate St. *Ash L* —1A **100**
Hillhead Wlk. M8 —5C 82
  (off Barnsdale Dri.)
Hillier St. *M9* —3G **83**
Hillier St. N. *M9* —3G **83**
Hillingdon Clo. *Oldh* —2H **85**
Hillingdon Dri. *M9* —1B **84**
Hillingdon Rd. *Stret* —6E **107**
Hillingdon Rd. *W'fld* —2B **66**
Hillington Rd. *Sale* —5G **121**
Hillington Rd. *Stoc* —3E **139**
Hillkirk St. *M11* —4A **96**
Hill La. *M9* —6F **69**
Hill La. *Marp B* —2H **143**
Hillman Clo. *M40* —6F **83**
Hill Mt. *Duk* —5E **101**
Hill Rise. *Alt* —6C **132**
Hill Rise. *Ram* —5C **12**
Hill Rise. *Rom* —1H **141**
Hillsborough Dri. *Bury* —4F **51**
Hills Ct. *Bury* —1H **35**
Hillsdale Gro. *Bolt* —2G **33**
Hill Side. *Bolt* —6D **30**
Hillside Av. *Brom X* —2F **19**
Hillside Av. *C'brk* —5H **89**
Hillside Av. *Dig* —4B **60**
Hillside Av. *Farn* —2D **62**
Hillside Av. *Grot* —4C **74**
Hillside Av. *Hyde* —3D **130**
Hillside Av. *Oldh* —2G **73**
Hillside Av. *Rytn* —2C **56**
Hillside Av. *Salf* —3E **81**
Hillside Av. *Shaw* —6H **43**
Hillside Av. *W'fld* —5C **50**
Hillside Av. *Wor* —5E **63**
Hillside Clo. *M40* —2A **84**
Hillside Clo. *Bolt* —5B **44**
Hillside Clo. *Brad* —6A **20**
Hillside Clo. *Bram* —6A **152**
Hillside Clo. *Dis* —1H **165**
Hillside Clo. *Had* —4G **117**
Hillside Ct. *Bolt* —6D **30**
Hill Side Ct. *P'wch* —6D **67**
Hillside Cres. *Ash L* —6B **88**
Hillside Cres. *Bury* —5F **23**
Hillside Dri. *Mid* —6B **54**
Hillside Dri. *Pen* —5B **80**
Hillside Gdns. *M40* —6F **69**
Hillside Rd. *Marp B* —2F **143**
Hillside Rd. *Hale* —2A **146**

Hillside Rd. *Ram* —4C **12**
Hillside Rd. *Stoc* —4D **140**
Hillside Rd. *Woodl* —4A **130**
Hillside St. *Bolt* —2H **45**
Hillside View. *Dent* —2G **129**
Hillside View. *Miln* —5G **29**
Hillside Wlk. *Roch* —5D **14**
Hillside Way. *Whitw* —4G **15**
Hills La. *Bury* —5G **51**
Hillsley Wlk. *M40*
    —2H **95** (1H **7**)
Hillspring Rd. *Spring* —3G **74**
Hillstone Av. *Roch* —5C **14**
Hillstone Clo. *G'mnt* —1H **21**
Hill St. *M20* —2F **125**
Hill St. *Ash L* —3G **99**
Hill St. *B'hth* —3E **133**
Hill St. *Duk* —4H **99**
Hill St. *Heyw* —3E **39**
Hill St. *Mid* —4A **54**
Hill St. *Oldh* —2F **73**
Hill St. *Rad* —6H **49**
  (Outwood)
Hill St. *Rad* —3F **49**
  (Radcliffe)
Hill St. *Roch* —4A **28**
Hill St. *Rom* —1H **141**
Hill St. *Salf* —5H **81**
  (in two parts)
Hill St. *Shaw* —1G **57**
Hill St. *S'seat* —6E **13**
Hill St. *Tot* —1F **35**
Hill Top. *Bolt* —2H **31**
Hill Top. *Chad* —5F **55**
Hill Top. *Hale* —5A **146**
Hilltop. *L Lev* —3A **48**
Hill Top. *Rom* —6H **129**
Hilltop. *Whitw* —4C **14**
Hilltop Av. *M9* —6F **69**
Hill Top Av. *Chea H* —4C **150**
Hill Top Av. *P'wch* —5F **67**
Hilltop Av. *W'fld* —1F **67**
Hill Top Av. *Wilm* —1E **167**
Hilltop Ct. *M8* —1B **82**
Hilltop Ct. *M14* —6H **109**
Hill Top Ct. *Chea H* —4D **150**
Hill Top Dri. *Hale* —3A **146**
Hill Top Dri. *Marp* —5A **142**
Hill Top Dri. *Roch* —3F **41**
Hilltop Dri. *Rytn* —5C **56**
Hilltop Dri. *Tot* —5G **21**
Hilltop Gro. *W'fld* —1F **67**
Hill Top La. *Del* —2C **58**
Hill Top Rd. *Wor* —5F **63**
Hill View. *Del* —3H **59**
Hill View. *Stal* —1H **115**
Hill View Clo. *Oldh* —5G **57**
Hillview Ct. *Bolt* —1A **32**
Hillview Rd. *Bolt* —1A **32**
Hillview Rd. *Dent* —6A **112**
Hillwood Av. *M8* —6B **68**
Hillyard St. *Bury* —2A **36**
Hilly Croft. *Brom X* —3D **18**
Hilmarton Clo. *Brad* —6A **20**
Hilrose Av. *Urm* —5H **105**
Hilson Ct. *Droy* —4A **98**
Hilton Arc. *Oldh* —2D **72**
Hilton Av. *Urm* —5F **105**
Hilton Bank. *Wor* —6D **62**
Hilton Ct. *Stoc* —3G **139**
Hilton Cres. *Ash L* —6G **87**
Hilton Cres. *P'wch* —1F **81**
Hilton Cres. *Wor* —5D **76**
Hilton Dri. *Cad* —4A **118**
Hilton Dri. *P'wch* —1F **81**
Hilton Fold La. *Mid* —6B **54**
Hilton Gro. *Poy* —3D **162**
Hilton Gro. *Wor* —6D **62**
Hilton La. *P'wch* —2D **80**
Hilton La. *Wor* —6D **62**
Hilton Lodge. *P'wch* —1F **81**

Hilton Rd. *Bram* —3H **151**
Hilton Rd. *Bury* —3D **36**
Hilton Rd. *Dis* —6F **155**
Hilton Rd. *Poy* —2A **164**
  (in two parts)
Hiltons Farm Clo. *Aud* —1E **113**
Hilton Sq. *Pen* —3G **79**
Hilton St. *M1* —4F **95** (5C **6**)
Hilton St. *M4 & M1*
    —3E **95** (4B **6**)
Hilton St. *Bolt* —6E **33**
Hilton St. *Bury* —1D **36**
Hilton St. *Hyde* —2D **114**
Hilton St. *L Hul* —5C **62**
Hilton St. *Mid* —5H **53**
Hilton St. *Oldh* —1G **73**
Hilton St. *Salf* —5H **81**
Hilton St. *Stoc* —3F **139**
Hilton St. N. *Salf* —5H **81**
Hilton Wlk. *Mid* —1E **69**
  (in two parts)
Himley Rd. *M11* —2E **97**
Hincaster Wlk. *M18* —2E **111**
Hinchcliffe St. *Roch* —3F **27**
Hinchcombe Clo. *L Hul* —3C **62**
Hinckley St. *M11* —5B **96**
Hindburn Clo. *W'fld* —6F **51**
Hindburn Dri. *Wor* —3C **76**
Hindburn Wlk. *W'fld* —6F **51**
Hindell Ter. Del —3H 59
  (off King St.)
Hinde St. *M40* —3A **84**
Hindhead Wlk. *M40* —1F **97**
Hind Hill St. *Heyw* —4E **39**
Hindle Dri. *Rytn* —4A **56**
Hindle St. *Rad* —4G **49**
Hindle Ter. *Del* —3H **59**
Hindley Av. *M22* —3H **147**
Hindley Clo. *Ash L* —4F **99**
Hindley St. *Ash L* —4F **99**
  (in two parts)
Hindley St. *Farn* —1E **63**
Hindley St. *Stoc* —3H **139**
Hindsford Clo. *M23* —2E **135**
Hinds La. *Rad & Bury* —6A **36**
Hind St. *Bolt* —6E **33**
Hinkler Av. *Bolt* —4A **46**
Hinstock Cres. *M18* —2F **111**
Hinton. Roch —3G 27
  (off Spotland Rd.)
Hinton Clo. *Roch* —5A **26**
Hinton Gro. *Hyde* —1E **131**
Hinton St. *M4* —2F **95** (2D **6**)
Hinton St. *Oldh* —4D **72**
Hinton St. *Stoc* —2B **140**
Hipley Clo. *Bred* —4G **129**
Hirons La. *Spring* —4C **74**
Hirst Av. *Wor* —4E **63**
Hitchen Clo. *Duk* —6D **100**
Hitchen Dri. *Duk* —6D **100**
Hitchen Wlk. *M13* —2H **109**
Hive St. *Oldh* —1H **85**
Hobart Clo. *Bram* —3H **161**
Hobart St. *M18* —2F **111**
Hobart St. *Bolt* —3H **31**
Hobbs Wlk. *M8* —1A **82**
Hobson Ct. *Aud* —1E **113**
Hobson Cres. *Aud* —1E **113**
Hobson Moor Rd. *Mot* —1B **116**
Hobson St. *M11* —6A **98**
Hobson St. *Fail* —5C **84**
Hobson St. *Oldh* —3D **72**
Hobson St. *Stoc* —5H **111**
Hockenhull Clo. *M22* —3C **148**
Hockley Clo. *Poy* —4G **163**
Hockley Rd. *M23* —5F **135**
Hockley Rd. *Poy* —4F **163**
Hodder Av. *L'boro* —3D **16**
Hodder Bank. *Stoc* —6E **141**
Hodder Sq. *M15*
    —1D **108** (6G **9**)

Hodder Way. *W'fld* —1G **67**
(in three parts)
Hoddesdon St. *M8* —4D **82**
Hodge Clough Rd. *Oldh* —3G **57**
Hodge La. *Salf* —4F **93**
Hodge Rd. *Oldh* —4H **57**
Hodge Rd. *Wor* —1F **77**
Hodge St. *M9* —2H **83**
Hodgson Dri. *Tim* —3A **134**
Hodgson St. *M8* —6B **82**
Hodgson St. *Ash L* —3G **99**
Hodnett Av. *Urm* —6A **104**
Hodnet Wlk. *Dent* —6E **113**
Hodson Fold. *Oldh* —2E **87**
Hodson Rd. *Swint* —1E **79**
Hodson St. *Salf* —3C **94** (3E 5)
Hogarth Rise. *Oldh* —3G **57**
Hogarth Rd. *Marp B* —3F **143**
Hogarth Rd. *Roch* —2F **41**
Hogarth Wlk. *M8* —5E **83**
(off Inwood Wlk.)
Holbeach Clo. *Bury* —6D **22**
Holbeck Av. *Roch* —5D **14**
Holbeck Gro. *M14* —3A **110**
Holbeton Clo. *M8* —6A **82**
Holbeton Clo. *Bram* —2A **152**
Holborn Av. *Fail* —4H **85**
Holborn Av. *Rad* —3D **48**
Holborn Dri. *M8* —6D **82**
Holborn Gdns. *Roch* —6F **27**
Holborn Sq. *Roch* —6F **27**
Holborn St. *Roch* —6F **27**
Holborn St. *Stoc* —2H **139**
Holbrook Av. *L Hul* —3C **62**
Holcombe Av. *Bury* —3H **35**
Holcombe Clo. *Alt* —5D **132**
Holcombe Clo. *Kear* —3A **64**
Holcombe Clo. *Salf* —3G **93**
Holcombe Clo. *Spring* —2C **74**
Holcombe Ct. *Ram* —1H **21**
Holcombe Cres. *Kear* —3A **64**
Holcombe Gdns. *M19* —4A **126**
Holcombe Lee. *Ram* —6C **12**
Holcombe Old Rd. *Holc* —4C **12**
Holcombe Precinct. *Ram*
—6B **12**
Holcombe Rd. *M14* —2A **126**
Holcombe Rd. *L Lev* —4H **47**
Holcombe Rd. *Tot* —3G **21**
Holcombe View Clo. *Oldh*
—5H **57**
Holcombe Village. Bury —3C **12**
(off Moor Rd.)
Holcombe Wlk. *Stoc* —2F **127**
Holden Av. *Bolt* —5C **18**
Holden Av. *Bury* —1A **38**
Holden Av. *Ram* —4C **12**
Holden Clough Dri. *Ash L*
—4F **87**
Holden Fold La. *Rytn* —5A **56**
(in two parts)
Holden Rd. *Salf* —2H **81**
Holden St. *Ash L* —1A **100**
Holden St. *Oldh* —6D **72**
Holden St. *Roch* —1A **28**
Holder Av. *L Lev* —2B **48**
Holderness Dri. *Rytn* —5A **56**
Holdgate Clo. *M15* —2C **108**
Holdness Clo. *M12* —2A **110**
Holdsworth St. *Swint* —4D **78**
Holebottom. *Ash L* —5G **87**
Holehouse Fold. *Rom* —1H **141**
Holford Av. *M14* —5F **109**
Holford Ct. *Aud* —4F **113**
Holford St. *Salf* —1A **94**
Holford Wlk. *Firg* —4D **28**
Holgate St. *Oldh* —6A **58**
Holhouse La. *G'mnt* —1H **21**
Holiday La. *Stoc* —5F **141**
Holker Clo. *M13* —2H **109**
(in two parts)

Holker Clo. *Poy* —3F **163**
Holker Way. *Dent* —6G **113**
Holkham Clo. *M4*
—3G **95** (4F 7)
Holkham Wlk. *M4*
—3G **95** (4F 7)
Hollam Wlk. *M16* —3C **108**
Holland Av. *Stal* —3E **101**
Holland Clo. *Del* —3G **59**
Holland Ct. *M8* —1B **82**
Holland Ct. *Rad* —3A **50**
Holland Ct. Stoc —4A **140**
(off Ward St.)
Holland Gro. *Ash L* —5F **87**
Holland Rise. *Roch* —3G **27**
Holland Rd. *M8* —1B **82**
Holland Rd. *Bram* —6G **151**
Holland Rd. *Hyde* —2D **114**
Holland St. *M40* —3H **95** (3G 7)
Holland St. *Bolt* —1B **32**
Holland St. *Dent* —3C **112**
Holland St. *Heyw* —3F **39**
Holland St. *Hur* —5B **16**
Holland St. *Rad* —3A **50**
Holland St. *Roch* —4G **27**
Holland St. *Salf* —6E **81**
(Charlestown)
Holland St. *Salf* —4G **93**
(Salford)
Hollcott Wlk. *Salf* —6E **81**
Hollcott Wlk. M8 —6B **82**
(off Stonefield Dri.)
Hollies Ct. *Sale* —5B **122**
Hollies Dri. *Marp* —6E **143**
Hollies La. *Wilm* —2H **167**
Hollies, The. *M20* —6D **124**
Hollies, The. *Bolt* —5H **33**
Hollies, The. *Gat* —6F **137**
Hollies, The. *Stoc* —6D **126**
Hollies, The. *Swint* —5D **78**
Hollin Bank. *Stoc* —2F **127**
Hollin Cres. *G'fld* —5G **75**
Hollin Dri. *Mid* —3G **53**
Holliney Rd. *M22* —4D **148**
Hollinghey Ter. *Holl* —2E **117**
Hollingworth Av. *M40* —1F **85**
Hollingworth Clo. Stoc
(off Mottram Fold) —3H **139**
Hollingworth Dri. *Marp*
—2D **154**
Hollingworth Lake Cvn. Site.
L'boro —2H **29**
Hollingworth Rd. *Bred* —5E **129**
Hollingworth Rd. *L'boro* —6F **17**
Hollingworth St. *Chad* —6H **71**
Hollin Hall St. *Oldh* —2G **73**
Hollin Hey Rd. *Bolt* —2C **30**
Hollinhey Ter. *Holl* —2E **117**
Hollin Ho. *Mid* —5A **54**
Hollinhurst Dri. *Los* —6A **30**
Hollinhurst Rd. *Rad* —5A **50**
Hollin La. *Mid* —2G **53**
Hollin La. *Roch* —5A **26**
Hollin La. *Styal* —1D **158**
Hollins. *Farn* —6H **45**
Hollins Av. Glos —5F **117**
(off Hollins M.)
Hollins Av. *Hyde* —2C **130**
Hollins Av. *Lees* —1B **74**
Hollins Bank. Glos —5F **117**
(off Hollins La.)
Hollins Brook Clo. *Uns* —2F **51**
Hollins Brow. *Bury* —3D **50**
Hollins Clo. *Bury* —3F **51**
Hollins Clo. Glos —5F **117**
(off Hollins La.)
Hollinsclough Clo. *M22*
—6C **136**
Hollinscroft Av. *Tim* —6D **134**
Hollins Fold. Glos —5F **117**
(off Hollins La.)

Hollins Gdns. *Glos* —5F **117**
Hollins Grn. *Mid* —4A **54**
Hollins Grn. Rd. *Marp* —5D **142**
Hollins Gro. *M12* —4C **110**
Hollins Gro. Glos —5F **117**
(off Hollins La.)
Hollins Gro. *Sale* —5A **122**
Hollinshead. *Salf* —5A **82**
Hollins La. *Bury* —2E **51**
Hollins La. *Duk* —5D **100**
Hollins La. *Glos* —5F **117**
Hollins La. *G'fld* —4H **61**
Hollins La. *Marp* —5D **142**
Hollins La. *Marp B* —4F **143**
Hollins La. *Moss* —2F **89**
Hollin's La. *Ram* —4B **12**
Hollins M. *Glos* —5F **117**
Hollins M. *Uns* —3G **51**
Hollins Mt. *Marp B* —3F **143**
Hollins Rd. *Oldh* —1H **85**
Hollins Rd. *Waterh* —1B **74**
Hollins St. *Bolt* —1D **46**
Hollins St. *Spring* —3B **74**
Hollins St. *Stal* —5D **100**
Hollins Ter. *Marp* —5D **142**
Hollins, The. *Marp* —5D **142**
Hollins Wlk. *M22* —3B **148**
Hollins Way. Glos —5F **117**
(off Hollins M.)
Hollinswood Rd. *Bolt* —1D **46**
Hollinswood Rd. *Wor* —5D **76**
Hollinwood Av. *M40 & Chad*
—6D **70**
Hollinwood La. *Marp* —3F **155**
Hollinwood Rd. *Dis* —1H **165**
HOLLINWOOD STATION. *BR*
—1G **85**
Holloway Dri. *Wor* —2C **78**
Hollow End. *Stoc* —2B **128**
Hollow End Towers. *Stoc*
—2B **128**
Hollow Field. *Roch* —2H **25**
Hollowgate. *Swint* —5B **78**
Hollow Meadows. *Rad* —3C **64**
Hollows Farm Av. *Roch* —6F **27**
Hollowspell. *Roch* —6A **16**
Hollows, The. *H Grn* —4G **149**
Hollow Vale Dri. *Stoc* —6H **111**
Hollwood Way. *Stoc* —2F **139**
Holly Av. *Chea* —6H **137**
Holly Av. *Urm* —5D **104**
Holly Av. *Wor* —1G **77**
Holly Bank. *Holl* —2F **117**
Holly Bank. *Rytn* —1B **56**
Holly Bank. *Sale* —6C **122**
Holly Bank Clo. *M15*
—1A **108** (5B 8)
Holly Bank Cotts. *Part* —5D **118**
Holly Bank Ct. *Chea H* —4C **150**
Holly Bank Dri. *Los* —5A **30**
Holly Bank Ind. Est. *Rad*
—4F **49**
Holly Bank Rise. *Duk* —5D **100**
Holly Bank Rd. *Wilm* —6F **159**
Holly Bank St. *Rad* —4F **49**
Hollybush St. *M18* —1G **111**
Holly Clo. *Tim* —5A **134**
Holly Ct. *Hyde* —5E **115**
Holly Ct. *Irl* —4F **103**
Holly Ct. *Manx* —3F **125**
Hollycroft Av. *M22* —5B **136**
Hollycroft Av. *Bolt* —2G **47**
Holly Dene Clo. *Los* —6A **30**
Holly Dene Dri. *Los* —6A **30**
Holly Dri. *Sale* —5A **122**
Hollyedge Dri. *P'wch* —1E **81**
Holly Fold. *W'fld* —6D **50**
Holly Grange. *Bow* —3F **145**
Holly Grange. *Bram* —2H **151**
Holly Gro. *Bolt* —4G **31**
Holly Gro. *Chad* —1H **71**

Holly Gro. *Dent* —4G **113**
Holly Gro. *Farn* —1C **62**
Holly Gro. *Lees* —1A **74**
Holly Gro. *Sale* —5D **122**
Holly Gro. *Stal* —5D **100**
Hollyhedge Av. *M22* —6B **136**
Hollyhedge Ct. Rd. *M22*
—6C **136**
Hollyhedge Rd. *M22 & Gat*
—6A **136**
Hollyhedge Rd. *M23* —6F **135**
Hollyhey Dri. *M23* —1A **136**
Holly Ho. Dri. *Urm* —5B **104**
Hollyhouse Dri. *Woodl*
—4G **129**
Hollyhurst. *Wor* —5B **78**
Holly La. *Oldh* —1A **86**
Holly La. *Styal* —3C **158**
Holly Mill Cres. *Bolt* —1B **32**
Hollymount. *M16* —3H **107**
Hollymount Av. *Stoc* —6C **140**
Hollymount Dri. *Oldh* —4A **58**
Hollymount St. *Stoc* —6C **140**
Hollymount Gdns. *Stoc*
—6D **140**
Holly Mt. La. *G'mnt* —2F **21**
Hollymount Rd. *Stoc* —6D **140**
Holly Oak Gdns. *Heyw* —4E **39**
Holly Rd. *Bram* —2G **161**
Holly Rd. *H Lane* —6D **154**
Holly Rd. *Poy* —4E **163**
Holly Rd. *Stoc* —4E **127**
Holly Rd. *Swint* —5D **78**
Holly Rd. *Wilm* —3E **167**
Holly Rd. N. *Wilm* —3D **166**
Holly Rd. S. *Wilm* —4D **166**
Holly St. *M11* —5A **96**
Holly St. *Bolt* —1B **32**
Holly St. *Bury* —3E **37**
Holly St. *Droy* —3F **97**
Holly St. *Roch* —3H **41**
Holly St. *Stoc* —2A **140**
Holly St. *S'seat* —6E **13**
Holly St. *Tot* —5H **21**
Holly St. *Ward* —3A **16**
Hollythorn Av. *Chea H* —6E **151**
Hollythorn M. *Chea H* —6E **151**
Holly View. *M22* —6C **136**
Holly Wlk. *Part* —6B **118**
Holly Way. *M22* —3C **136**
Hollywood. *Bow* —3F **145**
Hollywood Rd. *Bolt* —3F **31**
Hollywood Towers. Stoc
(off East St.) —3F **139**
Holmbrook Wlk. *M8* —6C **82**
Holm Ct. *Salf* —3G **93**
Holmcroft Rd. *M18* —4F **111**
Holmdale Av. *M19* —4A **126**
Holme Av. *Bury* —6C **22**
Holmebrook Wlk. M8 —5C **82**
(off Tamerton Dri.)
Holme Cres. *Rytn* —5A **56**
Holmefield. *Sale* —5B **122**
Holmefield Dri. *Chea H*
—5D **150**
Holme Ho. St. *L'boro* —6H **17**
Holmelyme Ho. *Poy* —4F **163**
Holmepark Gdns. *Wor* —6C **76**
Holme Rd. *M20* —6D **124**
Holmes Cotts. *Bolt* —2G **31**
Holmes Rd. *Roch* —4F **27**
Holmes St. *Bolt* —3C **46**
Holmes St. *Chea* —5A **138**
Holmes St. *Roch* —3F **27**
(Rochdale)
Holmes St. *Roch* —6A **16**
(Smallbridge)
Holmes St. *Stoc* —4G **139**
Holme St. *Hyde* —5B **114**
Holmes Way. *Dent* —2F **129**
Holmeswood Rd. *Bolt* —5H **45**

Holme Ter. *L'boro* —6H **17**
Holmfield. *Ald E* —6G **167**
Holmfield Av. *M9* —4H **83**
Holmfield Av. *P'wch* —6G **67**
Holmfield Av. W. *M9* —4H **83**
Holmfield Clo. *Stoc* —6F **127**
Holmfield Grn. *Bolt* —4D **44**
Holmfirth Rd. *G'fld* —4G **61**
Holmfirth St. *M13* —3B **110**
Holmfoot Wlk. *M9* —4F *83*
(off Carisbrook St.)
Holmlea Rd. *Droy* —3G **97**
Holmleigh Av. *M9* —2G **83**
Holmpark Rd. *Open* —6H **97**
Holmrook. *Alt* —6D **132**
Holmside Gdns. *M19* —5A **126**
Holmwood. *Bow* —2C **144**
Holmwood Ct. *Manx* —5F **125**
Holmwood Rd. *M20* —4F **125**
Holroyd St. *M11* —5C **96**
Holroyd St. *Roch* —4A **28**
Holset Dri. *Alt* —6D **132**
Holset Wlk. *Haz G* —4A **152**
Holst Av. *M8* —5C **82**
Holstein Av. *Roch* —5D **14**
Holtby St. *M9* —2G **83**
Holthouse Rd. *Tot* —6G **21**
Holt La. *Fail* —5G **85**
Holt La. M. *Fail* —4H **85**
Holtown Ind. Est. *M11* —3A **96**
Holts La. *Oldh* —5H **73**
Holts La. *Styal* —4D **158**
Holts Pas. *L'boro* —4E **17**
Holts Ter. *Roch* —1G **27**
Holt St. *M40* —6H **83**
Holt St. *Aud* —5E **99**
Holt St. *Bolt* —2H **45**
Holt St. *B'hth* —3E **133**
Holt St. *Ecc* —5E **91**
Holt St. *L'boro* —5H **17**
Holt St. *Miln* —6G **29**
Holt St. *Oldh* —1G **73**
Holt St. *Ram* —3F **13**
Holt St. *Stoc* —3H **139**
Holt St. *Swint* —1F **79**
Holt St. *Whitw* —4G **15**
Holt St. W. *Ram* —4D **12**
Holt Town. *M40* —3H **95** (4H **7**)
Holtwood Wlk. *Stoc* —2C **128**
Holway Wlk. *M9* —4E *83*
(off Hendham Vale)
Holwick Rd. *M23* —1F **135**
Holwood Dri. *M16* —1C **124**
Holybourne Wlk. *M23*
—3D **134**
Holy Harbour St. *Bolt* —3G **31**
Holyhurst Wlk. *Bolt* —3A **32**
Holyoake Rd. *Wor* —1F **77**
Holyoake St. *Droy* —3C **98**
Holyoak St. *M40* —5C **84**
Holyrood Ct. *P'wch* —3G **67**
Holyrood Dri. *P'wch* —3G **67**
Holyrood Dri. *Swint* —4D **78**
Holyrood Gro. *P'wch* —3G **67**
Holyrood Rd. *P'wch* —4G **67**
Holyrood St. *M40* —1G **97**
Holyrood St. *Oldh* —6E **57**
Holywood St. *M14* —4F **109**
Homebury Dri. *M11* —3D **96**
Home Dri. *Mid* —2H **69**
Home Farm Av. *Mot* —6B **116**
Homelands Clo. *Sale* —1H **133**
Homelands Rd. *Sale* —1H **133**
Homelands Wlk. *M9* —4F **83**
Homer Dri. *Marp B* —3F **143**
Homer St. *Rad* —4E **49**
Homerton Rd. *M40* —1D **96**
Homestead Clo. *Part* —5B **119**
Homestead Cres. *M19* —6H **125**
Homestead Gdns. *Roch* —5B **16**
Homestead Rd. *Dis* —1G **165**

Homestead, The. *Sale* —4H **121**
Homewood Av. *M22* —2B **136**
Homewood Rd. *M22* —2A **136**
Honduras St. *Oldh* —2F **73**
Hondwith Clo. *Bolt* —6G **19**
Honey Hill. *Lees* —4B **74**
Honey St. *M8* —1E **95**
Honeysuckle Clo. *M23* —2E **135**
Honeysuckle Clo. *Woodl*
—4G **129**
Honeysuckle Dri. *Stal* —3F **101**
Honeysuckle Wlk. *Sale* —4F **121**
Honeysuckle Way. *Roch*
—6D **14**
Honeywell La. *Oldh* —6D **72**
Honeywood Clo. *Ram* —6C **12**
Honford Rd. *M22* —1A **148**
Hong Kong Av. *Man A* —5G **147**
Honister Dri. *Mid* —5G **53**
Honister Rd. *M9* —4H **83**
Honister Way. *Roch* —1B **40**
Honiton Av. *Hyde* —5G **115**
Honiton Clo. *Chad* —6E **55**
Honiton Clo. *Heyw* —5E **39**
Honiton Ct. *Hyde* —5H **115**
Honiton Dri. *Bolt* —1A **48**
Honiton Gro. *Rad* —2D **48**
Honiton Ho. *Salf* —2A **92**
Honiton Wlk. *Hyde* —5H **115**
Honiton Way. *Alt* —5D **132**
Honor St. *M13* —4B **110**
Honsham Wlk. *M23* —2E **135**
Hood Clo. *Tyl* —2A **76**
Hood Sq. *Grot* —4C **74**
Hood St. *M4* —3F **95** (4D **6**)
Hood Wlk. *Dent* —2G **129**
Hoole Clo. *Chea* —6C **138**
Hooley Bri. Ind. Est. *Heyw*
—1E **39**
Hooley Clough. *Heyw* —1F **39**
Hooley Range. *Stoc* —6D **126**
Hooper St. *M12*
—5H **95** (2H **11**)
Hooper St. *Oldh* —3E **73**
Hooper St. *Stoc* —2G **139**
Hooton St. *M40* —2B **96**
Hooton St. *Bolt* —4A **32**
Hooton Way. *Hand* —2H *159*
(off Beeston Rd.)
Hopcroft Clo. *M9* —3D **68**
Hope Av. *Brad* —1D **46**
Hope Av. *Hand* —4G **159**
Hope Av. L *Hul* —5E **63**
Hope Av. *Stret* —4B **106**
Hopecourt Clo. *Salf* —1C **92**
Hope Cres. *Salf* —2C **92**
Hopedale Clo. *M11* —4B **96**
Hopedale Rd. *Stoc* —3H **127**
Hopefield St. *Bolt* —3H **45**
Hopefold Dri. *Wor* —1C **78**
Hope Grn. Way. *A'ton* —5D **162**
Hope Hey La. L *Hul* —4B **62**
Hope La. *A'ton* —6D **162**
Hopelea St. *M20* —2F **125**
Hope Pk. Clo. *P'wch* —6F **67**
Hope Pk. Rd. *P'wch* —6F **67**
Hope Rd. *M14* —3H **109**
Hope Rd. *P'wch* —1E **81**
Hope Rd. *Sale* —6B **122**
Hopes Carr. *Stoc* —2H **139**
Hope St. *M1* —4E **95** (6B **6**)
Hope St. *Ash L* —1B **100**
Hope St. *Aud* —2F **113**
Hope St. *Bolt* —6A **20**
Hope St. *Duk* —5H **99**
(in two parts)
Hope St. *Ecc* —3H **91**
Hope St. *Farn* —1G **63**
Hope St. *Haz G* —2D **152**
Hope St. *Heyw* —5H **39**
Hope St. *L Hul* —5C **62**

Hope St. *Oldh* —2F **73**
Hope St. *Ram* —4D **12**
Hope St. *Roch* —3H **27**
Hope St. *Salf* —4H **81**
(Higher Broughton)
Hope St. *Salf* —4A **94** (5A **4**)
(Salford)
Hope St. *Shaw* —6F **43**
Hope St. *Stoc* —2F **139**
Hope St. *Swint* —3G **79**
(Pendlebury)
Hope St. *Swint* —4D **78**
(Swinton)
Hope Ter. *Duk* —5H **99**
Hopgarth Wlk. *M40* —6D **84**
Hopkin Av. *Oldh* —1F **73**
Hopkins Field. *Bow* —4D **144**
Hopkinson Av. *Dent* —2D **112**
Hopkinson Clo. *Upperm* —1F **61**
Hopkinson Rd. *M9* —4F **69**
Hopkins St. *M12* —4C **110**
Hopkins St. *Hyde* —3C **114**
Hopkin St. *Oldh* —2D **72**
Hoppet La. *Droy* —3C **98**
Hopton Av. *M22* —2C **148**
Hopton Ct. *M15*
—1E **109** (5A **10**)
Hopwood Av. *Ecc* —2F **91**
Hopwood Av. *Heyw* —5F **39**
Hopwood Clo. *Bury* —4D **50**
Hopwood Ct. *Mid* —3A **54**
Hopwood Ct. *Shaw* —6D **42**
Hopwood Rd. *Mid* —3A **54**
Hopwood St. *M40* —5B **84**
Hopwood St. *Pen* —3G **79**
Hopwood St. *Salf*
—3C **94** (3F **5**)
Horace Barnes Clo. *M14*
—4E **109**
Horace Gro. *Stoc* —6D **127**
Horace St. *Bolt* —3H **31**
Horatio St. *M18* —1H **111**
Horbury Av. *M18* —4F **111**
Horbury Dri. *Bury* —3A **36**
Horden Wlk. *Rytn* —3C *56*
(off Shaw St.)
Horeb St. *Bolt* —2H **45**
Horley Clo. *Bury* —4C **22**
Horlock Ct. *Salf* —2H **93**
Hornbeam Clo. *Sale* —4E **121**
Hornbeam Clo. *Tim* —6E **135**
Hornbeam Ct. *Salf* —2G **93**
Hornbeam Rd. *M19* —5D **110**
Hornby Av. *M9* —4G **69**
Hornby Dri. *Bolt* —5B **44**
Hornby Rd. *Stret* —3F **107**
Hornby St. *M8* —1D **94**
Hornby St. *Bury* —6F **23**
Hornby St. *Heyw* —4F **39**
Hornby St. *Mid* —1A **70**
Hornby St. *Oldh* —4B **72**
Horncastle Clo. *Bury* —6D **22**
Horncastle Rd. *M40* —1B **84**
Hornchurch Ct. *M15*
—1D **108** (5H **9**)
(off Bonsall St.)
Hornchurch St. *M15*
—1C **108** (6E **9**)
Horne Dri. *M4* —3G **95** (4F **7**)
Horne St. *Bury* —5C **36**
Hornet Clo. *Roch* —2G **41**
Hornsea Clo. *Bury* —3F **35**
Hornsea Clo. *Chad* —6F **55**
Hornsea Rd. *Stoc* —6G **141**
Hornsea Wlk. *M11* —4C **96**
Horridge Fold. *Eger* —1C **18**
Horridge Fold Av. *Bolt* —5D **44**
Horridge St. *Bury* —1H **35**
Horrobin La. *Tur* —1G **19**
Horrocks Fold Av. *Bolt* —5B **18**
Horrocks St. *Bolt* —2E **45**

Horrocks St. *Rad* —2A **50**
Horsa St. *M12* —5H **95** (1G **11**)
Horsa St. *Bolt* —4D **32**
Horsedge St. *Oldh* —1D **72**
Horsefield Av. *Whitw* —3C **14**
Horsefield Clo. *M21* —2C **124**
Horsefield Way. *Rom* —3E **129**
Horseshoe La. *Ald E* —4G **167**
Horseshoe La. *Brom X* —3E **19**
Horsfield St. *Bolt* —3E **45**
Horsforth La. *G'fld* —5E **61**
Horsham Av. *Haz G* —4C **152**
Horsham Clo. *Bury* —4C **22**
Horsham St. *Salf* —3E **93**
Horstead Wlk. *M19* —5C **110**
Horton Av. *Bolt* —5C **18**
Horton Rd. *M14* —5E **109**
Horton St. *Stoc* —4A **140**
Hortree Rd. *Stret* —5E **107**
Horwood Cres. *M20* —4H **125**
Hoscar Dri. *M19* —2B **126**
Hoskins Clo. *M12* —2C **110**
Hospital Av. *Ecc* —3G **91**
Hospital Rd. *Brom X* —3D **18**
Hospital Rd. *Pen* —4H **79**
Hotel Rd. *Man A* —6A **148**
Hotel St. *Bolt* —6B **32**
Hothersall Rd. *Stoc* —1H **127**
Hothersall St. *Salf*
—2C **94** (1E **5**)
Hotspur Clo. *M14* —1E **125**
Hough Clo. *Oldh* —1E **87**
Houghend Av. *M21* —3A **124**
Hough End Cen. *M21* —2C **124**
Houghend Cres. *M21* —1C **124**
Hough Fold Way. *Bolt* —6H **19**
Hough Hall Rd. *M40* —3H **83**
Hough Hill Rd. *Stal* —4E **101**
(in two parts)
Hough La. *Brom X* —4B **18**
Hough La. *Hyde* —1D **114**
Hough La. *Mid* —3F **55**
Hough Rd. *M20* —2E **125**
Hough St. *M40* —6G **83**
Hough St. *Bolt* —2E **45**
Houghton Av. *Oldh* —1B **86**
Houghton Clo. *Roch* —5C **28**
Houghton La. *Swint* —6D **78**
Houghton Rd. *M8* —2C **82**
Houghton St. *Bolt* —2A **46**
Houghton St. *Bury* —4C **36**
Houghton St. *Pen* —5B **80**
Houghton St. *Rytn* —5C **56**
Hough Wlk. *Salf* —2A **94** (1B **4**)
Houldsworth Av. *Tim* —4G **133**
Houldsworth Mill. *Stoc*
—1G **127**
Houldsworth Sq. *Stoc* —2G **127**
Houldsworth St. *M1*
—3F **95** (4C **6**)
Houldsworth St. *Rad* —2F **49**
Houldsworth St. *Redd* —2G **127**
Hounslow Ho. *Bolt* —4A **32**
Houseley Av. *Chad* —6G **71**
Houston St. *Oldh* —4D **72**
Houston Pk. *Salf* —4F **93**
Hove Clo. *G'mnt* —2G **21**
Hoveden St. *M8* —1D **94**
Hove Dri. *M14* —2A **126**
Hove St. *Bolt* —2G **45**
Hovey Clo. *M8* —4B **82**
Hoviley. *Hyde* —4C **114**
Hoviley Brow. *Hyde* —4C **114**
Hovingham St. *Roch* —3B **28**
Hovington Gdns. *M19* —3A **126**
Hovis St. *M11* —5E **97**
Howard Av. *Bolt* —3E **45**
Howard Av. *Chea H* —4C **150**
Howard Av. *Ecc* —2F **91**
Howard Av. *Kear* —2H **63**
Howard Av. *Stoc* —3E **127**

Howard Clo. *Rom* —1G **141**
Howard Ct. *Ash L* —2A **100**
Howard Dri. *Hale* —4A **146**
Howard Hill. *Bury* —2E **51**
Howard La. *Dent* —3F **113**
Howard Pl. *Hyde* —5B **114**
Howard Pl. *Roch* —3H **27**
Howard Rd. *M22* —2B **136**
Howard's La. *Moss* —1G **89**
Howard Spring Wlk. *M8* —3B **82**
Howard St. *M8* —1D **94**
Howard St. *M12*
—5G **95** (2E **11**)
Howard St. *Ash L* —1G **99**
Howard St. *Aud* —1F **113**
(Audenshaw)
Howard St. *Aud* —2E **113**
(Denton)
Howard St. *Bolt* —4B **32**
Howard St. *Millb* —1H **101**
Howard St. *Oldh* —1A **74**
Howard St. *Rad* —4H **49**
Howard St. *Roch* —3H **27**
Howard St. *Salf* —5G **93**
Howard St. *Shaw* —6E **43**
Howard St. *Stoc* —1H **139**
Howard St. *Stret* —5D **106**
Howard Way. *L'boro* —6G **17**
Howarth Av. *Wor* —4C **78**
Howarth Clo. *M11* —4C **96**
Howarth Clo. *Bury* —1D **50**
Howarth Cross St. *Roch*
—1B **28**
Howarth Dri. *Irl* —6D **102**
Howarth Farm Way. *Roch*
—6A **16**
Howarth Pl. *Roch* —6F **27**
Howarth Sq. *Roch* —3A **28**
Howarth St. *M16* —3A **108**
Howarth St. *L'boro* —3F **17**
Howbridge Clo. *Wor* —3E **77**
Howbro Dri. *Ash L* —6C **86**
Howbrook Wlk. *M15*
—1D **108** (6H **9**)
Howclough Clo. *Wor* —1H **77**
Howclough Dri. *Wor* —1H **77**
Howcroft Clo. *Bolt* —5A **32**
Howcroft St. *Bolt* —3H **45**
Howden Clo. *Stoc* —5G **111**
Howden Rd. *M9* —4E **69**
Howe Dri. *Ram* —1B **22**
Howell Croft N. *Bolt* —6B **32**
Howell Croft S. *Bolt* —6B **32**
Howells Av. *Sale* —4B **122**
Howell's Yd. *Bolt* —6B **32**
Howe St. *Ash L* —5F **99**
Howe St. *Salf* —4G **81**
Howgill St. *M11* —4F **97**
How La. *Bury* —5E **23**
How Lea Dri. *Bury* —5F **23**
Howsin Av. *Bolt* —1D **32**
Howton Clo. *M12* —3C **110**
Howty Clo. *Wilm* —6H **159**
Hoxton Clo. *Bred* —5G **129**
Hoy Dri. *Urm* —2F **105**
Hoylake Clo. *M40* —3D **84**
Hoylake Rd. *Sale* —1F **135**
Hoylake Rd. *Stoc* —3C **138**
Hoyland Clo. *M12* —1B **110**
Hoyle Av. *Oldh* —4C **72**
Hoyles Ct. *Rad* —3A **50**
Hoyle's Ter. *Miln* —5E **29**
Hoyle St. *M12* —5G **95** (2F **11**)
Hoyle St. *Bolt* —1A **32**
Hoyle St. *Mid* —3C **70**
Hoyle St. *Rad* —6A **50**
Hoyle St. *Whitw* —2H **15**
Hoyle Wlk. *M13*
—1G **109** (5E **11**)
Hubert Worthington Ho. *Ald E*
—5G **167**

Hucclecote Av. *M22* —3A **148**
Hucklow Av. *M23* —3G **147**
Hucklow Bank. *Glos* —5F **117**
(off Grassmoor Cres.)
Hucklow Clo. *Glos* —5F **117**
(off Grassmoor Cres.)
Hucklow Fold. *Glos* —5F **117**
(off Grassmoor Cres.)
Hucklow Lanes. *Glos* —5F **117**
(off Grassmoor Cres.)
Hudcar La. *Bury* —1E **37**
Huddart St. *Salf* —5H **93**
Huddersfield Rd. *C'brk* —6G **89**
Huddersfield Rd. *Del* —3H **59**
Huddersfield Rd. *Dig* —4B **60**
Huddersfield Rd. *Miln* —1F **43**
Huddersfield Rd. *Moss & Dens*
—2G **89**
Huddersfield Rd. *Oldh & Aus*
—2F **73**
Huddersfield Rd. *Scout* —1D **74**
Huddersfield Rd. *Stal & St P*
—3F **101**
Hudson Rd. *Bolt* —4F **45**
Hudson Rd. *Hyde* —2C **130**
Hudsons Pas. *L'boro* —2G **17**
Hudson St. *Oldh* —1G **85**
Hudson Wlk. *Roch* —4D **26**
Hudswell. *W'fld* —1C **66**
Hughendon Ct. *Tot* —4H **21**
Hughes Clo. *Bury* —2E **37**
Hughes St. *M11* —5A **96**
Hughes St. *Bolt* —3G **31**
(in two parts)
Hughes Way. *Ecc* —5C **90**
Hugh Fold. *Lees* —4A **74**
Hughley Clo. *Rytn* —3E **57**
Hugh Lupus St. *Bolt* —6E **19**
Hugh Oldham Dri. *Salf* —5G **81**
Hugh St. *Bolt* —3G **45**
Hugh St. *Roch* —3A **28**
Hughtrede St. *Roch* —2H **41**
Hugo St. *M40* —4A **84**
Hugo St. *Farn* —5D **46**
Hugo St. *Roch* —3D **40**
Hulbert St. *Bury* —4A **36**
Hulbert St. *Mid* —6B **54**
Hull Mill La. *Del* —2H **59**
Hull Sq. *Salf* —3B **94** (4D **4**)
Hully St. *Stal* —3D **100**
Hulme Hall Av. *Chea H* —5C **150**
Hulme Hall Cres. *Chea H*
—5C **150**
Hulme Hall La. *M40 & M11*
—1A **96**
Hulme Hall Rd. *M15*
—6B **94** (3C **8**)
Hulme Hall Rd. *Chea H*
—3C **150**
Hulme Pl. *Salf* —3A **94** (4B **4**)
Hulme Rd. *Bolt* —5A **20**
Hulme Rd. *Dent* —4B **112**
Hulme Rd. *Rad* —2C **64**
Hulme Rd. *Sale* —6D **122**
Hulme Rd. *Stoc* —3F **127**
Hulme's La. *Dent* —1E **129**
Hulmes Rd. *M40 & Fail* —6E **85**
Hulmes Rd. *Fail* —1H **97**
Hulme St. *Ash L* —1B **100**
Hulme St. *Bolt* —5B **32**
Hulme St. *Bury* —2B **36**
Hulme St. *Hulme & M1*
(in three parts) —6C **94** (4F **9**)
Hulme St. *Oldh* —5C **72**
Hulme St. *Salf* —4A **94** (5B **4**)
Hulme St. *Stoc* —3B **140**
Hulmeswood Ter. *Dent*
(off Harrywood Rd.) —2G **129**
Hulme Wlk. *M15*
—1C **108** (6G **9**)
(in three parts)

Hulton Av. *Wor* —6C **62**
Hulton Clo. *Bolt* —3E **45**
Hulton District Cen. *Wor*
—5C **62**
Hulton Dri. *Bolt* —4E **45**
Hulton La. *Bolt* —5E **45**
Hulton La. Est. *Bolt* —4E **45**
Hulton St. *M16* —3C **108**
Hulton St. *Dent* —3E **113**
Hulton St. *Fail* —4E **85**
Hulton St. *Salf* —6G **93**
Humber Dri. *Bury* —3F **23**
Humber Rd. *Miln* —5G **29**
Humberstone Av. *M15*
—6C **94** (4F **9**)
Humber St. *M8* —4C **82**
Humber St. *Salf* —4D **92**
Hume St. *M19* —1D **126**
Hume St. *Roch* —5A **28**
Humphrey Booth's Gdns. *Salf*
—2E **93**
Humphrey Cres. *Urm* —5H **105**
Humphrey La. *Urm* —5A **106**
Humphrey Pk. *Urm* —5A **106**
HUMPHREY PARK STATION.
BR —4A **106**
Humphrey Rd. *M16* —2H **107**
Humphrey Rd. *Bram* —2G **151**
Humphrey St. *M8* —3B **82**
Humps M. *Oldh* —2E **73**
Huncoat Av. *Stoc* —3F **127**
Huncote Dri. *M9* —2G **83**
Hungerford Wlk. *M23* —4D **134**
Hunger Hill. *Roch* —3B **16**
Hunger Hill Av. *Bolt* —5C **44**
Hunger Hill La. *Roch* —6A **14**
Hunmanby Av. *M15*
—6D **94** (4G **9**)
Hunstanton Dri. *Bury* —6D **22**
Hunston Rd. *Sale* —6H **121**
Hunt Av. *Ash L* —6F **87**
Hunter Dri. *Rad* —3G **49**
Hunters Clo. *Wilm* —6B **160**
Hunters Ct. *Stal* —6H **101**
Hunters Grn. *Ram* —6B **12**
Hunters Hill. *Bury* —3F **51**
Hunters Hill La. *Dig* —1B **60**
Hunters La. *Oldh* —2D **72**
Hunters La. *Roch* —3H **27**
Hunters M. *Sale* —4A **122**
Hunters M. *Wilm* —2F **167**
Hunterson Av. *Ecc* —3A **92**
Hunter St. *Mid* —6A **54**
Hunters View. *Hand* —4G **159**
Hunt Fold Dri. *G'mnt* —1H **21**
Hunt Hill Rd. *Rad* —3F **49**
Huntingdon Av. *Chad* —4H **71**
Huntingdon Av. *Manx* —2E **125**
Huntingdon Cres. *Stoc*
—4C **128**
Huntingdon Wlk. *Bolt* —3A **32**
Huntingdon Way. *Dent* —6F **113**
Hunt La. *Chad* —2F **71**
Huntley Mt. Rd. *Bury* —1F **37**
Huntley Rd. *M8* —1A **82**
Huntley Rd. *Stoc* —4D **138**
Huntley St. *Bury* —2F **37**
Huntley Way. *Heyw* —4A **38**
Huntly Chase. *Wilm* —2G **167**
Hunton Av. *Ash L* —3C **100**
Hunt Rd. *Hyde* —2E **115**
Huntroyde Av. *Bolt* —4E **33**
Hunt's Bank. *M3*
—3D **94** (3H **5**)
Huntsham Clo. *Alt* —5D **132**
Huntsman Dri. *Irl* —2D **118**
Hunts Rd. *Salf* —6B **80**
Hunt St. *M9* —2F **83**
Hunt St. *Stoc* —3E **139**
Huntsworth Wlk. *M13* —2H **109**
Hurdlow Av. *Salf* —4E **81**

Hurdlow Grn. *Glos* —6F **117**
(off Brassington Cres.)
Hurdlow Lea. *Glos* —6F **117**
(off Brassington Cres.)
Hurdlow M. *Glos* —6F **117**
Hurdlow Wlk. *M9* —4F **83**
Hurdlow Way. *Glos* —6F **117**
(off Brassington Cres.)
Hurdsfield Rd. *Stoc* —1D **152**
Hurford Av. *M18* —1F **111**
Hurlbote Clo. *Hand* —2H **159**
Hurley Dri. *Chea H* —3A **150**
Hurlston Rd. *Bolt* —5H **45**
Hurst Av. *Chea H* —1E **161**
Hurst Av. *Sale* —6E **121**
Hurstbank Av. *M19* —5H **125**
Hurst Bank Rd. *Ash L* —1C **100**
Hurstbourne Av. *M11* —2D **96**
Hurstbrook Clo. *Ash L* —1A **100**
Hurstbrook Dri. *Urm* —5H **105**
Hurst Ct. *M23* —1F **147**
Hurst Ct. *Ash L* —6H **87**
Hurst Cross. *Ash L* —6H **87**
Hurstead. *Roch* —5B **16**
Hurstead Grn. *Roch* —5B **16**
Hursted Rd. *Miln* —5F **29**
Hurstfield Ind. Est. *Stoc*
—3G **127**
Hurstfield Rd. *Wor* —3D **76**
Hurst Fold. *Irl* —4F **103**
(off Fiddlers La.)
Hurstfold Av. *M19* —6H **125**
Hurst Grn. Clo. *Bury* —5F **35**
Hurst Gro. *Ash L* —6A **88**
Hurst Hall Dri. *Ash L* —6A **88**
Hursthead Rd. *Chea H* —6D **150**
Hursthead Wlk. *M13*
—6F **95** (4D **10**)
Hurst Lea Ct. *Ald E* —4G **167**
Hurst Meadow. *Roch* —2A **42**
Hurstmead Ter. *M20* —1F **137**
(off South Rd.)
Hurst St. *Bolt* —4G **45**
Hurst St. *Bury* —3F **37**
Hurst St. *Duk* —1G **113**
Hurst St. *Farn* —6E **47**
Hurst St. *Oldh* —2B **72**
Hurst St. *Roch* —6A **28**
Hurst St. *Stoc* —2G **127**
Hurst St. *Wor* —3E **63**
Hurstvale Av. *H Grn* —4F **149**
Hurstville Rd. *M21* —3H **123**
Hurst Wlk. *M22* —3G **147**
Hurstway Dri. *M9* —6G **69**
Hurstwood Gro. *Stoc* —6F **141**
Hurstwood Wlk. *Salf* —3G **93**
Hus St. *Droy* —5H **97**
Husteads La. *Dob* —6G **59**
Hutchinson Rd. *Roch* —2H **25**
Hutchinson St. *Rad* —3A **50**
Hutchinson St. *Roch* —5D **26**
Hutchinson Way. *Rad* —5G **49**
Hutton Av. *Ash L* —3C **100**
Hutton Av. *Wor* —5B **76**
Hutton Wlk. *M13*
—1G **109** (6E **11**)
(off Copeman Clo.)
Huxley Av. *M8* —5C **82**
Huxley Clo. *Bram* —6G **151**
Huxley Dri. *Bram* —6G **151**
Huxley St. *Bolt* —3G **31**
Huxley St. *B'hth* —4F **133**
Huxley St. *Oldh* —4G **73**
Huxton Grn. *Haz G* —4A **152**
Hyacinth Clo. *Stoc* —6F **139**
Hyacinth Wlk. *Part* —6C **118**
Hydebank. *Rom* —2B **142**
Hyde By-Pass. *Hyde* —4A **114**
HYDE CENTRAL STATION. *BR*
—5A **114**
Hyde Dri. *Wor* —1E **77**

Jackson St.—June St.

Jackson St. *Wor* —5E **63**
Jack St. *Bolt* —4E **33**
Jacobsen Av. *Hyde* —3D **114**
Jacob's Ladder. *Moss* —2E **89**
James Andrew St. *Mid* —6B **54**
James Bentley Wlk. *M40*
—6C **84**
James Brindley Basin. *M1*
—4G **95** (6E **7**)
James Butterworth Ct. *Roch*
—4B **28**
James Butterworth St. *Roch*
—5B **28**
James Clo. *Duk* —5C **100**
James Corbett Rd. *Salf* —4C **92**
James Henry Av. *Salf* —5H **93**
James Hill St. *L'boro* —4F **17**
James Leech St. *Stoc* —3H **139**
James Leigh St. *M1*
—5E **95** (2A **10**)
James Nasmyth Way. *Ecc*
—3E **91**
Jameson St. *Roch* —3B **40**
James Rd. *Shaw* —5F **43**
James St. *M40* —2H **95** (1H **7**)
James St. *Aud* —5E **99**
(Audenshaw)
James St. *Aud* —3G **113**
(Denton)
James St. *Bred* —4G **129**
James St. *Bury* —4E **37**
James St. *Droy* —3B **98**
James St. *Duk* —5C **100**
James St. *Eger* —1B **18**
James St. *Fail* —3G **85**
James St. *Firg* —4D **28**
James St. *Gt H* —5A **16**
James St. *Heyw* —2F **39**
James St. *Kear* —1H **63**
James St. *L'boro* —5C **16**
James St. *L Lev* —4B **48**
James St. *Oldh* —6H **57**
James St. *P'wch* —4E **67**
(in two parts)
James St. *Rad* —6G **49**
James St. *Roch* —3A **28**
James St. *Sale* —5D **122**
James St. *Salf* —4B **94** (5C **4**)
James St. *Shaw* —2E **57**
James St. *Stoc* —4G **139**
James St. *Whitw* —3H **15**
James St. N. *Rad* —5H **49**
James St. S. *Chad* —2G **71**
Jammy La. *Chad* —3A **72**
Jane St. *Chad* —3H **71**
Jane St. *Roch* —3G **27**
Japan St. *M8* —4B **82**
Jardine Way. *Chad* —5F **71**
Jarvis St. *Oldh* —3E **73**
Jarvis St. *Roch* —2H **27**
Jasmine Av. *Droy* —3C **98**
Jasmine Clo. *M23* —2E **135**
Jasmine Wlk. *Part* —6D **118**
Jasmin Gdns. *Oldh* —1B **72**
Jason St. *M4* —2F **95** (1B **6**)
Jasper Wlk. *M16* —3C **108**
Jauncey St. *Bolt* —2G **45**
Jay St. *M14* —4F **109**
Jayton Av. *M20* —4F **137**
Jean Clo. *M19* —5C **110**
Jean St. *M19* —5C **110**
Jedburgh Av. *Bolt* —5F **31**
Jedburgh Sq. *M8* —2B **82**
Jefferson Way. *Roch* —6F **15**
Jeffreys Dri. *Duk* —5B **100**
Jeffrey Wlk. *Heyw* —3C **38**
Jehlum Clo. *M8* —4D **82**
Jellicoe Av. *Cad* —3C **118**
Jenkinson St. *M13*
—1E **109** (6B **10**)
Jenkyn Wlk. *M11* —4B **96**

Jenner Clo. *M15*
—1C **108** (5F **9**)
Jennings Av. *Salf* —5G **93**
Jennings Clo. *Hyde* —2F **115**
Jennings Clo. *Salf* —5G **93**
Jennings St. *Stoc* —4F **139**
Jennison Clo. *M18* —1D **110**
Jenny Beck Gro. *Bolt* —3A **46**
Jenny La. *Woodf* —4G **161**
Jenny St. *Oldh* —1A **86**
Jepheys Pl. *Roch* —2H **27**
Jepheys St. *Roch* —2H **27**
Jepson St. *Stoc* —5A **140**
Jericho Rd. *Bury* —1A **38**
Jermyn St. *Roch* —3A **28**
Jerrold St. *L'boro* —4F **17**
Jersey Clo. *M19* —2B **126**
Jersey Pl. *Stoc* —1A **138**
Jersey Rd. *Stoc* —5H **127**
Jersey St. *M4* —3F **95** (4D **6**)
Jersey St. *Ash L* —1H **99**
Jerusalem Pl. *M2*
—5D **94** (1G **9**)
Jesmond Av. *P'wch* —1F **81**
Jesmond Dri. *Bury* —6C **22**
Jesmond Gro. *Chea H* —5D **150**
Jesmond Rd. *Bolt* —1F **31**
Jesmond Wlk. *M9* —4F **69**
(off Claygate Dri.)
Jespersen St. *Oldh* —2D **72**
Jessamine Av. *Salf* —1B **94**
Jessel Clo. *M13*
—1G **109** (5E **11**)
Jessie St. *M40* —5A **84**
Jessie St. *Bolt* —2G **45**
Jessop Dri. *Marp* —3D **142**
Jessop St. *M18* —2F **111**
Jethro St. *Bolt* —5E **33**
Jethro St. *Brad* —1E **33**
Jetson St. *M18* —1H **111**
Jevington Wlk. *M13*
—1G **109** (6F **11**)
(off Dilston Clo.)
Jimmy McMullen Wlk. *M14*
—4E **109**
Jinnah Clo. *Open* —5E **97**
J. J. Thomson M. *M14*
—1H **125**
Joan St. *M40* —4A **84**
Jobling St. *M11* —5B **96**
Jocelyn St. *M40* —5G **83**
Joddrell St. *M3* —4C **94** (6F **5**)
Joel La. *Hyde* —2D **130**
Johannesburg Dri. *M23*
—1F **147**
Johannesburg Gdns. *M23*
—1F **147**
John Ashworth St. *Roch*
—2B **28**
John Atkinson Ct. *Salf* —3D **92**
John Av. *Chea* —6A **138**
John Booth St. *Spring* —4B **74**
John Brown St. *Bolt* —5A **32**
John Clynes Av. *M40*
—2G **95** (1F **7**)
John Cross St. *Bolt* —3A **46**
John Dalton St. *M2*
—4D **94** (5G **5**)
John Dalton St. *Had* —2G **117**
John Dalton St. *Salf*
—3B **94** (3C **4**)
John Derby Ho. *M16* —3D **107**
John Foran Clo. *M40* —5B **84**
John Gilbert Way. *Traf P*
—2D **106**
John Henry St. *Whitw* —1H **15**
John Heywood St. *M11*
—3D **96**
John Kemble Ct. *Roch* —1D **40**
John Kennedy Gdns. *Mot*
—4C **116**

John Kennedy Rd. *Mot*
—4B **116**
John Knott St. *Lees* —3B **74**
John Lee Fold. *Mid* —6A **54**
John Lester Ct. *Salf* —2G **93**
(off Belvedere Rd.)
John Nash Cres. *M15*
—1C **108** (6F **9**)
Johnny King Clo. *M40* —6F **83**
John Roberts Clo. *Roch*
—6G **27**
John Robinson Wlk. *M40*
—4A **84**
Johns Clo. *M21* —1H **123**
John Shepley St. *Hyde*
—5C **114**
John Smeaton Ct. *M1*
—4G **95** (6E **7**)
Johnson Av. *Oldh* —2A **58**
Johnsonbrook Rd. *Hyde & Duk*
—2A **114**
Johnson Fold Av. *Bolt* —3C **30**
Johnson Gro. *Mid* —1G **69**
Johnson's Sq. *M40* —1H **95**
Johnson St. *M15*
—1B **108** (6C **8**)
Johnson St. *Bolt* —1B **46**
Johnson St. *Pen* —5B **80**
Johnson St. *Rad* —5G **49**
Johnson St. *Salf* —3C **94** (4E **5**)
John's Pl. *Rom* —1A **142**
Johnston. *Roch* —3G **27**
(off Spotland Rd.)
Johnston Av. *L'boro* —6D **16**
John Stone Ct. *Stret* —4A **106**
John St. *M4* —3E **95** (4B **6**)
John St. *Alt* —1F **145**
John St. *Ash L* —4F **99**
John St. *Brom X* —4E **19**
John St. *Bury* —2D **36**
John St. *Cad* —4C **118**
John St. *Comp* —6F **131**
John St. *Dent* —3F **113**
John St. *Droy* —4H **97**
John St. *Ecc* —4D **90**
John St. *Fail* —2F **85**
John St. *Farn* —1G **63**
John St. *Haz G* —2D **152**
John St. *Heyr* —6E **89**
John St. *Heyw* —3F **39**
John St. *Hyde* —4B **114**
(in two parts)
John St. *L'boro* —4E **17**
John St. *L Lev* —4B **48**
John St. *Marp* —6E **143**
John St. *Oldh* —3C **72**
John St. *P'wch* —1A **68**
John St. *Roch* —3H **27**
John St. *Rom* —1A **142**
John St. *Rytn* —3B **56**
(Royton)
John St. *Rytn* —2E **57**
(Shaw)
John St. *Sale* —4B **122**
John St. *Salf* —1B **94**
(Lower Broughton)
John St. *Salf* —3C **94** (3F **5**)
(Salford)
John St. *Smal* —6A **16**
John St. *Spring* —3C **74**
John St. *Stoc* —2H **139**
(in two parts)
John St. *Swint* —3G **79**
John St. *Whitw* —3H **15**
John St. *Woodl* —4G **129**
John St. *Wor* —5F **63**
John St. W. *Ash L* —5F **99**
John William St. *M11* —4E **97**
John William St. *Ecc* —3H **91**
Joiner St. *M4* —4E **95** (5B **6**)
Joiner St. *Salf* —4A **94** (6B **4**)

Join Rd. *Sale* —5D **122**
Jolly Brows. *Bolt* —2F **33**
Jonas St. *Salf* —2C **94** (1E **5**)
Jones Sq. *Stoc* —4A **140**
Jones St. *M9* —3G **83**
Jones St. *Had* —2H **117**
Jones St. *Oldh* —1E **73**
Jones St. *Rad* —3H **49**
Jones St. *Roch* —5A **28**
Jones St. *Rytn* —5C **56**
Jones St. *Salf* —2F **93**
Jonquil Dri. *Wor* —1B **76**
Jopson St. *Mid* —6B **54**
Jordan Av. *Shaw* —4G **43**
Jordan St. *M15* —6C **94** (3F **9**)
Joseph Dean Ct. *M40* —4A **84**
Josephine Dri. *Swint* —4G **79**
Joseph Johnson M. *M22*
—2C **136**
Joseph Mamlock Ho. *M8*
—2A **82**
Joseph St. *Bury* —2E **37**
Joseph St. *Ecc* —4D **90**
Joseph St. *Fail* —3F **85**
Joseph St. *Farn* —6F **47**
Joseph St. *L'boro* —3F **17**
Joseph St. *Marp* —5E **143**
Joseph St. *Mid* —6H **53**
Joseph St. *Rad* —5H **49**
Joseph St. *Roch* —1F **27**
Joseph St. *Stoc* —2E **139**
Joshua La. *Mid* —2D **70**
Josslyn Rd. *Salf* —2D **92**
Jo St. *Salf* —4G **93**
Joule Clo. *Salf* —5G **93**
Joules Ct. *Stoc* —2H **139**
Joule St. *M9* —2G **83**
Jowett St. *Oldh* —6G **57**
Jowett St. *Stoc* —5H **127**
Jowett's Wlk. *Ash L* —3F **99**
Jowkin La. *Roch* —4H **25**
Joyce St. *M40* —4B **84**
Joynson Av. *Salf* —1B **94**
Joynson St. *Sale* —4B **122**
Joy St. *Ram* —3D **12**
Joy St. *Roch* —6F **15**
Jubilee. *Shaw* —3G **43**
Jubilee Av. *Duk* —4B **100**
Jubilee Av. *Rad* —6A **50**
Jubilee Clo. *Ecc* —2F **91**
Jubilee Cotts. *Wor* —6E **63**
Jubilee Ct. *M16* —3H **107**
Jubilee Ct. *Stoc* —5H **111**
Jubilee Ho. *Bolt* —1A **46**
Jubilee Rd. *Mid* —6B **54**
Jubilee St. *Bolt* —4G **45**
Jubilee St. *Salf* —3F **93**
Jubilee St. *Shaw* —1G **57**
Jubilee Ter. *Mid* —5B **54**
Jubilee Wlk. *Whitw* —2H **15**
Jubilee Way. *Bury* —3B **36**
Judith St. *Roch* —6C **14**
Judson Av. *M21* —3A **124**
Julian Ho. *Oldh* —2D **72**
Julia St. *M3* —2D **94** (1G **5**)
Julia St. *Roch* —3G **27**
Julius St. *M19* —1D **126**
Junction 19 Ind. Pk. *Heyw*
—4H **39**
Junction Rd. *Bolt* —2D **44**
Junction Rd. *Stoc* —4H **139**
Junction Rd. W. *Los* —2A **44**
Junction St. *M15*
—1D **108** (6G **9**)
Junction St. *Ash L* —2A **100**
Junction St. *Hyde* —2A **114**
Junction St. *Mid* —3D **70**
Junction St. *Oldh* —5C **72**
June Av. *Stoc* —1D **138**
June St. *Ash L* —3G **99**

Juniper Bank. *Stoc* —1A **128**
Juniper Clo. *Oldh* —3B **58**
Juniper Clo. *Sale* —3A **122**
Juniper Cres. *Droy* —5G **97**
Juniper Dri. *Firg* —4D **28**
Juno St. *Oldh* —6E **57**
Jupiter Wlk. *M40* —6A **84**
Jura Clo. *Duk* —5B **100**
Jura Dri. *Urm* —2G **105**
Jura Gro. *Heyw* —4D **38**
Jurby Av. *M9* —5E **69**
Jury St. *M8* —1D **94**
Justin Clo. *M13* —6F **95** (4C **10**)
Jutland Av. *Roch* —4B **28**
Jutland St. *M1* —4F **95** (6D **6**)

Kale St. *M13* —6F **95** (4D **10**)
Kalima Gro. *Salf* —5H **81**
Kalmia Gro. Salf —6H 81
  (off Hilton St. N.)
Kansas Av. *Salf* —5E **93**
Kara St. *Salf* —3E **93**
Kate St. *M9* —2F **83**
Kate St. *Ram* —3D **12**
Kathan Clo. *Roch* —4B **28**
Katharine St. *Ash L* —3F **99**
Katherine Ho. *Ash L* —2G **99**
Katherine Rd. *Stoc* —6C **140**
Kathkin Av. *M8* —1D **82**
Kathleen Gro. *M14* —5G **109**
Kathleen St. *Roch* —4F **27**
Kay Av. *Bred* —6D **128**
Kay Brow. *Heyw* —3E **39**
Kay Brow. *Ram* —3E **13**
Kayes Av. *Stoc* —2B **140**
Kayfields. *Bolt* —1G **33**
Kays Gdns. *Salf* —3B **94** (3D **4**)
Kay St. *M11* —5B **96**
Kay St. *Bolt* —4B **32**
Kay St. *Bury* —2E **37**
Kay St. *Duk* —5C **100**
Kay St. *Eden* —3A **12**
Kay St. *Heyw* —3E **39**
Kay St. *L'boro* —6D **16**
Kay St. *L Lev* —4A **48**
Kay St. *Roch* —6G **27**
Kay St. *Salf* —5D **80**
Kay St. *Stal* —4E **101**
Kay St. *S'seat* —6E **13**
Kays Wood Rd. *Marp* —5B **142**
Keadby Clo. *Ecc* —5F **91**
Keal Dri. *Irl* —3E **103**
Keane St. *Ash L* —2G **99**
Kean Pl. *Ecc* —4F **91**
Kearsley Dri. *Bolt* —4D **46**
Kearsley Hall Rd. *Rad* —2C **64**
Kearsley Mt. *Kear* —3B **64**
Kearsley Rd. *M8* —1C **82**
Kearsley Rd. *Rad* —1C **64**
KEARSLEY STATION. *BR*
  —2A **64**
Kearsley St. *Ecc* —3D **90**
Kearsley Vale. *Rad* —1B **64**
Kearton Dri. *Ecc* —3A **92**
Keary Clo. *M18* —1F **111**
Keaton Clo. *Salf* —1E **93**
Keats Av. *Dent* —1G **129**
Keats Av. *Droy* —3A **98**
Keats Av. *Roch* —2C **26**
Keats Ct. *Salf* —4F **81**
Keats Cres. *Rad* —3E **49**
Keats Fold. *Duk* —6F **101**
Keats M. *M23* —3C **134**
Keats Rd. *Ecc* —4F **91**
Keats Rd. *G'mnt* —1H **21**
Keats Rd. *Oldh* —6F **57**
Keats Wlk. *Bolt* —3A **32**
Keb La. *Oldh* —3E **87**
Keble Av. *Oldh* —6C **72**
Kedington Clo. *M40* —6E **83**

Kedleston Av. *M14* —3A **110**
Kedleston Grn. *Stoc* —4D **140**
Kedleston Wlk. *Dent* —6F **113**
Keele Clo. *M40* —2G **95** (1F **7**)
Keele Clo. *Stoc* —5B **140**
Keeley Clo. *M40* —1E **97**
Keepers Dri. *Roch* —1A **26**
Keighley Av. *Droy* —2A **98**
Keighley Clo. *Bury* —3F **35**
Keighley St. *Bolt* —3G **31**
Keilder M. *Bolt* —6E **31**
Keith Dri. *Stoc* —4D **138**
Keith Wlk. *M40* —2H **95** (2G **7**)
Kelboro Av. *Aud* —6D **98**
Kelbrook Ct. *Stoc* —6E **141**
Kelbrook Rd. *M11* —5D **96**
Kelby Av. *M23* —4H **135**
Kelday Wlk. M8 —5E 83
  (off Smeaton St.)
Keld Clo. *Bury* —6B **22**
Keld Wlk. *M18* —2E **111**
Kelfield Av. *M23* —1G **135**
Kelham Wlk. *M40* —2C **84**
Kellbrook Cres. *Salf* —2F **81**
  (in two parts)
Kellet's Row. *Wor* —4E **63**
Kellett St. *Bolt* —5D **18**
Kellett St. *Roch* —3B **28**
Kellett Wlk. *M11* —3D **96**
Kelling Wlk. *M15*
  —6B **94** (4D **8**)
Kelmarsh Clo. *M11* —6F **97**
Kelmscott Lodge. Urm
  (off Cornhill Rd.) —4D **104**
Kelsall Clo. *Stoc* —5F **139**
Kelsall Dri. *Droy* —2H **97**
Kelsall Dri. *Tim* —5C **134**
Kelsall Rd. *Chea* —6C **138**
Kelsall St. *M12* —1B **110**
Kelsall St. *Bolt* —6E **33**
Kelsall St. *Oldh* —3B **72**
Kelsall St. *Roch* —3H **27**
Kelsall St. *Sale* —5A **122**
Kelsall Way. *Hand* —2H **159**
Kelsey Flats. Heyw —3E 39
  (off Fearn St.)
Kelsey Wlk. *M9* —4D **68**
Kelso Clo. *Oldh* —2D **86**
Kelson Av. *Ash L* —6E **87**
Kelstern Av. *M13* —4A **110**
Kelstern Sq. *M13* —4A **110**
Kelverlow St. *Oldh* —3G **73**
Kelvin Av. *Mid* —2D **68**
Kelvin Av. *Sale* —5D **122**
Kelvindale Dri. *Tim* —4C **134**
Kelvin Gro. *M8* —5C **82**
Kelvington Dri. *M9* —5F **83**
Kelvin St. *M4* —3E **95** (4B **6**)
Kelvin St. *Ash L* —5F **99**
Kelwood Av. *Bury* —6B **24**
Kemball. *Ecc* —3H **91**
Kemble Av. *M23* —2A **136**
Kemmel Av. *M22* —6C **136**
Kemnay Wlk. *M11* —4E **97**
Kempley Clo. *M12* —1B **110**
Kempnough Hall Rd. *Wor*
  —4G **77**
Kemp Rd. *Marp B* —3G **143**
Kempsey Ct. *Chad* —2H **71**
Kempsey St. *Chad* —2H **71**
Kempsey Wlk. *M40* —2D **84**
Kempster St. *Salf* —1B **94**
Kempston Gdns. *Bolt* —3A **32**
Kemp St. *Hyde* —3C **114**
Kemp St. *Mid* —1H **69**
Kempton Av. *L Lev* —5A **48**
Kempton Av. *Sale* —6F **121**
Kempton Clo. *Droy* —3C **98**
Kempton Clo. *Haz G* —4G **153**
Kempton Ct. *Sale* —6E **121**
Kempton Rd. *M19* —1C **126**

Kempton Way. *Chad* —2A **72**
Kemsing Wlk. *Salf* —4G **93**
Kenchester Av. *M11* —5F **97**
Kendal Av. *Ash L* —1F **99**
Kendal Av. *Dent* —6G **113**
Kendal Av. *Hyde* —2A **114**
Kendal Av. *Roch* —1A **26**
Kendal Av. *Sale* —6C **122**
Kendal Av. *Urm* —3A **104**
Kendal Clo. *Heyw* —5G **39**
Kendal Clo. *Tim* —6D **134**
Kendal Dri. *Bram* —2E **161**
Kendal Dri. *Bury* —6B **36**
Kendal Dri. *Gat* —1G **149**
Kendal Dri. *Shaw* —6H **43**
Kendal Gdns. *Woodl* —5H **129**
Kendal Gro. *W'fld* —1D **66**
Kendal Gro. *Wor* —1H **77**
Kendall Rd. *M8* —6B **68**
Kendal Rd. *Bolt* —5G **31**
Kendal Rd. *Ram* —1H **21**
Kendal Rd. *Salf* —6A **80**
Kendal Rd. *Stret* —4D **106**
Kendal Rd. *Wor* —4A **76**
Kendal Rd. W. *Ram* —1H **21**
Kendal Ter. Duk —4A 100
  (off Astley St.)
Kendal Wlk. *Mid* —6G **53**
Kendon Gro. *Dent* —4E **113**
Kendon Wlk. *M8* —6A **82**
Kendrew Rd. *Bolt* —3E **45**
Kendrew Wlk. *M9* —2G **83**
Kenford Wlk. *M8* —5B **82**
Kenilworth. *Roch* —5G **27**
Kenilworth Av. *M20* —4D **124**
Kenilworth Av. *Chad* —6E **55**
Kenilworth Av. *Chea H* —2C **150**
Kenilworth Av. *Hand* —4H **159**
Kenilworth Av. *W'fld* —3E **67**
Kenilworth Clo. *Marp* —3D **142**
Kenilworth Clo. *Oldh* —4B **74**
Kenilworth Clo. *Rad* —1F **49**
Kenilworth Dri. *Haz G* —5D **152**
Kenilworth Gro. *Aud* —5C **98**
Kenilworth Rd. *Roch* —5A **42**
Kenilworth Rd. *Sale* —5G **121**
Kenilworth Rd. *Stoc* —4B **138**
Kenilworth Rd. *Urm* —6G **103**
Kenilworth Sq. *Bolt* —4F **31**
Kenion Rd. *Roch* —5D **26**
Kenion St. *Roch* —4H **27**
Kenley Lodge. *Bram* —6F **151**
Kenley Wlk. M8 —5E 83
  (off Smedley Rd.)
Kenmay Av. *Bolt* —1D **44**
Kenmere Gro. *M40* —2B **84**
Kenmor Av. *Bury* —5G **35**
Kenmore Clo. *W'fld* —1F **67**
Kenmore Dri. *Tim* —2A **146**
Kenmore Gro. *Cad* —3B **118**
Kenmore Rd. *M22* —4A **136**
Kenmore Rd. *Sale* —1E **133**
Kenmore Rd. *W'fld* —1F **67**
Kenmore Way. *W'fld* —1F **67**
Kennard Clo. *M9* —2H **83**
Kennard Pl. *Alt* —5G **133**
Kennedy Dri. *Bury* —5F **51**
Kennedy Dri. *L Lev* —4C **48**
Kennedy Rd. *Salf* —3C **92**
Kennedy St. *M2* —4D **94** (6H **5**)
Kennedy St. *Bolt* —6E **33**
Kennedy St. *Oldh* —4C **72**
Kennedy Way. *Dent* —5D **112**
Kennedy Way. *Stoc* —1E **139**
Kennerley Ct. *Stoc* —6A **140**
Kennerley Rd. *Stoc* —6H **139**
Kennerley's La. *Wilm* —2D **166**
Kennet Flats. Heyw —3E 39
  (off Meadow Clo.)

Kenneth Sq. *Salf* —5A **82**
Kennett Rd. *M23* —2G **147**
Kenninghall Rd. *M22* —2B **148**
Kennington Av. *M40* —1D **96**
Kennington Fold. *Bolt* —4H **45**
Kenny Clo. *Lees* —4H **73**
Kenside Wlk. *M16* —4D **108**
Kensington Av. *M14* —3H **109**
Kensington Av. *Ash L* —1C **100**
Kensington Av. *Chad* —1E **71**
Kensington Av. *Hyde* —6C **114**
Kensington Av. *Rad* —3D **48**
Kensington Av. *Rytn* —1A **56**
Kensington Clo. *G'mnt* —2H **21**
Kensington Clo. *Miln* —5G **29**
Kensington Ct. *Dent* —3B **112**
Kensington Ct. *Hyde* —6C **114**
Kensington Ct. *Salf* —3G **81**
Kensington Ct. *Wilm* —3D **166**
Kensington Dri. *Bury* —5G **35**
Kensington Dri. *Salf* —2D **92**
Kensington Gdns. *Hale*
  —4H **145**
Kensington Gdns. *Hyde*
  —6D **114**
Kensington Gro. *Dent* —3B **112**
Kensington Gro. *Stal* —4E **101**
Kensington Gro. *Tim* —3G **133**
Kensington Pl. Bolt —6A 32
  (off Kensington St.)
Kensington Rd. *M21* —5G **107**
Kensington Rd. *Fail* —3H **85**
Kensington Rd. *Oldh* —5B **72**
Kensington Rd. *Stoc* —4D **138**
Kensington St. *M14* —4E **109**
Kensington St. *Bolt* —6A **32**
Kensington St. *Hyde* —6C **114**
Kensington St. *Roch* —1E **41**
Kenslow Av. *M8* —1B **82**
Kensworth Clo. *M23* —5D **134**
Kensworth Clo. *Bolt* —4H **31**
Kensworth Dri. *Bolt* —4H **31**
Kent Av. *Chad* —3G **71**
Kent Av. *Chea H* —6E **139**
Kent Av. *Droy* —4G **97**
Kent Clo. *Dig* —3C **60**
Kent Clo. *Wor* —1D **76**
Kent Ct. *Bolt* —5A **32**
Kent Dri. *Bury* —5D **36**
Kent Dri. *Kear* —3B **64**
Kentford Dri. *M40* —1G **95**
Kentford Gro. *Farn* —1D **62**
Kentford Rd. *Bolt* —4A **32**
Kent Gro. *Fail* —5E **85**
Kentleigh Wlk. *Hyde* —4A **116**
Kentmere Av. *Roch* —6H **15**
Kentmere Clo. *Gat* —2F **149**
Kentmere Ct. *M9* —5A **70**
Kentmere Dri. *Mid* —4G **53**
Kentmere Gro. *Farn* —2B **62**
Kentmere Rd. *Bolt* —4H **33**
Kentmere Rd. *Tim* —5D **134**
  (in two parts)
Kentmore Clo. *Stoc* —1A **138**
Kenton Av. *M18* —3E **111**
Kenton Clo. *Aud* —6D **98**
Kenton Clo. *Bolt* —4H **31**
Kenton Rd. *Shaw* —6E **43**
Kenton St. *Oldh* —4F **73**
Kent Rd. *Cad* —4A **118**
Kent Rd. *Dent* —5A **112**
Kent Rd. *Part* —6C **118**
Kent Rd. *Stoc* —3D **138**
Kent Rd. E. *M14* —4H **109**
Kent Rd. W. *M14* —4G **109**
Kentsford Dri. *Rad* —2B **48**
Kentstone Av. *Stoc* —6H **125**
Kent St. *M2* —4D **94** (5H **5**)
Kent St. *Bolt* —5A **32**
Kent St. *Oldh* —5D **72**
Kent St. *Pen* —1F **79**

Kent St. *Roch* —5H **27**
Kent St. *Salf* —1B **94**
Kentucky St. *Oldh* —3G **73**
Kent Wlk. *Heyw* —4C **38**
Kentwell Clo. *Duk* —6H **99**
Kenwick Dri. *M40* —1E **85**
Kenwood Av. *M19* —3B **126**
Kenwood Av. *Bram* —2F **161**
Kenwood Av. *Gat* —5E **137**
Kenwood Av. *Hale* —3H **145**
Kenwood Clo. *Stret* —5E **107**
Kenwood Ct. *Stret* —6E **107**
Kenwood La. *Wor* —6H **77**
Kenwood Rd. *Bolt* —2F **31**
Kenwood Rd. *Oldh* —6A **56**
Kenwood Rd. *Stoc* —5G **111**
Kenwood Rd. *Stret* —6E **107**
Kenworthy Av. *Ash L* —6H **87**
Kenworthy Gdns. *Upperm*
—1F **61**
Kenworthy La. *M22* —1B **136**
Kenworthy St. *Roch* —4C **28**
Kenworthy St. *Stal* —4E **101**
(in two parts)
Kenworthy Ter. *Roch* —4C **28**
Kenwright St. *M4*
—3E **95** (3B **6**)
Kenwyn St. *M40* —2A **96**
Kenyon Av. *Duk* —6C **100**
Kenyon Av. *Oldh* —6D **72**
Kenyon Av. *Sale* —1E **135**
Kenyon Clo. *Hyde* —2D **114**
Kenyon Fold. *Roch* —6A **26**
Kenyon Gro. *L Hul* —5A **62**
Kenyon La. *M40* —3A **84**
Kenyon La. *Mid* —1C **70**
Kenyon La. *P'wch* —5G **67**
Kenyon Rd. *Brad F* —2B **48**
Kenyon St. *M18* —1G **111**
Kenyon St. *Ash L* —2G **99**
Kenyon St. *Bury* —2E **37**
Kenyon St. *Duk* —5H **99**
Kenyon St. *Heyw* —3E **39**
Kenyon St. *Rad* —4H **49**
Kenyon St. *Ram* —2E **13**
Kenyon Ter. *L Hul* —6A **62**
Kenyon Way. *L Hul* —5A **62**
Kenyon Way. *Tot* —6H **21**
Keppel Rd. *M21* —6H **107**
Keppel St. *Ash L* —2A **100**
Kepwick Dri. *M22* —4C **148**
Kerenhappuch St. *Ram* —3D **12**
(off Buchanan St.)
Kerfield Wlk. *M13*
—6F **95** (4D **10**)
Kerfoot Clo. *M22* —3C **136**
Kermoor Av. *Bolt* —5C **18**
Kerne Gro. *M23* —2G **135**
Kerrera Dri. *Salf* —4D **92**
Kerridge Dri. *Bred* —5F **129**
Kerridge Wlk. *M16* —4D **108**
(off Peachey Clo.)
Kerrier Clo. *Ecc* —3A **92**
Kerris Clo. *M22* —4C **148**
Kerr St. *M9* —6F **69**
Kerry Gro. *Bolt* —5D **32**
Kerry Wlk. *M23* —2F **147**
Kersal Av. *L Hul* —5D **62**
Kersal Av. *Pen* —3A **80**
Kersal Bank. *Salf* —3G **81**
Kersal Bar. *Salf* —2G **81**
Kersal Clo. *P'wch* —2E **81**
Kersal Crag. *Salf* —2G **81**
Kersal Dri. *Tim* —4C **134**
Kersal Gdns. *Salf* —2G **81**
Kersal Hall Av. *Salf* —3E **81**
Kersal Rd. *P'wch* —2D **80**
Kersal Vale Ct. *Salf* —2F **81**
Kersal Vale Rd. *Salf* —2D **80**
Kersal View. *Salf* —1F **93**
Kersal Way. *Salf* —4F **81**

Kersh Av. *M19* —1D **126**
Kershaw Av. *L Lev* —3A **48**
Kershaw Av. *P'wch* —1D **80**
Kershaw Av. *Sale* —1E **135**
Kershaw Dri. *Chad* —6D **70**
Kershaw Gro. *Aud* —5B **98**
Kershaw La. *Aud* —5B **98**
Kershaw Pas. *L'boro* —5C **16**
Kershaw Rd. *Fail* —4F **85**
Kershaw St. *Ash L* —5F **99**
Kershaw St. *Bolt* —2H **45**
(Bolton)
Kershaw St. *Bolt* —6G **19**
(Bradshaw Chapel)
Kershaw St. *Bury* —3E **37**
Kershaw St. *Droy* —4H **97**
Kershaw St. *Heyw* —3D **38**
Kershaw St. *Oldh* —1G **73**
Kershaw St. *Roch* —3H **27**
Kershaw St. *Rytn* —2B **56**
Kershaw St. *Shaw* —6F **43**
(in two parts)
Kershaw St. E. *Shaw* —6F **43**
Kershaw Wlk. *M12*
—1H **109** (6H **11**)
Kershope Gro. *Salf* —5G **93**
Kersley St. *Oldh* —3E **73**
Kerswell Wlk. *M40* —5A **84**
Kerwin Wlk. *Open* —5C **96**
Kesteven Rd. *M9* —4F **83**
Keston Av. *M9* —6A **70**
Keston Av. *Droy* —4G **97**
Keston Cres. *Stoc* —3B **128**
Keston Rd. *Oldh* —6G **57**
Kestor St. *Bolt* —5C **32**
(in two parts)
Kestrel Av. *Aud* —4C **98**
Kestrel Av. *Clif* —1H **79**
Kestrel Av. *Farn* —2B **62**
Kestrel Av. *L Hul* —4C **62**
Kestrel Av. *Oldh* —4G **73**
Kestrel Clo. *Marp* —2E **155**
Kestrel Clo. *W'fld* —3E **67**
Kestrel Dri. *Irl* —4E **103**
Kestrel Ho. *Traf P* —5H **91**
Kestrel M. *Roch* —4B **26**
Kestrel Rd. *Traf P* —5H **91**
Kestrel St. *Bolt* —5C **32**
Kestrel Wlk. *M12* —1C **110**
Keswick Av. *Ash L* —6D **86**
Keswick Av. *Chad* —2G **71**
Keswick Av. *Dent* —3D **112**
Keswick Av. *Gat* —2F **149**
Keswick Av. *Hyde* —5E **73**
Keswick Av. *Oldh* —5E **73**
Keswick Av. *Urm* —6A **104**
Keswick Clo. *M13* —2H **109**
Keswick Clo. *Cad* —4B **118**
Keswick Clo. *Mid* —4F **53**
Keswick Clo. *Stal* —1E **101**
Keswick Ct. *Mid* —5F **53**
Keswick Dri. *Bram* —2E **161**
Keswick Dri. *Bury* —6B **36**
Keswick Gro. *Salf* —2F **93**
Keswick Rd. *H Lane* —5C **154**
Keswick Rd. *Stoc* —2F **127**
Keswick Rd. *Stret* —4C **106**
Keswick Rd. *Tim* —5D **134**
Keswick Rd. *Wor* —1H **77**
Keswick St. *Bolt* —3B **32**
Keswick St. *Roch* —3B **40**
Kesworthy Clo. *Hyde* —5A **116**
Ketley Wlk. *M22* —2D **148**
Kettering Rd. *M19* —5D **110**
Kettleshulme Wlk. *Wilm*
—6A **160**
Kettleshulme Way. *Poy*
—5F **163**
Kettlewell Wlk. *M18* —2E **111**

Ketton Clo. *M11* —6G **97**
Keverlow La. *Oldh* —1G **87**
Kevin Av. *Rytn* —5C **56**
Kevin Ct. *Stoc* —1B **152**
Kevin St. *M19* —1D **126**
Kew Av. *Hyde* —6C **114**
Kew Dri. *Chea H* —3A **150**
Kew Dri. *Urm* —3C **104**
Kew Gdns. *M40* —2A **84**
Kew Rd. *Fail* —3F **85**
Kew Rd. *Oldh* —3F **73**
(in two parts)
Kew Rd. *Roch* —2G **41**
Key Ct. *Dent* —1G **129**
Keyhaven Wlk. *M40* —6E **83**
Keymer St. *M11* —3A **96**
Keynsham Rd. *M11* —2D **96**
Keystone Clo. *Salf* —1E **93**
Key West Clo. *M11* —4B **96**
Keyworth Wlk. *M40* —1A **96**
Khartoum St. *M11* —3F **97**
Khartoum St. *M16* —3B **108**
Kibbles Brow. *Brom X* —3F **19**
Kibboth Crew. *Ram* —2D **12**
Kibworth Clo. *W'fld* —1B **66**
Kibworth Wlk. *M9* —4G **69**
(off Brockford Dri.)
Kidacre Wlk. *M40* —4A **84**
Kidderminster Way. *Chad*
—6F **55**
Kidnall Wlk. *M9* —2H **83**
Kid St. *Mid* —6H **53**
Kiel Clo. *Ecc* —5G **91**
Kielder Hill. *Mid* —3H **53**
Kielder Sq. *Salf* —4F **93**
Kilbride Av. *Bolt* —1H **47**
Kilburn Av. *M9* —3F **69**
Kilburn Clo. *H Grn* —6F **149**
Kilburn Rd. *Rad* —3D **48**
Kilburn Rd. *Stoc* —4E **139**
Kilburn St. *Oldh* —6G **57**
Kildale Clo. *Bolt* —3C **44**
Kildare Cres. *Roch* —3F **41**
Kildare Rd. *M21* —1B **124**
Kildare Rd. *Swint* —4E **79**
Kildare St. *Farn* —2E **63**
Kildonan Dri. *Bolt* —1D **44**
Killer St. *Ram* —2E **13**
Killon St. *Bury* —4E **37**
Kilmaine Dri. *Bolt* —2C **44**
Kilmarsh Wlk. *M8* —4B **82**
Kilmington Dri. *M8* —5B **82**
Kilmory Dri. *Bolt* —1H **47**
Kiln Bank. *Whitw* —3G **15**
(off Tong End)
Kiln Bank La. *Whitw* —3G **15**
Kiln Brow. *Brom X* —3G **19**
Kiln Croft. *Rom* —2F **141**
Kiln Croft La. *Chea H* —3A **160**
Kilner Clo. *Bury* —3F **51**
Kilnerdeyne Ter. *Roch* —5G **27**
Kilner Wlk. *M40* —1G **95**
Kilnfield. *Brom X* —3D **18**
Kiln Hill Clo. *Chad* —5F **55**
Kiln Hill La. *Chad* —5F **55**
Kilnhurst Wlk. *Bolt* —5H **31**
Kiln La. *Had* —2H **117**
Kiln La. *Miln* —5F **29**
Kiln Mt. *Miln* —5F **29**
Kilnsey Wlk. *M18* —2E **111**
Kilnside Dri. *M9* —4F **83**
Kiln St. *L Lev* —4A **48**
Kiln St. *Ram* —4D **12**
Kilnwick Clo. *M18* —4D **110**
Kilsby Clo. *Farn* —5D **46**
Kilsby Clo. *Los* —1B **44**
Kilsby Wlk. *M40* —1H **95**
Kilton Wlk. *M40* —1G **95**
Kilvert Dri. *Sale* —4H **121**
Kilvert St. *Traf P* —2F **107**
Kilworth Av. *Sale* —6H **121**

Kilworth Dri. *Los* —2B **44**
Kilworth St. *Roch* —1D **40**
Kimberley Av. *Rom* —1H **141**
Kimberley Rd. *Bolt* —6C **18**
Kimberley St. *Oldh* —6A **72**
Kimberley St. *Salf* —4A **82**
Kimberley St. *Stoc* —4G **139**
Kimberley Wlk. *M15*
—6B **94** (4D **8**)
Kimble Clo. *G'mnt* —1H **21**
Kimbolton Clo. *M12* —6C **96**
Kinburn Rd. *M19* —1H **137**
Kinbury Wlk. *M40* —1G **95**
Kincardine Rd. *M13*
—6F **95** (4C **10**)
Kincraig Clo. *M11* —5D **96**
Kincraig Clo. *Bolt* —3C **44**
Kinder Av. *Ash L* —5C **88**
Kinder Av. *Oldh* —4H **73**
Kinder Ct. *Stoc* —4G **139**
Kinder Dri. *Marp* —5E **143**
Kinder Fold. *Stal* —1H **115**
Kinder Gro. *Rom* —1C **142**
Kinder Ho. *Salf* —2D **92**
Kinders Cres. *G'fld* —4F **61**
Kinders La. *G'fld* —4F **61**
Kinders M. *G'fld* —4F **61**
Kinder St. *Stal* —3E **101**
Kinder St. *Stoc* —4G **139**
Kinderton Av. *M20* —2F **125**
Kinder Way. *Mid* —5H **53**
Kinder Way. *Mot* —4B **116**
Kineton Wlk. *M13*
—1G **109** (6F **11**)
(off Lauderdale Cres.)
King Albert St. *Shaw* —6F **43**
Kingcombe Wlk. *M9* —3G **83**
King Edward Rd. *Hyde*
—2C **130**
King Edward St. *M19* —6D **110**
King Edward St. *Ecc* —3E **91**
King Edward St. *Salf* —5H **93**
Kingfisher Av. *Aud* —4C **98**
Kingfisher Clo. *M12* —2A **110**
Kingfisher Ct. *Salf* —5D **92**
Kingfisher Dri. *Bury* —1F **37**
Kingfisher Dri. *Farn* —2B **62**
Kingfisher M. *Marp* —5E **143**
Kingfisher Rd. *Stoc* —1F **153**
King George Rd. *Hyde* —6C **114**
Kingham Dri. *M4*
—3G **95** (3F **7**)
Kingholm Gdns. *Bolt* —4H **31**
King La. *Oldh* —3A **58**
Kingmoor Av. *Rad* —3H **49**
Kings Acre. *Bow* —4C **144**
Kings Av. *M8* —3C **82**
Kings Av. *Gat* —1E **149**
Kings Av. *W'fld* —5C **50**
Kingsbridge Av. *Bolt* —4D **34**
Kingsbridge Av. *Hyde* —5G **115**
Kingsbridge Clo. *Marp* —4C **142**
Kingsbridge Rd. *M9* —4E **83**
Kingsbridge Rd. *Duk* —6H **99**
Kingsbridge Rd. *Oldh* —4F **73**
Kingsbridge Wlk. *Hyde*
—5G **115**
Kingsbrook Rd. *M16* —1C **124**
Kingsbury Av. *Bolt* —4E **31**
Kingsbury Ct. *Bolt* —4E **31**
Kingsbury Ct. Lodge. *Bolt*
—4E **31**
Kingsbury Rd. *M11* —3E **97**
Kingscliffe St. *M9* —3G **83**
King's Clo. *M18* —1H **111**
Kings Clo. *Bram* —3H **151**
Kings Clo. *P'wch* —4G **67**
King's Clo. *Wilm* —3D **166**
Kings Ct. *Alt* —1H **145**
Kingscourt Av. *Bolt* —3G **31**
King's Cres. *M16* —4H **107**

Kingsdale Rd. *M18* —3A **112**
Kingsdown M. *M22* —4A **148**
Kingsdown Rd. *Bolt* —4B **32**
Kingsdown Wlk. *Stoc* —4B **128**
Kings Dri. *Marp* —4C **142**
King's Dri. *Mid* —1G **69**
King's Dri. *Stoc* —6C **126**
Kingsfield Dri. *M20* —6G **125**
Kingsfold Av. *M40* —1G **95**
Kingsfold Clo. *Bolt* —1G **47**
Kingsford St. *Salf* —3D **92**
King's Ga. *Bolt* —6A **32**
Kingsgate Rd. *M22* —4A **148**
Kings Gro. *Roch* —5A **16**
Kings Gro. *Stret* —4F **107**
Kingsheath Av. *M11* —2D **96**
Kingshill Rd. *M21* —1G **123**
Kingsholme Rd. *M22* —3A **148**
Kingsland. *Roch* —2C **40**
Kingsland Clo. *M40*
—2H **95** (1G **7**)
Kingsland Rd. *Farn* —6C **46**
Kingsland Rd. *Roch* —1B **40**
Kingsland Rd. *Stoc* —4C **138**
Kings La. *Oldh* —2A **58**
Kings La. *Stret* —4F **107**
Kingslea Rd. *M20* —4G **125**
Kingsleigh Rd. *Stoc* —5A **126**
Kingsley Av. *M9* —4H **83**
Kingsley Av. *Salf* —4E **81**
Kingsley Av. *Stoc* —5G **127**
Kingsley Av. *Stret* —4F **107**
Kingsley Av. *Urm* —5E **105**
Kingsley Av. *W'fld* —2E **67**
Kingsley Av. *Wilm* —5G **159**
Kingsley Clo. *Ash L* —6B **88**
Kingsley Clo. *Dent* —6D **112**
Kingsley Ct. *Salf* —4G **93**
Kingsley Dri. *Chea H* —2C **150**
Kingsley Dri. *Lees* —2A **74**
Kingsley Gro. *Aud* —5G **98**
Kingsley Rd. *M22* —3B **136**
Kingsley Rd. *Mid* —5B **54**
Kingsley Rd. *Oldh* —3G **73**
Kingsley Rd. *Swint* —2D **78**
Kingsley Rd. *Tim* —4B **134**
Kingsley Rd. *Wor* —5E **63**
Kingsley St. *Bolt* —3H **31**
Kingsley St. *Bury* —3H **35**
Kings Lynn Clo. *M20* —6F **125**
Kingsmead M. *M9* —4E **69**
Kingsmere Av. *M19* —6B **110**
Kingsmill Av. *M19* —1D **126**
Kingsnorth Clo. *Bolt* —4B **32**
Kingsnorth Rd. *Urm* —3A **104**
Kings Pk. *Traf P* —3B **106**
King Sq. *Oldh* —3C **72**
King Sq. Shopping Cen. *Oldh*
—3C **72**
King's Rd. *Ash L* —1A **100**
King's Rd. *Aud* —2A **112**
Kings Rd. *Bred* —6G **129**
Kings Rd. *Chad* —6E **71**
Kings Rd. *Chea H* —2B **150**
Kings Rd. *Chor H* —1A **124**
Kings Rd. *Haz G* —2E **153**
King's Rd. *Irl* —3C **118**
King's Rd. *Oldh* —4D **72**
King's Rd. *P'wch* —1G **81**
Kings Rd. *Rad* —6F **35**
Kings Rd. *Roch* —6B **28**
Kings Rd. *Sale* —4H **121**
King's Rd. *Shaw* —1E **57**
King's Rd. *Stret & Old T*
—6E **107**
King's Rd. *Wilm* —1B **166**
Kings Ter. *Duk* —4H **99**
Kings Ter. *Stret* —4F **107**
Kingston Arc. *Hyde* —5A **116**
Kingston Av. *M20* —2F **137**

Kingston Av. *Bolt* —4E **33**
Kingston Av. *Chad* —5G **71**
Kingston Av. *Oldh* —6F **57**
Kingston Clo. *Salf* —3H **81**
Kingston Clo. *Shaw* —5F **43**
Kingston Ct. *Manx* —2F **137**
Kingston Dri. *Rytn* —1A **56**
Kingston Dri. *Sale* —4D **122**
Kingston Dri. *Urm* —1D **120**
Kingston Gdns. *Hyde* —4H **113**
Kingston Gro. *M9* —5H **69**
Kingston Hill. *Chea* —1H **149**
Kingston M. *Fail* —4H **85**
Kingston Mill. *Stoc* —2F **139**
Kingston Pl. *Chea H* —3A **150**
Kingston Rd. *M20* —2F **137**
Kingston Rd. *Fail* —4H **85**
Kingston Rd. *Hand* —2G **159**
Kingston Rd. *Rad* —1A **50**
Kingston St. *Stoc* —2F **139**
King St. *M2* —4D **94** (5H **5**)
(in two parts)
King St. *Bolt* —6A **32**
King St. *Brad* —6H **19**
King St. *B'btm* —6C **116**
King St. *Brom X* —3D **18**
King St. *Del* —3H **59**
King St. *Dent* —1F **113**
(Audenshaw)
King St. *Dent* —4F **113**
(Denton)
King St. *Droy* —5A **98**
(in two parts)
King St. *Duk* —4H **99**
King St. *Ecc* —4H **91**
King St. *Fail* —5D **84**
King St. *Farn* —1F **63**
King St. *Heyw* —4F **39**
King St. *Holl* —2F **117**
King St. *Hyde* —4B **114**
King St. *Lees* —3B **74**
King St. *Mid* —6A **54**
King St. *Moss* —2F **89**
King St. *Oldh* —2C **72**
King St. *Rad* —5H **49**
King St. *Ram* —3E **13**
King St. *Roch* —4H **27**
King St. *Rytn* —3B **56**
King St. *Salf* —4A **82**
(Hightown)
King St. *Salf* —6B **80**
(Irlams o' th' Height)
King St. *Salf* —3C **94** (3F **5**)
(Salford)
King St. *Stal* —3E **101**
King St. *Stret* —6D **106**
King St. *Whitw* —2H **15**
King St. *Woodf* —6D **160**
King St. E. *Roch* —5H **27**
King St. E. *Stoc* —1H **139**
King St. S. *Roch* —6G **27**
(in two parts)
King St. W. *M3* —4D **94** (5G **5**)
King St. W. *Stoc* —2G **139**
Kings Wlk. *Droy* —5A **98**
Kingsway. *M20 & M19*
—4G **137**
Kingsway. *Alt* —6F **133**
Kingsway. *Bram* —3H **151**
Kingsway. *Bred* —6E **129**
Kingsway. *Duk* —6C **100**
Kingsway. *Gat* —6G **137**
Kingsway. *Kear* —3H **63**
Kingsway. *Mid* —3B **70**
Kingsway. *Pen* —5A **80**
Kingsway. *Roch* —6B **28**
Kingsway. *Stret* —6C **106**
Kingsway. *Urm* —3G **105**
Kingsway. *Wor* —3F **77**
Kingsway Av. *M19* —6B **110**
Kingsway Bldgs. *M19* —4A **126**

Kingsway Clo. *Oldh* —4C **72**
Kingsway Cres. *M19* —4A **126**
Kingsway M. *M22* —6C **136**
Kingsway Pk. *Urm* —2E **105**
Kingsway S. *Chea H* —6A **150**
Kingswear Dri. *Bolt* —4G **31**
Kingswood Gro. *Stoc* —6H **111**
Kingswood Rd. *M14* —1H **125**
Kingswood Rd. *Ecc* —1D **90**
Kingswood Rd. *Mid* —4H **53**
Kingswood Rd. *P'wch* —4D **66**
Kingthorpe Gdns. *Bolt* —3B **46**
King William St. *Ecc* —2C **90**
King William St. *Salf* —5G **93**
King William St. Enterprise Zone.
Salf —5G **93**
Kingwood Av. *Bolt* —5D **30**
Kinlett Wlk. *M40* —1D **84**
Kinley Clo. *M12* —1B **110**
Kinloch Dri. *Bolt* —6F **31**
Kinloch St. *M11* —3C **96**
Kinloch St. *Oldh* —5E **73**
Kinmel Av. *Stoc* —5C **128**
Kinmel Wlk. *M23* —5F **135**
Kinmount Wlk. *M9* —5F **83**
(off Lathbury Rd.)
Kinnaird Cres. *Stoc* —3B **140**
Kinnaird Rd. *M20* —4F **125**
Kinnerley Gro. *Wor* —2C **76**
Kinross Av. *Stoc* —2A **152**
Kinross Dri. *Bolt* —2D **44**
Kinross Rd. *M14* —4A **110**
Kinsale Wlk. *M23* —2F **147**
Kinsey Av. *M23* —4F **135**
Kinsley Dri. *Wor* —1E **77**
Kintore Av. *Haz G* —2E **153**
Kintore Wlk. *M40* —6E **83**
(off Keyhaven Wlk.)
Kintyre Av. *Salf* —4D **92**
Kintyre Clo. *M11* —4F **97**
Kintyre Dri. *Bolt* —2C **44**
Kinver Clo. *Bolt* —1G **45**
Kinver Rd. *M40* —1C **84**
Kipling Av. *Dent* —2G **129**
Kipling Av. *Droy* —2A **98**
Kipling Clo. *Stoc* —4E **141**
Kipling Rd. *Oldh* —5F **57**
Kipling St. *Salf* —5H **81**
Kippax St. *M14* —4F **109**
Kirby Av. *Chad* —6D **70**
Kirby Av. *Swint* —6D **78**
Kirby Clo. *Bury* —6C **36**
Kirby Wlk. *M4* —3G **95** (4F **7**)
Kirby Wlk. *Shaw* —5F **43**
Kirkbank St. *Oldh* —2B **72**
(in two parts)
Kirkby Av. *M40* —4B **84**
Kirkby Av. *Sale* —1C **134**
Kirkby Dri. *Sale* —1C **134**
Kirkby Rd. *Bolt* —5F **31**
Kirkdale Av. *M40* —1D **84**
Kirkdale Dri. *Rytn* —2A **56**
Kirkebrok Rd. *Bolt* —3E **45**
Kirkfell Dri. *H Lane* —5C **154**
Kirkfell Wlk. *Oldh* —6D **56**
Kirkgate Clo. *M40*
—2G **95** (2F **7**)
Kirkhall La. *Bolt* —5G **31**
Kirkhall Workshops, The. *Bolt*
—5G **31**
Kirkham Av. *M18* —1F **111**
Kirkham Clo. *Dent* —4F **113**
Kirkham Rd. *H Grn* —5G **149**
Kirkham St. *Bolt* —4D **32**
Kirkham St. *L Hul* —4C **62**
Kirkham St. *Oldh* —2C **72**
Kirkham St. *Salf* —4G **93**
Kirkhaven Sq. *M40* —1A **96**
Kirkhill Wlk. *M40* —1D **84**
Kirkholt Wlk. *M9* —6G **69**

Kirk Hope Dri. *Bolt* —4H **31**
Kirk Hope Wlk. *Bolt* —4H **31**
Kirklands. *Bolt* —3F **33**
Kirklands. *Sale* —1A **134**
Kirkland Wlk. *M40*
—2H **95** (1H **7**)
Kirklee Av. *Chad* —6G **55**
Kirklee Rd. *Roch* —3D **40**
Kirklees Clo. *Tot* —4H **21**
Kirklees Ind. Est. *Tot* —5A **22**
Kirklees St. *Tot* —4H **21**
Kirklees Wlk. *W'fld* —1F **67**
Kirkley St. *Hyde* —6B **114**
Kirkman Av. *Ecc* —5E **91**
Kirkman Clo. *M18* —3F **111**
Kirkmanshulme La.
M12 & M18 —3B **110**
Kirkman St. *Bury* —4D **50**
Kirk Rd. *M19* —2D **126**
Kirkstall. Roch —3G **27**
(off Spotland Rd.)
Kirkstall Av. *Heyw* —2E **39**
Kirkstall Av. *L'boro* —2E **17**
Kirkstall Clo. *Poy* —3D **162**
Kirkstall Gdns. *Rad* —2E **49**
Kirkstall Rd. *Mid* —4H **53**
Kirkstall Rd. *Urm* —4G **105**
Kirkstall Sq. *M13*
—1G **109** (5E **11**)
Kirkstead Clo. *M11* —5C **96**
Kirkstead Rd. *Chea H* —6D **150**
Kirkstile Pl. *Clif* —5E **65**
Kirkstone Av. *Wor* —2H **77**
Kirkstone Clo. *Oldh* —6D **56**
Kirkstone Dri. *Mid* —5G **53**
Kirkstone Dri. *Rytn* —1B **56**
Kirkstone Rd. *M40* —1C **84**
Kirkstone Rd. *Hyde* —2A **114**
Kirk St. *M18* —2F **111**
Kirktown Wlk. *Open* —5E **97**
Kirkwall Dri. *Bolt* —2D **46**
Kirkway. *M9* —5A **70**
Kirkway. *Mid* —2A **70**
Kirkway. *Roch* —3F **41**
Kirkwood Dri. *M40* —1G **95**
Kirtley Av. *Ecc* —2F **91**
Kirtlington Clo. *Rytn* —2E **57**
Kirton Wlk. *M9* —4E **69**
Kitchener Av. *Cad* —5A **118**
Kitchener St. *Bolt* —4D **46**
Kitchener St. *Bury* —4H **35**
Kitchen St. *Roch* —3A **28**
Kitepool St. *Ecc* —1C **90**
Kitter St. *Roch* —6H **15**
Kitt's Moss La. *Bram* —1F **161**
Kiveton Clo. *Wor* —1E **77**
Kiwi St. *Salf* —3G **93**
Knacks La. *Roch* —4A **14**
Knaresborough Clo. *Stoc*
—6G **111**
Knarr Barn La. *Dob* —4F **59**
Knarr La. *Del* —5G **59**
Knight Cres. *Mid* —4F **53**
Knightley Wlk. *M40* —6F **83**
Knightsbridge. M4
—3E **95** (4A **6**)
(off Arndale Shopping Cen.)
Knightsbridge. *Stoc* —1H **139**
Knightsbridge Clo. *Salf* —3H **81**
Knightsbridge M. *M20* —5F **125**
Knights Clo. *P'wch* —4F **67**
Knight's Ct. *Salf* —3A **92**
Knight St. *M20* —1F **137**
Knight St. *Ash L* —3F **99**
Knight St. *Bolt* —5B **32**
Knight St. *Bury* —3A **36**
Knight St. *Hyde* —6C **114**
Knightswood. *Bolt* —4D **44**
Kniveton Clo. *M12* —1B **110**
Kniveton Rd. *M12* —6B **96**
Kniveton St. *Hyde* —4D **114**

Knob Hall Gdns.—Lane End

Knob Hall Gdns. *M23* —2F **147**
Knole Av. *Poy* —3F **163**
Knoll St. *Roch* —2B **40**
Knoll St. *Salf* —4H **81**
Knoll, The. *Alt* —6D **132**
Knoll, The. *Moss* —2D **88**
Knoll, The. *Shaw* —1H **57**
Knott Fold. *Hyde* —1B **130**
Knott Hill La. *Del* —4G **59**
Knott La. *Bolt* —3D **30**
Knott La. *Hyde* —1B **130**
Knott Lanes. *Oldh* —3D **86**
Knott St. *Ash L* —4F **99**
Knott St. *Salf* —4D **92**
Knowe Av. *M22* —4B **148**
Knowl Clo. *Dent* —5A **112**
Knowl Clo. *Ram* —5E **13**
Knowldale Way. *M12* —2A **110**
Knowle Av. *Ash L* —1F **99**
Knowle Dri. *P'wch* —1E **81**
Knowle Grn. *Hand* —4G **159**
Knowle Pk. *Hand* —4G **159**
Knowle Rd. *Mell* —5G **143**
Knowles Ct. *Salf* —2A **92**
Knowles Edge St. *Bolt* —3G **31**
Knowles La. *Lees* —4B **74**
Knowles Pl. *M15*
　　　　　—1E **109** (5H **9**)
Knowles St. *Rad* —3G **49**
Knowl Hill Dri. *Roch* —1A **26**
Knowl Rd. *Roch* —4D **28**
Knowl Rd. *Shaw* —1G **57**
Knowls, The. *Oldh* —2A **86**
Knowl St. *Oldh* —1A **86**
Knowl St. *Stal* —3F **101**
Knowl Syke St. *Ward* —2C **16**
Knowl Top La. *Upperm* —2H **61**
Knowl View. *L'boro* —1F **29**
Knowl View. *Tot* —5A **22**
Knowsley. *Spring* —2C **74**
Knowsley Av. *Salf* —5H **93**
Knowsley Av. *Spring* —2C **74**
Knowsley Av. *Urm* —3E **105**
Knowsley Cres. *Stoc* —3B **140**
Knowsley Dri. *Spring* —2C **74**
Knowsley Dri. *Swint* —5D **78**
Knowsley Grange. *Bolt* —6B **30**
Knowsley Grn. Salf —5H **93**
　(off Knowsley Av.)
Knowsley Grn. *Spring* —2C **74**
Knowsley Rd. *Ain* —4C **34**
Knowsley Rd. *Bolt* —3F **31**
Knowsley Rd. *Haz G* —5F **153**
Knowsley Rd. *Stoc* —3B **140**
Knowsley Rd. *W'fld* —1D **66**
Knowsley St. *M8* —1D **94**
Knowsley St. *Bolt* —5B **32**
Knowsley St. *Bury* —4C **36**
Knowsley St. *Roch* —3G **27**
Knowsley Ter. *Spring* —2C **74**
Knowsley Ter. *Stoc* —3B **140**
Knutsford Av. *M16* —3B **108**
Knutsford Av. *Sale* —5E **123**
Knutsford Av. *Stoc* —2F **127**
Knutsford Rd. *M18* —2E **111**
Knutsford Rd. *Wilm* —6A **166**
Knutsford St. *Salf* —3E **93**
Knutsford View. *Haleb* —5C **146**
Knutshaw Cres. *Bolt* —5B **44**
Knypersley Av. *Stoc* —4C **140**
Kranj Way. *Oldh* —2D **72**
Krokus Sq. *Chad* —2G **71**
Kyle Ct. *Haz G* —4F **153**
Kylemore Av. *Bolt* —2F **45**
Kyle Rd. *Haz G* —4F **153**
Kynder St. *Dent* —4F **113**

Labtec St. *Pen* —2H **79**
Laburnum Av. *Ash L* —5G **87**
Laburnum Av. *Aud* —4C **98**

Laburnum Av. *Chad* —6H **55**
Laburnum Av. *Ecc* —5C **90**
Laburnum Av. *Fail* —5F **85**
Laburnum Av. *Hyde* —1B **130**
Laburnum Av. *Shaw* —1F **57**
Laburnum Av. *Stal & Duk*
　　　　　—5D **100**
Laburnum Av. *Swint* —5E **79**
Laburnum Av. *Tot* —4H **21**
Laburnum Av. *W'fld* —2D **66**
Laburnum Ct. *Tot* —4H **21**
Laburnum Dri. *Bury* —6E **51**
Laburnum Gro. *P'wch* —3E **67**
Laburnum Gro. *Tyl* —2A **76**
Laburnum Ho. *Shaw* —1F **57**
Laburnum La. *Hale* —5G **145**
Laburnum La. *Miln* —2E **43**
Laburnum Lodge. *Bolt* —5H **33**
Laburnum Pk. *Bolt* —6F **19**
Laburnum Rd. *M18* —3F **111**
Laburnum Rd. *Cad* —4B **118**
Laburnum Rd. *Dent* —4H **111**
Laburnum Rd. *Farn* —1D **62**
Laburnum Rd. *Mid* —1C **70**
Laburnum Rd. *Oldh* —3A **86**
Laburnum Rd. *Urm* —3D **104**
Laburnum Rd. *Wor* —1G **77**
Laburnum St. *Bolt* —5H **31**
Laburnum St. *Salf* —3F **93**
Laburnum Ter. *Roch* —1E **41**
Laburnum Vs. *Oldh* —2F **87**
Laburnum Vs. Urm —5G **105**
　(off Cavendish Rd.)
Laburnum Wlk. *Sale* —4E **121**
Laburnum Way. *L'boro* —4D **16**
Laburnum Way. *Stoc* —3D **138**
Lacey Av. *Wilm* —6F **159**
Lacey Clo. *Wilm* —6F **159**
Lacey Ct. *Wilm* —6F **159**
Lacey Grn. *Wilm* —1E **167**
Lacey Gro. *Wilm* —6G **159**
Lackford Dri. *M40*
　　　　　—1G **95** (1F **7**)
Lacrosse Av. *Oldh* —5A **72**
Lacy Gro. *Stret* —6D **106**
Lacy St. *Stoc* —3H **139**
Lacy St. *Stret* —6D **106**
Lacy Wlk. *M12* —3A **96**
Ladbrooke Clo. *Ash L* —1A **100**
Ladbrooke Rd. *Ash L* —6F **87**
Ladcastle Rd. *G'fld* —3E **61**
Ladhill La. *G'fld* —4F **61**
Ladybarn Ct. Manx —2H **125**
　(off Ladybarn Shopping Cen.)
Ladybarn Cres. *M14* —2H **125**
Ladybarn Cres. *Bram* —1H **161**
Ladybarn La. *M14* —1H **125**
Ladybarn Rd. *M14* —1H **125**
Ladybarn Shopping Cen. *Manx*
　　　　　—2H **125**
Ladybower. *Chea H* —2E **151**
Ladybridge Av. *Wor* —3E **77**
Lady Bri. Brow. *Bolt* —6D **30**
Lady Bri. La. *Bolt* —6D **30**
Ladybridge Rise. *Chea H*
　　　　　—2D **150**
Ladybridge Rd. *Chea H*
　　　　　—3D **150**
Ladybrook Av. *Tim* —3B **134**
Ladybrook Gro. *Wilm* —5H **159**
Ladybrook Rd. *Bram* —4E **151**
Ladyfield St. *Wilm* —2E **167**
Ladyfield Ter. *Wilm* —2F **167**
Lady Harriet Wlk. *Wor* —6E **63**
Ladyhill View. *Wor* —3E **77**
Ladyhouse Clo. *Miln* —6G **29**
Lady Ho. Fold. Miln —1D **42**
　(off Ashfield La.)
Ladyhouse La. *Miln* —1D **42**
　(in two parts)
Lady Kelvin Rd. *Alt* —5E **133**

Ladylands Av. *M11* —3E **97**
Ladymere Dri. *Wor* —3D **76**
Lady Rd. *Lees* —3A **74**
Ladys Clo. *Poy* —3E **163**
Ladyshore Clo. *Salf* —3F **93**
Ladyshore Rd. *L Lev* —5C **48**
Lady's Incline. *Poy* —3E **163**
Ladysmith Av. *Bury* —6G **23**
Ladysmith Dri. *Ash L* —6B **88**
Ladysmith Rd. *M20* —6G **125**
Ladysmith Rd. *Ash L* —6B **88**
Ladysmith Rd. *Stal* —1E **101**
Ladysmith St. *Oldh* —6A **72**
Ladysmith St. *Stoc* —4G **139**
Ladysmith, The. *Ash L* —6B **88**
Ladythorn Av. *Marp* —6E **143**
Ladythorn Cres. *Bram* —1H **161**
Ladythorne Av. *P'wch* —1E **81**
Ladythorne Dri. *P'wch* —1E **81**
Ladythorne Dri. *P'wch* —1E **81**
Ladythorn Gro. *Bram* —6H **151**
Ladythorn Rd. *Bram* —6G **151**
Ladywell Av. *L Hul* —5C **62**
Ladywell Clo. *Haz G* —3A **152**
Ladywell Gro. *L Hul* —4C **62**
Ladywell Trad. Est. *Salf* —3B **92**
Lagan Rd. *M22* —3B **148**
Lagos Clo. *M14* —3E **109**
Laindon Rd. *M14* —3A **110**
Lake Bank. *L'boro* —6E **17**
Lake Dri. *Mid* —2H **69**
Lakeland Ct. *Mid* —5F **53**
Lakeland Cres. *Bury* —1C **50**
Lakeland Dri. *Rytn* —5A **42**
Lakelands Dri. *Bolt* —2D **44**
Lakenheath Dri. *Bolt* —5D **18**
Lake Rd. *Dent* —3F **113**
Lake Rd. *Stal* —1D **100**
Lake Rd. *Traf P* —6C **92**
Lakeside. *Bury* —2D **50**
Lakeside. *Duk* —5H **99**
Lakeside. *Had* —1H **117**
Lake Side. *L'boro* —1G **29**
Lakeside Av. *Ash L* —1F **99**
Lakeside Av. *Bolt* —5C **46**
Lakeside Av. *Wor* —4F **63**
Lakeside Clo. *M18* —1H **111**
Lakeside Dri. *Poy* —2E **163**
Lakeside Grn. *Stoc* —5C **140**
Lakeside Way. *Bury* —4D **36**
Lakes Rd. *Duk* —5A **100**
Lakes Rd. *Marp* —5E **143**
Lake St. *Bolt* —2B **46**
Lake St. *Stoc* —6B **140**
Lakewood Ct. *Stoc* —5B **126**
Lake View. *M9* —1A **84**
Lake View. *L'boro* —2D **16**
Lakin St. *M40* —4A **84**
Laleham Grn. *Bram* —2F **151**
Lamb Clo. *M12* —2B **110**
Lamb Ct. *Salf* —3C **94** (4E **5**)
Lamberton Dri. *M23* —5E **135**
Lambert St. *Ash L* —4F **99**
Lambeth Av. *Fail* —3H **85**
Lambeth Gro. *Woodl* —4G **129**
Lambeth Rd. *M40* —1E **97**
Lambeth Rd. *Stoc* —1H **127**
Lambeth Ter. *Roch* —6F **27**
Lamb La. *Salf* —3C **94** (4E **5**)
Lambourn Clo. *Bolt* —2A **46**
Lambourn Clo. *Poy* —3D **162**
Lambourne Clo. *M22* —5B **148**
Lambourne Gro. *Miln* —6F **29**
Lambourn Rd. *Urm* —3H **103**
Lambrook Wlk. *M40* —1F **97**
Lambs Fold. *Stoc* —4F **127**
Lambton Rd. *M21* —1B **124**
Lambton Rd. *Wor* —5C **78**
Lambton St. *Bolt* —5G **45**
Lambton St. *Ecc* —1D **90**

Lamburn Av. *M40* —1D **84**
Lamb Wlk. *Dent* —2G **129**
Lamorna Clo. *Salf* —3F **81**
Lamphey Clo. *Bolt* —5B **30**
Lamport Clo. *M1*
　　　　　—6F **95** (3C **10**)
Lamport Ct. M1 —6F **95** (3C **10**)
　(off Lamport Clo.)
Lampson St. *M8* —1C **94**
Lamsholme Clo. *M19* —5C **110**
Lanark Av. *M22* —3B **136**
Lanark Clo. *Haz G* —3G **153**
Lanark Clo. *Heyw* —4B **38**
Lanbury Dri. *M8* —4B **82**
Lancashire Ct. *Oldh* —4A **72**
Lancashire Hill. *Stoc* —6G **127**
Lancashire St. *M40* —6H **83**
Lancaster Av. *Fail* —4E **85**
Lancaster Av. *Farn* —6B **46**
Lancaster Av. *Mid* —2C **70**
Lancaster Av. *Ram* —5C **12**
Lancaster Av. *Stal* —2E **101**
Lancaster Av. *Urm* —4G **105**
Lancaster Av. *W'fld* —2E **67**
Lancaster Clo. *Bolt* —6C **32**
Lancaster Clo. *Haz G* —5D **152**
Lancaster Clo. *Rom* —2G **141**
Lancaster Dri. *M19* —1B **126**
Lancaster Dri. *Bury* —3F **23**
Lancaster Dri. *L Lev* —3B **48**
Lancaster Dri. *P'wch* —1G **81**
Lancaster Ho. *Salf* —3G **81**
Lancaster Ho. Stoc —3G **139**
　(off York St.)
Lancaster Rd. *M20* —6E **125**
Lancaster Rd. *Cad* —4A **118**
Lancaster Rd. *Dent* —6F **113**
Lancaster Rd. *Droy* —4B **98**
Lancaster Rd. *Salf* —5H **79**
Lancaster Rd. *Wilm* —6A **160**
Lancaster Sq. *Rytn* —2B **56**
Lancaster St. *Chad* —5G **71**
Lancaster St. *Moss* —2D **88**
Lancaster St. *Rad* —4E **49**
Lancaster St. *Stoc* —1A **140**
Lancaster Ter. Bolt —3A **32**
　(off Boardman St.)
Lancaster Ter. *Roch* —1H **25**
Lancaster Wlk. *Bolt* —3A **32**
Lancastrian Ho. *P'wch* —2G **81**
Lancelot Rd. *M22* —3D **148**
Lancelyn Dri. *Wilm* —1G **167**
Lanchester Dri. *Bolt* —2H **45**
Lanchester St. *M40* —2A **96**
Lancing Av. *M20* —6H **125**
Lancing Wlk. *Chad* —3G **71**
Landcross Rd. *M14* —6G **109**
Landells Wlk. *M40* —6A **84**
Lander Gro. *M9* —6H **69**
Landfall Wlk. *M8* —6A **82**
Landfield Dri. *M8* —4B **82**
Land La. *Wilm* —3F **167**
Landmark Ct. Bolt —4E **31**
　(off Bk. Markland Hill La. E.)
Landor Ct. *Dent* —4H **111**
Landore Clo. *Rad* —3H **49**
Landos Ct. *M40* —2G **95** (2F **7**)
Landos Rd. *M40* —2G **95** (2F **7**)
Landrace Dri. *Wor* —5D **76**
Landsberg Rd. *Fail* —3H **85**
Landsberg Ter. *Fail* —3H **85**
Landsdowne Dri. *Wor* —2E **77**
Landseer Dri. *Marp B* —4F **143**
Landseer St. *Oldh* —4E **73**
Lands End Rd. *Mid* —2D **68**
Landstead Dri. *M40* —3A **96**
Lane Brow. *Grot* —4D **74**
Lane Dri. *Grot* —4D **74**
Lane End. *Ecc* —4H **91**
Lane End. *Heyw* —5H **39**

Lane End Clo. *Fail* —5G **85**
Lane End Rd. *M19* —5H **125**
Lane Ends. *Rom* —6B **130**
Lanegate. *Hyde* —1B **130**
Lane Head Rd. *Oldh* —5B **74**
Lanesfield Wlk. *M8* —3E **83**
(off Crescent Rd.)
Laneside Av. *Shaw* —6H **43**
Laneside Clo. *L'boro* —3E **17**
Laneside Dri. *Bram* —4A **152**
Laneside Rd. *M20* —3G **137**
Laneside Wlk. *Miln* —4F **29**
Lane, The. *Bolt* —6B **30**
Langcliffe Wlk. *M18* —2E **111**
Langcroft Dri. *M40* —6C **84**
Langdale Av. *M19* —1D **126**
Langdale Av. *Oldh* —5B **72**
Langdale Av. *Roch* —5A **42**
Langdale Av. *Dent* —6E **113**
Langdale Clo. *Gat* —2G **149**
Langdale Clo. *H Lane* —5C **154**
Langdale Clo. *Tim* —6G **133**
Langdale Ct. *M8* —5D **82**
Langdale Dri. *Bury* —4E **51**
Langdale Dri. *Mid* —4H **53**
Langdale Dri. *Wor* —2H **77**
Langdale Rd. *M14* —3H **109**
Langdale Rd. *Bram* —2E **161**
Langdale Rd. *Part* —6E **118**
Langdale Rd. *Sale* —2G **133**
Langdale Rd. *Stoc* —3E **127**
Langdale Rd. *Stret* —4C **106**
Langdale Rd. *Woodl* —4H **129**
Langdale St. *Bolt* —4A **46**
Langdale St. *Farn* —2E **63**
Langdale Ter. *Stal* —1E **101**
Langden Clo. *Shaw* —5E **43**
Langdon Clo. *Bolt* —4H **31**
Langfield Av. *M16* —4B **108**
Langfield Cres. *Droy* —3C **98**
Langfield Wlk. *Salf* —3F **93**
Langford Dri. *Irl* —6E **103**
Langford Gdns. *Bolt* —3A **46**
Langford Rd. *M20* —3E **125**
Langford Rd. *Stoc* —6E **127**
Langford St. *Dent* —4F **113**
Langham Clo. *Bolt* —5E **19**
Langham Ct. *Manx* —5D **124**
Langham Ct. *Stret* —3A **106**
Langham Gro. *Tim* —3B **134**
Langham Rd. *Bow* —3D **144**
Langham Rd. *Oldh* —5C **72**
Langham Rd. *Salf* —3F **93**
Langham Rd. *Stoc* —2D **138**
Langham St. *Ash L* —6E **87**
(in two parts)
Langham St. Ind. Est. *Ash L*
—6E **87**
Langholm Dri. *Bolt* —1H **47**
Langholme Clo. *M15*
—6B **94** (4D **8**)
(in two parts)
Langholme Pl. *Ecc* —3D **90**
(in two parts)
Langholme Way. *Heyw* —4B **38**
Langland Clo. *M9* —5G **69**
Langland Clo. *Lev* —6F **111**
Langley Av. *Grot* —4D **74**
Langley Av. *Haz G* —4B **152**
Langley Av. *Mid* —3G **53**
Langley Av. *P'wch* —3F **67**
Langley Clo. *Urm* —5G **105**
Langley Ct. *Salf* —2A **82**
Langley Cres. *P'wch* —3F **67**
Langley Dri. *Bolt* —2G **45**
Langley Dri. *Hand* —4A **160**
Langley Dri. *Wor* —5B **76**
Langley Gdns. *P'wch* —3F **67**
Langley Ga. *P'wch* —3F **67**
Langley Gro. *P'wch* —3F **67**
Langley Hall Rd. *P'wch* —3F **67**
Langley Ho. *Mid* —4A **54**

Langley La. *Heyw & Mid*
—3E **53**
Langley Rd. *M14* —6G **109**
Langley Rd. *Pen & Salf* —3D **80**
Langley Rd. *P'wch* —4E **67**
Langley Rd. *Sale* —6G **121**
Langley Rd. S. *Salf* —5D **80**
Langness St. *M11* —4E **97**
Lango St. *M16* —3A **108**
Langport Av. *M12* —1A **110**
Langroyd Wlk. *M8* —4B **82**
(off Highshore Dri.)
Langsett Av. *Glos* —6F **117**
(off Langsett La.)
Langsett Grn. *Glos* —6F **117**
(off Langsett La.)
Langsett Gro. *Glos* —6F **117**
(off Langsett La.)
Langsett La. *Glos* —6F **117**
Langsett Lea. *Glos* —6F **117**
(off Langsett La.)
Langsett Ter. *Glos* —6F **117**
Langshaw Rd. *Bolt* —2G **45**
Langshaw St. *M16* —3A **108**
Langshaw St. *Salf* —4F **93**
Langshaw Wlk. *Bolt* —2G **45**
Langside Av. *M9* —5G **69**
Langside Dri. *Bolt* —3C **44**
Langston Grn. *Haz G* —4A **152**
Langston St. *M3*
—2D **94** (1G **5**)
Langthorne St. *M19* —1D **126**
Langthorne Wlk. *Bolt* —1H **45**
Langton Clo. *Fail* —3A **86**
Langton St. *Heyw* —2F **39**
Langton St. *Mid* —1A **70**
Langton St. *Salf* —3E **93**
Langton Ter. *Roch* —1E **41**
Langtree Clo. *Wor* —3D **76**
Langworthy Av. *L Hul* —4D **62**
Langworthy Rd. *M40* —4A **84**
Langworthy Rd. *Salf* —1F **93**
Lanhill Dri. *M8* —5E **83**
Lankro Way. *Ecc* —4H **91**
Lanreath Wlk. *M8* —5D **82**
(off Geneva Wlk.)
Lansbury Ho. *M16* —4B **108**
Lansdale Gdns. *M19* —1A **126**
Lansdale St. *Ecc* —5C **90**
Lansdale St. *Farn* —1G **63**
Lansdale St. *Wor* —4D **63**
Lansdown Clo. *Chea H*
—6E **151**
Lansdowne Av. *Aud* —4C **98**
Lansdowne Av. *Rom* —1B **142**
Lansdowne Clo. *Bolt* —4D **32**
Lansdowne Ct. *Chad* —3H **71**
Lansdowne Ho. *Manx* —1F **137**
Lansdowne Rd. *M8* —2C **82**
Lansdowne Rd. *Bolt* —3D **32**
Lansdowne Rd. *B'hth* —5F **133**
Lansdowne Rd. *Chad* —3A **72**
Lansdowne Rd. *Ecc* —2F **91**
Lansdowne Rd. *Sale* —3A **122**
Lansdowne Rd. *Urm* —1A **120**
Lansdowne Rd. N. *Urm*
—6A **104**
Lansdowne St. *Roch* —4E **27**
Lapford Dri. *M11* —6F **97**
Lapwing Clo. *Roch* —4A **26**
Lapwing Clo. *Stal* —1E **101**
Lapwing Ct. *Manx* —4E **125**
Lapwing La. *M20* —4E **125**
Lapwing La. *Stoc* —2B **128**
Larch Av. *Rad* —6H **49**
Larch Av. *Stret* —6D **106**
Larch Av. *Swint* —5C **78**
Larch Clo. *M23* —3C **134**
Larch Clo. *Fail* —5F **85**

Larch Clo. *Marp* —6C **142**
Larch Clo. *Poy* —4F **163**
Larch Ct. *Salf* —2G **93**
Larches, The. *Moss* —2F **89**
Larch Gro. *Chad* —1H **71**
Larch Gro. *Lees* —1A **74**
Larch Gro. *Wdly* —1B **78**
Larch Rd. *Dent* —4G **113**
Larch Rd. *Ecc* —1C **90**
Larch Rd. *Part* —6C **118**
Larch St. *Bury* —3F **37**
Larch St. *Oldh* —4B **72**
Larchview Rd. *Mid* —1C **70**
Larchway. *Bram* —6E **151**
Larchway. *Firg* —4D **28**
Larchway. *H Lane* —6D **154**
Larchwood. *Chad* —1E **71**
Larchwood Av. *M9* —4H **83**
Larchwood Clo. *Sale* —5E **121**
Larchwood Dri. *Wilm* —1H **167**
Larchwood St. *Bolt* —3B **32**
Larden Wlk. *M8* —5B **82**
Large Pl. *Newt H* —6C **84**
Largs Wlk. *M23* —5F **135**
Larkfield Av. *L Hul* —4B **62**
Larkfield Clo. *Ash L* —4F **87**
Larkfield Clo. *G'mnt* —1H **21**
Larkfield Gro. *Bolt* —5D **32**
Larkfield Gro. *L Hul* —4B **62**
Larkfield M. *L Hul* —4B **62**
Lark Hill. *Farn* —2F **63**
Larkhill. *Stal* —6C **88**
Lark Hill. *Stoc* —3E **139**
Larkhill Clo. *Tim* —5B **134**
Lark Hill Ct. *Mid* —1A **70**
Lark Hill La. *Dob* —3A **60**
Larkhill Pl. *Roch* —1G **27**
Larkhill Rd. *Chea H* —6E **139**
Lark Hill Rd. *Dob* —5H **59**
Lark Hill Rd. *Stoc* —3F **139**
Larkhill View. *Chea H* —6E **139**
Larkhill Wlk. *M8* —5D **82**
Larks Rise. *Droy* —2D **98**
Lark St. *Bolt* —5B **32**
Lark St. *Farn* —2F **63**
Lark St. *Oldh* —4H **57**
Lark St. *Rad* —4D **48**
Larkswood Dri. *Stoc* —6F **141**
Larkwood Clo. *C'brk* —4G **89**
Larmuth Av. *M21* —3A **124**
Larne Av. *Stoc* —4D **138**
Larne Av. *Stret* —5C **106**
Larne St. *M11* —5C **96**
Larwood Av. *Stoc* —2C **138**
Lascar Av. *Salf* —5G **93**
Lashbrook Clo. *M40* —1H **95**
Lassell Fold. *Hyde* —1F **115**
Lassell St. *M11* —6H **97**
(in two parts)
Lassington Av. *Open* —5F **97**
Lastingham St. *M40* —5C **84**
Latchford St. *Ash L* —1G **99**
Latchmere Rd. *M14* —1G **125**
Latham Clo. *Bred P* —4F **129**
Latham St. *M11* —6H **97**
Latham St. *Bolt* —3B **32**
Lathbury Rd. *M9 & M40*
—4F **83**
Lathom Gro. *Sale* —6E **123**
Lathom Hall Av. *Spring* —2C **74**
Lathom Rd. *M20* —2H **125**
Lathom Rd. *Irl* —1D **118**
Lathom St. *Bury* —1E **37**
Latimer St. *Oldh* —3E **73**
Latins St. *Roch* —5G **27**
Latrigg Cres. *Mid* —5E **53**
Latrobe St. *Droy* —5A **98**
Lauderdale Cres. *M13*
—1G **109** (5F **11**)
Launceston Clo. *Bram* —6H **151**

Launceston Rd. *Rad* —2C **48**
Laundry St. *Salf* —1F **93**
Laura St. *Bury* —1C **22**
Laureate's Pl. *Spring* —2D **74**
Laurel Av. *M14* —5E **109**
Laurel Av. *Chad* —1D **70**
Laurel Av. *Chea* —6H **137**
Laurel Bank. *Hyde* —1A **130**
Laurel Bank. *Stal* —5F **101**
Laurel Ct. *Roch* —5B **28**
Laurel Ct. *Stoc* —5D **126**
Laurel Dri. *L Hul* —5C **62**
Laurel Dri. *Tim* —1B **146**
Laurel End La. *Heat M* —6C **126**
Laurel Grn. *Dent* —5G **113**
Laurel Gro. *M20* —3F **125**
Laurel Gro. *Salf* —3C **92**
Laurel Rd. *Stoc* —5D **126**
Laurels Dri. *L'boro* —6D **16**
Laurels, The. *Moss* —2F **89**
Laurel St. *Bolt* —6G **31**
Laurel St. *Bury* —3F **37**
Laurel St. *Mid* —1D **70**
Laurel St. *Oldh* —3F **73**
Laurel St. *Stoc* —1G **139**
Laurel St. *Tot* —5H **21**
Laurel Way. *Bram* —5E **151**
Laurence Clo. *M12* —1D **110**
Laurence Lowry Ct. *Pen* —2F **79**
Lauria Ter. *Ain* —4D **34**
Laurie Pl. *Roch* —2H **27**
Lausanne Rd. *M20* —2F **125**
Lausanne Rd. *Bram* —2G **151**
Lavender Clo. *M23* —2E **135**
Lavender Clo. *Sale* —4E **121**
Lavender Rd. *Farn* —6C **46**
Lavender Rd. *Oldh* —5A **74**
Lavenders Brow. *Stoc* —2H **139**
Lavender St. *Rad* —4D **48**
Lavender Wlk. *Part* —6C **118**
Lavenham Av. *M11* —4F **97**
Lavenham Clo. *Bury* —4D **50**
Lavenham Clo. *Haz G* —5E **153**
Laverton Clo. *Bury* —4A **38**
Lavington Av. *Chea* —5C **138**
Lavington Gro. *M18* —3F **111**
Lavinia St. *M8* —3E **83**
Lavinia St. *Ecc* —3D **90**
Lavister Av. *M19* —6H **125**
Lawefield Cres. *Clif* —4D **64**
Lawfield Ct. *Bram* —3G **151**
Lawflat. *Ward* —4A **16**
Lawler Av. *Salf* —1H **107**
Lawnbank Clo. *Mid* —6G **53**
Lawn Closes. *Oldh* —6G **73**
Lawn Dri. *Swint* —4E **79**
Lawn Dri. *Tim* —6G **133**
Lawnfold. *Had* —3G **117**
Lawngreen Av. *M21* —2G **123**
Lawnhurst Ind. Est. *Stoc*
—6D **138**
Lawns, The. *Wilm* —5B **166**
Lawn St. *Bolt* —4G **31**
Lawnswood. *Roch* —2C **40**
Lawnswood Dri. *Swint* —5G **79**
Lawnswood Pk. Rd. *Swint*
—5G **79**
Lawnswood Wlk. *M12* —2A **110**
Lawrence Clo. *Roch* —2C **26**
Lawrence Pl. *Poy* —5D **162**
Lawrence Rd. *Hyde* —5E **133**
Lawrence Rd. *Haz G* —2E **153**
Lawrence St. *Bury* —3D **50**
Lawrence St. *Stoc* —2G **139**
Lawrie Av. *Ram* —4D **12**
Lawson Av. *Gat* —6F **137**
Lawson Clo. *Mid* —3A **54**
Lawson Clo. *Wor* —4C **78**
Lawson Dri. *Tim* —5A **134**

Lewes Av. *Dent* —6F **113**
Lewes Wlk. *Chad* —3H **71**
Lewis Av. *M9* —2G **83**
Lewis Av. *Urm* —2F **105**
Lewis Dri. *Heyw* —4B **38**
Lewisham Av. *M40* —1D **96**
Lewisham Clo. *Rytn* —1A **56**
Lewis Rd. *Droy* —3G **97**
Lewis Rd. *Stoc* —6H **111**
Lewis St. *M40* —2H **95** (1H **7**)
(in two parts)
Lewis St. *Ecc* —4F **91**
Lewis St. *Heyw* —2G **39**
Lewis St. *Hyde* —4C **114**
Lewis St. *Shaw* —2F **57**
Lewtas St. *Ecc* —4G **91**
Lexton Av. *M8* —1D **82**
Leybourne Av. *M19* —5D **110**
Leybourne M. *Salf* —5A **82**
Leybourne St. *Bolt* —3A **32**
Leybrook Rd. *M22* —2A **148**
Leyburn Av. *Rytn* —3B **56**
Leyburn Av. *Stret* —4C **106**
Leyburn Av. *Urm* —6C **104**
Leyburn Clo. *W'fld* —1C **66**
Leyburne Rd. *Stoc* —5D **140**
Leyburn Gro. *Farn* —6F **47**
Leyburn Gro. *Rom* —1A **142**
Leyburn Ho. *M13* —3H **109**
Leyburn Rd. *M40* —1C **84**
Leycett Dri. *M23* —2G **135**
Leyden Wlk. *M23* —1G **147**
Ley Dri. *Heyw* —6G **39**
Leyfield Av. *Rom* —1A **142**
Leyfield Ct. *Rom* —1A **142**
Leyfield Rd. *Miln* —5D **28**
Ley Hey Av. *Marp* —4D **142**
Ley Hey Rd. *Marp* —4D **142**
Leyland Av. *M20* —6H **125**
Leyland Av. *Gat* —5F **137**
Leyland Av. *Irl* —3F **103**
Leyland St. *Bury* —3D **50**
Ley La. *Marp B* —2G **143**
Leys Rd. *Tim* —3G **133**
Leyton Av. *M40* —4B **84**
Leyton Clo. *Farn* —6C **46**
Leyton Dri. *Bury* —2D **50**
Leyton St. *Roch* —1H **27**
Leywell Dri. *Oldh* —4H **57**
Library La. *Oldh* —1B **72**
Library Wlk. *M2* —4D **94** (6H **5**)
Libra St. *Bolt* —3H **31**
Lichens Cres. *Oldh* —6E **73**
Lichfield Av. *Ash L* —3H **87**
Lichfield Av. *Bolt* —3D **32**
Lichfield Av. *Hale* —2C **146**
Lichfield Av. *Stoc* —2G **127**
Lichfield Clo. *Farn* —6C **46**
Lichfield Clo. *Rad* —2D **48**
Lichfield Dri. *M8* —4D **82**
Lichfield Dri. *Bury* —1B **36**
Lichfield Dri. *Chad* —6G **55**
Lichfield Dri. *P'wch* —1G **81**
Lichfield Dri. *Swint* —5F **79**
Lichfield Rd. *Ecc* —1H **91**
Lichfield Rd. *Rad* —2D **48**
Lichfield Rd. *Urm* —3F **105**
Lichfield St. *Salf* —6E **81**
Lichfield Ter. *Roch* —1A **42**
Lichfield Wlk. *Rom* —2G **141**
Lidbrook Wlk. *M12* —1A **110**
Liddington Hall Dri. *Ram*
 —5D **12**
Lidgate Gro. *M20* —6E **125**
Lidgate Gro. *Farn* —1E **63**
Lidgett Clo. *L Hul* —4E **63**
Lidiard St. *M8* —2C **82**
Liffey Av. *M22* —2C **148**
Lifton Av. *M40* —1A **96**
Light Alders La. *Dis* —6E **155**
Lightbirches La. *Moss* —1D **88**

Lightborne Rd. *Sale* —5F **121**
Lightbounds Rd. *Bolt* —2D **30**
Lightbourne Av. *Swint* —4F **79**
Lightbowne Rd. *M40* —5A **84**
Lightburn Av. *L'boro* —5C **16**
Lightburne Av. *Bolt* —6F **31**
Lighthorne Av. *Stoc* —4B **138**
Lighthorne Gro. *Stoc* —4B **138**
Lighthorne Rd. *Stoc* —4B **138**
Lighthouse. *L'boro* —6G **17**
Light Oaks Rd. *Salf* —1B **92**
Lightowlers La. *L'boro* —2H **17**
Lightshaw La. *Leigh* —1F **93**
Lightwood. *Wor* —3D **76**
Lightwood Clo. *Farn* —6G **47**
Lignum Av. *Chad* —1H **71**
Lilac Av. *Bury* —6B **36**
Lilac Av. *Hyde* —1B **130**
Lilac Av. *Miln* —2E **43**
Lilac Av. *Swint* —3G **79**
Lilac Ct. *Salf* —3G **93**
Lilac Gro. *M40* —2A **84**
Lilac Gro. *Chad* —1H **71**
Lilac Gro. *P'wch* —3E **67**
Lilac La. *Oldh* —1B **86**
Lilac Rd. *Hale* —2A **146**
Lilac Rd. *Roch* —3F **41**
Lilac St. *Stoc* —5H **139**
Lilac View Clo. *Shaw* —1G **57**
Lilac Wlk. *Part* —6C **118**
Lila St. *M9* —4H **83**
Lilburn Clo. *Ram* —5E **13**
Liley St. *Roch* —4A **28**
Lilford Clo. *M12* —1C **110**
Lilian St. *M16* —3A **108**
Lillian Gro. *Stoc* —1H **127**
Lilly St. *Bolt* —5H **31**
Lilly St. *Hyde* —1D **130**
Lilmore Av. *M40* —5C **84**
Lilstock Wlk. *M9* —6G **69**
Lily Av. *Farn* —6D **46**
Lily Clo. *Stoc* —6F **139**
Lily Hill St. *W'fld* —5C **50**
Lily La. *M9* —4H **83**
Lily La. *Ash L* —5F **87**
Lily Lanes. *Ash L* —3A **88**
Lily St. *Ecc* —4D **90**
Lily St. *Mid* —1C **70**
Lily St. *Miln* —5F **29**
Lily St. *Oldh* —6C **56**
Lily St. *Rytn* —3D **56**
Lily Thomas St. *M11* —6F **97**
Lima St. *Bury* —2F **37**
Lime Av. *Swint* —5C **78**
Lime Av. *Urm* —5D **104**
Lime Av. *W'fld* —2D **66**
Lime Bank St. *M12*
 —5H **95** (2H **11**)
Limebrook Clo. *Open* —6G **97**
Lime Clo. *Duk* —1B **114**
Lime Clo. *Salf* —2G **93**
Lime Cres. *M16* —3H **107**
Lime Ditch Rd. *Fail* —2G **85**
Limefield. *Mid* —1G **69**
Limefield. *Roch* —4E **29**
Limefield Av. *Farn* —6F **47**
Limefield Brow. *Bury* —4F **23**
Limefield Clo. *Bolt* —1F **31**
Limefield Ct. *Salf* —2H **81**
Limefield Rd. *Bolt* —1F **31**
Limefield Rd. *Bury* —4F **23**
Limefield Rd. *Rad* —4D **48**
Limefield Rd. *Salf* —2H **81**
Limefield Ter. *M19* —6C **110**
Lime Gdns. *Duk* —5H **99**
Lime Gdns. *Mid* —1G **69**
Lime Ga. *Oldh* —1A **86**
Lime Grn. *Oldh* —2B **86**
Lime Grn. Rd. *Oldh* —3A **86**
Lime Gro. *M15* —2F **109**

Lime Gro. *M16* —3H **107**
Lime Gro. *Ash L* —6G **87**
Lime Gro. *Bury* —4F **23**
Lime Gro. *Chea* —5H **137**
Lime Gro. *Dent* —3F **113**
Lime Gro. *Heyw* —2E **39**
Lime Gro. *L'boro* —3D **16**
Lime Gro. *P'wch* —3E **67**
Lime Gro. *Ram* —2F **13**
Lime Gro. *Rytn* —1B **56**
Lime Gro. *Stal* —5C **100**
Lime Gro. *Tim* —4B **134**
Lime Gro. *Wor* —2F **77**
Limehurst Av. *M20* —1D **124**
Limehurst Av. *Ash L* —5E **87**
Limehurst Rd. *Ash L* —5E **87**
Limekiln La. *M12*
 —5H **95** (2H **11**)
Lime Kiln La. *Marp* —6E **143**
Lime La. *Oldh & Fail* —2A **86**
(in two parts)
Lime Pl. *Duk* —5H **99**
Lime Rd. *Stret* —6D **106**
Limerston Dri. *M40* —6H **83**
Limesdale Clo. *Brad F* —2B **48**
Limeside Rd. *Oldh* —1A **86**
Limestead Av. *M8* —3C **82**
Limes, The. *Moss* —2D **88**
(Fox Platt)
Limes, The. *Moss* —2G **89**
(Mossley)
Lime St. *M40* —2H **95** (1H **7**)
Lime St. *Bred* —5E **129**
Lime St. *Bury* —5F **23**
Lime St. *Chad* —6A **56**
Lime St. *Duk* —5H **99**
(in two parts)
Lime St. *Ecc* —4F **91**
Lime St. *Farn* —1G **63**
Lime St. *Roch* —1C **40**
Lime Tree Clo. *Urm* —6G **105**
Lime Tree Gro. *Fail* —4H **85**
Limetrees Rd. *Mid* —1H **69**
Limetree Wlk. *M11* —4B **96**
Lime Wlk. *Part* —6B **118**
Lime Wlk. *Wilm* —6H **159**
Limley Gro. *M21* —2A **124**
Linacre Av. *Bolt* —5A **46**
Linby St. *M15* —6C **94** (4E **9**)
Lincoln Av. *M19* —6D **110**
Lincoln Av. *Cad* —5A **118**
Lincoln Av. *Dent* —6F **113**
Lincoln Av. *Droy* —2A **98**
Lincoln Av. *H Grn* —5F **149**
Lincoln Av. *L Lev* —5A **48**
Lincoln Av. *Stret* —4H **105**
Lincoln Clo. *Ash L* —3H **87**
Lincoln Clo. *Roch* —5A **28**
Lincoln Ct. *M40* —1D **96**
Lincoln Ct. *Salf* —2A **82**
Lincoln Dri. *Bury* —5D **36**
Lincoln Dri. *L'boro* —5D **16**
Lincoln Dri. *P'wch* —1G **81**
Lincoln Dri. *Tim* —6B **134**
Lincoln Grn. *Stoc* —3B **128**
Lincoln Gro. *M13* —2G **109**
Lincoln Gro. *Bolt* —1H **33**
Lincoln Gro. *Sale* —5E **123**
Lincoln Leach Ct. *Roch* —6H **27**
Lincoln Mill Enterprise Cen.
 Bolt —1G **45**
Lincoln Minshull Clo. *M23*
 —1F **135**
Lincoln Rise. *Stoc* —2G **141**
Lincoln Rd. *Bolt* —5F **31**
Lincoln Rd. *Fail* —5G **85**
Lincoln Rd. *Mid* —4C **70**
Lincoln Rd. *Swint* —4E **79**
Lincoln Sq. *M2* —4D **94** (6G **5**)
(off Brazennose St.)

Lincoln St. *M13* —3B **110**
Lincoln St. *Bolt* —4B **32**
Lincoln St. *Ecc* —4F **91**
Lincoln St. *Oldh* —4H **71**
Lincoln St. *Roch* —5A **28**
Lincoln Towers. *Stoc* —3H **139**
Lincoln Wlk. *Heyw* —3C **38**
Lincombe Rd. *M22* —5A **148**
Lincroft St. *M14* —3E **109**
Linda Dri. *Haz G* —3D **152**
Lindale. *Hyde* —2A **114**
Lindale Av. *M40* —1D **84**
Lindale Av. *Bolt* —5D **30**
Lindale Av. *Bury* —4E **51**
Lindale Av. *Chad* —3G **71**
Lindale Av. *Rytn* —5A **42**
Lindale Av. *Urm* —4B **104**
Lindale Clo. *Wor* —4A **76**
Lindale Dri. *Mid* —4G **53**
Lindale Rise. *Shaw* —6H **43**
Lindale Rd. *Wor* —4A **76**
Lindbury Av. *Stoc* —4C **140**
Linden Av. *Alt* —6G **133**
Linden Av. *Aud* —6D **98**
Linden Av. *L Lev* —2A **48**
Linden Av. *Oldh* —1H **73**
Linden Av. *Ram* —3F **13**
Linden Av. *Sale* —5H **121**
Linden Av. *Salf* —5C **80**
Linden Clo. *Dent* —4G **113**
Linden Clo. *Ram* —3A **12**
Linden Dri. *Salf* —5G **93**
Linden Dri. E. *Salf* —5H **93**
Linden Gro. *M14* —1H **125**
Linden Gro. *Bram* —3F **161**
Linden Gro. *Cad* —4B **118**
Linden Gro. *Salf* —5G **93**
Linden Gro. *Stoc* —1B **152**
Linden Lea. *Sale* —1B **134**
Linden M. *Wor* —5B **76**
Linden Pk. *M19* —1B **126**
Linden Rd. *M20* —5E **125**
Linden Rd. *Chea H* —2C **150**
Linden Rd. *Dent* —4G **113**
Linden Rd. *Stal* —6H **101**
Linden Rd. *Wor* —5B **76**
Linden St. *Swint* —4D **78**
Linden Wlk. *Bolt* —6F **19**
Linden Way. *Droy* —5G **97**
Linden Way. *H Lane* —6E **155**
Lindenwood. *Chad* —1E **71**
Lindeth Av. *M18* —3F **111**
Lindfield Dri. *Bolt* —4A **32**
Lindfield Est. N. *Wilm* —3D **166**
Lindfield Est. S. *Wilm* —3D **166**
Lindfield Rd. *Stoc* —6H **111**
Lindinis Av. *Salf* —3G **93**
Lindisfarne. *Roch* —3G **27**
(off Spotland Rd.)
Lindisfarne Clo. *Sale* —2B **134**
Lindisfarne Dri. *Poy* —3D **162**
Lindisfarne Pl. *Bolt* —3E **33**
Lindisfarne Rd. *Ash L* —6C **86**
Lindley Gro. *Stoc* —6F **139**
Lindley St. *Kear* —3B **64**
Lindley St. *L Lev* —4B **48**
Lindley Wood Rd. *M14*
 —1A **126**
Lindon Av. *Dent* —5D **112**
Lindop Rd. *Hale* —4H **145**
Lindow Clo. *Bury* —5B **22**
Lindow Ct. *Wilm* —1B **166**
Lindow Fold Dri. *Wilm* —5A **166**
Lindow La. *Wilm* —2B **166**
Lindow Pde. *Wilm* —3C **166**
Lindow Rd. *M16* —4A **108**
Lindow St. *Sale* —6F **123**
Lindrick Av. *W'fld* —3B **66**
Lindrick Clo. *M40* —4C **84**
Lindrick Ter. *Bolt* —2H **45**
Lindsay Av. *M19* —6B **110**

Lomax St. *Rad* —5G **49**
Lomax St. *Roch* —2H **27**
Lombard Clo. *Bred* —5F **129**
Lombard Gro. *M14* —1G **125**
Lombard St. *Oldh* —2C **72**
Lombard St. *Roch* —3F **27**
Lombardy Ct. *Salf* —2G **93**
Lomond Av. *Hale* —2A **146**
Lomond Av. *Stret* —4D **106**
Lomond Clo. *Stoc* —2A **152**
Lomond Dri. *Bury* —1H **35**
Lomond Lodge. *M8* —1B **82**
Lomond Pl. *Bolt* —1C **44**
Lomond Rd. *M22 & H Grn*
—3D **148**
Lomond Ter. *Roch* —1A **42**
London Pl. *Stoc* —2H **139**
London Rd. *M1* —4F **95** (1C **10**)
London Rd. *Ald E* —5G **167**
London Rd. *A'ton & Poy*
—6C **162**
London Rd. *Haz G* —2D **152**
London Rd. *Oldh* —6F **57**
London Rd. N. *Poy* —3E **163**
London Rd. S. *Poy* —5D **162**
London Sq. *Stoc* —2H **139**
London St. *Bolt* —3A **46**
London St. *Salf* —1H **93**
London St. *W'fld* —2D **66**
Longacres Dri. *Whitw* —4H **15**
Longacres La. *Whitw* —3H **15**
Longacres Rd. *Haleb* —6C **146**
Longacre St. *M1* —4G **95** (6E **7**)
Longbow Ct. *Salf* —6H **81**
Longbridge Rd. *Traf P* —1A **106**
Long Causeway. *Farn* —2F **63**
Longcliffe Wlk. *Bolt* —3B **32**
Longcrag Wlk. *M15* —2E **109**
(off Botham Clo.)
Longcroft Dri. *Alt* —1D **144**
Longcroft Gro. *M23* —4F **135**
Longcroft Gro. *Aud* —5B **98**
Long Croft La. *Chea H* —5A **150**
Longdale Clo. *Rytn* —3A **56**
Longdale Dri. *Mot* —4C **116**
Longdale Gdns. *Mot* —4C **116**
Longdell Wlk. *M9* —3G **83**
(off Moston La.)
Longden Av. *Oldh* —4A **58**
Longden Ct. *Bram* —2G **161**
Longden Rd. *M12* —5G **110**
Longden St. *Bolt* —5G **31**
Longfellow Av. *Bolt* —4F **45**
Longfellow Cres. *Oldh* —3H **57**
Longfellow St. *Salf* —1A **94**
Longfellow Wlk. *Dent* —2G **129**
Longfield. *Bury* —6G **23**
Longfield Av. *H Grn* —6G **149**
Longfield Av. *Tim* —5C **134**
Longfield Av. *Urm* —6E **105**
Longfield Cen. *P'wch* —4E **67**
Longfield Clo. *Hyde* —1C **114**
Longfield Cotts. *Urm* —5D **104**
(off Stamford Rd.)
Longfield Cres. *Oldh* —6G **57**
Longfield Dri. *Urm* —5D **104**
Longfield Gdns. *Cad* —5B **118**
Longfield Pk. *Shaw* —1E **57**
Longfield Rd. *M23* —3F **135**
Longfield Rd. *Bolt* —5E **45**
Longfield Rd. *Roch* —3E **27**
Longfield Rd. *Shaw* —1E **57**
Longford Av. *Bolt* —3G **31**
Longford Av. *Stret* —5E **107**
Longford Clo. *Stret* —4E **107**
Longford Cotts. *Stret* —5F **107**
Longford Ho. *M21* —6F **107**
Longford Pl. *M14* —3H **109**
Longford Rd. *M21* —6G **107**
Longford Rd. *Stoc* —6H **111**
Longford Rd. *Stret* —4D **106**

Longford Rd. W. *M19 & Stoc*
—6F **111**
Longford St. *M18* —1F **111**
Longford St. *Heyw* —3F **39**
Longford Trad. Est. *Stret*
—4D **106**
Long Grain Pl. *Stoc* —6D **140**
Longham Clo. *M11* —4A **96**
Longham Clo. *Bram* —4E **151**
Long Hey. *Hale* —2A **146**
Longhey Rd. *M22* —6B **136**
Long Hill. *Roch* —1D **40**
Longhill Wlk. *M40* —5A **84**
Longhirst Clo. *Bolt* —2F **31**
Longhope Rd. *M22* —2H **147**
Longhurst La. *Mell* —5F **143**
Longhurst Rd. *M9* —5D **68**
Long La. *SK12* —3H **165**
Long La. *Bolt* —2F **47**
Long La. *Bury* —4E **23**
Long La. *Chad* —6F **71**
Long La. *Dob* —5A **60**
(Dobcross)
Long La. *Dob* —3H **61**
(Tunstead)
Long Levens Rd. *M22* —3A **148**
Longley Dri. *Wor* —5B **78**
Longley La. *Shar I & Gat*
—3B **136**
Longley Rd. *Wor* —1F **77**
Longley St. *Oldh* —3D **72**
Longley St. *Shaw* —2F **57**
Long Marl Dri. *Chea* —4B **160**
Longmead Av. *Haz G* —3D **152**
Longmeade Gdns. *Wilm*
—3F **167**
Long Meadow. *Brom X* —4G **19**
Longmeadow. *Chea H* —6E **151**
Long Meadow. *Hyde* —1D **114**
Longmeadow Gro. *Dent*
—5E **113**
Long Meadow Pas. *Hyde*
—4B **114**
Longmead Rd. *Salf* —6B **80**
Longmead Way. *Mid* —6B **54**
Longmere Av. *M22* —2B **148**
Long Millgate. *M3*
—3D **94** (3H **5**)
Longnor Grn. *Glos* —5F **117**
(off Longnor M.)
Longnor M. *Glos* —5F **117**
Longnor Rd. *Haz G* —5E **153**
Longnor Rd. *H Grn* —5H **149**
Longport Av. *M20* —2D **124**
Longridge. *Brom X* —3G **19**
Longridge Av. *Stal* —1E **101**
Longridge Cres. *Bolt* —3D **30**
Longridge Dri. *Bury* —5G **35**
Longridge Dri. *Heyw* —3B **38**
Longridge Pl. *M4*
—3D **94** (4H **5**)
Long Row. *C'brk* —4H **89**
Long Row. *Poy* —4F **163**
Long Rushes. *Shaw* —5D **42**
Longshaw Av. *Pen* —2F **79**
Longshaw Dri. *Wor* —5C **62**
Longshaw Ford Rd. *Bolt*
—1D **30**
Longshut La. *Stoc* —4H **139**
Longshut La. W. *Stoc* —4H **139**
Long Sides Rd. *Haleb* —6C **146**
Longsight. *Bolt* —6A **20**
Longsight Ind. Est. *Long*
—3B **110**
Longsight La. *Chea H* —2B **160**
Longsight La. *Harw* —2F **33**
Longsight Rd. *M18* —4D **110**
Longsight Rd. *Ram* —6C **12**
Longsight St. *Stoc* —1F **139**
Longsons, The. *Stoc* —6H **127**
Longson St. *Bolt* —4C **32**

Long St. *M18* —1G **111**
Long St. *Mid* —6A **54**
(in two parts)
Long St. *Swint* —4F **79**
Longthwaite Clo. *Mid* —5F **53**
Longton Av. *M20* —4E **125**
Longton Rd. *M9* —4E **69**
Longton Rd. *Salf* —6A **80**
Longton St. *Bury* —3D **50**
Longtown Gdns. *Bolt* —3A **32**
(off Gladstone St.)
Longview Dri. *Wdly* —2C **78**
Long Wlk. *Part* —6B **118**
Longwall Av. *Wor* —3D **76**
(in two parts)
Longwood Av. *Stoc* —5B **140**
Longwood Clo. *Rom* —6C **130**
Longwood Rd. *M22* —2C **148**
Long Wood Rd. *Traf P* —1B **106**
Long Wood Rd. Est. *Traf P*
—1B **106**
Longworth Clo. *Urm* —6A **104**
Longworth Clough. *Eger*
—1B **18**
Longworth La. *Eger* —2B **18**
Longworth Rd. *Eger* —1A **18**
Longworth St. *M3*
—5C **94** (1F **9**)
Longworth St. *Bolt* —6E **33**
Lonsdale Av. *Roch* —6B **28**
Lonsdale Av. *Stoc* —4H **111**
Lonsdale Av. *Swint* —6D **78**
Lonsdale Av. *Urm* —3D **104**
Lonsdale Gro. *Farn* —1E **63**
Lonsdale Rd. *M19* —5D **110**
Lonsdale Rd. *Bolt* —5F **31**
Lonsdale Rd. *Oldh* —1A **86**
Lonsdale St. *M40* —5C **84**
Lonsdale St. *Bury* —3A **36**
Loom St. *M4* —3F **95** (4D **6**)
Loonies Ct. *Stoc* —2H **139**
Lord Byron Sq. *Salf* —4F **93**
Lord Derby Rd. *Hyde* —3C **130**
Lord Kitchener Ct. *Sale*
—3B **122**
Lord La. *Drov* —1G **97**
Lord La. *Fail* —4F **85**
Lord Napier Dri. *Salf* —6H **93**
Lord North St. *M40* —1A **96**
Lord's Av. *Salf* —3D **92**
Lordsfield Av. *Ash L* —1H **99**
Lordship Clo. *M9* —2H **83**
Lordsmead St. *M15*
—1B **108** (5D **8**)
Lord's Stile La. *Brom X* —4F **19**
Lords St. *Cad* —3A **118**
Lord St. *M3 & M4* —1D **94**
Lord St. *Ash L* —1H **99**
Lord St. *Bury* —3D **36**
Lord St. *Dent* —3A **112**
Lord St. *Duk & Stal* —5D **100**
Lord St. *H Bri* —3G **37**
Lord St. *Holl* —3F **117**
Lord St. *Kear* —1G **63**
Lord St. *L'boro* —4G **17**
Lord St. *L Lev* —4B **48**
Lord St. *Mid* —6A **54**
Lord St. *Oldh* —1D **72**
(in three parts)
Lord St. *Rad* —4G **49**
Lord St. *Salf* —1A **94**
Lord St. *Stoc* —2H **139**
Lord St. *W'fld* —6C **50**
Loreto Wlk. *M15* —2D **108**
(off Moss Side Shopping Cen.)
Loretto Rd. *Urm* —6H **105**
Lorgill Clo. *Stoc* —1H **151**
Loring St. *M40* —6C **84**
Lorland Rd. *Stoc* —4D **138**
Lorna Gro. *Gat* —5D **136**
Lorna Rd. *Chea H* —3D **150**

Lorne Av. *Rytn* —4H **55**
Lorne Gro. *Stoc* —5G **139**
Lorne Gro. *Urm* —5G **105**
Lorne Rd. *M14* —1G **125**
Lorne St. *M13* —2G **109**
Lorne St. *Bolt* —6B **32**
Lorne St. *Ecc* —5D **90**
Lorne St. *Farn* —5E **47**
Lorne St. *Heyw* —4F **39**
Lorne St. *Moss* —2E **89**
Lorne St. *Oldh* —5C **72**
Lorne St. *Roch* —6H **15**
Lorne Way. *Heyw* —4B **38**
Lorraine Clo. *Heyw* —5G **39**
Lorraine Rd. *Tim* —6A **134**
Lorton Clo. *Mid* —5E **53**
Lorton Clo. *Wor* —5B **76**
Lorton Gro. *Bolt* —5H **33**
Lostock Av. *M19* —6D **110**
Lostock Av. *Haz G* —4B **152**
Lostock Av. *Poy* —3B **162**
Lostock Av. *Sale* —5E **123**
Lostock Av. *Urm* —4D **104**
Lostock Clo. *Heyw* —2D **38**
Lostock Ct. *Hand* —3H **159**
Lostock Ct. *Stret* —3H **105**
Lostock Dene. *Los* —5A **30**
Lostock Dri. *Bury* —5F **23**
Lostock Gro. *Stret* —4B **106**
Lostock Hall Rd. *Poy* —4B **162**
Lostock Junct. La. *Los* —1A **44**
Lostock Rd. *Hand* —3H **159**
Lostock Rd. *Poy* —5D **162**
Lostock Rd. *Salf* —3E **93**
Lostock Rd. *Urm* —3E **105**
LOSTOCK STATION. *BR*
—1A **44**
Lostock St. *M40* —2H **95** (2G **7**)
Lostock Wlk. *W'fld* —5G **51**
Lothian Av. *Ecc* —2D **90**
Lottery St. *Stoc* —2F **139**
Lottie St. *Pen* —3G **79**
Loughborough Clo. *Sale*
—6F **121**
Loughfield. *Urm* —5C **104**
Loughrigg Av. *Rytn* —5A **42**
Louisa St. *M11* —5F **97**
Louisa St. *Bolt* —3A **32**
Louisa St. *Wor* —6F **63**
Lois Av. *Bury* —1D **36**
Louise Clo. *Roch* —6H **15**
Louise Gdns. *Roch* —6A **16**
Louise St. *Roch* —6H **15**
(in three parts)
Louis St. *Ram* —1A **12**
Louvaine Av. *Bolt* —1D **30**
Louvaine Clo. *M18* —1G **111**
Lovalle St. *Bolt* —4G **31**
Lovat Rd. *Bolt* —6A **34**
Love La. *Ram* —4B **12**
Love La. *Stoc* —1G **139**
Lovell Ct. *M8* —1B **82**
Lovell Dri. *Hyde* —3D **114**
Lovers La. *Gras* —3E **75**
Lovers Wlk. *Alt* —1G **145**
Lovett Wlk. *M22* —3C **136**
Low Bank. *Roch* —6A **16**
Lowbrook La. *Oldh* —6B **58**
(in two parts)
Lowcock St. *Salf* —1C **94**
Lowcroft Cres. *Chad* —1F **71**
Low Crompton Rd. *Rytn*
—1B **56**
Lowcross Rd. *M40* —5A **84**
Lowe Grn. *Rytn* —2C **56**
Lwr. Albion St. *M1*
—5F **95** (2D **10**)
Lwr. Alma St. *Duk* —4H **99**
Lwr. Bamford Clo. *Mid* —5A **54**
Lwr. Bank. *Dent* —2F **113**
Lwr. Bank Clo. *Had* —4H **117**

Lyndale Av. *Swint* —5D **78**
Lyndale Dri. *L'boro* —3E **17**
Lyndene Av. *Wor* —3A **78**
Lyndene Gdns. *Gat* —5F **137**
Lyndene Rd. *M22* —6B **136**
Lyndhurst Av. *Ash L* —6F **87**
Lyndhurst Av. *Bred* —5F **129**
Lyndhurst Av. *Chad* —4F **71**
Lyndhurst Av. *Dent* —4E **113**
Lyndhurst Av. *Haz G* —4C **152**
Lyndhurst Av. *Irl* —4F **103**
Lyndhurst Av. *P'wch* —6A **68**
Lyndhurst Av. *Roch* —5D **40**
Lyndhurst Av. *Sale* —6H **121**
Lyndhurst Av. *Urm* —3E **105**
Lyndhurst Clo. *Wilm* —4A **166**
Lyndhurst Dri. *Hale* —3A **146**
Lyndhurst Gdns. *Mid* —1G **69**
Lyndhurst Rd. *M20* —5E **125**
(in two parts)
Lyndhurst Rd. *Oldh* —6B **72**
Lyndhurst Rd. *Stoc* —5G **111**
Lyndhurst Rd. *Stret* —5B **106**
Lyndhurst St. *Salf* —3E **93**
Lyndhurst View. *Duk* —4A **100**
Lyndon Clo. *Scout* —1D **74**
Lyndon Clo. *Tot* —5H **21**
Lyndon Croft. *Oldh* —5A **72**
Lyndon Rd. *Irl* —5D **102**
Lyne Edge Cres. *Duk* —6D **100**
Lyne Edge Rd. *Duk* —6E **101**
Lyne Edge Rd. *Stal* —5D **100**
Lyne Gro. *Sale* —6C **122**
Lyneham Wlk. *M9* —4G **69**
Lyneham Wlk. *Salf* —5B **82**
Lyne View. *Hyde* —1D **114**
Lyngard Clo. *Wilm* —6A **160**
Lyngarth Ho. *Alt* —5G **133**
Lyngate Clo. *Stoc* —3A **140**
Lyn Gro. *Heyw* —2D **38**
Lynham Dri. *Heyw* —5F **39**
Lynmouth Av. *M20* —3E **125**
Lynmouth Av. *Oldh* —6D **72**
Lynmouth Av. *Rytn* —4A **56**
Lynmouth Av. *Stoc* —2G **127**
Lynmouth Av. *Urm* —1D **120**
Lynmouth Clo. *Chad* —6E **55**
Lynmouth Clo. *Rad* —3A **50**
Lynmouth Ct. *P'wch* —6D **66**
Lynmouth Gro. *P'wch* —6D **66**
Lynn Av. *Sale* —3D **122**
Lynn Dri. *Droy* —3G **97**
Lynnfield Ho. *Alt* —6F **133**
Lynn St. *Oldh* —5A **72**
Lynnwood Dri. *Roch* —3D **26**
Lynnwood Rd. *M19* —1H **137**
Lynroyle Way. *Roch* —2D **40**
Lynside Wlk. *M22* —6C **148**
Lynslade Av. *Urm* —4B **104**
Lynsted Av. *Bolt* —4C **46**
Lynthorpe Av. *Cad* —3B **118**
Lynthorpe Rd. *M40* —6D **70**
Lynton Av. *Cad* —3C **118**
Lynton Av. *Hyde* —5G **115**
Lynton Av. *Oldh* —1A **86**
Lynton Av. *Pen* —2F **79**
Lynton Av. *Roch* —2B **40**
Lynton Av. *Rytn* —4A **56**
Lynton Av. *Urm* —5G **103**
Lynton Clo. *Chad* —6F **55**
Lynton Cres. *Wor* —2F **77**
Lynton Dri. *M19* —2B **126**
Lynton Dri. *H Lane* —6G **153**
Lynton Dri. *P'wch* —3G **67**
Lynton Gro. *Tim* —6H **133**
Lynton La. *Ald E* —4G **167**
Lynton Lee. *Rad* —3A **50**
Lynton M. *Ald E* —4G **167**
Lynton Pk. Rd. *Chea H*
—5B **150**

Lynton Rd. *M21* —6G **107**
Lynton Rd. *Bolt* —5G **45**
Lynton Rd. *Gat* —6F **137**
Lynton Rd. *Pen* —2F **79**
Lynton Rd. *Stoc* —4E **127**
Lynton St. *M14* —5F **109**
Lyntonvale Av. *Gat* —5E **137**
Lynton Wlk. *Hyde* —5G **115**
Lyn Town Trad. Est. *Ecc*
—3F **91**
Lyntown Trans-Pennine Trad.
Est. *Roch* —2D **40**
Lynway Dri. *M20* —4F **125**
Lynway Gro. *Mid* —5B **54**
Lynwell Rd. *Ecc* —3F **91**
Lynwood. *Hale* —5A **146**
Lynwood Av. *M16* —5A **108**
Lynwood Av. *Bolt* —5D **46**
Lynwood Av. *Ecc* —3F **91**
Lynwood Clo. *Ash L* —4E **87**
Lynwood Ct. *M8* —1B **82**
Lynwood Dri. *Oldh* —1H **73**
Lynwood Gro. *Aud* —4C **98**
Lynwood Gro. *Bolt* —1F **33**
Lynwood Gro. *Sale* —4C **122**
Lynwood Gro. *Stoc* —3E **127**
Lyon Gro. *Wor* —3A **78**
Lyon Ind. Est. *B'hth* —4D **132**
Lyon Rd. *B'hth* —4E **133**
Lyon Rd. *Kear* —4G **63**
Lyon Rd. Ind. Est. *Kear* —4G **63**
Lyons Dri. *Bury* —4G **35**
Lyon's Fold. *Sale* —3B **122**
Lyons Rd. *Traf P* —6A **92**
Lyon St. *Shaw* —6F **43**
Lyon St. *Swint* —4E **79**
Lyon Way. *Stoc* —3G **127**
Lysander Clo. *M14* —1F **125**
Lytham Av. *M21* —2A **124**
Lytham Clo. *Ash L* —5A **88**
Lytham Dri. *Bram* —6A **152**
Lytham Dri. *Heyw* —4E **39**
Lytham M14 & M19
—6B **110**
Lytham Rd. *H Grn* —4F **149**
Lytham Rd. *Urm* —5G **103**
Lytham St. *Roch* —6E **15**
Lytham St. *Stoc* —5H **139**
Lytherton Av. *Cad* —5B **118**
Lyth St. *M14* —2H **125**
Lytton Av. *M8* —5C **82**
Lytton Rd. *Droy* —3A **98**
Lytton St. *Bolt* —3H **31**

M

Mabel Av. *Bolt* —4C **46**
Mabel Av. *Wor* —4A **78**
Mabel Rd. *Fail* —2G **85**
Mabel's Brow. *Kear* —2G **63**
(in two parts)
Mabel St. *M40* —6D **84**
Mabel St. *Bolt* —5G **31**
Mabel St. *Roch* —1F **27**
Mabfield Rd. *M14* —6G **109**
Mabledon Clo. *H Grn* —5H **149**
Mabs Ct. *Ash L* —3B **100**
Macaulay Way. *Dent* —1G **129**
Macauley Clo. *Duk* —6B **101**
Macauley Rd. *M16* —5H **107**
Macauley Rd. *Stoc* —6F **111**
Macauley St. *Roch* —3D **40**
Macauley St. *Rytn* —3C **56**
McCall Wlk. *M11* —3D **96**
Maccles St. *L'boro* —3E **17**
Macclesfield Rd. *Ald E & P'bry*
—5G **167**
Macclesfield Rd. *Haz G*
—6E **153**
Macclesfield Rd. *Wilm* —2F **167**
McConnell Gdns. *Clay* —3D **96**

McConnell Rd. *M40* —4A **84**
Macdonald Av. *Farn* —2C **62**
Macdonald Rd. *Irl* —2C **118**
Macdonald St. *Oldh* —5D **72**
McDonna St. *Bolt* —2G **31**
McDowall Wlk. *M8* —1D **82**
Macefin Av. *M21* —5B **124**
Macfarren St. *M12* —4C **110**
McKean St. *Bolt* —3C **46**
Mackenzie Gro. *Bolt* —1H **31**
Mackenzie Ind. Pk. *Stoc*
—5D **138**
Mackenzie Rd. *Salf* —5F **81**
Mackenzie St. *M12* —4C **110**
Mackenzie St. *Bolt* —6B **18**
Mackenzie Wlk. *Oldh* —2A **58**
Mackeson Dri. *Ash L* —1C **100**
Mackeson Rd. *Ash L* —1C **100**
Mackintosh Way. *Oldh* —2D **72**
McLaren Ct. *M21* —6G **107**
Maclaren Dri. *M8* —1A **82**
Maclaren Ho. Salf —2F **93**
(off Sutton Dwellings)
McLean Dri. *Irl* —3E **103**
Maclure Clo. *M16* —4C **108**
Maclure Rd. *Roch* —5H **27**
Macnair Ct. *Marp* —6E **143**
McNaught St. *Roch* —5B **28**
McOwen Pl. *Roch* —4A **28**
McOwen St. *Roch* —4A **28**
Madams Wood Rd. *Wor*
—6B **62**
Maddison Rd. *Droy* —4H **97**
Madeira Pl. *Ecc* —3E **91**
Madeley Clo. *Hale* —5G **145**
Madeley Dri. *Chad* —3A **72**
Madeley Gdns. *Bolt* —3A **32**
Madeley Gdns. *Roch* —2F **27**
Madeline St. *Bolt* —5F **47**
Maden Wlk. *Chad* —1H **71**
Madison Av. *Aud* —5C **98**
Madison Av. *Chea H* —3C **150**
Madison Gdns. *Fail* —4E **85**
Madison St. *M18* —1G **111**
Madras Rd. *Stoc* —4E **139**
Mafeking Av. *Bury* —6G **23**
Mafeking Rd. *Bolt* —6G **33**
Mafeking St. *Oldh* —6A **72**
Magdala St. *Heyw* —5G **39**
Magdala St. *Oldh* —1C **72**
Magdalen Wlk. *M15*
—6C **94** (4F **9**)
Magda St. *Stoc* —6C **140**
Magna Carta Ct. *Salf* —5H **79**
Magnolia Clo. *Part* —6C **118**
Magnolia Clo. *Sale* —3E **121**
Magnolia Ct. Sale —4E **121**
(off Magnolia Clo.)
Magnolia Ct. *Salf* —3G **93**
Magnolia Dri. *M8* —5C **82**
Magpie Clo. *Droy* —2C **98**
Magpie La. *Oldh* —5A **74**
Magpie Wlk. *M11* —4B **96**
Maher Gdns. *M15* —3C **108**
Mahogany Wlk. *Sale* —4E **121**
Mahood St. *Stoc* —4F **139**
Maida St. *M12* —5D **110**
Maiden Clo. *Ash L* —5E **87**
Maiden M. *Swint* —4F **79**
Maidford Clo. *M4*
—4H **95** (5H **7**)
Maidford Clo. *Stret* —5E **107**
Maidstone Av. *M21* —6G **107**
Maidstone M. *M21* —6G **107**
Maidstone Rd. *Stoc* —6H **125**
Maidstone Wlk. *Dent* —6G **113**
Main Av. *M19* —2B **126**
Main Av. *Traf P* —3C **106**
Maine Rd. *M14* —5E **109**
Mainhill Wlk. *M40* —6C **84**
Mainprice Clo. *Salf* —1F **93**

Main Rd. *Clif* —6B **66**
Main Rd. *Oldh* —2A **72**
Main St. *Fail* —3F **85**
Main St. *Hyde* —3B **114**
Mainwaring Dri. *Wilm* —1G **167**
Mainwaring Ter. *M23* —1G **135**
Mainway. *Mid* —3H **69**
Mainway E. *Mid* —3C **70**
Mainwood Rd. *Tim* —6C **134**
Mainwood Sq. *M13*
—6F **95** (3D **10**)
Maismore Rd. *M22* —4H **147**
Maitland Av. *M21* —4A **124**
Maitland Clo. *Roch* —6A **16**
Maitland St. *Stoc* —4B **140**
Maitland Wlk. *Chad* —1H **71**
Maizefield Clo. *Sale* —6F **123**
Major St. *M1* —5E **95** (1A **10**)
Major St. *Miln* —5F **29**
Major St. *Ram* —3D **12**
Makant St. *Bolt* —2G **31**
Makepiece Wlk. *M8* —1A **82**
Makin Ct. *Heyw* —4F **39**
Makin St. *M1* —5E **95** (2A **10**)
Makkah Clo. *M40* —6A **84**
Malaga Av. *Man A* —6H **147**
Malakoff St. *Stal* —4C **100**
Malbern Ind. Est. *Dent*
—3D **112**
Malbrook Wlk. M13
—1G **109** (5E **11**)
Malby St. *Oldh* —1D **72**
Malcolm Av. *Clif* —6G **65**
Malcolm Dri. *Clif* —1G **79**
Malcolm St. *Roch* —2D **40**
Malden Gro. *M23* —4A **135**
Maldon Clo. *Stoc* —5G **141**
Maldon Cres. *Swint* —5F **79**
Maldon Dri. *Ecc* —1G **91**
Maldon St. *Roch* —6H **27**
Maldwyn Av. *M8* —1C **82**
Maldwyn Av. *Bolt* —5F **45**
Malford Dri. *M8* —5B **82**
Malgam Dri. *M20* —3F **137**
Malham Clo. *Rytn* —3B **56**
Malham Ct. *Stoc* —5D **140**
Malham Dri. *W'fld* —1E **67**
Malham Gdns. *Bolt* —4G **45**
Mallaig Wlk. *Open* —5E **97**
Mallard Clo. *Duk* —6C **100**
Mallard Clo. *Oldh* —1B **86**
Mallard Clo. *Stoc* —6G **141**
Mallard Ct. *H Grn* —5F **149**
Mallard Ct. *Salf* —5D **92**
Mallard Cres. *Poy* —3A **162**
Mallard Grn. *B'hth* —3D **132**
Mallards Reach. *Rom* —1H **141**
Mallard St. *M1* —5E **95** (3A **10**)
Mallett Cres. *Bolt* —3D **30**
Malley Wlk. M9 —6G **69**
(off Greendale Dri.)
Malling Rd. *M23* —1G **147**
Mallison St. *Bolt* —2B **32**
Mallory Av. *Ash L* —6F **87**
Mallory Ct. *Bow* —2E **145**
Mallory Rd. *Hyde* —2E **115**
Mallory Wlk. *M23* —3D **134**
Mallowdale. *Wor* —3D **76**
Mallowdale Clo. *Bolt* —6B **30**
Mallowdale Rd. *Stoc* —6E **141**
Mallow St. *M15*
—1C **108** (5E **9**)
Mallow Wlk. *Part* —6D **118**
Mall, The. *Bury* —3D **36**
Mall, The. *Ecc* —3H **91**
Mall, The. *Hyde* —5B **114**
Mall, The. *Sale* —5B **122**
Mall, The. *Stal* —1A **116**
Mally Gdns. *Moss* —3F **89**
Malmesbury Clo. *Poy* —3D **162**

Malmesbury Rd. *Chea H*
—1D **160**
Malpas Clo. *Chea* —1C **150**
Malpas Clo. *Wilm* —6A **160**
Malpas Dri. *Tim* —2G **133**
Malpas St. *M12* —1C **110**
Malpas St. *Oldh* —2D **72**
Malpas Wlk. *M16* —2B **108**
Malsham Rd. *M23* —1F **135**
Malta Clo. *Mid* —1D **70**
Malta St. *M4* —4H **95** (6G 7)
Malta St. *Oldh* —3H **73**
Maltby Dri. *Bolt* —4G **45**
Maltby Rd. *M23* —5F **135**
Malton Av. *M21* —1H **123**
Malton Av. *Bolt* —3E **45**
Malton Av. *W'fld* —5D **50**
Malton Clo. *Chad* —6F **55**
Malton Clo. *W'fld* —5D **50**
Malton Dri. *Alt* —5C **132**
Malton Dri. *Haz G* —6D **152**
Malton Rd. *Stoc* —5C **126**
Malton Rd. *Wor* —4A **76**
Malton St. *Oldh* —4B **72**
Malt St. *M15* —6B **94** (4C 8)
Malus Ct. *Salf* —2G **93**
Malvern Av. *Ash L* —4G **87**
Malvern Av. *Bolt* —4E **31**
Malvern Av. *Bury* —6F **23**
Malvern Av. *Droy* —3C **98**
Malvern Av. *Gat* —6D **136**
Malvern Av. *Urm* —4D **104**
Malvern Clo. *Farn* —1B **62**
Malvern Clo. *Miln* —4G **29**
Malvern Clo. *Pen* —5B **80**
Malvern Clo. *P'wch* —4G **67**
Malvern Clo. *Rytn* —4A **56**
Malvern Clo. *Shaw* —6D **42**
Malvern Clo. *Stoc* —6F **127**
Malvern Dri. *Alt* —6D **132**
Malvern Dri. *Pen* —5B **80**
Malvern Gro. *M20* —3E **125**
Malvern Gro. *Salf* —2C **92**
Malvern Gro. *Wor* —6F **63**
Malvern Rd. *Mid* —4H **69**
Malvern Row. *M15*
—1B **108** (6B 8)
Malvern St. *M15*
—1B **108** (6C 8)
Malvern St. *Oldh* —4B **72**
Malvern St. E. *Roch* —4E **27**
Malvern St. W. *Roch* —4E **27**
Manby Rd. *M18* —3D **110**
Manby Sq. *M18* —3D **110**
Mancentral Trad. Est. *Salf*
—4B **94** (6D 4)
Manchester Airport Eastern.
Hand —1H **159**
MANCHESTER AIRPORT
STATION. *BR* —6H **147**
Manchester Ind. Cen. *M3*
—5B **94** (1D 8)
Manchester International
Airport. *Man A* —2H **157**
Manchester International Bus.
Cen. *M22* —6E **149**
Manchester New Rd. *Mid*
—4G **69**
Manchester New Rd. *Part*
—5D **118**
Manchester Old Rd. *Bury*
—4C **36**
Manchester Old Rd. *Mid*
—2D **68**
Manchester Rd. *Aud & Ash L*
—6A **98**
Manchester Rd. *Bolt* —1C **46**
Manchester Rd. *Bury & P'wch*
—4C **36**
Manchester Rd. *Car* —5D **118**
Manchester Rd. *Chea* —3H **137**

Manchester Rd. *Cheq & Over H*
—6A **44**
Manchester Rd. *Chor H &
Whal R* —1G **123**
(in two parts)
Manchester Rd. *Dent* —3A **112**
Manchester Rd. *Droy* —4G **97**
Manchester Rd. *Farn* —1G **63**
Manchester Rd. *G'fld* —5H **75**
Manchester Rd. *Hawk I & Old*
—1H **85**
Manchester Rd. *Heyw* —3E **53**
Manchester Rd. *Holl & Tin*
—1G **117**
Manchester Rd. *Hyde* —4H **113**
Manchester Rd. *Kear & Clif*
—3A **64**
Manchester Rd. *Moss* —5E **89**
Manchester Rd. *Ram & Bury*
—3G **13**
Manchester Rd. *Rix* —6A **118**
Manchester Rd. *Roch* —2C **40**
Manchester Rd. *Shaw* —2E **57**
Manchester Rd. *Stoc* —3E **127**
Manchester Rd. *Swint* —4G **79**
Manchester Rd. *W Tim*
—5F **133**
Manchester Rd. *Wilm* —2E **167**
Manchester Rd. *Wor & Wdly*
—1F **77**
Manchester Rd. E. *L Hul*
—5C **62**
Manchester Rd. N. *Dent*
—3C **112**
Manchester Rd. S. *Aud*
—3C **112**
Manchester Rd. W. *L Hul*
—3A **62**
*Manchester Science Pk. M15
(off Lloyd St. N.)* —2E **109**
Manchester St. *M16* —2A **108**
Manchester St. *Heyw* —3F **39**
Manchester St. *Oldh* —4B **72**
Manchet St. *Roch* —4B **40**
Mancroft Av. *Bolt* —3H **45**
Mancroft Wlk. *M1*
—6F **95** (3C 10)
Mancunian Rd. *Dent* —1G **129**
Mancunian Way. *M15, M1 &
M12* —6C **94** (4E 9)
(in two parts)
Mandalay Gdns. *Marp* —4B **142**
Mandarin Grn. *B'hth* —3D **132**
Mandarin Wlk. *Salf* —2G **93**
Mandeville St. *M19* —1D **126**
Mandley Av. *M40* —1D **84**
Mandley Clo. *L Lev* —2A **48**
Mandley Pk. Av. *Salf* —4A **82**
Mandon Clo. *Rad* —2E **49**
Manesty Clo. *Mid* —5E **53**
Mangle St. *M1* —4F **95** (5C 6)
Mango Pl. *Salf* —3G **93**
Manifold Dri. *H Lane* —1D **164**
Manifold St. *Salf* —6F **81**
Manilla Wlk. *M11* —4B **96**
Manipur St. *M11* —5B **96**
Manley Av. *Clif* —5E **65**
Manley Clo. *Bury* —1C **22**
Manley Clo. *Stoc* —5E **139**
Manley Gro. *Bram* —1G **161**
Manley Gro. *Mot* —4B **116**
Manley Rd. *M21 & M16*
—6A **108**
Manley Rd. *Oldh* —5C **72**
Manley Rd. *Roch* —2C **40**
(in two parts)
Manley Rd. *Sale* —2G **133**
Manley Row. *W'houg* —6A **44**
Manley St. *Salf* —5H **81**
Manley Ter. *Bolt* —1A **32**
Manley Way. *Mot* —4C **116**

Manningham Rd. *Bolt* —2F **45**
Mannington Dri. *M9* —4E **83**
Mannock St. *Oldh* —3B **72**
Manor Av. *M16* —5B **108**
Manor Av. *L Lev* —4C **48**
Manor Av. *Sale* —4F **121**
Manor Av. *Urm* —6F **105**
Manor Clo. *Chad* —1A **72**
Manor Clo. *Chea H* —5E **151**
Manor Clo. *Dent* —5H **113**
Manor Clo. *Gras* —3G **75**
Manor Clo. *Wilm* —1B **166**
Manor Ct. *Bolt* —1F **33**
Manor Ct. *Sale* —4F **121**
Manor Ct. *Stret* —6B **106**
Manordale Wlk. *M40* —5F **83**
Manor Dri. *M21* —5B **124**
Manor Dri. *Rytn* —4C **56**
Manor Farm Clo. *Ash L* —5D **86**
Manor Farm Rise. *Oldh* —2H **73**
Manorfield Clo. *Bolt* —4E **31**
Manor Gdns. *Wilm* —2G **167**
Manor Ga. Rd. *Bolt* —5H **33**
Manor Heath. *Salf* —3G **81**
Manor Hill Rd. *Marp* —4D **142**
Manorial Dri. *L Hul* —3A **62**
Manor Ind. Est. *Stret* —1C **122**
Manor Lodge. *Swint* —3B **80**
Manor Pk. *Urm* —6F **105**
Manor Rd. *Alt* —1G **145**
Manor Rd. *Aud* —6B **98**
Manor Rd. *Chea H & Bram*
—4E **151**
Manor Rd. *Dent* —5H **113**
Manor Rd. *Droy* —4G **97**
Manor Rd. *Hyde* —2D **114**
Manor Rd. *Lev* —5D **110**
Manor Rd. *Marp* —4D **142**
Manor Rd. *Mid* —3H **69**
Manor Rd. *Oldh* —5G **73**
Manor Rd. *Sale* —4B **122**
Manor Rd. *Salf* —1D **92**
Manor Rd. *Shaw* —6E **43**
Manor Rd. *Stoc* —5C **128**
Manor Rd. *Stret* —6B **106**
Manor Rd. *Swint* —5F **79**
Manor Rd. *Wilm* —1B **166**
Manor Rd. *Woodl* —4H **129**
Manor St. *M12* —6G **95** (3E 11)
(in two parts)
Manor St. *Aud* —6F **99**
Manor St. *Bolt* —6B **32**
Manor St. *Bury* —3E **37**
Manor St. *Farn* —2E **63**
Manor St. *Kear* —4B **64**
Manor St. *Mid* —5A **54**
Manor St. *Moss* —1E **89**
Manor St. *Oldh* —1E **73**
Manor St. *Ram* —2D **12**
Manor St. *Rytn* —5E **57**
Manor View. *Woodl* —4H **129**
Manor Wlk. *Aud* —6F **99**
*Manor Yd. Upperm —1F 61
(off High St. Uppermill)*
Manse, The. *Moss* —3E **89**
Mansfield Av. *M9* —5F **69**
Mansfield Av. *Dent* —2D **112**
Mansfield Av. *Ram* —1B **22**
Mansfield Clo. *Ash L* —4F **99**
Mansfield Clo. *Dent* —2D **112**
Mansfield Cres. *Dent* —3D **112**
Mansfield Dri. *M9* —5G **69**
Mansfield Gro. *Bolt* —4F **31**
Mansfield Rd. *M9* —5F **69**
Mansfield Rd. *Hyde* —6C **114**
Mansfield Rd. *Moss* —2G **89**
Mansfield Rd. *Oldh* —4F **73**
Mansfield Rd. *Roch* —4A **26**
Mansfield Rd. *Urm* —6D **104**
Mansfield St. *Ash L* —5E **99**
Mansfield View. *Moss* —2G **89**

Mansford Dri. *M40* —6H **83**
Manshaw Cres. *Aud* —6A **98**
Manshaw Rd. *M11* —6A **98**
Mansion Av. *W'fld* —4C **50**
Mansion Ho., The. *B'hth*
—4F **133**
Manson Av. *M15*
—6B **94** (4C 8)
Manstead Wlk. *M40* —3A **96**
Manston Dri. *Chea H* —3C **150**
Manswood Dri. *M8* —4C **82**
Mantell Wlk. *M40* —6A **84**
Manton Av. *M9* —6B **70**
Manton Av. *Dent* —4A **112**
Manton Clo. *Salf* —5B **82**
Manvers St. *Stoc* —6G **127**
Manwaring St. *Fail* —3E **85**
Maple Av. *M21* —1H **123**
Maple Av. *Bolt* —4F **31**
Maple Av. *Bury* —2F **37**
Maple Av. *Chea H* —3B **150**
Maple Av. *Dent* —4B **98**
(Audenshaw)
Maple Av. *Dent* —4E **113**
(Denton)
Maple Av. *Ecc* —1C **90**
Maple Av. *Marp* —1D **154**
Maple Av. *Poy* —4F **163**
Maple Av. *Stal* —5D **100**
Maple Av. *Stret* —6D **106**
Maple Av. *W'fld* —2D **66**
Maple Bank. *Bow* —2D **144**
Maple Clo. *Chad* —6H **55**
Maple Clo. *Kear* —4H **63**
Maple Clo. *Mid* —1D **70**
Maple Clo. *Sale* —5E **121**
Maple Clo. *Salf* —2F **93**
Maple Clo. *Shaw* —5D **42**
Maple Clo. *Stoc* —5B **140**
Maple Croft. *Stoc* —3B **140**
Maple Dri. *Tim* —6E **135**
Maplefield Dri. *Wor* —4D **76**
Maple Gro. *Fail* —6E **85**
Maple Gro. *M40* —1F **85**
Maple Gro. *P'wch* —3E **67**
Maple Gro. *Ram* —4F **13**
Maple Gro. *Tot* —6A **22**
Maple Gro. *Wor* —3F **77**
Maple Rd. *M23* —3C **134**
Maple Rd. *Ald E* —6E **167**
Maple Rd. *Bram* —2G **161**
Maple Rd. *Chad* —6H **55**
Maple Rd. *Farn* —1C **62**
Maple Rd. *Part* —6C **118**
Maple Rd. *Swint* —5E **79**
Maple Rd. W. *M23* —3C **134**
Maple St. *Bolt* —6G **19**
Maple St. *Oldh* —6A **72**
Maple St. *Roch* —5F **27**
Maple Wlk. *M23* —3C **134**
Maplewood Gdns. *Bolt* —4A **32**
Maplewood Ho. *Bolt* —3A **32**
Maplewood Rd. *Wilm* —1H **167**
Mapley Av. *M22* —3B **136**
Maplin Clo. *M13*
—6G **95** (4E 11)
Maplin Dri. *Stoc* —6G **141**
Mapperton Wlk. *M16* —4D **108**
Marble St. *M2* —4E **95** (5A 6)
(in two parts)
Marble St. *Oldh* —1F **73**
Marbury Av. *M14* —6F **109**
Marbury Clo. *Urm* —4H **103**
Marbury Dri. *Tim* —2G **133**
Marbury Rd. *Stoc* —3F **127**
Marbury Rd. *Wilm* —6F **159**
Marcer Rd. *M40* —3H **95** (3H 7)
March Av. *Stoc* —1D **138**
Marchbank Dri. *Gat* —5G **137**
March Dri. *Bury* —6D **22**
Marches Clo. *Rytn* —3F **57**

Marchioness St. *M18* —1H **111**
Marchmont Clo. *M13*
　—1H **109** (6G **11**)
March St. *Roch* —4A **28**
Marchwood Av. *M21* —6B **108**
Marcliffe Dri. *M19* —6E **111**
Marcliffe Dri. *Roch* —5D **26**
Marcliffe Ind. Est. *Haz G*
　—4E **153**
Marcliff Gro. *Stoc* —1D **138**
Marcroft Pl. *Roch* —1G **41**
Marcus Gro. *M14* —5G **109**
Marcus St. *Bolt* —4F **31**
Mardale Av. *M20* —4G **125**
Mardale Av. *Rytn* —5A **42**
Mardale Av. *Urm* —4B **104**
Mardale Av. *Wdly* —1C **78**
Mardale Clo. *Bolt* —4H **33**
Mardale Clo. *Oldh* —1H **73**
Mardale Clo. *P'wch* —2G **67**
Mardale Clo. *Stal* —2E **101**
Mardale Dri. *Bolt* —4H **33**
Mardale Dri. *Gat* —5F **137**
Mardale Dri. *Mid* —6G **53**
Mardale Rd. *Swint* —5D **78**
Marden Rd. *M23* —6G **135**
Mardyke. *Roch* —3G **27**
Mardyke Dri. *M8* —6A **82**
Marfield Av. *Chad* —4G **71**
Marfield Ct. *Urm* —6A **104**
Marford Clo. *M22* —5B **136**
Marford Cres. *Sale* —1H **133**
　—4H **83**
Margaret Av. *Roch* —4C **28**
Margaret Ho. *Ash L* —3G **99**
Margaret Rd. *Dent* —3G **113**
Margaret Rd. *Droy* —3G **97**
Margaret St. *Ash L* —2G **99**
　(in two parts)
Margaret St. *Bury* —4D **36**
Margaret St. *Heyw* —3D **38**
Margaret St. *Oldh* —1H **85**
Margaret St. *Shaw* —1F **57**
Margaret St. *Stoc* —2G **127**
Margaret Ter. *Ash L* —3G **99**
Margaret Ward Ct. *Roch*
　—6A **28**
Margate Av. *M40* —6B **84**
Margate Rd. *Stoc* —2H **127**
Margrove Clo. *Fail* —4A **86**
Margrove Rd. *Salf* —1C **92**
Marguerita Rd. *M40* —1F **97**
　(in two parts)
Marham Clo. *M21* —2C **124**
Maria St. *Bolt* —3A **32**
Marie Clo. *Dent* —5F **113**
　(in two parts)
Marie St. *Salf* —4A **82**
Marigold St. *Roch* —6H **27**
　(in two parts)
Mariman Dri. *M8* —1C **82**
Marina Av. *Dent* —6G **113**
Marina Clo. *Hand* —2H **159**
Marina Cres. *M11* —2D **96**
Marina Dri. *Marp* —4A **142**
Marina Rd. *Bred* —5E **129**
Marina Rd. *Droy* —3B **98**
Marine Av. *Part* —6B **118**
Marion St. *Bolt* —5E **47**
Maritime Ct. *Sale* —5H **121**
Marjorie Clo. *M18* —1D **110**
Mark Av. *Salf* —1H **93**
Markendale St. *Salf* —1G **107**
Markenfield Dri. *Shaw* —6D **42**
Market Av. *Ash L* —2H **99**
Market Av. *Oldh* —2D **72**
Market Brow. *M9* —1F **83**
Market Cen., The. *M2*
　—4E **95** (5A **6**)

Market Hall. *Bolt* —6B **32**
Market Pde. *Bury* —3D **36**
Market Pl. *M3* —3D **94** (4G **5**)
Market Pl. *Bolt* —5B **32**
Market Pl. *Bury* —3C **36**
Market Pl. *Comp* —1E **143**
Market Pl. *Dent* —4E **113**
Market Pl. *Droy* —4A **98**
Market Pl. *Eden* —2A **12**
Market Pl. *Farn* —1F **63**
Market Pl. *Heyw* —3F **39**
Market Pl. *Hyde* —5B **114**
　(in two parts)
Market Pl. *Mid* —6A **54**
Market Pl. *Moss* —2E **89**
Market Pl. *Oldh* —2C **72**
Market Pl. *Pen* —2G **79**
Market Pl. *Ram* —2E **13**
Market Pl. *Roch* —4G **27**
Market Pl. *Shaw* —3B **56**
　(Royton)
Market Pl. *Shaw* —1F **57**
　(Shaw)
Market Pl. *Stoc* —1H **139**
　(in two parts)
Market Sq. *Rytn* —3B **56**
Market St. *M1* —4E **95** (5H **5**)
Market St. *Alt* —1F **145**
Market St. *Ash L* —2H **99**
Market St. *Bolt* —6B **32**
Market St. *B'btm* —6C **116**
Market St. *Bury* —3C **36**
　(in three parts)
Market St. *Dent* —4F **113**
Market St. *Dis* —1H **165**
Market St. *Droy* —5A **98**
Market St. *Eden* —1A **12**
Market St. *Farn* —6F **47**
Market St. *Heyw* —3E **39**
Market St. *Holl* —2E **117**
Market St. *Hyde* —4B **114**
Market St. *L Lev* —4A **48**
Market St. *Marp* —5D **142**
Market St. *Mid* —6H **53**
　(in two parts)
Market St. *Moss* —2E **89**
Market St. *Mot* —3C **116**
Market St. *Pen* —2G **79**
Market St. *Rad* —1B **64**
Market St. *Rytn* —3B **56**
Market St. *Shaw* —1F **57**
Market St. *Stal* —3E **101**
Market St. *Tot* —4H **21**
Market St. *Whitw* —3C **14**
MARKET STREET STATION. *M*
　—4E **95**
Market Wlk. *Sale* —4B **122**
Market Way. *M4* —3E **95** (4A **6**)
　(off Arndale Shopping Cen.)
Market Way. *Roch* —4H **27**
Market Way. *Salf* —2F **93**
Markfield Av. *M13* —2H **109**
Markham Clo. *M12* —5A **96**
Markham Clo. *Hyde* —1B **114**
Markham St. *Hyde* —1B **114**
Markington St. *M14* —4E **109**
Mark Jones Wlk. *M40* —6B **84**
Markland Hill. *Bolt* —5C **30**
Markland Hill Clo. *Bolt* —4D **30**
Markland Hill La. *Bolt* —4D **30**
Markland St. *Bolt* —1B **46**
　(off Soho St.)
Markland St. *Bolt* —2C **46**
　(off Thynne St.)
Markland St. *Hyde* —6C **114**
Markland Tops. *Bolt* —4D **30**
Mark La. *M4* —3E **95** (4A **6**)
Mark La. *Shaw* —1G **57**
Marks St. *Rad* —4G **49**
Mark St. *Oldh* —2B **72**
Mark St. *Roch* —2B **28**

Mark St. *Wor* —4B **76**
Markwood. *Del* —3H **59**
Marland Av. *Chea H* —3B **150**
Marland Av. *Oldh* —2E **87**
Marland Av. *Roch* —1B **40**
Marland Clo. *Roch* —6D **26**
Marland Cres. *Stoc* —1H **127**
Marland Fold. *Roch* —1B **40**
Marland Fold La. *Oldh* —2D **86**
Marland Grn. *Roch* —1B **40**
Marland Hill Rd. *Roch* —6E **27**
Marland Old Rd. *Roch* —1B **40**
Marland St. *Chad* —6G **71**
Marland Tops. *Roch* —1B **40**
Marlborough Av. *M16* —5A **108**
Marlborough Av. *Ald E*
　—4H **167**
Marlborough Av. *Chea H*
　—3D **150**
Marlborough Clo. *Ash L* —5E **99**
Marlborough Clo. *Dent* —4F **113**
Marlborough Clo. *Marp*
　—4B **142**
Marlborough Clo. *Ram* —6E **13**
Marlborough Clo. *Whitw*
　—2C **14**
Marlborough Ct. *M9* —4C **68**
Marlborough Dri. *Fail* —5E **85**
Marlborough Dri. *Stoc* —5F **127**
Marlborough Gdns. *Farn*
　—1C **62**
Marlborough Gro. *Droy* —3C **98**
Marlborough Rd. *Bow* —4F **145**
Marlborough Rd. *Ecc* —1A **92**
Marlborough Rd. *Hyde*
　—1C **130**
Marlborough Rd. *Irl* —4F **103**
Marlborough Rd. *Rytn* —5C **56**
Marlborough Rd. *Sale* —5B **122**
Marlborough Rd. *Salf* —5B **82**
　(in two parts)
Marlborough Rd. *Stret*
　—4C **106**
Marlborough Rd. *Urm* —4B **104**
Marlborough Rd. *Ash L* —5E **99**
Marlborough St. *Bolt* —5G **31**
Marlborough St. *Heyw* —5G **39**
Marlborough St. *Oldh* —3E **73**
Marlborough St. *Roch* —2E **27**
Marlbrook Wlk. *Bolt* —3B **46**
Marlcroft Av. *Stoc* —1D **138**
Marld Cres. *Bolt* —3D **30**
Marle Av. *Moss* —2G **89**
Marle Croft. *W'fld* —3A **66**
Marle Rise. *Moss* —2G **89**
Marler Rd. *Hyde* —3C **114**
Marley Clo. *Tim* —4H **133**
Marley Dri. *Sale* —3A **122**
Marleyer Rise. *Rom* —3G **141**
Marleyer St. *M40* —4C **84**
Marley Rd. *Poy* —5E **163**
Marley Rd. *M19* —1D **126**
Marlfield Rd. *Haleb* —6D **146**
Marlfield Rd. *Shaw* —5C **42**
Marlfield St. *M9* —2G **83**
Marlheath Wlk. *M15*
　—6C **94** (4F **9**)
　(off Jackson Cres.)
Marlhill Clo. *Stoc* —6E **141**
Marlhill Ct. *Stoc* —6E **141**
Marlinford Dri. *M40* —6C **84**
Marlor Ct. *Heyw* —3D **38**
Marlor St. *Dent* —3E **113**
Marlow Clo. *Bolt* —4H **33**
Marlow Clo. *Chea H* —3B **150**
Marlow Clo. *Urm* —3D **104**
　(in four parts)
Marlow Dri. *Bow* —3B **144**
Marlow Dri. *Hand* —2G **159**
Marlow Dri. *Irl* —4E **103**
Marlow Dri. *Swint* —5E **79**

Marlowe Dri. *M20* —5F **125**
Marlowe Wlk. *Dent* —2G **129**
Marlowe Walks. *Bred* —1E **141**
Marlow Rd. *M9* —2H **83**
Marlton Wlk. *M9* —5G **69**
　(off Leconfield Dri.)
Marlwood Rd. *Bolt* —3D **30**
Marmaduke St. *Oldh* —1B **72**
Marmion Dri. *M21* —1G **123**
Marne Av. *M22* —6C **136**
Marne Av. *Ash L* —6B **88**
Marne Cres. *Roch* —4E **27**
Marnland Gro. *Bolt* —3C **44**
Maroon Rd. *M22* —6D **148**
Marple Av. *Bolt* —1C **32**
Marple Clo. *Oldh* —1B **86**
Marple Ct. *Stoc* —4A **140**
Marple Gro. *Stret* —4C **106**
Marple Hall Dri. *Marp* —4B **142**
Marple Old Rd. *Stoc* —5G **141**
Marple Rd. *Stoc* —4D **140**
MARPLE STATION. *BR*
　—4E **143**
Marquis Av. *Bury* —1C **36**
Marquis Dri. *H Grn* —6H **149**
Marquis St. *M19* —6F **111**
Marrick Av. *Gat* —6G **137**
Marriott's Ct. *M2*
　—4E **95** (5A **6**)
Marriott St. *M20* —3F **125**
Marriott St. *Stoc* —3H **139**
Marrow Wlk. *M1*
　—6F **95** (3C **10**)
　(off Grosvenor St.)
Mars Av. *Bolt* —4G **45**
Marsden Clo. *Ash L* —6C **86**
Marsden Clo. *Moss* —1D **88**
Marsden Clo. *Roch* —5A **42**
Marsden Ct. *M4* —3E **95** (4A **6**)
　(off Arndale Shopping Cen.)
Marsden Dri. *Tim* —5C **134**
Marsden Rd. *Bolt* —6A **32**
Marsden Rd. *Rom* —6A **130**
Marsden's Sq. *L'boro* —3F **17**
　(off Sutcliffe St.)
Marsden St. *M2* —4D **94** (5H **5**)
Marsden St. *Bury* —2D **36**
Marsden St. *Ecc* —2E **91**
Marsden St. *Had* —3H **117**
Marsden St. *Mid* —2C **70**
　(Mosley Common)
Marsden St. *Wor* —4B **76**
　(Worsley)
Marsden Wlk. *Rad* —3F **49**
Marsden Way. M4
　—3E **95** (4A **6**)
　(off Arndale Shopping Cen.)
Marsett Clo. *Roch* —2B **26**
Marsett Wlk. *M23* —1F **135**
Marshall Ct. *Ash L* —3B **100**
Marshall Ct. *Oldh* —1C **72**
Marshall Rd. *M19* —6C **110**
Marshall Stevens Way. *Traf P*
　—1B **106**
Marshall St. *M4* —3F **95** (3C **6**)
Marshall St. *M12*
　—1G **109** (5F **11**)
Marshall St. *Dent* —3E **113**
Marshall St. *Roch* —4C **28**
Marsham Clo. *M13* —2A **110**
Marsham Clo. *Grot* —4D **74**
Marsham Dri. *Marp* —6E **143**
Marsham Rd. *Haz G* —4B **152**
Marshbrook Rd. *Urm* —4E **105**
Marsh Clo. *Stoc* —5F **139**
Marshdale Rd. *Bolt* —5D **30**
Marshfield Rd. *Tim* —6C **134**
Marshfield Wlk. M13
　—1G **109** (6F **11**)
　(off Lauderdale Cres.)

Marsh Fold La.—Meadow Bank

Marsh Fold La. *Bolt* —5G **31**
Marsh La. *Farn* —1C **62**
Marsh La. *L Lev* —3B **48**
Marsh Rd. *L Hul* —5D **62**
Marsh Rd. *L Lev* —3A **48**
Marsh St. *Bolt* —3A **32**
Marsh St. *Wor* —1H **77**
Marsland Av. *Tim* —3B **134**
Marsland Clo. *Dent* —4B **112**
Marsland Rd. *Marp* —4C **142**
Marsland Rd. *Sale* —6A **122**
Marsland Rd. *Tim* —5B **134**
Marsland St. *Haz G* —3D **152**
Marsland St. *Stoc* —6H **127**
(in two parts)
Marsland St. N. *Salf* —4B **82**
Marsland St. S. *Salf* —4B **82**
Marsland Ter. *Stoc* —3B **140**
Mars St. *Oldh* —2A **72**
Marston Clo. *Fail* —5A **86**
Marston Clo. *W'fld* —1G **67**
Marston Dri. *Irl* —5F **103**
Marston Rd. *Salf* —3A **82**
Marston Rd. *Stret* —5E **107**
Marston St. *M40* —6F **83**
Marsworth Dri. *M4*
—3G **95** (4F **7**)
Martens Rd. *Irl* —4C **118**
Marthall Dri. *Sale* —1E **135**
Marthall Way. *Hand* —2A **160**
Martham Dri. *Stoc* —6G **141**
Martha's Ter. *Roch* —6A **16**
Martha St. *Bolt* —3H **45**
Martha St. *Oldh* —1B **72**
Martin Av. *Farn* —2B **62**
Martin Av. *L Lev* —4C **48**
Martin Av. *Oldh* —3G **73**
Martin Clo. *Dent* —2F **113**
Martin Clo. *Stoc* —6G **141**
Martindale Clo. *Rytn* —2C **56**
Martindale Cres. *M12* —1A **110**
Martindale Cres. *Mid* —4F **53**
Martindale Gdns. *Bolt* —3A **32**
Martin Dri. *Irl* —3E **103**
Martin Fields. *Roch* —2B **26**
Martingale Clo. *Rad* —2G **49**
Martingale Way. *Droy* —2D **98**
Martin Gro. *Kear* —2H **63**
Martin Ho. *M14* —4H **109**
Martin La. *Roch* —2D **26**
Martin Rd. *Clif* —1H **79**
Martinsclough. *Los* —1A **44**
Martinscroft Rd. *M23* —6H **135**
Martin St. *Aud* —6F **99**
Martin St. *Bury* —2H **37**
Martin St. *Hyde* —5C **114**
Martin St. *Salf* —3D **92**
Martlesham Wlk. *M4*
—3E **95** (4B **6**)
Martlet Av. *Dis* —1G **165**
Martlet Clo. *M14* —6F **109**
Martlett Av. *Roch* —4A **26**
Martock Av. *M22* —2C **148**
Marton Av. *Bolt* —5E **33**
Marton Grange. *P'wch* —1H **81**
Marton Grn. *Stoc* —5F **139**
Marton Gro. *Stoc* —3G **127**
Marton Pl. *Sale* —5A **122**
Marton Way. *Hand* —2A **160**
Marvic Ct. *M13* —4A **110**
Marwood Clo. *Alt* —5D **132**
Marwood Clo. *Rad* —1A **64**
Marwood Dri. *M23* —2F **147**
Mary Anne Clo. *Ash L* —5E **87**
Maryfield Ct. *M16* —1C **124**
Mary France St. *M15*
—1C **108** (5E **9**)
Maryland Av. *Bolt* —6F **33**
Marylon Dri. *M22* —3C **136**
Mary St. *M3* —2D **94** (1G **5**)

Mary St. *Bury* —5F **23**
Mary St. *Chea* —5H **137**
Mary St. *Dent* —3G **113**
Mary St. *Droy* —3B **98**
Mary St. *Duk* —4H **99**
Mary St. *Farn* —2F **63**
Mary St. *Heyw* —3E **39**
Mary St. *Hyde* —4B **114**
Mary St. *Ram* —4D **12**
Mary St. *Roch* —5B **16**
Masboro St. *M8* —4B **82**
Masbury Clo. *Bolt* —4C **18**
Masefield Av. *P'wch* —6D **66**
Masefield Av. *Rad* —3E **49**
Masefield Clo. *Duk* —6F **101**
Masefield Cres. *Droy* —4A **98**
Masefield Dri. *Farn* —2D **62**
(in two parts)
Masefield Dri. *Stoc* —1C **138**
Masefield Gro. *Stoc* —6G **111**
Masefield Rd. *Droy* —4A **98**
Masefield Rd. *L Lev* —3B **48**
Masefield Rd. *Oldh* —5F **57**
Mason Gdns. *Bolt* —1A **46**
Mason Row. *Eger* —1B **18**
Mason St. *M4* —3F **95** (3C **6**)
Mason St. *Bury* —3E **37**
Mason St. *Heyw* —3D **38**
Mason St. *Roch* —4H **27**
Massey Av. *Ash L* —5G **87**
Massey Av. *Fail* —3H **85**
Massey Croft. *Whitw* —1C **14**
Massey Rd. *Alt* —1G **145**
Massey Rd. *Sale* —5E **123**
Massey St. *Ald E* —5G **167**
Massey St. *Bury* —2E **37**
Massey St. *Salf* —3A **94** (5B **4**)
Massey Wlk. *M22* —4D **148**
Massie St. *Chea* —5H **137**
Matham Wlk. M15
—1E **109** (5A **10**)
(off Chevril Clo.)
Mather Av. *Ecc* —3G **91**
Mather Av. *P'wch* —1G **81**
Mather Av. *W'fld* —5D **50**
Mather Av. *W'fld* —6D **50**
Mather Fold Rd. *Wor* —2D **76**
Mather Rd. *Bury* —4F **23**
Mather Rd. *Ecc* —3G **91**
Mather St. *Bolt* —1A **46**
Mather St. *Fail* —4E **85**
Mather St. *Kear* —1G **63**
Mather St. *Rad* —4G **49**
Mather Way. *Salf* —2G **93**
Matley Clo. *Hyde* —2F **115**
Matley Gro. *Stoc* —3C **128**
Matley La. *Hyde & Mat*
—2F **115**
Matley Pk. La. *Stal* —1H **115**
Matlock Av. *M20* —3D **124**
Matlock Av. *Ash L* —5B **88**
Matlock Av. *Dent* —1G **129**
Matlock Av. *Salf* —4E **81**
Matlock Av. *Urm* —1D **120**
Matlock Bank. Glos —6G **117**
(off Riber Bank)
Matlock Clo. *Farn* —6G **47**
Matlock Clo. *Sale* —5C **122**
Matlock Dri. *Haz G* —5E **153**
Matlock Gdns. Glos —6G **117**
(off Riber Bank)
Matlock La. Glos —6G **117**
(off Riber Bank)
Matlock M. *Alt* —6G **133**
Matlock Pl. Glos —6G **117**
(off Riber Bank)
Matlock Rd. *H Grn* —6G **149**
Matlock Rd. *Stoc* —6A **112**
Matlock Rd. *Stret* —4A **106**
Matlock St. *Ecc* —5E **91**
Matson Wlk. *M22* —3G **147**

Matt Busby Clo. *Pen* —4H **79**
Matterdale Ter. *Stal* —1E **101**
Matthew Clo. *Oldh* —5F **73**
Matthew Moss La. *Roch*
—1B **40**
Matthews Av. *Kear* —2H **63**
Matthews La. *M12 & M19*
—5C **110**
Matthew's St. *M12* —6B **96**
Matthew St. *Marp* —5E **143**
Matthias Ct. *Salf* —2B **94** (2D **4**)
Mattison St. *M11* —6G **97**
Maudsley St. *Bury* —4C **36**
Maud St. *Bolt* —6G **19**
Maud St. *Roch* —1A **28**
Mauldeth Clo. *Stoc* —6C **126**
Mauldeth Ct. *Stoc* —6C **126**
Mauldeth Rd. *Burn & Stoc*
—4B **126**
Mauldeth Rd. *Wthtn & Burn*
—2G **125**
MAULDETH ROAD STATION.
BR —3A **126**
Mauldeth Rd. W. *Chor H &*
Wthtn —3A **124**
Maunby Gdns. *L Hul* —6E **63**
Maureen Av. *M8* —3C **82**
Maurice Clo. *Duk* —5C **100**
Maurice Dri. *Salf* —1F **93**
Maurice Pariser Wlk. *M8*
—4B **82**
Maurice Rd. *Roch* —5H **27**
Maurice St. *Salf* —1F **93**
Maveen Ct. *Stoc* —1A **152**
Maveen Gro. *Stoc* —1A **152**
Mavis Gro. *Milln* —5G **29**
Mavis St. *Roch* —4C **40**
Mavson St. *M13*
—6G **95** (4E **11**)
Mawdsley Dri. *M8* —3E **83**
Mawdsley St. *Bolt* —6B **32**
Maxton Ho. *Farn* —1G **63**
Maxwell Av. *Stoc* —6C **140**
Maxwell St. *Bolt* —1A **32**
Maxwell St. *Bury* —2F **37**
Max Woosnam Wlk. *M14*
—4E **109**
Mayall St. *Moss* —2E **89**
Mayall St. E. *Oldh* —2G **73**
Mayan Av. *Salf* —3B **94** (3D **4**)
May Av. *Chea H* —1D **160**
May Av. *Stoc* —1D **138**
Maybank St. *Bolt* —2H **45**
Mayberth Av. *M8* —1C **82**
Maybreck Clo. *Bolt* —2G **45**
Maybrook Wlk. *M9* —3F **83**
Mayburn Clo. *Mid* —4C **70**
Maybury St. *M18* —1G **111**
Maycroft. *Stoc* —3B **128**
Maycroft Av. *M20* —4G **125**
May Dri. *M19* —3B **126**
Mayering Ct. *Stoc* —5E **127**
Mayer St. *Stoc* —4C **140**
Mayes Gdns. *M4*
—4H **95** (6G **7**)
Mayes St. *M4* —3E **95** (3A **6**)
(in two parts)
Mayfair Av. *Rad* —3D **48**
Mayfair Av. *Salf* —2B **92**
Mayfair Av. *Urm* —5D **104**
Mayfair Av. *W'fld* —2D **66**
Mayfair Clo. *Duk* —5E **101**
Mayfair Ct. *Tim* —5B **134**
Mayfair Cres. *Fail* —3H **85**
Mayfair Dri. *Irl* —5E **103**
Mayfair Dri. *Rytn* —5B **56**
Mayfair Dri. *Sale* —1G **133**
Mayfair Gdns. *Roch* —6F **27**
Mayfair Gro. *W'fld* —2E **67**
Mayfair Pk. *M20* —6D **124**
Mayfair Rd. *M22* —2C **148**

Mayfield. *Bolt* —6H **19**
Mayfield. *Rad* —5E **49**
Mayfield Av. *Bolt* —4D **46**
Mayfield Av. *Dent* —2G **129**
Mayfield Av. *Farn* —2E **63**
Mayfield Av. *Sale* —5E **123**
Mayfield Av. *Spring* —2C **74**
Mayfield Av. *Stoc* —4H **127**
Mayfield Av. *Stret* —6B **106**
Mayfield Av. *Swint* —5C **78**
Mayfield Av. *Wor* —6F **63**
Mayfield Clo. *Ram* —1A **22**
Mayfield Clo. *Tim* —5B **134**
Mayfield Gro. *M18* —3H **111**
Mayfield Gro. *Stoc* —3H **127**
Mayfield Gro. *Wilm* —4B **166**
Mayfield Mans. *M16* —4C **108**
Mayfield Rd. *M16* —4C **108**
Mayfield Rd. *Bram* —3G **161**
Mayfield Rd. *Marp B* —2F **143**
Mayfield Rd. *Oldh* —4F **57**
Mayfield Rd. *Ram* —1A **22**
Mayfield Rd. *Salf* —2F **81**
Mayfield Rd. *Tim* —5B **134**
Mayfield St. *Aud* —2E **113**
Mayfield St. *Roch* —2B **28**
(in two parts)
Mayfield Ter. *Roch* —2B **28**
Mayfield Ter. *Sale* —5A **122**
Mayflower Av. *Salf* —5G **93**
Mayford Dri. *M19* —5C **110**
Maygate. *Oldh* —1B **72**
May Gro. *M19* —1D **126**
Mayhill Dri. *Salf* —1A **92**
Mayhill Dri. *Wor* —3A **78**
Mayhurst Av. *M21* —5C **124**
Mayorlowe Av. *Stoc* —5C **128**
Mayor's Rd. *Alt* —1G **145**
Mayor St. *Bolt* —1H **45**
Mayor St. *Bury* —2A **36**
Mayor St. *Chad* —2A **72**
Mayo St. *M12* —5H **95** (2G **11**)
May Pl. *L'boro* —5C **16**
May Pl. Roch —1G **41**
(off Oldham Rd.)
Maypool Dri. *Stoc* —3H **127**
May Rd. *M16* —4B **108**
May Rd. *Chea H* —1D **160**
May Rd. *Pen* —5H **79**
Maysmith M. *Salf* —5H **81**
May St. *M40* —6C **84**
(in two parts)
May St. *Bolt* —6C **32**
May St. *Ecc* —1E **91**
May St. *Heyw* —5G **39**
(in two parts)
May St. *Oldh* —5A **72**
May St. *Rad* —4G **49**
Mayton St. *M11* —5C **96**
Mayville Dri. *M20* —4F **125**
May Wlk. *Part* —6C **118**
Maywood. *Wilm* —5B **166**
Maywood Av. *M20* —3F **137**
Maze St. *Bolt* —2E **47**
Meachin Av. *M21* —3A **124**
Meade Clo. *Urm* —5E **105**
Meade Gro. *M13* —4B **110**
Meade Hill Rd. *P'wch* —6A **68**
Meade, The. *M21* —2H **123**
Meade, The. *Bolt* —5A **46**
Meade, The. *Wilm* —1F **167**
Meadfoot Av. *P'wch* —6C **67**
Meadfoot Rd. *M18* —1F **111**
Meadland Gro. *Bolt* —1B **32**
Meadon Av. *Clif* —2H **79**
Meadow Av. *Hale* —2B **146**
Meadow Av. *Hyde* —6C **114**
Meadow Bank. *M21* —2G **123**
Meadowbank. *Ash L* —5E **88**
Meadow Bank. *Bred* —6F **129**
Meadow Bank. *Holl* —1F **117**

Meadow Bank. *Stoc* —1D **138**
Meadow Bank. *Tim* —4A **134**
Meadowbank Clo. *Fail* —5G **85**
Meadow Bank Clo. *Oldh*
          —5A **74**
Meadow Bank Ct. *Stret*
          —6A **106**
Meadowbank Rd. *Bolt* —5F **45**
Meadowbrook. *Salf* —3B **92**
Meadowbrook Way. *Chea H*
          —1D **150**
Meadow Brow. *Ald E* —4G **167**
Meadowburn Nook. *Ecc*
          —1D **90**
Meadow Clo. *Dent* —5C **129**
Meadow Clo. *Hale* —2B **146**
Meadow Clo. *Heyw* —3E **39**
Meadow Clo. *H Lane* —5D **154**
Meadow Clo. *L Lev* —5B **48**
Meadow Clo. *Moss* —6G **75**
Meadow Clo. *Stret* —6E **107**
Meadow Clo. *Wilm* —5B **166**
Meadow Clo. *Woodl* —4G **129**
Meadow Cotts. *Whitw* —2H **15**
Meadow Ct. *Hale* —2C **146**
Meadow Ct. *Salf* —2B **92**
Meadow Croft. *Haz G* —2E **153**
Meadowcroft. *Mot* —3C **116**
Meadowcroft. *Rad* —2F **49**
Meadowcroft. *Sale* —3B **122**
Meadow Croft. *W'fld* —3A **66**
Meadowcroft La. *Oldh* —6F **57**
Meadowcroft La. *Roch* —5B **26**
Meadowfield. *Los* —6A **30**
Meadowfield Clo. *Glos*
          —4H **117**
Meadowfield Ct. *Hyde* —3B **114**
Meadowfield Dri. *Wor* —6D **76**
Meadow Fold. *Upperm* —1G **61**
Meadowgate. *Salf* —2C **92**
Meadowgate. *Urm* —6F **105**
Meadowgate. *Wor* —3H **77**
Meadowgate Rd. *Salf* —2B **92**
Meadow Head Av. *Whitw*
          —3D **14**
Meadow Head La. *Roch*
          —1D **24**
Meadow La. *Bolt* —6A **34**
Meadow La. *Dent* —1G **129**
Meadow La. *Dis* —1H **165**
Meadow La. *Duk* —5B **100**
Meadow La. *Oldh* —1C **86**
Meadow La. *Wor* —6H **77**
Meadow Rise. *Shaw* —4E **43**
Meadow Rd. *Mid* —3G **69**
Meadow Rd. *Salf*
       —2A **94** (1B **4**)
Meadow Rd. *Urm* —6F **105**
Meadowside. *M21* —3H **123**
Meadowside. *Bram* —3E **151**
Meadowside. *Miln* —1G **43**
Meadowside Av. *M22* —1B **148**
Meadowside Av. *Bolt* —5E **33**
  (in two parts)
Meadowside Av. *Irl* —5E **103**
Meadowside Av. *Wor* —5G **63**
Meadowside Clo. *Rad* —2G **49**
Meadowside Gro. *Wor* —6G **63**
Meadows La. *Bolt* —2H **33**
Meadows Rd. *Chea H* —5B **150**
Meadows Rd. *H Grn* —4F **149**
Meadows Rd. *Sale* —3C **122**
Meadows Rd. *Stoc* —2E **127**
Meadows, The. *Cad* —3B **118**
Meadows, The. *Grot* —3C **74**
Meadows, The. *Had* —3H **117**
Meadows, The. *Mid* —3B **70**
Meadows, The. *P'wch* —5G **67**
Meadows, The. *Rad* —2E **49**
Meadows, The. *Upperm* —2F **61**
Meadow St. *M16* —3C **108**

Meadow St. *Oldh* —2H **85**
Meadow St. *Redf I* —6C **114**
Meadow St. *Stoc* —6C **140**
Meadow, The. *Bolt* —6A **30**
Meadow, The. *Whitw* —4G **15**
Meadow View. *Roch* —2C **26**
Meadow Wlk. *Bred* —6F **129**
Meadow Wlk. *Farn* —1C **62**
Meadow Wlk. *L'boro* —4D **16**
Meadow Wlk. *Part* —6C **118**
Meadow Way. *M40* —2A **84**
Meadow Way. *Hale* —2B **146**
Meadow Way. *S'seat* —1C **22**
Meadow Way. *Tot* —5G **21**
Meadow Way. *Wilm* —5B **166**
Meadscroft Dri. *Ald E* —4F **167**
Meads Gro. *Farn* —1A **62**
Meads, The. *Chad* —3G **71**
Mead, The. *Salf* —3D **92**
Meadway. *Bram* —2G **161**
Meadway. *Bury* —1D **50**
Meadway. *Chad* —1E **85**
Mead Way. *Dent* —1F **129**
Meadway. *Duk* —6C **100**
Meadway. *Farn* —6H **47**
Meadway. *H Lane* —5D **154**
Meadway. *Poy* —2B **162**
Meadway. *Ram* —1E **13**
Meadway. *Roch* —1C **40**
Meadway. *Sale* —6G **121**
Meadway. *Stal* —1A **116**
Meadway Clo. *Sale* —1G **133**
Meadway Rd. *Bram* —2G **161**
Meadway Rd. *Chea H* —2D **150**
Mealhouse Brow. *Stoc*
          —2H **139**
Mealhouse La. *Bolt* —6B **32**
Meal St. *Stoc* —6G **127**
Meanwood Brow. *Roch* —3E **27**
  (in two parts)
Meanwood Fold. *Roch* —3F **27**
Meddings Clo. *Ald E* —6F **167**
Medina Clo. *Chea H* —1D **150**
Medley St. *Roch* —2H **27**
Medley Wlk. *M13*
      —6F **95** (4D **10**)
  (off Hanworth Clo.)
Medlock Clo. *Farn* —1D **62**
Medlock Ct. *M15* —2D **108**
  (off Lingbeck Cres.)
Medlock Ct. *Oldh* —2A **74**
Medlock Dri. *Oldh* —2E **87**
Medlock Rd. *Fail* —1H **97**
Medlock St. *M15*
      —6D **94** (3G **9**)
Medlock St. *Droy* —3A **98**
Medlock St. *Oldh* —2E **73**
Medlock Way. *Lees* —3A **74**
Medlock Way. *W'fld* —1G **67**
Medway Clo. *Oldh* —6A **72**
Medway Clo. *Salf* —2D **92**
Medway Cres. *Alt* —5E **133**
Medway Dri. *Kear* —4B **64**
Medway Rd. *Oldh* —6A **72**
Medway Rd. *Shaw* —5E **43**
Medway Rd. *Wor* —3D **76**
Medway, The. *Heyw* —2D **38**
Medway Wlk. *M40*
      —2H **95** (1G **7**)
Meech St. *M11* —5E **97**
Meek St. *Rytn* —5E **57**
Meerbrook Rd. *Stoc* —3C **138**
Mee's Sq. *Ecc* —5F **91**
Melandra Castle Rd. *Glos*
          —6F **117**
Melandra Cres. *Hyde* —5A **116**
Melanie Dri. *Stoc* —1H **127**
Melba St. *Open* —5G **97**
Melbecks Wlk. *M23* —1E **135**
Melbourne Av. *Chad* —2G **71**
Melbourne Av. *Man A* —5G **147**

Melbourne Av. *Stret* —5D **106**
Melbourne Clo. *Roch* —3G **41**
Melbourne M. *Salf* —6H **81**
Melbourne Rd. *Bolt* —2F **45**
Melbourne Rd. *Bram* —1G **161**
Melbourne Rd. *Roch* —3G **41**
Melbourne St. *M9* —3G **83**
Melbourne St. *M15*
      —6C **94** (4E **9**)
Melbourne St. *Chad* —2H **71**
Melbourne St. *Dent* —5E **113**
Melbourne St. *Pen* —3H **79**
Melbourne St. *Salf* —6H **81**
Melbourne St. *Stal* —3E **101**
Melbourne St. *Stoc* —1H **127**
Melbourne St. N. *Ash L*
          —1A **100**
Melbourne St. S. *Ash L*
          —1A **100**
Melbury Av. *M20* —5H **125**
Melbury Rd. *Chea H* —1D **160**
Meldon Rd. *M13* —5A **110**
Meldreth Dri. *M12* —3B **110**
Meldrum St. *Oldh* —5D **72**
Meldrum Wlk. *Oldh* —5D **72**
Melford Av. *M40* —2E **85**
Melford Av. *Urm* —4H **103**
Melford Ho. *Bolt* —4A **32**
  (off Nottingham Dri.)
Melford Rd. *Haz G* —4F **153**
Melfort Av. *Stret* —6E **107**
Meliden Cres. *M22* —2C **148**
Meliden Cres. *Bolt* —4F **31**
Melksham Clo. *Salf* —3H **93**
Mellalieu St. *Heyw* —2E **39**
Mellalieu St. *Mid* —6G **53**
Mellalieu St. *Rytn* —5C **56**
Melland Av. *M21* —4A **124**
Melland Rd. *M18* —4E **111**
Meller Rd. *M13* —5B **110**
Melling Av. *Chad* —6E **55**
Melling Av. *Stoc* —3G **127**
Melling Rd. *Oldh* —3G **73**
Melling St. *M12* —3C **110**
Mellington Av. *M20* —3F **137**
Mellish Wlk. *M8* —6B **82**
Mellodew Dri. *Oldh* —4H **57**
Mellor Brow. *Heyw* —3E **39**
Mellor Clo. *M16* —2B **108**
Mellor Clo. *Ash L* —2C **100**
Mellor Ct. *Stoc* —4E **141**
Mellor Dri. *Bury* —6B **36**
Mellor Dri. *Wor* —2E **77**
Mellor Gro. *Bolt* —4F **31**
  (in two parts)
Mellor Ho. *Rytn* —3C **56**
  (off Royton Hall Pk.)
Mellor Rd. *Ash L* —3C **100**
Mellor Rd. *Chea H* —4D **150**
Mellors Rd. *Traf P* —6B **92**
Mellor St. *M40* —2H **95** (2G **7**)
Mellor St. *Droy* —4H **97**
Mellor St. *Ecc* —4F **91**
Mellor St. *Fail* —5D **84**
Mellor St. *Lees* —3A **74**
Mellor St. *Oldh* —1A **86**
Mellor St. *P'wch* —5D **66**
Mellor St. *Rad* —5H **49**
  (in two parts)
Mellor St. *Roch* —3F **27**
Mellor St. *Rytn* —2B **56**
Mellor St. *Stret* —3E **107**
Mellor Way. *Chad* —5H **71**
Mellowdew St. *Oldh* —3A **58**
Mellowstone Dri. *M21* —1D **124**
Melloy Pl. *M8* —1E **95**
Melmerby Ct. *Salf* —4F **93**
Melon Pl. *Salf* —3H **93**
Melrose. *Roch* —3G **27**
  (off Spotland Rd.)
Melrose Av. *M20* —6G **125**

Melrose Av. *Bolt* —4E **31**
Melrose Av. *Bury* —2A **36**
Melrose Av. *Ecc* —1C **90**
Melrose Av. *Heyw* —2E **39**
Melrose Av. *L'boro* —2E **17**
Melrose Av. *Sale* —5B **122**
Melrose Av. *Stoc* —4B **138**
Melrose Av. *W'fld* —5D **50**
Melrose Ct. *Chad* —5G **71**
Melrose Cres. *Hale* —4B **146**
Melrose Cres. *Poy* —2B **164**
Melrose Cres. *Stoc* —1F **151**
Melrose Gdns. *Rad* —2F **49**
Melrose Rd. *L Lev* —4H **47**
Melrose Rd. *Rad* —2F **49**
Melrose St. *M40* —6C **84**
Melrose St. *Bury* —1B **22**
Melrose St. *Oldh* —6F **57**
Melrose St. *Roch* —4F **27**
Melsomby Rd. *M23* —1G **135**
Meltham Av. *M20* —3E **125**
Meltham Clo. *Stoc* —2A **138**
Meltham Pl. *Bolt* —3G **45**
Meltham Rd. *Stoc* —2A **138**
Melton Av. *Dent* —4A **112**
Melton Av. *Urm* —4H **103**
Melton Clo. *Heyw* —4D **38**
Melton Clo. *Wor* —1E **77**
Melton Dri. *Bury* —2E **51**
Melton Rd. *M8* —2A **82**
Melton Row. *Rad* —3F **49**
Melton St. *M9* —2H **83**
Melton St. *Heyw* —4D **38**
Melton St. *Rad* —3F **49**
Melton St. *Stoc* —5H **127**
Melton Wlk. *Rad* —3F **49**
Melton Way. *Rad* —3F **49**
Melverley Rd. *M9* —4C **68**
Melville Clo. *M11* —6G **97**
Melville Rd. *Cad* —4A **118**
Melville Rd. *Kear* —3H **63**
Melville St. *Stret* —4B **106**
Melville St. *Ash L* —2H **99**
Melville St. *Bolt* —3C **46**
Melville St. *Lees* —4A **74**
Melville St. *Roch* —4D **40**
Melville St. *Salf* —3B **94** (4D **4**)
Melvin Av. *M22* —1C **148**
Melyncourt Dri. *Hyde* —4A **116**
Memorial Rd. *Wor* —1F **77**
Menai Gro. *Chea* —5C **138**
Menai Rd. *Stoc* —5G **139**
Menai St. *Bolt* —3F **45**
Mendip Av. *M22* —1D **148**
Mendip Clo. *Bolt* —6A **34**
Mendip Clo. *Chad* —4H **71**
Mendip Clo. *H Grn* —6F **149**
Mendip Clo. *Rytn* —4A **56**
Mendip Clo. *Stoc* —6G **127**
Mendip Ct. *Stoc* —6G **127**
Mendip Cres. *Bury* —2G **35**
Mendip Dri. *Bolt* —1A **48**
Mendip Dri. *Miln* —5G **29**
Mendip Rd. *Oldh* —6B **72**
Mendips Clo. *Shaw* —5D **42**
Menston Av. *M40* —2E **85**
Mentmore Rd. *Roch* —4D **28**
Mentone Cres. *M22* —1C **148**
Mentone Rd. *Stoc* —6D **126**
Mentor St. *M13* —4B **110**
Menzies Ct. *M21* —6H **107**
Mercer La. *Roch* —3A **26**
Mercer Rd. *M18* —2F **111**
Mercer Rd. *Heyw* —6F **39**
Mercer St. *M19* —6D **110**
Mercer St. *Droy* —3B **98**
Merchants Quay. *Salf* —1F **107**
Mercian Way. *Ash L* —2H **99**
Mercian Way. *Stoc* —4F **139**
Mercia St. *Bolt* —2G **45**
Mercury Bus. Pk. *Urm* —1H **105**

Mercury Way. *Urm* —2H **105**
Mere Av. *Droy* —5G **97**
Mere Av. *Mid* —3A **70**
Mere Av. *Salf* —3E **93**
Mere Av. *Stoc* —6E **139**
Mere Bank Clo. *Wor* —6E **63**
Mere Clo. *Dent* —4B **112**
Mere Clo. *Sale* —6F **123**
Mere Clo. *Uns* —2F **51**
Mereclough Av. *Wor* —2H **77**
Meredew Av. *Swint* —5E **79**
Meredith St. *M14* —2H **125**
Meredith St. *Bolt* —4B **46**
Mere Dri. *M20* —5F **125**
Mere Dri. *Clif* —1G **79**
Merefield Av. *Roch* —6G **27**
Merefield Rd. *Tim* —6C **134**
Merefield St. *Roch* —6G **27**
Merefield Ter. *Roch* —6G **27**
Mere Fold. *Wor* —6D **62**
Mere Gdns. *Bolt* —5A **32**
Merehall Clo. *Bolt* —5A **32**
Merehall Dri. *Bolt* —4A **32**
Merehall St. *Bolt* —4H **31**
Mereland Av. *M20* —5G **125**
Mere La. *Roch* —6H **27**
Merepool Clo. *Marp* —4B **142**
Mere Side. *Stal* —1D **100**
(in four parts)
Mereside Clo. *Chea H* —1B **150**
Mereside Gro. *Wor* —6G **63**
Mereside Wlk. *M15*
 —1B **108** (6D **8**)
Mere St. *Roch* —5H **27**
(in three parts)
Mere, The. *Ash L* —5A **88**
Mere, The. *Chea H* —1B **150**
Mere Wlk. *Bolt* —5A **32**
Merewood Av. *M22* —5B **136**
Meriden Clo. *Rad* —1F **49**
Meriden Gro. *Los* —1B **44**
Merinall Clo. *Roch* —4C **28**
Meriton Rd. *Hand* —3G **159**
Meriton Wlk. *M18* —3D **110**
Merlewood. *Ram* —2B **12**
Merlewood Av. *M19* —2E **127**
Merlewood Av. *Dent* —4B **98**
Merlewood Av. *Upperm* —1F **61**
Merlewood Dri. *Swint* —5C **78**
Merlin Clo. *L'boro* —1G **29**
Merlin Clo. *Oldh* —3E **87**
(in two parts)
Merlin Clo. *Stoc* —5G **141**
Merlin Dri. *Clif* —1H **79**
Merlin Gro. *Bolt* —4F **31**
(in two parts)
Merlin Rd. *Irl* —3E **103**
Merlin Rd. *Miln* —5F **29**
Merlyn Av. *M20* —5G **125**
Merlyn Av. *Dent* —5E **113**
Merlyn Av. *Sale* —3C **122**
Merlyn Ct. *Manx* —5E **125**
Merrick Av. *M22* —1C **148**
Merrick St. *Heyw* —4G **39**
Merridale, The. *Hale* —5A **146**
Merridge Wlk. *M8* —5B **82**
Merrill St. *M4* —4H **95** (5H **7**)
Merriman Hall. *Roch* —1B **28**
Merriman St. *M16* —3C **108**
Merrion St. *Farn* —5E **47**
Merrow Wlk. *M1*
 —6F **95** (3C **10**)
(off Grosvenor St.)
Merrybent Clo. *Stoc* —6D **140**
Merry Bower Rd. *Salf* —3A **82**
Merrydale Av. *Ecc* —1G **91**
Merseybank Av. *M21* —4A **124**
Mersey Bank Rd. *Had* —3H **117**
Mersey Clo. *W'fld* —6F **51**
Mersey Cres. *M20* —6B **124**

Mersey Dri. *Part* —5E **119**
Mersey Dri. *W'fld* —6F **51**
Mersey Ho. *Stoc* —4C **138**
Mersey Ind. Est. *Stoc* —2A **138**
Mersey Meadows. *M20*
 —6D **124**
Mersey Rd. *M20* —6D **124**
Mersey Rd. *Heat M* —1B **138**
(in two parts)
Mersey Rd. *Sale* —3B **122**
Mersey Rd. N. *Fail* —2G **85**
Mersey Sq. *Stoc* —2G **139**
Mersey Sq. *W'fld* —6F **51**
Mersey St. *Open* —6G **97**
Mersey St. *Stoc* —1A **140**
Mersey View. *Urm* —1A **120**
Merseyway. *Stoc* —2G **139**
Merston Dri. *M20* —3G **137**
Mersy Ct. *Sale* —4E **123**
Mersy St. *Stoc* —1H **139**
Merton Av. *Bred* —5G **129**
Merton Av. *Haz G* —5F **153**
Merton Av. *Oldh* —6B **72**
Merton Clo. *Bolt* —2G **45**
Merton Dri. *Droy* —4G **97**
Merton Gro. *Chad* —6D **70**
Merton Gro. *Tim* —5B **134**
Merton Rd. *Poy* —3B **162**
Merton Rd. *P'wch* —4G **67**
Merton Rd. *Sale* —3A **122**
Merton Rd. *Stoc* —4D **138**
Merton St. *Bury* —2B **36**
Merton Wlk. *M9* —4G **83**
(off Trongate Wlk.)
Merville Av. *M40* —2H **83**
Mervyn Rd. *Salf* —5E **81**
Merwell Rd. *Urm* —6A **104**
Merwood Av. *H Grn* —5H **149**
Merwood Gro. *M14* —3A **110**
Mesne Lea Gro. *Wor* —2G **77**
Mesne Lea Rd. *Wor* —2G **77**
Metcalfe St. *Miln* —4D **28**
Metcalfe Ter. *Ain* —4D **34**
Metcalf M. *Upperm* —1F **61**
Metfield Pl. *Bolt* —5G **31**
Metfield Wlk. *M40* —1D **84**
Methuen St. *M12* —4D **96**
Methwold St. *Bolt* —3G **45**
Metroplex Bus. Pk. *Salf* —5E **93**
Metropolitan Ho. *Oldh* —3D **72**
Mevagissey Wlk. *Oldh* —1G **73**
Mews, The. *M40* —2A **96**
Mews, The. *Bolt* —5F **31**
Mews, The. *Gat* —6F **137**
Mews, The. *P'wch* —6F **67**
Mews, The. *Sale* —6C **122**
Mews, The. *Wor* —5G **77**
Meyer St. *Stoc* —5H **139**
Meyrick Rd. *Salf* —2G **93**
Miall St. *Roch* —5H **27**
Micawber Rd. *Poy* —5E **163**
Michaels Hey Pde. *M23*
 —3C **134**
Michael St. *Mid* —1H **69**
Michigan Av. *Salf* —5F **93**
Mickleby Wlk. *M40*
 —2H **95** (2G **7**)
Micklehurst Av. *M20* —5C **124**
Micklehurst Grn. *Stoc* —6E **141**
Micklehurst Rd. *Moss* —3F **89**
Midbrook Wlk. *M22* —4H **147**
Middlebourne St. *Salf* —3E **93**
Middlebrook Dri. *Los* —1A **44**
Middle Calderbrook. *L'boro*
 —6G **17**
Middlefell St. *Farn* —5F **47**
Middlefield. *Oldh* —3E **87**
Middle Field. *Roch* —2A **26**
Middlefields. *Chea H* —1D **150**
Middlegate. *M40* —6D **70**
Middle Ga. *Oldh* —1C **86**

Middle Grn. *Ash L* —1A **100**
Middleham St. *M14* —5E **109**
Middle Hill. *Roch* —5F **15**
Middle Hillgate. *Stoc* —3H **139**
Middle Holly Gro. *Dig* —4C **60**
Middlesex Dri. *Bury* —5D **36**
Middlesex Rd. *M9* —1F **83**
Middlesex Rd. *Stoc* —3B **128**
Middlesex Wlk. *Oldh* —3B **72**
Middlestone Dri. *M9* —4F **83**
Middle St. *Whitw* —4G **15**
Middleton Av. *Fail* —4F **85**
Middleton Clo. *Rad* —6F **35**
Middleton Dri. *Bury* —4D **50**
Middleton Gdns. *Mid* —1H **69**
Middleton Old Rd. *M9* —6F **69**
Middleton Rd. *M8 & Mid*
(in two parts) —2B **82**
Middleton Rd. *Chad* —6E **55**
Middleton Rd. *Heyw* —5G **39**
Middleton Rd. *Rytn* —4H **55**
Middleton Rd. *Stoc* —5H **111**
Middleton View. *Mid* —1B **70**
Middleton Way. *Mid* —1H **69**
Middleway. *Grot* —4D **74**
Middlewich Wlk. *M18* —2E **111**
Middlewood Dri. *Stoc* —2C **138**
Middle Wood La. *Roch* —3C **16**
Middlewood Rd. *H Lane*
 —6B **154**
MIDDLEWOOD STATION. *BR*
 —1B **164**
Middlewood St. *Salf*
 —4A **94** (6B **4**)
Middlewood View. *H Lane*
 —5B **154**
Middlewood Way. *Mac*
 —6H **163**
Middlewood Wlk. *M9* —4F **83**
Midfield Ct. *Salf* —4A **82**
Midford Av. *Ecc* —3D **90**
Midford Dri. *Bolt* —4C **18**
Midford Wlk. *M8* —5C **82**
Midge Hall Dri. *Roch* —5C **26**
Midgley Av. *M18* —1G **111**
Midgley Dri. *Roch* —3A **42**
Midgley Gro. *Ash L* —1C **100**
Midgley St. *Swint* —5D **78**
Midgrove. *Del* —3H **59**
Midgrove La. *Del* —4H **59**
Midhurst Av. *M40* —1D **96**
Midhurst Clo. *Bolt* —4A **32**
Midhurst Clo. *Chea H* —5B **150**
Midhurst Dri. *Roch* —6H **27**
Midhurst Way. *Chad* —3H **71**
Midland Cotts. *Haz G* —4A **154**
Midland Rd. *Bram* —1G **161**
Midland Rd. *Stoc* —5H **111**
Midland St. *M12*
 —6H **95** (3H **11**)
Midland Ter. *Hale* —3F **145**
Midland Wlk. *Bram* —2G **151**
(in two parts)
Midlothian St. *M11* —3D **96**
Midway. *Chea H* —2D **160**
Midway. *Poy* —5D **162**
Midville Rd. *M11* —2E **97**
Midwood Hall. *Salf* —2F **93**
(off Sutton Dwellings.)
Milan St. *Salf* —5A **82**
Milbourne Rd. *Bury* —5F **23**
Milburn Av. *M23* —1H **135**
Milburn Dri. *Bolt* —5H **33**
Milbury Dri. *L'boro* —1G **29**
Milden Clo. *Manx* —5G **125**
Mildred Av. *Grot* —4D **74**
Mildred Av. *P'wch* —1G **81**
Mildred Av. *Rytn* —5C **56**

Mildred St. *Salf* —6G **81**
Mile End La. *Stoc* —6B **140**
Mile La. *Bury* —4F **35**
MILES PLATTING STATION. *BR*
 —6G **83**
Miles St. *M12* —6C **96**
Miles St. *Farn* —1E **63**
Miles St. *Hyde* —5D **114**
Miles St. *Oldh* —1F **73**
Milford Av. *Oldh* —1A **86**
Milford Brow. *Lees* —2A **74**
Milford Cres. *L'boro* —3F **17**
Milford Dri. *M19* —2D **126**
Milford Gro. *Stoc* —4C **140**
Milford Rd. *Bolt* —4A **46**
Milford Rd. *Harw* —1H **33**
Milford St. *M9* —5D **68**
Milford St. *Roch* —2H **27**
Milford St. *Salf* —3E **93**
Milkstone Pl. *Roch* —5H **27**
Milkstone Rd. *Roch* —5H **27**
(in two parts)
Milk St. *M2* —4E **95** (5A **6**)
Milk St. *Hyde* —5B **114**
Milk St. *Oldh* —2G **73**
Milk St. *Ram* —4D **12**
Milk St. *Roch* —5H **27**
Milkwood Gro. *M18* —3F **111**
Millais St. *M40* —3A **84**
Millard St. *Chad* —2G **71**
Millard Wlk. *M18* —3F **111**
Millbank Ct. *Heyw* —3D **38**
Millbank St. *M1* —4G **95** (6E **7**)
Millbank St. *Heyw* —3D **38**
Millbeck Ct. *Mid* —5F **53**
Millbeck Gro. *Bolt* —3A **46**
Millbeck Rd. *Mid* —5F **53**
Millbeck St. *M15*
 —1E **109** (6A **10**)
Millbrae Gdns. *Shaw* —6D **42**
Millbrook Av. *Dent* —5D **112**
Millbrook Bank. *Roch* —2C **26**
Millbrook Clo. *Shaw* —1H **57**
Millbrook Fold. *Haz G* —5F **153**
Millbrook Gro. *Wilm* —6H **159**
Millbrook Ho. *Farn* —1G **63**
Mill Brook Ind. Est. *M23*
 —5E **135**
Millbrook Rd. *M23* —2G **147**
Millbrook St. *Stoc* —3H **139**
Millbrook Towers. *Stoc*
 —3H **139**
Mill Brow. *M9* —1E **83**
Mill Brow. *Ash L* —2G **87**
Mill Brow. *Chad* —5G **55**
Mill Brow. *Marp B* —3H **143**
Mill Brow. *Wor* —5H **77**
Mill Brow Rd. *Marp B* —3H **143**
Millbrow Ter. *Oldh* —5G **55**
Mill Ct. *Urm* —5G **105**
Millcrest Clo. *Wor* —6B **76**
Mill Croft. *Bolt* —5H **31**
Millcroft. *Shaw* —1G **57**
Mill Croft Clo. *Roch* —1G **25**
Millcroft La. *Del* —1H **59**
Millerhouse. *Shaw* —2F **57**
Miller Meadow Clo. *Shaw*
 —5G **43**
Miller Rd. *Oldh* —6C **72**
Millers Brook Clo. *Heyw* —2F **39**
Millers Clo. *Sale* —6G **123**
Miller's Ct. *Salf* —3A **92**
Millers St. *Ecc* —3E **91**
Miller St. *M4* —3E **95** (3A **6**)
Miller St. *Ash L* —1H **99**
Miller St. *Bury* —1C **22**
Miller St. *Heyw* —3F **39**
Miller St. *Rad* —1F **49**
Millett St. *Ram* —2F **13**
Millett St. *Bury* —3B **36**
Millett Ter. *Bury* —4C **24**

Money Ash Rd. *Alt* —2F **145**
Monfa Av. *Stoc* —1A **152**
Monica Av. *M8* —6B **68**
Monica Ct. *Ecc* —2H **91**
Monica Gro. *M19* —1B **126**
Monks Clo. *M8* —1D **82**
Monks Clo. *Miln* —5E **29**
Monk's Ct. *Salf* —3B **92**
Monksdale Av. *Urm* —5D **104**
Monks Hall Gro. *Ecc* —2H **91**
Monks La. *Bolt* —3F **33**
Monkswood. *Oldh* —2C **72**
Monkton Av. *M18* —3E **111**
Monkwood Dri. *M9* —3G **83**
Monmouth Av. *Bury* —6F **23**
Monmouth Av. *Sale* —4H **121**
Monmouth Rd. *Chea H*
—4D **150**
Monmouth St. *M18* —1G **111**
Monmouth St. *Mid* —1C **70**
Monmouth St. *Oldh* —4A **72**
Monmouth St. *Roch* —5H **27**
Monroe Clo. *Salf* —1E **93**
Monsal Av. *Salf* —4E **81**
Monsal Av. *Stoc* —4D **140**
Monsall Clo. *Bury* —5E **51**
Monsall Rd. *M40* —5G **83**
Monsall St. *M40* —6F **83**
Monsall St. *Oldh* —6C **72**
Mons Av. *Roch* —3E **27**
Montague Ct. *Sale* —5C **122**
Montague Ho. Stoc —3F 139
(off East St.)
Montague Rd. *M16* —2G **107**
Montague Rd. *Ash L* —3B **100**
Montague Rd. *Sale* —5B **122**
Montague St. *Bolt* —4F **45**
Montague Way. *Stal* —3E **101**
Montagu Rd. *Stoc* —4D **140**
Montagu St. *Comp* —1F **143**
Montana Sq. *M11* —6G **97**
Montcliffe Cres. *M16* —6D **108**
Monteagle St. *M9* —5D **68**
Montford St. *Salf* —4F **93**
(in two parts)
Montgomery. *Roch* —5G **27**
Montgomery Dri. *Bury* —5F **51**
Montgomery Ho. *M16* —5D **108**
Montgomery Ho. *Oldh* —2H **85**
Montgomery Rd. *M13* —5B **110**
Montgomery St. *Oldh* —1H **85**
Montgomery Way. *Rad* —2C **48**
Monton Av. *Ecc* —2G **91**
Montondale. *Ecc* —2E **91**
Monton Fields Rd. *Ecc* —2E **91**
Monton Grn. *Ecc* —1E **91**
Monton La. *Ecc* —3G **91**
Montonmill Gdns. *Ecc* —2E **91**
Monton Rd. *Ecc* —2F **91**
(in two parts)
Monton St. *Stoc* —5C **128**
Monton St. *M14* —3E **109**
(in two parts)
Monton St. *Bolt* —4A **46**
Monton St. *Rad* —4F **49**
Montpellior Rd. *M22* —3B **148**
Montreal St. *M19* —6D **110**
Montreal St. *Oldh* —5D **72**
Montrose. Ecc —3G 91
(off Monton La.)
Montrose Av. *M20* —4E **125**
Montrose Av. *Bolt* —4E **33**
Montrose Av. *Duk* —6A **100**
Montrose Av. *Ram* —1A **22**
Montrose Av. *Stoc* —2A **152**
Montrose Av. *Stret* —5B **106**
Montrose Dri. *Brom X* —4F **19**
Montrose Gdns. *Rytn* —3D **56**
Montrose St. *Roch* —4C **40**
Montserrat Brow. *Bolt* —3B **30**
Montserrat Rd. *Bolt* —3C **30**

Monyash Ct. Glos —6F 117
(off Monyash M.)
Monyash Grn. Glos —6F 117
(off Monyash M.)
Monyash Lea. Glos —6F 117
(off Monyash M.)
Monyash M. *Glos* —6F **117**
Monyash Pl. Glos —6F 117
(off Monyash M.)
Monyash Way. Glos —6G 117
(off Monyash M.)
Moon Gro. *M14* —4H **109**
Moon St. *Oldh* —2A **72**
Moor Bank La. *Miln* —1B **42**
Moorby Av. *M19* —5A **126**
Moorby St. *Oldh* —1E **73**
Moorby Wlk. *Bolt* —2B **46**
Moor Clo. *Rad* —2E **49**
Moorclose St. *Mid* —1C **70**
Moorclose Wlk. M9 —4F 83
(off Heathersett Dri.)
Moorcock Av. *Pen* —3H **79**
Moor Cres. *Dig* —3C **60**
Moorcroft. *Ram* —3A **12**
Moorcroft. *Roch* —2F **41**
Moorcroft Dri. *M19* —5B **126**
Moorcroft Rd. *M23* —2F **135**
Moorcroft Sq. *Hyde* —1C **114**
Moorcroft St. *Droy* —4A **98**
Moorcroft St. *Oldh* —1A **86**
Moorcroft Wlk. *M19* —5A **126**
Moordale Av. *Oldh* —6A **58**
Moordale St. *M20* —4E **125**
Moordown Clo. *M8* —5D **82**
Moor Edge Rd. *Moss* —1H **89**
Mooredge Ter. *Rytn* —5C **56**
Moore Ho. *Ecc* —5F **91**
Moor End Av. *Salf* —3G **81**
Moor End Ct. *Salf* —3G **81**
Moore St. *Roch* —4H **27**
Moore Wlk. *Dent* —2G **129**
Moorfield. *Mos C* —4B **76**
Moorfield. *Salf* —2G **81**
Moorfield. *Wor* —3H **77**
Moorfield Av. *M20 & M19*
—2G **125**
Moorfield Av. *Dent* —6G **113**
Moorfield Av. *L'boro* —2E **17**
Moorfield Av. *Stal* —6H **101**
Moorfield Chase. *Farn* —2F **63**
Moorfield Clo. *Ecc* —4F **91**
Moorfield Clo. *Irl* —4F **103**
Moorfield Clo. *Swint* —5D **78**
Moorfield Dri. *Hyde* —2C **114**
Moorfield Dri. *Wilm* —4B **166**
Moorfield Gro. *Bolt* —4D **32**
Moorfield Gro. *Sale* —6C **122**
Moorfield Gro. *Stoc* —5D **126**
Moorfield Hamlet. *Shaw*
—6D **42**
Moorfield Heights. *C'brk*
—4G **89**
Moorfield Pde. *Irl* —4F **103**
Moorfield Pl. *Roch* —2G **27**
Moorfield Rd. *M20* —5D **124**
Moorfield Rd. *Irl* —4F **103**
Moorfield Rd. *Oldh* —1H **85**
Moorfield Rd. *Salf* —1D **92**
Moorfield Rd. *Swint* —5C **78**
Moorfield St. *Holl* —2F **117**
Moorfield St. *Manx* —2F **125**
(in two parts)
Moorfield St. *Shaw* —6F **43**
Moorfield Ter. *C'brk* —4G **89**
Moorfield Ter. *Holl* —2F **117**
Moorfield View. *L'boro* —3E **17**
Moorfield Wlk. *Urm* —5F **105**
Moorgate. *Bolt* —6H **19**
Moorgate. *Bury* —2D **36**
Moorgate Av. *M20* —2D **124**

Moorgate Av. *Roch* —4C **26**
Moorgate Ct. *Bolt* —4D **32**
Moorgate Dri. *C'brk* —5G **89**
Moor Ga. La. *L'boro* —2C **16**
Moorgate M. *C'brk* —4G **89**
Moorgate Retail Pk. *Bury*
—2E **37**
Moorgate Rd. *C'brk* —6A **89**
Moorgate Rd. *Rad* —5E **35**
Moorgate St. *Upperm* —1F **61**
Moorhead St. *M4*
—2F **95** (2D **6**)
Moorhey Rd. *L Hul* —3B **62**
Moorhey St. *Oldh* —3F **73**
Moor Hill. *Roch* —2B **26**
Moorhill Ct. *Salf* —2G **81**
Moorhouse Fold. *Miln* —5E **29**
Moorings, The. *Moss* —6G **75**
Moorings, The. *Wor* —6A **78**
Moorland Av. *M8* —1B **82**
Moorland Av. *Del* —4H **59**
Moorland Av. *Droy* —4G **97**
Moorland Av. *Miln* —5G **29**
Moorland Av. *Roch* —3B **26**
Moorland Av. *Sale* —6C **122**
Moorland Av. *Whitw* —2C **14**
Moorland Cres. *Whitw* —2C **14**
Moorland Dri. *Chea H* —5B **150**
Moorland Dri. *L Hul* —3B **62**
Moorland Gro. *Bolt* —3E **31**
Moorland Rd. *M20* —6F **125**
Moorland Rd. *C'brk* —6G **89**
Moorland Rd. *Stoc* —1B **152**
(in two parts)
Moorlands Av. *Urm* —4D **104**
Moorlands Cres. *Moss* —2F **89**
Moorlands Dri. *Moss* —6G **75**
Moorland St. *L'boro* —2G **17**
Moorland St. *Roch* —2G **27**
Moorland St. *Shaw* —6F **43**
Moorlands View. *Bolt* —5E **45**
Moorland Ter. *Roch* —2C **26**
Moor La. *M23* —1G **135**
Moor La. *Bolt* —1A **46**
Moor La. *Dob* —5C **60**
Moor La. *Roch* —1B **26**
Moor La. *Salf* —3D **80**
Moor La. *Urm* —4C **104**
Moor La. *Wilm* —4A **166**
Moor La. *Woodf* —3F **161**
Moor Nook. *Sale* —6D **122**
Moor Pk. Av. *Roch* —3B **40**
Moor Pk. Rd. *M20* —2G **137**
Moor Rd. *M23* —2E **135**
Moor Rd. *Holc* —3C **12**
Moor Rd. *L'boro* —6G **17**
Moorsbrook Gro. *Wilm*
—6A **160**
Moorsholme Av. *M40* —4A **84**
Moorside. *L'boro* —3H **17**
Moorside. *Roch* —2F **41**
Moorside Av. *Ain* —4D **34**
Moorside Av. *Bolt* —3E **31**
(in two parts)
Moorside Av. *Droy* —2C **98**
Moorside Av. *Farn* —2D **62**
Moorside Av. *Oldh* —3B **58**
Moorside Ct. *Dent* —3G **113**
Moorside Ct. *Sale* —5B **122**
Moorside Cres. *Droy* —3C **98**
Moorside Ho. *Tim* —4C **134**
Moorside La. *Dent* —3G **113**
(in two parts)
Moorside Lodge. *Swint* —3D **78**
Moorside Rd. *M8* —2C **82**
Moorside Rd. *Moss* —2G **89**
Moorside Rd. *Salf* —2G **81**
Moorside Rd. *Stoc* —1C **138**
Moorside Rd. *Swint* —4C **78**
Moorside Rd. *Tot* —5G **21**
Moorside Rd. *Urm* —4A **104**

MOORSIDE STATION. *BR*
—2D **78**
Moorside St. *Droy* —3B **98**
Moor St. *Bury* —2D **36**
Moor St. *Ecc* —4D **90**
Moor St. *Heyw* —3D **38**
Moor St. *Oldh* —2F **73**
Moor St. *Shaw* —1E **57**
Moor St. *Swint* —4F **79**
Moors View. *Ram* —3D **12**
Moorton Av. *M19* —2B **126**
Moorton Pk. *M19* —2B **126**
Moortop Clo. *M9* —4E **69**
Moor Top Pl. *Stoc* —6D **126**
Moor View Clo. *Roch* —1B **26**
Moor View Rd. *Salf* —6A **80**
Moor Way. *Hawk* —1D **20**
Moorway. *Wilm* —4B **166**
Moorway Dri. *M9* —5E **69**
Moorwood Dri. *Sale* —6G **121**
Mora Av. *Chad* —6H **55**
Moran Clo. *Wilm* —5A **160**
Moran Wlk. *M15*
—1D **108** (6H **9**)
Morar Dri. *Bolt* —6A **34**
Morar Rd. *Duk* —6B **100**
Mora St. *M9* —3H **83**
Moravian Clo. *Duk* —4A **100**
Moravian Field. *Droy* —5A **98**
Moray Clo. *Ram* —5C **12**
Moray Rd. *Chad* —5G **71**
Moray Wlk. *Oldh* —5D **72**
Morbourne Clo. *M12* —1A **110**
Morden Av. *M11* —3E **97**
Morecombe Clo. *M40* —5B **84**
Moresby Dri. *M20* —3F **137**
Morestead Wlk. *M40*
—2G **95** (1F **7**)
Moreton Av. *Bram* —2G **161**
Moreton Av. *Sale* —6G **121**
Moreton Av. *Stret* —5D **106**
Moreton Av. *W'fld* —6D **50**
Moreton Clo. *Duk* —1B **114**
Moreton Dri. *Bury* —2H **35**
Moreton Dri. *Hand* —4A **160**
Moreton Dri. *Poy* —3F **163**
Moreton La. *Stoc* —4C **140**
Moreton St. *Chad* —1F **71**
Moreton Wlk. *Stoc* —4C **140**
Moreton Way. *Mot* —4D **116**
Morgan Pas. *Fail* —4E **85**
Morgan Pl. *Stoc* —5H **127**
Morgan St. *L'boro* —4F **17**
Morillon Rd. *Irl* —3E **103**
Morland Rd. *M16* —3A **108**
Morley Av. *M14* —6E **109**
Morley Av. *Swint* —5E **79**
Morley Grn. Rd. *Wilm* —5A **158**
Morley Ho. Salf —2F 93
(off Sutton Dwellings)
Morley Rd. *Rad* —3D **48**
Morley St. *Bolt* —1H **45**
Morley St. *Bury* —5D **36**
Morley St. *Oldh* —6A **58**
Morley St. *Roch* —2B **28**
Morley St. *W'fld* —1D **66**
Morley Way. *G'fld* —4F **61**
Morna Wlk. *M12*
—5H **95** (1H **11**)
Morningside Clo. *Droy* —5A **98**
Morningside Clo. *Roch* —5B **28**
Morningside Dri. *M20* —3G **137**
Mornington Av. *Chea* —1H **149**
Mornington Ct. *Oldh* —1C **72**
Mornington Cres. *M14* —1E **125**
Mornington Rd. *Bolt* —5F **31**
Mornington Rd. *Chea* —1H **149**
Mornington Rd. *Roch* —3F **41**
Mornington Rd. *Sale* —4D **122**
Morpeth Clo. *Ash L* —1E **99**
Morpeth St. *Swint* —5E **79**

Morpeth Wlk. *M12* —2A **110**
Morrell Rd. *M22* —3B **136**
Morris Fold Dri. *Los* —1A **44**
Morris Grn. *Bolt* —5G **45**
Morris Grn. Bus. Pk. *Bolt*
—3G **45**
Morris Grn. La. *Bolt* —4G **45**
Morris Grn. St. *Bolt* —5G **45**
Morris Gro. *Urm* —1A **120**
Morrison St. *Bolt* —4A **46**
Morrison Wlk. M40 —6A **84**
(off Eldridge Dri.)
Morris St. *Bolt* —6C **32**
Morris St. *Manx* —2F **125**
Morris St. *Oldh* —4E **73**
Morris St. *Rad* —2C **50**
Morrowfield Av. *M8* —4B **82**
Morrwell Rd. *M22* —3C **136**
Morse Rd. *M40* —6B **84**
Mortar St. *Oldh* —1G **73**
(in two parts)
Mort Ct. *Bolt* —2G **31**
Mortfield Gdns. *Bolt* —5H **31**
Mortfield La. *Bolt* —5H **31**
(in two parts)
Mort Fold. *L Hul* —4C **62**
Mortimer Av. *M9* —5G **69**
Mortimer St. *Oldh* —6E **57**
Mortlake Clo. *Wor* —6B **62**
Mortlake Dri. *M40* —6B **84**
Mort La. *Tyl* —2A **76**
Morton St. *Bolt* —6C **32**
Morton St. *Fail* —4C **84**
Morton St. *Mid* —5A **54**
Morton St. *Rad* —5H **49**
Morton St. *Roch* —4A **28**
Morton St. *Stoc* —5G **127**
Morton Ter. *Woodl* —4H **129**
Mort St. *Farn* —1D **62**
Morven Av. *Haz G* —2F **153**
Morven Dri. *M23* —6G **135**
Morven Gro. *Bolt* —6H **33**
Morville Rd. *M21* —6B **108**
Morville Rd. *Salf* —6A **80**
Morville St. *M1* —5G **95** (1E **11**)
Moschatel Wlk. *Part* —6E **119**
Moscow Rd. *Stoc* —4F **139**
Moscow Rd. E. *Stoc* —4F **139**
Mosedale Clo. *Mid* —5F **53**
Moseldene Rd. *Stoc* —6D **140**
Moseley Ct. *M19* —6B **110**
Moseley Grange. *Chea H*
—2B **150**
Moseley Rd. *Chea H* —2B **150**
Moseley Rd. *Fall & Lev*
—1H **125**
Moseley St. *Stoc* —3G **139**
MOSES GATE STATION. *BR*
—5E **47**
Mosley Arc. M1 —4E **95** (6B **6**)
(off Piccadilly Plaza)
Mosley Av. *Bury* —6F **23**
Mosley Av. *Ram* —1B **22**
Mosley Clo. *Tim* —4H **133**
Mosley Comn. Rd. *Tyl & Wor*
—3A **76**
Mosley Rd. *Tim* —5B **134**
Mosley Rd. *Traf P* —1C **106**
Mosley St. *M2* —4E **95** (1H **9**)
Mosley St. *Rad* —2F **49**
MOSLEY STREET STATION. *M*
—4E **95**
Mossack Av. *M22* —4B **148**
Moss Av. *Roch* —5C **28**
Moss Bank. *M8* —3C **82**
Moss Bank. *Bram* —2E **161**
Moss Bank. *Shaw* —1F **57**
Moss Bank Av. *Droy* —3C **98**
Moss Bank Clo. *Bolt* —1H **31**
Mossbank Clo. *Had* —3G **117**

Moss Bank Ct. *Droy* —3C **98**
Mossbank Gro. *Heyw* —2E **39**
Moss Bank Gro. *Wdly* —1D **78**
Moss Bank Rd. *Wdly* —1D **78**
Moss Bank Trad. Est. *Wor*
—5G **63**
Moss Bank Way. *Bolt* —4C **30**
Mossbray Av. *M19* —5H **125**
Moss Bri. Rd. *Roch* —6B **28**
Mossbrook Dri. *L Hul* —3A **62**
Moss Brook Rd. *M9* —4G **83**
Moss Clo. *Rad* —2D **48**
Mossclough Ct. *M9* —4G **83**
Moss Colliery Rd. *Clif* —6E **65**
Mosscot Clo. *M13*
—6F **95** (3D **10**)
Moss Croft Clo. *Urm* —4A **104**
Mossdale Av. *Bolt* —6B **30**
Mossdale Rd. *M23* —2F **135**
Mossdale Rd. *Sale* —2G **133**
Mossdown Rd. *Rytn* —4E **57**
Mossfield Clo. *Bury* —1G **37**
Mossfield Clo. *Stoc* —1D **138**
Mossfield Ct. *Bolt* —5A **32**
Mossfield Dri. *M9* —5A **70**
Mossfield Grn. *Ecc* —3G **103**
Mossfield Rd. *Farn* —1D **62**
Mossfield Rd. *Kear* —4H **63**
Mossfield Rd. *Swint* —1E **79**
Mossfield Rd. *Tim* —5D **134**
Moss Ga. Rd. *Shaw* —5D **42**
(in two parts)
Moss Grange Av. *M16* —3B **108**
Moss Grn. *Car* —3B **120**
Moss Gro. *Shaw* —4C **42**
Moss Gro. St. M15 —3C **108**
(off Moss La. W.)
Mossgrove Rd. *Tim* —4H **133**
Mossgrove St. *Oldh* —1B **86**
Mosshall Clo. *M15*
—1B **108** (6D **8**)
Moss Hall Rd. *Bury & Heyw*
—4H **37**
Moss Hey Dri. *M23* —2A **136**
Moss Hey St. *Shaw* —1F **57**
Moss Ho. La. *Wor* —6B **76**
Moss Ind. Est. *Roch* —6B **28**
Mossland Clo. *Heyw* —5F **39**
Mossland Gro. *Bolt* —5B **44**
Moss La. *Ald E* —5H **167**
Moss La. *Alt & Tim* —1F **145**
Moss La. *Ash L* —1D **98**
(in two parts)
Moss La. *Bolt* —2E **31**
Moss La. *Bram* —2D **160**
Moss La. *Cad* —4B **118**
Moss La. *Kear* —4B **64**
Moss La. *Mid* —4H **69**
(in two parts)
Moss La. *Part & Lymm*
—6D **118**
Moss La. *Roch* —5A **28**
Moss La. *Rytn* —4E **57**
Moss La. *Sale* —6F **121**
(Ashton upon Mersey)
Moss La. *Sale* —1E **133**
(Woodhouses)
Moss La. *Styal* —2B **158**
Moss La. *Tim* —4H **133**
Moss La. *Urm* —2F **105**
Moss La. *Wdly* —1D **78**
Moss La. *W'fld* —1D **66**
Moss La. *Whitw* —1B **14**
Moss La. *Wor* —5G **63**
(in two parts)
Moss La. E. *M16 & M14*
—3C **108**
Moss La. Ind. Est. *W'fld*
—6D **10**
Moss Lane Trad. Est. *W'fld*
—6E **51**

Moss La. W. *M15* —3B **108**
Moss Lea. *Bolt* —1H **31**
Mosslee Av. *M8* —6B **68**
Mossley Rd. *Ash L* —2A **100**
Mossley Rd. *Gras* —5F **75**
MOSSLEY STATION. *BR*
—2E **89**
Moss Lynn. *Spring* —2C **74**
Moss Mnr. *Sale* —6G **121**
Moss Meadow Rd. *Salf* —1C **92**
Mossmere Rd. *Chea H* —1C **150**
Moss Mill St. *Roch* —6B **28**
Moss Nook Ind. Area. *M22*
—5D **148**
Moss Pk. Rd. *Stret* —5A **106**
Moss Pl. *Bury* —5C **36**
Moss Pl. *Droy* —4B **98**
Moss Rd. *Ald E* —4H **167**
Moss Rd. *Cad* —5A **102**
Moss Rd. *Kear* —2G **63**
(in two parts)
Moss Rd. *Sale* —5D **120**
Moss Rd. *Stret* —3C **106**
Moss Rose. *Ald E* —4H **167**
Moss Row. *Bury* —4D **36**
Moss Row. *Roch* —2H **25**
Moss Shaw Way. *Rad* —2D **48**
Moss Side. *Bury* —6A **22**
Moss Side Cres. *M15* —2E **109**
Moss Side Enterprise Est. *M15*
—2D **108**
Moss Side La. *Miln* —6C **28**
Moss Side Rd. *Cad* —3B **118**
Moss St. *Bury* —3C **36**
Moss St. *Dent* —4B **98**
Moss St. *Droy* —3B **98**
Moss St. *Farn* —6G **47**
Moss St. *Heyw* —3E **39**
Moss St. *Holl* —2F **117**
Moss St. *Oldh* —1A **74**
Moss St. *Roch* —5B **28**
Moss St. *Salf* —6H **81**
Moss St. *Stoc* —2F **139**
Moss St. *S'seat* —1D **22**
Moss St. E. *Ash L* —2H **99**
Moss St. W. *Ash L* —2F **99**
Moss Ter. *Ash L* —3G **99**
Moss Ter. *Roch* —5B **28**
Moss Ter. *Wilm* —6B **160**
Moss, The. *Mid* —3B **70**
Moss Vale Cres. *Stret* —3H **105**
Moss Vale Rd. *Stret* —4H **105**
Moss Vale Rd. *Urm* —5G **105**
Moss View Rd. *Bolt* —5G **33**
Moss View Rd. *Part* —6E **119**
Mossway. *Mid* —4H **69**
Moss Way. *Sale* —5G **121**
Mosswood Pk. *M20* —3F **137**
Mosswood Rd. *Wilm* —6A **160**
Moston Bk. Av. *M9* —4G **83**
Moston La. *M9* —3F **83**
Moston La. *M40* —3A **84**
Moston La. E. *M40* —1E **85**
Moston Rd. *Mid* —3D **70**
MOSTON STATION. *BR*
—1D **84**
Moston St. *Salf* —4B **82**
Moston St. *Stoc* —2H **127**
Mostyn Av. *M14* —1A **126**
Mostyn Av. *Bury* —6F **23**
Mostyn Av. *Chea* —3A **150**
Mostyn Rd. *Haz G* —4B **152**
Mostyn St. *Stal & Duk* —5D **100**
Motcombe Farm Rd. *H Grn*
—4F **149**
Motcombe Gro. *H Grn* —2E **149**
Motcombe Rd. *H Grn* —3E **149**
Motherwell Av. *M19* —6C **110**
Motley Wlk. *M23* —3D **134**
Motor St. *M3* —4D **94** (5G **5**)
Mottershead Av. *L Lev* —3A **48**

Mottershead Rd. *M22* —2H **147**
Mottram Av. *M21* —4A **124**
Mottram Clo. *Chea* —6C **138**
Mottram Dri. *Tim* —6A **134**
Mottram Fold. *Mot* —4C **116**
Mottram Fold. *Stoc* —3H **139**
Mottram Moor. *Mot* —3C **116**
Mottram Old Rd. *Hyde* —1D **130**
Mottram Old Rd. *Stal* —4G **101**
Mottram Rd. *Ald E* —5H **167**
Mottram Rd. *B'btm* —6B **116**
Mottram Rd. *Hyde* —5C **114**
Mottram Rd. *Sale* —6E **123**
Mottram Rd. *Stal* —3F **101**
Mottram St. *Stoc* —3H **139**
Mottram Towers. *Stoc* —3H **139**
Mottram Way. Stoc —3H **139**
(off Mottram Fold)
Mough La. *Chad* —6D **70**
Mouldsworth Av. *M20* —2E **125**
Mouldsworth Av. *Stoc* —3F **127**
Moulton St. *M8* —1C **94**
Moulton St. Precinct. *M8*
—1C **94**
Mountain Ash. *Roch* —6B **14**
Mountain Ash Clo. *Roch*
—6B **14**
Mountain Ash Clo. *Sale*
—4E **121**
Mountain Gro. *Wor* —5E **63**
Mountain St. *M40* —1F **97**
Mountain St. *Moss* —2E **89**
Mountain St. *Stoc* —1A **140**
Mountain St. *Wor* —5E **63**
Mount Av. *L'boro* —2E **17**
Mount Av. *Roch* —5C **16**
Mountbatten Av. *Duk* —6D **100**
Mountbatten Clo. *Bury* —5F **51**
Mountbatten St. *M18* —2E **111**
Mt. Carmel Clo. Salf
—6A **94** (3A **8**)
(off Mt. Carmel Cres.)
Mt. Carmel Cres. *Salf*
—6A **94** (3A **8**)
Mount Clo. *Ash L* —4G **99**
Mount Dri. *Marp* —6D **142**
Mount Dri. *Urm* —5H **105**
Mountfield. *P'wch* —5F **67**
Mountfield Rd. *Bram* —2G **161**
Mountfield Rd. *Stoc* —4E **139**
Mountfield Wlk. M11 —4B **96**
(off Hopedale Clo.)
Mountfield Wlk. *Bolt* —4A **32**
(in two parts)
Mount Fold. *Mid* —2A **70**
Mountford Av. *M8* —1B **82**
Mount Gro. *Gat* —5D **136**
Mountheath Ind. Est. *P'wch*
—2F **81**
Mount La. *Dob* —6G **59**
Mount Pl. *Roch* —3G **27**
Mt. Pleasant. *Bolt* —2E **47**
Mt. Pleasant. *Comp* —6F **131**
Mt. Pleasant. *Haz G* —2D **152**
Mt. Pleasant. *Mid* —1E **69**
(in two parts)
Mt. Pleasant. *Nan* —6H **13**
Mt. Pleasant. *P'wch* —1A **68**
Mt. Pleasant. *Rad* —3G **49**
Mt. Pleasant. *Stoc* —5G **141**
Mt. Pleasant. *Wilm* —6F **159**
Mt. Pleasant. *Woodl* —4H **129**
Mt. Pleasant Rd. *Dent* —5F **113**
Mt. Pleasant Rd. *Farn* —1B **62**
Mt. Pleasant St. *Ash L* —1A **100**
(in two parts)
Mt. Pleasant St. *Aud* —6F **99**
(in two parts)
Mt. Pleasant St. *Oldh* —2F **73**
Mt. Pleasant Wlk. *Rad* —3G **49**
(in two parts)

Mount Rd. *M18 & M19*
    —3E **111**
Mount Rd. *Hyde* —3E **131**
Mount Rd. *Mid* —2H **69**
Mount Rd. *P'wch* —2F **67**
Mount Rd. *Stoc* —1E **139**
Mountroyal Clo. *Hyde* —2E **115**
Mt. St Joseph's Rd. *Bolt* —2F **45**
Mountside Clo. *Roch* —1H **27**
Mountside Cres. *P'wch* —5D **66**
Mt. Sion Rd. *Rad* —5D **48**
Mt. Skip La. *L Hul* —5C **62**
Mount St. *M2* —5D **94** (1H **9**)
  (in two parts)
Mount St. *Bolt* —4A **32**
Mount St. *Dent* —6H **113**
Mount St. *Ecc* —5E **91**
Mount St. *Heyw* —4F **39**
Mount St. *Hyde* —5C **114**
Mount St. *Ram* —2D **12**
Mount St. *Roch* —4C **40**
  (Castleton)
Mount St. *Roch* —3G **27**
  (Town Head)
Mount St. *Rytn* —4C **56**
Mount St. *Salf* —5H **81**
  (Hightown)
Mount St. *Salf* —2B **94** (2D **4**)
  (Salford)
Mount St. *Shaw* —6D **42**
Mount St. *Stal* —3E **101**
Mount St. *Swint* —4F **79**
Mount Ter. *Alt* —1F **145**
  (off Central Way)
Mount Ter. *Bury* —2D **50**
Mount Ter. *Droy* —2G **97**
Mount, The. *Alt* —6F **133**
Mount, The. *Ash L* —2B **100**
Mount, The. *Haleb* —5C **146**
Mount, The. *Salf* —3G **81**
Mount, The. *Stoc* —5B **128**
Mount View. *Upperm* —1E **61**
Mt. View Rd. *Shaw* —1G **57**
Mt. Zion Rd. *Bury* —2D **50**
Mousell St. *M8* —1E **95**
Mouselow Clo. *Had* —4H **117**
Mowbray Av. *P'wch* —1G **81**
Mowbray Av. *Sale* —6C **122**
Mowbray St. *Ash L* —3G **99**
Mowbray St. *Bolt* —4F **31**
Mowbray St. *Oldh* —3D **72**
Mowbray St. *Roch* —2B **40**
Mowbray St. *Stoc* —3H **139**
Mowbray Wlk. *Mid* —5G **53**
Mow Halls La. *Dob* —6A **60**
Moxley Rd. *M8* —2A **82**
Moyse Av. *Wals* —6H **21**
Mozart Clo. *M4* —3G **95** (3F **7**)
Mudhurst La. *Dis* —6H **165**
Muirfield Av. *Bred* —5G **129**
Muirfield Clo. *M40* —3C **84**
Muirfield Clo. *Bolt* —4D **44**
Muirfield Clo. *Heyw* —4F **39**
Muirfield Clo. *P'wch* —4F **67**
Muirfield Clo. *Wilm* —1G **167**
Muirhead Ct. *Salf* —6E **81**
Mulberry Av. *Heyw D* —6B **38**
Mulberry Clo. *H Grn* —6G **149**
Mulberry Clo. *Heyw D* —6B **38**
Mulberry Clo. *Roch* —6G **27**
Mulberry Ct. *Salf* —2G **93**
Mulberry M. *Stoc* —1G **139**
Mulberry Mt. St. *Stoc* —3G **139**
Mulberry Rd. *Salf* —2G **93**
Mulberry St. *M2* —4D **94** (6G **5**)
Mulberry St. *Ash L* —2A **100**
Mulberry Wlk. *Droy* —5G **97**
Mulberry Wlk. *Sale* —3F **121**
Mulberry Way. *Heyw D* —6B **38**
Mule St. *Bolt* —5C **32**
Mulgrave Rd. *Wor* —3A **78**

Mulgrave St. *Bolt* —5G **45**
Mulgrave St. *Swint* —2D **78**
Mulgrove Wlk. *M9* —6G **69**
  (off Haverfield Rd.)
Mullacre Rd. *M22* —5B **136**
Mull Av. *M12* —2B **110**
Mulliner St. *Bolt* —4B **32**
Mullineux St. *Wor* —1F **77**
Mullion Clo. *M19* —6F **111**
Mullion Dri. *Tim* —4G **133**
Mullion Wlk. *M8* —5D **82**
Mulmount Clo. *Oldh* —6A **72**
Mumps. *Oldh* —2E **73**
Munday St. *M4* —4H **95** (5G **7**)
Munford Wlk. *M40* —6G **83**
  (off Lodge St.)
Municipal Clo. *Heyw* —3F **39**
  (off Longford St.)
Munn Rd. *M9* —4D **68**
Munro Av. *M22* —3D **148**
Munslow Wlk. *M9* —5H **69**
Munster St. *M4* —2E **95** (2A **6**)
Muriel St. *Heyw* —3G **39**
Muriel St. *Roch* —6B **28**
Muriel St. *Salf* —6H **81**
Murieston Rd. *Hale* —3G **145**
Murrayfield. *Roch* —4A **26**
Murray Rd. *Bury* —3D **36**
Murray St. *M4* —3F **95** (4D **6**)
Murray St. *Salf* —5H **81**
Murrow Wlk. *M9* —3F **83**
Murton Ter. *Bolt* —1B **32**
  (off Holly St.)
Musbury Av. *Chea H* —3D **150**
Muscari Wlk. *M12*
  —6G **95** (3F **11**)
Musden Wlk. *Stoc* —2F **127**
Museum St. *M2* —5D **94** (1G **9**)
Musgrave Gdns. *Bolt* —5G **31**
Musgrave Rd. *M22* —2B **148**
Musgrave Rd. *Bolt* —5F **31**
Muslin St. *Salf* —4A **94** (6B **4**)
Muter Av. *M22* —3D **148**
Mutual St. *Heyw* —2G **39**
Myerscroft Clo. *M40* —2E **85**
Myford Wlk. *M8* —6A **82**
Myrrh St. *Bolt* —2A **32**
Myrrh Wlk. *Bolt* —2A **32**
  (off Myrrh St.)
Myrtle Bank. *P'wch* —2E **81**
Myrtle Clo. *Oldh* —4C **72**
Myrtle Gdns. *Bury* —3F **37**
Myrtle Gro. *Dent* —4H **111**
Myrtle Gro. *Droy* —3C **98**
Myrtle Gro. *P'wch* —1F **81**
Myrtle Gro. *W'fld* —5B **50**
Myrtleaf Gro. *Salf* —3D **92**
Myrtle Pl. *Salf* —1A **94**
Myrtle Rd. *Mid* —5C **54**
Myrtle Rd. *Part* —6B **118**
Myrtle St. *M11* —5A **96**
Myrtle St. *M16* —3A **108**
Myrtle St. *Bolt* —5H **31**
Myrtle St. *Heyw* —4G **39**
Myrtle St. *Stoc* —3D **138**
Myrtle St. N. *Bury* —3F **37**
Myrtle St. S. *Bury* —3F **37**
My St. *Salf* —4E **93**
Mytham Gdns. *L Lev* —5B **48**
Mytham Rd. *L Lev* —4B **48**
Mytholme Av. *Cad* —6A **118**
Mythorn Wlk. *M40* —6A **84**
  (off Harmer Clo.)
Mytton Rd. *Bolt* —1F **31**

Nabbs Fold. *G'mnt* —6B **12**
Nabbs Way. *G'mnt* —2A **22**
Nab La. *Marp* —4C **142**
Naburn Clo. *Stoc* —3C **128**
Naburn St. *M13* —3H **109**

Nada Lodge. *M8* —2B **82**
Nada Rd. *M8* —2B **82**
Naden Wlk. *W'fld* —1E **67**
Nadine St. *Salf* —2E **93**
Nadin St. *Oldh* —6C **72**
Nailsworth Wlk. *M13* —2G **109**
  (off Plymouth Gro.)
Nairn Wlk. *M40* —2A **96**
Nallgate. *Roch* —3A **42**
Nall St. *M19* —2D **126**
Nall St. *Miln* —5E **29**
Nameplate Clo. *Ecc* —3D **90**
Nancy St. *M15* —1B **108** (5C **8**)
Nandywell. *L Lev* —4B **48**
Nangreave Rd. *Stoc* —5A **140**
Nangreave St. *Salf*
  —4A **94** (6C **4**)
Nan Nook Rd. *M23* —2F **135**
Nansen Av. *Ecc* —2E **91**
Nansen Clo. *Stret* —3E **107**
Nansen Rd. *Gat* —1E **149**
Nansen St. *M11* —5A **96**
Nansen St. *Salf* —3E **93**
Nansen St. *Stret* —4D **106**
Nansmoss Rd. *Wilm* —6B **158**
Nantes Ct. *Bolt* —3H **31**
Nantwich Av. *Roch* —6F **15**
Nantwich Clo. *Chea* —6C **138**
Nantwich Rd. *M14* —6E **109**
Nantwich Wlk. *Bolt* —3A **46**
Nantwich Way. *Hand* —2A **160**
Napier Ct. *M15* —1A **108** (6B **8**)
Napier Ct. *Hyde* —6C **114**
Napier Ct. *Stoc* —5D **126**
Napier Grn. *Salf* —6H **93**
Napier Rd. *M21* —1H **123**
Napier Rd. *Ecc* —2D **90**
Napier Rd. *Stoc* —6D **126**
Napier St. *M15* —1B **108** (6C **8**)
Napier St. *Haz G* —2D **152**
Napier St. *Hyde* —6C **114**
Napier St. *Shaw* —5F **43**
Napier St. *Swint* —4D **78**
Napier St. E. *Oldh* —4B **72**
Napier St. W. *Oldh* —4A **72**
Naples Rd. *Stoc* —5D **138**
Naples St. *M4* —2E **95** (2B **6**)
Narbonne Gdns. *Ecc* —2A **92**
Narborough Wlk. *M40* —5E **83**
Narbuth Dri. *M8* —4B **82**
Narcissus Wlk. *Wor* —6B **62**
Narrow La. *A'ton* —6G **163**
Narrows, The. *Alt* —2E **145**
Narrow Wlk. *Bow* —3E **145**
Naseby Av. *M9* —5H **69**
Naseby Pl. *P'wch* —4G **67**
Naseby Rd. *Stoc* —1G **127**
Naseby Wlk. *W'fld* —1G **67**
Nash Rd. *Traf* P —5G **91**
Nash St. *M15* —1C **108** (6E **9**)
Nasmyth Av. *Dent* —3G **113**
Nasmyth Bus. Cen. *Ecc* —2E **91**
Nasmyth Rd. *Ecc* —5E **91**
Nasmyth St. *M8* —5E **83**
Nathan Dri. *Salf* —3C **94** (3E **5**)
Nathans Rd. *M22* —1A **148**
National Dri. *Salf* —5H **93**
National Ind. Est. *Ash L* —3F **99**
Naunton Rd. *Mid* —2B **70**
Naunton Wlk. *M9* —3G **83**
Naval St. *M4* —3G **95** (3E **7**)
Navenby Av. *M16* —3A **108**
Navigation Rd. *Alt* —4F **133**
NAVIGATION ROAD STATION.
  BR & M —5G **133**
Naylor Ct. *M40* —2G **95** (1F **7**)
Naylor St. *M40* —2H **95** (1G **7**)
Naylor St. *Oldh* —2C **72**
Nazeby Wlk. *Oldh* —4A **72**
Naze Ct. *Oldh* —1C **72**
Naze Wlk. *Stoc* —3C **128**

Neal Av. *Ash L* —2B **100**
Neal Av. *H Grn* —5E **149**
Neale Av. *G'fld* —4G **61**
Neale Rd. *M21* —2G **123**
Near Birches Pde. *Oldh* —5A **74**
Nearbrook Rd. *M22* —1A **148**
Nearcroft Rd. *M23* —4G **135**
Near Hey Clo. *Rad* —4E **49**
Nearmaker Av. *M22* —1A **148**
Nearmaker Rd. *M22* —1A **148**
Neary Way. *Urm* —2E **105**
Neasden Gro. *Bolt* —2G **45**
Neath Av. *M22* —4B **136**
Neath Clo. *Poy* —2D **162**
Neath Clo. *W'fld* —2G **67**
Neath Fold. *Bolt* —4H **45**
Neath St. *Oldh* —2B **72**
Nebo St. *Bolt* —3H **45**
Nebraska St. *Bolt* —4A **32**
Neden Clo. *M11* —5D **96**
Needham Av. *M21* —1H **123**
Needham Ct. *W'fld* —2D **66**
Needwood Clo. *M40* —6F **83**
Needwood St. *Woodl* —4H **129**
Neenton Sq. *M12* —6C **96**
Neild St. *Oldh* —5C **72**
Neill St. *Salf* —1C **94**
Neilson Clo. *Mid* —2C **70**
Neilston Av. *M40* —4B **84**
Nellie St. *Heyw* —3D **38**
Nell La. *M21 & M20* —2A **124**
Nell St. *Bolt* —1A **32**
Nelson Av. *Ecc* —2F **91**
Nelson Clo. *M15* —3C **108**
Nelson Clo. *Poy* —4G **163**
Nelson St. *M40* —1H **95**
Nelson Dri. *Cad* —3C **118**
Nelson Dri. *Droy* —3F **97**
Nelson Fold. *Pen* —2G **79**
Nelson Rd. *M9* —4F **69**
Nelson Sq. *Bolt* —6B **32**
Nelson St. *M4* —2E **95** (1B **6**)
Nelson St. *M13* —2F **109**
Nelson St. *Aud* —1E **113**
Nelson St. *Bolt* —2C **46**
  (Bolton)
Nelson St. *Bolt* —4B **48**
  (Little Lever)
Nelson St. *Bury* —5D **36**
  (in two parts)
Nelson St. *Dent* —3F **113**
  (in two parts)
Nelson St. *Ecc* —3F **91**
Nelson St. *Farn* —1G **63**
Nelson St. *Haz G* —1F **153**
Nelson St. *Heyw* —4F **39**
Nelson St. *Hyde* —5C **114**
Nelson St. *Lees* —4A **74**
Nelson St. *L'boro* —4F **17**
Nelson St. *Mid* —2C **70**
Nelson St. *Mile P* —1H **95**
Nelson St. *Roch* —4H **27**
Nelson St. *Salf* —6H **81**
  (Lower Broughton)
Nelson St. *Salf* —4E **93**
  (Weaste)
Nelson St. *Stret* —6D **106**
Nelson Way. *Chad* —5H **71**
Nelstrop Cres. *Stoc* —3F **127**
Nelstrop Rd. *Stoc* —4F **127**
Nelstrop Rd. N. *Stoc & M19*
  —2E **127**
Nelstrop Wlk. *Stoc* —3E **127**
Nepaul Rd. *M9* —2G **83**
Neptune Gdns. *Salf* —6G **81**
Nesbit St. *Bolt* —2D **32**
Nesfield Rd. *M23* —1F **135**
Neston Av. *M20* —3E **125**
Neston Av. *Bolt* —6D **18**

Neston Av. *Sale* —1E **135**
Neston Clo. *Shaw* —6H **43**
Neston Gro. *Stoc* —6F **139**
Neston Rd. *Roch* —1A **42**
Neston Rd. *Wals* —1F **35**
Neston St. *M11* —6H **97**
Neston Way. *Hand* —4H **159**
Neswick Wlk. *M23* —1E **135**
Netherbury Clo. *M18* —4E **111**
Nethercroft Ct. *Alt* —6E **133**
Nethercroft Rd. *Tim* —6C **134**
Netherfield Clo. *Oldh* —5A **72**
Netherfield Rd. *Bolt* —5H **45**
Netherfields. *Ald E* —6G **167**
Netherhey La. *Rytn* —5A **56**
Nether Hey St. *Oldh* —4F **73**
(in two parts)
Nether Ho. Rd. *Shaw* —6E **43**
Netherlees. *Lees* —4H **73**
Netherlow Ct. *Hyde* —5C **114**
Nether St. *M12* —5G **95** (2E 11)
Nether St. *Hyde* —1D **130**
Netherton Gro. *Farn* —5D **46**
Netherton Rd. *M14* —6E **109**
Nethervale Dri. *M9* —4G **83**
Netherwood Rd. *M22* —4A **136**
Netley Av. *Roch* —6F **15**
Netley Gdns. *Rad* —3E **49**
Netley Gro. *Oldh* —5G **73**
Netley Rd. *M23* —1G **147**
Nettlebarn Rd. *M22* —6A **136**
Nettleford Rd. *M16 & M21*
—1C **124**
Nettleton Gro. *M9* —2H **83**
Nevada St. *Bolt* —4A **32**
Nevendon Dri. *M23* —1F **147**
Nevile Ct. *Salf* —3F **81**
Nevile Rd. *Salf* —3F **81**
Neville Cardus Wlk. *M14*
—5G **109**
Neville Clo. *Bolt* —5A **32**
Neville Dri. *Irl* —3E **103**
Neville St. *Chad* —2A **72**
Neville St. *Haz G* —2D **152**
Neville St. *Shaw* —6F **43**
Nevill Rd. *Bram* —3G **151**
Nevin Av. *Chea H* —4A **150**
Nevin Clo. *Bram* —5A **152**
Nevin Clo. *Oldh* —1H **85**
Nevin Rd. *M40* —2D **84**
Nevis Gro. *Bolt* —6B **18**
Nevis St. *Roch* —3G **41**
New Allen St. *M40*
—2G **95** (1E 7)
Newall Rd. *M23* —2F **147**
Newall St. *L'boro* —3F **17**
Newark Av. *Rad* —2C **48**
Newark Pk. Way. *Rytn* —6A **42**
Newark Rd. *Clif* —1H **79**
Newark Rd. *Roch* —6F **15**
Newark Rd. *Stoc* —4H **127**
Newark Sq. *Roch* —6F **15**
New Bailey St. *Salf*
—4C **94** (5E 5)
Newbank Chase. *Chad* —1G **71**
New Bank St. *M12* —1A **110**
New Bank St. *Had* —2H **117**
Newbank Tower. *Salf*
—2C **94** (1E 5)
Newberry Gro. *Stoc* —6F **139**

Newbold Clo. *M15*
—1D **108** (5H 9)
Newbold Moss. *Roch* —3B **28**
Newbold St. *Bury* —3A **36**
Newbold St. *Roch* —3C **28**
Newboult Rd. *Chea* —5A **138**
Newbourne Clo. *Haz G*
—2D **152**
Newbreak Clo. *Oldh* —1H **73**
Newbreak St. *Oldh* —1H **73**
Newbridge Gdns. *Bolt* —1G **33**
New Bri. La. *Stoc* —2A **140**
New Bri. St. *Salf* —3D **94** (3G 5)
Newbridge View. *Moss* —3F **89**
New Briggs Fold. *Eger* —1C **18**
New Brighton Cotts. Whitw
(off Ruth St.) —4H **15**
New Broad La. *Roch* —2A **42**
New Buildings Pl. *Roch* —3H **27**
Newburn Av. *M9* —5H **69**
Newbury Av. *Sale* —5E **121**
Newbury Clo. *Chea H* —1C **160**
Newbury Ct. *Tim* —4H **133**
Newbury Dri. *Ecc* —2D **90**
Newbury Dri. *Urm* —2E **105**
Newbury Gro. *Heyw* —5E **39**
Newbury Pl. *Salf* —4H **81**
Newbury Rd. *H Grn* —6G **149**
Newbury Rd. *L Lev* —4H **47**
Newbury Wlk. M9 —4F **83**
(off Ravelston Dri.)
Newbury Wlk. *Bolt* —4A **32**
Newbury Wlk. Chad —2A **72**
(off Kempton Way)
Newby Dri. *B'hth* —5F **133**
Newby Dri. *Gat* —6E **137**
Newby Dri. *Mid* —4H **53**
Newby Dri. *Sale* —6D **122**
Newby Rd. *Bolt* —4G **33**
Newby Rd. *Haz G* —2C **152**
Newby Rd. *Stoc* —1E **139**
Newby Rd. Ind. Est. *Haz G*
—3C **152**
Newcastle St.
(in two parts) —6D **94** (4H 9)
Newcastle Wlk. *Dent* —6G **113**
New Cateaton St. *Bury* —2D **36**
Newchurch. *Oldh* —3E **87**
New Church Ct. *Rad* —4H **49**
New Church Rd. *Bolt* —3D **30**
Newchurch St. *M11* —5B **96**
New Church St. *Rad* —4G **49**
Newchurch St. *Roch* —4C **40**
New Church Wlk. *Rad* —4H **49**
New City Rd. *Wor* —3C **76**
Newcliffe Rd. *M9* —5H **69**
New Coin St. *Rytn* —4B **56**
Newcombe Clo. *M11* —4B **96**
Newcombe Ct. *Sale* —5H **121**
Newcombe Dri. *L Hul* —3B **62**
Newcombe Rd. *Ram* —2A **22**
Newcombe St. *M3*
—2D **94** (1H 5)
New Ct. Dri. *Eger* —1B **18**
Newcroft. *Fail* —5H **85**
Newcroft Cres. *Urm* —6H **105**
Newcroft Dri. *Stoc* —5F **139**
Newcroft Dri. *Urm* —6A **106**
Newcroft Rd. *Urm* —6H **105**
New Cross. *M4* —3F **95** (4C 6)
New Cross St. *Rad* —4H **49**
New Cross St. *Salf* —3C **92**
New Cross St. *Swint* —4G **79**
Newdale Rd. *M12* —5D **110**
Newearth Rd. *Wor* —3D **76**
New Earth St. *Moss* —1F **89**
New Earth St. *Oldh* —4G **73**
New Elizabeth St. *M8* —6C **82**
New Ellesmere App. *Wor*
—5F **63**

Newell Ter. *Roch* —2G **27**
New Elm Rd. *M3*
—5B **94** (2D 8)
Newfield Clo. *Rad* —4E **49**
Newfield Clo. *Roch* —3C **28**
Newfield Head La. *Miln* —6H **29**
Newfield View. Miln —5G **29**
(in three parts)
New Forest Rd. *M23* —3C **134**
Newgate. *Roch* —4G **27**
Newgate Dri. *L Hul* —3B **62**
Newgate Rd. *Sale* —1E **133**
Newgate Rd. *Wilm* —2A **166**
New George St. *M4* —3E **95** (3B 6)
New George St. *Bury* —2A **36**
New Grn. *Bolt* —5A **20**
Newhall Av. *Brad F* —1B **48**
New Hall Av. *Ecc* —6C **90**
New Hall Av. *H Grn* —6F **149**
New Hall Av. *Salf* —3H **81**
New Hall Dri. *M23* —1G **135**
Newhall Pl. *Bolt* —5E **31**
New Hall Rd. *Bury* —1A **38**
New Hall Rd. *Sale* —5F **123**
New Hall Rd. *Salf* —3H **81**
Newhall Rd. *Stoc* —5A **112**
Newham Av. *M11* —3D **96**
Newhaven Av. *M11* —6H **97**
Newhaven Bus. Pk. *Ecc* —5G **91**
Newhaven Clo. *Bury* —4C **22**
Newhaven Wlk. *Bolt* —4D **32**
New Herbert St. *Salf* —6A **80**
Newhey Av. *M22* —6B **136**
New Hey Ct. *Sale* —4B **122**
Newhey Rd. *M22* —1B **148**
Newhey Rd. *Chea* —5A **138**
Newhey Rd. *Miln* —6G **29**
(in two parts)
NEWHEY STATION. *BR* —1F **43**
New Heys Way. *Bolt* —5H **19**
New Holder St. *Bolt* —6A **32**
Newholme Ct. *Stret* —6E **107**
Newholme Gdns. *Wor* —5E **63**
Newholme Rd. *M20* —4D **124**
Newhouse Clo. *Ward* —3A **16**
Newhouse Cres. *Roch* —3A **26**
Newhouse Rd. *Heyw* —3A **16**
Newhouse St. *Ward* —3A **16**
Newick Wlk. M9 —5G **69**
(off Levedale Rd.)
Newington Av. *M8* —6B **68**
Newington Ct. *Bow* —2D **144**
Newington Dri. *Bolt* —4B **32**
Newington Dri. *Bury* —4G **35**
Newington Wlk. *Bolt* —4B **32**
(in two parts)
New Inn Yd. *Roch* —5C **16**
New Islington. *M4*
—3G **95** (4E 7)
New Kings Head Yd. Salf
(off Chapel St.) —3D **94** (3G 5)
Newlands. *Fail* —1G **97**
Newlands Av. *Bolt* —4H **33**
Newlands Av. *Bram* —5H **151**
Newlands Av. *Chea H* —6C **150**
Newlands Av. *Ecc* —5B **90**
Newlands Av. *Irl* —5D **102**
Newlands Av. *Roch* —6F **15**
Newlands Av. *W'fld* —6C **50**
Newlands Clo. *Chea H* —6C **150**
Newlands Clo. *Roch* —6F **15**
Newlands Dri. *M20* —3G **137**
Newlands Dri. *Had* —3H **117**
Newlands Dri. *Pen* —5A **80**
Newlands Dri. *P'wch* —4E **67**
Newlands Dri. *Wilm* —4B **166**
Newlands Rd. *M23* —3E **135**
Newlands Rd. *Chea* —5H **137**

Newland St. *M8* —2D **82**
Newlands Wlk. *Mid* —4G **53**
(in two parts)
New La. *Bolt* —4F **33**
New La. *Ecc* —4D **90**
New La. *Mid* —6A **54**
New La. *Rytn* —3B **56**
New Lawns. *Stoc* —6A **112**
New Lees St. *Ash L* —6H **87**
(in two parts)
Newlyn Av. *Stal* —2H **101**
Newlyn Clo. *Haz G* —4D **152**
Newlyn Dri. *Bred* —5G **129**
Newlyn Dri. *Sale* —1C **134**
Newlyn St. *M14* —5F **109**
Newman St. *Ash L* —2G **99**
Newman St. *Hyde* —4C **114**
Newman St. *Roch* —6A **16**
New Market. *M2* —4D **94** (5H 5)
Newmarket Clo. *Sale* —1C **134**
Newmarket Gro. *Ash L* —6C **86**
New Market La. *M2*
—4D **94** (5H 5)
Newmarket M. *Salf* —5H **81**
Newmarket Rd. *Ash L* —6C **86**
Newmarket Rd. *L Lev* —5A **48**
New Meadow. *Los* —6A **30**
New Mill. *Roch* —1C **28**
New Mill St. *L'boro* —4E **17**
Newmill Wlk. M8 —5B **82**
(off Alderford Pde.)
New Moor La. *Haz G* —2D **152**
New Moss Rd. *Cad* —3B **118**
New Mount St. *M4*
—2E **95** (2B 6)
Newnham St. *Bolt* —1A **32**
New Park Rd. *Salf* —6H **93**
Newpark Wlk. M8 —5C **82**
(off Wellside Wlk.)
Newport Av. *Stoc* —2G **127**
Newport M. *Farn* —2F **63**
Newport Rd. *M21* —6G **107**
Newport Rd. *Bolt* —4C **46**
Newport Rd. *Dent* —1H **129**
Newport St. *M14* —4F **109**
Newport St. *Bolt* —6B **32**
(in two parts)
Newport St. *Farn* —2F **63**
Newport St. *Mid* —6C **54**
Newport St. *Oldh* —4B **72**
Newport St. *Salf* —3E **93**
Newport St. *Tot* —6A **22**
Newquay Av. *Bolt* —4D **34**
Newquay Av. *Stoc* —2G **127**
Newquay Dri. *Bram* —6H **151**
New Quay St. *Salf*
—4C **94** (6E 5)
New Radcliffe St. *Oldh* —2C **72**
New Ridd Rise. *Hyde* —1B **130**
New Riven Ct. *L Lev* —4A **48**
New Rd. *L'boro* —5C **16**
New Rd. *Oldh* —5C **72**
New Rd. *Rad* —5H **49**
New Rd. *Tin* —1H **117**
New Royd Av. *Lees* —1B **74**
New Royd Rd. *Oldh* —1A **74**
Newry Rd. *Ecc* —5G **91**
Newry St. *Bolt* —2H **31**
Newry Wlk. *M9* —6D **68**
Newsham Clo. *Bolt* —2H **45**
Newsham Wlk. *M12* —4D **110**
Newshaw La. *Had* —4H **117**
Newsholme St. *M8* —4B **82**
New Springs. *Bolt* —1F **31**
Newstead. Roch —3G **27**
(off Spotland Rd.)
Newstead Av. *M20* —4H **125**
Newstead Av. *Ash L* —4G **87**
Newstead Clo. *Poy* —2D **162**
Newstead Dri. *Bolt* —5E **45**
Newstead Gro. *Bred* —6E **129**

Newstead Rd. *Urm* —4G **105**
Newstead Ter. *Tim* —4H **133**
New St. *M40* —1A **96**
New St. *Alt* —1E **145**
New St. *Bolt* —1A **46**
New St. *Droy* —5A **98**
New St. *Ecc* —4E **91**
New St. *Lees* —3A **74**
New St. *L'boro* —5D **16**
New St. *Miln* —6G **29**
New St. *Pen* —2G **79**
New St. *Rad* —5H **49**
New St. *Roch* —1G **27**
New St. *Stal* —5E **101**
New St. *Tot* —5H **21**
New St. *Upperm* —1F **61**
New St. *Wilm* —4B **166**
New Tempest Rd. *Los* —3A **44**
New Ter. *Wilm* —1E **167**
New Thomas St. *Salf* —1G **93**
Newton Av. *Long* —3B **110**
Newton Av. *Wthtn* —3E **125**
Newton Bus. Pk. *Hyde* —2F **115**
Newton Cres. *Mid* —5F **53**
Newtondale Av. *Rytn* —3A **56**
Newton Dri. *G'mnt* —2A **22**
NEWTON FOR HYDE STATION.
   BR —3D **114**
New Tong Field. *Brom X*
   —4D **18**
Newton Hall Ct. *Hyde* —2A **114**
Newton Hall Rd. *Hyde* —2A **114**
Newton M. *P'wch* —5G **67**
Newton Moor Ind. Est. *Hyde*
   —2C **114**
Newtonmore Wlk. *Open*
   —4D **96**
Newton Rd. *Alt* —4G **133**
Newton Rd. *Fail* —6E **85**
Newton Rd. *Mid* —2D **68**
Newton Rd. *Urm* —5E **105**
Newton Rd. *Wilm* —6E **159**
Newton St. *M1* —4F **95** (5C **6**)
Newton St. *Ash L* —2A **100**
Newton St. *Bolt* —3A **32**
Newton St. *Bury* —5F **23**
Newton St. *Droy* —2C **98**
Newton St. *Fail* —5C **84**
Newton St. *Hyde* —3B **114**
Newton St. *Roch* —6A **28**
Newton St. *Stal* —3D **100**
Newton St. *Stoc* —3G **139**
Newton St. *Stret* —6D **106**
Newton Ter. *Bolt* —3A **32**
Newton Ter. *Duk* —4H **99**
Newton Wlk. *Bolt* —3A **32**
Newton Wood Rd. *Duk*
   —1H **113**
Newtown Av. *Dent* —5F **113**
Newtown Clo. *M11* —5D **96**
Newtown Clo. *Pen* —1F **79**
Newtown Ct. *P'wch* —5G **67**
Newtown St. *P'wch* —5G **67**
Newtown St. *Shaw* —1F **57**
New Union St. *M4*
   —3G **95** (4E **7**)
New Vernon St. *Bury* —1D **36**
New Viaduct St. *M11 & M40*
   —3A **96**
Newville Dri. *M20* —4H **125**
New Wakefield St. *M1*
   —6E **95** (3A **10**)
New Way. *Whitw* —4G **15**
New Welcome St. *M15*
   —1D **108** (5G **9**)
New York Av. *Man A* —6H **147**
New York St. *Heyw* —3D **38**
New Zealand Rd. *Stoc* —3A **140**
Neyland Clo. *Bolt* —6D **30**
Ney St. *Ash L* —5D **86**
Niagara St. *Stoc* —5A **140**

Nicholas Croft. *M4*
   —3E **95** (4B **6**)
Nicholas Owen Clo. *M11*
   —5E **97**
Nicholas Rd. *Oldh* —5C **72**
Nicholas St. *M1* —4E **95** (6A **6**)
Nicholas St. *Bolt* —5C **32**
Nicholls St. *M12*
   —1H **109** (5G **11**)
Nicholls St. *Salf* —2H **93**
Nicholson Rd. *Hyde* —2A **114**
Nicholson Sq. *Duk* —5H **99**
Nicholson St. *Lees* —3A **74**
Nicholson St. *Roch* —6H **27**
Nicholson St. *Stoc* —1G **139**
Nicker Brow. *Dob* —5A **60**
   (in two parts)
Nickleby Rd. *Poy* —4D **162**
Nick Rd. La. *Ward* —2F **15**
Nico Ditch. *M19* —5E **111**
Nicolas Rd. *M21* —6F **107**
Nicola St. *Eger* —3C **18**
Nield Rd. *Dent* —4F **113**
Nields Brow. *Bow* —3E **145**
Nield St. *Moss* —1D **88**
Nields Way. *Rom* —1H **155**
Nigel Rd. *M9* —4H **83**
Nigher Moss Av. *Roch* —4C **28**
Nightingale Clo. *Wilm* —6F **159**
Nightingale Dri. *Aud* —3C **98**
Nightingale St. *M3*
   —2D **94** (2G **5**)
Nightingale Wlk. *Bolt* —4B **46**
Nile St. *Ash L* —5F **99**
Nile St. *Bolt* —2B **46**
Nile St. *Oldh* —1C **72**
Nile St. *Roch* —3A **28**
Nile Ter. *Salf* —6H **81**
Nimble Nook. *Chad* —4G **71**
Nina Dri. *M40* —6C **70**
Nine Acre Ct. *Salf* —6H **93**
Nine Acres Dri. *Salf* —6H **93**
Ninehouse La. *Bolt* —3B **46**
Ninfield Rd. *M23* —1H **147**
Ninian Ct. *Mid* —6H **53**
Ninian Gdns. *Wor* —6F **63**
Ninth Av. *Oldh* —2B **86**
Nipper La. *W'fld* —5C **50**
Nisbet Av. *M22* —2C **148**
Niven St. *M12* —6G **95** (3E **11**)
Nixon Rd. *Bolt* —4G **45**
Nixon Rd. S. *Bolt* —4G **45**
Nixon St. *Fail* —4E **85**
Nixon St. *Roch* —2B **40**
Nixon St. *Stoc* —3G **139**
Nobel St. *M40* —5C **84**
Noble Meadow. *Roch* —4B **16**
Noble St. *Bolt* —2A **46**
Noble St. *Oldh* —5D **72**
Noel Dri. *Sale* —5D **122**
Nolan St. *M9* —3G **83**
Nole St. *Bolt* —6A **32**
Nona St. *Salf* —3E **93**
Nook Cotts. *Spring* —1C **74**
Nook Fields. *Bolt* —2G **33**
Nook La. *Ash L* —5H **87**
Nook Side. *Roch* —6F **15**
Nook Ter. *Roch* —6F **15**
Nook, The. *Bury* —4H **37**
Nook, The. *Ecc* —2C **90**
Nook, The. *Wor* —3H **77**
Noon Sun Clo. *G'fld* —5E **61**
Noon Sun St. *Roch* —2H **27**
   (in two parts)
Norah St. *Chad* —1H **85**
Norbet Wlk. *M9* —4G **83**
Norbreck Av. *M21* —2H **123**
Norbreck Av. *Chea* —5C **138**
Norbreck Gdns. *Bolt* —5E **33**
Norbreck Pl. *Bolt* —5E **33**

Norbreck St. *Bolt* —5E **33**
Norburn Rd. *M13* —5B **110**
Norbury Av. *Gras* —3E **75**
Norbury Av. *Hyde* —5B **114**
Norbury Av. *Marp* —5C **142**
Norbury Av. *Sale* —5H **121**
Norbury Av. *Salf* —6B **80**
Norbury Cres. *Haz G* —3D **152**
Norbury Dri. *Marp* —5C **142**
Norbury Gro. *Bolt* —1C **32**
Norbury Gro. *Haz G* —3D **152**
Norbury Gro. *Pen* —2F **79**
Norbury Hollow Rd. *Haz G &
   Poy* —5H **153**
Norbury Ho. *Oldh* —4F **73**
Norbury La. *Oldh* —6H **73**
Norbury M. *Marp* —5C **142**
Norbury Sq. *M40* —1A **96**
Norbury St. *Roch* —1H **41**
Norbury St. *Salf* —5A **82**
Norbury St. *Stoc* —2H **139**
Norbury Way. *Hand* —2A **160**
Norcliffe Wlk. *M18* —3D **110**
Norcot Wlk. *M15*
   —1B **108** (5D **8**)
Norcross Clo. *Stoc* —6D **140**
Nordale Pk. *Roch* —1A **26**
Nordek Clo. *Rytn* —2B **56**
Nordek Dri. *Rytn* —2B **56**
Norden Av. *M20* —3E **125**
Norden Clo. *Roch* —1G **25**
Norden Ct. *Bolt* —3A **46**
Norden Rd. *Roch* —6H **25**
Nordens Dri. *Chad* —6F **55**
Nordens Rd. *Chad* —1F **71**
Nordens St. *Chad* —1G **71**
Norden Way. *Roch* —1G **25**
Noreen Av. *P'wch* —4F **67**
Norfield Clo. *Duk* —5A **100**
Norfolk Av. *M18* —3E **111**
Norfolk Av. *Dent* —4H **111**
Norfolk Av. *Droy* —2H **97**
Norfolk Av. *Heyw* —3C **38**
Norfolk Av. *Stoc* —3E **127**
Norfolk Av. *W'fld* —1E **67**
Norfolk Clo. *Cad* —4A **118**
Norfolk Clo. *L'boro* —6G **17**
Norfolk Clo. *L Lev* —3B **48**
Norfolk Clo. *Shaw* —6D **42**
Norfolk Cres. *Fail* —5E **85**
Norfolk Dri. *Farn* —6F **47**
Norfolk Gdns. *Urm* —4H **103**
Norfolk Ho. *Sale* —5C **122**
Norfolk Ho. *Salf* —2A **82**
Norfolk Rd. *M18* —3E **111**
Norfolk St. *M2* —4D **94** (5A **6**)
Norfolk St. *Hyde* —5B **114**
Norfolk St. *Oldh* —5H **71**
   (in two parts)
Norfolk St. *Roch* —5G **27**
Norfolk St. *Salf* —6E **81**
Norfolk St. *Wor* —3F **63**
Norfolk Way. *Rytn* —5B **56**
Norford Way. *Roch* —3A **26**
Norgate St. *M20* —6F **125**
Norlan Av. *Aud* —6E **99**
Norland Wlk. *M40* —6H **83**
Norleigh Rd. *M22* —3B **136**
Norley Av. *Stret* —4F **107**
Norley Clo. *Chad* —5H **55**
Norley Dri. *M19* —5E **111**
Norley Dri. *Sale* —5E **123**
Norman Av. *Haz G* —2C **152**
Normanby Chase. *Alt* —1D **144**
Normanby Gro. *Swint* —2E **79**
Normanby Rd. *Wor* —2E **77**
Normanby St. *M14* —3E **109**
Normanby St. *Bolt* —5F **45**
Normanby St. *Swint* —2E **79**
Norman Clo. *Mid* —6C **54**
Normandale Av. *Bolt* —4E **31**

Normandy Cres. *Rad* —4F **49**
Norman Gro. *M12* —3B **110**
Norman Gro. *Stoc* —2G **127**
Norman Rd. *M14* —5G **109**
Norman Rd. *Alt* —5E **133**
Norman Rd. *Ash L* —5G **87**
Norman Rd. *Roch* —5F **27**
Norman Rd. *Sale* —5B **122**
Norman Rd. *Salf* —4A **82**
Norman Rd. *Stal* —3D **100**
Norman Rd. *Stoc* —6D **126**
Norman Rd. W. *M9* —4H **83**
Norman's Pl. *Alt* —1F **145**
Norman St. *M12* —2D **110**
Norman St. *Bolt* —4B **46**
Norman St. *Bury* —1F **37**
Norman St. *Fail* —2G **85**
Norman St. *Hyde* —5C **114**
Norman St. *Mid* —2B **70**
Norman St. *Oldh* —1B **72**
Norman St. *Salf* —2C **92**
Normanton Dri. *M9* —6G **69**
Normanton Rd. *Stoc* —4C **138**
Norman Weall Ct. *Mid* —5A **54**
Normington St. *Oldh* —2G **73**
Norreys Av. *Urm* —4A **104**
Norreys St. *Roch* —3A **28**
Norris Av. *Stoc* —2E **139**
Norris Bank Ter. *Stoc* —2E **139**
Norris Hill Dri. *Stoc* —1E **139**
Norris Rd. *Sale* —1B **134**
Norris Rd. *W'houg* —6A **44**
Norris St. *Bolt* —2A **46**
Norris St. *Farn* —2E **63**
Norris St. *L Lev* —4A **48**
Norris Towers. Stoc —1G **139**
   (off Wilkinson Rd.)
Northallerton Rd. *Salf* —5E **81**
Northampton Rd. *M40* —5G **83**
Northampton Wlk. *Dent*
   —6G **113**
Northampton Way. *Dent*
   —6G **113**
North Av. *M19* —2B **126**
North Av. *Farn* —1C **62**
North Av. *G'fld* —4F **61**
North Av. *G'mnt* —2A **21**
North Av. *Stal* —2E **101**
North Av. *Uns* —3F **51**
Northavon Clo. Ecc —4A **92**
   (off Kearton Dri.)
Northbank Gdns. *M19* —3A **126**
Northbank Ind. Est. *Irl* —3C **118**
Northbank Wlk. *M20* —6B **124**
Northbourne St. *Salf* —3E **93**
Northbrook Av. *M8* —5B **68**
N. Brook Rd. *Had* —3G **117**
N. Broughton St. *Salf*
   —3C **94** (4E **5**)
North Circ. *W'fld* —3E **67**
N. Clifden La. *Salf* —5A **82**
Northcliffe Rd. *Stoc* —3C **140**
North Clo. *Tin* —1H **117**
Northcombe Rd. *Stoc* —6G **139**
Northcote Rd. *Bram* —6H **151**
Northcote St. *Rad* —5G **49**
North Cres. *M11* —2F **97**
N. Croft. *Oldh* —6E **73**
Northdale Rd. *M9* —4D **68**
N. Dean St. *Pen* —2G **79**
Northdene Dri. *Roch* —5B **26**
Northdown Av. *M15*
   —1B **108** (5C **8**)
Northdown Av. *Woodl* —4A **130**
N. Downs Rd. *Chea H* —2B **150**
N. Downs Rd. *Shaw* —5D **42**
North Dri. *Aud* —4C **98**
North Dri. *Swint* —4H **79**
Northenden Pde. *M22* —2B **136**
Northenden Rd. *Gat* —5E **137**

Northenden Rd. *Sale* —4B **122**
Northenden View. *M20*
(off South Rd.) —1F **137**
N. End Rd. *Stal* —3F **101**
Northen Gro. *M20* —5D **124**
Northerly Cres. *M40* —6D **70**
Northern Av. *Clif* —6A **66**
Northern Gro. *Bolt* —4G **31**
Northfield Av. *M40* —1F **85**
Northfield Rd. *M40* —1F **85**
Northfield Rd. *Bury* —5F **23**
Northfield St. *Bolt* —2G **45**
Northfleet Rd. *Ecc* —4B **90**
North Ga. *Oldh* —1C **86**
Northgate. *Whitw* —2C **14**
Northgate La. *Oldh* —3A **58**
Northgate Rd. *Stoc* —3E **139**
N. George St. *Salf*
—2B **94** (2C **4**)
Northgraves Dri. *Salf* —5A **82**
North Gro. *M13* —2H **109**
North Gro. *Urm* —6E **105**
North Gro. *Wor* —6E **63**
N. Harvey St. *Stoc* —2H **139**
N. Hill St. *Salf* —2B **94** (2D **4**)
Northland Rd. *M9* —6A **70**
Northland Rd. *Bolt* —5D **18**
Northlands. *Rad* —2E **49**
North La. *Roch* —3H **27**
Northleach Clo. *Bury* —2G **35**
Northlleigh Dri. *P'wch* —6H **67**
Northleigh Rd. *M16* —4H **107**
N. Lonsdale St. *Stret* —4E **107**
North Mkt. La. *M2*
—4E **95** (5A **6**)
N. Meade. *M21* —2H **123**
Northmoor M. *Oldh* —1C **72**
Northmoor Rd. *M12* —3C **110**
N. Nook. *Oldh* —1C **74**
Northolme Gdns. *M19* —4A **126**
Northolt Ct. *M11* —3F **97**
Northolt Dri. *Bolt* —3B **46**
Northolt Rd. *M23* —2F **135**
North Pde. *M3* —4D **94** (5G **5**)
North Pde. *Miln* —1G **43**
North Pde. *Sale* —1D **134**
N. Park Rd. *Bram* —3F **151**
N. Phoebe St. *Salf* —5H **93**
North Pl. *Stoc* —2H **139**
Northridge Rd. *M9* —3F **69**
North Rise. *G'fld* —4F **61**
North Rd. *M11* —3D **96**
North Rd. *Aud* —4C **98**
North Rd. *Car* —5H **119**
North Rd. *Hale* —5A **146**
North Rd. *Man A* —1A **158**
North Rd. *P'wch* —4D **66**
North Rd. *Stal* —3F **101**
North Rd. *Stret* —3A **106**
North Rd. *Traf P* —2C **106**
Northside Av. *Urm* —6B **104**
N. Star Dri. *Salf* —4B **94** (5D **4**)
Northstead Av. *Dent* —5H **113**
North St. *M8* —6C **82**
North St. *Ash L* —3G **99**
North St. *Heyw* —3D **38**
North St. *Mid* —5A **54**
North St. *Rad* —3A **50**
North St. *Roch* —3A **28**
North St. *Rytn* —3B **56**
(in two parts)
North St. *Whitw* —4G **15**
Northumberland Av. *Ash L*
—1H **99**
Northumberland Clo. *M16*
—2A **108**
Northumberland Cres. *M16*
—2A **108**
Northumberland Rd. *M16*
—3A **108**

Northumberland Rd. *Stoc*
—2B **128**
Northumberland St. *Salf*
—4H **81**
Northumbria St. *Bolt* —2G **45**
Northurst Dri. *M8* —6B **68**
N. Vale Rd. *Tim* —5H **133**
North View. *Bury* —1B **22**
North View. *Moss* —2G **89**
North View. *W'fld* —5C **50**
North View. *Whitw* —3H **15**
N. View Clo. *Lyd* —4E **75**
N. Vine St. *M15*
—1D **108** (5G **9**)
Northward Rd. *Wilm* —3C **166**
Northway. *M40* —1F **85**
Northway. *Alt* —5G **133**
North Way. *Bolt* —1D **32**
Northway. *Droy* —5A **98**
Northway. *Ecc* —3H **91**
North Way. *Stoc* —3C **128**
N. Western St. *M1 & M12*
—5G **95** (1E **11**)
N. Western St. *Lev* —1C **126**
Northwold Dri. *M9* —6B **70**
Northwold Dri. *Bolt* —5C **30**
Northwood. *Bolt* —1F **33**
Northwood Cres. *Bolt* —2G **45**
Northwood Gro. *Sale* —5B **122**
N. Woodley. *Rad* —1A **66**
Northworth Dri. *M9* —6B **70**
Norton Av. *M12* —4D **110**
Norton Av. *Dent* —4A **112**
Norton Av. *Sale* —3F **121**
Norton Av. *Urm* —3F **105**
Norton Grange. *P'wch* —6H **67**
Norton Gro. *Stoc* —2D **138**
Norton Rd. *Roch* —6F **15**
Norton Rd. *Wor* —4A **76**
Norton St. *M1* —4G **95** (6E **7**)
Norton St. *Bolt* —2B **32**
Norton St. *Mile P* —1A **96**
Norton St. *Old T* —3A **108**
(Hightown)
Norton St. *Salf* —3D **94** (3G **5**)
(Salford)
Norview Dri. *M20* —4F **137**
Norville Av. *M40* —6D **70**
Norway Gro. *Stoc* —5H **127**
Norway St. *M11* —5A **96**
Norway St. *Bolt* —3H **31**
Norway St. *Salf* —3E **93**
Norway St. *Stret* —4E **107**
Norweb Way. *Chad* —1G **71**
Norwell Rd. *M22* —6C **136**
Norwich Av. *Chad* —6G **55**
Norwich Av. *Dent* —6F **113**
Norwich Av. *Roch* —4C **26**
Norwich Clo. *Ash L* —4H **87**
Norwich Dri. *Bury* —2B **36**
Norwich Rd. *Stret* —4H **105**
Norwich St. *Roch* —6A **28**
Norwick Clo. *Bolt* —3C **44**
Norwood. *P'wch* —1F **81**
Norwood Av. *M20* —5H **125**
Norwood Av. *Bram* —2E **161**
Norwood Av. *Chea H* —2C **150**
Norwood Av. *H Lane* —6B **154**
Norwood Av. *Salf* —3G **81**
Norwood Clo. *Shaw* —5E **43**
Norwood Clo. *Wor* —3G **77**
Norwood Cres. *Rytn* —5C **56**
Norwood Dri. *Swint* —4C **78**
Norwood Dri. *Tim* —6D **134**
Norwood Gro. *Bolt* —5G **31**
Norwood Gro. *Rytn* —5C **56**
Norwood Pk. *Alt* —1E **145**
Norwood Rd. *Gat* —5F **137**

Norwood Rd. *Stoc* —1B **152**
Norwood Rd. *Stret* —6E **107**
Nottingham Av. *Stoc* —3C **128**
Nottingham Dri. *Stoc* —3C **128**
Nottingham Dri. *Ash L* —4F **87**
Nottingham Dri. *Bolt* —4A **32**
Nottingham Dri. *Fail* —6G **85**
Nottingham Ter. *Stoc* —3C **128**
Nottingham Way. *Dent*
—6G **113**
Nova Scotia St. *Fail* —3F **85**
Nowell Ct. *Mid* —4A **54**
Nowell Ho. *Mid* —5A **54**
Nowell Rd. *Mid* —4A **54**
Nudger Clo. *Dob* —5H **59**
Nudger Grn. *Dob* —5H **59**
Nuffield Ho. *Bolt* —4F **31**
Nuffield Rd. *M22* —1C **148**
Nugent Rd. *Bolt* —4A **46**
Nugget St. *Oldh* —3F **73**
Nuneaton Dri. *M40*
—2H **95** (1G **7**)
Nuneham Av. *M20* —2G **125**
Nunfield Clo. *M40* —1B **84**
Nunnery Rd. *Bolt* —3F **45**
Nunthorpe Dri. *M8* —3B **83**
Nursery Av. *Hale* —5G **145**
Nursery Brow. *Rad* —1H **65**
Nursery Clo. *Sale* —5D **122**
Nursery Dri. *Poy* —3D **162**
Nursery La. *Stoc* —4C **138**
Nursery La. *Wilm* —3C **166**
Nursery Rd. *Chea H* —4B **150**
Nursery Rd. *Fail* —4G **85**
Nursery Rd. *Hyde* —4A **114**
Nursery Rd. *P'wch* —3E **67**
Nursery Rd. *Stoc* —6E **127**
Nursery Rd. *Urm* —3C **104**
Nursery St. *M16* —4D **108**
Nursery St. *Salf* —1F **93**
Nuthatch Av. *Wor* —3F **77**
Nuthurst Rd. *M40* —2C **84**
Nutsford Vale. *M18* —3C **110**
Nut St. *Bolt* —3H **31**
Nuttall Av. *L Lev* —4C **48**
Nuttall Av. *W'fld* —1D **66**
Nuttall Clo. *Ram* —4B **12**
Nuttall Hall Rd. *Ram* —5F **13**
Nuttall La. *Ram* —4E **13**
Nuttall M. *W'fld* —1D **66**
Nuttall Rd. *Ram* —5E **13**
Nuttall Sq. *Bury* —2D **50**
Nuttall St. *M11* —6C **96**
Nuttall St. *M16* —2A **108**
Nuttall St. *Bury* —4E **37**
Nuttall St. *Cad* —3C **118**
Nuttall St. *Oldh* —5F **73**
Nutt La. *P'wch* —1A **68**

Oadby Clo. *M12* —2C **110**
Oak Av. *M21* —1H **123**
Oak Av. *Cad* —4B **118**
Oak Av. *Chea H* —3C **150**
Oak Av. *L Lev* —4B **48**
Oak Av. *Mid* —2A **70**
Oak Av. *Ram* —1A **22**
Oak Av. *Rom* —1A **142**
Oak Av. *Rytn* —1B **56**
Oak Av. *Stoc* —1D **138**
Oak Av. *W'fld* —2D **66**
Oak Av. *Wilm* —4C **166**
Oak Bank. *P'wch* —2D **80**
Oak Bank Av. *M9* —2H **83**
Oakbank Av. *Chad* —1E **71**
Oak Bank Clo. *W'fld* —1F **67**
Oakbank Dri. *Bolt* —5B **18**
Oak Barton. *Los* —3A **44**
Oakcliffe Rd. *Roch* —5A **16**
Oak Clo. *Mot* —3C **116**
Oak Clo. *Whitw* —1H **15**

Oak Clo. *Wilm* —3C **166**
Oak Coppice. *Bolt* —6E **31**
Oak Cotts. *Styal* —3D **158**
Oak Ct. *Bred* —5G **129**
Oak Croft. *Stal* —6H **101**
Oakcroft Clo. *Stal* —5H **101**
Oakdale. *Bolt* —1F **33**
Oakdale Clo. *W'fld* —1B **66**
Oakdale Ct. *Alt* —6E **133**
Oakdale Ct. *Del* —4G **59**
Oakdale Dri. *M20* —2G **137**
Oakdale Dri. *H Grn* —3F **149**
Oakdean Ct. *Wilm* —6F **159**
Oakdene. *Swint* —5B **78**
Oakdene Av. *H Grn* —6F **149**
Oakdene Av. *Stoc* —4F **127**
Oakdene Cres. *Marp* —4D **142**
Oakdene Gdns. *Marp* —4D **142**
Oakdene Rd. *Marp* —4D **142**
Oakdene Rd. *Mid* —1C **70**
Oakdene Rd. *Tim* —3B **134**
Oakdene St. *M9* —3H **83**
Oak Dri. *M14* —6H **109**
Oak Dri. *Bram* —6E **151**
Oak Dri. *Dent* —3A **112**
Oak Dri. *Marp* —5B **142**
Oaken Bank Rd. *Heyw & Mid*
—2H **53**
Oakenbottom Rd. *Bolt* —6F **33**
Oaken Bri. *Stoc* —6G **127**
Oaken Clough. *Ash L* —5D **86**
Oakenclough. *Oldh* —2C **72**
Oakenclough Clo. *Wilm*
—5H **159**
Oaken Clough Dri. *Ash L*
—5E **87**
Oakenclough Dri. *Bolt* —3D **30**
Oakenholme Wlk. *M18* —2E **111**
(off Beyer Clo.)
Oakenrod Hill. *Roch* —4F **27**
Oakenshaw Av. *Whitw* —3C **14**
Oakenshaw View. *Whitw*
—3C **14**
Oaken St. *Ash L* —5E **87**
Oaker Av. *M20* —5C **124**
Oakes St. *Kear* —2H **63**
Oakfield. *Duk* —1C **114**
Oakfield. *P'wch* —6H **67**
Oakfield. *Sale* —4A **122**
Oakfield Av. *C'brk* —5G **89**
Oakfield Av. *Chea* —5A **138**
Oakfield Av. *Droy* —4H **97**
Oakfield Av. *Firs* —4G **107**
Oakfield Av. *Whal R* —4B **108**
Oakfield Clo. *Ald E* —6E **167**
Oakfield Ct. *Tim* —5G **133**
Oakfield Dri. *L Hul* —4A **62**
Oakfield Gro. *M18* —3F **111**
Oakfield Gro. *Farn* —3E **63**
Oakfield M. *Sale* —5A **122**
Oakfield Rd. *M20* —6E **125**
Oakfield Rd. *Alt* —6G **133**
Oakfield Rd. *Had* —4G **117**
Oakfield Rd. *Hyde* —2C **114**
Oakfield Rd. *Poy* —3E **163**
Oakfield Rd. *Stoc* —6H **139**
Oakfield St. *M8* —5C **82**
Oakfield St. *Alt* —6G **133**
Oakfield Ter. *Roch* —3E **27**
Oakfield Trad. Est. *Alt* —6G **133**
Oakfold Av. *Ash L* —5H **87**
Oakford Av. *M40*
—2G **95** (1E **7**)
Oakford Wlk. *Bolt* —3G **45**
Oak Gates. *Eger* —2C **18**
Oak Gro. *Ash L* —5H **87**
Oak Gro. *Chea* —6A **138**
Oak Gro. *Ecc* —4D **90**
Oak Gro. *Poy* —3D **162**
Oak Gro. *Urm* —5G **105**

Oakham Clo. *Bury* —6D **22**
Oakham M. *Salf* —2G **81**
Oakhampton Clo. *Rad* —2C **48**
Oakham Rd. *Dent* —6G **113**
Oak Hill. *L'boro* —4D **16**
Oakhill Clo. *Bolt* —6A **34**
Oakhill Trad. Est. *Wor* —4E **63**
Oakhill Way. *M8* —4B **82**
Oakhouse Dri. *M21* —2H **123**
Oakhurst Chase. *Ald E* —4G **167**
Oakhurst Dri. *Stoc* —6D **138**
Oakington Av. *M14* —4F **109**
Oakland Av. *M16* —3G **107**
Oakland Av. *M19* —5A **126**
Oakland Av. *Salf* —1A **92**
Oakland Av. *Stoc* —5C **140**
Oakland Cotts. *Salf* —3F **81**
Oakland Ct. *Poy* —3D **162**
Oakland Gro. *Bolt* —3E **31**
Oakland Ho. *M16* —2G **107**
Oaklands. *Bolt* —6D **30**
Oaklands. *Los* —5A **30**
Oaklands. *Wilm* —2G **167**
Oaklands Av. *Chea H* —3C **150**
Oaklands Av. *Marp B* —3G **143**
Oaklands Clo. *Wilm* —6A **160**
Oaklands Dri. *Haz G* —4E **153**
Oaklands Dri. *P'wch* —5F **67**
Oaklands Dri. *Sale* —4A **122**
Oaklands Pk. *Gras* —4H **75**
Oaklands Rd. *G'fld & Oldh*
　　　　　　　　　　—4H **75**
Oaklands Rd. *Hyde* —5E **115**
Oaklands Rd. *Ram* —3A **12**
Oaklands Rd. *Rytn* —5C **56**
Oaklands Rd. *Salf* —4E **81**
Oaklands Rd. *Swint* —5D **78**
Oakland Ter. *Roch* —4C **40**
Oak La. *W'fld* —1F **67**
Oak La. *Wilm* —3C **166**
Oak Lea Av. *Wilm* —4D **166**
Oaklea Rd. *Sale* —3G **121**
Oakleigh. *Stoc* —1H **151**
Oakleigh Av. *M19* —2B **126**
Oakleigh Av. *Bolt* —5C **46**
Oakleigh Av. *Tim* —4A **134**
Oakleigh Clo. *Heyw* —6G **39**
Oakleigh Ct. *Tim* —4C **134**
Oakley Clo. *M40* —6C **84**
Oakley Clo. *Rad* —1G **65**
Oakley Pk. *Bolt* —6D **30**
Oakley St. *L'boro* —5C **16**
Oakley St. *Salf* —3D **92**
Oakley Vs. *Stoc* —6D **126**
Oak Lodge. *Bram* —6H **151**
Oakmere Av. *Ecc* —1E **91**
Oakmere Clo. *M22* —1B **148**
Oakmere Rd. *Chea H* —1B **150**
Oakmere Rd. *Hand* —2H **159**
Oak M. *Wilm* —6G **159**
Oakmoor Dri. *Salf* —3E **81**
Oakmoor Rd. *M23* —5G **135**
Oakridge Wlk. *M9* —4F **83**
Oak Rd. *M20* —4F **125**
Oak Rd. *Chea* —5A **138**
Oak Rd. *Fail* —5F **85**
Oak Rd. *Hale* —2G **145**
Oak Rd. *Oldh* —1A **86**
Oak Rd. *Part* —6B **118**
Oak Rd. *Sale* —5D **122**
Oak Rd. *Salf* —5G **81**
Oaks Av. *Bolt* —1E **33**
Oaksey Wlk. *Salf* —4F **81**
Oakshaw Dri. *Roch* —2C **26**
Oakside Clo. *Chea* —5H **137**
Oaks La. *Bolt* —6F **19**
Oaks, The. *H Grn* —3E **149**
Oaks, The. *Hyde* —4E **115**
Oak St. *M4* —3E **95** (4B **6**)
　(in two parts)
Oak St. *Aud* —1F **113**

Oak St. *Ecc* —4F **91**
Oak St. *Haz G* —2D **152**
Oak St. *Heyw* —2D **38**
Oak St. *Hyde* —3C **114**
Oak St. *Miln* —1F **43**
Oak St. *L'boro* —4G **17**
Oak St. *Mid* —2D **70**
Oak St. *Pen* —2G **79**
Oak St. *Rad* —6A **50**
Oak St. *Ram* —4D **12**
Oak St. *Roch* —4H **27**
Oak St. *Shaw* —6G **43**
Oak St. *S'bri* —6D **16**
Oak St. *Stoc* —3D **138**
Oak St. *Whitw* —1H **15**
Oaksworth M. *Gat* —6F **137**
Oak Ter. *L'boro* —5H **17**
Oak Tree Clo. *Stoc* —3D **140**
Oak Tree Ct. *Chea* —6H **137**
Oak Tree Cres. *Stal* —5E **101**
Oak Tree Dri. *Duk* —6D **100**
Oak View. *Whitw* —1H **15**
Oak View Rd. *G'fld* —4F **61**
Oakville Dri. *Salf* —1A **92**
Oakville Ter. *M40* —2H **83**
Oakway. *Manx* —3G **137**
Oakway. *Mid* —3H **53**
Oakwell Dri. *Bury* —4F **51**
Oakwell Dri. *Salf* —2A **82**
Oakwood. *Chad* —2E **71**
Oakwood. *Sale* —5E **121**
Oakwood M. *M40* —2D **84**
Oakwood Av. *Aud* —6E **99**
Oakwood Av. *Clif* —5E **65**
Oakwood Av. *Gat* —6E **137**
Oakwood Av. *Wilm* —3B **166**
Oakwood Av. *Wor* —1H **77**
Oakwood Clo. *Bury* —2H **35**
Oakwood Ct. *Bow* —5D **144**
Oakwood Dri. *Bolt* —5D **30**
Oakwood Dri. *Salf* —6H **79**
Oakwood Dri. *Wor* —1H **77**
Oakwood Ho. *M21* —1A **124**
Oakwood La. *Bow* —5D **144**
Oakwood Rd. *Dis* —1H **165**
Oakwood Rd. *Rom* —1A **142**
Oakworth Croft. *Oldh* —3B **58**
Oakworth St. *M9* —1E **83**
Oatlands. *Ald E* —6H **167**
Oatlands Rd. *M22* —3A **148**
Oat St. *Stoc* —4A **140**
Oats Wlk. *M13* —3G **109**
Oban Av. *M40* —1D **96**
Oban Av. *Oldh* —6F **57**
Oban Cres. *Stoc* —1F **151**
Oban Dri. *Sale* —6E **123**
Oban Gro. *Bolt* —6C **18**
Oban St. *Bolt* —2H **31**
Oberlin St. *Oldh* —2H **73**
Oberlin St. *Roch* —6F **27**
Oberon Clo. *Ecc* —3F **91**
Occleston Clo. *Sale* —2E **135**
Occupiers La. *Haz G* —4G **153**
Ocean St. *Alt* —5D **132**
Ocean St. Trad. Est. *B'hth*
　　　　　　　　　　—5D **132**
Ocean Wlk. *M15* —2D **108**
Ockenden Dri. *M9* —3F **83**
Ocshell Ho. *Salf* —2F **93**
Octagon Ct. *Bolt* —1B **46**
Octavia Dri. *M40* —1F **97**
Octavia Ho. Salf —2F 93
　(off Sutton Dwellings)
Oddies Yd. *Roch* —1A **28**
Odell St. *M11* —6D **96**
Odessa Av. *Salf* —6H **79**
Odette St. *M18* —2E **111**
Off Duke St. *Moss* —2G **89**
Offerton Dri. *Stoc* —5D **140**
Offerton Fold. *Stoc* —4C **140**
Offerton Grn. *Stoc* —5F **141**

Offerton Ind. Est. *Stoc* —4C **140**
Offerton La. *Stoc* —3B **140**
Offerton Rd. *Haz G & Stoc*
　　　　　　　　　　—2G **153**
Offerton St. *Stoc* —1B **140**
Off Green St. *Mid* —6A **54**
Off Grove Rd. *Millb* —1H **101**
Off Kershaw St. Shaw —6F 43
　(off Kershaw St., in two parts)
Off Lees St. Shaw —6F 43
　(off Lees St.)
Off Ridge Hill La. *Stal* —3D **100**
Off Stamford St. *Millb* —1H **101**
Ogbourne Wlk. M13
　　　　　　—1G **109** (6F **11**)
　(off Lauderdale Cres.)
Ogden Clo. *Heyw* —3C **38**
Ogden Clo. *W'fld* —6E **51**
Ogden Ct. *Hyde* —5C **114**
Ogden Gdns. *Duk* —5C **100**
Ogden Gro. *Gat* —1D **148**
Ogden La. *M11* —6F **97**
Ogden La. *Miln* —1H **43**
Ogden Rd. *Bram* —2E **161**
Ogden Rd. *Fail* —5F **85**
Ogden Sq. *Duk* —5H **99**
Ogden St. *Ash L* —6H **87**
Ogden St. *Chad* —1A **72**
Ogden St. *Manx* —6F **125**
Ogden St. *Mid* —1A **70**
Ogden St. *Oldh* —3H **73**
Ogden St. *P'wch* —5G **67**
Ogden St. *Roch* —3C **40**
Ogden St. *Swint* —4F **79**
Ogden Wlk. *W'fld* —1E **67**
Ogmore Wlk. *M40* —1C **84**
Ogwen Dri. *P'wch* —4F **67**
Ohio Av. *Salf* —5F **93**
O'Kane Ho. *Ecc* —4F **91**
Okehampton Cres. Sale
　　　　　　　　　　—4F **121**
Okeover Rd. *Salf* —3H **81**
Olaf St. *Bolt* —4D **32**
Old Bank Clo. *Bred* —6G **129**
Old Bank St. *M2* —4D **94** (5H **5**)
Old Barn Pl. *Brom X* —3E **19**
Old Barton Rd. *Urm* —1E **105**
Old Birley St. *M15* —1D **108**
Old Broadway. *M20* —4F **125**
Old Brook Clo. *Shaw* —5H **43**
Old Brook Fold. *Tim* —1B **146**
Old Brow. Moss —2E 89
　(in two parts)
Old Brow Ct. *Moss* —3E **89**
Old Brow La. *Roch* —6A **16**
Oldbury Clo. M40
　　　　　　　　—2H **95** (2G **7**)
Oldbury Clo. *Heyw* —6F **39**
Oldcastle Av. *M20* —1E **125**
Old Chapel St. *Stoc* —4E **139**
Old Church St. *M40* —5B **84**
Old Chu. St. *Oldh* —2D **72**
Old Clough La. Wor —3H 77
　(in two parts)
Old Cottage Clo. *Wor* —6B **76**
Old Courtyard, The. M22
　　　　　　　　　　—6C **136**
Oldcroft. *Spring* —3C **74**
Old Croft M. *Stoc* —4B **140**
Old Crofts Bank. *Urm* —3E **105**
Old Cross St. *Ash L* —2A **100**
Old Delph Rd. *Roch* —2A **26**
Old Doctors St. *Tot* —4H **21**
Old Eagley M. *Bolt* —5D **18**
Old Edge La. Rytn & Oldh
　　　　　　　　　　—5C **56**
Old Elm St. M13
　　　　　　—1G **109** (5F **11**)
Old Engine La. *Ram* —3F **13**
Oldershaw Dri. *M9* —5F **83**
Old Farm Cres. *Droy* —5H **97**

Old Farm M. *Chea H* —6E **151**
Old Farm Rd. *Stoc* —5F **141**
Oldfield Gro. *Sale* —4C **122**
Oldfield La. *Dun M* —1A **144**
Oldfield M. *Alt* —6E **133**
Oldfield Rd. *M5* —6C **132**
Oldfield Rd. *P'wch* —2G **67**
Oldfield Rd. *Sale* —4C **122**
Oldfield Rd. *Salf* —5A **94** (2A **8**)
Oldfield St. *M11* —4D **96**
Old Fold. *Ecc* —1E **91**
Old Fold. *Haz G* —2D **152**
Old Gdns. St. *Stoc* —3H **139**
Old Garden, The. Tim —4B **134**
Oldgate Wlk. *M15*
　　　　　　　　—1B **108** (6D **8**)
Old Green. *G'mnt* —2H **21**
Old Ground St. *Ram* —3E **13**
Old Hall Clo. *Bury* —4B **22**
Old Hall Clo. *Mot* —3C **116**
Old Hall Clough. *Los* —6A **30**
Old Hall Ct. *Sale* —5E **123**
Old Hall Cres. *Hand* —4A **160**
Old Hall Dri. *M18* —3F **111**
Old Hall Dri. *Stoc* —5E **141**
Old Hall La. *M14 & M13*
　　　　　　　　　　—6H **109**
Old Hall La. *Los* —4A **30**
Old Hall La. *Mell* —6F **143**
Old Hall La. *Mot* —2C **116**
Old Hall La. *P'wch & Mid*
　(in two parts)　　　—2A **68**
Old Hall La. *W'fld* —3A **66**
Old Hall La. *Woodf* —6F **161**
Old Hall La. *Wor* —4G **77**
Old Hall Rd. *M40* —4B **84**
Old Hall Rd. *Gat* —5D **137**
Old Hall Rd. *Sale* —5E **123**
Old Hall Rd. *Salf* —3H **81**
Old Hall Rd. *Stret* —3H **105**
Old Hall Rd. *W'fld* —2A **66**
Old Hall Sq. *Had* —2H **117**
Old Hall St. *M11* —6G **97**
Old Hall St. *Duk* —6G **99**
Old Hall St. *Kear* —2G **63**
Oldhall St. *Mid* —1H **69**
　(in two parts)
Old Hall St. N. *Bolt* —6B **32**
Oldham Av. *Stoc* —2B **140**
Oldham Broadway Bus. Pk.
　　　　　Chad —5E **71**
Oldham Central Trad. Pk. Oldh
　　　　　　　　　　—1E **73**
Oldham Ct. *M40* —2G **95** (2F **7**)
Oldham Dri. *Bred* —5G **129**
Oldham Ho. *Shaw* —2F **57**
OLDHAM MUMPS STATION.
　　　　　　　　BR —3E **73**
Oldham Rd. *Ash L* —4E **87**
Oldham Rd. *Del* —1C **58**
Oldham Rd. Gras & Upperm
　　　　　　　　　　—3F **75**
Oldham Rd. *Grot & Lyd* —3B **74**
Oldham Rd. Man & Fail
　　　　　　—3F **95** (3D **6**)
Oldham Rd. *Mid* —1A **70**
Oldham Rd. *Roch* —5A **28**
Oldham Rd. *Rytn* —3C **56**
Oldham Rd. Scout & Dob
　　　　　　　　　　—1E **75**
Oldham Rd. *Shaw* —3F **57**
Oldhams Ter. *Bolt* —6B **18**
　(in three parts)
Oldham St. *M1* —4E **95** (5B **6**)
Oldham St. *Bolt* —1H **45**
Oldham St. *Dent* —5C **112**
Oldham St. *Droy* —3B **98**
Oldham St. *Hyde* —5B **114**
Oldham St. *Oldh* —1A **86**
Oldham St. *Salf* —4B **94** (6C **4**)

Oldham St. *Stoc* —2G **127**
Oldham Way. *Oldh* —1B **72**
OLDHAM WERNETH STATION.
 BR —3B **72**
Old Heyes Rd. *Tim* —3B **134**
Old Ho. Ter. *Ash L* —6A **88**
Old Kiln La. *Bolt* —3A **30**
Oldknow Rd. *Marp* —5E **143**
Old La. *M11* —5F **97**
Old La. *Aus* —1B **74**
Old La. *Bury* —3F **23**
Old La. *Chad* —5H **71**
Old La. *Dob* —5B **60**
 (Dobcross)
Old La. *Dob* —6D **60**
 (Pobgreen)
Old La. *Gras* —3G **75**
Old La. *L Hul* —3B **62**
Old Lansdowne Rd. *M20*
 —5D **124**
Old Lees St. *Ash L* —6H **87**
Old Links Clo. *Bolt* —3C **30**
Old Market Pl. *Alt* —6F **133**
Old Market St. *M9* —1E **83**
Old Meadow Dri. *Dent* —2F **113**
Old Meadow La. *Hale* —2B **146**
Old Medlock St. *M3*
 —5B **94** (2D **8**)
Old Mill Clo. *Pen* —3H **79**
Old Mill Ho. *Spring* —4C **74**
Old Mill La. *Grot* —4C **74**
Old Mill La. *Haz G* —5G **153**
Old Mills Hill. *Mid* —6D **54**
Old Mill St. *M4* —4G **95** (5F **7**)
Oldmill St. *Roch* —3H **27**
Old Moat La. *M20* —2E **125**
Oldmoor Rd. *Bred* —4E **129**
Old Mount St. *M4*
 —2E **95** (2B **6**)
Old Nans La. *Bolt* —3H **33**
Old Nursery Fold. *Bolt* —1G **33**
Old Oak Clo. *Bolt* —2B **48**
Old Oak Dri. *Dent* —4G **113**
Old Oake Clo. *Wor* —1G **77**
Old Oak St. *M20* —6F **125**
Old Packhorse Rd. *Dig* —1B **60**
Old Parrin La. *Ecc* —2D **90**
Old Quarry La. *Eger* —2D **18**
Old Rectory Gdns. *Chea*
 —6H **137**
Old Rd. *M9* —1F **83**
Old Rd. *Ash L* —6B **88**
Old Rd. *Bolt* —1A **32**
Old Rd. *Chea* —5B **138**
Old Rd. *Duk* —4A **100**
 (in two parts)
Old Rd. *Fail* —4E **85**
Old Rd. *Hand* —4H **159**
Old Rd. *Hyde* —2B **114**
Old Rd. *Mot* —1B **116**
Old Rd. *Roch* —5C **16**
Old Rd. *Stal* —5G **101**
Old Rd. *Stoc* —6G **127**
Old Rd. *Wilm* —1E **167**
Old School Ct. *M9* —1E **83**
Old School Ct. *Ecc* —1F **91**
Old School Dri. *M9* —1E **83**
Old School La. *Chea H*
 —5C **150**
Old Shaw St. *Salf* —5H **93**
Old Sq. *Ash L* —2A **100**
Oldstead Gro. *Bolt* —3D **44**
Oldstead Wlk. M9 —5F 83
 (off Parkstead Dri.)
Old St. *Ash L* —3G **99**
Old St. *Oldh* —4H **73**
Old St. *Stal* —3E **101**
Old Swan Clo. *Eger* —1C **18**
Old Swan Cotts. *Eger* —1C **18**
Old Thorn La. *G'fld* —3H **61**

OLD TRAFFORD STATION. *M*
 —3G **107**
Old Vicarage Gdns. *Wor*
 —6F **63**
Oldway Wlk. *M40* —6B **84**
Old Wellington Rd. *Ecc* —3F **91**
Old Wells Clo. *L Hul* —3C **62**
Old Well Wlk. *Sale* —1E **133**
Old Wood La. *Bolt* —5A **34**
Oldwood Rd. *M23* —2G **147**
Old Wool La. *Chea H* —1B **150**
Olga St. *Bolt* —3H **31**
Olivant St. *Bury* —5C **36**
Olive Bank. *Bury* —1H **35**
Olive Rd. *Tim* —3A **134**
Oliver St. *M15* —1E **109** (6B **10**)
Oliver St. *Oldh* —3D **72**
Oliver St. *Stoc* —3H **139**
Olive St. *Bolt* —3H **45**
Olive St. *Bury* —3B **36**
Olive St. *Fail* —3E **85**
Olive St. *Heyw* —3G **39**
Olive St. *Roch* —4D **40**
Olive Wlk. *Sale* —3E **121**
Olivia Gro. *M14* —4H **109**
Ollerbarrow Rd. *Hale* —3G **145**
Ollerbrook Ct. *Bolt* —3B **32**
Ollerton. Roch —3G 27
 (off Spotland Rd.)
Ollerton Av. *M16* —4A **108**
Ollerton Av. *Sale* —3F **121**
Ollerton Clo. *M22* —2C **136**
Ollerton Dri. *Fail* —5F **85**
Ollerton Rd. *Hand* —2H **159**
Ollerton St. *Bolt* —5D **18**
Ollerton Ter. Bolt —5D 18
 (off Ollerton St.)
Ollier Av. *M12* —5C **110**
Olney. *Roch* —5G **27**
Olney Av. *M22* —6B **136**
Olney St. *M13* —3H **109**
Olsberg Clo. *Rad* —3A **50**
Olwen Av. *M12* —2C **110**
Olwen Cres. *Stoc* —1H **127**
Olympia Trad. Est. *M15*
 —6C **94** (3F **9**)
Olympic Ct. *Salf* —5F **93**
Omega Dri. *Irl* —3D **118**
Omer Av. *M13* —5B **110**
Omer Dri. *M19* —2A **126**
Onchan Av. *Oldh* —3F **73**
One Ash Clo. *Roch* —1H **27**
Oneoak Ct. *Bram* —3F **151**
One Oak La. *Wilm* —2H **167**
Ongar Wlk. *M9* —6D **68**
Onslow Av. *M40* —2E **85**
Onslow Clo. *Oldh* —1C **72**
Onslow Rd. *Stoc* —3E **139**
Onslow St. *Roch* —1C **40**
Onward St. *Hyde* —5B **114**
Oozewood Rd. *Rytn* —2G **55**
Opal St. *M19* —1D **126**
Openshaw Fold Rd. *Bury*
 —6B **36**
Openshaw La. *Cad* —3C **118**
Openshaw Pl. *Farn* —1D **62**
Openshaw St. *Bury* —4E **37**
Openshaw Wlk. *Open* —5E **97**
Oracle Ct. *M'fld* —1E **77**
Orama Av. *Salf* —1A **92**
Oram St. *Bury* —1E **37**
Orange Hill Rd. *P'wch* —4G **67**
Orange St. *Ash L* —2H **99**
Orange St. *Salf* —2G **93**
Orchard Av. *Bolt* —2B **32**
Orchard Av. *Part* —5D **118**
Orchard Av. *Wor* —4D **76**
Orchard Brow. *Shaw* —6D **42**
Orchard Clo. *Chea H* —6E **151**
Orchard Clo. *Poy* —4E **163**

Orchard Clo. *Wilm* —4C **166**
Orchard Ct. *Stoc* —5D **140**
Orchard Ct. *Tim* —4B **134**
Orchard Dri. *Hale* —2A **146**
Orchard Dri. *Hand* —5A **160**
Orchard Gdns. *Bolt* —2H **33**
Orchard Grn. *Ald E* —5H **167**
Orchard Gro. *M20* —4D **124**
Orchard Gro. *Shaw* —6E **43**
Orchard Ind. Est. *Salf* —6E **81**
Orchard Pl. *Sale* —4B **122**
Orchard Pl. *Tim* —4B **134**
Orchard Rise. *Hyde* —1D **130**
Orchard Rd. *Alt* —6G **133**
Orchard Rd. *Comp* —1F **143**
Orchard Rd. *Fail* —4F **85**
Orchard Rd. E. *M22* —1B **136**
Orchard Rd. W. *M22* —1B **136**
Orchards, The. *Shaw* —6D **42**
Orchards, The. *Stoc* —1H **151**
Orchard St. *M20* —4D **124**
Orchard St. *Heyw* —2G **39**
Orchard St. *Hyde* —5C **114**
Orchard St. *Kear* —2G **63**
Orchard St. *Salf* —6E **81**
 (in two parts)
Orchard St. *Stoc* —2H **139**
Orchard, The. *Ald E* —6H **167**
Orchard, The. *Tim* —3B **134**
Orchard Trad. Est. *Salf* —6D **80**
Orchard Vale. *Stoc* —5E **139**
Orchid Av. *Farn* —6D **46**
Orchid Clo. *Irl* —1C **118**
Orchid Dri. *Bury* —6E **37**
Orchid St. *M9* —4F **83**
Orchid Way. *Roch* —6D **14**
Ordell Wlk. *M9* —6G **69**
Ordnance St. *Ecc* —3F **91**
Ordsall Av. *L Hul* —5D **62**
Ordsall Cen. *M5* —2A **8**
Ordsall District Cen. *Salf*
 —5H **93**
Ordsall Dri. *Salf* —6H **93**
Ordsall La. *Salf* —1G **107**
Oregon Av. *Oldh* —6C **56**
Oregon Clo. *M13*
 —1G **109** (5E **11**)
Orford Av. *Dis* —1H **165**
Orford Clo. *H Lane* —6C **154**
Orford Rd. *M40* —6C **84**
Orford Rd. *P'wch* —4F **67**
Organ Way. *Holl* —2F **117**
Oriel Av. *Oldh* —6C **72**
Oriel Clo. *Chad* —4G **71**
Oriel Clo. *Stoc* —5B **140**
Oriel Ct. *Sale* —4B **122**
Oriel Rd. *M20* —5E **125**
Oriel St. *Bolt* —2G **45**
Oriel St. *Roch* —6A **28**
Orient Ho. *M1* —5E **95** (2B **10**)
Orient Rd. *Salf* —1A **92**
Orient Sq. M1 —5E 95 (2B 10)
 (off Granby Row)
Orient St. *Salf & M8* —4B **82**
Oriole Clo. *Wor* —3D **76**
Orion Pl. *Salf* —1A **94**
Orion Trad. Est. *Traf P* —5A **92**
Orkney Clo. *M23* —1G **147**
Orkney Clo. *Rad* —3H **49**
Orkney Dri. *Urm* —2F **105**
Orlanda Av. *Salf* —1A **92**
Orlando St. *Bolt* —2B **46**
 (in two parts)
Orleans Way. *Oldh* —2C **72**
Orley Wlk. *Oldh* —3H **57**
Orme Av. *Mid* —2A **70**
Orme Av. *Salf* —6H **79**
Orme Clo. *M11* —4A **96**
Orme Clo. *Urm* —5H **105**
Ormerod Av. *Rytn* —4C **56**
Ormerod Clo. *Rom* —2F **141**

Ormerod St. *M40* —2G **97**
Ormerod St. *Heyw* —4G **39**
Orme St. *M11* —4A **96**
Orme St. *Ald E* —5G **167**
Orme St. *Oldh* —4E **73**
Orme St. *Stoc* —1B **140**
Ormonde Av. *Salf* —1B **92**
Ormonde Ct. *Ash L* —1A **100**
Ormonde St. *Ash L* —1A **100**
Ormond St. *Bolt* —2F **47**
Ormond St. *Bury* —2E **37**
Ormrods, The. *Bury* —6D **24**
Ormrod St. *Bolt* —1A **46**
Ormrod St. *Brad* —1E **33**
Ormrod St. *Bury* —3E **37**
Ormrod St. *Farn* —6E **47**
Ormrod St. *Oldh* —2C **72**
Ormsby Av. *M18* —3D **110**
Ormsby Clo. *Stoc* —1G **151**
Ormsgill Clo. *M15*
 —1D **108** (6G **9**)
Orms Gill Pl. *Stoc* —5E **141**
Ormskirk Av. *M20* —3D **124**
Ormskirk Clo. *Bury* —5G **35**
Ormskirk Rd. *Stoc* —3H **127**
Ornatus St. *Bolt* —6D **18**
Ornsay Wlk. *Open* —4E **97**
Oronsay Gro. *Salf* —4D **92**
Orpington Dri. *Bury* —4H **35**
Orpington Rd. *M9* —4G **83**
Orrell St. *M11* —5F **97**
Orrell St. *Bury* —2A **36**
Orrel St. *Salf* —3E **93**
Orrishmere Rd. *Chea H*
 —2B **150**
Orron St. *L'boro* —4E **17**
Orr St. *M11* —5F **97**
Orsett Clo. *M40* —2G **95** (1F **7**)
Orthes Gro. *Stoc* —4F **127**
Orton Av. *M23* —2G **135**
Orton Rd. *M23* —2G **135**
Orvietto Av. *Salf* —1A **92**
Orville Dri. *M19* —2B **126**
Orwell Av. *M22* —5B **136**
Orwell Av. *Dent* —4A **112**
Orwell Clo. *Bury* —1B **36**
Orwell Rd. *Bolt* —3F **31**
Osborne Clo. *Bury* —5H **35**
Osborne Dri. *Pen* —4A **80**
Osborne Gro. *Bolt* —4G **31**
Osborne Ho. *Ecc* —2E **149**
Osborne Ho. Ecc —3E 91
 (off Police St.)
Osborne Pl. *Had* —2H **117**
Osborne Rd. *M19* —6B **110**
Osborne Rd. *Alt* —6G **133**
Osborne Rd. *Dent* —3F **113**
Osborne Rd. *Hyde* —6C **114**
Osborne Rd. *Oldh* —4B **72**
Osborne Rd. *Salf* —3A **92**
Osborne Rd. *Stoc* —4H **139**
Osborne St. *Bred* —6D **128**
Osborne St. *Col* —1G **95**
Osborne St. *Did* —6E **125**
Osborne St. *Heyw* —4F **39**
Osborne St. *Oldh* —1A **72**
Osborne St. *Roch* —6G **27**
Osborne St. *Salf* —2F **93**
Osborne St. *Shaw* —1F **57**
Osborne Ter. *Sale* —5B **122**
Osborne Wlk. *Rad* —4E **49**
Osbourne Clo. *Farn* —6F **47**
Osbourne Clo. *Wilm* —3G **167**
Osbourne Pl. *Alt* —1F **145**
Oscar St. *M40* —4A **84**
 (in two parts)
Oscar St. *Bolt* —3G **31**
Oscott Av. *L Hul* —3C **62**
Oscroft Clo. *M8* —5B **82**
Oscroft Wlk. M14 —2H 125
 (off Ladybarn La.)

Osmond St. *Oldh* —2G **73**
Osmund Av. *Bolt* —6F **33**
Osprey Clo. *M15* —2C **108**
Osprey Clo. *Duk* —6C **100**
Osprey Ct. *Salf* —5D **92**
Osprey Dri. *Droy* —2C **98**
Osprey Dri. *Irl* —4E **103**
Osprey Dri. *Wilm* —1F **167**
Osprey Wlk. *M13*
—1G **109** (6F **11**)
Ossington Wlk. *M23* —1G **135**
Ossory St. *M14* —4F **109**
Osterley Rd. *M9* —6H **69**
Ostlers Ga. *Droy* —3D **98**
Ostrich La. *P'wch* —6G **67**
Oswald Clo. *Salf* —6E **81**
Oswald La. *M21* —6H **107**
Oswald Rd. *Chor H* —6G **107**
Oswald St. *M4* —4H **95** (6G **7**)
(Ancoats)
Oswald St. *M4* —2E **95** (2A **6**)
(Manchester)
Oswald St. *Bolt* —3G **45**
(in two parts)
Oswald St. *Oldh* —1B **72**
Oswald St. *Roch* —3A **28**
Oswald St. *Shaw* —5G **43**
Oswald St. *Stoc* —4H **111**
Oswestry Clo. *G'mnt* —3H **21**
Otago St. *Oldh* —6G **57**
Otford Dri. *Salf* —3G **93**
Othello Dri. *Ecc* —3F **91**
Otley Av. *Salf* —2C **92**
Otley Clo. *Chad* —3H **71**
Otley Gro. *Stoc* —1F **151**
Otmoor Way. *Rytn* —3E **57**
Otranto Av. *Salf* —1B **92**
Ottawa Clo. *M23* —1F **147**
Otterburn Clo. *M15*
—1D **108** (6G **9**)
Otterburn Ho. *Ecc* —2G **91**
Otterburn Pl. *Stoc* —5D **140**
Otterbury Clo. *Bury* —3F **35**
Otter Dri. *Bury* —3F **51**
Otterham Wlk. *M40* —6D **84**
Otterspool Rd. *Rom* —2H **141**
Ottery Wlk. *M40* —1D **84**
Oulder Hill. *Roch* —4D **26**
Oulder Hill Dri. *Roch* —4C **26**
Ouldfield Clo. *Roch* —5B **28**
Oulton Av. *Sale* —4E **123**
Oulton St. *Bolt* —6E **19**
Oulton Wlk. *M40* —2H **95** (2H **7**)
Oundle Clo. *M14* —4G **109**
Oury St. *Stoc* —3G **139**
Ouse St. *Salf* —4C **92**
Outdoor Mkt. *Roch* —4H **27**
Outram Clo. *Marp* —1D **154**
Outram Ho. *M1* —4G **95** (6E **7**)
Outram M. *Upperm* —6B **60**
Outram Rd. *Duk* —1H **113**
Outram Sq. *Droy* —5A **98**
Outrington Dri. *Open* —5C **96**
Outwood Av. *Clif* —5D **64**
Outwood Dri. *H Grn* —5E **149**
Outwood Gro. *Bolt* —6C **18**
Outwood La. *Man A* —5A **148**
Outwood Rd. *H Grn* —5F **149**
Outwood Rd. *Rad* —6G **49**
Oval Dri. *Duk* —6H **99**
Oval, The. *H Grn* —5F **149**
Overbridge Rd. *Salf* —1C **94**
Overbrook Av. *M40* —6F **83**
Overbrook Dri. *P'wch* —6F **67**
Overcombe Wlk. M40 —5E 83
(off Westmount Clo.)
Overdale. *Rom* —2F **141**
Overdale. *Swint* —5G **79**
Overdale Clo. *Oldh* —6C **56**
Overdale Cres. *Urm* —5B **104**
Overdale Dri. *Bolt* —6E **31**

Overdale Rd. *M22* —6B **136**
Overdale Rd. *Rom* —2G **141**
Overdell Dri. *Roch* —6C **14**
Overdene Clo. *Los* —1A **44**
Overens St. *Oldh* —2F **73**
Overfield Way. *Roch* —1H **27**
Evergreen. *Bolt* —2G **33**
Overhill Dri. *Wilm* —2H **167**
Overhill La. *Wilm* —2H **167**
Overhill Rd. *Chad* —1F **71**
Overhill Rd. *Wilm* —2G **167**
Overlea Dri. *M19* —4A **126**
Overlinks Dri. *Salf* —6H **79**
Oversleyford Cvn. Site. *Wilm*
—4G **157**
Overstone Dri. *M8* —4B **82**
Overton Av. *M22* —6B **136**
Overton Cres. *Haz G* —1E **153**
Overton Cres. *Sale* —1F **133**
Overton La. *Bolt* —6B **30**
Overton Rd. *M22* —6B **136**
Overton Way. *Hand* —2H **159**
Over Town La. *Roch* —1G **25**
Overt St. *Roch* —6H **27**
Overwood Rd. *M22* —3B **136**
Ovington Wlk. *M40* —6E **83**
Owenington Gro. *L Hul* —3C **62**
Owens Clo. *Chad* —1E **71**
Owen St. *Ecc* —4D **90**
Owen St. *Oldh* —4A **58**
Owen St. *Salf* —6E **81**
Owen St. *Stoc* —2F **139**
Owen Wlk. *M16* —3D **108**
Owlerbarrow Rd. *Bury* —2G **35**
Owler La. *Chad* —6D **70**
Owlwood Clo. *L Hul* —6A **62**
Owlwood Dri. *L Hul* —6A **62**
Oxbow Way. *W'fld* —1E **67**
Oxbridge Clo. *Sale* —6F **121**
Oxendale Dri. *Mid* —6F **53**
Oxendon Av. *M11* —2D **96**
Oxenholme Wlk. *M18* —2F **111**
Oxenhurst Grn. *Stoc* —6E **141**
Oxford Av. *Droy* —2H **97**
Oxford Av. *Roch* —5C **26**
Oxford Av. *Sale* —5F **121**
Oxford Av. *W'fld* —1E **67**
Oxford Clo. *Farn* —1B **62**
Oxford Ct. *M2* —5D **94** (1H **9**)
Oxford Ct. *Old T* —2B **108**
Oxford Ct. Ct. *Old T* —2B **108**
Oxford Dri. *Woodl* —5A **130**
Oxford Gro. *Bolt* —4G **31**
Oxford Gro. *Cad* —3A **118**
Oxford Gro. *Stoc* —5A **140**
Oxford Ho. *Oldh* —3A **72**
Oxford Pl. *M14* —3G **109**
Oxford Pl. *Roch* —6A **28**
Oxford Rd. *M1 & M13*
—6E **95** (3A **10**)
Oxford Rd. *Alt* —2F **145**
Oxford Rd. *Duk* —5B **100**
Oxford Rd. *Hyde* —1C **130**
Oxford Rd. *L Lev* —4H **47**
Oxford Rd. *Salf* —1A **92**
OXFORD ROAD STATION. *BR*
—6D **94**
Oxford St. *M1* —5D **94** (1H **9**)
Oxford St. *M16* —2B **108**
Oxford St. *Bolt* —6B **32**
Oxford St. *Bury* —4E **37**
Oxford St. *Ecc* —3G **91**
Oxford St. *Millb* —1H **101**
Oxford St. *Oldh* —4H **71**
Oxford St. *Salf* —5H **93**
Oxford St. *Shaw* —6F **43**
Oxford St. *Stal* —4G **101**
Oxford St. E. *Ash L* —5F **99**
Oxford St. W. *Ash L* —5F **99**
Oxford Wlk. *Dent* —6G **113**
Oxford Way. *Stoc* —6F **127**
Ox Ga. *Bolt* —6H **19**

Oxhey Clo. *Ram* —2E **13**
Oxhill Wlk. *M40* —1D **84**
Oxney Rd. *M14* —3G **109**
Ox St. *Ram* —4D **12**
Oxted Wlk. *M8* —5C **82**
Oxton Av. *M22* —1A **148**
Oxton St. *M11* —6H **97**

Pacific Rd. *B'hth* —5C **132**
Pacific Way. *Salf* —5C **92**
Packer St. *Bolt* —3G **31**
Packer St. *Roch* —4H **27**
Packwood Chase. *Chad* —1F **71**
Padbury Clo. *Urm* —4H **103**
Padbury Wlk. *M40* —6H **83**
Padbury Way. *Bolt* —3F **33**
Padden Brook. *Rom* —1H **141**
Padden Brook M. *Rom*
—1H **141**
Paddington Av. *M40* —6B **84**
Paddington Clo. *Salf* —3G **93**
Paddison St. *Swint* —3E **79**
Paddock Chase. *Poy* —1F **163**
Paddock Ct. *Fail* —6F **85**
Paddock Field. *Salf* —5H **93**
Paddock Head. *L'boro* —5C **16**
Paddock La. *Fail* —6F **85**
Paddock Rd. *Hyde* —1B **130**
Paddocks End. *Hale* —5A **146**
Paddock Shopping Precinct, The.
Hand —3H **159**
Paddock St. *M12*
—6G **95** (3E **11**)
Paddock, The. *Bram* —4F **151**
Paddock, The. *Chea* —6A **138**
Paddock, The. *G'fld* —5H **75**
Paddock, The. *Holl* —2G **117**
Paddock, The. *Ram* —2D **12**
Paddock, The. *Stoc* —6A **140**
Paddock, The. *Tim* —1B **146**
Paddock, The. *W'fld* —2A **66**
Paderborn Ct. *Bolt* —1A **46**
Padfield Main Rd. *Pad* —1H **117**
Padiham Clo. *Bury* —6B **36**
Padstow Clo. *Hyde* —4H **115**
Padstow Dri. *Bram* —6H **151**
Padstow St. *M40* —2A **96**
Padstow Wlk. *Hyde* —4H **115**
Padworth Wlk. *M23* —3D **134**
Pagen St. *Roch* —3H **27**
Paget St. *M40* —6F **83**
Paget St. *Ash L* —1A **100**
Pagnall Ct. *Chad* —4H **71**
Paignton Av. *M19* —1B **126**
Paignton Av. *Hyde* —5G **115**
Paignton Dri. *Sale* —4F **121**
Paignton Gro. *Stoc* —2G **127**
Paignton Wlk. *Hyde* —5G **115**
Pailin Dri. *Droy* —3C **98**
Pailton Clo. *Los* —1B **44**
Painswick Rd. *M22* —4H **147**
Paiton St. *Bolt* —6G **31**
Palace Gdns. *Rytn* —5B **56**
Palace Rd. *Ash L* —6H **87**
Palace Rd. *Sale* —4A **122**
Palace St. *Bolt* —5B **32**
Palace St. *Bury* —3F **37**
Palace St. *Oldh* —2A **72**
Palatine Av. *M20* —3F **125**
Palatine Av. *Roch* —3C **26**
Palatine Clo. *Irl* —6D **102**
Palatine Cres. *M20* —4F **125**
Palatine Dri. *Bury* —3F **23**
Palatine Ho. Stoc —3G 139
(off Old Chapel St.)
Palatine M. *M20* —3F **125**
Palatine Rd. *M22 & M20*
—2A **136**
Palatine Rd. *Roch* —3C **26**
Palatine St. *Bolt* —6B **32**

Palatine St. *Dent* —2E **113**
Palatine St. *Roch* —4C **28**
Palatine Ter. *Roch* —3C **26**
Paley St. *Bolt* —6B **32**
Palfrey Pl. *M12* —6G **95** (4F **11**)
Palgrave Av. *M40* —6F **83**
Palin Wood Rd. *Del* —2H **59**
Pall Mall. *M2* —4D **94** (6H **5**)
(in two parts)
Pall Mall Ct. *M2* —4D **94** (5H **5**)
Palma Av. *Man A* —5G **147**
Palm Clo. *Sale* —4E **121**
Palmer Av. *Chea* —5B **138**
Palmer Clo. *M8* —1D **82**
Palmerston Av. *M16* —5B **108**
Palmerston Clo. *Dent* —4B **112**
Palmerston Clo. *Ram* —5D **12**
Palmerston Rd. *Dent* —4B **112**
Palmerston St. *Stoc* —2A **152**
Palmerston St. *M12*
—5H **95** (1G **11**)
Palmer St. *Duk* —4H **99**
Palmer St. *Sale* —5A **122**
Palmer St. *Salf* —6G **81**
(in two parts)
Palm Gro. *Chad* —1H **71**
Palm St. *M13* —4B **110**
Palm St. *Bolt* —2A **32**
Palm St. *Droy* —3F **97**
Palm St. *Oldh* —1G **73**
Pandora St. *M20* —4E **125**
Panfield Rd. *M22* —1A **148**
Pangbourne Av. *Urm* —4G **105**
Pangbourne Clo. *Stoc* —5E **139**
Pankhurst Wlk. *M14* —4F **109**
Panmure St. *Oldh* —5D **72**
Pansy Rd. *Farn* —1C **62**
Paper Mill Rd. *Brom X* —4E **19**
Parade Rd. *Man A* —6A **148**
Parade, The. *Ald E* —5G **167**
Parade, The. *Rom* —2G **141**
Parade, The. *Swint* —3F **79**
Paradise St. *Aud* —6F **99**
Paradise St. *Had* —2H **117**
Paradise St. *Ram* —3E **13**
Paradise Wharf. M1
—4F **95** (6E **7**)
Parbold Av. *M20* —2E **125**
Parbrook Clo. *M40* —6F **83**
Pardoner's Ct. *Salf* —3B **92**
Pares Land Wlk. *Roch* —5B **28**
Paris Av. *Salf* —6H **93**
Parish View. *Salf* —5H **93**
Parisian Way. M15 —2D 108
(off Moss Side Shopping Cen.)
Paris St. *Bolt* —3F **45**
Park Av. *Bolt* —1A **32**
Park Av. *Bram* —2E **161**
Park Av. *Chad* —6H **55**
Park Av. *Chea H* —4B **150**
Park Av. *Fail* —3D **84**
Park Av. *Hale* —4H **145**
Park Av. *Hyde* —3B **114**
Park Av. *Lev* —6C **110**
Park Av. *Old T* —2A **108**
Park Av. *Poy* —3E **163**
Park Av. *P'wch* —5F **67**
Park Av. *Rad* —3B **50**
Park Av. *Ram* —3F **13**
Park Av. *Rom* —6A **130**
Park Av. *Sale* —3A **122**
Park Av. *Salf* —3B **82**
Park Av. *Stoc* —4B **138**
Park Av. *Swint* —4G **79**
Park Av. *Tim* —3B **133**
Park Av. *Urm* —5E **105**
Park Av. *W'fld* —3B **66**
Park Av. *Wilm* —1F **167**
Park Bank. *Salf* —3D **92**
Parkbridge Wlk. *M13*
—1F **109** (5D **10**)

Parkbrook Rd. *M23* —4H **135**
Park Brow Clo. *M21* —1A **124**
Park Bungalows. *Marp*
—6D **142**
Park Clo. *Chad* —6H **55**
Park Clo. *Stal* —2D **100**
Park Clo. *Tim* —3H **133**
Park Clo. *W'fld* —3D **66**
Park Cotts. *Bolt* —2G **31**
Park Cotts. *G'fld* —4G **75**
Park Cotts. *Shaw* —5D **42**
Park Ct. *M22* —2B **148**
Park Ct. *Roch* —5G **27**
Park Ct. *Sale* —4A **122**
Park Ct. M. *Chea* —1A **150**
Park Cres. *M14* —4G **109**
Park Cres. *Ash L* —3C **100**
Park Cres. *Chad* —6F **55**
Park Cres. *Wilm* —6F **159**
Parkdale. *Chad* —6H **55**
Parkdale Av. *M18* —2E **111**
Parkdale Av. *Aud* —6D **98**
Parkdale Rd. *Bolt* —4E **33**
Parkdene Clo. *Bolt* —1F **33**
Park Dri. *M16* —5A **108**
Park Dri. *Ecc* —1F **91**
Park Dri. *Hale* —3H **145**
Park Dri. *Hyde* —3B **114**
Park Dri. *Stoc* —1D **138**
Park Dri. *Tim* —4A **134**
Parkend Rd. *M23* —6G **135**
Parker Arc. M1 —4E **95** *(6B 6)*
(off Piccadilly Plaza)
Parker St. *M1* —4E **95** (6B 6)
Parker St. *Bury* —3E **37**
Parkfield. *Chad* —6G **55**
Parkfield. *Mid* —1H **69**
Parkfield. *Salf* —3D **92**
Parkfield Av. *M14* —4F **109**
Parkfield Av. *Farn* —2D **62**
Parkfield Av. *Marp* —5D **142**
Parkfield Av. *Oldh* —1H **85**
Parkfield Av. *P'wch* —6H **67**
Parkfield Av. *Urm* —6D **104**
Parkfield Ct. *Alt* —1E **145**
Parkfield Dri. *Mid* —1G **69**
Parkfield Est. *Swint* —5G **79**
Parkfield Ind. Est. *Mid* —1G **69**
Parkfield Rd. *Alt* —1E **145**
Parkfield Rd. *Bolt* —4B **46**
Parkfield Rd. *Chea H* —4B **150**
Park Field Rd. *Gras* —3G **75**
Parkfield Rd. N. *M40* —1E **85**
Parkfield Rd. S. *M20* —5E **125**
Parkfields. *Millb* —2H **101**
Parkfield St. *M14* —4F **109**
Parkfield St. *Roch* —3H **41**
Parkgate. *Chad* —6H **55**
Parkgate. *Wals* —6G **21**
Park Ga. Av. *M20* —3F **125**
Parkgate Clo. *Bred* —4E **129**
Parkgate Dri. *Bolt* —6D **18**
Parkgate Dri. *Stoc* —1B **152**
Parkgate Dri. *Swint* —4G **79**
Park Gates Av. *Chea H* —4E **151**
Park Gates Dri. *Chea H*
—4E **151**
Parkgate Way. *Hand* —3H **159**
Parkgate Way. *Shaw* —6H **43**
Park Gro. *M19* —5C **110**
Park Gro. *Rad* —3F **49**
Park Gro. *Stoc* —5D **126**
Park Gro. *Wor* —3F **77**
Park Hill. *Roch* —2H **27**
Parkhill Av. *M8* —1D **82**
Parkhill Dri. *W'fld* —1C **66**
Park Hill Rd. *Hale* —4A **146**
Parkhills Rd. *Bury* —5C **36**
Park Hill St. *Bolt* —5H **31**
Parkhill Ter. *Millb* —2H **101**
Parkhouse Bri. Rd. *Salf* —5D **80**

Parkhouse St. *M11* —5D **96**
Parkhouse St. Ind. Est. *M11*
—5D **96**
Parkhurst Av. *M40* —2E **85**
Parkin Clo. *Duk* —5A **100**
Parkinson St. *Bolt* —2G **45**
Parkinson St. *Bury* —6F **23**
Parkin St. *M12* —4C **110**
Park Lake Av. *Salf* —3A **82**
Parklands. *Poy* —3E **163**
Parklands. *Rytn* —6A **42**
Parklands. *Shaw* —5H **43**
Parklands. *W'fld* —1C **66**
Parklands. *Wilm* —2F **167**
Parklands Cres. *Heyw D*
—5C **38**
Parklands Dri. *Sale* —1F **133**
Parklands Ho. *Rytn* —1A **56**
Parklands Rd. *M23* —3F **135**
Parklands, The. *Stoc* —5G **127**
Parklands Way. *Heyw D*
—5C **38**
Parklands Way. *Poy* —3E **163**
Park La. *Duk* —4A **100**
Park La. *G'fld* —4G **61**
Park La. *Hale* —4A **146**
Park La. *Oldh* —1D **86**
Park La. *Pen* —4B **80**
Park La. *Poy* —3E **163**
Park La. *Roch* —3H **27**
Park La. *Rytn* —2B **56**
(in four parts)
Park La. *Salf* —3H **81**
(Broughton Park)
Park La. *Salf* —6A **80**
(Irlams o' th' Height)
Park La. *Stoc* —3B **140**
Park La. *W'fld* —2B **66**
Park La. *Wor* —4A **76**
Park La. Ct. *Salf* —3H **81**
Park La. Ct. *W'fld* —2B **66**
Park La. W. *Pen* —4B **80**
Park Lea Ct. *Salf* —2A **82**
Parkleigh Dri. *M40* —1E **85**
Park Lodge. *M19* —6C **110**
Park Lodge. *Salf* —3H **81**
Park Lodge Clo. *Chea* —1A **150**
Park M. *M16* —5A **108**
Park M. *Rad* —3A **50**
Park Mt. *Gat* —6E **137**
Parkmount Rd. *M9* —2G **83**
Park Pde. *Ash L* —3G **99**
Park Pde. *Shaw* —4G **43**
Park Pde. Ind. Est. *Ash L*
—3G **99**
Park Pl. *M4* —2E **95** (1A 6)
Park Pl. *P'wch* —4G **67**
Park Pl. *Salf* —2A **92**
Park Pl. *Stoc* —1B **138**
Park Range. *M14* —4H **109**
Park Rise. *Rom* —6A **130**
Park Rise. *Stal* —2D **100**
Park Rd. *Aud* —5D **98**
Park Rd. *Bolt* —6G **31**
Park Rd. *Bow* —2C **144**
Park Rd. *Bury* —1C **36**
Park Rd. *Chea* —5A **138**
Park Rd. *Chea H* —4E **151**
Park Rd. *Dent* —4E **113**
Park Rd. *Dis* —1D **164**
Park Rd. *Duk* —4A **100**
Park Rd. *Ecc & Salf* —1A **92**
(Ellesmere Pk.)
Park Rd. *Ecc* —1F **91**
(Monton)
Park Rd. *Gat* —5D **136**
Park Rd. *Hale* —4G **145**
Park Rd. *Hyde* —3B **114**
Park Rd. *L'boro* —3F **17**
Park Rd. *L Lev* —3H **47**
Park Rd. *Mid* —1H **69**

Park Rd. *Oldh* —3D **72**
Park Rd. *Part* —6E **119**
Park Rd. *P'wch & M8* —6H **67**
Park Rd. *Ram* —6B **12**
Park Rd. *Roch* —1A **28**
Park Rd. *Rom* —6A **130**
Park Rd. *Sale* —3A **122**
Park Rd. *Stoc* —4D **126**
Park Rd. *Stret* —4C **106**
Park Rd. *Tim* —3G **133**
Park Rd. *Wilm* —2D **166**
Park Rd. *W'hough* —6A **44**
Park Rd. *Wor* —2E **77**
Park Rd. N. *Urm* —4E **105**
Park Rd. S. *Urm* —5E **105**
Park Row. *Bolt* —5D **18**
Park Row. *Stoc* —1A **138**
Park Seventeen. *W'fld* —6D **50**
Parkside. *Mid* —3G **69**
Parkside. *Whitw* —3H **15**
Parkside Av. *Ecc* —4E **91**
Parkside Av. *Fail* —6E **85**
Parkside Av. *Salf* —3A **82**
Parkside Av. *Shaw* —5G **43**
Parkside Av. *Wor* —2F **77**
Parkside Clo. *H Lane* —5B **154**
Parkside Clo. *Rad* —3B **50**
Parkside Ho. *Rytn* —3C **56**
Parkside Ind. Est. *Rytn* —3C **56**
Parkside La. *Mell* —5G **143**
Parkside Rd. *M14* —5D **108**
Parkside Rd. *Sale* —6D **122**
Parkside St. *M12*
—6G **95** (4E 11)
Parkside St. *Bolt* —4E **33**
Parkside Wlk. *Bram* —2G **151**
(in two parts)
Parkside Wlk. *Bury* —4D **36**
Parks Nook. *Farn* —2E **63**
Park Sq. *M16* —5G **107**
Park Sq. *Ash L* —1C **100**
PARK STATION. *BR* —1C **96**
Parkstead Dri. *M9* —5F **83**
Parkstone Av. *M18* —1H **111**
Parkstone Av. *W'fld* —3B **66**
Parkstone Clo. *Bury* —3F **35**
Parkstone Dri. *Swint* —5H **79**
Parkstone La. *Wor* —6H **77**
Parkstone Rd. *Irl* —4E **103**
Park St. *M3* —2D **94** (1H 5)
(Manchester)
Park St. *M3* —3B **94** (5C 4)
(Salford)
Park St. *Ash L* —4G **99**
(in two parts)
Park St. *Aud* —4D **112**
Park St. *Bolt* —5H **31**
Park St. *Bred* —6F **129**
Park St. *Droy* —3C **98**
Park St. *Farn* —6F **47**
Park St. *Heyw* —5G **39**
Park St. *Moss* —3E **89**
Park St. *Oldh* —4C **72**
(in two parts)
Park St. *P'wch* —5G **67**
Park St. *Rad* —3A **50**
Park St. *Roch* —5H **27**
Park St. *Rytn* —3C **56**
Park St. *Salf* —3G **81**
Park St. *Shaw* —6F **43**
Park St. *Stal* —4F **101**
Park St. *Stoc* —1H **139**
Park St. *Swint* —4G **79**
Parksway. *M9* —4D **68**
Parksway. *Pen* —5A **80**
Parksway. *P'wch* —1G **81**
Parks Yd. *Bury* —3C **36**
Park Ter. *Bolt* —5D **18**
Park Ter. *Heyw* —2F **39**
Park Ter. *Moss* —3E **89**
Park Ter. *W'fld* —2B **66**

Park, The. *Gras* —4F **75**
Park, The. *G'fld* —4G **61**
Park View. *M9* —5E **83**
Park View. *Bolt* —5D **18**
(in two parts)
Park View. *Bred* —6C **128**
Park View. *Chad* —6G **55**
Park View. *Fall* —2A **126**
Park View. *Farn* —6F **47**
Park View. *Gat* —5E **137**
Park View. *Haz G* —5H **153**
Park View. *Kear* —2H **63**
Park View. *Salf* —6H **93**
Park View. *Shaw* —5D **42**
Park View. *Stoc* —4B **138**
(Cheadle Heath)
Park View. *Stoc* —4B **140**
(Stockport)
Park View Clo. *P'wch* —6E **67**
Park View Ct. *M21* —6F **107**
Park View Ct. *P'wch* —6E **67**
Parkview Ct. *Stret* —6F **107**
Park View Rd. *Bolt* —3G **45**
Park View Rd. *P'wch* —6F **67**
Parkway. *Bram* —3G **151**
Parkway. *Chad* —6G **55**
Park Way. *L Hul* —5A **62**
(in two parts)
Parkway. *Roch* —3D **26**
Parkway. *Stoc* —4B **138**
Park Way. *Urm & Stret*
—3H **105**
Parkway. *Wilm* —3E **167**
Parkway Bus. Cen. *M14*
—5D **108**
Parkway Four Ind. Est. *Traf P*
—1A **106**
Parkway Gro. *L Hul* —5A **62**
Parkway Ind. Est. *Traf P*
—1A **106**
Parkwood. *Eger* —1B **18**
Parkwood Rd. *M23* —4A **136**
Parlane St. *M4* —2F **95** (1B 6)
Parliament Pl. *Bury* —4C **36**
Parliament St. *Bury* —4C **36**
Parnam Wlk. *M9* —6G **69**
Parndon Dri. *Stoc* —4C **140**
Parnell Av. *M22* —3A **136**
Parnham Clo. *Rad* —2B **48**
Parrbrook Clo. *W'fld* —6E **51**
Parrbrook Wlk. *W'fld* —6F **51**
Parr Clo. *Farn* —1D **62**
Parrenthorn Rd. *P'wch* —1G **67**
Parrfield Rd. *Wor* —4A **78**
Parr Fold. *Bury* —5F **51**
Parr Fold Av. *Wor* —2E **77**
Parr Ho. *Oldh* —4D **72**
Parrin La. *Ecc* —2D **90**
Parrish La. *Ash L* —3G **99**
Parr La. *Uns* —5E **51**
Parrot St. *Bolt* —2A **46**
Parrott St. *M11* —4E **97**
Parrs Ct. *Irl* —5D **102**
Parrs Mt. M. *Stoc* —1B **138**
Parr St. *M11* —6G **97**
Parr St. *Ecc* —4F **91**
Parrs Wood Av. *M20* —2G **137**
Parrs Wood La. *M20* —2G **137**
Parrs Wood Rd. *M20* —3F **137**
Parry Mead. *Bred* —5G **129**
Parry Rd. *M12* —3C **110**
Parry Wlk. *Ash L* —1B **100**
Parslow Av. *M8* —3D **82**
Parsonage. *M3* —3D **94** (4G 5)
Parsonage Clo. *Bury* —2E **37**
Parsonage Clo. *Salf*
—5A **94** (2A 8)
Parsonage Ct. *Manx* —3F **125**

Pendle Gro. *Rytn* —4A **56**
Pendle Ho. *Dent* —5F **113**
Pendle Rd. *Dent* —5F **113**
Pendleton Grn. *Salf* —2F **93**
Pendleton Ho. Salf —1G **93**
(off Broughton Rd.)
PENDLETON STATION. *BR*
　　　　　—1G **93**
Pendleton Way. *Salf* —2F **93**
Pendle Wlk. *M40*
　　　—2H **95** (2G 7)
Pendle Wlk. *Stoc* —4H **127**
Pendleway. *Pen* —2G **79**
Pendragon Pl. *Fail* —4G **85**
Pendrell Wlk. M9 —6G **69**
(off Sanderstead Dri.)
Penelope Rd. *Salf* —6B **80**
Penelope Rd. *Swint* —6B **80**
Penerley Dri. *M9* —5F **83**
Penfair Clo. *M11* —4C **96**
Penfield Clo. *M1*
　　　—6F **95** (3C 10)
Penfold Wlk. *M12* —1B **110**
Pengham Wlk. *M23* —2G **135**
Pengwern Av. *Bolt* —3F **45**
Penhale M. *Bram* —6H **151**
Penhall Wlk. M40 —6A **84**
(off Limerston Dri.)
Pen Ho. Clo. *Bram* —5G **151**
Penistone Av. *M9* —6A **70**
Penistone Av. *Roch* —5C **28**
Penistone Av. *Salf* —2C **92**
Penketh Av. *M18* —3C **110**
Penmere Gro. *Sale* —2G **133**
Penmore Chase. *Haz G*
　　　　　—4B **152**
Penmore Clo. *Shaw* —6G **43**
Pennant Dri. *P'wch* —4E **67**
Pennant St. *Oldh* —1F **73**
Pennell St. *M11* —4F **97**
Penn Grn. *Chea H* —4D **150**
Pennie Ct. *Stoc* —5E **141**
Pennie Rd. *Woodl* —4A **130**
Pennine Av. *Chad* —4G **71**
Pennine Clo. *M9* —5H **69**
Pennine Clo. *Bury* —1G **35**
Pennine Clo. *Shaw* —6G **43**
Pennine Ct. *Oldh* —3E **73**
Pennine Ct. *Pen* —2G **79**
Pennine Ct. *Stoc* —5E **141**
Pennine Dri. *Alt* —6D **132**
Pennine Dri. *Miln* —4G **29**
Pennine Dri. *Ward* —3A **16**
Pennine Gro. *Ash L* —5A **88**
Pennine Rd. *Haz G* —4B **152**
Pennine Rd. *Woodl* —4A **130**
Pennine Ter. Duk —4A **100**
(off Astley St.)
Pennine Vale. *Shaw* —5G **43**
Pennine View. *Aud* —2E **113**
Pennine View. *Heyr* —1G **101**
Pennine View. *L'boro* —5H **17**
Pennine View. *Moss* —2F **89**
Pennine View. *Rytn* —3C **56**
Pennington Clo. *L Hul* —5A **62**
Pennington Rd. *Bolt* —4B **46**
Pennington St. *M12* —5C **110**
Pennington St. *Chad* —6H **71**
Pennington St. *Wals* —1E **35**
Pennington St. *Wor* —1G **77**
Pennistone Clo. *Irl* —4F **103**
Penn St. *M40* —3H **83**
Penn St. *Farn* —1E **63**
Penn St. *Heyw* —4F **39**
Penn St. *Oldh* —4B **72**
Penn St. *Roch* —3H **27**
Penny Bri. La. *Urm* —6C **104**
Penny Brook Fold. *Haz G*
　　　　　—2E **153**
Penny La. *Stoc* —1H **139**
(in two parts)

Penny Meadow. *Ash L* —2A **100**
(in two parts)
Pennymoor Dri. *Alt* —5D **132**
Penrhos Av. *Gat* —6D **136**
Penrhyn Av. *Chea H* —4A **150**
Penrhyn Av. *Mid* —2A **70**
Penrhyn Cres. *Haz G* —5C **152**
Penrhyn Dri. *P'wch* —5F **67**
Penrhyn Rd. *Stoc* —3D **138**
Penrice Clo. *Rad* —2D **48**
Penrice Fold. *Wor* —4D **76**
Penrith Av. *M11* —2D **96**
Penrith Av. *Ash L* —6D **86**
Penrith Av. *Bolt* —4E **31**
Penrith Av. *Oldh* —5A **72**
Penrith Av. *Sale* —1C **134**
Penrith Av. *Stoc* —6H **111**
Penrith Av. *W'fld* —2F **67**
Penrith Av. *Wor* —1H **77**
Penrith Clo. *Part* —6C **118**
Penrith St. *Roch* —6H **27**
Penrod Pl. *Salf* —1H **93**
Penrose Gdns. *Mid* —6B **54**
Penrose St. *Bolt* —6E **33**
Penrose Wlk. *Mid* —3H **53**
Penroy Av. *M20* —6B **124**
Penroyson Clo. *M12* —1B **110**
Penruddock Wlk. M13 —3B **110**
(off St John's Rd.)
Penry Av. *Cad* —3C **118**
Penryn Av. *Rytn* —4D **56**
Penryn Av. *Sale* —2C **134**
Penryn Ct. *Salf* —2H **81**
Pensarn Av. *M14* —1A **126**
Pensarn Gro. *Stoc* —5H **127**
Pensby Clo. *Pen* —4A **80**
Pensby Wlk. *M40* —6F **83**
Pensford Ct. *Bolt* —5A **20**
Pensford Rd. *M23* —2F **147**
Penshurst Rd. *Stoc* —3B **128**
Penshurst Wlk. *Dent* —6G **113**
Penthorpe Dri. *Rytn* —4D **56**
Pentland Av. *M40* —1C **84**
Pentland Clo. *Haz G* —4A **152**
Pentlands Av. *Salf* —5H **81**
Pentland Ter. *Bolt* —4A **32**
Pentland Way. *Hyde* —1F **115**
Penton Wlk. *M16* —4D **108**
Pentwyn Gro. *M23* —4H **135**
Penzance St. *M40* —2A **96**
Peover Av. *Sale* —5E **123**
Peover Rd. *Hand* —2A **160**
Peover Wlk. *Chea* —6C **138**
Pepler Av. *M23* —1H **135**
Peploe Wlk. *M23* —2D **134**
Pepper Ct. *Wilm* —3D **166**
Pepperhill Wlk. *M16* —3D **108**
Peppermint Clo. *Miln* —1G **43**
Pepper Rd. *Haz G* —3B **152**
Perch Wlk. M4 —3G **95** (4F 7)
(off Winder Dri.)
Percival Av. *Rytn* —4C **56**
Percy Dri. *Salf* —6H **93**
Percy Rd. *Dent* —5E **113**
Percy St. *M15* —1B **108** (6D 8)
Percy St. *Bolt* —3B **32**
Percy St. *Bury* —2E **37**
Percy St. *Farn* —2G **63**
Percy St. *Moss* —2E **89**
Percy St. *Oldh* —2G **73**
Percy St. *Ram* —4D **12**
Percy St. *Roch* —6B **28**
Percy St. *Stal* —3F **101**
Percy St. *Stoc* —1H **139**
Peregrine Cres. *Droy* —2C **98**
Peregrine Dri. *Irl* —3E **103**
Peregrine Rd. *Stoc* —1F **153**
Perham Wlk. *M40*
　　　—3H **95** (3H 7)
Periton Wlk. M9 —6G **69**
(off Levedale Rd.)

Perivale Dri. *Oldh* —5F **73**
Perkins Av. *Salf* —6H **81**
Pernham St. *Oldh* —2G **73**
Perrin St. *Hyde* —5B **114**
Perry Av. *Hyde* —3E **115**
Perrygate Av. *M20* —3E **125**
Perrymead. *P'wch* —3G **67**
Perrymead Clo. *M15* —2D **108**
Perry Rd. *Tim* —5B **134**
Pershore. *Roch* —3G **27**
(off Spotland Rd.)
Pershore Rd. *Mid* —4A **54**
Perth. Ecc —3G **91**
(off Monton La.)
Perth Av. *Chad* —5G **71**
Perth Clo. *Bram* —2G **161**
Perth Rd. *Roch* —3H **41**
Perth St. *Bolt* —4F **45**
(in two parts)
Perth St. *Rytn* —3E **57**
Perth St. *Swint* —4D **78**
Peru St. *Salf* —3B **94** (3C 4)
Peterborough Clo. *Ash L*
　　　　　—5F **87**
Peterborough Dri. *Bolt* —4B **32**
Peterborough St. *M18* —1H **111**
Peterborough Wlk. Bolt —4A **32**
(off Charnock Dri.)
Peterchurch Wlk. *Open* —5E **97**
Peterhead Clo. *Bolt* —4H **31**
Peterhead Wlk. *Salf* —4G **93**
Peterhouse Gdns. *Woodl*
　　　　　—5A **130**
Peterloo Ter. *Mid* —5A **54**
Peter Moss Way. *M19* —6E **111**
Petersburg Rd. *Stoc* —5E **139**
Peters Ct. Tim —6D **134**
(off Norwood Dri.)
Petersfield Dri. *M23* —4D **134**
Petersfield Wlk. *Bolt* —4A **32**
Peter St. *M2* —5D **94** (1G 9)
Peter St. *Alt* —2F **145**
Peter St. *Bury* —2D **36**
Peter St. *Dent* —4G **113**
Peter St. *Ecc* —4F **91**
Peter St. *Had* —1H **117**
Peter St. *Haz G* —2D **152**
Peter St. *Mid* —2E **69**
Peter St. *Oldh* —3D **72**
Peter St. *Stoc* —1A **140**
(in two parts)
Peterswood Clo. *M22* —2H **147**
Petheridge Dri. *M22* —4H **147**
Petrel Av. *Poy* —3B **162**
Petrel Clo. *Droy* —2C **98**
Petrel Clo. *Roch* —4B **26**
Petrel Clo. *Stoc* —5F **139**
Petrie Ct. *Salf* —1H **93**
Petrie St. *Roch* —3H **27**
Petrock Wlk. *M40* —6C **84**
Petts Cres. *L'boro* —3E **17**
Petunia Wlk. Wor —6B **62**
(off Madams Wood Rd.)
Petworth Clo. *M22* —5C **136**
Petworth Rd. *Chad* —3H **71**
Pevensey Ct. *M9* —1A **84**
Pevensey Rd. *Salf* —5C **80**
Pevensey Wlk. *Chad* —3H **71**
Peveril Clo. *W'fld* —2G **67**
Peveril Cres. *M21* —5G **107**
Peveril Dri. *Haz G* —5F **153**
Peveril Rd. *B'hth* —4E **133**
Peveril Rd. *Oldh* —6G **57**
Peveril Rd. *Salf* —3D **93**
Peveril St. *Bolt* —4F **45**
Peveril Ter. *Hyde* —1D **130**
Pewsey Rd. *M22* —2D **148**
Pexwood. *Chad* —6E **55**
Pheasant Clo. *Wor* —5D **76**
Pheasant Dri. *M21* —2B **124**
Pheasant Rise. *Bow* —4F **145**

Phelan Clo. *M40* —6E **83**
Phethean St. *Bolt* —6C **32**
Phethean St. *Farn* —6E **47**
Philip Av. *Dent* —2D **112**
Philip Dri. *Sale* —1B **134**
Philips Av. *Farn* —2F **63**
Philips Dri. *W'fld* —3B **66**
Philips Pk. Rd. *M11* —3A **96**
Philips Pk. Rd. E. *W'fld* —3D **66**
Philips Pk. Rd. W. *W'fld*
　　　　　—4A **66**
Philip's Rd. *M18* —3F **111**
Philip St. *Bolt* —2H **45**
Philip St. *Ecc* —4F **91**
Philip St. *Oldh* —1G **73**
Philip St. *Roch* —6H **27**
Phillimore St. *Lees* —4A **74**
Phillips Pl. *W'fld* —2D **66**
Phillip Way. *Hyde* —6A **116**
Phipps St. *Wor* —5E **63**
Phoebe St. *Bolt* —3G **45**
Phoebe St. *Salf* —5G **93**
Phoenix Clo. *Heyw* —4H **39**
Phoenix Pk. Ind. Est. *Heyw*
　　　　　—4H **39**
Phoenix Pl. *Spring* —2B **74**
Phoenix St. *M2* —4E **95** (5A 6)
Phoenix St. *Bolt* —5C **32**
Phoenix St. *Bury* —3C **36**
Phoenix St. *Farn* —2F **63**
Phoenix St. *L'boro* —3F **17**
Phoenix St. *Oldh* —3D **72**
Phoenix St. *Roch* —2E **27**
Phoenix St. *Spring* —2B **74**
Phoenix Way. *Rad* —5G **49**
Phoenix Way. *Urm* —1G **105**
Phyllis St. *Mid* —2C **70**
Phyllis St. *Roch* —2D **26**
Piccadilly. *M1* —4E **95** (5B 6)
(in two parts)
Piccadilly. *Stoc* —2H **139**
PICCADILLY GARDENS
　　STATION. *M* —4E **95**
Piccadilly Pl. M1 —4E **95** (5B 6)
(off Dale St.)
Piccadilly Plaza. *M1*
　　　—4E **95** (6A 6)
PICCADILLY STATION. *BR & M*
　　　　　—5F **95**
Piccadilly Trad. Est. *M1*
　　　—5G **95** (1F 11)
Piccadilly Village. *M1*
　　　—4G **95** (6E 7)
Piccard Clo. *M40* —6F **83**
Pickering Clo. *Bury* —6B **22**
Pickering Clo. *Rad* —1A **64**
Pickering Clo. *Tim* —4A **134**
Pickering Clo. *Urm* —5D **104**
Pickford Av. *L Lev* —4C **48**
Pickford Ct. *M15* —2C **108**
Pickford La. *Duk* —5A **100**
Pickford's Brow. Stoc —2H **139**
(off High Bankside)
Pickford St. *M4* —3F **95** (4D 6)
Pickford Wlk. *Rytn* —4C **56**
Pickhill. *Upperm* —1F **61**
Pickhill M. *Upperm* —1F **61**
Pickmere Av. *M20* —1F **125**
Pickmere Clo. *Droy* —4B **98**
Pickmere Clo. *Sale* —1F **135**
Pickmere Clo. *Stoc* —5E **139**
Pickmere Ct. *Hand* —2H **159**
Pickmere Gdns. *Chea H*
　　　　　—6B **138**
Pickmere M. *Upperm* —1F **61**
Pickmere Rd. *Hand* —2H **159**
Pickmere Ter. *Duk* —4H **99**
Pickup St. *Roch* —4A **28**
Pickwick Pl. *Ram* —2E **13**
Pickwick Rd. *Poy* —4D **162**

Pole La. *P'wch* —6H **51**
Pole St. *Ash L* —1H **99**
Pole St. *Bolt* —4D **32**
Polesworth Clo. *M12* —1C **110**
Police St. *M2* —4D **94** (5G **5**)
Police St. *Alt* —6F **133**
Police St. *Ecc* —3E **91**
Pollard Clo. *Oldh* —1C **72**
Pollard Ho. *Bolt* —5F **45**
Pollard's La. *S'seat* —1C **22**
Pollard Sq. *Part* —6E **119**
Pollard St. *M4* —4G **95** (6F **7**)
Pollard St. E. *M40*
　　—3H **95** (4H **7**)
Pollen Clo. *Sale* —1D **134**
Pollen Rd. *B'hth* —5E **133**
Polletts Av. *Stoc* —3C **128**
Pollitt Av. *Ash L* —6G **87**
Pollitt Clo. *M12* —1B **110**
Pollitt Croft. *Rom* —2F **141**
Pollitts Clo. *Ecc* —3D **90**
Pollitt St. *Rad* —4A **50**
Polonia St. *Oldh* —6A **72**
Polperro Clo. *Rytn* —3E **57**
Polperro Wlk. *Hyde* —4H **115**
Polruan Rd. *M21* —5G **107**
Polruan Wlk. *Hyde* —5A **116**
Polworth Rd. *M9* —2G **83**
Polygon Av. *M13*
　　—1G **109** (5F **11**)
Polygon Rd. *M8* —2B **82**
Polygon St. *M13*
　　—6G **95** (4E **11**)
Polygon, The. *Ecc* —3A **92**
Polygon, The. *Salf* —5G **81**
Pomfret St. *M12* —1C **110**
Pomfret St. *Salf* —6A **80**
Pomona Cres. *Salf* —6H **93**
Pomona Docks. *M15*
　　—1A **108** (5A **8**)
Pomona Strand. *Old T & Traf P*
　　—2G **107**
Pomona St. *Roch* —6H **27**
Ponds Clo. *M21* —6H **107**
Pondwater Clo. *Wor* —6C **62**
Pondwood Wlk. *M16* —4C **108**
Ponsford Av. *M9* —6A **70**
Ponsonby Rd. *Stret* —4D **106**
Pontefract Clo. *Swint* —4H **79**
Pool Bank St. *Mid* —2D **68**
(in three parts)
Poolcroft. *Sale* —6F **123**
Poole Clo. *Bram* —4E **151**
Pooley Clo. *Mid* —6D **52**
Pool Field Clo. *Rad* —4D **48**
Pool Fold. *Fail* —5G **85**
Pool Fold Clo. *Bolt* —3E **31**
Pool Ho. Rd. *Poy* —2A **164**
Pool Pl. Bolt —3E **31**
(off Church La.)
Poolscroft Dri. *Sale* —6F **123**
Pool St. *Bolt* —5A **32**
(in two parts)
Pool St. *Oldh* —5D **72**
Pool Ter. *Bolt* —3E **31**
Poolton Rd. *M9* —5D **68**
Poorfield St. *Oldh* —4C **72**
Poot Hall. *Roch* —6F **15**
Pope Way. *Dent* —1G **129**
Poplar Av. *M19* —1D **126**
Poplar Av. *Alt* —5G **133**
Poplar Av. *Bolt* —1B **32**
Poplar Av. *Brad* —5G **19**
Poplar Av. *Bury* —2F **37**
Poplar Av. *Lyd* —5E **75**
Poplar Av. *Oldh* —1B **86**
Poplar Av. *Roch* —2E **27**
Poplar Av. *Wilm* —4C **166**
Poplar Clo. *Gat* —6F **137**
Poplar Ct. *M14* —6H **109**
Poplar Ct. *Aud* —1F **113**

Poplar Ct. *Salf* —2G **93**
Poplar Dri. *P'wch* —1E **81**
Poplar Gro. *M18* —3F **111**
Poplar Gro. *Ash L* —6G **87**
Poplar Gro. *Cad* —3B **118**
Poplar Gro. *Ram* —2F **13**
Poplar Gro. *Sale* —6B **122**
Poplar Gro. *Stoc* —1C **152**
Poplar Gro. *Urm* —5G **105**
Poplar Rd. *M19* —6H **125**
Poplar Rd. *Duk* —6D **100**
Poplar Rd. *Ecc* —1G **91**
Poplar Rd. *Stret* —1C **122**
Poplar Rd. *Swint* —4D **78**
Poplar Rd. *Wor* —1G **77**
Poplars Rd. *Stal* —2H **101**
Poplars, The. *Alt* —1F **145**
Poplars, The. *Moss* —2G **89**
Poplar St. *M11* —5A **96**
Poplar St. *Aud* —1F **113**
Poplar St. *Fail* —5D **84**
Poplar St. *Mid* —2D **70**
Poplar St. *Stoc* —1A **138**
Poplar Wlk. *Chad* —1H **71**
Poplar Wlk. *Part* —6B **118**
Poplar Way. *H Lane* —6E **155**
Poppy Clo. *M23* —2E **135**
Poppy Clo. *Chad* —2E **71**
Poppythorn La. *P'wch* —4E **67**
(in two parts)
Porchester Dri. *Rad* —2C **48**
Porchfield Sq. *M3*
　　—5C **94** (1F **9**)
Porlock Av. *Aud* —5C **98**
Porlock Av. *Hyde* —5G **115**
Porlock Clo. *Stoc* —3C **140**
Porlock Rd. *M23* —5H **135**
Porlock Rd. *Urm* —1C **120**
Porlock Wlk. *Hyde* —5G **115**
Porritt Clo. *Roch* —5A **26**
Porritt St. *Bury* —1E **37**
Porritt Way. *Ram* —2E **13**
(in two parts)
Portal Ct. *Mid* —1C **70**
Portal Gro. *Dent* —6H **113**
Portal Wlk. M9 —3F *83*
(off Alderside Rd.)
Porter St. *Bury* —1D **36**
Porter St. *Oldh* —4A **72**
Portfield Wlk. M40 —5A *84*
(off Harmer Clo.)
Portgate Wlk. *M13* —2H **109**
Porthleven Dri. *M23* —5E **135**
Porthtowan Wlk. *Hyde* —4A **116**
Porth Wlk. *M40* —6G **83**
Portinscale Clo. *Bury* —2H **35**
Portland Arc. M1 —4E **95** (6B *6*)
(off Piccadilly Plaza)
Portland Clo. *Haz G* —4B **152**
Portland Ct. *Manx* —6F **125**
Portland Cres. *M13* —2H **109**
Portland Gro. *Stoc* —5D **126**
Portland Ho. *Ash L* —3G **99**
Portland Ho. *Marp* —6C **142**
Portland Ho. *Salf* —2A **92**
Portland Pl. *Ash L* —3G **99**
Portland Pl. Roch —1G *41*
(off Oldham Rd.)
Portland Pl. *Stal* —3F **101**
Portland Rd. *M13* —4B **110**
Portland Rd. *Bow* —2E **145**
Portland Rd. *Ecc* —2H **91**
Portland Rd. *Stret* —3E **107**
Portland Rd. *Swint* —4G **79**
Portland Rd. *Wor* —4E **63**
Portland St. *M1*
　　—5E **95** (2A **10**)
Portland St. *Ash L* —2G **99**
(in two parts)
Portland St. *Bolt* —3A **32**
Portland St. *Bury* —1E **37**

Portland St. *Farn* —5F **47**
Portland Ter. *Ash L* —3G **99**
Portloe Rd. *H Grn* —6F **149**
Portman Rd. *M16* —4C **108**
Portman St. *Moss* —2E **89**
Porton Wlk. *M22* —4H **147**
Portrea Clo. *Stoc* —6G **139**
Portree Clo. *Ecc* —3D **90**
Portree Ct. *Heyw* —4C **38**
Portrush Rd. *M22* —3C **148**
Portside Clo. *Wor* —5D **76**
Portslade Wlk. *M23* —6F **135**
Portsmouth Clo. *Salf* —6H **81**
Portsmouth St. *M13*
(in two parts) —1F **109** (6C **10**)
Port Soderick Av. *Salf* —4G **93**
Portstone Clo. *M16* —3C **108**
Port St. *M1* —4F **95** (5C **6**)
Port St. *Oldh* —5D **72**
Port St. *Stoc* —1G **139**
Portugal Rd. *P'wch* —1F **81**
Portugal St. *M4* —3G **95** (3E **7**)
(in two parts)
Portugal St. *Ash L* —4F **99**
Portugal St. *Bolt* —6D **32**
Portugal St. E. *M1*
　　—5G **95** (1E **11**)
Portville Rd. *M19* —5C **110**
Portway. *M22* —3H **147**
Portwood Ind. Est. *Stoc*
　　—1A **140**
Portwood Pl. *Stoc* —1H **139**
Portwood Wlk. *M9* —4F **83**
Posnett St. *Stoc* —3E **138**
Postal St. *M1* —4F **95** (5D **6**)
Postbridge Clo. *M13*
　　—1G **109** (6F **11**)
Post Office St. *Alt* —6F **133**
Potato Wharf. *M3*
　　—5B **94** (2D **8**)
Pot Hill. *Ash L* —1A **100**
Pot Hill Sq. *Ash L* —1A **100**
Pot Ho. La. *Ward* —4F **15**
Pot St. *Alt* —1F **145**
Potter Ho. *Oldh* —4D **72**
Potter Rd. *Had* —4G **117**
Potter's La. *M9* —4G **83**
Potter St. *Bury* —2E **37**
Potter St. *Rad* —3B **50**
Pottery La. *M12 & M11*
　　—2B **110**
Pottery Row. *M11* —3A **96**
Pottinger St. *Ash L* —4F **99**
Pott St. *M40* —6D **84**
Poulton Av. *Bolt* —6G **33**
Poulton St. *M11* —6G **97**
Poundswick La. *M22* —2A **148**
Powell Av. *Hyde* —4C **114**
Powell St. *Bury* —4H **95**
Powell St. *Clay* —3F **97**
Powell St. *Old T* —3A **108**
Powicke Dri. *Rom* —2F **141**
Powis Rd. *Urm* —6G **103**
Pownall Av. *M20* —1E **125**
Pownall Av. *Bram* —6A **152**
Pownall Ct. *Wilm* —1B **166**
Pownall Rd. *Alt* —2F **145**
Pownall Rd. *Chea H* —4C **150**
Pownall Rd. *Wilm* —1C **166**
Pownall St. *Haz G* —2D **152**
Poxon Ter. *Hulme* —1E **109**
Poynings Dri. *M22* —4A **148**
Poynt Chase. *Wor* —5D **76**
Poynter St. *M40* —2C **84**
Poynter Wlk. *Oldh* —3H **57**
Poynton Clo. *Bury* —4E **37**
POYNTON STATION. *BR*
　　—3C **162**
Poynton St. *M15*
　　—1D **108** (5H **9**)
Praed Rd. *Traf P* —1C **106**

Prark Ct. *Roch* —5H **27**
Pratt Wlk. M11 —4B *96*
(off Turnpike Rd.)
Precinct Cen. *M13*
　　—1E **109** (5B **10**)
Precinct, The. *Chea H* —3D **150**
Precinct, The. *Holl* —2F **117**
Precinct, The. *Stoc* —5D **140**
(Offerton)
Precinct, The. *Stoc* —4F **139**
(Stockport)
Preece Clo. *Hyde* —3E **115**
Preesall Av. *H Grn* —5F **149**
Preesall Clo. *Bury* —5F **35**
Premier Rd. *M8* —1D **94**
Premier St. *M16* —3B **108**
Prentice Wlk. *M11* —4C **96**
Prenton St. *Open* —5G **97**
Prenton Way. *Wals* —6H **21**
Presall St. *Bolt* —5E **33**
Prescot Clo. *Bury* —4E **37**
Prescot Rd. *M9* —4F **83**
Prescot Rd. *Hale* —3H **145**
Prescott Rd. *Wilm* —6F **159**
Prescott St. *Bolt* —3G **45**
Prescott St. *Roch* —1B **28**
Prescott St. *Wor* —6D **62**
Prescott Wlk. *Dent* —6H **113**
Press St. *M11* —6F **97**
Prestage St. *Long* —5D **110**
Prestage St. *Old T* —2A **108**
(in four parts)
Prestbury Av. *M14* —6D **108**
Prestbury Av. *Alt* —5G **133**
Prestbury Clo. *Bury* —4E **37**
Prestbury Clo. *Stoc* —1D **152**
Prestbury Dri. *Bred* —5E **129**
Prestbury Dri. *Oldh* —6B **56**
Prestbury Rd. *Bolt* —6E **19**
Prestbury St. *Stoc* —1D **152**
Prestfield Rd. *W'fld* —2E **67**
Presto Gdns. *Bolt* —3F **45**
Prestolee Rd. *Bolt* —6A **48**
Prestolee Rd. *Rad* —6A **48**
Preston Av. *Ecc* —2A **92**
Preston Av. *Irl* —2D **118**
Preston Clo. *Ecc* —2A **92**
Preston Rd. *M19* —1C **126**
Preston St. *M18* —1E **111**
Preston St. *Bolt* —3D **46**
(Bolton)
Preston St. *Bolt* —3F **45**
(Willows)
Preston St. *Mid* —1A **70**
Preston St. *Oldh* —3E **73**
Preston St. *Roch* —2E **27**
Presto St. *Farn* —6G **47**
Prestwich Clo. *Stoc* —4B **140**
Prestwich Hills. *P'wch* —6E **67**
Prestwich Pk. Rd. S. *P'wch*
　　—6E **67**
PRESTWICH STATION. *M*
　　—4E **67**
Prestwich St. *Dent* —3E **113**
Prestwood Clo. *Bolt* —4H **31**
Prestwood Dri. *Bolt* —4H **31**
Prestwood Rd. *Farn* —6C **46**
Prestwood Rd. *Salf* —1C **92**
Preswick Wlk. *M40* —1C **84**
Pretoria Rd. *Bolt* —6G **33**
Pretoria Rd. *Oldh* —6A **72**
Pretoria St. *Roch* —2E **27**
Price St. *M4* —4H **95** (5H **7**)
Price St. *Bury* —4E **37**
Price St. *Duk* —5A **100**
Price St. *Farn* —6F **47**
Prickshaw La. *Whitw* —3A **14**
Pridmouth Rd. *M20* —3G **125**
Priest Av. *Gat* —1E **149**
Priest Hill St. *Oldh* —2C **72**
Priestley Rd. *Wor* —3C **78**

Priestley Way. *Shaw* —6H **43**
Priestnall Ct. *Stoc* —6C **126**
(off Priestnall Rd.)
Priestnall Rd. *Stoc* —6B **126**
Priest St. *Stoc* —4H **139**
Priestwood Av. *Oldh* —3B **58**
Primley Wlk. M9 —3G **83**
(off Edward St.)
Primrose Av. *Farn* —6C **46**
Primrose Av. *Hyde* —2B **130**
Primrose Av. *Marp* —5C **142**
Primrose Av. *Upperm* —6C **60**
Primrose Av. *Urm* —5F **105**
Primrose Av. *Wor* —1D **76**
Primrose Bank. *Bow* —4E **145**
Primrose Bank. *G'fld* —4F **61**
Primrose Bank. *Oldh* —4C **72**
Primrose Bank. *Tot* —4G **21**
Primrose Bank. *Wor* —1D **76**
Primrose Clo. *Bolt* —1A **34**
Primrose Clo. *Salf* —3F **93**
Primrose Cotts. *Bow* —4E **145**
Primrose Cres. *Hyde* —1B **130**
Primrose Dri. *Bury* —1H **37**
Primrose Dri. *Droy* —2C **98**
Primrose Hill Cotts. *Heyw*
—1A **40**
Primrose Ho. *Oldh* —4C **72**
Primrose St. *M4* —3F **95** (3D **6**)
Primrose St. *Bolt* —1B **32**
Primrose St. *Kear* —2G **63**
Primrose St. *Oldh* —4C **72**
Primrose St. *Roch* —3F **27**
Primrose Ter. *Stal* —3F **101**
Primrose Ter. *Urm* —1E **105**
Primrose Wlk. *Marp* —5C **142**
Primrose Wlk. *Oldh* —4C **72**
Primula St. *Bolt* —1B **32**
Prince Albert Av. *M19*
—5C **110**
Prince Charlie St. *Oldh* —1F **73**
Princedom St. *M9* —3G **83**
Prince Edward Av. *Dent*
—5F **113**
Prince Edward Av. *Oldh*
—2G **73**
Prince George St. *Oldh*
—6G **57**
Prince of Wales Bus. Pk. *Oldh*
—1G **73**
Prince Rd. *Poy* —2A **164**
Princes Av. *M20* —5G **125**
Princes Av. *Bred* —6G **129**
Princes Av. *Irl* —4G **103**
Prince's Av. *L Lev* —3B **48**
Prince's Bri. *M3* —5B **94** (1D **8**)
Princes Ct. *Ecc* —2F **91**
Princes Dri. *Marp* —4C **142**
Princes Dri. *Sale* —6D **122**
Prince's Incline. *Poy* —3E **163**
Princes Rd. *Bred* —6G **129**
Princes Rd. *B'hth* —5F **133**
Princes Rd. *Sale* —6C **122**
Princes Rd. *Stoc* —5C **126**
Princess Av. *Chea H* —2C **150**
Princess Av. *Dent* —4E **113**
Princess Av. *Kear* —3H **63**
Princess Av. *P'wch* —1G **81**
Princess Av. *Roch* —5A **16**
Princess Clo. *Duk* —5B **100**
Princess Clo. *Heyw* —4F **39**
Princess Clo. *Moss* —3G **89**
Princess Ct. *M15*
—1B **108** (5C **8**)
Princess Dri. *Mid* —1G **69**
Princess Dri. *Farn* —1F **63**
(in two parts)
Princess Pde. *M14* —6D **108**
Princess Pde. *Bury* —3D **36**
Princess Parkway. *M23*
—4A **136**

Princess Rd. *M15 & M14*
—6D **94** (5G **9**)
Princess Rd. *M21 & M20*
—6B **124**
Princess Rd. *Chad* —6E **71**
Princess Rd. *P'wch* —5G **67**
Princess Rd. *Roch* —4D **28**
Princess Rd. *Shaw* —1E **57**
Princess Rd. *Urm* —4D **104**
Princess Rd. *Wilm* —4C **166**
Princess St. *M2 & M1*
—4D **94** (6H **5**)
Princess St. *M15*
—1A **108** (5B **8**)
Princess St. *M40* —1A **96**
Princess St. *Ash L* —1B **100**
Princess St. *Bolt* —6B **32**
Princess St. *B'hth* —3E **133**
Princess St. *Chad* —4G **71**
Princess St. *Ecc* —3E **91**
Princess St. *Fail* —4E **85**
Princess St. *Hyde* —5C **114**
Princess St. *Lees* —3A **74**
Princess St. *Rad* —4E **49**
Princess St. *Roch* —3H **27**
(in two parts)
Princess St. *Salf* —1G **93**
Princess St. *Swint* —4G **79**
Princess St. Whitw —1C **14**
(off Albert St.)
Prince's St. *Stoc* —2G **139**
Prince St. *Bolt* —5A **32**
Prince St. *Heyw* —3F **39**
Prince St. *Oldh* —2E **73**
Prince St. *Roch* —6A **28**
Princes Wlk. *Bram* —6H **151**
Princethorpe Clo. *Los* —1B **44**
Prince Way. *Rytn* —1A **56**
Prinknash Rd. *M22* —3B **148**
Printers Brow. *Holl* —2F **117**
Printers Fold. *Holl* —2F **117**
Printers La. *Bolt* —5G **19**
Printers Pk. *Holl* —2G **117**
Printer St. *M11* —5F **97**
Printer St. *Oldh* —3D **72**
Printon Av. *M9* —5D **68**
Print Works La. *M19* —6E **111**
Printworks Rd. *Heyr* —2F **101**
Prior St. *M11* —6F **97**
Prior St. *Oldh* —4F **73**
Priory Av. *M21* —1H **123**
Priory Av. *Salf* —5G **81**
Priory Clo. *Duk* —1B **114**
Priory Clo. *Oldh* —6B **72**
Priory Clo. *Sale* —3D **122**
Priory Ct. *Bow* —4E **145**
Priory Ct. *Ecc* —3G **91**
Priory Ct. *Stoc* —1G **127**
Priory Gdns. *Manx* —5F **125**
Priory Gro. *Chad* —5G **71**
Priory Gro. *Salf* —5G **81**
Priory La. *Stoc* —1G **127**
Priory Pl. *Bolt* —3E **33**
Priory Pl. *Salf* —5G **81**
Priory Rd. *Bow* —5D **144**
Priory Rd. *Chea* —6C **138**
Priory Rd. *Sale* —4C **122**
Priory Rd. *Swint* —2E **79**
Priory Rd. *Wilm* —1B **166**
Priory St. *Bow* —5E **145**
Priory St. *Stoc* —1G **127**
Priory, The. *Salf* —5G **81**
Pritchard St. *M1*
—5E **95** (3B **10**)
Pritchard St. *Stret* —5D **106**
Privet St. *Oldh* —6H **57**
Proctor St. *Bury* —4A **36**
Proctor Way. *Ecc* —6B **90**
Proffitt St. *Bolt* —1H **45**
Progress Av. *Aud* —1F **113**
Progress St. *Ash L* —2G **99**

Progress St. *Bolt* —4B **32**
Progress St. *Roch* —4C **40**
Promenade St. *Heyw* —3G **39**
Propps Hall Dri. *Fail* —5D **84**
Prospect Av. *Bolt* —2H **33**
Prospect Av. *Cad* —3C **118**
Prospect Av. *Farn* —2E **63**
Prospect Ct. *Tot* —4H **21**
Prospect Dri. *Fail* —6F **85**
Prospect Dri. *Haleb* —6D **146**
Prospect Pl. *Ash L* —6H **87**
Prospect Pl. *Comp* —6E **131**
Prospect Pl. *Farn* —2E **63**
Prospect Pl. *Heyw* —2F **39**
Prospect Rd. *Ash L* —6A **88**
Prospect Rd. *Cad* —3C **118**
Prospect Rd. *Duk* —4B **100**
Prospect Rd. *Oldh* —2A **72**
Prospect St. *Bolt* —4B **32**
Prospect St. *Heyw* —4G **39**
Prospect St. *L'boro* —3F **17**
Prospect St. *Roch* —1E **41**
Prospect Ter. *Bury* —1B **36**
Prospect Ter. *Roch* —1G **25**
Prospect Vale. *H Grn* —4F **149**
Prospect View. *Swint* —4G **79**
Prospect Vs. *M9* —2H **83**
Prout St. *M12* —4C **110**
Providence St. *M4*
—4H **95** (6G **7**)
Providence St. *Ash L* —1B **100**
Providence St. *Aud* —6F **99**
Providence St. *Bolt* —2B **46**
Provident Av. *M19* —6E **111**
Provident Shaw. —6A **48**
Provident Way. *Tim* —5A **134**
Provis Rd. *M21* —2H **123**
Prubella Av. *Dent* —2E **113**
Pryce St. *Bolt* —4H **31**
Pryme St. *M15* —6C **94** (4E **9**)
Pudding La. *Hyde* —4G **115**
(in two parts)
Puffin Av. *Poy* —3B **162**
Pugin Wlk. M9 —5F **83**
(off Parkstead Dri.)
Pulborough Clo. *Bury* —4B **22**
Pulford Av. *M21* —5B **124**
Pulford Rd. *Sale* —1C **134**
Pullman Clo. *M19* —1D **126**
Pullman Dri. *Urm* —5H **105**
Pullman St. *Roch* —6H **27**
Pulman Ct. *Bolt* —2C **46**
Pump St. *M40* —3A **96**
Pump St. *Oldh* —1H **85**
Punch La. *Bolt* —5B **44**
(in three parts)
Punch St. *Bolt* —1H **45**
Purbeck Clo. *M22* —4A **148**
Purbeck Dri. *Bury* —5C **22**
Purcell Clo. *Bolt* —4H **31**
Purcell St. *M12* —4C **110**
Purdon St. *Bury* —5F **23**
Purdy Ho. *Oldh* —4D **72**
Purley Av. *M23* —2H **135**
Purley Dri. *Cad* —4A **118**
Purslow Clo. *M12* —4A **96**
Purton Wlk. M9 —4G **83**
(off Norbet Wlk.)
Putney Clo. *Oldh* —6C **56**
Putt St. *Swint* —1F **79**
Puzzletree Ct. *Stoc* —4C **140**
Pyegreave Clo. *M15*
—6C **94** (4F **9**)
Pygmate Dri. *H Grn* —3E **149**
Pygmate La. *H Grn* —3E **149**
Pym St. *M40* —3H **83**
Pym St. *Ecc* —3F **91**
Pym St. *Heyw* —4F **39**

Pyramid Ct. *Salf* —5H **81**
Pyrus Clo. *Ecc* —5B **90**
Pytha Fold Rd. *M20* —4G **125**

Q

Quadrant, The. *M9* —6A **70**
Quadrant, The. *Droy* —4H **97**
Quadrant, The. *Rom* —1G **141**
Quadrant, The. *Stoc* —2B **140**
Quadrant, The. *Stret* —4G **107**
Quail Dri. *Irl* —4E **103**
Quail St. *Oldh* —3G **73**
Quakers Field. *Tot* —3H **21**
Quantock Clo. *Stoc* —1G **139**
Quantock St. *M16* —3C **108**
Quarlton Dri. *Hawk* —1D **20**
Quarmby Rd. *M18* —3H **111**
Quarry Bank Rd. *Styal* —4D **158**
Quarry Clough. *Stal* —5G **101**
Quarry Hill. *Roch* —6E **15**
Quarry Pond Rd. *Wor* —6B **62**
Quarry Rise. *Stal* —5D **100**
Quarry Rd. *Kear* —2A **64**
Quarry Rd. *Rom* —1H **141**
Quarry St. *Rad* —4H **49**
Quarry St. *Ram* —3F **13**
(in three parts)
Quarry St. *Roch* —2G **27**
Quarry St. *Stal* —4D **100**
Quarry St. *Woodl* —4H **129**
Quarry View. *Roch* —6E **15**
Quarry Wlk. M11 —4B **96**
(off Pilgrim Dri.)
Quayside Clo. *Wor* —6D **76**
Quays, The. *Salf* —6F **93**
Quay St. *M3* —4C **94** (6E **5**)
(Manchester)
Quay St. *M3* —3C **94** (4F **5**)
(Salford)
Quay St. *Stal* —4D **100**
Quayview. *Salf* —5G **93**
Quay W. *Traf P* —1E **107**
Quebec Pl. *Bolt* —2G **45**
Quebec St. *Bolt* —2H **45**
Quebec St. *Dent* —3E **113**
Quebec St. *Oldh* —1A **72**
Queen Alexandra Clo. *Salf*
—5A **94** (2A **8**)
Queen Ann Clo. *Uns* —3G **51**
Queen Ann Dri. *Wor* —4D **76**
Queenhill Dri. *Hyde* —2E **115**
Queenhill Rd. *M22* —2C **136**
Queens Av. *M18* —2D **110**
Queens Av. *Bred* —6G **129**
Queen's Av. *Brom X* —4E **19**
Queen's Av. *L Lev* —3A **48**
Queens Av. *Roch* —5A **16**
Queensbrook. *Bolt* —6A **32**
Queensbury Ct. *M40*
—2H **95** (2H **7**)
Queensbury Pde. *M40* —2A **96**
Queens Clo. *Hyde* —2C **130**
Queens Clo. *Mos C* —4B **76**
Queens Clo. *Stoc* —1C **138**
Queen's Clo. *Wor* —5F **63**
Queen's Ct. *Manx* —5E **125**
Queen's Ct. *Marp* —5E **143**
Queen's Ct. *Stoc* —1C **138**
Queens Ct. *Wilm* —3D **166**
Queenscroft. *Ecc* —2H **91**
Queen's Dri. *Chea H* —3C **150**
Queens Dri. *Hyde* —2D **130**
Queen's Dri. *P'wch* —1G **81**
Queens Dri. *Roch* —2E **41**
Queen's Dri. *Stoc* —1C **138**
Queensferry St. *M40* —5C **84**
Queens Gdns. *Chea* —5A **138**
Queensgate. *Bolt* —5G **31**
Queensgate. *Bram* —2G **161**
Queensgate Dri. *Rytn* —1A **56**
Queen's Gro. *M12* —3C **110**

Queensland Rd. *M18* —2D **110**
Queen's Pk. Rd. *Heyw* —1F **39**
Queens Pk. St. *Bolt* —5H **31**
Queens Pl. *Bury* —1C **22**
Queen Sq. *Ash L* —1B **100**
Queen Sq. *Stoc* —1A **140**
Queen's Rd. *M8 & M9* —6C **82**
Queen's Rd. *M40* —5F **83**
Queens Rd. *Ash L* —6H **87**
Queens Rd. *Bolt* —3F **45**
Queens Rd. *Bred* —6G **129**
Queens Rd. *Chad* —2G **71**
Queen's Rd. *Chea H* —1B **150**
Queen's Rd. *Hale* —2C **145**
Queen's Rd. *Haz G* —2E **153**
Queens Rd. *L'boro* —4F **17**
Queens Rd. *Oldh* —4E **73**
Queens Rd. *Sale* —4H **121**
Queen's Rd. *Urm* —6F **105**
Queens Rd. *Wilm* —3D **166**
Queen's Rd. Ter. L'boro —4F 17
(off Queen's Rd.)
Queens Ter. *Duk* —4H **99**
Queens Ter. *Hand* —3H **159**
Queenston Rd. *M20* —5E **125**
Queen St. *M2* —4D **94** (6G **5**)
Queen St. *Ash L* —2A **100**
Queen St. *Aud* —1F **113**
(Audenshaw)
Queen St. *Aud* —3E **113**
(Denton)
Queen St. *Bolt* —6A **32**
Queen St. *Bury* —3E **37**
Queen St. *Chea* —5B **138**
Queen St. *Duk* —4H **99**
Queen St. *Ecc* —4H **91**
Queen St. *Fail* —4E **85**
Queen St. *Farn* —1F **63**
Queen St. *Had* —3H **117**
(Hadfield)
Queen St. *Had* —5C **114**
(Hyde)
Queen St. *Heyw* —2F **39**
Queen St. *L'boro* —4F **17**
Queen St. *L Hul* —6D **62**
Queen St. *Marp* —5E **143**
Queen St. *Mid* —1C **70**
Queen St. *Moss* —2E **89**
Queen St. *Oldh* —2D **72**
Queen St. *Rad* —5A **50**
Queen St. *Ram* —3D **12**
Queen St. *Roch* —3H **27**
Queen St. *Rytn* —3B **56**
Queen St. *Salf* —6B **80**
(Irlams o' th' Height)
Queen St. *Salf* —3C **94** (3F **5**)
(Salford)
Queen St. *Shaw* —1F **57**
Queen St. *Spring* —3B **74**
Queen St. *Stal* —3E **101**
Queen St. *Stoc* —1A **140**
Queen St. *Tot* —6A **22**
Queen St. W. *M20* —2F **125**
Queen's Wlk. *Droy* —4A **98**
Queensway. *M19* —1H **137**
Queensway. *Clif* —1G **79**
Queensway. *Duk* —6D **100**
Queensway. *G'fld* —3F **61**
Queensway. *H Grn* —5F **149**
Queensway. *Irl* —5D **102**
Queensway. *Kear* —4H **63**
Queensway. *Moss* —3F **89**
Queensway. *Poy* —4D **162**
Queensway. *Roch* —3C **40**
Queensway. *Urm* —3G **105**
Queensway. *Wor* —3D **76**
Queen Victoria St. *Ecc* —3E **91**
Queen Victoria St. *Roch*
                          —1G **41**
Quenby St. *M15* —6B **94** (4D **8**)
Quendon Av. *Salf* —1C **94**

Quick Edge La. *Grot* —5D **74**
Quickedge Rd. *Moss & Lyd*
                          —1E **89**
Quick Rd. *Moss* —5F **75**
Quick View. *Moss* —6G **75**
Quilter Gro. *M9* —1E **83**
Quinney Cres. *M16* —3C **108**
Quinn St. *M11* —4C **96**
Quinton. Roch —3G 27
(off Spotland Rd.)
Quinton Wlk. *M13*
                          —1F **109** (5D **10**)

Rabbit La. *Mot* —1C **116**
Raby St. *M14* —3D **108**
Raby St. *M16* —3C **108**
Racecourse Pk. *Wilm* —3C **166**
Racecourse Rd. *Wilm* —2B **166**
Racecourse Wlk. *Rad* —3F **49**
Racefield Hamlet. *Chad* —3H **55**
Racefield Rd. *Alt* —1E **145**
Race, The. *Hand* —5H **159**
Rachel Rosing Wlk. *M8* —3B **82**
Rachel St. *M12* —5G **95** (2F **11**)
Rackhouse Rd. *M23* —2H **135**
Radbourne Clo. *M12* —1C **110**
Radcliffe Moor Rd. *Brad T &*
                    Brad F —1B **48**
Radcliffe New Rd. *W'fld*
                          —5A **50**
Radcliffe Pk. Cres. *Salf* —6A **80**
Radcliffe Pk. Rd. *Salf* —6H **79**
Radcliffe Rd. *Bolt* —6C **32**
Radcliffe Rd. *Bury* —6B **36**
Radcliffe Rd. L *Lev* —2E **47**
Radcliffe Rd. *Oldh* —5H **57**
RADCLIFFE STATION. *M*
                          —4H **49**
Radcliffe St. *Oldh* —1D **72**
Radcliffe St. *Rytn* —3B **56**
Radcliffe St. *Spring* —3C **74**
Radcliffe View. Salf —6H 93
(off Ordsall Dri.)
Radclyffe St. *Chad* —1H **71**
Radclyffe St. *Mid* —4A **54**
Radclyffe Ter. *Mid* —5A **54**
Radelan Gro. *Rad* —3D **48**
Radford Clo. *Stoc* —4D **140**
Radford Dri. *M9* —3G **83**
Radford Dri. *Irl* —4E **103**
Radford St. *Salf* —3G **81**
Radium St. *M4* —3G **95** (3E **7**)
Radlet Dri. *Tim* —3A **134**
Radlett Wlk. M13 —2G 109
(off Plymouth Gro.)
Radley Clo. *Bolt* —4E **31**
Radley Clo. *Sale* —6F **121**
Radley Wlk. M16 —4D 108
(off Quinney Cres.)
Radnor Av. *Dent* —4B **112**
Radnor Ho. Stoc —3G 139
(off Moseley St.)
Radnormere Dri. *Chea X*
                          —1B **150**
Radnor St. *Gort* —3E **111**
Radnor St. *Hulme* —2D **108**
Radnor St. *Oldh* —4A **72**
Radnor St. *Stret* —5D **106**
Radstock Clo. *M14* —6F **109**
Radstock Clo. *Bolt* —4C **18**
Radstock Rd. *Stret* —5C **106**
Raeburn Dri. *Marp B* —3F **143**
Rae St. *Stoc* —3E **139**
Raglan Av. *Clif* —1H **79**
Raglan Av. *W'fld* —2F **67**
Raglan Dri. *Tim* —3G **133**
Raglan Rd. *Sale* —6H **121**
Raglan St. *Bolt* —3H **31**

Raglan St. *Hyde* —5A **114**
Raglan St. *Roch* —4C **40**
Raglan Wlk. *M15*
                          —1D **108** (6H **9**)
Ragley Clo. *Poy* —3F **163**
Raikesclough Ind. Est. *Bolt*
                          —3D **46**
Raikes La. *Bolt* —3D **46**
(in two parts)
Raikes Rd. *Bolt* —2F **47**
Raikes Way. *Bolt* —2F **47**
Railton Av. *M16* —4B **108**
Railton Ter. *M9* —4H **83**
Railway App. *Rad* —4H **49**
Railway App. *Roch* —3C **40**
Railway Brow. *Roch* —4C **40**
Railway Rd. *Chad* —1G **85**
Railway Rd. *Marp* —5B **142**
Railway Rd. *Oldh* —3B **72**
Railway Rd. *Stoc* —3G **139**
Railway Rd. *Stret* —2E **107**
Railway Rd. *Urm* —5F **105**
Railway St. *M18* —1E **111**
Railway St. *Alt* —1F **145**
Railway St. *Bury* —1C **22**
Railway St. *Duk* —4H **99**
Railway St. *Farn* —6G **47**
Railway St. *Heyw* —4G **39**
Railway St. *Hyde* —5B **114**
Railway St. *L'boro* —4F **17**
Railway St. *Miln* —1F **43**
(Newhey)
Railway St. *Miln* —5A **28**
(Rochdale)
Railway St. *Rad* —4G **49**
Railway St. *Ram* —3E **13**
Railway St. *Stoc* —1G **139**
Railway St. W. *Bury* —1B **22**
Railway Ter. *M21* —5H **107**
Railway Ter. *Bury* —4A **36**
Railway Ter. *Dis* —1H **165**
Railway Ter. *Heyw* —4F **39**
Railway Ter. S'seat —1C 22
(off Miller St.)
Railway View. *Hyde* —6A **114**
Railway View. *Shaw* —5G **43**
Railway View. *Spring* —3B **74**
Railway View. *Stoc* —5G **111**
Raimond St. *Bolt* —2G **31**
Rainbow Clo. *M21* —2H **123**
Raincliff Av. *M13* —5B **110**
Raines Crest. *Miln* —5F **29**
Rainford Av. *M20* —1E **125**
Rainford Av. *Tim* —5A **134**
Rainford Ho. Bolt —5B 32
(off Beta St.)
Rainford St. *Bolt* —5G **19**
Rainforth St. *M13* —4A **110**
Rainham Dri. *M8* —4C **82**
Rainham Dri. *Bolt* —4A **32**
Rainham Gro. Bolt —4A 32
(off Rainham Dri.)
Rainham Way. *Chad* —3H **71**
Rainham Way *Stoc* —3B **128**
Rainhill Wlk. *M40* —6D **84**
Rainow Av. *Droy* —4G **97**
Rainow Rd. *Stoc* —6E **139**
Rainow Way. *Wilm* —6H **159**
Rainsdale Flats. Heyw —3E 39
(off Meadow Clo.)
Rainshaw St. *Bolt* —1B **32**
Rainshaw St. *Oldh* —1H **73**
Rainshaw St. *Rytn* —3B **56**
Rainsough Av. *P'wch* —2E **81**
Rainsough Brow. *P'wch*
                          —2D **80**
Rainsough Clo. *P'wch* —2E **81**
Rainton Wlk. *M40* —1D **84**
Rainwood. *Chad* —1E **71**
Raja Clo. *M8* —4D **82**
Rake. *Roch* —4H **25**

Rakehead Wlk. *M15* —2E **109**
(off Botham Clo.)
Rake La. *Clif* —6G **65**
Rake St. *Bury* —1D **36**
Rake Ter. *L'boro* —3G **17**
Rake Top. *Roch* —2E **27**
Rakewood Dri. *Oldh* —5A **58**
Rakewood Rd. *L'boro* —6F **17**
Raleigh Clo. *M20* —4E **125**
Raleigh Clo. *Oldh* —1D **72**
Raleigh St. *Stoc* —5G **127**
Raleigh St. *Stret* —5D **106**
Ralli Ct. *Salf* —4C **94** (5E **5**)
Ralli Quays. *Salf* —4C **94** (5E **5**)
Ralph Av. *Hyde* —2C **130**
Ralph Grn. St. *Chad* —6H **71**
Ralph Sherwin Ct. *Roch* —5B **16**
Ralphs La. *Duk* —6A **100**
Ralph St. *M11* —4F **97**
Ralph St. *Bolt* —3H **31**
Ralph St. *Roch* —2A **28**
Ralston Clo. *M8* —3A **82**
Ralstone Av. *Oldh* —5D **72**
Ramage Wlk. *M12* —4A **96**
Ramillies Av. *Chea H* —4D **150**
Ramp Rd. E. *Man A* —6A **148**
Ramp Rd. S. *Man A* —6A **148**
Ramp Rd. W. *Man A* —6H **147**
Ramsay Av. *Farn* —2C **62**
Ramsay Pl. *Roch* —3A **28**
Ramsay St. *Bolt* —1A **32**
Ramsay St. *Roch* —3A **28**
Ramsay Ter. *Roch* —3A **28**
Ramsbottom La. *Ram* —2E **13**
Ramsbottom Rd. *Tur & Hawk*
                          —1B **20**
RAMSBOTTOM STATION. *ELR*
                          —3E **13**
Ramsbury Dri. *M40* —1D **84**
Ramsdale Rd. *Bram* —5G **151**
Ramsdale St. *Chad* —2G **71**
Ramsden Clo. *Oldh* —2C **72**
Ramsden Cres. *Oldh* —1C **72**
Ramsden Fold. *Clif* —1F **79**
Ramsden Rd. *Ward* —2A **16**
(in two parts)
Ramsden St. *Ash L* —1H **99**
Ramsden St. *Oldh* —2C **72**
Ramsey Av. *M19* —6F **111**
Ramsey Gro. *Bury* —3H **35**
Ramsey St. *M40* —4B **84**
Ramsey St. *Chad* —4H **71**
Ramsey St. *Oldh* —1F **73**
Ramsgate Rd. *M40* —1E **97**
Ramsgate Rd. *Stoc* —2H **127**
Ramsgate St. *Salf* —6A **82**
Ramsgill Clo. *M23* —2E **135**
Ramsgreave Clo. *Bury* —6B **36**
Ram St. *L Hul* —5B **62**
Ramwell Gdns. *Bolt* —2H **45**
Ramwells Brow. *Brom X*
                          —3D **18**
Ramwells Ct. *Brom X* —3F **19**
Ramwells M. *Brom X* —3F **19**
Ranby Av. *M9* —5H **69**
Randale Dri. *Bury* —4E **51**
Randall Wlk. M11 —4B 96
(off Turnpike Wlk.)
Randal St. *Bolt* —3G **45**
Randal St. *Hyde* —4C **114**
Randerson St. *M12*
                          —6G **95** (3E **11**)
Randlesham St. *P'wch* —5G **67**
Randolph Pl. *Stoc* —4G **139**
Randolph Rd. *Kear* —2H **63**
Randolph St. *M19* —5D **110**
Randolph St. *Bolt* —1G **45**
Randolph St. *Oldh* —1A **86**
Rands Clough Dri. *Wor* —5D **76**
Rand St. *Oldh* —6H **57**

Ranelagh Rd.—Regan St.

Ranelagh Rd. *Pen* —4H **79**
Ranelagh St. *M11* —3D **96**
Raneley Gro. *Roch* —3G **41**
Ranford Rd. *M19* —1C **126**
Range Dri. *Woodl* —3A **130**
Range Hall Ct. *Stoc* —2A **140**
Rangemore Av. *M22* —3C **136**
Range Rd. *M16* —4C **108**
Range Rd. *Duk & Stal* —6F **101**
(in two parts)
Range Rd. *Stoc* —4G **139**
Range St. *M11* —5E **97**
Range St. *Bolt* —3H **45**
Rankin Clo. *M15* —2C **108**
Rankine Ter. *Bolt* —1H **45**
Ranmore Av. *Open* —5F **97**
Rannoch Rd. *Bolt* —6H **33**
Ransfield Rd. *M21* —5H **107**
Ransom Cres. *Old T* —2B **108**
Ranulph Ct. *Salf* —6B **80**
Ranworth Av. *Stoc* —1B **138**
Ranworth Clo. *M11* —5B **96**
Ranworth Clo. *Bolt* —5E **19**
Raper St. *Oldh* —1G **73**
Raphael St. *Bolt* —3H **31**
Rappax Rd. *Hale* —5A **146**
Rasbottom St. *Bolt* —2A **46**
Raspberry La. *Irl* —2E **103**
Rassbottom Brow. *Stal*
—3D **100**
Rassbottom Ind. Est. *Stal*
—3D **100**
Rassbottom St. *Stal* —3D **100**
Rastell Wlk. *M9* —6G **69**
(off Ravenswood Dri.)
Ratcliffe Av. *Irl* —5E **103**
Ratcliffe St. *M19* —6D **110**
Ratcliffe St. *Stoc* —3H **139**
(in two parts)
Ratcliffe Ter. *Moss* —3E **89**
Ratcliffe Towers. *Stoc* —3H **139**
Rathan Rd. *Urm* —3E **105**
Rathbone St. *Roch* —4C **28**
Rathbourne Av. *M9* —5F **69**
Rathen Rd. *M20* —4F **125**
Rathmell Rd. *M23* —1F **135**
Rathmore Av. *M40* —6G **83**
Rathvale Dri. *M22* —5A **148**
Rath Wlk. *M40* —6C **84**
Rattenbury Ct. *Salf* —6A **80**
Raveden Clo. *Bolt* —2G **31**
Raveley Av. *M14* —1H **125**
Ravelston Dri. *M9* —5F **83**
Raven Av. *Chad* —5A **71**
Raven Clo. *Droy* —2C **98**
Ravendale Clo. *Roch* —2C **26**
Raven Dri. *Irl* —4E **103**
Ravenfield Gro. *Bolt* —5H **31**
Ravenhead Clo. *M14* —1H **125**
Ravenhead Sq. *C'brk* —6G **89**
Ravenhurst. *Salf* —2A **82**
Ravenhurst Dri. *Bolt* —1B **44**
Ravenna Av. *M23* —4D **134**
Ravenoak Av. *M19* —6E **111**
Ravenoak Dri. *Fail* —3G **85**
Ravenoak Pk. Rd. *Chea H*
—5D **150**
Ravenoak Rd. *Chea H* —5D **150**
Ravenoak Rd. *Stoc* —1A **152**
Raven Rd. *Bolt* —3E **45**
Raven Rd. *Tim* —2B **134**
Ravensbury St. *M11* —3D **96**
Ravenscar Cres. *M22* —5B **148**
Ravenscar Wlk. *Farn* —2F **63**
Ravens Clo. *P'wch* —1A **82**
Ravenscraig Rd. *L Hul* —3D **62**
Ravensdale Gdns. *Ecc* —2G **91**
Ravensdale Rd. *Bolt* —6B **30**
Ravensdale St. *M14* —4G **109**
Ravensfield Ind. Est. *Duk*
—4H **99**

Ravenside Pk. *Chad* —4G **71**
Ravenstonedale Dri. *Rytn*
—2C **56**
Ravenstone Dri. *Sale* —4E **123**
Ravenstones Dri. *Dig* —4C **60**
Raven St. *M12* —5G **95** (2F **11**)
Raven St. *Bury* —1D **36**
Raven St. *Roch* —2A **26**
Ravensway. *P'wch* —1H **81**
Ravens Wood. *Bolt* —6C **30**
Ravenswood Av. *Stoc* —2C **138**
Ravenswood Ct. *Stoc* —1H **151**
Ravenswood Dri. *M9* —6G **69**
Ravenswood Dri. *Bolt* —5C **30**
Ravenswood Dri. *Chea H*
—5D **150**
Ravenswood Rd. *Stret* —2F **107**
Ravenswood Rd. *Wilm*
—5B **166**
Raven Ter. *Duk* —4A **100**
(off Astley St.)
Raven Way. *Salf* —2G **93**
Ravenwood. *Chad* —2D **70**
Ravenwood Dri. *Aud* —1E **113**
Ravenwood Dri. *Haleb* —6D **146**
Ravine Av. *M9* —4G **83**
Rawcliffe Av. *Bolt* —6H **33**
Rawcliffe St. *M14* —4F **109**
Rawdon Clo. *M19* —6D **110**
Rawlyn Rd. *Bolt* —3E **31**
Rawpool Gdns. *M23* —4G **135**
Rawson Av. *Farn* —6G **47**
Rawson Rd. *Bolt* —4G **31**
Rawsons Rake. *Ram* —3C **12**
Rawson St. *Farn* —6F **47**
Rawsthorne Av. *Eden* —3A **12**
Rawsthorne St. *Bolt* —3A **32**
Rawstron St. *Whitw* —4G **15**
Rayburn Way. *M8* —6C **82**
Raycroft Av. *M9* —1A **84**
Raydon Av. *M40* —6F **83**
Raylees. *Ram* —5E **13**
Rayleigh Av. *Open* —6H **97**
Raymond Av. *Bury* —6F **23**
Raymond Av. *Chad* —5H **71**
Raymond Rd. *M23* —1H **135**
Raymond St. *Pen* —2F **79**
Rayner La. *Ash L* —3D **98**
Rayner St. *Stoc* —3B **140**
Raynham Av. *M20* —6F **125**
Raynham St. *Ash L* —2A **100**
Rayson St. *M9* —1E **83**
Reabrook Av. *M12* —1B **110**
Reach, The. *Wor* —1G **77**
Read Clo. *Bury* —6B **36**
Reade Av. *Urm* —6B **104**
Reade Ho. *Urm* —6B **104**
Reading Clo. *M11* —5E **97**
Reading Dri. *Sale* —5F **121**
Reading St. *Salf* —6F **81**
Reading Wlk. *Dent* —6F **113**
Readitt Wlk. *M11* —3D **96**
Read St. *Hyde* —4A **114**
Read St. W. *Hyde* —4A **114**
Reaney Wlk. *M12* —1C **110**
Rear Grn. *Clif* —1H **79**
Reather Clo. *M40*
—2G **95** (1F **7**)
Rebecca St. *M8* —3C **82**
Rechar Way. *Pen* —4B **80**
Recreation Rd. *Fail* —2H **85**
Recreation St. *Bolt* —3A **46**
Recreation St. *Brad* —6A **20**
Recreation St. *P'wch* —5G **67**
Rectory Av. *M8* —2C **82**
Rectory Av. *P'wch* —5F **67**
Rectory Clo. *Dent* —5G **113**
Rectory Clo. *Rad* —3B **50**
Rectory Fields. *Stoc* —2A **140**
Rectory Gdns. *P'wch* —5F **67**
Rectory Grn. *P'wch* —5E **67**

Rectory Grn. *Stoc* —2A **140**
Rectory Gro. *P'wch* —6F **67**
Rectory La. *Bury* —1H **37**
Rectory La. *P'wch* —4E **67**
Rectory La. *Rad* —4H **49**
Rectory M. *M22* —2D **136**
Rectory Rd. *M8* —2B **82**
Rectory St. *Mid* —6H **53**
Redacre. *Poy* —1E **163**
Redacre Rd. *M18* —1G **111**
Red Bank. *M4 & M8*
—2E **95** (1A **6**)
Redbank. *Bury* —5C **24**
Red Bank Rd. *Rad* —2F **49**
Redbarn Clo. *Bred* —5F **129**
Redbourne Dri. *Urm* —3B **104**
Redbrick Ct. *Ash L* —4G **99**
Red Bri. *Bolt* —4A **34**
Redbridge Gro. *M21* —1G **123**
Redbrook Av. *M40* —6G **83**
Redbrook Clo. *Farn* —6G **47**
Redbrook Gro. *Wilm* —6H **159**
Redbrook Rd. *Part* —6C **118**
Redbrook Rd. *Tim* —5D **134**
Red Brook St. *Roch* —4F **27**
Redburn Rd. *M23* —4H **135**
Redcar Av. *M20* —3F **125**
Redcar Av. *Urm* —3C **104**
Redcar Clo. *Haz G* —3F **153**
Redcar Clo. *Oldh* —6F **57**
Redcar Rd. *Bolt* —1F **31**
Redcar Rd. *L Lev* —4A **48**
Redcar Rd. *Pen* —4A **80**
Redcar St. *Roch* —3G **27**
Redcliffe Ct. *P'wch* —1F **81**
Redclyffe Av. *M14* —4G **109**
Redclyffe Rd. *M20* —4E **125**
Redclyffe Rd. *Urm* —5F **91**
Redcot Ct. *W'fld* —2A **66**
Redcote St. *M40* —3A **84**
Redcourt Av. *M20* —5F **125**
Redcroft Gdns. *M19* —5A **126**
Redcroft Rd. *Sale* —3G **121**
Redcross St. *Roch* —3H **27**
Redcross St. N. *Roch* —2G **27**
Reddaway Clo. *Salf* —6E **81**
Reddish Clo. *Bolt* —5C **20**
Reddish La. *M18* —3G **111**
REDDISH NORTH STATION.
BR —5H **111**
Reddish Rd. *Stoc* —2H **127**
REDDISH SOUTH STATION. *BR*
—2H **127**
Reddish Vale Rd. *Stoc*
—2H **127**
Redesmere Clo. *Droy* —4B **98**
Redesmere Clo. *Tim* —5D **134**
Redesmere Dri. *Ald E* —5F **167**
Redesmere Dri. *Chea H*
—1B **150**
Redesmere Pk. *Urm* —1D **120**
Redesmere Rd. *Hand* —2H **159**
Redfearn Wood. *Roch* —1D **26**
Redfern Av. *Sale* —6E **123**
Redfern Cotts. *Roch* —2F **95**
Redfern St. *M4* —3E **95** (3A **6**)
Redfern Way. *Roch* —2H **25**
Redfield Clo. *M11* —4B **96**
Redford Dri. *Bram* —3A **152**
Redford Rd. *M8* —5B **68**
Redford St. *Bury* —2A **36**
(in two parts)
Redgate. *Hyde* —1B **130**
Redgate La. *M12* —1B **110**
(in two parts)
Redgrave Pl. *Oldh* —1H **73**
Redgrave St. *Oldh* —1G **73**
Redgrave Wlk. *M19* —6E **111**
Red Hall St. *Oldh* —3G **73**
Redhill Gro. *Bolt* —4A **32**

Redhill St. *M4* —3F **95** (5D **6**)
Redhouse La. *Bred* —5F **129**
Redhouse La. *Dis* —6H **155**
Redington Clo. *Wor* —6C **76**
Redisher Clo. *Ram* —6B **12**
Redisher La. *Hawk* —6A **12**
Redland Av. *Stoc* —4H **127**
Redland Clo. *L'boro* —3F **17**
Redland Cres. *M21* —3H **123**
Red La. *Bolt* —4F **33**
Red La. *Dig* —1C **60**
Red La. *Dis* —2F **165**
Red La. *Roch* —1B **28**
Red Lion St. *M4* —3E **95** (4B **6**)
Red Lodge. *Dis* —1E **165**
Redlynch Wlk. *M8* —4C **82**
Redmere Gro. *M14* —1G **125**
Redmire M. *Duk* —6D **100**
Redmires Ct. *Salf* —4G **93**
Redmond Clo. *Aud* —6E **99**
Redmoor Sq. *M13*
—6F **95** (3D **10**)
Redpoll Clo. *Wor* —4D **76**
Red Rock La. *Rad* —3D **64**
Red Rose Cen. *Salf* —4H **93**
Redrose Cres. *M19* —2E **127**
Red Rose Gdns. *Sale* —3B **122**
Red Rose Gdns. *Wor* —5C **62**
Red Row. *Haz G* —5H **153**
Redruth St. *M14* —5F **109**
Redscar Wlk. *Mid* —6F **53**
Redshaw Av. *Bolt* —5F **19**
Redshaw Clo. *M14* —6H **109**
Redstart Gro. *Wor* —3F **77**
Redstone Rd. *M19* —6A **111**
Redthorn Av. *M19* —2B **126**
Redvales Rd. *Bury* —6C **36**
Redvale Wlk. *Salf* —5A **82**
Redvers St. *M11* —5A **96**
Redvers St. *Oldh* —1B **72**
Redwater Clo. *Wor* —5C **76**
Redwing Cen. *Traf P* —1C **106**
Redwing Rd. *G'mnt* —1H **21**
Redwood. *Chad* —2D **70**
Redwood. *Sale* —5E **121**
Redwood Clo. *Roch* —6B **14**
Redwood Dri. *M8* —6D **82**
Redwood Dri. *Aud* —1E **113**
Redwood Dri. *Bred* —5F **129**
Redwood La. *Lees* —2A **74**
Redwood Pk. Gro. *Firg* —4D **28**
Redwood Rd. *Upperm* —2G **61**
Redwood St. *Salf* —1G **93**
Reece Ct. *Duk* —5B **100**
Reedbank. *Rad* —1G **65**
Reed Ct. *Oldh* —1C **72**
Reedham Clo. *Bolt* —5G **31**
Reedham Wlk. *M40* —1A **96**
(off Lifton Av.)
Reedham Wlk. *Oldh* —5A **72**
Reed Hill. *Roch* —3H **27**
Reedley Dri. *Wor* —3E **77**
Reedmace Clo. *Wor* —2G **77**
Reedshaw Bank. *Stoc* —6D **140**
Reed St. *M18* —1F **111**
Reed St. *Oldh* —2D **72**
Reeman Clo. *Bred* —5G **129**
Reeman Ct. *Wilm* —6F **159**
Reeve Clo. *Stoc* —6F **141**
Reeve's Ct. *Salf* —3A **92**
Reeves Rd. *M21* —2H **123**
Reevey Av. *Haz G* —3C **152**
Reform St. *Roch* —3H **27**
Reform Wlk. *Open* —5D **96**
Refuge St. *Shaw* —1F **57**
Regal Clo. *W'fld* —6F **67**
Regal Ind. Est. *M12* —1A **110**
Regal Wlk. *M40* —5C **84**
Regan Av. *M21* —2B **124**
Regan St. *Bolt* —2H **31**

Regan St. *Rad* —5H **49**
Regatta St. *Salf* —5D **80**
Regency Clo. *M40* —6F **83**
Regency Clo. *Oldh* —5B **72**
Regency Ct. *Chea H* —3C **150**
Regent Av. *M14* —5E **109**
Regent Av. *L Hul* —5E **63**
Regent Bank. *Wilm* —4C **166**
Regent Clo. *Bram* —3F **161**
Regent Clo. *Chea H* —1E **151**
Regent Clo. *Wilm* —4C **166**
Regent Ct. *Salf* —2H **81**
Regent Ct. *Stoc* —4E **127**
Regent Cres. *Fail* —5E **85**
Regent Cres. *Rytn* —5B **56**
Regent Dri. *Dent* —6D **112**
Regent Dri. *Los* —6A **30**
Regent Dri. *Moss* —3F **89**
Regent Ho. *M14* —4H **109**
Regent Pk. *Salf* —1F **93**
Regent Pl. *M14* —3G **109**
Regent Rd. *Alt* —1E **145**
Regent Rd. *Los* —1A **44**
Regent Rd. *Salf* —4H **93**
Regent Rd. *Stoc* —5A **140**
Regent Rd. Ind. Area. *Salf*
   —5B **94** (2C **8**)
Regents Pk. Ct. *Wilm* —4C **166**
Regents Pl. *Salf* —4H **93**
Regent Sq. *Salf* —5H **93**
   (in two parts)
Regent St. *M40* —6D **84**
Regent St. *Bury* —1D **36**
Regent St. *Ecc* —3H **91**
Regent St. *Heyw* —4D **38**
Regent St. *L'boro* —4F **17**
Regent St. *Mid* —5H **53**
Regent St. *Oldh* —2E **73**
Regent St. *Ram* —5C **12**
Regent St. *Roch* —2H **27**
Regent St. *Shaw* —4F **21**
Regent Wlk. *Farn* —1F **63**
Regina Av. *Stal* —3E **101**
Regina Ct. *Salf* —2A **92**
Reginald Latham Ct. *M40*
   —2H **95** (1H **7**)
Reginald St. *Bolt* —5E **45**
Reginald St. *Ecc* —5C **90**
Reginald St. *Open* —6H **97**
Reginald St. *Swint* —2D **78**
Reid Clo. *Dent* —1G **129**
Reigate Clo. *Bury* —4H **35**
Reigate Rd. *Urm* —1A **120**
Reilly St. *M15* —1D **108** (5G **9**)
Reins Lea Av. *Oldh* —1E **87**
Reins Lee Rd. *Ash L* —5E **87**
Reliance St. *M40* —5C **84**
Rembrandt Wlk. *Oldh* —3G **57**
Rena Clo. *Stoc* —6F **127**
Rena Ct. *Stoc* —6F **127**
Rendel Clo. *Stret* —5D **106**
Renfrew Clo. *Bolt* —4D **44**
Renfrew Dri. *Bolt* —4D **44**
Rennell St. *Roch* —4A **28**
Rennie Clo. *Stret* —5E **107**
Renshaw Av. *Ecc* —4F **91**
Renshaw Dri. *Bury* —2G **37**
Renshaw Sq. *Ecc* —4F **91**
Renshaw St. *Alt* —6G **133**
Renshaw St. *Ecc* —4F **91**
Renton Rd. *M22* —1B **148**
Renton Rd. *Stret* —5E **107**
Renwick Gro. *Bolt* —4G **45**
Repton Av. *M40* —2E **85**
Repton Av. *Dent* —4A **112**
Repton Av. *Droy* —2F **97**
Repton Av. *Hyde* —4C **114**
Repton Av. *Oldh* —6B **72**
Repton Av. *Urm* —1H **103**
Repton Clo. *Sale* —6F **121**
Reservoir Rd. *Stoc* —4F **139**

Reservoir St. *Roch* —3C **28**
Reservoir St. *Salf* —3F **93**
   (Pendleton)
Reservoir St. *Salf*
   (Salford) —2C **94** (2F **5**)
Retford Av. *Roch* —1H **41**
Retford Clo. *Bury* —6D **22**
Retford St. *Oldh* —4F **73**
Retiro St. *Oldh* —2D **72**
Retreat, The. *Rom* —2A **142**
Reuben St. *Stoc* —5G **127**
Revers St. *Bury* —2B **36**
Reveton Grn. *Bram* —3A **152**
Rex Bldgs. *Wilm* —3E **167**
Rex Ct. *Grot* —3D **74**
Reynard St. *M13* —3A **110**
Reynard Rd. *M21* —2H **123**
Reynard St. *Hyde* —4B **114**
Reynell Rd. *M13* —5B **110**
Reyner Stephens Way. *Ash L*
   —2H **99**
Reyner St. *M1* —5E **95** (1A **10**)
Reyner St. *Ash L* —3C **100**
Reynolds Dri. *M18* —1F **111**
Reynolds Dri. *Marp B* —3F **143**
Reynolds M. *Wilm* —1H **167**
Reynolds Rd. *M16* —3A **108**
Reynold St. *Hyde* —5B **114**
Rhine Clo. *Tot* —4H **21**
Rhiwlas Dri. *Bury* —5D **36**
Rhodehouses. *Marp* —2D **154**
Rhodes Av. *Lees* —4B **74**
Rhodes Av. *Upperm* —6C **60**
Rhodes Bank. *Oldh* —3D **72**
Rhodes Cres. *Roch* —2F **41**
Rhodes Dri. *Bury* —5E **51**
Rhodes Hill. *Lees* —4B **74**
Rhodes St. *Hyde* —4A **114**
Rhodes St. *Oldh* —2E **73**
Rhodes St. *Roch* —6H **15**
Rhodes St. *Shaw* —4E **57**
Rhodes St. N. *Hyde* —4A **114**
Rhode St. *Tot* —5H **21**
Rhos Av. *M14* —1A **126**
Rhos Av. *Chea H* —4A **150**
Rhos Av. *Mid* —2A **70**
Rhos Dri. *Haz G* —4D **152**
Rhosleigh Av. *Bolt* —1H **31**
Rial Pl. *M15* —1E **109** (6A **10**)
Rialto Gdns. *Salf* —5A **82**
Ribble Av. *Bolt* —6G **33**
Ribble Av. *Chad* —6F **55**
Ribble Av. *L'boro* —3D **16**
Ribble Dri. *Bury* —3F **23**
Ribble Dri. *Kear* —4A **64**
Ribble Dri. *W'fld* —6E **51**
Ribble Dri. *Wor* —5B **76**
Ribble Gro. *Heyw* —2C **38**
Ribble Rd. *Oldh* —6A **72**
Ribblesdale Clo. *Heyw* —6G **39**
Ribblesdale Dri. *M40* —6E **83**
Ribblesdale Rd. *Bolt* —3H **45**
Ribble St. *Roch* —1D **40**
Ribbleton Clo. *Bury* —4F **35**
Ribble Wlk. *Droy* —5A **98**
Ribchester Dri. *Bury* —6B **36**
Ribchester Gro. *Bolt* —4G **33**
Ribchester Wlk. *M15*
   —1D **108** (6G **9**)
Riber Bank. *Glos* —6G **117**
Riber Clo. Glos —6G 117
   (off Riber Bank)
Riber Fold. Glos —6G 117
   (off Riber Bank)
Riber Grn. Glos —6G 117
   (off Riber Bank)
Ribstow St. *M15*
   —1C **108** (6E **9**)
Rice St. *M3* —5C **94** (1E **9**)
Richard Burch St. *Bury* —2D **36**

Richard Reynolds Ct. *Irl*
   —3C **118**
Richardson Clo. *W'fld* —5D **50**
Richardson Rd. *Ecc* —3G **91**
Richardson St. *Stoc* —4A **140**
Richard St. *Rad* —4F **49**
Richard St. *Ram* —2G **13**
Richard St. *Roch* —5H **27**
Richard St. *Shaw* —2E **57**
Richard St. *Stoc* —1H **139**
   (in two parts)
Richbell Clo. *Irl* —2C **118**
Richborough Clo. *Salf* —6A **82**
Richelieu St. *Bolt* —3C **46**
Richmond Av. *Chad* —5G **71**
Richmond Av. *Hand* —2H **159**
Richmond Av. *P'wch* —2G **81**
Richmond Av. *Rytn* —3B **56**
Richmond Av. *Urm* —5G **105**
Richmond Clo. *Duk* —1B **114**
Richmond Clo. *Moss* —3G **89**
Richmond Clo. *Sale* —6F **123**
Richmond Clo. *Shaw* —2F **57**
Richmond Clo. *Stal* —4E **101**
Richmond Clo. *Tot* —5H **21**
Richmond Clo. *W'fld* —2B **66**
Richmond Ct. M9 —4C 68
   (off Deanswood Dri.)
Richmond Ct. *M13* —3A **110**
Richmond Ct. *Bow* —3D **144**
Richmond Ct. *Chea* —6G **137**
Richmond Cres. *Moss* —3G **89**
Richmond Dri. *Wor* —3C **78**
Richmond Gdns. *Bolt* —4D **46**
Richmond Gro. *M12* —2A **110**
Richmond Gro. *M13* —3H **109**
Richmond Gro. *Chea H*
   —3B **150**
Richmond Gro. *Ecc* —2G **91**
Richmond Gro. *Farn* —6C **46**
Richmond Hill. *Bow* —3D **144**
Richmond Hill. *Hyde* —6D **114**
   (in two parts)
Richmond Hill Rd. *Gat*
   —6G **137**
Richmond Ho. *Stal* —4E **101**
Richmond Rd. *M14* —1H **125**
Richmond Rd. *Alt* —6F **133**
Richmond Rd. *Bow* —3D **144**
Richmond Rd. *Dent* —4A **112**
Richmond Rd. *Duk* —1A **114**
Richmond Rd. *Rom* —6A **130**
Richmond Rd. *Stoc* —1B **138**
Richmond Rd. *Traf P* —6A **92**
Richmond Rd. *Wor* —4A **76**
Richmond St. *M1*
   —5E **95** (1B **10**)
Richmond St. *Ash L* —1F **99**
Richmond St. *Aud* —1E **113**
Richmond St. *Bury* —5C **36**
Richmond St. *Droy* —3C **98**
Richmond St. *Hyde* —5C **114**
Richmond St. *Salf*
   —2C **94** (2E **5**)
Richmond St. *Stal* —3F **101**
Richmond Ter. *Ald E* —5G **167**
Richmond Ter. *H Lane* —5F **155**
Richmond Wlk. *Oldh* —3B **72**
Richmond Wlk. *Rad* —1F **49**
Ricroft Rd. *Comp* —6F **131**
Ridd Cotts. *Roch* —3F **25**
Riddell St. *Salf* —3C **92**
Ridding Av. *M22* —3C **148**
Ridding Clo. *Stoc* —5D **140**
Ridding Ct. *Tim* —3H **133**
Riddings Ct. *Tim* —3H **133**
Riddings Rd. *Hale* —4H **145**
Riddings Rd. *Tim* —3H **133**
Riders Ga. *Bury* —1B **38**
Ridge Av. *Haleb* —1D **156**

Ridge Av. *Marp* —1E **155**
Ridge Clo. *Had* —3G **117**
Ridge Clo. *Rom* —1C **142**
Ridge Cres. *Marp* —2D **154**
Ridge Cres. *W'fld* —1F **67**
Ridgecroft. *Ash L* —5F **87**
Ridgedale Cen. *Marp* —5D **142**
Ridge End Fold. *Marp* —3E **155**
Ridgefield. *M2* —4D **94** (5G **5**)
Ridgefield St. *Fail* —4D **84**
   (in two parts)
Ridge Gro. *W'fld* —1F **67**
Ridge Hill La. *Stal* —3D **100**
   (in two parts)
Ridge La. *Dig* —2D **60**
Ridgemont Av. *Stoc* —6D **126**
Ridgemont Dri. *Wor* —5B **76**
Ridgemont Wlk. *M23* —1F **135**
Ridge Pk. *Bram* —1F **161**
Ridge Rd. *Marp* —1E **155**
Ridge, The. *Marp* —2E **155**
Ridge Wlk. *M9* —6F **69**
Ridgeway. *Clif* —1H **79**
Ridgeway Gates. *Bolt* —6B **32**
Ridgeway Rd. *Tim* —6C **134**
Ridgeway, The. *Dis* —6G **155**
Ridgewood Av. *M40* —6F **83**
Ridgewood Av. *Chad* —1E **71**
Ridgmont Rd. *Bram* —2G **161**
Ridgway St. *M40*
   —3H **95** (3H **7**)
Ridgway St. E. *M4*
   —3H **95** (4G **7**)
Ridgway, The. *Rom* —2G **141**
Ridingfold La. *Wor* —6A **78**
Riding Ga. *Bolt* —5A **20**
Riding Ga. M. *Bolt* —5A **20**
Riding Head La. *Ram* —1H **13**
Ridings Ct. *Dob* —5A **60**
Ridings Rd. *Had* —2H **117**
Ridings St. *M40* —6H **83**
Riding St. *Salf* —3C **94** (4E **5**)
Ridley Dri. *Tim* —6C **134**
Ridley Gro. *Sale* —6F **123**
Ridley Wlk. *M15* —2E **109**
Ridling La. *Hyde* —5C **114**
Ridsdale Av. *M20* —3E **125**
Ridsdale Wlk. *Salf* —6E **81**
Ridyard St. *L Hul* —5D **62**
Riefield. *Bolt* —3F **31**
Rifle Rd. *Sale* —4F **123**
Rifle St. *Oldh* —1D **72**
Riga Rd. *M14* —6G **109**
Riga St. *M4* —3E **95** (3B **6**)
Rigby Av. *Rad* —2A **50**
Rigby Ct. *Bolt* —3B **46**
   (in two parts)
Rigby Ct. *Roch* —2A **26**
Rigby Ct. *Salf* —4H **81**
Rigby Gro. *L Hul* —5A **62**
Rigby La. *Bolt* —5G **19**
Rigby St. *Bolt* —3B **46**
Rigby St. *Bow* —2F **145**
Rigby St. *Salf* —4H **81**
   (in two parts)
Rigby Wlk. *Salf* —5A **82**
Rigel Pl. *Salf* —2A **94** (1B **4**)
Rigel St. *M4* —2G **95** (2F **7**)
Rigi Mt. *Rytn* —1B **56**
Rigton Clo. *M12* —2C **110**
Riley Clo. *Sale* —2D **132**
Riley Ct. *Bolt* —4B **32**
Riley Wood Clo. *Rom* —2F **141**
Rimmer Clo. *M11* —4A **96**
Rimmington Clo. *M9* —1A **84**
Rimsdale Clo. *Gat* —2E **149**
Rimsdale Wlk. *Bolt* —2C **44**
   (in two parts)
Rimworth Dri. *M40* —1G **95**
Ringcroft Gdns. *M40* —2B **84**

Ringfield Clo. *M16* —3C **108**
(in two parts)
Ringford Wlk. *M40* —6G **83**
Ringley Chase. *W'fld* —1C **66**
Ringley Clo. *W'fld* —1B **66**
Ringley Dri. *W'fld* —2B **66**
Ringley Gro. *Bolt* —6C **18**
Ringley Hey. *W'fld* —1B **66**
Ringley Meadows. *Rad* —2C **64**
Ringley Old Brow. *Rad* —2C **64**
Ringley Pk. *W'fld* —1B **66**
Ringley Rd. *Rad* —1B **64**
(in three parts)
Ringley Rd. W. *Rad & W'fld*
—1E **65**
Ringley St. *M9* —3F **83**
Ringlow Av. *Swint* —4C **78**
Ringlow Pk. Rd. *Swint* —5C **78**
Ring Lows La. *Roch* —5F **15**
Ringmer Dri. *M22* —4A **148**
Ringmere Ct. *Oldh* —1C **72**
Ringmore Rd. *Bram* —3A **152**
Ring-O-Bells La. *Dis* —1H **165**
Rings Clo. *Fail* —5F **85**
Ringstead Dri. *M40* —1G **95**
Ringstead Dri. *Wilm* —6H **159**
Ringstone Clo. *P'wch* —6E **67**
Ringway Gro. *Sale* —1E **135**
Ringway Rd. *Man A & M22*
—6A **148**
Ringway Rd. W. *Man & M22*
—5A **148**
Ringway Trad. Est. *M22*
—5C **148**
Ringwood Av. *M12* —5D **110**
Ringwood Av. *Aud* —4C **98**
Ringwood Av. *Haz G* —4B **152**
Ringwood Av. *Hyde* —1E **131**
Ringwood Av. *Rad* —6H **49**
Ringwood Av. *Ram* —5C **12**
Ringwood Way. *Chad* —1A **72**
Rink St. *M14* —2H **125**
Ripley Av. *Chea H* —2D **160**
Ripley Av. *Stoc* —1B **152**
Ripley Clo. *M4* —5H **95** (1G **11**)
Ripley Clo. *Haz G* —5E **153**
Ripley Cres. *Urm* —2B **104**
Ripley St. *Bolt* —1D **32**
Ripley Way. *Dent* —1F **129**
Ripon Av. *Bolt* —4D **30**
Ripon Av. *Bury* —5D **50**
Ripon Av. *W'fld* —5D **50**
Ripon Clo. *Chad* —3H **71**
Ripon Clo. *Hale* —4C **146**
Ripon Clo. *L Lev* —4H **47**
Ripon Clo. *Rad* —2B **50**
Ripon Clo. *Stoc* —3H **139**
Ripon Clo. *W'fld* —5D **50**
Ripon Cres. *Stret* —4H **105**
Ripon Dri. *Bolt* —4D **30**
Ripon Gro. *Sale* —3H **121**
Ripon Hall Av. *Ram* —5D **12**
Ripon Rd. *Stret* —4H **105**
Ripon St. *M15* —2E **109**
Ripon St. *Ash L* —2A **100**
Ripon St. *Oldh* —1B **72**
Ripon Wlk. *Rom* —2G **141**
Rippenden Av. *M21* —5G **107**
Rippingham Rd. *M20* —2F **125**
Rippleton Rd. *M22* —1C **148**
Ripponden Rd. *Oldh* —1G **73**
Ripponden St. *Oldh* —6G **57**
Ripton Wlk. M9 —5D 68
(off Selston Rd.)
Risbury Wlk. *M40* —5C **84**
Rises, The. *Had* —2H **117**
Rise, The. *Spring* —2B **74**
Rishton Av. *M40* —6G **83**
Rishton Av. *Bolt* —5B **46**
Rishton La. *Bolt* —3B **46**
Rishworth Clo. *Stoc* —6D **140**

Rishworth Dri. *M40* —3E **85**
Rishworth Rise. *Shaw* —4D **42**
Rising La. *Oldh* —1C **86**
Rising La. Clo. *Oldh* —1C **86**
Risley Av. *M9* —3F **83**
Risley St. *Oldh* —1D **72**
Risque St. *Stoc* —6F **127**
Rita Av. *M14* —4F **109**
Ritson Clo. *M18* —1D **110**
Riva Rd. *M19* —1H **137**
Riverbank Dri. *Bury* —1B **36**
Riverbank Lawns. *Salf*
—2C **94** (1E **5**)
Riverbank, The. *Rad* —1A **64**
Riverbank Tower. *Salf*
—2C **94** (2E **5**)
Riverbank Wlk. *M20* —5B **124**
Riverdale Ct. *M9* —6D **68**
Riverdale Rd. *M9* —6C **68**
River La. *Dent* —4H **113**
River La. *Part* —5D **118**
Rivermead. *Miln* —2F **43**
Rivermead Av. *Haleb* —1C **156**
Rivermead Clo. *Dent* —2G **129**
Rivermead Rd. *Dent* —1G **129**
Rivermead Way. *W'fld* —1E **67**
Riverpark Rd. *M40* —2C **96**
River Pl. *M15* —6D **94** (3F **9**)
River Pl. *Miln* —5F **29**
Riversdale Ct. *P'wch* —5E **67**
Riversdale Dri. *Oldh* —2E **87**
Riversdale Rd. *Chea* —5G **137**
Riversdale View. *Woodl*
—3G **129**
Rivershill. *Sale* —3A **122**
Rivershill Dri. *Haleb* —4D **38**
Rivers Hill Gdns. *Haleb*
—1D **156**
Riverside. *Chad* —6E **55**
River Side. *Duk* —3A **100**
Riverside. *Salf* —2A **94** (2B **4**)
Riverside Av. *M21* —5B **124**
Riverside Av. *Irl* —6F **103**
Riverside Clo. *Rad* —3B **50**
Riverside Ct. *Manx* —6D **124**
Riverside Ct. *Whitw* —1H **15**
Riverside Dri. *Bury* —1B **22**
Riverside Dri. *Rad* —1B **64**
Riverside Dri. *Urm* —1D **120**
Riverside Rd. *Rad* —3B **50**
Riverside Works. *Wilm*
—1E **167**
Rivers La. *Urm* —2D **104**
Riversleigh Clo. *Bolt* —2D **30**
Riversmeade. *Brom X* —4G **19**
Riverstone Dri. *M23* —4D **134**
River St. *M12* —5G **95** (2F **11**)
River St. *M15* —6D **94** (4G **9**)
River St. *Bolt* —6C **32**
River St. *Heyw* —1F **39**
River St. *Rad* —4H **49**
River St. *Roch* —4H **27**
River St. *Stoc* —6B **128**
River St. *Wilm* —1E **167**
Riverton Rd. *M20* —3F **137**
River View. *Stoc* —2A **128**
River View Clo. *P'wch* —1D **80**
River View Ct. *Salf* —3G **81**
Riverview Wlk. Bolt —1H 45
(off Bridgewater St.)
Riviera Ct. *Roch* —1G **25**
Rivington. *Salf* —1C **92**
Rivington Av. *Pen* —3A **80**
Rivington Cres. *Pen* —3A **80**
Rivington Dri. *Bury* —4G **35**
Rivington Dri. *Shaw* —6H **43**
Rivington Gro. *Aud* —5C **98**
Rivington Gro. *Cad* —3B **118**
Rivington Rd. *Hale* —3H **145**
Rivington Rd. *Salf* —1C **92**
Rivington Rd. *Spring* —2C **74**

Rivington St. *Oldh* —6D **56**
Rivington St. *Roch* —2H **27**
Rivington Wlk. *M12* —2B **110**
Rixson St. *Oldh* —5H **57**
Rix St. *Bolt* —3A **32**
Rixton Ct. *M16* —4H **107**
Rixton St. *Salf* —1H **93**
Roach Bank Ind. Est. *Bury*
—6F **37**
Roach Bank Rd. *Bury* —6F **37**
Roaches M. *Moss* —6F **75**
Roaches Way. *Moss* —6G **75**
Roachill Clo. *Alt* —6D **132**
Roach Pl. *Roch* —3A **28**
Roach St. *Bury* —3D **50**
(Bury)
Roach St. *Bury* —3G **37**
(Heap Bridge)
Roach Vale. *Roch* —6A **16**
Roachwood Clo. *Chad* —2E **71**
Roading Brook Rd. *Bolt* —2B **34**
Road La. *Roch* —5D **14**
Roads Ford Av. *Miln* —4F **29**
Roan Way. *Ald E* —6H **167**
Roaring Ga. La. *Ring* —2E **147**
Robert Adam Cres. *M15*
—1C **108** (6E **9**)
Robert Hall St. *Salf* —5H **93**
Robert Malcolm Clo. *M40*
—6F **83**
Robert Owen Gdns. *M22*
—3B **136**
Robert Owen St. *Droy* —3C **98**
Robert Salt Ct. *Alt* —5G **133**
Roberts Av. *M14* —3F **109**
Robert Saville Ct. Roch —5D 26
(off Half Acre M.)
Robertscroft Clo. *M22* —1A **148**
Robertshaw Av. *M21* —3H **123**
Robertson Clo. *M18* —2E **111**
Robertson St. *Rad* —3G **49**
Roberts Pas. *L'boro* —5H **17**
Roberts Pl. *L'boro* —6D **16**
Roberts St. *Ecc* —3F **91**
Robert St. *M3* —2D **94** (1H **5**)
Robert St. *M40* —6H **83**
Robert St. *Bolt* —6A **20**
Robert St. *Bury* —2A **36**
Robert St. *Duk* —5H **99**
Robert St. *Fail* —2G **85**
Robert St. *Farn* —1G **63**
Robert St. *Heyw* —5G **39**
Robert St. *Hyde* —4A **114**
Robert St. *Oldh* —6H **71**
Robert St. *P'wch* —4G **67**
Robert St. *Rad* —3G **49**
Robert St. *Ram* —1E **13**
Robert St. *Roch* —3A **28**
Robert St. *Sale* —5E **123**
Robe Wlk. *M18* —1F **111**
Robin Clo. *Farn* —2B **62**
Robin Croft. *Bred* —6D **128**
Robin Dri. *Irl* —4E **103**
Robin Hood St. *M8* —3B **82**
Robinia Clo. *Ecc* —5B **90**
Robin La. *W'fld* —2D **66**
(in two parts)
Robin Rd. *Bury* —6D **12**
Robinsbay Rd. *M22* —5C **148**
Robins Clo. *Bram* —6G **151**
Robins Clo. *Droy* —2C **98**
Robins Hill. *Bram* —6F **151**
Robins La. *Bram* —6F **151**
Robinson Pl. *Spring* —2D **74**
Robinsons Fold. *Spring* —2D **74**
Robinson St. *Ash L* —1H **99**
Robinson St. *Chad* —3H **71**
Robinson St. *Hyde* —4H **114**
Robinson St. *Oldh* —3D **72**
Robinson St. *Roch* —4A **28**
Robinson St. *Stal* —5C **100**

Robinson St. *Stoc* —4F **139**
Robin St. *Oldh* —1C **72**
Robinsway. *Bow* —4E **145**
Robinswood Rd. *M22* —3B **148**
Robson Av. *Urm* —6G **91**
Robson St. *Oldh* —3E **73**
Roby Rd. *Ecc* —5E **91**
Roby St. *M1* —4F **95** (6C **6**)
Roch Av. *Heyw* —3C **38**
Rochbury Clo. *Roch* —5B **26**
Roch Clo. *W'fld* —6F **51**
Roch Cres. *W'fld* —5F **51**
Rochdale Ind. Cen. *Roch*
—5F **27**
Rochdale La. *Heyw* —3F **39**
Rochdale La. *Rytn* —2B **56**
Rochdale Old Rd. *Bury* —2G **37**
Rochdale Rd. *M4, M40 & M9*
—2F **95** (2C **6**)
Rochdale Rd. *Bury* —3D **36**
Rochdale Rd. *Eden* —2B **12**
Rochdale Rd. *Firg & B'edg*
—4D **28**
Rochdale Rd. *Heyw* —3F **39**
Rochdale Rd. *Mid* —5A **54**
Rochdale Rd. *Oldh* —6C **56**
Rochdale Rd. *Rytn* —6A **42**
Rochdale Rd. *Shaw* —4C **42**
Rochdale Rd. E. *Heyw* —3G **39**
ROCHDALE STATION. *BR*
—5H **27**
Roche Gdns. *Chea H* —1D **160**
Roche Rd. *Del* —2G **59**
Rochester Av. *Bolt* —4G **33**
Rochester Av. *P'wch* —1G **81**
Rochester Av. *Wor* —2E **77**
Rochester Clo. *Ash L* —4G **87**
Rochester Clo. *Duk* —6E **101**
Rochester Dri. *Tim* —2G **133**
Rochester Gro. *Haz G* —2E **153**
Rochester Rd. *Urm* —3F **105**
Rochester Way. *Chad* —3H **71**
Rochford Av. *M22* —5B **148**
Rochford Av. *W'fld* —2B **66**
Rochford Clo. *W'fld* —2B **66**
Rochford Rd. *Ecc* —5B **90**
Roch Mills Cres. *Roch* —6E **27**
Roch Mills Gdns. *Roch* —6E **27**
Roch St. *Roch* —2B **28**
Roch Valley Way. *Roch* —5E **27**
Roch Wlk. *W'fld* —6F **51**
Roch Way. *W'fld* —6F **51**
Rockall Wlk. *M11* —4B **96**
Rock Av. *Bolt* —3G **31**
Rock Bank. *Moss* —2E **89**
Rockdove Av. *M15*
—6D **94** (4G **9**)
Rockfield Dri. *M9* —3G **83**
Rock Fold. *Eger* —2D **18**
Rock Gdns. *Hyde* —2C **130**
Rockhampton St. *M18* —2F **111**
Rockhouse Clo. *Ecc* —5E **91**
Rockingham Clo. *M12*
—1H **109** (6H **11**)
Rockingham Clo. *Shaw* —5C **42**
Rockland Wlk. *M40* —1C **84**
Rockley Gdns. *Salf* —1F **93**
Rocklyn Av. *M40* —1C **84**
Rocklynes. *Rom* —1H **141**
Rockmead Dri. *M9* —6G **69**
Rock Nook. *L'boro* —6H **17**
Rock Rd. *Urm* —5H **105**
Rock St. *M11* —5G **97**
Rock St. *Ash L* —6E **87**
Rock St. *Heyw* —4G **39**
Rock St. *Hyde* —2C **130**
Rock St. *Oldh* —2D **72**
(in two parts)
Rock St. *Salf* —5H **81**
Rock Ter. *Eger* —2D **18**
Rock Ter. *Moss* —5E **89**

Rock, The. *Bury* —3C **36**
(in three parts)
Rocky La. *Ecc* —6D **78**
Roda St. *M9* —4H **83**
Rodborough Gdns. *M23*
—2F **147**
Rodborough Rd. *M23* —2F **147**
Rodeheath Clo. *Wilm* —2G **167**
Rodenhurst Dri. *M40* —4A **84**
Rodepool Clo. *Wilm* —5H **159**
Rodford Wlk. *Salf* —5B **82**
Rodmell Av. *M40* —6F **83**
Rodmell Clo. *Brom X* —4D **18**
Rodmill Dri. *Gat* —2E **149**
Rodney Ct. *M4* —2G **95** (2F **7**)
Rodney Dri. *Bred* —4G **129**
Rodney Ho. *M19* —1B **126**
Rodney St. *M4* —3G **95** (3F **7**)
Rodney St. *Ash L* —1B **100**
Rodney St. *Roch* —3B **40**
Rodney St. *Salf* —4B **94** (5D **4**)
Rodway Wlk. *Salf* —5B **82**
Roeacre St. *Heyw* —3G **39**
Roebuck Gdns. *Sale* —5A **122**
Roebuck La. *Oldh* —4C **58**
Roebuck La. *Sale* —5A **122**
Roebuck Low. *Oldh* —4C **58**
Roebuck M. *Sale* —5B **122**
Roeburn Wlk. *W'fld* —1G **67**
Roe Cross Grn. *Mot* —2B **116**
Roe Cross Rd. *Mot* —1B **116**
Roedean Gdns. *Urm* —5G **103**
Roefield. *Roch* —3E **27**
Roefield Ter. *Roch* —3E **27**
Roe Grn. *Wor* —3H **77**
Roe Grn. Av. *Wor* —3A **78**
Roe La. *Oldh* —4H **73**
Roe St. *M4* —2G **95** (2E **7**)
Roe St. *Roch* —2E **27**
Rogate Dri. *M23* —6G **135**
Roger Byrne Clo. *M40* —6B **84**
Roger Hey. *Chea H* —2C **150**
Rogers La. *Salf* —4D **94**
Rogerstead. *Bolt* —1G **45**
Roger St. *M4* —2E **95** (1B **6**)
Rokeby Av. *Stret* —6D **106**
Roker Av. *M13* —5B **110**
Roker Ind. Est. *Oldh* —1F **73**
Roker Pk. Av. *Aud* —6D **98**
Roland Dri. *Bolt* —3G **45**
Roland Rd. *Stoc* —2H **127**
Role Row. *P'wch* —2F **81**
Rolla St. *Salf* —3C **94** (3F **5**)
Rollesby Av. *Bury* —6D **22**
Rolleston Av. *M40*
—3H **95** (3G **7**)
Rollins La. *Rom* —2E **143**
Rolls Cres. *M15* —1C **108** (6E **9**)
Rollswood Dri. *M40* —5A **84**
Roman Ct. *Salf* —6H **81**
Roman Rd. *Fail & Oldh* —3G **85**
Roman Rd. *P'wch* —2E **81**
Roman Rd. *Rytn* —4B **56**
Roman Rd. *Stoc* —1G **139**
Romans, The. *Moss* —2F **89**
Roman St. *M4* —3E **95** (4A **6**)
Roman St. *Moss* —6F **75**
Roman St. *Rad* —4E **49**
Romer Av. *M40* —2E **85**
Rome Rd. *M40* —2G **95** (1E **7**)
Romer St. *Bolt* —6E **33**
Romford Av. *Dent* —3G **113**
Romford Clo. *Oldh* —4C **72**
Romford Rd. *Sale* —3G **121**
Romford Wlk. *M9* —6C **68**
Romiley Cres. *Bolt* —5F **33**
Romiley Dri. *Bolt* —5F **33**
(Breightmet)
Romiley Dri. *Bolt* —6C **32**
(Mill Hill)

ROMILEY STATION. *BR*
—1A **142**
Romiley St. *Salf* —6B **80**
Romiley St. *Stoc* —6B **128**
Romley Precinct. *Rom*
—1A **142**
Romney Rd. *Urm* —3F **105**
Romney Av. *Roch* —3F **41**
Romney Rd. *Bolt* —3C **30**
Romney St. *M40* —3A **84**
Romney St. *Ash L* —2A **100**
Romney St. *Salf* —6F **81**
Romney Towers. *Stoc* —3B **128**
Romney Wlk. *Chad* —3H **71**
Romney Way. *Stoc* —3B **128**
Romsey. *Roch* —3G **27**
(off Spotland Rd.)
Romsey Av. *Mid* —4H **53**
Romsey Dri. *Chea H* —1E **161**
Romsey Gdns. *M23* —5F **135**
Romsley Clo. *M12* —1C **110**
Romsley Dri. *Bolt* —4G **45**
Ronaldsay Gdns. *Salf* —4E **93**
Ronald St. *M11* —4F **97**
Ronald St. *Oldh* —2G **73**
Ronald St. *Roch* —4C **40**
Rona Wlk. *M12* —2A **110**
Rondin Rd. *M12* —5A **96**
Ronnis Mt. *Ash L* —4E **87**
Ronton Wlk. *M8* —3E **83**
Roocroft Ct. *Bolt* —4H **31**
Rooden Ct. *P'wch* —5G **67**
Roods La. *Roch* —2G **25**
Rookery Av. *M18* —1H **111**
Rookery Clo. *Stal* —6H **101**
Rookerypool Clo. *Wilm*
—5H **159**
Rooke St. *Ecc* —5C **90**
Rookfield. *Sale* —4C **122**
Rookfield La. *Sale* —4C **122**
Rookley Wlk. *M14* —4G **109**
Rook St. *Bury* —1D **36**
Rook St. *Oldh* —4G **73**
Rook St. *Ram* —2E **13**
Rookswood Dri. *Roch* —2B **40**
Rookway. *Mid* —2H **69**
Rookwood. *Chad* —6E **55**
Rookwood Av. *M23* —4F **135**
Rookwood Hill. *Bram* —4G **151**
Rooley Moor Rd. *Roch* —4A **14**
Rooley St. *Roch* —2E **27**
Rooley Ter. *Roch* —3E **27**
Roosevelt Rd. *Kear* —2H **63**
Rooth St. *Stoc* —1F **139**
Rope St. *Roch* —3H **27**
Ropewalk. *Salf* —2C **94** (2F **5**)
Ropley Wlk. *M9* —2H **83**
(off Oak Bank Av.)
Rosa Gro. *Salf* —5H **81**
Rosalind Ct. *Salf* —5A **94** (2B **8**)
Rosamond Dri. *Salf*
—3B **94** (4D **4**)
Rosamond St. *Bolt* —3G **45**
Rosamond St. W. *M15*
—1E **109** (5A **10**)
Rosary Clo. *Oldh* —2D **86**
Rosary Rd. *Oldh* —2E **87**
Roscoe Pk. Est. *Alt* —3G **133**
Roscoe Rd. *Irl* —6C **102**
Roscoe St. *Oldh* —3D **72**
(in two parts)
Roscoe St. *Stoc* —3F **139**
Roscow Av. *Bolt* —5G **33**
Roscow Rd. *Kear* —2A **64**
Rose Acre. *Wor* —4D **76**
Roseacre Clo. *Bolt* —5E **33**
Roseacre Dri. *H Grn* —4G **149**
Rose Av. *Farn* —6E **47**
Rose Av. *Irl* —6D **102**
Rose Av. *L'boro* —6D **16**
Rose Av. *Roch* —1H **25**

Rose Bank. *Los* —6A **30**
Rose Bank. *Urm* —1E **105**
Rosebank Clo. *Ain* —4C **34**
Rose Bank Clo. *Holl* —2F **117**
Rose Bank Rd. *M40* —1D **96**
Rosebank Rd. *Cad* —5A **118**
Roseberry Av. *Oldh* —6F **57**
Roseberry Clo. *Ram* —6E **13**
Roseberry St. *Bolt* —3G **45**
Roseberry St. *Oldh* —3B **72**
Rosebery St. *M14* —4D **108**
Rosebery St. *Stoc* —1D **152**
Rose Cottage Rd. *M14* —1F **125**
Rose Cotts. M14 —1H 125
(off Ladybarn La.)
Rose Cres. *Irl* —6D **102**
Rosecroft Clo. *Stoc* —1G **151**
Rosedale Av. *Bolt* —6C **18**
Rosedale Clo. *Oldh* —6F **57**
Rosedale Ct. *Dent* —4E **113**
Rosedale Rd. *M14* —5E **109**
Rosedale Rd. *Stoc* —4F **127**
Rosedale Way. *Duk* —1B **114**
Rosefield Cres. *Roch* —4C **28**
Rosegarth Av. *M20* —5B **124**
Rosegate Clo. *M16* —4D **108**
Rose Gro. *Bury* —3G **35**
Rose Gro. *Kear* —2H **63**
Rosehay Av. *Dent* —5F **113**
Rose Hey La. *Fail* —1G **97**
Rose Hill. *Bolt* —2C **46**
Rose Hill. *Del* —4H **59**
Rose Hill. *Dent* —4D **112**
Rose Hill. *Fail* —2G **85**
Rose Hill. *Stal* —5E **101**
Rose Hill Rd. *M40* —1D **96**
Rose Hill Clo. *Ash L* —6A **88**
Rose Hill Clo. *Brom X* —4E **19**
Rosehill Clo. *Salf* —3F **93**
Rose Hill Ct. *Oldh* —6A **58**
Rosehill Ct. *Salf* —3F **93**
Rose Hill Cres. *Ash L* —6B **88**
Rose Hill Dri. *Brom X* —4E **19**
ROSE HILL MARPLE STATION.
BR —5C **142**
Rosehill M. *Pen* —1F **79**
Rose Hill Rd. *Ash L* —6B **88**
Rosehill Rd. *Pen* —1F **79**
Rose Hill St. *Heyw* —3D **38**
Roseland Av. *M20* —5F **125**
Roseland Dri. *P'wch* —3G **67**
Roselands Av. *Sale* —1H **133**
Rose La. *Marp* —5C **142**
Rose Lea. *Bolt* —1G **33**
Roseleigh Av. *M19* —2B **126**
Rosemary Dri. *Hyde* —2B **130**
Rosemary Dri. *L'boro* —3D **16**
Rosemary Gro. *Salf* —6G **81**
Rosemary La. *Stoc* —2A **140**
Rosemary Wlk. *Part* —6D **118**
Rosemead Ct. *Stoc* —3H **127**
Rosemount. *Hyde* —2B **114**
Rosemount. *Mid* —5H **53**
Rosemount. *Hyde*
—2A **114**
Roseneath Av. *M19* —6E **111**
Roseneath Gro. *Bolt* —5H **45**
Roseneath Rd. *Bolt* —4H **45**
Roseneath Rd. *Urm* —4E **105**
Rosen Sq. *Chad* —2H **71**
Rose St. *Chad* —6G **71**
Rose St. *Mid* —1C **70**
Rose St. *Stoc* —6H **127**
Rose Ter. *Stal* —4E **101**
Rosethorns Clo. *Mid* —3H **53**
Rosette Wlk. *Swint* —4F **79**
Rose Vale. *H Grn* —4F **149**
Rosevale Av. *M19* —3A **126**
Rose Wlk. *Marp* —5C **142**
Rose Wlk. *Part* —6C **118**
Roseway. *Bram* —3H **151**

Rosewell Clo. *M40* —1H **95**
Rosewood. *Dent* —4D **112**
Rosewood. *Roch* —2A **26**
Rosewood Av. *Droy* —2C **98**
Rosewood Av. *Stoc* —2C **138**
Rosewood Clo. *Duk* —1B **114**
Rosewood Cres. *Chad* —6H **55**
Rosewood Gdns. *Gat* —5D **136**
Rosewood Gdns. Sale —6F 123
(off Maizefield Clo.)
Rosewood Wlk. *M23* —3C **134**
Rosford Av. *M14* —5F **109**
Rosgill Clo. *Stoc* —1A **138**
Rosgill Wlk. *M18* —2E **111**
Rosina St. *M11* —6H **97**
Roslin Gdns. *Bolt* —2G **31**
Roslin St. *M11* —3F **97**
Roslyn Av. *Urm* —1A **120**
Roslyn Rd. *Stoc* —6G **139**
Rossall Av. *Rad* —6A **50**
Rossall Av. *Stret* —4C **106**
Rossall Clo. *Bolt* —5E **33**
Rossall Ct. *Bram* —1G **161**
Rossall Dri. *Bram* —1G **161**
Rossall Rd. *Bolt* —5E **33**
(in two parts)
Rossall Rd. *Roch* —1A **28**
Rossall St. *Bolt* —5E **33**
Rossall Way. *Salf* —2G **93**
Ross Av. *M19* —6B **110**
Ross Av. *Chad* —6F **71**
Ross Av. *Stoc* —6G **139**
Ross Av. *W'fld* —3D **66**
Ross Dri. *Clif* —5E **65**
Rossenclough Clo. *Wilm*
—6H **159**
Rossendale Av. *M9* —2H **83**
Rossendale Clo. *Shaw* —6H **43**
Rossendale Rd. *H Grn* —5G **149**
Rossendale Way. *Shaw* —5F **43**
Rossett Av. *M22* —5B **148**
Rossett Av. *Tim* —3A **134**
Rossett Dri. *Urm* —3B **104**
Rossetti Wlk. *Dent* —2G **129**
Ross Gro. *Urm* —5E **105**
Rosshill Wlk. *M15*
—1B **108** (6D **8**)
Rossington St. *M40* —6D **84**
Rossini St. *Bolt* —2H **31**
Rosslare Rd. *M22* —3C **148**
Ross Lave La. *Dent* —1B **128**
Rosslave Wlk. *Stoc* —2C **138**
Rosslyn Gro. *Tim* —3A **134**
Rosslyn Rd. *H Grn* —4H **149**
Rosslyn Rd. *Most* —2A **84**
Rosslyn Rd. *Old T* —5G **107**
Rossmere Av. *Roch* —5E **27**
Rossmill La. *Haleb* —1B **156**
Ross St. *Bolt* —4A **32**
Ross St. *Oldh* —4B **72**
Rostherne. *Wilm* —5D **166**
Rostherne Av. *Fall* —6E **109**
Rostherne Av. *H Lane* —5C **154**
Rostherne Av. *Old T* —4A **108**
Rostherne Ct. *Bow* —2F **145**
Rostherne Gdns. *Bolt* —3F **45**
Rostherne Rd. *Sale* —6F **123**
Rostherne Rd. *Stoc* —6G **139**
Rostherne Rd. *Wilm* —4C **166**
Rostherne St. *Alt* —2F **145**
(in two parts)
Rostherne St. *Salf* —3E **93**
Rosthernmere Rd. *Chea H*
—1B **150**
Rosthwaite Clo. *Mid* —6E **53**
Roston Ct. *Salf* —3A **82**
Roston Rd. *Salf* —3A **82**
Rostrevor Rd. *Stoc* —6G **139**
Rostron Av. *M12* —1A **110**
Rostron Brow. Stoc —2H 139
(off Churchgate)

Rostron Rd.—Rushlake Dri.

Rostron Rd. *Ram* —3D **12**
Rostron St. *M19* —6D **110**
Rostron St. *Rad* —3G **49**
Rothay Clo. *Bolt* —4H **33**
Rothay Dri. *Mid* —4G **53**
Rothay Dri. *Stoc* —1H **127**
Rothbury Av. *Ash L* —1E **99**
Rothbury Clo. *Bury* —3F **35**
Rothbury Ct. *Bolt* —4F **45**
Rotherby Rd. *M22* —1C **148**
Rotherdale Av. *Tim* —6D **134**
Rothermere Wlk. *M23* —4E **135**
Rotherwood Av. *Stret* —4E **107**
Rotherwood Rd. *Wilm*
—3A **166**
Rothesay Av. *Duk* —6A **100**
Rothesay Cres. *Sale* —1E **133**
Rothesay Rd. *M8* —1A **82**
Rothesay Rd. *Bolt* —4F **45**
Rothesay Rd. *Oldh* —6G **57**
Rothesay Ter. *Pen* —4A **80**
Rothesay Ter. *Roch* —1A **42**
Rothiemay Rd. *Urm* —6A **104**
Rothley Av. *M22* —6B **136**
Rothman Clo. *M40* —5C **84**
Rothwell Cres. *L Hul* —3A **62**
Rothwell La. *L Hul* —4A **62**
Rothwell St. *M40* —5C **84**
Rothwell St. *Bolt* —2A **46**
Rothwell St. *Fail* —4F **85**
Rothwell St. *Ram* —3D **12**
Rothwell St. *Roch* —2A **28**
Rothwell St. *Rytn* —4A **56**
Rothwell St. *Wor* —6H **63**
Rottingdene Dri. *M22* —4A **148**
Rough Bank. *Whitw* —4C **14**
Roughey Gdns. *M22* —1A **148**
Rough Hey Wlk. *Roch* —5B **28**
Rough Hill La. *Bury* —1H **37**
Roughlee Av. *Swint* —4D **78**
Roughtown Rd. *Moss* —1F **89**
Roundcroft. *Rom* —6C **130**
Roundham Wlk. *M9* —3G **83**
Roundhey. *H Grn* —5F **149**
Round Hey. *Moss* —3E **89**
Round Hill Clo. *Had* —4H **117**
Roundhill Way. *Oldh* —6A **58**
Roundthorn Ct. *M23* —4F **135**
Roundthorn Ind. Est. *M23*
—4E **135**
Roundthorn Rd. *M23* —5F **135**
Roundthorn Rd. *Mid* —2B **70**
Roundthorn Rd. *Oldh* —3F **73**
Roundway. *Bram* —1F **161**
Roundwood Rd. *M22* —4B **136**
Rousden Clo. *M40* —6F **83**
Rouse St. *Roch* —1C **40**
Routledge Wlk. *M9* —3G **83**
Rowan Av. *M16* —4B **108**
Rowan Av. *Sale* —1C **134**
Rowan Av. *Urm* —4F **105**
Rowan Clo. *Fail* —5F **85**
Rowan Clo. *Roch* —6A **14**
Rowan Cres. *Duk* —6D **100**
Rowan Dri. *Chea H* —5E **151**
Rowan Pl. *P'wch* —6F **67**
Rowanside Dri. *Wilm* —1H **167**
Rowans. *Bury* —1A **36**
Rowans, The. *Bolt* —6C **30**
Rowans, The. *Moss* —2F **89**
Rowans, The. *Wor* —4A **76**
Rowan St. *Hyde* —6D **114**
Rowanswood Dri. *Hyde*
—4E **115**
Rowan Tree Dri. *Sale* —2B **134**
Rowan Tree Rd. *Oldh* —2B **86**
Rowan Wlk. *Had* —3H **117**
Rowan Wlk. *Part* —6C **118**
Rowanwood. *Chad* —2E **71**
Rowany Clo. *P'wch* —1E **81**
Rowarth Av. *Dent* —1G **129**

Rowarth Av. *Glos* —5F **117**
(off Eyam La.)
Rowarth Bank. *Glos* —5F **117**
(off Grassmoor Cres.)
Rowarth Clo. *Glos* —5F **117**
(off Grassmoor Cres.)
Rowarth Fold. *Glos* —5F **117**
(off Eyam La.)
Rowarth Rd. *M23* —3F **147**
Rowarth Way. *Glos* —5F **117**
(off Eyam La.)
Rowbotham St. *Hyde* —1C **130**
Rowbottom Wlk. *Oldh* —4C **72**
Rowcon Clo. *Aud* —2E **113**
Rowdell Wlk. *M23* —1H **135**
Rowden Rd. *Oldh* —5A **74**
Rowe Grn. *Dent* —4F **113**
Rowena St. *Bolt* —5E **47**
Rowendale St. *M1*
—5C **94** (2G **9**)
Rowfield Dri. *M23* —2F **147**
Rowland Av. *Urm* —4G **105**
Rowland Ct. *Roch* —5B **28**
Rowland Ho. *Shaw* —3D **56**
Rowlands Rd. *Bury* —1C **22**
Rowland St. *Roch* —5B **28**
Rowland St. *Salf* —5G **93**
Rowlands Way. *M22* —3B **148**
Rowland Way. *Lees* —2A **74**
Rowley Clough. *Rytn* —3A **56**
Rowley Dri. *Haz G* —5E **153**
Rowley St. *Ash L* —5H **87**
Rowlsey Clo. *Glos* —5G **117**
(off Melandra Castle Rd.)
Rowood Av. *M8* —5D **82**
Rowood Av. *Stoc* —5H **111**
Rowrah Cres. *Mid* —6D **52**
Rowsley Av. *M20* —5C **124**
Rowsley Av. *Bolt* —4E **31**
Rowsley Grn. *Glos* —5G **117**
(off Melandra Castle Rd.)
Rowsley Gro. *Glos* —5G **117**
Rowsley Gro. *Stoc* —2G **127**
Rowsley M. *Glos* —5G **117**
Rowsley Rd. *Ecc* —5E **91**
Rowsley Rd. *Stret* —4A **106**
Rowsley St. *M11* —3B **96**
Rowsley St. *Salf* —6F **81**
Rowsley Wlk. *Glos* —5G **117**
(off Melandra Castle Rd.)
Rowson Ct. *Sale* —5D **122**
Rowson Dri. *Cad* —3B **118**
Rowton St. *Bolt* —2D **32**
Roxalina St. *Bolt* —3A **46**
Roxburgh St. *M18* —2F **111**
Roxbury Av. *Oldh* —4H **73**
Roxby Clo. *Wor* —6D **62**
Roxby Wlk. *M40* —1D **84**
Roxholme Wlk. *M22* —5A **148**
Roxton Rd. *Stoc* —3E **127**
Roxwell Wlk. *M9* —3F **83**
(off Alderside Rd.)
Royal Av. *M21* —1G **123**
Royal Av. *Bury* —6F **23**
Royal Av. *Droy* —3B **98**
Royal Av. *Heyw* —4F **39**
Royal Av. *Urm* —5F **105**
Royal Carr Flats. *Bred* —6G **129**
(off Wild St.)
Royal Cres. *Chea* —3G **149**
Royal Exchange. *M2*
—3D **94** (5H **5**)
Royal Exchange Arc. *M2*
—4D **94** (5H **5**)
Royal Gdns. *Bow* —3B **144**
Royal George Cotts. *G'fld*
(off Church Rd.) —4G **75**
Royal George St. *Stoc* —3G **139**
Royal Oak Rd. *M23* —4F **135**
(in two parts)
Royal Oak Yd. *Stoc* —2H **139**

Royal Pennine Trad. Est. *Roch*
—1D **40**
Royal Rd. *Dis* —2H **165**
Royal St. *Roch* —6A **16**
Royalthorn Av. *M22* —5B **136**
Royalthorn Dri. *M22* —5A **136**
Royalthorn Rd. *M22* —5A **136**
Royce Av. *Alt* —6G **133**
Royce Clo. *Oldh* —6D **72**
Royce Ind. Est. *Traf P* —6H **91**
Royce Rd. *M15* —1B **108** (5D **8**)
Roydale St. *M40* —2A **96**
Royden Av. *M9* —4F **69**
Roydes St. *Mid* —5B **54**
Roydon Av. *Irl* —1D **118**
Royds Clo. *M13* —2H **109**
Royds Pl. *Roch* —6A **28**
Royds St. *L'boro* —4G **17**
Royds St. *Miln* —6G **29**
Royds St. *Roch* —6B **28**
Royds St. *Tot* —4H **21**
Royds S. S. *Tot* —4H **21**
Royds St. W. *Roch* —6A **28**
Royd St. *Oldh* —5A **72**
Roy Grainger Ct. *M16* —4C **108**
Royland Av. *Bolt* —4C **46**
Royland Ct. *Bolt* —4C **46**
Royle Barn Rd. *Roch* —3C **40**
Royle Clo. *Stoc* —6B **140**
Royle Grn. Rd. *M22* —2C **136**
Royle-Higginson Ct. *Urm*
—6E **105**
Roylelands Bungalows. *Roch*
—2C **40**
Royle Pennine Trad. Est. *Roch*
—2D **40**
Royle Rd. *Roch* —2C **40**
Royles Cotts. *Sale* —6B **122**
Royle St. *M14* —2H **125**
Royle St. *Dent* —2F **113**
Royle St. *Salf* —4F **93**
Royle St. *Stoc* —4H **139**
Royle St. *Wor* —1F **77**
Royley. *Rytn* —4A **56**
Royley Carr Flats. *Bred* —6F **129**
Royley Cres. *Rytn* —4A **56**
Royley Rd. *Oldh* —5C **72**
Royley Way. *Rytn* —4A **56**
Royon Dri. *Stoc* —4D **138**
Royston Av. *M16* —4B **108**
Royston Av. *Bolt* —5D **32**
Royston Av. *Dent* —4A **112**
Royston Clo. *G'mnt* —2H **21**
Royston Ct. *M16* —4B **108**
Royston Rd. *M16* —4H **107**
Royston Rd. *Urm* —4G **105**
Roy St. *Bolt* —3F **45**
Roy St. *Rytn* —3B **56**
Royton Av. *Sale* —1E **135**
Royton Hall Pk. *Rytn* —3C **56**
Royton Hall Wlk. *Rytn* —3C **56**
Royton Ho. *Shaw* —2F **57**
Rozel Sq. *M3* —5C **94** (1F **9**)
Ruabon Rd. *M20* —1G **137**
Rubens Clo. *Marp B* —3F **143**
Ruby St. *M15* —1E **109** (6A **10**)
Ruby St. *Bolt* —2B **32**
Ruby St. *Bury* —6E **13**
Ruby St. *Dent* —5E **113**
Ruby St. Pas. *Roch* —5G **27**
Rudcroft Clo. *M13*
—1F **109** (5D **10**)
Rudding St. *Rytn* —5E **57**
Ruddpark Rd. *M22* —4B **148**
Rudd St. *M40* —4A **84**
Rudford Gdns. *Bolt* —3B **46**
Rudgwick Dri. *Bury* —4C **22**
Rudheath Av. *M20* —2E **125**
Rudman Dri. *Salf* —5A **94** (2A **8**)
Rudman St. *Roch* —1G **27**

Rudolph St. *Bolt* —4B **46**
Rudston Av. *M40* —1B **84**
Rudyard Av. *Mid* —4C **54**
Rudyard Gro. *Roch* —3F **41**
Rudyard Gro. *Sale* —1G **133**
Rudyard Gro. *Stoc* —3F **127**
Rudyard Rd. *Salf* —6A **80**
Rudyard St. *Salf* —5H **81**
Rufford Av. *Hyde* —5D **114**
Rufford Av. *Roch* —1D **40**
Rufford Clo. *Ash L* —4G **87**
Rufford Clo. *Shaw* —6D **42**
Rufford Clo. *W'fld* —5E **51**
Rufford Dri. *Bolt* —5H **45**
Rufford Dri. *W'fld* —5D **50**
Rufford Gro. *Bolt* —5H **45**
Rufford Pl. *M18* —3H **111**
Rufford Rd. *M16* —4B **108**
Rufus St. *M14* —2A **126**
Rugby Dri. *Sale* —1A **134**
Rugby Rd. *Roch* —2A **28**
Rugby Rd. *Salf* —2A **92**
Rugby Rd. Ind. Est. *Roch*
—2A **28**
Rugby St. *Salf* —1C **94**
Rugeley St. *Salf* —6F **81**
Ruins La. *Bolt* —1G **33**
Ruisling St. *Gort* —2F **111**
Ruislip Av. *M40* —6G **83**
Ruislip Clo. *Oldh* —5F **73**
Rumbles La. *Del* —3H **59**
Rumbold St. *M18* —1G **111**
Rumbold St. *Roch* —6H **27**
Rumford St. *M13*
(in two parts) —1F **109** (6D **10**)
Rumworth Rd. *Los* —1A **44**
Rumworth St. *Bolt* —3H **45**
Runcorn St. *M15* —6A **94** (4B **8**)
Runger La. *Tim* —6F **147**
Runhall Clo. *M12* —1C **110**
Runimead Ct. *Rytn* —3C **56**
Running Hill Ga. *Upperm*
(in two parts) —6D **61**
Running Hill La. *Dob* —5D **60**
Runnymeade. *Swint & Salf*
—5G **79**
Runnymede Clo. *Stoc* —4B **139**
Runnymede Ct. *Bolt* —2H **45**
Runnymede Ct. *Stoc* —5E **139**
Rupert St. *M40* —1G **97**
Rupert St. *Bolt* —3A **46**
Rupert St. *Rad* —6G **49**
Rupert St. *Roch* —2E **27**
Rupert St. *Stoc* —2G **127**
(in two parts)
Rupert Ter. *Stoc* —2G **127**
Rush Acre Clo. *Rad* —4E **49**
Rushall Wlk. *M23* —3F **147**
Rush Bank. *Shaw* —5D **42**
Rushbrooke Av. *M11* —2E **97**
Rushbury Dri. *Rytn* —3D **56**
Rushcroft Ct. *M9* —1A **84**
Rushcroft Rd. *Shaw* —5D **42**
Rushden Rd. *M19* —5D **110**
Rushen St. *M11* —4E **97**
Rushes, The. *Had* —3H **117**
Rushey Av. *M22* —5A **136**
Rushey Clo. *Haleb* —6D **146**
Rushey Field. *Brom X* —3D **18**
Rushey Fold Ct. *Bolt* —3H **31**
Rushey Fold La. *Bolt* —3H **31**
Rushey Rd. *M22* —6A **136**
Rushfield Dri. *M13* —4B **110**
Rushfield Rd. *Chea H* —6B **150**
Rushford Av. *M19* —5C **110**
Rushford Gro. *Bolt* —1B **32**
Rushford St. *M12* —3C **110**
Rush Gro. *Upperm* —2F **61**
Rush Hill Rd. *Upperm* —2F **61**
Rush Hill Ter. *Upperm* —2F **61**
Rushlake Dri. *Bolt* —4A **32**

Rushley Av. *Salf* —5F **81**
Rushmere. *Ash L* —5A **88**
Rushmere Av. *Lev* —6D **110**
Rushmere Dri. *Bury* —6C **22**
Rushmere Wlk. *Old T* —2B **108**
Rushmoor Clo. *Irl* —5E **103**
Rusholme Gro. *M14* —4G **109**
Rusholme Gro. W. *M14*
    —4G **109**
Rusholme Pl. *M14* —3G **109**
Rushside Rd. *Chea H* —1B **160**
Rush St. *Duk* —5D **100**
Rushton Clo. *Marp* —6E **143**
Rushton Dri. *Bram* —2F **151**
Rushton Dri. *Marp* —6D **142**
Rushton Dri. *Rom* —6A **130**
Rushton Gdns. *Bram* —2F **151**
Rushton Gro. *Oldh* —4A **58**
Rushton Gro. *Open* —6G **97**
Rushton Rd. *Bolt* —4F **31**
Rushton Rd. *Chea H* —1C **160**
Rushton Rd. *Stoc* —4D **138**
Rushton St. *M20* —1F **137**
Rushton St. *Wor* —1F **77**
Rushwick Av. *M40* —5G **83**
Rushworth Ct. *Stoc* —4E **127**
Rushycroft. *Mot* —3C **116**
Rushyfield Cres. *Rom* —6B **130**
Rushy Hill View. *Roch* —2E **27**
Ruskin Av. *M14* —3F **109**
Ruskin Av. *Aud* —6C **98**
Ruskin Av. *Chad* —6F **71**
Ruskin Av. *Dent* —6D **112**
Ruskin Av. *Kear* —2H **63**
Ruskin Cres. *P'wch* —6D **66**
Ruskin Gdns. *Bred* —6G **129**
Ruskin Gro. *Bred* —6G **129**
Ruskington Dri. *M9* —4F **83**
Ruskin Rd. *M16* —4A **108**
Ruskin Rd. *Droy* —3A **98**
Ruskin Rd. *L Lev* —3B **48**
Ruskin Rd. *P'wch* —6C **66**
Ruskin Rd. *Roch* —3F **41**
Ruskin Rd. *Stoc* —6G **111**
Ruskin St. *Oldh* —1B **72**
Ruskin St. *Rad* —3A **50**
Rusland Ct. *M9* —6A **70**
Rusland Dri. *Sale* —4A **122**
Rusland Dri. *Bolt* —3G **33**
Rusland Wlk. *M22* —3A **148**
Russell Av. *M16* —5B **108**
Russell Av. *H Lane* —6C **154**
Russell Av. *Sale* —4D **122**
Russell Clo. *Bolt* —5G **31**
Russell Ct. *Farn* —1G **63**
Russell Ct. *L Hul* —6E **63**
Russell Dri. *Irl* —5E **103**
Russell Fox Ct. *Stoc* —2G **127**
Russell Gdns. *Stoc* —2D **138**
Russell Rd. *M16* —4B **108**
Russell Rd. *Part* —6E **119**
Russell St. *Salf* —6H **79**
Russell St. *M8* —1C **94**
Russell St. *M16* —4D **108**
Russell St. *Ash L* —1B **100**
Russell St. *Bolt* —5H **31**
Russell St. *Bury* —1D **36**
Russell St. *Chad* —2H **71**
Russell St. *Comp* —6F **131**
Russell St. *Dent* —4F **113**
Russell St. *Duk* —5A **100**
Russell St. *Ecc* —3H **91**
Russell St. *Farn* —1G **63**
Russell St. *Heyw* —3G **39**
Russell St. *Hyde* —4B **114**
Russell St. *L Hul* —6E **63**
Russell St. *Moss* —2E **89**
Russell St. *P'wch* —5F **67**
Russell St. Roch —6G **27**
  (off Grove St.)

Russell St. *Stoc* —5A **140**
Russet Rd. *M9* —2F **83**
Rustons Wlk. *M40* —2E **85**
Ruth Av. *M40* —2E **85**
Ruthen La. *M16* —3H **107**
Rutherford Av. *M14* —4F **109**
Rutherford Clo. *Hyde* —5B **114**
Rutherford Way. *Hyde* —5A **114**
Rutherglade Clo. *M40* —5E **83**
Rutherglen Dri. *Bolt* —1D **44**
Rutherglen Wlk. *M40* —6G **83**
Ruthin Av. *M9* —4E **69**
Ruthin Av. *Chea H* —3A **150**
Ruthin Av. *Mid* —2A **70**
Ruthin Clo. *Oldh* —1H **85**
Ruthin Clo. *Salf* —3G **93**
Ruthin Ct. *Salf* —3G **93**
Ruth St. *M18* —4F **111**
Ruth St. *Bolt* —5A **32**
Ruth St. *Oldh* —1D **72**
Ruth St. *Ram* —3A **12**
Ruth St. *Whitw* —4G **15**
Rutland. *Roch* —5G **27**
Rutland Av. *Dent* —5G **113**
Rutland Av. *Firs* —4G **107**
Rutland Av. *Pen* —1F **79**
Rutland Av. *Urm* —5G **105**
Rutland Av. *Wthtn* —3E **125**
Rutland Clo. *Ash L* —3B **100**
Rutland Clo. *Salf* —5F **137**
Rutland Clo. *L Lev* —3B **48**
Rutland Ct. *Manx* —4F **125**
Rutland Ct. *Stoc* —6A **140**
Rutland Cres. *Stoc* —4D **128**
Rutland Dri. *Bury* —5E **37**
Rutland Dri. *Salf* —2G **81**
Rutland Gro. *Bolt* —4G **31**
Rutland Gro. *Farn* —2E **63**
Rutland La. *Sale* —5F **123**
  (in two parts)
Rutland Rd. *B'hth* —5F **133**
Rutland Rd. *Cad* —4B **118**
Rutland Rd. *Droy* —2G **97**
Rutland Rd. *Ecc* —1H **91**
Rutland Rd. *Haz G* —5E **153**
Rutland Rd. *Wor* —2E **77**
Rutland St. *M18* —1G **111**
Rutland St. *Ash L* —3B **100**
Rutland St. *Bolt* —3H **45**
Rutland St. *Droy* —5B **98**
Rutland St. *Fail* —3F **85**
Rutland St. *Heyw* —2F **39**
Rutland St. *Hyde* —2B **114**
Rutland St. *Oldh* —4A **72**
Rutland St. *Swint* —2E **79**
Rutland Way. *Shaw* —6G **43**
Rutter's La. *Haz G* —3C **152**
Ryall Av. *Salf* —5H **93**
Ryall Av. S. *Salf* —5H **93**
Ryan St. *Open* —6G **97**
Ryburn Flats. Heyw —3E **39**
  (off Meadow Clo.)
Ryburn Sq. *Roch* —5A **26**
Rydal Av. *Chad* —6E **55**
Rydal Av. *Droy* —4G **97**
Rydal Av. *Ecc* —1D **90**
Rydal Av. *Haz G* —2C **152**
Rydal Av. *H Lane* —5C **154**
Rydal Av. *Mid* —3H **69**
Rydal Av. *Rytn* —5A **42**
Rydal Av. *Sale* —4H **121**
Rydal Av. *Urm* —1C **120**
Rydal Clo. *Bury* —6C **36**
Rydal Clo. *Dent* —5B **112**
Rydal Clo. *Gat* —2F **149**
Rydal Cres. *Swint* —5F **79**
Rydal Cres. *Wor* —2G **77**
Rydal Dri. *Haleb* —5D **146**
Rydal Gro. *Ash L* —1F **99**
Rydal Gro. *Farn* —2B **62**

Rydal Gro. *Heyw* —5F **39**
Rydal Gro. *W'fld* —1E **67**
Rydal Mt. *Ald E* —6B **166**
Rydal Mt. *Stoc* —5H **111**
Rydal Rd. *Bolt* —4E **31**
Rydal Rd. *L Lev* —4A **48**
Rydal Rd. *Oldh* —2G **73**
Rydal Rd. *Stret* —4D **106**
Rydal Wlk. *Oldh* —2H **73**
Rydal Wlk. *Stal* —2E **101**
Ryde Av. *Dent* —1H **129**
Ryde Av. *Stoc* —1D **138**
Ryder Av. *Alt* —4G **133**
Ryder Brow. *M18* —3F **111**
Ryderbrow Rd. *M18* —3F **111**
RYDER BROW STATION. *BR*
    —3F **111**
Ryder St. *M40* —1G **95**
Ryder St. *Bolt* —3G **31**
Ryder St. *Heyw* —3F **39**
Ryder St. *Rad* —4B **50**
Ryde St. *Bolt* —3E **45**
Rydings Rd. *Roch* —5H **15**
Rydley St. *Bolt* —1D **46**
Ryebank Gro. *Ash L* —6H **87**
Ryebank M. *Chor H* —6F **107**
Ryebank Rd. *Chor H* —6F **107**
Rye Bank Rd. *Firs* —5G **107**
Ryeburn Av. *M22* —2B **148**
Ryeburn Dri. *Bolt* —6F **19**
Ryeburne St. *Oldh* —2G **73**
Ryeburn Wlk. *Urm* —3B **104**
Rye Croft. *W'fld* —2A **66**
Ryecroft Av. *Heyw* —3G **39**
Ryecroft Av. *Salf* —2C **92**
Ryecroft Av. *Tot* —5H **21**
Ryecroft Bus. Pk. *Ash L* —4F **99**
Ryecroft Clo. *Chad* —6F **71**
  (in two parts)
Ryecroft Gro. *M23* —4G **135**
Ryecroft La. *Aud* —6E **99**
Ryecroft La. *Wor* —1B **90**
Ryecroft Rd. *Stret* —6C **106**
Ryecroft St. *Ash L* —4F **99**
Ryecroft View. *Aud* —5C **98**
Ryedale Av. *M40* —6F **83**
Ryedale Clo. *Stoc* —6D **126**
Ryefield. *Ash L* —4F **99**
Ryefield. *Salf* —5B **80**
Ryefield Clo. *Tim* —6C **134**
Ryefield Rd. *Sale* —1E **133**
Ryefields. *Roch* —5B **16**
Ryefields Dri. *Upperm* —6B **60**
Ryefield St. *Bolt* —4C **32**
Ryelands Clo. *Roch* —1H **41**
Rye St. *Heyw* —2G **39**
Rye Wlk. *M13* —2G **109**
Rye Wlk. *Chad* —3G **71**
Rygate Wlk. *M8* —5B **82**
Ryhope Wlk. *M8* —6A **82**
Ryhope Wlk. *Salf* —6A **82**
Rylance St. *M11* —4A **96**
Ryland Clo. *Stoc* —6H **111**
Rylands Ct. *M15*
    —1B **108** (6D **8**)
Rylands St. *M18* —1G **111**
Rylane Wlk. M40 —6F **83**
  (off Ridgewood Av.)
Rylatt Ct. *Sale* —4A **122**
Ryley Av. *Bolt* —2F **45**
Ryleys La. *Ald E* —5F **167**
Ryley St. *Bolt* —1G **45**
Rylstone Av. *M21* —6B **124**
Ryther Gro. *M9* —4D **68**
Ryton Av. *M18* —4E **111**

Sabden Clo. *M40* —2A **96**
Sabden Clo. *Bury* —4F **23**
Sabden Clo. *Heyw* —3C **38**
Sabden Rd. *Bolt* —3C **30**

Sabrina St. *M8* —6A **82**
Sack St. *Hyde* —2B **114**
Sackville Clo. *Shaw* —4E **43**
Sackville St. *M1*
  (in two parts) —5E **95** (1A **10**)
Sackville St. *Ash L* —2H **99**
Sackville St. *Bolt* —6E **33**
Sackville St. *Bury* —2E **37**
Sackville St. *Roch* —4C **40**
Sackville St. *Salf* —3C **94** (4E **5**)
Saddleback Clo. *Wor* —5D **76**
Saddlecote. *Wor* —1C **90**
Saddle Gro. *Droy* —2D **98**
Saddle St. *Bolt* —3D **32**
Saddlewood Av. *M19* —1H **137**
Sadie Av. *Stret* —3A **106**
Sadler Clo. *M14* —4E **109**
Sadler St. *Bolt* —3C **46**
Sadler St. *Mid* —6H **53**
Saffron Dri. *Oldh* —5H **57**
Saffron Wlk. *M22* —4B **148**
Saffron Wlk. *Part* —6D **118**
Sagars Rd. *Styal* —3F **159**
Sagar St. *M8* —1D **94**
Sahal Ct. *Salf* —1B **94**
St Agnes Rd. *M13* —5B **110**
St Agnes St. *Stoc* —4H **111**
St Aidans Clo. *Rad* —6G **49**
St Aidan's Clo. *Roch* —6E **27**
St Aidan's Gro. *Salf* —5F **81**
St Albans Av. *M40* —6B **84**
St Alban's Av. *Ash L* —4F **87**
St Alban's Av. *Stoc* —4E **127**
St Albans Ct. *Roch* —5G **27**
St Alban's Cres. W Tim
    —3E **133**
St Albans Ho. Roch —5G **27**
  (off St Albans St.)
St Albans St. *Roch* —5G **27**
St Alban's Ter. *M8* —6A **82**
St Alban's Ter. *Roch* —5G **27**
St Aldates. *Rom* —1F **141**
St Aldwyn's Rd. *M20* —4F **125**
St Ambrose Gdns. *Salf* —3F **93**
St Ambrose Rd. *Oldh* —6G **57**
St Andrew's Av. *Droy* —4G **97**
St Andrews Av. *Ecc* —4G **91**
St Andrew's Av. *Tim* —4G **133**
St Andrews Clo. *Ram* —4E **13**
St Andrew's Clo. *Rom* —2H **141**
St Andrews Clo. *Sale* —2E **133**
St Andrews Clo. *Stoc* —5D **126**
St Andrew's Ct. Bolt —6B **32**
  (off Chancery La.)
St Andrews Ct. *Hale* —2H **145**
St Andrews Ct. *Stoc* —2A **140**
St Andrew's Dri. *Heyw* —5F **39**
St Andrew's Rd. *H Grn* —4G **149**
St Andrew's Rd. *Rad* —1F **49**
St Andrews Rd. *Stoc* —5D **126**
St Andrews Rd. *Stret* —5B **106**
St Andrew's Sq. *M1*
    —5G **95** (1F **11**)
St Andrew's St. *M1*
    —5G **95** (1E **11**)
St Andrew's St. *Rad* —1F **49**
St Andrews View. *Rad* —1F **49**
St Anne's Av. *Rytn* —4C **56**
St Anne's Av. *Salf* —2E **93**
St Annes Ct. *Aud* —1E **113**
St Annes Ct. *Sale* —5C **122**
St Annes Ct. *Salf* —1F **93**
St Anne's Cres. *Gras* —4E **75**
St Anne's Dri. *Dent* —3G **113**
St Annes Gdns. *Heyw* —3H **39**
St Annes Rd. *M21* —2H **123**
St Anne's Rd. *Aud* —2F **113**
  (Denton)
St Annes Sq. *Del* —3H **59**
St Annes's Rd. *Aud* —1F **113**
  (Audenshaw)

St Anne's St. *M40* —6H **83**
St Anne's St. *Bury* —1D **36**
St Anne St. *M12* —1C **110**
(off Hyde Rd.)
St Ann's All. *M2* —4D **94** (5H **5**)
(off St Ann's Pl.)
St Ann's Arc. *M2*
—4D **94** (5H **5**)
(off St Ann's Sq.)
St Ann's Chyd. *M2*
(off St Ann St.) —4D **94** (5H **5**)
St Anns Clo. *P'wch* —6E **67**
St Ann's Pl. *M2* —4D **94** (5G **5**)
St Anns Rd. *Haz G* —4C **152**
St Ann's Rd. *P'wch* —6D **66**
St Ann's Rd. *Roch* —3C **28**
St Ann's Rd. N. *H Grn* —4G **149**
St Ann's Rd. S. *H Grn* —5G **149**
St Ann's Sq. *M2* —4D **94** (5H **5**)
St Ann's Sq. *H Grn* —5G **149**
St Ann's St. *Sale* —6F **123**
St Ann's St. *Swint* —3E **79**
St Ann St. *M2* —4D **94** (5H **5**)
St Ann St. *Bolt* —4A **32**
St Asaph's Dri. *M8* —3B **82**
St Asaph's Dri. *Ash L* —5F **87**
St Aubin's Rd. *Bolt* —1D **46**
St Augustine's Rd. *Stoc*
—3D **138**
St Augustine St. *M40* —6G **83**
St Augustine St. *Bolt* —3H **31**
St Austell Dri. *G'mnt* —1H **21**
St Austell Dri. *H Grn* —5F **149**
St Austell Rd. *M16* —6C **108**
St Austell's Dri. *Pen* —4A **80**
St Austells Dri. *P'wch* —4F **67**
St Barnabas Dri. *L'boro* —3E **17**
St Barnabas Sq. *M11* —5D **96**
St Bartholomew's Dri. *Salf*
—5A **94** (1A **8**)
St Bartholomew St. *Bolt*
—3C **46**
St Bedes Av. *Bolt* —5F **45**
St Bees Clo. *M14* —3E **109**
St Bees Clo. *Gat* —2F **149**
St Bees Rd. *Bolt* —3E **33**
St Bees Wlk. *Mid* —5G **53**
St Benedict's Av. *M12* —1B **110**
St Bernards Av. *Salf* —6G **81**
St Bernards Clo. *Salf* —6G **81**
St Boniface Rd. *Salf* —6G **81**
St Brannock's Rd. *M21*
—6A **108**
St Brannocks Rd. *Chea H*
—6D **150**
St Brelades Dri. *Salf* —3B **82**
St Brendan's Rd. *M20* —2F **125**
St Brendan's Rd. N. *M20*
—2F **125**
St Bride St. *M16* —2B **108**
St Brides Way. *M16* —2B **108**
St Catherine's Rd. *M20*
—2F **125**
St Chads Av. *Rom* —1A **142**
St Chad's Clo. *Roch* —4H **27**
St Chads Cres. *Oldh* —2B **86**
St Chads Cres. *Upperm* —1G **61**
St Chads Gro. *Rom* —1A **142**
St Chads Rd. *M20* —2H **125**
St Chads St. *M8* —1E **95**
St Charles Clo. *Had* —2H **117**
St Christopher's Av. *Ash L*
—5A **88**
St Christopher's Dri. *Rom*
—1G **141**
St Christopher's Rd. *Ash L*
—5H **87**
St Clair Rd. *G'mnt* —4B **22**
St Clements Ct. *Irl* —4F **103**
St Clements Clo. *Oldh* —4D **72**
St Clement's Ct. *P'wch* —5G **67**

St Clement's Dri. *Salf* —6H **93**
St Clements Fold. *Urm*
—5G **105**
St Clement's Rd. *M21* —1G **123**
St Cuthbert's Fold. *Oldh*
—2E **87**
St Davids Av. *Rom* —1H **141**
St David's Clo. *Ash L* —4H **87**
St Davids Clo. *Sale* —6A **122**
St David's Rd. *Chea* —6B **138**
St Davids Rd. *Haz G* —4C **152**
St David's Wlk. *Stret* —5A **106**
St Domingo St. *Oldh* —2C **72**
St Dominic's M. *Bolt* —4G **45**
St Dominics Way. *Mid* —2A **70**
St Dunstan Wlk. *M40* —5A **84**
(off Rollswood Dri.)
St Edmund's Rd. *M40* —5G **83**
St Edmund St. *Bolt* —6A **32**
St Edmund's Wlk. *L Hul*
—5D **62**
St Elizabeth's Way. *Stoc*
—1G **127**
St Elmo Av. *Stoc* —4D **140**
St Elmo Pk. *Poy* —3A **164**
St Ethelbert's Av. *Bolt* —2F **45**
St Gabriels Clo. *Roch* —4D **40**
St Gabriel's Ct. *Roch* —3C **40**
(off Atkinson St.)
St George's Av. *M15*
—6B **94** (4C **8**)
St George's Av. *Tim* —4A **134**
St Georges Cen. *Salf* —1H **93**
St Georges Ct. *M15* —6B **94**
(off Angela St.)
St George's Ct. *Bolt* —5A **32**
St George's Ct. *B'hth* —4D **132**
St Georges Ct. *Bury* —3G **51**
St Georges Ct. *Ecc* —4H **91**
St Georges Ct. *Hyde* —6B **114**
(off Tower St.)
St George's Ct. *Stret* —6C **106**
St George's Cres. *Salf* —2A **92**
St George's Cres. *Tim* —3A **134**
St George's Cres. *Wor* —1F **77**
St George's Dri. *M40* —4B **84**
St Georges Dri. *Hyde* —6B **114**
St George's Gdns. *Dent*
—6G **113**
St Georges Pl. *Salf* —6E **81**
St George's Rd. *M14* —2A **126**
St George's Rd. *Bolt* —5A **32**
St George's Rd. *Bury* —3G **51**
St George's Rd. *Car* —3H **119**
St George's Rd. *Droy* —2H **97**
St George's Rd. *Roch* —3B **26**
St Georges Rd. *Stret* —5C **106**
St Georges Sq. *Bolt* —5A **32**
(off All Saints St.)
St George's Sq. *Chad* —6E **71**
St George's St. *Bolt* —5B **32**
St George's St. *Stal* —2D **100**
St Georges Way. *Salf* —6E **81**
(in two parts)
St Germain St. *Farn* —1E **63**
St Giles Dri. *Hyde* —5D **114**
St Gregorys Clo. *Farn* —2E **63**
St Helena Rd. *Bolt* —6A **32**
(in two parts)
St Helens Rd. *Bolt* —6E **45**
St Helier's Dri. *Salf* —3B **82**
St Helier Sq. *M19* —4B **126**
St Helier St. *Bolt* —3H **45**
St Herberts Clo. *Chad* —2H **71**
St Hilda's Clo. *M22* —2C **136**
St Hilda's Dri. *Oldh* —1B **72**
St Hilda's Rd. *Aud* —1F **113**
St Hilda's Rd. *N'den* —2B **136**
St Hilda's Rd. *Old T* —2A **108**
St Hilda's View. *Aud* —2E **113**
St Hughe's Clo. *Tim* —3G **133**

St Ignatius Wlk. *Salf* —5H **93**
St Ives Av. *Chea* —5B **138**
St Ives Cres. *Sale* —2A **134**
St Ives Rd. *M14* —5F **109**
St James Av. *Bolt* —5G **33**
St James Av. *Bury* —1H **35**
St James Clo. *Roch* —3A **28**
St James Clo. *Salf* —2B **92**
St James Ct. *Alt* —1G **145**
St James Ct. *Manx* —3F **137**
St James Ct. *Oldh* —1G **73**
St James Dri. *Sale* —6A **122**
St James Gro. *Heyw* —3E **39**
St James Ho. *Stoc* —6F **127**
St James Rd. *Stoc* —4B **128**
St James's Gro. *Tim* —2H **133**
St James's Rd. *Salf* —5A **82**
St James's Sq. *M2*
—4D **94** (6H **5**)
St James St. *M1*
—5E **95** (1A **10**)
St James St. *Ash L* —3B **100**
St James St. *Ecc* —3G **91**
St James St. *Farn* —2D **62**
St James St. *Heyw* —3E **39**
St James St. *Miln* —5F **29**
St James St. *Oldh* —2F **73**
St James St. *Shaw* —6F **43**
St James Ter. *Heyw* —3E **39**
St James Way. *Chea H*
—1B **160**
St Johns Av. *Droy* —3B **98**
St Johns Clo. *Duk* —5C **100**
St Johns Clo. *Rom* —1H **141**
St Johns Ct. *Bow* —2F **145**
St Johns Ct. *Lees* —2B **74**
St Johns Ct. *Rad* —5H **49**
St John's Ct. *Roch* —5B **28**
St John's Ct. *Salf* —5G **81**
St Johns Dri. *Hyde* —4D **114**
St Johns Dri. *Roch* —5B **28**
St John's Gdns. *Moss* —1F **89**
St John's Ind. Est. *Lees* —3A **74**
St John's Pas. *M3*
—4C **94** (1F **9**)
St John's Pl. *Stoc* —1A **138**
St John's Rd. *Alt* —2E **145**
St John's Rd. *Dent* —2F **113**
St Johns Rd. *Haz G* —4B **152**
St John's Rd. *Long* —3B **110**
St John's Rd. *Los* —3A **44**
St John's Rd. *Old T* —3A **108**
St John's Rd. *Stoc* —1A **138**
St John's Rd. *Wilm* —6B **166**
St John's Rd. *Wor* —4A **76**
St John's Rd. *Chad* —4A **72**
St John's St. *Farn* —1E **63**
St John's St. *Rad* —5H **49**
St John's St. *Salf* —4H **81**
St John St. *M3* —5C **94** (1F **9**)
St John St. *Droy* —5H **97**
St John St. *Duk* —5C **100**
(in two parts)
St John St. *Ecc* —4F **91**
St John St. *Irl* —5E **103**
St John St. *Lees* —3A **74**
St John St. *Pen* —5B **80**
St John St. *Wor* —5E **63**
St John's Wlk. *Oldh* —3A **72**
St Johns Wlk. *Stoc* —3D **138**
(off Oak St.)
St Johns Wood. *Los* —3A **44**
St Johns Wood. *Stal* —5C **100**
St Joseph's Av. *W'fld* —2G **67**
St Joseph's Dri. *Roch* —1H **41**
St Joseph's Dri. *Salf* —5H **93**
St Joseph St. *Bolt* —3H **31**
St Kilda Av. *Kear* —3H **63**
St Kilda's Av. *Droy* —2H **97**
St Kilda's Dri. *Salf* —3B **82**

St Lawrence Ct. *Dent* —5F **113**
St Lawrence Quay. *Salf* —6F **93**
St Lawrence Rd. *Dent* —4F **113**
St Leonard's Ct. *Sale* —5H **121**
St Leonards Dri. *Tim* —5H **133**
St Leonards Rd. *Stoc* —4F **127**
St Leonards St. *Mid* —6A **54**
St Leonard St. *M13*
—1G **109** (6E **11**)
St Lesmo Ct. *Stoc* —4E **139**
St Lesmo Rd. *Stoc* —3D **138**
St Lukes Ct. *Bolt* —5G **31**
St Lukes Ct. *Roch* —6H **27**
St Lukes Cres. *Duk* —5A **100**
St Luke's Rd. *Salf* —3D **92**
St Luke St. *Roch* —6H **27**
St Lukes Wlk. *M40* —5A **84**
St Margaret's Av. *M19*
—3B **126**
St Margarets Clo. *Alt* —1E **145**
St Margarets Clo. *Bolt* —5F **31**
St Margarets Clo. *P'wch*
—3G **67**
St Margaret's Gdns. *Oldh*
—6A **72**
St Margaret's Rd. *M40* —6D **70**
St Margaret's Rd. *Alt* —2E **145**
St Margaret's Rd. *Bolt* —5F **31**
St Margaret's Rd. *Chea*
—5C **138**
St Margaret's Rd. *P'wch*
—3G **67**
St Margret's Rd. *P'wch* —3G **67**
St Mark's Av. *Alt* —6C **132**
St Marks Av. *Rytn* —3E **57**
St Marks Clo. *Rytn* —3E **57**
St Mark's St. *Chad* —1H **71**
St Marks Cres. *Wor* —2F **77**
St Mark's La. *M8* —4B **82**
St Marks Sq. *Bury* —1D **36**
St Mark's St. *M19* —6E **111**
St Mark's St. *Bolt* —2B **46**
St Mark's St. *Bred* —5G **129**
St Mark St. *Duk* —4H **99**
St Mark's View. *Bolt* —2B **46**
St Mark's Wlk. *Bolt* —3A **46**
St Martin's Clo. *Droy* —2H **97**
St Martin's Clo. *Hyde* —5D **114**
St Martin's Dri. *Salf* —3B **82**
St Martin's Rd. *Marp* —5E **143**
St Martins Rd. *Oldh* —1E **87**
St Martins Rd. *Sale* —3F **121**
St Martins St. *Roch* —4D **40**
St Marys'. *Stoc* —2A **140**
St Mary's Av. *Bolt* —2F **45**
St Mary's Av. *Dent* —1G **129**
St Mary's Clo. *P'wch* —5E **67**
St Mary's Clo. *Stoc* —2A **140**
St Mary's Ct. *M8* —2B **82**
St Mary's Ct. *M40* —3B **84**
St Marys Ct. *Oldh* —2C **72**
St Mary's Crest. *G'fld* —4G **61**
St Mary's Dri. *Chea* —5B **138**
St Mary's Dri. *G'fld* —4G **61**
St Mary's Dri. *Stoc* —3H **127**
St Mary's Ga. *M1*
—3D **94** (4H **5**)
St Mary's Ga. *Roch* —4G **27**
St Marys Ga. *Shaw* —6F **43**
St Marys Ga. *Stoc* —2H **139**
St Mary's Ga. *Upperm* —1F **61**
St Mary's Hall Rd. *M8* —2B **82**
St Mary's Parsonage. *M3*
—4C **94** (5F **5**)
St Mary's Pl. *Bury* —3C **36**
St Mary's Rd. *M40* —4B **84**
St Mary's Rd. *Bow* —3D **144**
(in two parts)
St Mary's Rd. *Dis* —2H **165**

St Marys Rd. *Ecc* —3H **91**
St Mary's Rd. *Hyde* —2C **114**
St Mary's Rd. *P'wch* —5E **67**
St Mary's Rd. *Sale* —4H **121**
St Mary's Rd. *Wor* —4E **63**
St Mary's St. *M3*
    —4D **94** (5G **5**)
St Mary's St. *Hulme* —2C **108**
St Mary's St. *Oldh* —1D **72**
St Mary's St. *Swint* —3G **79**
St Mary St. *Salf* —3B **94** (4D **4**)
St Mary's Way. *Oldh* —2C **72**
St Marys Way. *Stoc* —1A **140**
St Matthews Ct. *Stret* —6C **106**
St Matthews Dri. *Chad* —5G **55**
St Matthews Grange. *Bolt*
    —4A **32**
St Matthew's Rd. *Stoc* —3F **139**
St Matthews Ter. *Bolt* —4A **32**
  (off St Matthews Wlk.)
St Matthew's Ter. *Stoc*
    —3F **139**
St Matthews Wlk. *Bolt* —4A **32**
  (in two parts)
St Maws Ct. *Rad* —2C **48**
St Michael's Av. *Bolt* —5D **46**
St Michael's Av. *Bram* —6G **151**
St Michael's Clo. *Bury* —5G **35**
St Michaels Ct. *Sale* —3G **121**
St Michael's Pl. *M4*
  (off Dantzic St.) —2E **95** (1B **6**)
St Michaels Rd. *Hyde* —5D **114**
St Michael's Sq. *M4*
    —2E **95** (2B **6**)
St Michael's Sq. *Ash L*
    —2A **100**
St Modwen Rd. *Stret* —2H **105**
St Osmund's Dri. *Bolt* —6G **33**
St Osmund's Gro. *Bolt* —6G **33**
St Oswalds Rd. *Lev* —5D **110**
St Pauls Clo. *Rad* —6G **49**
St Paul's Clo. *Stal* —2G **101**
St Pauls Ct. *Oldh* —5D **72**
St Paul's Ct. *Salf* —2G **81**
St Paul's Ct. *Wor* —1F **77**
St Paul's Hill Rd. *Hyde*
    —5D **114**
St Paul's Pl. *Bolt* —2G **31**
St Paul's Rd. *M20* —3G **125**
St Paul's Rd. *Salf* —2G **81**
St Paul's Rd. *Stoc* —5D **126**
St Paul's Rd. *Wor* —1G **77**
St Paul's St. *Bury* —2E **37**
St Pauls St. *Hyde* —4C **114**
St Paul's St. *Ram* —3E **13**
St Paul's St. *Stal* —3G **101**
St Paul's St. *Stoc* —6A **128**
St Pauls Trad. Est. *Stal*
    —3G **101**
St Paul's Vs. *Bury* —2E **37**
St Peter Quay. *Salf* —6G **93**
St Peter's Av. *Bolt* —3E **31**
St Peter's Dri. *Hyde* —5D **114**
St Petersgate. *Stoc* —2G **139**
St Peter's Rd. *Bury* —6C **36**
St Peter's Rd. *Swint* —4E **79**
St Peter's Sq. *M2*
    —5D **94** (1H **9**)
St Peter's Sq. *Stoc* —2G **139**
ST PETER'S SQUARE STATION.
  M —5D **94**
St Peters St. *Ash L* —3G **99**
St Peter's St. *Roch* —5B **28**
St Peter's Ter. *Farn* —2F **63**
St Peter's Way. *Bolt* —4A **32**
St Philip's Av. *Bolt* —3H **45**
St Philip's Pl. *Salf*
    —3B **94** (4C **4**)
St Philip's Rd. *M18* —3F **111**
St Phillip's Dri. *Rytn* —6C **56**

St Saviour's Rd. *Stoc* —6C **140**
Saintsbridge Rd. *M22* —3A **148**
St Simons Clo. *Stoc* —3C **140**
St Simon St. *Salf*
    —2B **94** (1D **4**)
St Stephen's Av. *Aud* —5E **99**
St Stephens Clo. *M13* —2H **109**
St Stephens Clo. *Bolt* —2E **47**
St Stephens Gdns. *Kear*
    —3A **64**
St Stephen's Gdns. *Mid* —5A **54**
St Stephen's St. *Kear* —3A **64**
St Stephens St. *Oldh* —1E **73**
St Stephen St. *Salf*
    —3B **94** (4D **4**)
St Teresa's Rd. *M16* —4G **107**
St Thomas Circ. *Oldh* —4B **72**
St Thomas Clo. *Rad* —4G **49**
St Thomas Ct. *Bury* —3E **37**
St Thomas's Pl. *M8* —1E **95**
St Thomas's Pl. *Stoc* —3H **139**
St Thomas St. *Bolt* —3H **31**
St Thomas St. N. *Oldh* —4B **72**
St Thomas St. S. *Oldh* —4B **72**
St Vincent St. *M4*
    —3G **95** (4F **7**)
St Vincent St. *Alt* —1G **145**
St Wertburgh's Rd. *M21*
    —6A **108**
St Wilfred's Dri. *Roch* —6D **14**
St Wilfreds St. *M15*
    —1C **108** (5E **9**)
St William's Av. *Bolt* —4A **46**
St Winifred's Pl. *Stal* —3D **100**
Salcombe Av. *Bolt* —4D **34**
Salcombe Clo. *Sale* —4E **109**
Salcombe Gro. *Bolt* —1A **48**
Salcombe Rd. *M11* —5F **97**
Salcombe Rd. *Stoc* —3C **140**
Salcot Wlk. *M40* —2G **95** (1F **7**)
Sale Heys Rd. *Sale* —6H **121**
Sale La. *Tyl* —2A **76**
Salem Gro. *Oldh* —1H **73**
Sale Rd. *M23* —1G **135**
Sales's La. *Bury* —1H **23**
SALE STATION. *M* —5B **122**
Sale St. *L'boro* —3F **17**
Salford App. *Salf*
    —3D **94** (3G **5**)
SALFORD CRESCENT STATION.
  BR —3H **93**
Salford Foyer. *Salf* —2F **93**
SALFORD STATION. *BR*
    —4C **94**
Salford St. *Bury* —1E **37**
Salford St. *Oldh* —4G **73**
Salik Gdns. *Roch* —6H **27**
Salisbury Av. *Heyw* —5E **39**
Salisbury Cotts. *Had* —2H **117**
Salisbury Cres. *Ash L* —4H **87**
Salisbury Dri. *Duk* —6E **101**
Salisbury Dri. *P'wch* —1G **81**
Salisbury Ho. *M1*
    —5E **95** (2B **10**)
  (off Granby Row)
Salisbury Rd. *M21* —6H **107**
Salisbury Rd. *Alt* —4F **133**
Salisbury Rd. *Ecc* —1H **91**
Salisbury Rd. *Oldh* —3F **73**
Salisbury Rd. *Rad* —2E **49**
Salisbury Rd. *Swint* —4E **79**
Salisbury Rd. *Urm* —3F **105**
Salisbury Rd. *W'fld* —1D **66**
Salisbury St. *M14* —3E **109**
Salisbury St. *Bolt* —1H **45**
Salisbury St. *Mid* —6B **54**
Salisbury St. *Shaw* —5D **42**
Salisbury St. *Stoc* —1H **127**
Salisbury Ter. *L Lev* —4B **48**
Salix Ct. *Salf* —2G **93**
Salkeld St. *Roch* —6H **27**

Salley St. *L'boro* —5G **17**
Salmesbury Hall Clo. *Ram*
    —5D **12**
Salmon Fields. *Rytn* —4D **56**
Salmon St. *M4* —3E **95** (4B **6**)
Salop St. *Bolt* —1C **46**
Salop St. *Salf* —1G **93**
Saltash Clo. *M22* —4B **148**
Saltburn Wlk. *M9* —3G **83**
  (off Naunton Wlk.)
Saltdene Rd. *M22* —4A **148**
Saltergate Clo. *Bolt* —3C **44**
Saltergate M. *Salf* —3G **93**
Saltersbrook Gro. *Wilm*
    —6A **160**
Saltersley La. *Wilm* —3B **166**
Salterton Dri. *Bolt* —5E **45**
Salterton Wlk. *M40* —4A **84**
Salteye Rd. *Ecc* —4C **90**
Saltford Av. *M4* —3G **95** (4F **7**)
  (in two parts)
Saltford Ct. *M4* —3H **95** (4G **7**)
Salthill Av. *Heyw* —6G **39**
Salthill Dri. *M22* —3C **148**
Salthouse Clo. *Bury* —5C **22**
Saltire Gdns. *Salf* —3A **82**
Saltney Av. *M20* —2D **124**
Saltram Clo. *Rad* —2C **48**
Saltrush Rd. *M22* —3B **148**
Salts Dri. *L'boro* —3E **17**
Salts St. *Shaw* —6E **43**
Saltwood Gro. *Bolt* —4B **32**
Salutation St. *M15*
    —1D **108** (5H **9**)
Salvin Wlk. *M9* —6G **69**
Sam Cowan Clo. *M14* —4E **109**
Sam Fitton Way. *Oldh* —2D **72**
Samian Gdns. *Salf* —6G **81**
Samlesbury Clo. *M20* —6D **124**
Samlesbury Clo. *Shaw* —6D **42**
Sammy Cookson Clo. *M14*
    —4E **109**
Samouth Clo. *M40*
    —2H **95** (2G **7**)
Sampson Sq. *M14* —3E **109**
Sam Rd. *Dig* —2C **60**
Samson St. *Roch* —3C **28**
Sam Swire St. *M15* —2D **108**
Samuel La. *Shaw* —5C **42**
Samuel Ogden St. *M1*
    —5E **95** (2B **10**)
Samuel St. *M19* —1D **126**
Samuel St. *Bury* —2E **37**
Samuel St. *Fail* —3F **85**
Samuel St. *Holl* —3E **117**
Samuel St. *L Lev* —3A **48**
Samuel St. *Mid* —5A **54**
Samuel St. *Roch* —3C **40**
Samuel St. *Stoc* —6F **127**
Sanby Av. *M18* —3E **111**
Sanby Rd. *M18* —3E **111**
Sanctuary Clo. *M15* —2F **109**
Sandacre Rd. *M23* —4H **135**
Sandal Ct. *M40* —2A **96**
Sandal St. *M40* —2A **96**
Sandbach Av. *M14* —1D **124**
Sandbach Rd. *Sale* —6F **123**
Sandbach Rd. *Stoc* —5G **111**
Sandbach Wlk. *Chea* —1C **150**
Sandbanks Gdns. *Whitw* —3G **15**
Sand Banks. *Bolt* —5D **18**
Sandbed La. *Del* —2A **60**
Sandbed La. *Moss* —1E **89**
Sandbrook Way. *Dent* —2F **113**
Sandby Dri. *Marp B* —3F **143**
Sanderling Rd. *Stoc* —6G **141**
Sanderson Av. *M40* —6G **83**
Sanderson Clo. *Wor* —4A **78**
Sanderson Ct. *M40* —6G **83**
Sanderson M. *Aud* —1F **113**
Sanderson St. *M40* —6G **83**

Sanderson St. *Bury* —2E **37**
Sanderstead Dri. *M9* —6G **69**
Sandfield Dri. *Los* —1A **44**
Sandfield Rd. *Roch* —6B **28**
Sandfold. *Stoc* —5G **111**
Sandfold La. *M19* —5E **111**
Sandfold La. *Stoc* —5F **111**
  (in two parts)
Sandford Av. *M18* —1F **111**
Sandford Clo. *Bolt* —1G **33**
Sandford Rd. *Sale* —6F **123**
Sandford St. *Rad* —3B **50**
Sandford St. *Salf*
    —2C **94** (2E **5**)
Sandgate Av. *M11* —3F **97**
Sandgate Av. *Rad* —2C **64**
Sandgate Dri. *Urm* —3E **105**
Sandgate Rd. *Chad* —3H **71**
Sandgate Rd. *W'fld* —2F **67**
Sandham St. *Bolt* —3B **46**
Sandham Wlk. *Bolt* —3B **46**
Sandheys. *Dent* —2F **113**
Sandheys Gro. *M18* —3G **111**
Sandhill Clo. *Bolt* —3B **46**
Sandhill La. *Lud & Chis*
    —1H **143**
Sandhill St. *Hyde* —3D **114**
Sandhill Wlk. *M22* —3H **147**
Sand Hole La. *Roch* —6A **26**
  (Kenyon Fold)
Sand Hole La. *Roch* —4F **41**
  (Kirkholt)
Sand Hole Rd. *Kear* —3A **64**
Sandhurst Av. *M20* —3E **125**
Sandhurst Clo. *Bury* —2H **35**
Sandhurst Ct. *Bolt* —1G **47**
Sandhurst Dri. *Bolt* —1G **47**
Sandhurst Rd. *M20* —1F **137**
  (in two parts)
Sandhurst Rd. *Stoc* —6B **140**
Sandhurst St. *Oldh* —5G **73**
Sandhutton St. *M9* —2F **83**
Sandilands Rd. *M23* —3D **134**
Sandileigh Av. *M20* —4F **125**
Sandileigh Av. *Chea* —5C **138**
Sandileigh Av. *Hale* —2H **145**
Sandileigh Av. *Stoc* —5B **128**
Sandileigh Dri. *Hale* —2H **145**
Sandiway. *Bram* —3G **151**
Sandiway. *Bred* —6F **129**
Sandiway. *Heyw* —3G **39**
Sandiway. *Irl* —5E **103**
Sandiway. *Salf* —6A **94**
  (off Ordsall Dri.)
Sandiway Clo. *Marp* —3D **142**
Sandiway Dri. *M20* —6E **125**
Sandiway Pl. *Alt* —5F **133**
Sandiway Rd. *Alt* —5F **133**
Sandiway Rd. *Hand* —2H **159**
Sandiway Rd. *Sale* —5H **121**
Sandmere Wlk. *M9* —6G **69**
Sandon St. *Bolt* —3H **45**
Sandown Av. *Salf* —3E **93**
Sandown Clo. *Oldh* —6E **57**
Sandown Clo. *Wilm* —1G **167**
Sandown Cres. *M18* —4F **111**
Sandown Cres. *L Lev* —5A **48**
Sandown Dri. *Dent* —1H **129**
Sandown Dri. *Haleb* —1D **156**
Sandown Dri. *Sale* —6G **121**
Sandown Gdns. *Urm* —5C **104**
Sandown Rd. *Bolt* —2G **33**
Sandown Rd. *Bury* —4E **51**
Sandown Rd. *Haz G* —3F **153**
Sandown Rd. *Stoc* —3D **138**
Sandown St. *M18* —1G **111**
Sandpiper Clo. *Duk* —6C **100**
Sandpiper Clo. *Farn* —2B **62**
Sandpiper Clo. *Roch* —4B **26**
Sandpiper Dri. *Stoc* —5F **139**
Sandpits. *Heyw* —5H **39**

Sandray Clo. *Bolt* —2D **44**
Sandray Gro. *Salf* —4E **93**
Sandridge Wlk. *M12* —1A **110**
Sandringham Av. *Aud* —1D **112**
Sandringham Av. *Dent*
    —4A **112**
Sandringham Av. *Stal* —2E **101**
Sandringham Clo. *Bow*
    —3B **144**
Sandringham Ct. *M9* —4C **68**
  (off Deanswood Dri.)
Sandringham Ct. *Sale* —3C **134**
Sandringham Ct. *Wilm*
    —3D **166**
Sandringham Dri. *Duk* —6D **100**
Sandringham Dri. *G'mnt*
    —2A **22**
Sandringham Dri. *Miln* —5G **29**
Sandringham Dri. *Poy* —4D **162**
Sandringham Dri. *Stoc*
    —2C **138**
Sandringham Grange. *P'wch*
    —6A **68**
Sandringham Rd. *Bred*
    —6C **128**
Sandringham Rd. *Chea H*
    —2C **150**
Sandringham Rd. *Haz G*
    —3F **153**
Sandringham Rd. *Hyde*
    —2C **130**
Sandringham Rd. *Wor* —5C **76**
Sandringham St. *M18* —3E **111**
Sandringham Way. *Rytn*
    —1A **56**
Sandringham Way. *Wilm*
    —3D **166**
Sands Av. *Chad* —6D **54**
Sands Clo. *Hyde* —6H **115**
Sandsend Clo. *M8* —6A **82**
Sandsend Rd. *Urm* —4E **105**
Sandstone Rd. *Miln* —4F **29**
Sandstone Way. *M21* —2B **124**
Sand St. *M40* —1G **95**
Sand St. *Stal* —5D **100**
Sands Wlk. *Hyde* —6H **115**
Sandwell Dri. *Sale* —3B **122**
Sandwich Rd. *Ecc* —2H **91**
Sandwich St. *Wor* —1F **77**
Sandwick Cres. *Bolt* —2H **45**
Sandwood Av. *Bolt* —1C **44**
Sandy Bank. *Shaw* —5D **42**
Sandy Bank Av. *Hyde* —6H **115**
Sandybank Clo. *Had* —3G **117**
Sandy Bank Ct. *Hyde* —6H **115**
Sandy Bank Rd. *M8* —3B **82**
Sandy Bank Wlk. *Hyde* —6H **115**
Sandybrook Clo. *Tot* —5H **21**
Sandy Brow. *M9* —1F **83**
Sandy Clo. *Bury* —3D **50**
Sandy Ga. Clo. *Swint* —4E **79**
Sandy Gro. *Duk* —4B **100**
Sandy Gro. *Salf* —1E **93**
Sandy Gro. *Swint* —3F **79**
Sandy Haven Clo. *Hyde*
    —6H **115**
Sandy Haven Wlk. *Hyde*
    —6H **115**
Sandyhill Ct. *M9* —6C **68**
Sandyhill Rd. *M9* —6C **68**
Sandyhills. *Bolt* —4A **46**
Sandylands Dri. *P'wch* —2E **81**
Sandy La. *M21* —1H **123**
Sandy La. *M23* —4D **134**
Sandy La. *Dob* —5A **60**
Sandy La. *Droy* —2C **98**
Sandy La. *Duk* —5B **100**
Sandy La. *Irl* —4E **103**
Sandy La. *Mid* —1B **70**
Sandy La. *P'wch* —6D **66**
Sandy La. *Roch* —4E **27**

Sandy La. *Rom* —1A **142**
Sandy La. *Rytn* —3B **56**
Sandy La. *Salf* —2E **93**
Sandy La. *Stoc* —6G **127**
Sandy La. *Stret* —6B **106**
Sandy La. *Wilm* —1A **166**
Sandy Meade. *P'wch* —6D **66**
Sandys Av. *Oldh* —6B **72**
Sandyshot Wlk. *M22* —2D **148**
Sandy Vale. *Duk* —4C **100**
Sandy Wlk. *Rytn* —3B **56**
Sandy Way. *P'wch* —6E **67**
Sandywell Clo. *M11* —6F **97**
Sandywell St. *M11* —5F **97**
Sangster Ct. *Salf* —5G **93**
Sankey Gro. *M9* —6D **68**
Sankey St. *Bury* —3B **36**
Santiago St. *M14* —4F **109**
Santley St. *M12* —4C **110**
Santon Av. *M14* —1A **126**
Sapling Gro. *Sale* —1F **133**
Sapling Rd. *Bolt* —5F **45**
Sapling Rd. *Swint* —6D **78**
Sarah Ann St. *M11* —4B **96**
Sarah Butterworth Ct. *Roch*
    —4B **28**
Sarah Butterworth St. *Roch*
    —5B **28**
Sarah Jane St. *Miln* —5F **29**
Sarah St. *M11* —5B **96**
Sarah St. *Ecc* —4D **90**
Sarah St. *Eden* —2B **12**
Sarah St. *Mid* —1H **69**
Sarah St. *Roch* —5A **28**
Sarah St. *Shaw* —2E **57**
Sargent Dri. *M16* —3C **108**
Sargent Rd. *Bred* —1D **140**
Sark Rd. *M21* —5G **107**
Sarn Av. *M22* —1B **148**
Sarnesfield Clo. *M12* —3C **110**
Sarnia Ct. *Salf* —4H **81**
Saturn Gro. *Salf* —1A **94**
Saunders Ct. *Dent* —4F **113**
Saunton Av. *Bolt* —2H **33**
Saunton Rd. *Open* —5F **97**
Sautridge Clo. *Mid* —6D **40**
Savernake Rd. *Woodl* —4A **130**
Savick Av. *Bolt* —6G **33**
Saville Rd. *Gat* —5F **137**
Saville Rd. *Rad* —6F **35**
Saville St. *Bolt* —6C **32**
Saville St. *Mid* —2D **70**
Saviours Ter. *Bolt* —2G **45**
Savio Way. *Mid* —2A **70**
Savoy Dri. *Rytn* —5B **56**
Savoy St. *Oldh* —4F **73**
Savoy St. *Roch* —3E **27**
Sawley Av. *L'boro* —2E **17**
Sawley Av. *Oldh* —5H **73**
Sawley Dri. *Chea H* —1E **161**
Sawley Rd. *M40* —1H **95**
Sawston Wlk. *M40* —6C **70**
Saw St. *Bolt* —3A **32**
Sawyer Brow. *Hyde* —3D **114**
Sawyer St. *Bury* —1H **35**
Sawyer St. *Roch* —2H **27**
Saxbrook Wlk. *M22* —2D **148**
Saxby Av. *Brom X* —3D **18**
Saxby St. *Salf* —6A **80**
Saxelby Dri. *M8* —4D **82**
Saxfield Dri. *M23* —5A **136**
Saxholme Wlk. *M22* —3A **148**
Saxon Av. *M8* —1C **82**
Saxon Av. *Duk* —5A **100**
Saxon Clo. *Bury* —3H **35**
Saxon Dri. *Aud* —6E **99**
Saxon Dri. *Chad* —1E **71**
Saxonholme Rd. *Roch* —6C **40**
Saxon Ho. *M16* —4B **108**

Saxon Ho. *L'boro* —4G **17**
Saxonside. *Mid* —4G **53**
Saxon St. *M40* —2A **96**
Saxon St. *Dent* —4F **113**
Saxon St. *Droy* —3B **98**
Saxon St. *Mid* —1B **70**
Saxon St. *Moss* —6F **75**
Saxon St. *Oldh* —2G **73**
Saxon St. *Rad* —4F **49**
Saxon St. *Roch* —4F **27**
Saxthorpe Clo. *Sale* —4F **121**
Saxthorpe Wlk. *M12* —2A **110**
Saxwood Av. *M9* —2F **83**
Saxwood Clo. *Roch* —2B **26**
Scafell Av. *Ash L* —1F **99**
Scafell Clo. *H Lane* —5C **154**
Scafell Clo. *Oldh* —6D **56**
  (in two parts)
Scalby Wlk. *M22* —4B **148**
Scale St. *Salf* —4G **93**
Scarborough St. *M40* —3A **84**
Scarcroft Rd. *M12* —2C **110**
Scaresdale Av. *Bolt* —4E **31**
Scarfield Dri. *Roch* —2A **26**
Scargill Clo. *M14* —1G **125**
Scargill Rd. *Bolt* —3E **45**
Scarisbrick Av. *M20* —6H **125**
Scarisbrick Rd. *M19* —1B **126**
Scarr Av. *Rad* —5A **50**
Scarr Dri. *Roch* —6F **15**
Scarr La. *Shaw* —6G **43**
Scarr Ter. *Whitw* —3H **15**
Scarr Wheel. *Salf* —4G **81**
Scarsdale Rd. *M14* —3A **110**
Scarsdale St. *Salf* —2H **93**
Scarth Wlk. *M15*
    —1D **108** (6H **9**)
Scarthwood Clo. *Bolt* —6A **20**
Scawfell Av. *Bolt* —3D **32**
Scawton Wlk. *M9* —4D **68**
Schofield Pl. *L'boro* —5H **17**
Schofield Rd. *Droy* —4B **98**
Schofield Rd. *Ecc* —4C **90**
Schofield St. *M11* —4E **97**
Schofield St. *Fail* —3F **85**
Schofield St. *Heyw* —3F **39**
Schofield St. *Hyde* —2E **115**
Schofield St. *L'boro* —3G **17**
Schofield St. *Miln* —6G **29**
Schofield St. *Oldh* —6C **72**
Schofield St. *Roch* —1G **41**
Schofield St. *Rytn* —2B **56**
Schofield St. *Sum* —5H **17**
Scholar's Way. *Mid* —6H **53**
Scholes Clo. *Salf* —3B **82**
Scholes Dri. *M40* —1E **85**
Scholes La. *P'wch* —6F **67**
Scholes St. *M4* —3F **95** (4C **6**)
Scholes St. *Bury* —2A **36**
Scholes St. *Chad* —5G **71**
Scholes St. *Fail* —2G **85**
Scholes St. *Oldh* —2E **73**
Scholes St. *Roch* —4C **40**
Scholes St. *Swint* —3F **79**
Scholes Wlk. *P'wch* —6F **67**
Scholey St. *Bolt* —2C **46**
Scholfield Av. *Urm* —6H **105**
Scholfield St. *Rad* —3H **49**
School Av. *Ash L* —5H **87**
School Av. *Stret* —4F **107**
School Brow. *Bury* —3D **36**
School Brow. *Rom* —1G **141**
School Brow. *Wor* —5H **77**
School Clo. *Poy* —3F **163**
School Ct. *M4* —3G **95** (4E **7**)
School Ct. *Ram* —3A **12**
School Ct. *Stoc* —5H **139**
School Cres. *Stal* —2D **100**
School Gro. *M20* —3G **125**
School Gro. *P'wch* —1E **81**
School Gro. W. *Manx* —3G **125**

School Hill. *Bolt* —5A **32**
School Ho. Flats. *Oldh* —1A **86**
School La. *M20 & M19*
    —6F **125**
School La. *Bury* —3E **23**
School La. *Cad* —4B **118**
School La. *C'brk* —4G **89**
School La. *Car* —3A **120**
School La. *Chea H* —5B **150**
School La. *Comp* —6F **131**
School La. *Dun M* —4A **132**
School La. *Heat C* —4E **127**
School La. *Hyde* —2C **130**
School La. *Irl* —5D **102**
School La. *Poy* —3F **163**
  (in two parts)
School La. *Roch* —3G **25**
  (Carr Wood)
School La. *Roch* —4H **27**
  (Rochdale)
School M. *Bram* —6G **151**
School Rd. *Ecc* —5E **91**
School Rd. *Fail* —4F **85**
School Rd. *Hale* —2H **145**
School Rd. *Hand* —3H **159**
School Rd. *Oldh* —1H **85**
School Rd. *Sale* —4B **122**
  (in two parts)
School Rd. *Stret* —5C **106**
Schools Hill. *Chea* —4H **149**
Schoolside La. *Mid* —2D **68**
Schools Rd. *M18* —2G **111**
School St. *M4* —2E **95** (2B **6**)
School St. *Brom X* —4D **18**
School St. *Bury* —4F **37**
School St. *Ecc* —2D **90**
School St. *Haz G* —3E **153**
School St. *Heyw* —3E **39**
School St. *L'boro* —4C **16**
School St. *L Lev* —4B **48**
School St. *Oldh* —4B **72**
School St. *Rad* —4F **49**
School St. *Ram* —4D **12**
School St. *Roch* —3H **27**
School St. *Salf* —1C **94**
School St. *Spring* —3C **74**
School St. *Upperm* —1F **61**
School St. Ind. Est. *Haz G*
    —3E **153**
School Ter. *Whitw* —4G **15**
  (off Lloyd St.)
School Wlk. *M16* —2B **108**
School Yd. *Stoc* —2A **138**
Schwabe St. *Mid* —1E **69**
Scobell St. *Tot* —6H **21**
Scope o' th' La. *Bolt* —1E **33**
Scopton St. *Bolt* —5G **31**
Score St. *M11* —4C **96**
Scorton Av. *Bolt* —6H **33**
Scorton Wlk. *M40* —1D **84**
Scotforth Clo. *M15*
    —6C **94** (4E **9**)
Scotland. *M4* —2E **95** (2A **6**)
Scotland Hall Rd. *M40* —6B **84**
Scotland La. *Bury* —3A **24**
Scotland Pl. *Ram* —3E **13**
Scotland St. *M40* —6C **84**
Scotland St. *Ash L* —2A **100**
Scotta Rd. *Ecc* —5D **90**
Scott Av. *M21* —5H **107**
Scott Av. *Bury* —1D **50**
Scott Av. *Ecc* —2E **91**
Scott Clo. *Stoc* —5H **127**
Scott Dri. *Marp B* —3F **143**
Scottfield. *Oldh* —4C **72**
Scottfield Rd. *Oldh* —4D **72**
Scott Ga. *Aud* —6E **99**
Scott Rd. *Dent* —6E **113**
Scott Rd. *Droy* —3A **98**
Scott Rd. *P'wch* —6D **66**
Scott St. *Aud* —6F **99**

Scott St. *Miln* —1D **42**
Scott St. *Oldh* —4D **72**
Scott St. *Rad* —2D **64**
Scott St. *Salf* —1A **94**
Scout Dri. *M23* —1F **147**
Scout View. *Tot* —5A **22**
Scovell St. *Salf* —5H **81**
Scowcroft La. *Shaw* —2E **57**
Scowcroft St. *Bolt* —4D **32**
Scroggins La. *Part* —5C **118**
Scropton St. *M40* —5F **83**
Seabright Wlk. *M11* —4B **96**
Seabrook Cres. *Urm* —3E **105**
Seabrook Rd. *M40* —1E **97**
Seacombe Av. *M14* —6E **109**
Seacombe Gro. *Stoc* —3D **138**
Seaford Rd. *Bolt* —5H **19**
Seaford Rd. *Salf* —6F **81**
Seaford Wlk. *M9* —6E **69**
Seaforth Av. *Chad* —3H **71**
Seaforth Rd. *Bolt* —6C **18**
Seaham Dri. *Bury* —6C **22**
Seaham Wlk. *M14* —4F **109**
Sealand Clo. *Sale* —1E **135**
Sealand Dri. *Ecc* —5C **90**
Sealand Rd. *M23* —1F **135**
Sealand Way. *Hand* —3H **159**
Seale Av. *Aud* —6D **98**
Sealey Wlk. M40 —1A **96**
  (off Filby Wlk.)
Seal Rd. *Bram* —5H **151**
Seamons Dri. *Alt* —6D **132**
Seamons Rd. *Dun M* —5C **132**
Seamons Wlk. *Alt* —6D **132**
Searby Rd. *M18* —3D **110**
Searness Rd. *Mid* —5E **53**
Seascale Av. *M11* —2D **96**
Seascale Wlk. *Mid* —5G **53**
Seathwaite Wlk. *M18* —2E **111**
Seatoller Ct. Rytn —3C **56**
  (off Shaw St.)
Seatoller Dri. *Mid* —6E **53**
Seaton Clo. *Haz G* —4D **152**
Seaton M. *Ash L* —1E **99**
Seaton Rd. *Bolt* —3G **31**
Seaton Way. *M14* —3E **109**
Sebastopol Wlk. *M4*
  —3G **95** (4E **7**)
Second Av. *M11* —2E **97**
Second Av. *Bolt* —6F **31**
Second Av. *Bury* —1H **37**
Second Av. *C'brk* —6G **89**
Second Av. *L Lev* —3H **47**
Second Av. *Oldh* —1A **86**
Second Av. *Poy I* —6D **162**
Second Av. *Swint* —6D **78**
Second Av. *Traf P* —2D **106**
Second St. *Bolt* —1D **30**
Second St. *Traf P* —2D **106**
Sedan Clo. *Salf* —4G **93**
Sedburgh Clo. *Sale* —6F **121**
Sedbury Clo. *M23* —2E **135**
  (in two parts)
Seddon Av. *M18* —1F **111**
Seddon Av. *Rad* —2B **50**
Seddon Gdns. *Rad* —1A **64**
Seddon La. *Rad* —1A **64**
Seddon Rd. *Alt* —3F **145**
Seddons Av. *Bury* —5G **35**
Seddon St. *M12* —5D **110**
Seddon St. *L Hul* —4B **62**
Seddon St. *L Lev* —4B **48**
Seddon St. *Rad* —4G **49**
Sedgeborough Rd. *M16*
  —3C **108**
Sedge Clo. *Stoc* —1A **128**
Sedgefield Clo. *Salf* —3G **93**
Sedgefield Dri. *Bolt* —2F **31**
Sedgefield Pk. *Oldh* —3H **73**
Sedgefield Rd. *Rad* —1F **65**
Sedgefield Wlk. *M23* —1F **135**

Sedgeford Clo. *Wilm* —6G **159**
Sedgeford Rd. *M40* —6F **83**
Sedgemoor Clo. *Chea H*
  —3D **150**
Sedgemoor Vale. *Bolt* —3H **33**
Sedgemoor Way. *Oldh* —2C **72**
Sedgley Av. *P'wch* —1G **81**
Sedgley Av. *Roch* —1H **41**
Sedgley Bldgs. *Droy* —5A **98**
Sedgley Clo. *Mid* —2C **70**
Sedgley Ct. *Mid* —2C **70**
Sedgley Pk. Rd. *P'wch* —1G **81**
Sedgley Rd. *M8* —3C **82**
Sedgley St. *Mid* —2C **70**
Seedfield Rd. *Bury* —6F **23**
Seedley Av. *L Hul* —5D **62**
Seedley Pk. Rd. *Salf* —3E **93**
Seedley Rd. *Salf* —2E **93**
Seedley St. *M14* —4F **109**
Seedley Ter. *Salf* —2E **93**
Seedley View Rd. *Salf* —2E **93**
Seed St. *Bolt* —6G **31**
Seel St. *Moss* —2D **88**
Sefton Clo. *M13*
  —1F **109** (5D **10**)
Sefton Clo. *Mid* —1G **69**
Sefton Clo. *Oldh* —3G **57**
Sefton Cres. *Sale* —3B **122**
Sefton Dri. *Bury* —5G **23**
Sefton Dri. *Swint* —5D **78**
Sefton Dri. *Wilm* —5G **159**
Sefton Dri. *Wor* —6A **78**
Sefton Ho. Bolt —5A **32**
  (off School Hill)
Sefton Rd. *M21* —1H **123**
Sefton Rd. *Bolt* —3F **31**
Sefton Rd. *Mid* —1G **69**
Sefton Rd. *Pen* —2E **79**
Sefton Rd. *Rad* —6E **35**
Sefton Rd. *Sale* —4B **122**
Seftons, The. *Wilm* —5G **159**
Sefton St. *M8* —3C **82**
Sefton St. *Bury* —5F **23**
Sefton St. *Heyw* —4G **39**
Sefton St. *Oldh* —1H **85**
Sefton St. *Rad* —6A **50**
Sefton St. *Roch* —6H **27**
Sefton St. *W'fld* —2D **66**
Seimens Rd. *Manx* —4C **124**
Selborne Rd. *M21* —6H **107**
Selbourne Clo. *Stoc* —5G **111**
Selby Av. *Chad* —6F **55**
Selby Av. *W'fld* —5D **50**
Selby Clo. *Miln* —5E **29**
Selby Clo. *Poy* —2D **162**
Selby Clo. *Rad* —2B **50**
Selby Clo. *Stret* —4A **106**
Selby Dri. *Salf* —2B **92**
Selby Dri. *Urm* —2B **104**
Selby Gdns. *Chea H* —1E **161**
Selby Rd. *Mid* —4H **53**
Selby Rd. *Stret* —4A **106**
Selby St. *M11* —5C **96**
Selby St. *Roch* —3B **28**
Selby St. *Stoc* —5F **127**
Selby Wlk. *Bury* —3F **35**
Selden St. *Oldh* —4B **72**
Selham Wlk. *M13*
  —6G **95** (4E **11**)
Selhurst Av. *M11* —3E **97**
Selkirk Av. *Oldh* —5B **72**
Selkirk Dri. *M9* —6H **69**
Selkirk Pl. *Heyw* —4C **38**
Selkirk Rd. *Bolt* —6B **18**
Selkirk Rd. *Chad* —5F **71**
Sellars Sq. *Droy* —5A **98**
Sellers Way. *Chad* —6G **71**
Selsby Av. *Ecc* —3D **90**
Selsey Av. *Sale* —6H **121**
Selsey Av. *Stoc* —4B **138**
Selsey Dri. *M20* —3G **137**

Selside Wlk. *M14* —1G **125**
Selstead Rd. *M22* —4A **148**
Selston Rd. *M9* —5D **68**
Selwood Wlk. M9 —4F **83**
  (off Carisbrook St.)
Selworth Av. *Sale* —5E **123**
Selworth Clo. *Tim* —5G **133**
Selworthy Rd. *M16* —3C **108**
Selwyn Av. *M9* —3F **83**
Selwyn Clo. *Oldh* —4C **72**
Selwyn Dri. *Chea H* —6E **151**
Selwyn St. *Bolt* —1C **46**
Selwyn St. *Oldh* —4C **72**
Senior Av. *M14* —2A **126**
Senior Rd. *Ecc* —5C **90**
Senior St. *Salf* —2C **94** (2F **5**)
Sepal Clo. *Stoc* —6A **112**
Sepia Gro. *Mid* —6H **53**
Sequoia St. *M9* —3H **83**
Sergeants La. *W'fld* —2A **66**
Serin Clo. *Stoc* —6F **141**
Service St. *Stoc* —3D **138**
Set St. *Stal* —4H **100**
Settle Clo. *Bury* —3F **35**
Settle St. *Bolt* —4H **45**
Settle St. *L Lev* —4C **48**
Settle Wlk. *M15*
  —1D **108** (6G **9**)
Settstones La. *Upperm* —6D **60**
Sevenacres. *Del* —2H **59**
Seven Acres La. *Roch* —1A **26**
Sevenoaks Av. *Stoc* —5C **126**
Sevenoaks Av. *Urm* —3F **105**
Sevenoaks Dri. *Bolt* —4A **46**
Sevenoaks Dri. *Swint* —5G **79**
Sevenoaks Rd. *Chea* —5E **137**
Sevenoaks Wlk. M13 —2G **109**
  (off Lauderdale Cres.)
Sevenside Trad. Est. *Traf P*
  —2B **106**
Seven Stiles Dri. *Marp* —4C **142**
Seventh Av. *Oldh* —2A **86**
Severn Clo. *Alt* —5E **133**
Severn Clo. *Bury* —4F **23**
Severn Dri. *Bram* —1E **161**
Severn Dri. *Miln* —5G **29**
Severn Rd. *Chad* —1F **71**
Severn Rd. *Heyw* —2C **38**
Severn Rd. *Oldh* —2H **85**
Severn Way. *Kear* —3B **64**
Severn Way. *Miln* —5G **29**
Severn Way. *M14* —4H **127**
Sevilles Bldgs. *Moss* —1E **89**
Seville St. *Rytn* —5C **56**
Seville St. *Shaw* —2E **57**
Sewerby Clo. *M16* —3D **108**
Sexa St. *M11* —5F **97**
Sexton St. *Heyw* —3E **39**
Seymour Av. *M11* —3F **97**
Seymour Clo. *M16* —2A **108**
Seymour Ct. *Rad* —4H **49**
Seymour Ct. *Salf* —3B **82**
Seymour Ct. *Stoc* —1A **138**
Seymour Dri. *Bolt* —5G **19**
Seymour Gro. *M16* —2H **107**
Seymour Gro. *Farn* —6C **46**
Seymour Gro. *Marp* —5C **142**
Seymour Gro. *Roch* —2H **41**
Seymour Gro. *Sale* —5B **122**
Seymour Gro. *Tim* —6A **134**
Seymour Pl. *M16* —2H **107**
Seymour Rd. *M8* —2B **82**
Seymour Rd. *Bolt* —2A **32**
Seymour Rd. *Chea H* —5C **150**
Seymour Rd. *Stoc* —6B **140**
Seymour Rd. S. *M11* —3F **97**
Seymour St. *M18* —1F **111**
Seymour St. *Bolt* —5G **19**
Seymour St. *Dent* —4D **112**
  (in two parts)
Seymour St. *Heyw* —4E **39**
  (in two parts)

Seymour St. *Rad* —4H **49**
  (in two parts)
Shackleton Ct. *M40* —1E **97**
Shackleton Gro. *Bolt* —3C **30**
Shackleton St. *Ecc* —2E **91**
  (in two parts)
Shackliffe Rd. *M40* —1B **84**
Shaddock Av. *Roch* —2B **26**
Shade Av. *Spring* —4B **74**
Shade St. *Haz G* —3E **153**
Shade Ter. *H Lane* —6D **154**
Shadow Moss Rd. *M22*
  —6C **148**
Shadows La. *Moss* —5G **75**
Shadows M. *Moss* —5G **75**
Shadwell St. E. *Heyw* —2F **39**
Shadwell St. W. *Heyw* —2F **39**
Shadworth Clo. *Moss* —5G **75**
Shadworth La. *G'fld* —6H **75**
Shady La. *M23* —4D **134**
Shady La. *Brom X* —5F **19**
Shady Oak Rd. *Stoc* —5F **141**
Shaftesbury Av. *Chea H*
  —4E **151**
Shaftesbury Av. *Ecc* —5E **91**
Shaftesbury Av. *L'boro* —6D **16**
Shaftesbury Av. *Tim* —6B **134**
Shaftesbury Clo. *Bolt* —4A **32**
Shaftesbury Dri. *Heyw* —5E **39**
Shaftesbury Dri. *Ward* —3B **16**
Shaftesbury Gdns. *Urm*
  —5H **103**
Shaftesbury Ho. *Salf* —2F **93**
Shaftesbury Rd. *M8* —4C **82**
Shaftesbury Rd. *Stoc* —5C **138**
Shaftesbury Rd. *Swint* —4F **79**
Shafton Wlk. *M40* —1D **84**
Shakespeare Av. *Bury* —1D **50**
Shakespeare Av. *Dent* —1F **129**
Shakespeare Av. *Millb* —1H **101**
Shakespeare Av. *Rad* —3A **49**
Shakespeare Clo. *L'boro*
  —6G **17**
Shakespeare Cres. *Droy*
  —3A **98**
Shakespeare Cres. *Ecc* —3F **91**
Shakespeare Dri. *Chea*
  —5B **138**
Shakespeare Rd. *Bred* —6E **129**
Shakespeare Rd. *Droy* —3A **98**
Shakespeare Rd. *Oldh* —5F **57**
Shakespeare Rd. *P'wch* —6D **67**
Shakespeare Rd. *Swint* —3D **78**
Shakespeare Wlk. *M13*
  —1G **109** (6F **11**)
Shakleton Av. *M9* —6A **70**
Shalbourne Rd. *Wor* —6E **63**
Shaldon Dri. *M40* —1G **97**
Shalfleet Clo. *Bolt* —6A **20**
Shalford Dri. *M22* —5B **148**
Shambles Sq. *M3 & M4*
  —3D **94** (4H **5**)
Shamrock Ct. *Wor* —6D **62**
Shandon Av. *M22* —2A **136**
Shanklin Clo. *M21* —6G **107**
Shanklin Clo. *Dent* —1H **129**
Shanklin Ho. *M21* —6G **107**
Shanklin Wlk. *Bolt* —2E **47**
Shanklyn Av. *Urm* —5E **105**
Shanley St. *Chad* —1H **71**
Shannon Clo. *Heyw* —2C **38**
Shannon Rd. *M22* —1C **148**
Shap Av. *Tim* —6D **134**
Shap Cres. *Wor* —2H **77**
Shap Dri. *Wor* —1H **77**
Shapwick Clo. *M9* —3F **83**
Sharcott Wlk. *M16* —3D **108**
Shardlow Clo. *M40* —1H **95**
Shargate Clo. *Wilm* —6G **159**
Sharman St. *Bolt* —2D **46**
Sharnbrook Wlk. *M8* —1A **82**

Sharnbrook Wlk. *Bolt* —4D **32**
Sharnford Clo. *Bolt* —1D **46**
Sharnford Sq. *M12* —1C **110**
Sharon Av. *Gras* —4G **75**
Sharon Clo. *Ash L* —4E **99**
Sharples Av. *Bolt* —5C **18**
Sharples Dri. *Bury* —1F **35**
Sharples Hall. *Bolt* —5D **18**
Sharples Hall Dri. *Bolt* —5D **18**
Sharples Hall Fold. *Bolt* —6D **18**
Sharples Hall M. *Bolt* —5D **18**
Sharples Hall St. *Oldh* —6H **57**
Sharples Pk. *Bolt* —1H **31**
Sharples St. *Stoc* —6G **127**
Sharples Vale. *Bolt* —2A **32**
Sharples Vale Cotts. *Bolt*
—2A **32**
Sharp St. *M4* —2F **95** (2C **6**)
Sharp St. *Mid* —1A **70**
Sharp St. *P'wch* —5E **67**
Sharp St. *Wor* —6G **63**
Sharrington Dri. *M23* —5E **135**
Sharrow Wlk. M9 —4F **83**
(off Ockendon Dri.)
—4C **136**
Sharston Rd. *Shar I* —5B **136**
Shaving La. *Wor* —2F **77**
Shaw Av. *Hyde* —1D **130**
Shawbrook Av. *Wor* —3D **76**
Shawbrook Rd. *M19* —3B **126**
Shawbury Clo. *Mid* —2C **70**
Shawbury Gro. *Sale* —1H **133**
Shawbury Rd. *M23* —1H **147**
Shawclough Clo. *Roch* —6D **14**
Shawclough Dri. *Roch* —6C **14**
Shawclough Rd. *Roch* —5C **14**
Shawclough Way. *Roch*
—6C **14**
Shawcroft Clo. *Shaw* —2E **57**
SHAW & CROMPTON STATION.
BR —1G **57**
Shawcross Fold. *Stoc* —1H **139**
Shawcross La. *M22* —3C **136**
Shawcross St. *Hyde* —1D **130**
Shawcross St. *Salf* —4F **93**
Shawcross St. *Stoc* —3H **139**
Shawdene Rd. *M22* —3A **136**
Shawe Hall Av. *Urm* —1C **120**
Shawe Hall Cres. *Urm* —1C **120**
Shawe Rd. *Urm* —5C **104**
Shawe View. *Urm* —5C **104**
Shawfield Clo. *M14* —1E **125**
Shawfield Ct. *Stoc* —6D **140**
Shawfield Gro. *Roch* —1B **26**
Shawfield La. *Roch* —1B **26**
Shawfield Rd. *Had* —4H **117**
Shawfields. *Stal* —2H **101**
Shawfold. *Shaw* —6F **43**
Shawford Cres. *M40* —1C **84**
Shawford Rd. *M40* —1C **84**
Shaw Ga. *Upperm* —2H **61**
Shawgreen Clo. *M15*
—1B **108** (5D **8**)
Shaw Hall Av. *Hyde* —2F **115**
Shaw Hall Bank Rd. *G'fld*
—4H **75**
Shaw Hall Clo. *G'fld* —4H **75**
Shawhead Dri. *Fail* —5F **85**
Shaw Heath. *Stoc* —3G **139**
Shawheath Clo. *M15*
—1B **108** (5D **8**)
Shawhill Wlk. *M40* —3A **96**
Shaw Ho. *Shaw* —2F **57**
Shaw La. *Glos* —5G **117**
Shaw La. *Roch* —2G **29**
Shawlea Av. *M19* —3A **126**
Shaw Lee. *Dig* —3D **60**
Shaw Moor Av. *Stal* —4G **101**
Shaw Rd. *Miln* —2F **43**
Shaw Rd. *Oldh* —6E **57**

Shaw Rd. *Roch* —4H **41**
Shaw Rd. *Rytn* —4C **56**
Shaw Rd. *Stoc* —4D **126**
Shaw Rd. Est. *Oldh* —6D **56**
Shaw Rd. S. *Stoc* —5H **139**
(in two parts)
Shaws. *Upperm* —2G **61**
Shaws Fold. *Spring* —2D **74**
Shaws Fold. *Styal* —4D **158**
Shaws La. *Upperm* —1F **61**
Shaw's Rd. *Alt* —1F **145**
Shaw St. *M3* —2D **94** (2H **5**)
Shaw St. *Ash L* —2B **100**
Shaw St. *Bolt* —2A **46**
Shaw St. *Bury* —2F **37**
Shaw St. *Farn* —5E **47**
Shaw St. *G'fld* —3F **61**
Shaw St. *Mot* —3C **116**
Shaw St. *Oldh* —1D **72**
Shaw St. *Roch* —1B **28**
Shaw St. *Rytn* —3C **56**
Shaw St. *Spring* —3C **74**
Shaw Ter. *Duk* —4A **100**
Shay Av. *Hale* —4E **147**
Shayfield Av. *M22* —6B **136**
Shayfield Av. *Chad* —1E **71**
Shayfield Dri. *M22* —5B **136**
Shayfield Rd. *M22* —6B **136**
Shay La. *Hale* —4C **146**
Sheader Dri. *Salf* —3C **92**
Sheaf Field Wlk. *Rad* —3G **49**
Sheard Av. *Ash L* —5H **87**
Sheardhall Av. *Dis* —2H **165**
Shearer Way. *Pen* —4C **80**
Shearing Av. *Roch* —2B **26**
Shearsby Clo. *M15* —2C **108**
Shearwater Dri. *Wor* —6E **63**
Shearwater Gdns. *Ecc* —5C **90**
Shearwater Rd. *Stoc* —5F **141**
Sheddings, The. *Bolt* —3C **46**
Shed St. *Bolt* —2B **46**
Shed St. *Whitw* —4H **15**
Sheepfoot La. *Oldh* —6B **56**
Sheepfoot La. *P'wch* —6H **67**
Sheep Gap. *Roch* —2D **26**
Sheepgate Dri. *Tot* —6G **21**
Sheep La. *Wor* —3B **76**
Sheerness St. *M18* —2F **111**
Sheffield Rd. *Hyde* —3D **114**
(in two parts)
Sheffield St. *M1*
—5F **95** (1D **10**)
Sheffield St. *Stoc* —6G **127**
Shefford Clo. *M11* —5B **96**
Sheiling Ct. *Alt* —1E **145**
Shelbourne Av. *Bolt* —4F **31**
Shelden Fold. *Glos* —6F **117**
Shelden Fold. Glos —6F **117**
(off Brassington Cres.)
Shelden M. *Glos* —6F **117**
Shelden Pl. Glos —6F **117**
(off Brassington Cres.)
Shelderton Clo. *M40* —4A **84**
Sheldon Av. *Urm* —5D **104**
Sheldon Clo. *Farn* —5D **46**
Sheldon Clo. *Part* —6D **118**
Sheldon Ct. *Ash L* —6F **87**
Sheldon Rd. *Haz G* —6E **153**
Sheldon Rd. *Poy* —5A **164**
Sheldon St. *M11* —3D **96**
Sheldrake Clo. *Duk* —6C **100**
Sheldrake Rd. *B'hth* —3D **132**
Shelfield. *Roch* —2B **26**
Shelfield Clo. *Roch* —3B **26**
Shelfield La. *Roch* —2A **26**
Shelford Av. *M18* —3F **111**
Shellbrook Gro. *Wilm* —6H **159**
Shelley Av. *Mid* —5B **54**
Shelley Ct. *Chea H* —4C **150**
Shelley Gro. *Droy* —3A **98**
Shelley Gro. *Hyde* —2B **114**

Shelley Gro. *Millb* —1H **101**
Shelley Rise. *Duk* —6F **101**
Shelley Rd. *Chad* —6F **71**
Shelley Rd. *L Hul* —4C **62**
Shelley Rd. *Oldh* —6G **57**
Shelley Rd. *P'wch* —6D **66**
Shelley Rd. *Stoc* —6F **111**
Shelley Rd. *Swint* —3D **78**
Shelley St. *M40* —3C **84**
Shelley Wlk. *Bolt* —4H **31**
Shelley Way. *Dent* —1F **129**
Shelmerdine Clo. *Mot* —5B **116**
Shelmerdine Gdns. *Salf* —1C **92**
Shelton Av. *Sale* —5F **121**
Shenfield Wlk. *M40*
—2H **95** (1G **7**)
Shentonfield Rd. *Shar I*
—5C **136**
Shenton Pk. Av. *Sale* —1E **133**
Shenton St. *Hyde* —3A **114**
Shepherd Ct. *Roch* —4B **28**
Shepherd Cross St. *Bolt*
—4G **31**
Shepherds Brow. *Bow* —2C **144**
Shepherds Clo. *G'mnt* —2H **21**
Shepherds Cross St. Ind. Est.
Bolt —3H **31**
(off Shepherds Cross St.)
Shepherds Grn. *G'fld* —4H **61**
Shepherd St. *M9* —2G **83**
Shepherd St. *Bury* —3D **36**
Shepherd St. *G'mnt* —3H **21**
Shepherd St. *Heyw* —3E **39**
Shepherd St. *Roch* —2H **25**
(Norden)
Shepherd St. *Roch* —3H **27**
(Rochdale)
Shepherd St. *Rytn* —3C **56**
Shepherd Wlk. *Dent* —1F **129**
Shepley Av. *Bolt* —2G **45**
Shepley Clo. *Duk* —5B **100**
Shepley Clo. *Haz G* —5D **152**
Shepley Dri. *Haz G* —4D **152**
Shepley Ind. Est. N. *Aud* —6F **99**
Shepley Ind. Est. S. *Aud*
—1G **113**
Shepley La. *Marp* —1D **154**
Shepley Rd. *Aud* —1F **113**
Shepley St. *M1* —5F **95** (1C **10**)
Shepley St. *Aud* —6F **99**
Shepley St. *Fail* —2G **85**
Shepley St. *Glos* —4G **117**
Shepley St. *Hyde* —5C **114**
Shepley St. *Lees* —3A **74**
Shepley St. *Stal* —3E **101**
Shepton Clo. *Bolt* —4B **18**
Shepton Dri. *M23* —3G **147**
Shepway Ct. *Ecc* —3D **90**
Sheraton Rd. *Oldh* —5C **72**
Sherborne Ho. *Mid* —4A **54**
Sherborne Rd. *Mid* —4H **53**
Sherborne Rd. *Stoc* —4C **138**
Sherborne St. *M3 & M8*
—1C **94**
Sherborne St. Trad. Est. *M8*
—6C **82**
Sherborne St. W. *Salf*
—2C **94** (1E **5**)
Sherbourne Clo. *Chea H*
—1D **160**
Sherbourne Clo. *Oldh* —5G **73**
Sherbourne Clo. *Rad* —2D **48**
Sherbourne Ct. *P'wch* —5E **67**
Sherbourne Dri. *Heyw* —2C **38**
Sherbourne Rd. *Bolt* —4E **31**
Sherbourne Rd. *Urm* —4G **105**
Sherbourne St. *P'wch* —5E **67**
Sherbrooke Av. *Upperm*
—6C **60**
Sherbrooke Clo. *Sale* —6H **121**
Sherbrooke Rd. *Dis* —1H **165**

Sherbrook Rise. *Wilm* —3F **167**
Sherdley Ct. *M8* —2C **82**
Sherdley Rd. *M8* —2C **82**
Sherford Clo. *Haz G* —3A **152**
Sheridan Ct. *M40* —6G **83**
Sheridan Way. *Chad* —1E **71**
Sheridan Way. *Dent* —1F **129**
Sheriffs Dri. *Ast* —2A **76**
Sheriff St. *Bolt* —4D **32**
Sheriff St. *Miln* —6G **29**
Sheriff St. *Roch* —3G **27**
Sheringham Dri. *Bury* —6D **22**
Sheringham Dri. *Hyde* —4E **115**
Sheringham Dri. *Swint* —5F **79**
Sheringham Pl. *Bolt* —2H **45**
Sheringham Rd. *M14* —2H **125**
Sherlock St. *M14* —2H **125**
Sherratt St. *M4* —3F **95** (3D **6**)
Sherrington St. *M12* —4C **110**
Sherway Dri. *Tim* —5C **134**
Sherwell Rd. *M9* —6D **68**
Sherwin Way. *Roch* —4D **40**
Sherwood Av. *M14* —1G **125**
Sherwood Av. *Chea H* —3B **150**
Sherwood Av. *Droy* —3C **98**
Sherwood Av. *Rad* —5F **35**
Sherwood Av. *Sale* —4C **122**
Sherwood Av. *Salf* —4F **81**
Sherwood Av. *Stoc* —2C **138**
Sherwood Clo. *Ash L* —6C **87**
Sherwood Clo. *Marp* —1D **154**
Sherwood Clo. *Salf* —2D **92**
Sherwood Clo. *Tot* —4H **21**
Sherwood Dri. *Pen* —4H **79**
Sherwood Rd. *M9* —1F **83**
Sherwood Rd. *Dent* —4B **112**
Sherwood Rd. *Woodl* —4H **129**
Sherwood St. *M14* —1G **125**
Sherwood St. *Bolt* —2B **32**
Sherwood St. *Oldh* —1B **72**
Sherwood St. Roch —6A **28**
(off Durham St)
Sherwood St. Roch —3D **40**
(off Queensway)
Sherwood Way. *Shaw* —6C **42**
Shetland Rd. *M40* —1H **95**
Shetland Way. *Rad* —2G **49**
Shetland Way. *Urm* —2E **105**
Shevington Gdns. *M23*
—2H **135**
Shieldburn Dri. *M9* —4G **83**
Shield Clo. *Oldh* —3C **72**
Shield Dri. *Wor* —3C **78**
Shield St. *Stoc* —3G **139**
Shields View. Salf —6H **93**
(off Ordsall Dri.)
Shiel St. *Wor* —6F **63**
Shiers Dri. *Chea* —1A **150**
Shiffnall St. *Bolt* —1C **46**
Shilford Dri. *M4* —2G **95** (1E **7**)
Shillingfold Rd. *Farn* —1D **62**
Shillingford Rd. *Farn* —1E **63**
Shillingstone Clo. *Bolt* —2H **33**
Shillington Clo. *Wor* —6B **62**
Shiloh La. *Spring* —5D **58**
Shilton Gdns. *Bolt* —2A **46**
Shilton St. *Ram* —4D **12**
Shilton Wlk. *M40* —1D **84**
Shipgates Cen. *Bolt* —6B **32**
Shipla Clo. *Oldh* —2C **72**
Shipley Av. *Salf* —2C **92**
Shipley View. *Urm* —2B **104**
Shipper Bottom La. *Ram*
(in two parts) —4F **13**
Shippey St. *M14* —2H **125**
Shipston Clo. *Bury* —2G **35**
Shipton St. *Bolt* —4F **31**
Shirburn. *Roch* —5G **27**
Shirebrook Dri. *Rad* —3H **49**
Shireburn Av. *Bolt* —5E **33**
Shiredale Clo. *Chea H* —1D **150**

Shiredale Dri. *M9* —4F **83**
Shiregreen Av. *M40* —6E **83**
Shirehills. *P'wch* —6E **67**
Shireoak Rd. *M20* —2H **125**
Shires, The. *Droy* —2D **98**
Shires, The. *Rad* —2G **49**
Shirley Av. *Aud* —5C **98**
Shirley Av. *Chad* —1E **85**
Shirley Av. *Dent* —4H **111**
Shirley Av. *Ecc* —5E **91**
Shirley Av. *H Grn* —1G **159**
Shirley Av. *Hyde* —2B **114**
Shirley Av. *Marp* —5C **142**
Shirley Av. *Pen* —4A **80**
Shirley Av. *Salf* —4E **81**
Shirley Av. *Stret* —4F **107**
Shirley Clo. *Haz G* —3C **152**
Shirley Ct. *Sale* —5C **122**
Shirley Gro. *Stoc* —6G **139**
Shirley Rd. *M8* —4C **82**
Shirley St. *Roch* —3C **40**
Shoecroft Av. *Dent* —5E **113**
Sholver Hey La. *Oldh* —3H **57**
Sholver Hill Clo. *Oldh* —3A **58**
Sholver La. *Oldh* —3H **57**
Shone Av. *M22* —3D **148**
Shore Av. *Shaw* —4G **43**
Shoreditch Clo. *Stoc* —4D **126**
Shorefield Clo. *Miln* —4F **29**
Shorefield Mt. *Eger* —3C **18**
Shore Fold. *L'boro* —3D **16**
Shoreham Clo. *Bury* —4C **22**
Shoreham Wlk. *M16* —3C **108**
Shoreham Wlk. *Chad* —3G **71**
Shore Hill. *L'boro* —3G **17**
Shore La. *L'boro* —4G **17**
Shore Lea. *L'boro* —3D **16**
Shore Mt. *L'boro* —3D **16**
Shore Rd. *L'boro* —3D **16**
Shore St. *Miln* —5F **29**
Shore St. *Oldh* —2E **73**
Shoreswood. *Bolt* —6B **18**
Shore View. *Miln* —5F **29**
Shorland St. *Swint* —4C **78**
Shorrocks St. *Bury* —2F **35**
Short Av. *Droy* —5H **97**
Shortcroft St. *M15*
　　　　　　—6D **94** (4G **9**)
Shortland Cres. *M19* —6H **125**
Shortlands Av. *Bury* —4D **36**
Short St. *M4* —4E **95** (5B **6**)
Short St. *Ash L* —2H **99**
Short St. *Haz G* —2D **152**
Short St. *Heyw* —4D **38**
Short St. *Salf* —2C **94** (1E **5**)
　(in two parts)
Short St. *Stoc* —6F **127**
　(in two parts)
Short St. E. *Stoc* —6G **127**
Shortwood Clo. *M40* —5A **84**
Shottery Wlk. *Bred* —6F **129**
Shotton Wlk. *M14* —4G **109**
Shrewsbury Ct. *M16* —2B **108**
Shrewsbury Gdns. *Chea H*
　　　　　　　　　　—1E **161**
Shrewsbury Rd. *Bolt* —5F **31**
Shrewsbury Rd. *Droy* —2A **98**
Shrewsbury Rd. *P'wch* —6E **67**
Shrewsbury Rd. *Sale* —1A **134**
Shrewsbury St. *M16* —2A **108**
Shrewsbury St. *Oldh* —1G **73**
Shrewsbury Way. *Dent*
　　　　　　　　　　—6G **113**
Shrigley Clo. *Wilm* —6H **159**
Shrigley Rd. *Poy & Boll*
　　　　　　　　　　—5A **164**
Shrigley Rd. N. *Poy* —4A **164**
Shrigley Rd. S. *Poy* —4A **164**
Shrivenham Wlk. *M23* —4F **135**
Shropshire Av. *Stoc* —3C **128**
Shropshire Rd. *Fail* —5G **85**

Shropshire Sq. *M12* —1B **110**
Shrowbridge Wlk. *M12*
　　　　　　　　　　—1C **110**
Shrub St. *Bolt* —5G **45**
Shude Hill. *M4* —3E **95** (4A **6**)
Shudehill Rd. *Wor* —2C **76**
Shurmer St. *Bolt* —3G **45**
Shutt La. *Dob* —5H **59**
Shuttle Cen. *W'fld* —1F **67**
Shuttle St. *Ecc* —3H **91**
Shuttleworth Clo. *M16*
　　　　　　　　　　—1C **124**
Shutts La. *Stal* —5H **101**
Siam St. *M11* —5B **96**
Sibley Rd. *Stoc* —6D **126**
Sibley St. *M18* —2F **111**
Siblies Wlk. *M22* —4H **147**
Sibson Ct. *M21* —6G **107**
Sibson Rd. *M21* —6G **107**
Sibson Rd. *Sale* —5A **122**
Sickle St. *M2* —4E **95** (5A **6**)
Sickle St. *Oldh* —3E **73**
Sidbury Rd. *M21* —1A **124**
Sidcup Rd. *Rnd I* —6F **135**
Siddall St. *M12* —5C **110**
Siddall St. *Dent* —4F **113**
Siddall St. *Heyw* —5G **39**
Siddall St. *Oldh* —1D **72**
Siddall St. *Rad* —3G **49**
Siddall St. *Shaw* —6F **43**
Siddington Av. *M20* —1E **125**
Siddington Av. *Stoc* —5E **139**
Siddington Rd. *Hand* —2H **159**
Siddington Rd. *Poy* —5F **163**
Side Av. *Bow* —4E **145**
Sidebotham St. *Bred* —5F **129**
Sidebottom St. *Droy* —4H **97**
Sidebottom St. *Oldh* —1A **74**
Sidebottom St. *Stal* —3E **101**
Side St. *M11* —4D **96**
Side St. *Oldh* —1A **86**
Sidford Clo. *Bolt* —2F **47**
Sidings, The. *Wor* —6A **78**
Sidley Av. *M9* —5H **69**
Sidley Pl. *Hyde* —4D **114**
Sidley St. *Hyde* —4D **114**
Sidmouth Av. *Urm* —4A **104**
Sidmouth Dri. *M9* —1F **83**
Sidmouth Gro. *Chea H*
　　　　　　　　　　—6B **150**
Sidmouth Rd. *Sale* —4F **121**
Sidmouth St. *Aud* —6D **98**
　(in two parts)
Sidmouth St. *Oldh* —4A **72**
Sidney James Ct. *M40* —2C **84**
Sidney Rd. *M9* —2F **83**
Sidney St. *M1* —6E **95** (4B **10**)
Sidney St. *Bolt* —2B **46**
Sidney St. *Oldh* —6E **57**
Sidwell Wlk. *M4* —3H **95** (5H **7**)
Siemens Rd. *Cad* —4C **118**
Sighthill Wlk. *M9* —3F **83**
Signet Wlk. *M8* —6D **82**
Silas St. *Ash L* —6H **87**
Silburn Way. *Mid* —2E **69**
Silbury Wlk. *M8* —6B **82**
Silchester Dri. *M40* —5F **83**
Silchester Wlk. *Oldh* —2D **72**
Silchester Way. *Bolt* —4G **33**
Silfield Clo. *M11* —4A **96**
Silkhey Gro. *Wor* —2F **77**
Silkin Clo. *M13* —6F **95** (3D **10**)
Silkin Ct. *M13* —6F **95** (4D **10**)
　(off Silkin Clo.)
Silk St. *M4* —3G **95** (3D **6**)
Silk St. *Ecc* —4H **91**
Silk St. *Mid* —1H **69**
Silk St. *Roch* —1C **40**
Silk St. *Salf* —2B **94** (2C **4**)
Sillavan Way. *Salf*
　　　　　　　　　　—3C **94** (4E **5**)

Silsden Av. *M9* —4D **68**
Silsden Wlk. *Salf* —3D **80**
Silton St. *M9* —4H **83**
Silverbirch Clo. *Sale* —1F **133**
Silver Birch Gro. *Pen* —5H **79**
Silverbirch Way. *Fail* —4F **85**
Silver Clo. *Duk* —6H **99**
Silvercroft St. *M15*
　　　　　　　—6C **94** (3E **9**)
Silverdale. *Clif* —1G **79**
Silverdale Av. *Chad* —3G **71**
Silverdale Av. *Dent* —5G **113**
Silverdale Av. *Irl* —3F **103**
Silverdale Av. *L Hul* —4C **62**
Silverdale Av. *P'wch* —1A **82**
Silverdale Clo. *H Lane* —5C **154**
Silverdale Dri. *Lees* —3B **74**
Silverdale Dri. *Wilm* —5D **166**
Silverdale Rd. *M21* —6A **108**
Silverdale Rd. *Bolt* —6G **31**
Silverdale Rd. *Farn* —6C **46**
Silverdale Rd. *Stoc* —5E **127**
Silverdale St. *M11* —6H **97**
Silver Hill. *Miln* —4F **29**
Silver Hill Rd. *Hyde* —6C **114**
Silver Jubilee Wlk. *M4*
　(off Tib St.) —3F **95** (4C **6**)
Silvermere. *Ash L* —5A **88**
Silver Springs. *Hyde* —1D **130**
Silverstone Dri. *M40* —1F **97**
Silver St. *M1* —4E **95** (6B **6**)
　(in two parts)
Silver St. *Bury* —3C **36**
Silver St. *Irl* —3F **103**
Silver St. *Oldh* —3D **72**
Silver St. *Ram* —3E **13**
Silver St. *Roch* —3F **27**
Silver St. *W'fld* —6C **50**
Silverthorne Clo. *Stal* —4E **101**
Silverton Clo. *Hyde* —5A **116**
　(in two parts)
Silverton Gro. *Bolt* —1B **32**
Silverwell La. *Bolt* —6B **32**
Silverwell St. *M40* —6C **84**
Silverwell St. *Bolt* —6B **32**
Silverwood. *Chad* —2E **71**
Silverwood Av. *M21* —1H **123**
Silverwood Wlk. *M40* —1A **96**
　(off Bednal Av.)
Simeon St. *M4* —2F **95** (2C **6**)
Simeon St. *Miln* —5F **29**
Simister Dri. *Bury* —5E **51**
Simister Grn. *P'wch* —6A **52**
Simister La. *P'wch & Mid*
　　　　　　　　　　—1H **67**
Simister Rd. *Fail* —4F **85**
Simister St. *M9* —3G **83**
Simkin Way. *Oldh* —2D **86**
Simmondley La. *Glos* —6H **117**
Simms Clo. *Salf* —3B **94** (4C **4**)
Simonbury Clo. *Bury* —3F **35**
Simon Freeman Clo. *M19*
　　　　　　　　　　—2E **127**
Simon La. *Mid* —5C **52**
Simons Clo. *Sale* —6A **122**
Simonsway. *M22* —2H **147**
Simonsway Ind. Est. *M22*
　　　　　　　　　　—4C **148**
Simpson Av. *Clif* —1A **80**
Simpson Gro. *Wor* —5C **76**
Simpson Hill Clo. *Heyw* —2H **39**
Simpson Rd. *Wor* —5C **76**
Simpsons Pl. *Roch* —2H **27**
Simpson Sq. *Chad* —6A **72**
Simpson St. *M4* —2E **95** (2B **6**)
Simpson St. *Bolt* —4B **32**
Simpson St. *Chad* —5H **71**
Simpson St. *Hyde* —4B **114**
Simpson St. *Stoc* —3G **139**
Simpson St. *Wilm* —3C **166**

Sinclair Av. *M8* —1B **82**
Sinderland La. *Dun M* —2A **132**
Sinderland Rd. *B'hth* —2B **132**
Sinderland Rd. *Part* —5G **119**
Sindsley Ct. *Swint* —2D **78**
　(off Moss La.)
Sindsley Gro. *Bolt* —4A **46**
Sindsley Ho. *Swint* —5C **78**
Sindsley Rd. *Wdly* —1D **78**
Singapore Av. *Man A* —5G **147**
Singleton Av. *Bolt* —6G **33**
Singleton Clo. *Salf* —2G **81**
Singleton Lodge. *Salf* —2H **81**
Singleton Rd. *Salf* —2G **81**
Singleton Rd. *Stoc* —5D **126**
Singleton St. *Rad* —3D **48**
Sion St. *Rad* —5F **49**
Sirdar St. *M11* —5H **97**
Sirius Pl. *Salf* —2B **94** (1C **4**)
Sir Matt Busby Way. *M16*
　　　　　　　　　　—2F **107**
Sir Robert Thomas Ct. M9
　(off Coningsby Dri.) —3F **83**
Siskin Rd. *Stoc* —6F **141**
Sisson St. *Fail* —4F **85**
Sisters St. *Droy* —5A **98**
Sixpools Gro. *Wor* —3E **77**
Sixth Av. *Bolt* —6F **31**
Sixth Av. *Bury* —1H **37**
Sixth Av. *L Lev* —3H **47**
Sixth Av. *Oldh* —2A **86**
Sixth St. *Traf P* —2D **106**
Size St. *Whitw* —4H **15**
Skagen Ct. *Bolt* —4A **32**
　(in two parts)
Skaife Rd. *Sale* —5E **123**
Skarratt Clo. *M12* —1B **110**
Skegness Clo. *Bury* —6D **22**
Skelton Gro. *M13* —5B **110**
Skelton Gro. *Bolt* —5H **33**
Skelton Rd. *Stret* —4D **106**
Skelton Rd. *Tim* —4G **133**
Skelwith Av. *Bolt* —5B **46**
Skelwith Clo. *Urm* —3C **104**
Skerry Clo. *M13*
　　　　　　　—6F **95** (4D **10**)
Skerton Rd. *M16* —2H **107**
Skilgate Wlk. *M40* —5C **84**
Skip Pl. *M3* —2E **95** (1A **6**)
Skipton Av. *M40* —2D **84**
Skipton Av. *Chad* —6F **55**
Skipton Clo. *Bury* —3F **35**
Skipton Clo. *Haz G* —5C **152**
Skipton Dri. *Urm* —2B **104**
Skipton St. *Bolt* —5E **33**
Skipton St. *Oldh* —5F **73**
Skipton Wlk. *Bolt* —6E **33**
Skrigge Clo. *M8* —3B **82**
Skye Clo. *Heyw* —4B **38**
Skye Rd. *Urm* —2F **105**
Skye Wlk. *M23* —1G **147**
Slackey Brow. *Kear* —4C **64**
Slack Fold La. *Farn* —6G **45**
Slack Ga. *Whitw* —1E **15**
Slack La. *Bolt* —4H **19**
Slack La. *Del* —1E **59**
Slack La. *Pen* —2G **79**
Slack Rd. *M9* —2F **83**
Slack St. *Hyde* —3D **114**
Slack St. *Roch* —4H **27**
Slade Gro. *M13* —4B **110**
Slade Hall Rd. *M12* —5C **110**
Slade La. *M19 & M13* —1B **126**
Sladen St. *Roch* —2H **27**
Sladen Ter. *L'boro* —1H **17**
Slades View Clo. *Dig* —2C **60**
Slaidburn Av. *Bolt* —1H **47**
Slaidburn Clo. *M22* —3G **147**
Slaidburn Clo. *Miln* —6F **29**
Slaidburn Dri. *Bury* —2E **35**

Slaithwaite Dri. *M11* —3E **97**
Slateacre Rd. *Hyde* —2D **130**
Slate Av. *M4* —4G **95** (5F **7**)
Slate La. *Ash L* —4E **99**
Slate La. *Aud* —5C **98**
Slaterfield. *Bolt* —2A **46**
Slater La. *Bolt* —5C **32**
Slater St. *Bolt* —4B **32**
Slater St. *Ecc* —3D **90**
Slater St. *Fail* —2F **85**
Slater St. *Farn* —1F **63**
Slater St. *Oldh* —3C **72**
Slater Way. *Mot* —5B **116**
Slate Wharf. *M15*
—6B **94** (3D **8**)
Slattocks Link Rd. *Mid* —2D **54**
Slaunt Bank. *Roch* —1H **25**
Slawson Way. *Heyw* —2H **39**
Sleaford Clo. *M40*
—2H **95** (1G **7**)
Sleaford Clo. *Bury* —6D **22**
Sleaford Wlk. M40
—2H **95** (1G **7**)
(off Farnborough Rd.)
Sleddale Clo. *Stoc* —6D **140**
Sledmere Clo. *M11* —4C **96**
Sledmere Clo. *Bolt* —3B **32**
Sledmoor Rd. *M23* —2F **135**
Slimbridge Clo. *Bolt* —4A **34**
Sloane Av. *Lees* —1B **74**
Sloane St. *Ash L* —2A **100**
Sloane St. *Bolt* —4F **45**
Slough Ind. Est. *Salf*
—5A **94** (2B **8**)
Smallbridge Clo. *Wor* —3E **77**
Smallbrook. *Shaw* —5G **43**
Small Brook Rd. *Shaw* —3G **43**
Smalldale Av. *M16* —4D **108**
Smalley St. *Roch* —3C **40**
Smallfield Dri. *M9* —3F **83**
Small La. *Mob* —6A **156**
Smallridge Clo. *M40*
—2H **95** (2G **7**)
Smallshaw Fold. *Ash L* —6F **87**
Smallshaw La. *Ash L* —6F **87**
Smallshaw Rd. *Roch* —5A **14**
Smallshaw Sq. *Ash L* —6F **87**
Smallwood St. *M40* —5C **84**
Smart St. *M12* —4C **110**
Smeaton Clo. *Stret* —5E **107**
Smeaton St. *M8* —5E **83**
Smedley Av. *M8* —5D **82**
Smedley Av. *Bolt* —4C **46**
Smedley La. *M8* —5D **82**
Smedley Rd. *M8 & M40*
—5D **82**
Smedley St. *M8* —5C **82**
Smethurst Ct. Bolt —5F **45**
(off Smethurst La.)
Smethurst Hall Rd. *Bury*
—1A **38**
Smethurst La. *Bolt* —5F **45**
Smethurst St. *M9* —2F **83**
Smethurst St. *Heyw* —3D **38**
Smethurst St. *Mid* —2D **70**
Smith Dri. *Hyde* —5B **114**
Smith Farm Clo. *Oldh* —1B **74**
Smithfold La. *Wor* —5C **62**
Smith Hill. *Miln* —5F **29**
Smithies Av. *Mid* —5A **54**
Smithies St. *Heyw* —3G **39**
Smithills Croft Rd. *Bolt* —2E **31**
Smithills Dean Rd. *Bolt* —1E **31**
Smithills Dri. *Bolt* —3D **30**
Smithills Hall Clo. *Ram* —4E **13**
Smith La. *Eger* —2D **12**
Smiths Lawn. *Wilm* —4D **166**
Smith's Rd. *Bolt* —4F **47**
Smith St. *M16* —1A **108** (5B **8**)
Smith St. *Ash L* —4F **99**
Smith St. *Bury* —1E **37**

Smith St. *Chea* —5B **138**
Smith St. *Dent* —5F **113**
Smith St. *Duk* —5G **99**
Smith St. *Heyw* —3F **39**
Smith St. *Hyde* —2B **114**
Smith St. *Lees* —1A **74**
Smith St. *L'boro* —4F **17**
Smith St. *Moss* —1D **88**
Smith St. *Ram* —4D **12**
Smith St. *Roch* —4H **27**
Smith St. *Wor* —6F **63**
Smithy Bri. Rd. *Roch & L'boro*
—5C **16**
SMITHY BRIDGE STATION. *BR*
—6D **16**
Smithy Croft. *Brom X* —3D **18**
Smithy Field. *L'boro* —3E **17**
Smithy Fold. *Roch* —2E **27**
Smithy Fold Rd. *Hyde* —6C **114**
Smithy Grn. *Chea H* —5C **138**
Smithy Grn. *Woodl* —4H **129**
Smithy Gro. *Ash L* —1A **100**
Smithy Hill. *Bolt* —3E **45**
Smithy La. *M3* —4D **94** (5G **5**)
Smithy La. *Alt* —2A **144**
Smithy La. *Hyde* —6C **114**
Smithy La. *Part* —6D **118**
Smithy La. *Upperm* —1F **61**
Smithy Nook. *L'boro* —4F **17**
Smithy St. *Haz G* —2D **152**
Smithy Yd. Upperm —1F **61**
(off Smithy La.)
Smyrna St. *Heyw* —4E **39**
Smyrna St. *Oldh* —3G **73**
Smyrna St. *Rad* —3F **49**
Smyrna St. *Salf* —4E **93**
Snapebrook Gro. *Wilm*
—6A **160**
Snape St. *Rad* —1F **49**
(in two parts)
Snell St. *M4* —4H **95** (6G **7**)
Snipe Av. *Roch* —4B **26**
Snipe Clo. *Poy* —3A **162**
Snipe Rd. *Oldh* —1F **87**
Snipe St. *Bolt* —2B **46**
Snipe Way. *Aud* —5D **98**
Snowberry Wlk. *Part* —6C **118**
Snowden Av. *Urm* —1D **120**
Snowden St. *Bolt* —5A **32**
Snowden St. *Heyw* —5G **39**
Snowden St. *Oldh* —5D **72**
Snowden Wlk. *M40* —1C **84**
Snowdon Rd. *Ecc* —2A **92**
Snowdon St. *Roch* —3G **41**
Snowdrop Wlk. *Salf* —5H **81**
Snow Hill Rd. *Bolt* —2F **47**
Snow Hill Ter. *P'wch* —5G **67**
Snydale Way. *Bolt* —6A **44**
Soap St. *M4* —3E **95** (4B **6**)
Society St. *Shaw* —6F **43**
Sofa St. *Bolt* —4F **31**
Soho St. *Bolt* —1B **46**
Soho St. *Oldh* —2F **73**
Solden Wlk. *M8* —6A **82**
Solent Av. *M8* —1C **82**
Solent Dri. *Bolt* —2E **47**
Solness St. *Bury* —5F **23**
Solway Clo. *Bolt* —4H **45**
Solway Clo. *Clif* —5E **65**
Solway Clo. *Oldh* —4C **72**
Solway Rd. *M22* —1C **148**
Somerby Dri. *M22* —4A **148**
Somerdale Av. *Bolt* —5E **31**
Somerfield Rd. *M9* —2F **83**
Somerfields. *Hale* —5A **146**
Somerford Av. *M20* —1E **125**
Somerford Rd. *Stoc* —5H **111**
Somerford Way. *Hand* —2H **159**
Somerhill Ct. *Gat* —6F **137**
Somersby Ct. *Bram* —4G **151**

Somersby Dri. *Brom X* —3D **18**
Somersby Wlk. Bolt —2B **46**
(off Hallington Clo.)
Somerset Av. *Shaw* —6D **42**
Somerset Clo. *Cad* —3B **118**
Somerset Clo. *Stoc* —5C **128**
Somerset Dri. *Bury* —5D **36**
Somerset Gro. *Roch* —3C **26**
Somerset Pl. *Sale* —3B **122**
Somerset Rd. *Bolt* —5F **31**
Somerset Rd. *B'hth* —5F **133**
Somerset Rd. *Droy* —2H **97**
Somerset Rd. *Ecc* —1A **92**
Somerset Rd. *Fail* —5E **85**
Somerset St. *Oldh* —3G **73**
Somers Rd. *Stoc* —6H **111**
Somers Wlk. *M9* —6D **68**
Somerton Av. *M22* —2A **148**
Somerton Av. *Sale* —6C **122**
Somerton Ct. *M9* —6A **70**
Somerton Rd. *Bolt* —1H **47**
Somerville Gdns. *Tim* —4H **133**
Somerville Sq. *Bolt* —2G **31**
Somerville St. *Bolt* —2G **31**
Somerwood Wlk. *M12* —1B **110**
Sommerville Ct. *Salf* —3H **81**
Sonning Dri. *Bolt* —5E **45**
Sonning Wlk. *M8* —5D **82**
Sopwith Dri. *M14* —6E **109**
Sorby Rd. *Irl* —2E **119**
Sorrel Bank. *Salf* —1F **93**
Sorrel Bank. *Stoc* —6A **112**
Sorrel Dri. *L'boro* —3D **16**
Sorrel St. *M15* —1C **108** (5E **9**)
Sorton St. *M1* —6E **95** (3B **10**)
Soudan Rd. *Stoc* —5A **140**
Soudan St. *Mid* —6C **54**
Sour Acre Fold. *Heyr* —2F **101**
Southacre Dri. *Hand* —4H **159**
Southall St. *M3* —2D **94** (1G **5**)
Southampton Clo. *Salf* —6H **81**
Southam St. *M8* —4B **82**
Southam St. *M15*
—6C **94** (4E **9**)
South Av. *M19* —2B **126**
South Av. *G'fld* —3F **61**
South Av. *Heyw* —3D **38**
South Av. *Kear* —3H **63**
South Av. *Swint* —6D **78**
South Av. *W'fld* —5C **50**
S. Bank Clo. *Ald E* —4H **167**
Southbank Rd. *M19* —4H **125**
S. Bank Rd. *Bury* —4C **36**
Southbourne Av. *Urm* —5H **105**
Southbourne St. *Salf* —3E **93**
Southbrook Av. *M8* —6B **68**
Southbrook Clo. *Had* —3G **117**
Southbrook Gro. *Bolt* —4H **45**
Southchurch Pde. *M40* —1G **95**
Southcliffe Rd. *Stoc* —3H **127**
S. Cliffe St. *M11* —6H **97**
South Clo. *Bury* —4E **51**
South Clo. *Tin* —1H **117**
South Clo. *Wilm* —3C **166**
South Ct. *Roch* —3A **28**
South Cres. *M11* —3F **97**
S. Croft. *Oldh* —6F **73**
Southcross Rd. *M18* —4F **111**
S. Cross St. *Bury* —3D **36**
Southdene Av. *M20* —5C **124**
Southdown Clo. *Roch* —6E **27**
Southdown Clo. *Stoc* —1F **139**
Southdown Cres. *M9* —1A **84**
Southdown Cres. *Chea H*
—5B **150**
Southdown Dri. *Wor* —5B **76**
S. Downs Clo. *Shaw* —5D **42**
S. Downs Dri. *Hale* —5F **145**
S. Downs Rd. *Bow* —4E **145**
South Downs Rd. *Hale*
—4G **145**

South Dri. *M21* —2H **123**
South Dri. *Bolt* —2G **33**
South Dri. *Gat* —1E **149**
South Dri. *Tim* —4A **134**
South Dri. *Urm* —2B **104**
South Dri. *Wilm* —3E **167**
Southend Av. *M15*
—1B **108** (5C **8**)
Southend St. *Bolt* —4G **45**
Southerly Cres. *M40* —6D **70**
Southern App. *Clif* —1A **80**
Southernby Clo. *M13* —3B **110**
Southern Clo. *Bram* —4H **151**
Southern Clo. *Dent* —1F **129**
Southern Cres. *Bram* —3H **151**
Southern Ho. Bolt —4H **31**
(off Kirk Hope Dri.)
Southern Rd. *Sale* —3A **122**
Southern St. *M3* —5C **94** (2F **9**)
Southern St. *Salf* —3E **93**
Southern St. *Wor* —4F **63**
Southey Clo. *L'boro* —6D **16**
Southey Ct. *Dent* —1G **129**
Southey Wlk. *Dent* —2G **129**
Southfield Av. *Bury* —5F **23**
Southfield Clo. *Duk* —1B **114**
Southfield Clo. *Hand* —4G **159**
Southfield Rd. *Ram* —1A **22**
Southfields. *Bow* —3E **145**
Southfields Av. *M11* —3E **97**
Southfields Dri. *Tim* —4B **134**
Southfield St. *Bolt* —3C **46**
Southgarth Rd. *Salf* —2E **93**
Southgate. *M3* —4D **94** (5G **5**)
Southgate. *Chor H* —2H **123**
Southgate. *Dob* —5A **60**
Southgate. *Harw* —1G **33**
Southgate. *Stoc* —4E **127**
Southgate. *Urm* —1D **120**
Southgate. *Whitw* —2B **14**
Southgate Av. *M40* —1C **96**
Southgate Ct. *Sale* —4C **122**
Southgate Ho. Oldh —3D **72**
(off Southgate St.)
Southgate Ind. Est. *Heyw*
—4G **39**
Southgate M. *Stoc* —4E **127**
Southgate Rd. *Bury* —4D **50**
Southgate Rd. *Chad* —6E **71**
Southgate St. *Oldh* —3D **72**
Southgate Way. *Ash L* —4G **99**
South Gro. *M13* —2H **109**
South Gro. *Ald E* —5G **167**
South Gro. *Sale* —6B **122**
South Gro. *Wor* —1E **77**
Southgrove Av. *Bolt* —5C **18**
S. Hall St. *Salf* —5A **94** (2B **8**)
South Hill. *Spring* —4B **74**
S. Hill St. *Oldh* —3E **73**
S. King St. *M2* —4D **94** (5G **5**)
S. King St. *Ecc* —3D **90**
Southlands. *Bolt* —5G **33**
Southlands Av. *Ecc* —5B **90**
S. Langworthy Rd. *Salf* —5E **93**
Southlea Rd. *M20 & M19*
—4H **125**
Southleigh Dri. *Bolt* —1A **48**
Southlink. *Oldh* —3E **73**
Southlink Bus. Pk. *Oldh* —3E **73**
S. Lonsdale St. *Stret* —4E **107**
S. Mead. *Poy* —2B **162**
S. Meade. *M21* —2H **123**
S. Meade. *P'wch* —1H **81**
S. Meade. *Swint* —5E **79**
S. Meade. *Tim* —4A **134**
S. Meadway. *H Lane* —6D **154**
Southmere Clo. *M40* —6C **70**
S. Mesnefield Rd. *Salf* —3E **81**
(in two parts)
Southmill St. *M2* —5D **94** (1G **9**)
(in two parts)

Spring St. *Bury* —3D **36**
Spring St. *Farn* —6F **47**
Spring St. *Holl* —2E **117**
Spring St. *Moss* —1E **89**
Spring St. *Oldh* —1G **73**
Spring St. *Ram* —3D **12**
Spring St. *Shut* —2F **13**
Spring St. *Spring* —3C **74**
Spring St. *Stal* —3E **101**
Spring St. *Tot* —4G **21**
Spring St. *Upperm* —1F **61**
Spring St. *Wals* —1F **35**
Spring St. *Wilm* —2D **166**
Spring Ter. *Chad* —2G **71**
Spring Ter. *Miln* —2F **43**
Spring Ter. *Roch* —3C **26**
Spring Vale. *Haz G* —3E **153**
Spring Vale. *Mid* —1A **70**
Spring Vale. *P'wch* —1E **81**
Springvale Clo. *Ash L* —6D **86**
Spring Vale Ct. *Mid* —1B **70**
Springvale Dri. *Tot* —4G **21**
Spring Vale St. *Tot* —5G **21**
Spring Vale Ter. *L'boro* —4F **17**
   (off Victoria St.)
Spring Vale Way. *Rytn* —2E **57**
Spring View. *L Lev* —4B **48**
Springville Av. *M9* —4H **83**
Springwater Av. *Ram* —6C **12**
Springwater Clo. *Bolt* —2G **33**
Spring Water Dri. *Had* —4G **117**
Springwater La. *W'fld* —5C **50**
Springwell Clo. *Salf* —3E **93**
Springwell Gdns. *Hyde*
   —6A **116**
Springwell Way. *Hyde* —6A **116**
Springwood. *Del* —2G **59**
Springwood Av. *Chad* —6E **55**
Springwood Av. *Pen* —5H **79**
Springwood Cres. *Rom*
   —1C **142**
Springwood Hall Rd. *Oldh*
   —1E **87**
Springwood La. *Rom* —1D **142**
Spring Wood St. *Ram* —2D **12**
Springwood Way. *Ash L*
   —5E **87**
Spruce Av. *Bury* —3F **37**
Spruce Ct. *Salf* —3H **93**
Spruce Lodge. *Chea* —5H **137**
Spruce St. *Ram* —4C **12**
Spruce St. *Roch* —4B **28**
Spruce Wlk. *Sale* —3E **121**
Sprucewood. *Chad* —1D **70**
Spurn La. *Dig* —4B **60**
Spurslow M. *Chea H* —5E **151**
Spur, The. *Oldh* —6E **73**
Spur Wlk. *M8* —4B **82**
Square Fold. *Droy* —3B **98**
Square. *Ram* —3E **13**
Square, The. *Bolt* —4D **44**
Square, The. *Bury* —3D **36**
Square, The. *Dob* —5A **60**
   (Dobcross)
Square, The. *Dob* —1F **61**
   (Uppermill)
Square, The. *Haleb* —5C **146**
Square, The. *Hyde* —5B **114**
Square, The. *Stoc* —6E **127**
   (Norris Bank)
Square, The. *Stoc* —2G **139**
   (Stockport)
Square, The. *Swint* —6E **79**
Square, The. *W'fld* —1C **66**
Squire Rd. *M8* —4B **82**
Squire's Ct. *Salf* —3A **92**
Squirrel Dri. *B'hth* —3E **133**
Squirrels Jump. *Ald E* —5H **167**
Stablefold. *Moss* —3H **89**
Stable Fold. *Rad* —3G **49**
Stable Fold. *Wor* —6A **78**

Stableford Av. *Ecc* —1E **91**
Stable M. *P'wch* —6G **67**
Stables, The. *Droy* —2D **98**
Stable St. *Chad* —1G **85**
Stable St. *Oldh* —1F **73**
Stable St. *Salf* —3C **94** (4F **5**)
Stablings, The. *Wilm* —4D **166**
Stafford Rd. *Ecc* —2G **91**
Stafford Rd. *Fail* —6G **85**
Stafford Rd. *Swint* —3F **79**
Stafford Rd. *Wor* —2E **77**
Stafford St. *Bury* —1B **36**
Stafford St. *Oldh* —5A **72**
Stafford View. *Salf* —6H **93**
Stafford Wlk. *Dent* —6G **113**
Stag Ind. Est. *B'hth* —5D **132**
Stag Pasture Rd. *Oldh* —2B **86**
Stainburne Rd. *Stoc* —5C **140**
Stainburn Rd. *M11* —5D **96**
Staindale. *Oldh* —3H **73**
Stainer St. *M12* —4C **110**
Stainforth Clo. *Bury* —2F **35**
Stainforth St. *M11* —5B **96**
Stainmoor Ct. *Stoc* —5D **140**
Stainmore Av. *Ash L* —4G **87**
Stainsbury St. *Bolt* —3G **45**
Stainton Av. *M18* —3G **111**
Stainton Clo. *Rad* —2F **49**
Stainton Dri. *Mid* —4F **53**
Stainton Rd. *Rad* —2E **49**
Staithes Rd. *M22* —5B **148**
Stakeford Dri. *M8* —3E **83**
Stakehill Ind. Est. *Mid* —3D **54**
Stakehill La. *Mid* —1D **54**
Staley Clo. *Stal* —3G **101**
Staley Hall Rd. *Stal* —2G **101**
Staley Rd. *Moss* —3F **89**
   (in two parts)
Staley St. *Lees* —3B **74**
Staley St. *Oldh* —3F **73**
Staley Ter. *Millb* —2H **101**
Stalham Clo. *M40*
   —2H **95** (1H **7**)
Stalham Wlk. *M40*
   —2H **95** (1H **7**)
Stalmine Av. *H Grn* —5F **149**
Stalybridge Rd. *Mot* —3C **116**
STALYBRIDGE STATION. *BR*
   —3D **100**
Stalyhill Dri. *Stal* —1A **116**
Stambourne Dri. *Bolt* —1B **32**
Stamford Arc. *Ash L* —2A **100**
Stamford Av. *Alt* —6C **132**
Stamford Av. *Stal* —3C **100**
Stamford Clo. *Stal* —3C **100**
Stamford Ct. *Ash L* —3B **100**
Stamford Dri. *Fail* —4H **85**
Stamford Dri. *Stal* —3C **100**
Stamford Gro. *Stal* —2D **100**
Stamford New Rd. *Alt* —1F **145**
Stamford Pk. Rd. *Hale* —2G **145**
Stamford Pl. *Sale* —5C **122**
Stamford Pl. *Wilm* —2E **167**
Stamford Rd. *M13* —4A **110**
Stamford Rd. *Ald E* —5H **167**
Stamford Rd. *Aud* —6D **98**
Stamford Rd. *Bow* —3E **145**
Stamford Rd. *Car* —3H **119**
Stamford Rd. *Lees* —1B **74**
Stamford Rd. *Moss* —1E **89**
Stamford Rd. *Salf* —5F **81**
Stamford Rd. *Urm* —5D **104**
Stamford Rd. *Wilm* —6E **159**
Stamford Sq. *Ash L* —3C **100**
Stamford St. *M16* —2A **108**
   (in two parts)
Stamford St. *Alt* —6F **133**
Stamford St. *Ash L* —2A **100**
   (in two parts)
Stamford St. *Heyw* —4G **39**
Stamford St. *Lees* —3A **74**

Stamford St. *Millb* —1H **101**
Stamford St. *Moss* —3D **88**
Stamford St. *Pen* —2G **79**
Stamford St. *Roch* —5B **28**
Stamford St. *Sale* —3A **122**
Stamford St. *Stal* —3C **100**
   (in two parts)
Stamford St. *Stoc* —3H **139**
Stamford St. Central. *Ash L*
   —3H **99**
Stamford St. W. *Ash L* —3G **99**
Stamford Way. *Alt* —6F **133**
Stampstone St. *Oldh* —1F **73**
Stanage Av. *M9* —5H **69**
Stanbank St. *Stoc* —5G **127**
Stanbrook St. *M19* —6E **111**
Stanbury Clo. *Bury* —4H **37**
Stanbury Dri. *Duk* —5B **100**
Stanbury Wlk. *M40*
   —2H **95** (1H **7**)
   (off Berkshire Rd.)
Stancliffe Rd. *M22* —6C **136**
Stancross Rd. *M23* —2C **134**
Standall Wlk. *M9* —2G **83**
Stand Av. *W'fld* —6C **50**
Stand Clo. *W'fld* —1A **66**
Standedge Clo. *Ram* —5E **13**
Standedge Rd. *Dig* —4B **60**
Standedge St. *M11* —5F **97**
Standedge Wlk. *C'brk* —5G **89**
   (off Crowswood Dri.)
Standfield Dri. *Wor* —4C **76**
Standford Hall Cres. *Ram*
   —5D **12**
Standish Rd. *M14* —1H **125**
Standish Wlk. *Dent* —6E **113**
Stand La. *Rad & W'fld* —5H **49**
Standmoor Ct. *W'fld* —2B **66**
Standmoor Rd. *W'fld* —2B **66**
Standon Wlk. *M40* —1D **84**
Standring Av. *Bury* —5G **35**
Stand Rise. *Rad* —1H **65**
Stanford Clo. *Rad* —2C **64**
Stangate Wlk. *M11* —5B **96**
Stanhope Av. *Aud* —1E **113**
Stanhope Av. *P'wch* —4E **67**
Stanhope Clo. *Dent* —2E **113**
Stanhope Clo. *Wilm* —1G **167**
Stanhope Ct. *P'wch* —4E **67**
Stanhope Rd. *Bow* —3C **144**
Stanhope Rd. *Salf* —6C **80**
Stanhope St. *M19* —6D **110**
Stanhope St. *Ash L* —1B **100**
Stanhope St. *Aud* —2E **113**
Stanhope St. *Moss* —3E **89**
Stanhope St. *Roch* —6H **27**
Stanhope St. *Stoc* —2G **127**
Stanhope Way. *Fail* —3E **85**
Stanhorne Av. *M8* —1C **82**
Stanhurst. *Ecc* —2G **91**
Stanier Av. *Ecc* —2F **91**
Stanier St. *M9* —3G **83**
Stanion Gro. *Duk* —5B **100**
Stan Jolly Wlk. *M11* —5E **97**
Stanley Av. *M14* —4G **109**
Stanley Av. *Haz G* —2D **152**
Stanley Av. *Hyde* —3C **114**
Stanley Av. *Marp* —4B **142**
Stanley Av. N. *P'wch* —3E **67**
Stanley Av. S. *P'wch* —3E **67**
Stanley Clo. *M16* —2H **107**
Stanley Clo. *W'fld* —6D **50**
Stanley Ct. *Bury* —2D **36**
Stanley Dri. *Tim* —6A **134**
Stanley Dri. *W'fld* —3D **66**
Stanley Grn. Trad. Est. *Chea H*
   —3A **160**
Stanley Gro. *M12 & M18*
   —3B **110**
Stanley Gro. *Chor H* —1G **123**
Stanley Gro. *Stoc* —5D **126**

Stanley Gro. *Urm* —5F **105**
Stanley Hall La. *Dis* —1G **165**
Stanley Mt. *Sale* —6A **122**
Stanley Pk. Wlk. *Bolt* —6E **33**
Stanley Pl. *Roch* —3G **27**
Stanley Rd. *Bolt* —4F **31**
Stanley Rd. *Chad* —5H **71**
Stanley Rd. *Chea H* —1H **159**
Stanley Rd. *Dent* —3B **112**
Stanley Rd. *Ecc* —4F **91**
Stanley Rd. *Farn* —1A **62**
Stanley Rd. *Hand* —1H **159**
Stanley Rd. *Old T* —2H **107**
Stanley Rd. *Rad* —1E **49**
Stanley Rd. *Salf* —3A **82**
Stanley Rd. *Stoc* —5D **126**
Stanley Rd. *Whal R* —5C **108**
Stanley Rd. *W'fld* —6D **50**
Stanley Rd. *Wor* —1F **77**
Stanley Sq. *Stal* —4D **100**
Stanley St. *M8* —1E **95**
Stanley St. *M40* —6H **83**
Stanley St. *Chad* —2H **71**
Stanley St. *Fail* —5G **97**
Stanley St. *Heyw* —4F **39**
Stanley St. *Lees* —4A **74**
Stanley St. *Open* —6G **97**
Stanley St. *P'wch* —5G **67**
Stanley St. *Ram* —4D **12**
Stanley St. *Roch* —2G **27**
Stanley St. *Salf* —4C **94** (6D **4**)
Stanley St. *Spring* —3C **74**
Stanley St. *Stal* —4D **100**
Stanley St. *Stoc* —1A **140**
Stanley St. *W'fld* —6D **50**
Stanley St. S. *Bolt* —1A **46**
Stanmore Av. *Stret* —5B **106**
Stanmore Dri. *Bolt* —2G **45**
Stannard Rd. *Ecc* —4B **90**
Stanneybrook Clo. *Roch*
   —3B **28**
Stanney Clo. *Miln* —6E **29**
Stanneylands Clo. *Wilm*
   —5G **159**
Stanneylands Dri. *Wilm*
   —5F **159**
Stanneylands Rd. *Styal*
   —3F **159**
Stanney Rd. *Roch* —3B **28**
Stannybrook Rd. *Fail* —4B **86**
Stanrose Clo. *Eger* —2C **18**
Stansbury Pl. *Stoc* —5E **141**
Stansby Gdns. *M12* —1A **110**
Stansfield Dri. *Roch* —4A **26**
Stansfield Hall. *L'boro* —6G **17**
Stansfield Rd. *Fail* —3G **85**
Stansfield Rd. *Hyde* —3C **114**
Stansfield St. *M40* —1F **97**
Stansfield St. *Chad* —4H **71**
Stansfield St. *Oldh* —1C **72**
Stansted Wlk. *M23* —2D **134**
Stanthorne Av. *M20* —1E **125**
Stanton Av. *M20* —5C **124**
Stanton Av. *Salf* —4F **81**
Stanton Gdns. *Stoc* —2D **138**
Stanton St. *M11* —3E **97**
Stanton St. *Chad* —6H **71**
Stanton St. *Stret* —3D **106**
Stanton St. Flats. *Stret*
   —3D **106**
Stanway Av. *Bolt* —1H **45**
Stanway Clo. *Bolt* —1H **45**
Stanway Clo. *Mid* —3B **70**
Stanway Dri. *Hale* —2H **145**
Stanway Rd. *W'fld* —1F **67**
Stanway St. *M9* —3G **83**
Stanwell Rd. *M40* —2C **84**
Stanwell Rd. *Swint* —4E **79**
Stanwick Av. *M9* —5C **68**
Stanworth Av. *Bolt* —6G **33**

Stanworth Clo. M16 —4C 108
Stanyard Ct. Salf —5G 93
Stanycliffe La. Mid —4B 54
Stanyforth St. Had —3H 117
Stapenhill Dri. M8 —6A 82
Stapleford Clo. M23 —1F 147
Stapleford Clo. Sale —4E 123
Stapleford Gro. Bury —3G 35
Stapleford Wlk. Dent —6E 113
Staplehurst Rd. M40 —1C 96
Staplers Wlk. M14 —4G 109
Stapleton Av. Bolt —4C 30
Stapleton St. Salf —6A 80
Starbeck Clo. Bury —3F 35
Starcliffe St. Bolt —5F 47
Starcross Wlk. M40 —5B 84
Starfield Av. L'boro —1F 29
Star Gro. Salf —5A 82
Star Ind. Est. Oldh —4D 72
Starkey St. Heyw —2F 39
(in two parts)
Starkie Rd. Bolt —6D 32
(Tonge Fold)
Starkie Rd. Bolt —4D 32
(Tonge Moor)
Starkies. Bury —6C 36
Starkie St. Wor —3A 78
Starling Clo. Droy —2D 98
Starling Dri. Farn —2B 62
Starling Rd. Rad & Bury
—5E 35
Starmoor Dri. M8 —5C 82
Starmoor Wlk. M8 —5C 82
Starring Gro. L'boro —4D 16
(off Starring Rd.)
Starring La. L'boro —4C 16
Starring Rd. L'boro —4C 16
Starring Rd. Roch —4C 16
Starring Way. L'boro —4D 16
Starry Wlk. Salf —1A 94
Stash Gro. M23 —4H 135
State Mill Cen. Roch —6B 28
Statham Clo. Dent —4G 113
Statham Fold. Hyde —3E 115
Statham St. Salf —2H 93
Statham Wlk. M13
—6F 95 (3D 10)
Stathers Rd. Sale —4B 122
Station App. M1 —4F 95 (6C 6)
(Oxford Rd. Station)
Station App. M1
—5E 95 (2A 10)
(Piccadilly Station)
Station App. Alt —6G 133
Station App. H Grn —5E 149
Station Bri. Urm —5F 105
Station Brow. Rad —5G 49
Station Clo. Hyde —5B 114
Station Cotts. B'hth —3F 133
Station Cotts. Chea H —3D 150
Station Cotts. Dig —2D 60
(off Station Rd.)
Station Cotts. Part —5E 119
Station La. G'fld —4E 61
Station La. Grot —4C 74
Station Rd. M8 —2C 82
Station Rd. Chea H —3C 150
Station Rd. Ecc —4E 91
Station Rd. Facit —2H 15
Station Rd. G'mnt —2H 21
Station Rd. Grot —4C 74
Station Rd. Had —2H 117
Station Rd. Hand —4H 159
Station Rd. Heat M —2A 138
Station Rd. Hyde —5E 115
Station Rd. Irl —2C 118
Station Rd. Kear —2H 63
Station Rd. L'boro —4F 17
Station Rd. Man A —6A 148
Station Rd. Marp —5D 142
Station Rd. Miln —6F 29

Station Rd. Moss —2F 89
Station Rd. N Mills —4G 155
Station Rd. Oldh —6E 57
Station Rd. Redd —5G 111
Station Rd. Roch —5H 27
(in two parts)
Station Rd. Stoc —2G 139
(in two parts)
Station Rd. Stret —4D 106
Station Rd. Styal —4E 159
Station Rd. Swint —3F 79
Station Rd. Upperm —2D 60
(Diggle)
Station Rd. Upperm —1F 61
(Uppermill)
Station Rd. Urm —5F 105
Station Rd. Whitw —4B 14
Station Rd. Wilm —2E 167
Station Rd. Woodl —4H 129
Station Sq. Moss —2E 89
Station St. Bolt —1B 46
Station St. Duk —4H 99
Station St. Haz G —3D 152
Station St. Spring —3B 74
Station View. M19 —6C 110
Staton Av. Bolt —5E 33
Staton St. M11 —5E 97
Statter St. Bury —3E 51
Staveleigh Way. Ash L —2H 99
Staveley Av. Bolt —5C 18
Staveley Av. Stal —2E 101
Staveley Clo. Mid —5G 53
Staveley Clo. Shaw —1H 57
Stavely Wlk. Rytn —3C 56
(off Shaw St.)
Staverton Clo. M13
—6G 95 (4E 11)
Staveton Clo. Bram —2A 152
Stavordale. Roch —3G 27
(off Spotland Rd.)
Staycott Clo. M16 —3D 108
Stayley Dri. Stal —3G 101
Stead St. Ram —3E 13
Steadway. G'fld —4G 61
Stedman Clo. M11 —4A 96
Steele Gdns. Bolt —2G 47
Steeles Av. Hyde —4C 114
Steeple Dri. Salf —4G 93
Steeple View. Rytn —3B 56
Stelfox Av. M14 —6E 109
Stelfox Av. Tim —3C 134
Stelfox La. Aud —6E 99
Stelfox St. Ecc —5D 90
Stella St. M9 —5D 68
Stelling St. M18 —2F 111
Stenbury Clo. M14 —4G 109
Stenner La. M20 —1E 137
Stenson Sq. Open —6F 97
Stephen Clo. Bury —3A 36
Stephen Lowry Wlk. M40
—4A 84
Stephenson Av. Droy —4A 98
Stephenson Rd. Stret —5E 107
Stephenson St. Fail —2G 85
Stephenson St. Oldh —1H 73
Stephens Rd. M20 —4G 125
Stephens Rd. Stal —1D 100
Stephens St. Bolt —6F 33
Stephens Ter. M20 —6F 125
Stephen St. M3 —1D 94
Stephen St. Bury —3A 36
Stephen St. Stoc —3B 140
Stephen St. Urm —5G 105
Stephen St. S. Bury —4A 36
Stephen Wlk. Stoc —3B 140
Steps Meadow. Roch —5A 16
Stern Av. Salf —5G 93
Sterndale Rd. Rom —2H 141
Sterndale Rd. Stoc —6G 139
Sterndale Rd. Wor —5B 76
Sterratt St. Bolt —6H 31

Stetchworth Dri. Wor —4D 76
Stevenson Dri. Oldh —3A 58
Stevenson Rd. Swint —3E 79
Stevenson Sq. M1
—4F 95 (5C 6)
Stevenson Sq. Farn —2C 62
Stevenson Sq. Roch —6A 16
Stevenson St. Salf
—4B 94 (5C 4)
Stevenson St. Wor —6D 62
Stevens St. Ald E —5G 167
Steve Pl. Redd —2G 127
Stewart Av. Farn —2D 62
Stewart St. Ash L —3F 99
Stewart St. Bolt —3A 32
Stewart St. Bury —2H 35
(in two parts)
Stewart St. Miln —2F 43
Steynton Clo. Bolt —5D 30
Stile Clo. Urm —5G 103
Stiles Av. Marp —4C 142
Stiles Clo. Had —2G 117
Stilton Dri. M11 —5C 96
Stirling. Ecc —3H 91
(off Monton La.)
Stirling Av. M20 —1D 124
Stirling Av. Haz G —4D 152
Stirling Av. Marp —6D 142
Stirling Clo. Stoc —5E 139
Stirling Ct. Stoc —4E 127
Stirling Dri. Stal —2E 101
Stirling Gro. W'fld —1E 67
Stirling Pl. Heyw —4B 38
Stirling Rd. Bolt —6C 18
Stirling St. Chad —5F 71
Stirling St. Oldh —2A 72
Stirrup Brook Gro. Wor —6B 76
Stirrup Ga. Wor —6A 78
Stitch La. Stoc —6F 127
Stitch Mi La. Harw —3G 33
Stiups La. Roch —1H 41
Stobart Av. P'wch —1F 81
Stockburn Dri. Fail —4A 86
Stockbury Gro. Bolt —4B 32
(off Lindfield Dri.)
Stockdale Av. Stoc —6H 139
Stockdale Gro. Bolt —4H 33
Stockdale Rd. M9 —5G 69
Stockfield Mt. Chad —3H 71
Stockfield Rd. Chad —3H 71
Stock Gro. Miln —4F 29
Stockholm Rd. Stoc —4D 138
Stockholm St. M11 —3D 96
Stockland Clo. M13
—6F 95 (4C 10)
Stock La. Chad —2H 71
Stockley Av. Bolt —3G 33
Stockley Wlk. M15
—1B 108 (6D 8)
Stockport Rd. M12, M13 & M19
—1G 109 (5F 11)
Stockport Rd. Ash L —5F 99
Stockport Rd. Chea & Stock
—5H 137
Stockport Rd. Dent —4F 113
Stockport Rd. Gee X —2B 130
Stockport Rd. Hyde —6A 116
(Hattersley)
Stockport Rd. Hyde —6C 114
(Hyde)
Stockport Rd. Lyd —4E 75
Stockport Rd. Marp —5H 141
Stockport Rd. Moss —1E 89
Stockport Rd. Rom —1H 141
Stockport Rd. Tim —6G 133
Stockport Rd. E. Bred —6F 129
Stockport Rd. W. Bred —6C 128
STOCKPORT STATION. BR
—3G 139
Stockport Trad. Est. Stoc
—2D 138

Stockport Village. Stoc
—2G 139
Stock Rd. Roch —1A 28
Stocksfield Dri. M9 —6G 69
Stocksfield Dri. L Hul —4B 62
Stocks Gdns. Stal —4G 101
Stocks La. Stal —4F 101
Stocks St. M8 —2E 95 (1A 6)
Stocks St. Roch —3B 40
Stocks St. E. M8 —1E 95 (1A 6)
Stock St. Bury —6E 23
Stockton Av. Stoc —3D 138
Stockton Dri. Bury —6B 22
Stockton Pk. Oldh —3H 73
Stockton Rd. M21 —1G 123
Stockton Rd. Wilm —5C 166
Stockton St. Farn —5E 47
Stockton St. L'boro —4E 17
Stockton St. Swint —3F 79
Stockwood Wlk. M9 —4F 83
Stoke Abbot Clo. Bram
—6G 151
Stoke Abbot Lodge. Bram
—6G 151
Stokesay Clo. Bury —2D 50
Stokesay Dri. Haz G —4G 152
Stokesay Rd. Sale —4G 121
Stokesley Wlk. Bolt —3A 46
(in two parts)
Stokes St. M11 —3F 97
Stoke St. Roch —5B 28
Stokoe Av. Alt —6C 132
Stolford Wlk. M8 —5B 82
(off Ermington Dri.)
Stonall Av. M15
—1B 108 (5D 8)
Stoneacre Ct. Swint —3F 79
Stoneacre Rd. M22 —3A 148
Stonebeck Ct. W'houg —6D 44
Stonebeck Rd. M23 —6F 135
Stone Breaks. Spring —2C 74
Stone Breaks Rd. Spring
—3C 74
Stonebridge Clo. Los —1A 44
Stonechat Clo. Droy —2C 98
Stonechat Clo. Wor —3D 76
Stonechurch. Bolt —2H 45
Stonecliffe Av. Stal —3E 101
Stonecliffe Ter. Stal —2E 101
Stone Clo. Ram —5C 12
Stoneclough Rd. Fish I & Rad
—2H 63
Stonecroft. Oldh —2C 72
Stonedelph Clo. Ain —4D 34
Stonefield Dri. M8 —6A 82
Stonefield St. Miln —6F 29
Stoneflat Ct. Roch —3F 27
Stonehaven. Bolt —4D 44
Stonehead St. M9 —4H 83
Stonehewer St. Rad —5H 49
Stonehill Cres. Roch —6A 14
Stonehill Dri. Roch —6A 14
Stone Hill La. Roch —1C 26
Stone Hill Rd. Farn —3F 63
Stonehill Rd. Roch —6A 14
Stonehouse Wlk. M23 —4E 135
(off Sandy La.)
Stonehurst Clo. M12 —1C 110
Stoneleigh Av. Sale —4F 121
Stoneleigh Dri. Rad —2B 64
Stoneleigh Rd. Spring —6F 57
Stoneleigh St. Oldh —6F 57
Stonelow Clo. M15
—1D 108 (5H 9)
Stonemead. Rom —6C 130
Stone Mead Av. Haleb —6C 146
Stonemead Clo. Bolt —3B 46
Stonemill Ter. Stoc —6H 127
Stonepail Clo. Gat —6D 136
Stonepail Rd. Gat —6E 137

Sunny Bank. *Lees* —4A **74**
Sunny Bank. *Rad* —1A **64**
Sunnybank. *Wilm* —3D **166**
Sunny Bank Av. *Droy* —4H **97**
Sunnybank Av. *Ecc* —2H **91**
Sunny Bank Av. *Stoc* —5B **126**
Sunnybank Dri. *Wilm* —5A **166**
Sunny Bank Rd. *M13* —4A **110**
Sunnybank Rd. *Bolt* —3G **31**
Sunny Bank Rd. *Bow* —4E **145**
Sunny Bank Rd. *Bury* —4D **50**
Sunny Bank Rd. *Droy* —4H **97**
Sunny Bower St. *Tot* —5G **21**
Sunny Brow Rd. *M18* —2E **111**
Sunny Brow Rd. *Mid* —1G **69**
Sunny Dri. *P'wch* —5D **66**
Sunnyfield Rd. *P'wch* —2G **67**
Sunnyfield Rd. *Stoc* —6B **126**
Sunnylea Av. *M19* —4A **126**
Sunny Lea M. *Wilm* —3D **166**
Sunnymead Av. *Bolt* —1B **32**
Sunnymede Vale. *Ram* —6C **12**
Sunnyside. *Ash L* —6D **86**
Sunnyside. *Droy* —2H **97**
Sunny Side Cotts. *Roch* —1F **25**
Sunny Side Cotts. *Stret*
—5F **107**
Sunnyside Ct. *Droy* —2H **97**
Sunnyside Cres. *Ash L*
—3B **100**
Sunnyside Gro. *Ash L* —3B **100**
Sunnyside La. *Droy* —1H **97**
Sunnyside Rd. *Bolt* —3G **31**
Sunnyside Rd. *Droy* —2H **97**
Sunnywood Dri. *Tot* —5A **22**
Sunnywood La. *Tot* —5A **22**
Sunrise View. *L'boro* —6H **17**
Sunset Av. *M22* —1B **136**
Sun St. *Moss* —2E **89**
Sun St. *Ram* —2D **12**
Sunwell Ter. *Marp* —2D **154**
Surbiton Rd. *M40* —1D **96**
Surrey Av. *Droy* —2H **97**
Surrey Av. *Shaw* —6D **42**
Surrey Clo. *L Lev* —3B **48**
Surrey Dri. *Bury* —5D **36**
Surrey Pk. Clo. *Shaw* —5F **43**
Surrey Rd. *M9* —1F **83**
Surrey St. *M9* —1E **83**
Surrey St. *Ash L* —6H **87**
Surrey St. *Chad* —4A **72**
Surrey Way. *Stoc* —4C **128**
Surtees Rd. *M23* —1G **135**
Sussex Av. *M20* —5H **125**
Sussex Av. *Bury* —4A **38**
Sussex Clo. *Chad* —3H **71**
Sussex Clo. *Clif* —1F **79**
Sussex Clo. *Part* —6C **118**
Sussex Dri. *Bury* —5D **36**
Sussex Dri. *Droy* —2A **98**
Sussex Pl. *Hyde* —2D **114**
Sussex Rd. *Cad* —3A **118**
Sussex Rd. *Stoc* —3D **138**
Sussex St. *M2* —4D **94** (5H **5**)
Sussex St. *Roch* —5H **27**
Sussex St. *Salf* —2B **94**
Sutcliffe Av. *M12* —5D **110**
Sutcliffe St. *Ash L* —4F **99**
Sutcliffe St. *Bolt* —3A **32**
Sutcliffe St. *L'boro* —3F **17**
Sutcliffe St. *Mid* —1C **70**
Sutcliffe St. *Oldh* —4C **72**
Sutcliffe St. *Rytn* —4E **57**
(Heyside)
Sutcliffe St. *Rytn* —2E **57**
(Shaw Side)
Sutherland Clo. *Oldh* —2D **86**
Sutherland Flats. Heyw —3E **39**
(off Meadow Clo.)
Sutherland Gro. *Farn* —1E **63**
Sutherland Rd. *M16* —4G **107**

Sutherland Rd. *Bolt* —4E **31**
Sutherland Rd. *Heyw* —4A **38**
Sutherland St. *Ash L* —2C **100**
Sutherland St. *Ecc* —2D **90**
Sutherland St. *Farn* —1E **63**
Sutherland St. *Swint* —2E **79**
Suthers St. *Oldh* —3A **72**
Suthers St. *Rad* —6A **50**
Sutton Dri. *Droy* —2G **97**
Sutton Dwellings. *Salf* —2F **93**
Sutton Ho. Salf —2F **93**
(off Sutton Dwellings)
Sutton Rd. *M18* —4E **111**
Sutton Rd. *Bolt* —3D **44**
Sutton Rd. *Poy* —5F **163**
Sutton St. *Roch* —2G **27**
Sutton St. *Stoc* —6E **127**
Suttons La. *Marp* —6E **143**
Sutton Way. *Hand* —2A **160**
Sutton Way. *Salf* —2G **93**
Swailes St. *Oldh* —3F **73**
Swaine St. *Stoc* —2G **139**
Swainsthorpe Dri. *M9* —3G **83**
Swain St. *Roch* —2G **27**
Swalecliff Av. *M23* —2D **134**
Swaledale Clo. *Rytn* —2C **56**
Swale Dri. *Alt* —5E **133**
Swallow Bank Dri. *Roch*
—2B **40**
Swallow Clo. *C'brk* —4H **89**
Swallow Dri. *Bury* —1F **37**
Swallow Dri. *Irl* —4E **103**
Swallow Dri. *Roch* —4B **26**
Swallow La. *C'brk* —4H **89**
Swallow St. *M12* —5C **110**
Swallow St. *Oldh* —1B **86**
Swallow St. *Stoc* —4H **139**
Swanage Av. *M23* —3D **134**
Swanage Av. *Stoc* —5D **140**
Swanage Clo. *Bury* —5C **22**
Swanage Rd. *Ecc* —2D **90**
Swanbourne Gdns. *Stoc*
—5E **139**
Swan Clo. *Poy* —3B **162**
Swan Ct. *Shaw* —1F **57**
Swanhill Clo. *M18* —1H **111**
Swan La. *Bolt* —3H **45**
Swanley Av. *M40* —6G **83**
Swann Ct. *Chea H* —4D **150**
Swann Gro. *Chea H* —4D **150**
Swann La. *Chea H* —4C **150**
Swan Rd. *G'mnt* —1H **21**
Swan Rd. *Tim* —2A **134**
Swansea St. *Oldh* —5F **73**
Swan St. *M4* —3E **95** (3B **6**)
Swan St. *Ash L* —2A **100**
Swan St. *Rad* —5H **49**
Swan St. *Wilm* —3E **167**
Swan Ter. *Ecc* —5E **91**
Swanton Wlk. M8 —5B **82**
(off Kenford Wlk.)
Swarbrick Dri. *P'wch* —1D **80**
Swarthdale Ho. Salf —2F **93**
(off Sutton Dwellings)
Swayfield Av. *M13* —4B **110**
Swaylands Dri. *Sale* —2B **134**
Sweet Briar Clo. *Roch* —1G **27**
Sweetbriar Clo. *Shaw* —6F **43**
Sweet Briar La. *Roch* —1G **27**
Sweetlove's Gro. *Bolt* —6C **18**
Sweetlove's La. *Bolt* —6C **18**
Sweetnam Dri. *M11* —3D **96**
Swettenham Rd. *Hand*
—2H **159**
Swift Clo. *Woodl* —4A **130**
Swift Rd. *Oldh* —3A **58**
Swift Rd. *Roch* —4B **26**
Swift St. *Ash L* —6H **87**
Swiftsure Av. *Salf*
—4B **94** (5C **4**)
Swift Wlk. *M40* —5C **84**
Swinbourne Gro. *M20* —2G **125**

Swinburne Av. *Droy* —2A **98**
Swinburne Grn. *Stoc* —6F **111**
Swinburne Way. *Dent* —2G **129**
Swindell's St. *M11* —6G **97**
Swindells St. *Hyde* —2C **114**
Swindon Clo. *M18* —2F **111**
Swinfield Av. *M21* —1F **123**
Swinford Gro. *Rytn* —2E **57**
Swinford Wlk. *M9* —6G **69**
Swinley Chase. *Wilm* —6B **160**
Swinside Clo. *Mid* —5E **53**
Swinside Rd. *Bolt* —5H **33**
Swinstead Av. *M40* —6G **83**
Swinton Cres. *Bury* —6E **51**
Swinton Gro. *M13* —2G **109**
Swinton Hall Rd. *Swint* —3F **79**
Swinton Pk. Rd. *Salf* —6H **79**
SWINTON STATION. *BR*
—2F **79**
Swinton St. *Bolt* —6G **33**
Swinton St. *Oldh* —4G **73**
Swiss Hill. *Ald E* —5H **167**
Swithin Rd. *M22* —5C **148**
Swythamley Clo. *Stoc* —3C **138**
Swythamley Rd. *Stoc* —3C **138**
Sybil St. *L'boro* —3E **17**
Sycamore Av. *Alt* —6C **132**
Sycamore Av. *Chad* —6F **71**
Sycamore Av. *Dent* —5F **113**
Sycamore Av. *Heyw* —5G **39**
Sycamore Av. *Miln* —2E **43**
Sycamore Av. *Oldh* —1H **73**
Sycamore Av. P'wch —3D **66**
(off Beech Av.)
Sycamore Av. *Rad* —1F **65**
Sycamore Clo. *Duk* —5D **100**
Sycamore Clo. *L'boro* —4D **16**
Sycamore Clo. *Wilm* —6F **159**
Sycamore Ct. *M16* —4B **108**
Sycamore Ct. *M40* —2A **96**
Sycamore Ct. *Salf* —2G **93**
Sycamore Cres. *Ash L* —6G **87**
Sycamore Dri. *Droy* —3C **98**
Sycamore Gro. *Fail* —4H **85**
Sycamore Lodge. *Bram*
—6H **151**
Sycamore Pl. *W'fld* —2D **67**
Sycamore Rd. *Bred* —5G **129**
Sycamore Rd. *Ecc* —1C **90**
Sycamore Rd. *Part* —6C **118**
Sycamore Rd. *Tot* —6H **21**
Sycamores, The. *Had* —4H **117**
Sycamores, The. *Lees* —1A **74**
Sycamores, The. *Moss* —2G **89**
Sycamores, The. *Rad* —3B **64**
Sycamores, The. *Sale* —6C **122**
Sycamores, The. *Stal* —5F **101**
Sycamore St. *Sale* —5E **123**
Sycamore St. *Stal* —4D **100**
Sycamore St. *Stoc* —3D **138**
Sycamore Wlk. *Chea* —5H **137**
Syddal Clo. *Bram* —2F **161**
Syddal Cres. *Bram* —3F **161**
Syddal Grn. *Bram* —2F **161**
Syddal Av. *H Grn* —5H **149**
Syddall St. *Hyde* —6B **114**
Syddal Rd. *Bram* —2F **161**
Sydenham St. *Oldh* —6E **57**
(in two parts)
Sydenham Ter. *Roch* —6D **14**
Sydney Av. *Ecc* —3F **91**
Sydney Av. *Man A* —5G **147**
Sydney Gdns. *L'boro* —6G **17**
Sydney Rd. *Bram* —2H **161**
Sydney St. *Fail* —4E **85**
Sydney St. *Moss* —3F **89**
Sydney St. *Salf* —3E **93**
Sydney St. *Stoc* —4C **140**
Sydney St. *Stret* —5D **106**
Sydney St. *Swint* —4D **78**

Syke Croft. *Rom* —6B **130**
Syke La. *Roch* —5F **15**
Syke Rd. *L'boro* —1H **29**
Syke Rd. *Roch* —5F **15**
Sykes Av. *Bury* —3F **51**
Sykes Clo. *G'fld* —4F **61**
Sykes Ct. *Roch* —5B **28**
Sykes Meadow. *Stoc* —5F **139**
Sykes St. *Bury* —2E **37**
Sykes St. *Hyde* —6D **114**
Sykes St. *Miln* —1E **43**
(Milnrow)
Sykes St. *Miln* —5B **28**
(Rochdale)
Sykes St. *Stoc* —1H **127**
Sykes Wlk. Stoc —1H **127**
(off Sykes St.)
Sylvan Av. *M16* —4B **108**
Sylvan Av. *Fail* —6E **85**
Sylvan Av. *Sale* —6C **122**
Sylvan Av. *Tim* —3H **133**
Sylvan Av. *Urm* —4F **105**
Sylvan Av. *Wilm* —4C **166**
Sylvan Clo. *Mid* —5F **53**
Sylvandale Av. *M19* —6C **110**
Sylvan Gro. *Alt* —6F **133**
Sylvan St. *Oldh* —2A **72**
Sylvester Av. *Stoc* —5B **140**
Sylvester Clo. *Hyde* —5A **116**
Sylvester Way. *Dent* —2G **129**
Sylvester Way. *Hyde* —5A **116**
Sylvia Gro. *Stoc* —2G **127**
Symms St. *Salf* —1H **93**
Symond Rd. *M9* —4G **69**
Symons Rd. *Sale* —4B **122**
Symons St. *Salf* —4A **82**
Syndall Av. *M12*
—1H **109** (5G **11**)
Syndall St. *M12*
—1H **109** (5G **11**)

Tabley Av. *M14* —5F **109**
Tabley Gdns. *Droy* —4B **98**
Tabley Gdns. *Marp* —1E **155**
Tabley Gro. *M13* —5B **110**
Tabley Gro. *Stoc* —2G **127**
Tabley Gro. *Tim* —2H **133**
Tableymere Gdns. *Chea H*
—2B **150**
Tabley Rd. *Bolt* —3F **45**
Tabley Rd. *Hand* —2H **159**
Tabley Rd. *Sale* —1E **135**
Tabley St. *Duk* —5C **100**
Tabley St. *Moss* —3F **89**
Tabley St. *Salf* —6F **81**
Tabor St. *Mid* —5H **53**
Tackler Clo. *Swint* —4F **79**
Tadcaster Wlk. Oldh —2D **72**
Taddington Bank. Glos
(off Castleton Cres.) —6G **117**
Taddington Clo. Glos —6G **117**
(off Castleton Cres.)
Taddington Pde. Glos —6G **117**
(off Castleton Cres.)
Taddington Pl. Glos —6G **117**
(off Castleton Cres.)
Tadlow Wlk. *M40*
—2G **95** (1F **7**)
Tadman Gro. *Alt* —5C **132**
Tadmor Clo. *L Hul* —5B **62**
Tagore Clo. *M13* —3A **110**
Tahir Clo. *M8* —4D **82**
Tait M. *Heat M* —1B **138**
Talavera St. *Salf* —6H **81**
Talbenny Clo. *Bolt* —5D **30**
Talbot Av. *L Lev* —3A **48**
Talbot Clo. *Oldh* —1G **73**
Talbot Ct. *Bolt* —1B **32**
Talbot Ct. *Stret* —4E **107**
Talbot Gro. *Bury* —5G **23**

Talbot Pl. *M16* —2H **107**
Talbot Rd. *Ald E* —5H **167**
Talbot Rd. *Bow* —3D **144**
(in two parts)
Talbot Rd. *Fall* —2A **126**
Talbot Rd. *Hyde* —2C **114**
Talbot Rd. *Sale* —5E **123**
Talbot Rd. *Stret & Old T*
—4E **107**
Talbot St. *Ash L* —2G **99**
Talbot St. *Ecc* —4G **91**
Talbot St. *Haz G* —1D **152**
Talbot St. *Mid* —5H **53**
Talbot St. *Roch* —5H **27**
Talford Gro. *M20* —4E **125**
Talgarth Rd. *M40* —1G **95**
Talkin Dri. *Mid* —4G **53**
Talland Wlk. *M13* —2H **109**
Tallarn Clo. *M20* —2G **125**
Tallis St. *M12* —4C **110**
Tall Trees. *Salf* —2H **81**
Tall Trees Clo. *Rytn* —3A **56**
Tall Trees Pl. *Stoc* —5C **140**
Talmine Av. *M40* —6G **83**
Tamar Clo. *Kear* —4B **64**
Tamar Clo. *W'fld* —1E **67**
Tamar Ct. *M15* —1B **108** (6C 8)
Tamar Dri. *M23* —1G **147**
Tamarin Clo. *Wdly* —2C **78**
Tamar Way. *Heyw* —2C **38**
Tame Bank. *Moss* —6F **75**
Tame Barn Clo. *Miln* —5G **29**
Tame Clo. *Stal* —2G **101**
Tame Ct. *Stal* —3F **101**
Tame La. *Del* —1E **59**
Tamerton Dri. *M8* —5C **82**
Tameside Work Cen. *Ash L*
—4F **99**
Tame St. *M4* —4H **95** (6G 7)
Tame St. *Aud* —6F **99**
(Audenshaw)
Tame St. *Aud* —2E **113**
(Denton)
Tame St. *Moss* —6G **75**
Tame St. *Stal* —4C **100**
Tame St. *Upperm* —1F **61**
Tame View. *Moss* —1E **89**
Tame Wlk. *Wilm* —5A **160**
Tamewater Vs. *Dob* —5H **59**
(off Brook La.)
Tamworth Av. *Salf* —5H **93**
Tamworth Av. *W'fld* —2E **67**
Tamworth Av. W. *Salf* —5G **93**
Tamworth Clo. *M15* —2C **108**
Tamworth Clo. *Haz G* —5C **152**
Tamworth Ct. *M15* —2C **108**
Tamworth Ct. *Chad* —4A **72**
Tamworth Dri. *Bury* —6C **22**
Tamworth St. *Oldh* —4A **72**
Tamworth St. *Stoc* —1B **140**
Tamworth Wlk. *Salf* —5H **93**
Tandis Ct. *Salf* —1A **92**
Tandle Hill Rd. *Rytn* —1H **55**
Tandlewood M. *M40* —6C **84**
Tandlewood Pk. *Rytn* —1H **55**
Tanfield Rd. *M20* —4F **137**
Tangmere Clo. *M40* —6C **70**
Tangmere Ct. *M16* —4B **108**
Tangshutts La. *Rom* —1B **142**
Tanhill Clo. *Stoc* —5E **141**
Tanhill La. *Oldh* —1E **87**
Tanhouse Rd. *Urm* —4H **103**
Tanner Brook Clo. *Bolt* —3A **46**
Tannersfield Lodge. *Fail* —5E **85**
Tanners Fold. *Oldh* —1E **87**
Tanners Grn. *Salf* —2F **93**
Tanners St. *M18* —2G **111**
Tanners St. *Ram* —3D **12**
Tanner St. *Hyde* —4B **114**

Tannery Way. *Tim* —4G **133**
Tannock Ct. *Haz G* —4F **153**
Tannock Rd. *Haz G* —4F **153**
Tan Pit Cotts. *Heyw* —1F **39**
Tanpits Rd. *Bury* —2C **36**
Tanpit Wlk. *M22* —3A **148**
Tansey Gro. *Salf* —4B **82**
Tansley Rd. *M8* —1D **82**
Tanworth Wlk. *Bolt* —3A **32**
Tan Yd. Brow. *M18* —3G **111**
Tanyard Dri. *Haleb* —1C **156**
Tanyard Grn. *Stoc* —4H **127**
Tanyard La. *Tim* —2A **156**
Taper St. *Ram* —3D **12**
Tape St. *Ram* —3D **12**
Tapley Av. *Poy* —5E **163**
Taplow Gro. *Chea H* —3B **150**
Taplow Wlk. *M14* —4A **110**
Tarbet Dri. *Bolt* —6H **33**
Tarbet Rd. *Duk* —6A **100**
Tarbet Wlk. *M8* —5B **82**
Tarbolton Cres. *Hale* —2C **146**
Tariff St. *M1* —4F **95** (5C 6)
Tarland Wlk. *Open* —4E **97**
Tarleton Clo. *Bury* —4F **35**
Tarleton Ho. *Salf* —1C **92**
Tarleton Pl. *Bolt* —4E **45**
Tarleton Wlk. *M13*
—1H **109** (6G 11)
Tarnbrook Clo. *W'fld* —1G **67**
Tarnbrook Wlk. M15 —2E **109**
(off Wellhead Clo.)
Tarn Dri. *Bury* —1C **50**
Tarn Gro. *Wor* —2H **77**
Tarnside Clo. *Roch* —6A **16**
Tarnside Clo. *Stoc* —5F **141**
Tarns, The. *Gat* —2F **149**
Tarporley Av. *M14* —1E **125**
Tarporley Clo. *Stoc* —6F **139**
Tarporley Wlk. *Wilm* —5A **160**
Tarran Gro. *Dent* —6H **113**
Tarran Gro. *Dent* —6H **113**
Tarran Pl. *Alt* —5G **133**
Tarrington Clo. *M12* —2C **110**
Tartan St. *M11* —3D. **96**
Tarves Wlk. *Open* —4D **96**
Tarvin Av. *M20* —2E **125**
Tarvin Av. *Stoc* —2F **127**
Tarvin Dri. *Bred* —5E **129**
Tarvington Clo. *M40* —5E **83**
Tarvin Clo. *Chea* —6C **138**
Tarvin Wlk. *Bolt* —3A **32**
Tarvin Way. *Hand* —2H **159**
Tasle Av. *M2* —4D **94** (6H 5)
Tatchbury Rd. *Fail* —4G **85**
Tate St. *Oldh* —5F **73**
Tatham Clo. *M13* —4B **110**
Tatham St. *Roch* —4A **28**
Tatland Dri. *M22* —2D **148**
Tattenhall Wlk. *M14* —1H **125**
Tattersall Av. *Bolt* —3C **30**
Tattersall St. *Oldh* —3B **72**
Tatton Bldgs. *Gat* —5F **137**
Tatton Clo. *Chea* —1C **150**
Tatton Clo. *Haz G* —1F **153**
Tatton Ct. *M14* —1H **125**
Tatton Ct. *Hand* —2A **160**
Tatton Ct. *Stoc* —5E **127**
Tatton Gdns. *Woodl* —4B **130**
Tatton Gro. *M20* —3F **125**
Tatton Mere Dri. *Droy* —4B **98**
Tattonmere Gdns. *Chea H*
—1C **150**
Tatton Pl. *M13* —3A **110**
Tatton Pl. *Sale* —4B **122**
Tatton Rd. *Dent* —6G **113**
Tatton Rd. *Hand* —2A **160**
Tatton Rd. *Sale* —4B **122**
Tatton Rd. N. *Stoc* —4E **127**
Tatton Rd. S. *Stoc* —5E **127**
Tatton St. *M15* —1B **108** (5C 8)

Tatton St. *Hyde* —2C **130**
Tatton St. *Salf* —5H **93**
Tatton St. *Stal* —3F **101**
(in two parts)
Tatton St. *Stoc* —2H **139**
Tatton Ter. *Duk* —4H **99**
Tatton View. *M20* —3F **125**
Taunton Av. *Ash L* —1G **99**
Taunton Av. *Ecc* —2D **90**
Taunton Av. *Roch* —4D **26**
Taunton Av. *Stoc* —4C **128**
Taunton Av. *Urm* —1D **120**
Taunton Clo. *Bolt* —4G **31**
Taunton Clo. *Haz G* —3G **153**
Taunton Dri. *Farn* —6B **46**
Taunton Grn. *Ash L* —6D **86**
Taunton Gro. *W'fld* —3E **67**
Taunton Hall Clo. *Ash L* —6D **86**
Taunton Lawns. *Ash L* —6E **87**
Taunton Pl. *Ash L* —6D **86**
Taunton Platting. *Ash L* —5D **86**
Taunton Rd. *Ash L* —1G **99**
Taunton Rd. *Chad* —6G **55**
Taunton Rd. *Sale* —5F **121**
Taunton St. *M4* —4H **95** (5H 7)
Taunton Wlk. *Dent* —6G **113**
Taurus St. *Oldh* —1G **73**
Tavern Ct. *Fail* —4H **85**
Tavern Ct. Av. *Fail* —4H **85**
Tavern Rd. *Had* —4G **117**
Tavery Clo. *M4* —3H **95** (4G 7)
Tavistock Clo. *Hyde* —5A **116**
Tavistock Dri. *Chad* —6F **55**
Tavistock Rd. *Bolt* —1H **45**
Tavistock Rd. *Roch* —2F **41**
Tavistock Rd. *Sale* —4F **121**
Tavistock Sq. M9 —4F **83**
(off Grangewood Dri.)
Tawton Av. *Hyde* —4A **116**
Tay Clo. *Oldh* —4C **72**
Tayfield Rd. *M22* —3A **148**
Taylor Av. *Roch* —3B **26**
Taylor Bldgs. *Kear* —3B **64**
Taylor Grn. Way. *Lees* —2B **74**
Taylor La. *Dent* —3D **112**
Taylor Rd. *Alt* —6C **132**
Taylor Rd. *Urm* —6G **91**
Taylor's La. *M40* —6C **84**
Taylor's La. *Bolt* —6A **34**
Taylorson St. *Salf* —1H **107**
(in two parts)
Taylorson St. S. *Salf* —1G **107**
Taylor's Pl. *Oldh* —3E **73**
Taylors Pl. *Roch* —2H **27**
Taylor's Rd. *Stret* —3D **106**
Taylor St. *M18* —1E **111**
Taylor St. *Alt* —1F **145**
Taylor St. *Bury* —1E **37**
Taylor St. *Chad* —2G **71**
Taylor St. *Dent* —3F **113**
Taylor St. *Droy* —4H **97**
Taylor St. *Heyw* —3F **39**
Taylor St. *Holl* —2F **117**
Taylor St. *Hyde* —4D **114**
Taylor St. *Lees* —3A **74**
Taylor St. *Mid* —1A **70**
Taylor St. *Oldh* —1G **73**
Taylor St. *P'wch* —5F **67**
Taylor St. *Rad* —4G **49**
Taylor St. *Roch* —2H **27**
Taylor St. *Rytn* —2B **56**
Taylor St. *Stal* —4F **101**
Taylor St. *Whitw* —1D **14**
Taylor Ter. Duk —4H **99**
(off Astley St.)
Taylor Ter. L'boro —4G **17**
(off Ealees Rd.)
Taywood Rd. *Bolt* —5B **44**
Teak Clo. *Kear* —5D **64**
Teak St. *Bury* —3F **37**
Teal Av. *Poy* —3A **162**

Tealby Av. *M16* —3A **108**
Tealby Ct. *M21* —1A **124**
Tealby Rd. *M18* —3D **110**
Teal Clo. *Stoc* —6F **141**
Teal Ct. *Roch* —4B **26**
Teal St. *Bolt* —3B **46**
Teasdale Clo. *Chad* —6E **71**
Tebbutt St. *M4* —2F **95** (1D 6)
Tedburn Wlk. *M40* —1D **84**
Tedder Clo. *Bury* —5F **51**
Tedder Dri. *M22* —6D **148**
Teddington Rd. *M40* —2C **84**
Ted Jackson Wlk. *M11*
—5B **96**
Teer St. *M40* —3H **95** (4H 7)
Teesdale Av. *Urm* —3C **104**
Teesdale Clo. *Stoc* —5E **141**
Teesdale Wlk. *M9* —6G **69**
Tees St. *Roch* —5B **28**
Tees Wlk. *Oldh* —4C **72**
Teignmouth Av. *M40* —1G **95**
Telegraphic Ho. *Salf* —6G **93**
Telegraph Rd. *Traf P* —1A **106**
Telfer Av. *M13* —5A **110**
Telfer Rd. *M13* —5A **110**
Telford Clo. *Aud* —6E **99**
Telford M. *Upperm* —1F **61**
Telford Rd. *Marp* —1E **155**
Telford St. *M8* —6E **83**
Telford Wlk. *M16* —3B **108**
Telford Way. *Roch* —3G **41**
Telham Wlk. *M23* —6G **135**
Tellson Clo. *Salf* —5B **80**
Tellson Cres. *Salf* —5B **80**
Tell St. *Roch* —4F **27**
Telryn Wlk. M8 —3E **83**
(off Stakeford Dri.)
Temperance Sq. *Mot* —3C **116**
Temperance St. *M12*
—5G **95** (2E 11)
Temperance Ter. Marp
—5D **142**
Tempest Rd. *Ald E* —5H **167**
Tempest Rd. *Los* —4A **44**
Tempest St. *Bolt* —3F **45**
Temple Clo. *Lees* —1A **74**
Templecombe Dri. *Bolt* —5B **18**
Temple Dri. *Bolt* —2G **31**
Temple Dri. *Swint* —4H **79**
Temple La. *L'boro* —6G **17**
Temple Rd. *Bolt* —2G **31**
Temple Rd. *Sale* —5D **122**
Temple Sq. *M8* —5D **82**
Temple St. *Heyw* —3F **39**
Temple St. *Mid* —6B **54**
Temple St. *Oldh* —2F **73**
Templeton Dri. *Alt* —5D **132**
Temsbury Wlk. *M40* —6G **83**
Ten Acre Dri. *W'fld* —2B **66**
Ten Acres La. *M40* —6A **84**
Tenax Rd. *Traf P* —6B **92**
Tenbury Clo. *Salf* —2F **93**
Tenbury Dri. *Mid* —4A **70**
Tenby Av. *M20* —3F **125**
Tenby Av. *Bolt* —4E **31**
Tenby Av. *Stret* —3F **107**
Tenby Ct. *M15* —1A **108** (6B 8)
Tenby Dri. *Chea H* —4D **150**
Tenby Dri. *Salf* —6B **80**
Tenby Gro. *Roch* —2E **27**
Tenby Rd. *Oldh* —1H **85**
Tenby Rd. *Stoc* —3D **138**
Tenby St. *Roch* —2E **27**
Tenement La. *Bram* —2E **151**
Teneriffe St. *Salf* —6H **81**
Tenham Wlk. M9 —6G **69**
(off Ravenswood Dri.)
Tennis St. *M16* —3H **107**
Tennis St. *Bolt* —2H **31**
Tennyson Av. *Bury* —1D **50**

Thornhill Rd.—Tommy Taylor Clo.

Thornhill Rd. *Stoc* —1B **138**
Thornholme Clo. *M18* —4D **110**
Thornholme Rd. *Marp* —1D **154**
Thorniley Brow. *M4*
—3E **95** (3A **6**)
Thornlea. *M9* —1B **84**
Thorn Lea. *Bolt* —1F **33**
Thornlea Av. *Oldh* —2A **86**
Thornlea Av. *Swint* —5D **78**
Thorn Lea Clo. *Bolt* —6D **30**
Thornlea Dri. *Roch* —1D **26**
Thornlee Ct. *Grot* —4D **74**
Thornleigh Rd. *M14* —6E **109**
Thornley Av. *Bolt* —3G **31**
Thornley Clo. *Grot* —4C **74**
Thornley Cres. *Bred* —5G **129**
Thornley Cres. *Grot* —4C **74**
Thornley La. *Grot* —4C **74**
Thornley La. N. *Stoc* —4H **111**
Thornley La. S. *Stoc & Dent*
—5H **111**
Thornley Pk. Rd. *Grot* —4C **74**
Thornley Rd. *P'wch* —2G **67**
Thornleys Rd. *Dent* —3G **113**
Thornley St. *Hyde* —6C **114**
Thornley St. *Mid* —6B **54**
Thornley St. *Rad* —5H **49**
Thornmere Clo. *Wdly* —1C **78**
Thorn Pl. *Salf* —3H **93**
Thorn Rd. *Bram* —2F **161**
Thorn Rd. *Oldh* —6G **73**
Thorn Rd. *Swint* —5E **79**
Thorns Av. *Bolt* —1A **32**
Thorns Clo. *Bolt* —2H **31**
Thorns Clough. *Dig* —2C **60**
Thornsett Clo. *M9* —3G **83**
Thornsgreen Rd. *M22* —5B **148**
Thorns Rd. *Bolt* —2H **31**
Thorns, The. *M21* —2H **123**
Thorn St. *Bolt* —3B **32**
Thorn St. *S'seat* —6E **13**
Thorns Villa Gdns. *Wor* —6C **76**
Thornton Av. *Aud* —5C **98**
Thornton Av. *Bolt* —4D **30**
Thornton Av. *Urm* —5C **104**
Thornton Clo. *Farn* —2D **62**
Thornton Clo. *L Lev* —4C **48**
Thornton Clo. *Wor* —4A **76**
Thornton Dri. *Hand* —1H **159**
Thornton Ga. *Gat* —5E **137**
Thornton Pl. *Stoc* —5D **126**
Thornton Rd. *M14* —5E **109**
Thornton Rd. *H Grn* —4G **149**
Thornton Rd. *Wor* —4A **76**
Thornton St. *M40* —1G **95**
Thornton St. *Bolt* —6C **32**
Thornton St. *Oldh* —4D **72**
Thornton St. *Roch* —6H **27**
Thornton St. N. *M40* —6E **83**
Thorntree Clo. *M9* —4G **83**
Thorntree Pl. *Roch* —3F **27**
Thorn View. *Bury* —2G **37**
Thornway. *H Lane* —6D **154**
Thornway. *Wor* —3C **76**
Thornwood Av. *M18* —3G **111**
Thorold Gro. *Sale* —5E **123**
Thorp Av. *Rad* —2B **50**
Thorpe Av. *Swint* —2E **79**
Thorpebrook Rd. *M40* —5A **84**
Thorpe Clo. *Aus* —1C **74**
Thorpe Clo. *Dent* —3F **113**
Thorpe Gro. *Stoc* —3F **127**
Thorpe Hall Gro. *Hyde* —1D **114**
Thorpe Hill. *Oldh* —2C **72**
Thorpe La. *Aud* —2F **113**
Thorpe La. *Aus & Scout*
—1B **74**
Thorpeness Sq. *M18* —1F **111**
Thorpe St. *M16* —3A **108**

Thorpe St. *Bolt* —3H **31**
Thorpe St. *Mid* —2E **69**
Thorpe St. *Ram* —4D **12**
Thorpe St. *Wor* —5F **63**
Thorpe View. Salf
(off Ordsall Dri.) —6A **94** (3A **8**)
Thorp Rd. *M40* —5A **84**
Thorp Rd. *Rytn* —3B **56**
Thorp St. *Ecc* —5D **90**
Thorp St. *W'fld* —5C **50**
Thorp View. *Rytn* —1A **56**
Thorsby Av. *Hyde* —5D **114**
Thorsby Clo. *M18* —2G **111**
Thorsby Clo. *Brom X* —3D **18**
Thorsby Rd. *Tim* —6G **133**
Thorsby Way. *Dent* —6G **113**
Thorverton Sq. *M40* —3B **84**
Thrapston Av. *Aud* —4D **98**
Threaphurst La. *Haz G* —4A **154**
Threapwood Rd. *M22* —4C **148**
Three Acre Av. *Rytn* —3E **57**
Three Acres Dri. *Stoc* —4G **127**
Three Pits. *Mid* —2C **54**
Threlkeld Clo. *Mid* —6E **53**
Threlkeld Rd. *Bolt* —4B **18**
Threlkeld Rd. *Mid* —6E **53**
Thresher Clo. *Sale* —6F **123**
Threshfield Clo. *Bury* —4F **23**
Threshfield Dri. *Tim* —4B **134**
Throstle Bank St. *Hyde*
—3A **114**
Throstle Ct. *Rytn* —3B **56**
Throstle Gro. *Bury* —6C **22**
Throstle Gro. *Marp* —6B **142**
Throstle Hall Ct. *Mid* —6H **53**
Throstles Clo. *Droy* —2C **98**
Thrum Fold. *Roch* —6D **14**
Thrum Hall La. *Roch* —6D **14**
(in three parts)
Thrush Av. *Farn* —1B **62**
Thrush Dri. *Bury* —1F **37**
Thrush St. *Roch* —2E **27**
Thruxton Clo. *M16* —4C **108**
Thurland Rd. *Oldh* —3G **73**
Thurland St. *Chad* —1E **71**
Thurlby Av. *M9* —4G **69**
Thurlby St. *M13* —3H **109**
Thurleigh Rd. *M20* —5F **125**
Thurleston Dri. *Bram* —2A **152**
Thurlestone Av. *Bolt* —4D **34**
Thurlestone Dri. *Urm* —4E **105**
Thurlestone Rd. *Alt* —6D **132**
Thurloe St. *M14* —4G **109**
Thurlow St. *Salf* —5F **93**
Thurlston Cres. *M8* —4C **82**
Thurlwood Av. *M20* —2E **125**
Thurnham St. *Bolt* —4G **45**
Thurnley Wlk. *M8* —6B **82**
Thursby Av. *M20* —3E **125**
Thursby Wlk. *Mid* —5E **53**
Thursfield St. *Salf* —6F **81**
Thurstane St. *Bolt* —3G **31**
Thurston Clo. *Bury* —5E **51**
Thurston Clough Rd. Scout &
Dob —6F **59**
Thurston Grn. *Ald E* —5G **167**
Thyme Clo. *M21* —5B **124**
Thynne St. *Bolt* —1B **46**
Thynne St. *Farn* —6E **47**
Tiber Av. *Oldh* —2A **86**
Tib La. *M2* —4D **94** (6H **5**)
Tib St. *M4* —4E **95** (5B **6**)
Tib St. *Dent* —5F **113**
Tib St. *Ram* —4D **12**
Tichfield Rd. *Oldh* —5G **73**
Tidebrook Wlk. M40 —6F **83**
(off Sedgeford Rd.)
Tideswell Av. *M40*
—2H **95** (1G **7**)
Tideswell Bank. *Glos* —6G **117**
Tideswell Clo. *H Grn* —6H **149**

Tideswell Rd. *Droy* —2G **97**
Tideswell Rd. *Haz G* —5E **153**
Tideswell Wlk. Glos —6G **117**
(off Riber Bank)
Tideswell Way. *Dent* —1G **129**
Tideway Clo. *Salf* —3D **80**
Tidworth Av. *M4*
—3H **95** (4G **7**)
Tiefield Wlk. *M21* —2C **124**
Tiflis St. *Roch* —3G **27**
Tig Fold Rd. *Farn* —1A **62**
Tilbury St. *Oldh* —1C **72**
Tilbury Wlk. *M40* —1H **95**
Tilby Clo. *Urm* —5A **104**
Tildsley St. *Bolt* —3A **46**
Tilehurst Ct. *Salf* —4F **81**
Tile St. *Bury* —2D **36**
Tilgate Wlk. M9 —6G **69**
(off Haverfield Rd.)
Tillard Av. *Stoc* —3D **138**
Tillhey Rd. *M22* —3B **148**
Tillington Clo. *Bolt* —2A **32**
Tilney Av. *Stret* —6D **106**
Tilshead Wlk. M13
—1G **109** (6F **11**)
(off Dilston Clo.)
Tilside Gro. *Los* —6A **30**
Tilson Rd. *Rnd I* —6E **135**
Tilstock Wlk. *M23* —3D **134**
Tilston Wlk. *Wilm* —5A **160**
Tilton St. *Oldh* —5G **57**
Timberbottom. *Bolt* —1E **33**
Timbercliffe. *L'boro* —6H **17**
Timberhurst. *Bury* —3H **37**
Timbersbrook Gro. *Wilm*
—5H **159**
Times St. *Mid* —1B **70**
Timothy Clo. *Salf* —2B **92**
Timperley Clo. *Oldh* —1F **87**
Timperley Fold. *Ash L* —5G **87**
Timperley Rd. *Ash L* —5G **87**
TIMPERLEY STATION. *M*
—3H **133**
Timperley St. *M11* —5E **97**
Timperley St. *Oldh* —2C **72**
Timpson Rd. *Rnd I* —4E **135**
Timsbury Clo. *Bolt* —2H **47**
Timson St. *Fail* —4F **85**
Tim's Ter. *Miln* —5F **29**
Tindall St. *Ecc* —5D **90**
Tindall St. *Stoc* —4H **111**
Tindle St. *Wor* —6H **63**
Tinker's Pas. *Hyde* —5C **114**
Tinker St. *Hyde* —4B **114**
Tinline St. *Bury* —3E **37**
Tinningham Clo. *M11* —6G **97**
Tinsdale Wlk. *Mid* —6E **53**
Tinshill Clo. *M12* —2C **110**
Tinsley Clo. *M40* —2A **96**
Tinsley Gro. *Bolt* —5D **32**
Tinsley Wlk. M40 —3A **96**
(off Ridgway St.)
Tin St. *Bolt* —2A **46**
Tin St. *Oldh* —1B **72**
Tintagel Ct. *Rad* —2C **48**
Tintagel St. *Stal* —3D **100**
Tintagel Wlk. *Hyde* —4A **116**
Tintern Av. *M20* —4D **124**
Tintern Av. *Bolt* —3D **32**
Tintern Av. *Heyw* —1E **39**
Tintern Av. *L'boro* —2E **17**
Tintern Av. *Roch* —6E **15**
Tintern Av. *Urm* —1C **120**
Tintern Av. *W'fld* —5D **50**
Tintern Clo. *Poy* —2D **162**
Tintern Dri. *Hale* —3C **146**
Tintern Gro. *Stoc* —2B **140**
Tintern Pl. *Heyw* —1E **39**
Tintern Rd. *Chea H* —1D **160**
Tintern Rd. *Mid* —4H **53**
Tintern St. *M14* —5F **109**

Tintern Wlk. *Oldh* —5G **73**
Tipperary St. *C'brk* —6G **89**
Tipping St. *M12*
—6F **95** (3D **10**)
Tipping St. *Alt* —2F **145**
Tipton Clo. *Chea H* —1D **150**
Tipton Clo. *Rad* —2D **48**
Tipton Dri. *M23* —1H **135**
Tiptree Wlk. *M9* —3G **83**
Tiree Clo. *Haz G* —4F **153**
Tirza Av. *M19* —1B **126**
Tissington Bank. Glos —6F **117**
(off Youlgreave Cres.)
Tissington Grn. Glos —6F **117**
(off Youlgreave Cres.)
Tissington Ter. Glos —6F **117**
(off Youlgreave Cres.)
Tissington Wlk. M15
—1C **108** (6E **9**)
(off Ipstone Clo.)
Tithe Barn Clo. *Roch* —5B **16**
Tithe Barn Cres. *Bolt* —1D **32**
Tithebarn Rd. *Haleb* —5C **146**
Tithe Barn Rd. *Stoc* —5B **126**
Tithebarn St. *Bury* —3D **36**
Tithebarn St. *Rad* —3B **50**
Titherington Dri. *M19* —6F **111**
Titian Rise. *Oldh* —3H **57**
Titterington Av. *M21* —5H **107**
Tiverton Av. *Sale* —6H **121**
Tiverton Clo. *Rad* —2C **48**
Tiverton Dri. *Sale* —6H **121**
Tiverton Pl. *Ash L* —6E **87**
Tiverton Rd. *Urm* —3G **105**
Tiverton Wlk. *Bolt* —4G **31**
Tiviot Dale. *Stoc* —1H **139**
Tiviot Way. *Stoc* —6G **127**
Tivol St. *M3* —4C **94** (6F **5**)
Tixall Wlk. *M8* —1A **82**
Toad La. *Roch* —3H **27**
(in two parts)
Tobermory Clo. *M11* —4F **97**
Tobermory Rd. *H Grn* —4G **149**
Toddbrook Clo. *M15*
—6C **94** (4F **9**)
Todd's Pl. *M8* —2E **83**
Todd St. *M3* —3E **95** (3A **6**)
Todd St. *Bury* —1C **36**
Todd St. *Heyw* —3C **38**
Todd St. *Roch* —4A **28**
Todd St. *Salf* —5H **81**
Todmorden Rd. *L'boro* —3F **17**
Toft Way. *Hand* —3A **160**
Toftwood Wlk. *M40* —6F **83**
Toledo St. *M11* —4F **97**
Tolland La. *Hale* —5H **145**
Tollard Av. *M40* —6F **83**
Tollard Clo. *Chea H* —1D **160**
Toll Bar St. *M12* —1A **110**
Tollbar St. *Stoc* —3H **139**
Tollemache Clo. *Mot* —2C **116**
Tollemache Rd. *Mot* —2C **116**
Tollesbury Clo. *M40* —1H **95**
Toll Ga. Clo. *M13* —3A **110**
Tollgate Way. *Roch* —3C **28**
Toll St. *Rad* —3D **48**
Tolworth Dri. *M8* —4D **82**
Tomcroft La. *Dent* —5D **112**
Tom La. *Alt* —6B **144**
Tomlinson Clo. *Oldh* —4C **72**
Tomlinson St. *M40* —6C **70**
Tomlinson St. *Roch* —1C **40**
Tomlin Sq. *Bolt* —6E **33**
Tom Lomas Wlk. *M11* —3D **96**
Tommy Browell Clo. *M14*
—4E **109**
Tommy Johnson Wlk. *M14*
—4E **109**
Tommy La. *Bolt* —4C **34**
Tommy Taylor Clo. *M40*
—6C **84**

Union St.—Vicarage Cres.

Union St. *Hyde* —5B **114**
Union St. *Lees* —3A **74**
Union St. *Mid* —6A **54**
Union St. *Oldh* —3C **72**
Union St. *Pen* —3G **79**
(Pendlebury)
Union St. *Pen* —3E **79**
(Swinton)
Union St. *Ram* —3E **13**
Union St. *Rytn* —3B **56**
Union St. *Salf* —1G **93**
Union St. *Stoc* —3H **139**
Union St. *Whitw & Roch*
(Rochdale) —3H **27**
Union St. *Whitw* —1C **14**
(Whitworth)
Union St. W. *Oldh* —3C **72**
(in two parts)
Union Yd. *Oldh* —2F **73**
United Rd. *M16* —2E **107**
United Trad. Est. *M16* —2E **107**
Unity Clo. *Heyw* —4D **38**
Unity Cres. *Heyw* —4D **38**
Unity St. *Heyw* —4D **38**
Unity Way. *Stoc* —3H **139**
University Rd. *Salf* —2H **93**
(in two parts)
University Rd. W. *Salf* —3H **93**
Unsworth St. *Rad* —3F **49**
Unsworth Way. *Oldh* —1C **72**
Unwin Av. *M18* —3F **111**
Upavon Ct. *M8* —5B **82**
Upavon Rd. *M22* —2D **148**
Upcast La. *Wilm* —6A **166**
Upland Dri. *L Hul* —3B **62**
Upland Rd. *Oldh* —5C **72**
Uplands. *Mid* —2A **70**
Uplands Av. *Rad* —5A **50**
Uplands Rd. *Hyde* —3E **131**
Uplands Rd. *Urm* —1A **120**
Uplands, The. *Moss* —2F **89**
Up. Brook St. *M13*
—6F **95** (4C **10**)
Up. Brook St. *Stoc* —2H **139**
Up. Camp St. *Salf* —6H **81**
Up. Chorlton Rd. *M16* —5A **108**
Up. Cliff Hill. *Shaw* —4G **43**
Up. Conran St. *M9* —3G **83**
Up. Cyrus St. *M40* —3A **96**
Up. Downs. *Bow* —2E **145**
Up. George St. *Roch* —2H **27**
Up. Gloucester St. *Salf* —2G **93**
Up. Hayes Clo. *Roch* —3C **28**
Up. Helena St. *M40* —3A **96**
Up. Hibbert La. *Marp* —1D **154**
Up. Kent Rd. *M14* —4H **109**
Up. Kirby St. *M4* —4G **95** (5F **7**)
Up. Lloyd St. *M14* —4E **109**
Up. Mead. *Eger* —2D **18**
Up. Medlock St. *M15*
—1D **108** (5H **9**)
Up. Monsall St. *M40* —5G **83**
Up. Moss La. *M15*
—1C **108** (6E **9**)
Up. Park Rd. *M14* —3G **109**
Up. Park Rd. *Salf* —2H **81**
Up. Passmonds Gro. *Roch*
—3D **26**
Upperstone Dri. *Miln* —5D **28**
Up. West Gro. *M13* —2H **109**
Up. Wharf St. *Salf*
—4A **94** (5B **4**)
Up. Wilton St. *P'wch* —5G **67**
Uppingham Dri. *Ram* —2D **12**
Upton. *Roch* —5G **27**
Upton Av. *Chea H* —5C **150**
Upton Av. *Stoc* —5A **126**
Upton Clo. *Mid* —4A **70**
Upton Dri. *Tim* —3G **133**
Upton St. *M1* —4F **95** (1C **10**)

Upton Wlk. *Ash L* —4G **99**
Upton Way. *Hand* —2H **159**
Upton Way. *Wals* —6H **21**
Upwood Wlk. *M9* —6G **69**
Urban Av. *Alt* —1G **145**
Urban Dri. *Alt* —1G **145**
Urban Rd. *Alt* —1G **145**
Urban Rd. *Sale* —5A **122**
Urmson St. *Oldh* —6D **72**
Urmston La. *Stret* —6A **106**
Urmston Pk. *Urm* —5G **105**
URMSTON STATION. *BR*
—5F **105**
Urwick Rd. *Rom* —1H **141**
Usk Clo. *W'fld* —2G **67**
Utley Field View. *Hale* —2G **145**
Uttley St. *Bolt* —3H **31**
Uttley St. *Roch* —1C **40**
Uvedale Ho. *Ecc* —4F **91**
(off Adelaide St.)
Uxbridge Av. *M11* —3E **97**
Uxbridge St. *Ash L* —2G **99**

Vaal St. *Oldh* —6A **72**
Valance Clo. *M12* —1C **110**
Valdene Clo. *Farn* —2F **63**
Valdene Dri. *Farn* —2F **63**
Valdene Dri. *Wor* —3F **77**
Vale Av. *Bury* —6B **36**
Vale Av. *Hyde* —4E **115**
Vale Av. *Pen* —2G **79**
Vale Av. *Rad* —2C **64**
Vale Av. *Sale* —4E **123**
Vale Av. *Urm* —6A **104**
Vale Clo. *Haz G* —1E **153**
Vale Clo. *Rom* —1D **142**
Vale Clo. *Stoc* —1B **138**
Vale Coppice. *BLO* —6E **13**
Vale Cotts. *L'boro* —4E **17**
Vale Ct. *Bow* —4D **144**
Vale Ct. *Mid* —1B **70**
Vale Ct. *Stoc* —1B **138**
Vale Cres. *Chea H* —3B **150**
Vale Dri. *Oldh* —3B **72**
Vale Dri. *P'wch* —1E **81**
Vale Edge. *Rad* —2G **49**
Vale Head. *Hand* —5A **160**
Vale La. *Fail* —1A **98**
Valencia Rd. *Salf* —5F **81**
Valentina Rd. *M9* —5F **69**
Valentine St. *Fail* —4E **85**
Valentine St. *Oldh* —3G **73**
Valerie Wlk. *M15*
—6D **94** (4H **9**)
(off Loxford St.)
Vale Rd. *Bow* —4D **144**
Vale Rd. *C'brk* —5G **89**
Vale Rd. *Droy* —2B **98**
Vale Rd. *Rom* —2H **141**
Vale Rd. *Shaw* —1H **57**
Vale Rd. *Stoc* —2B **138**
Vale Rd. *Tim* —5B **134**
Vale Rd. *Wilm* —1C **166**
Vale Side. *Moss* —3E **89**
Vale St. *M11* —3E **97**
Vale St. *Ash L* —5E **87**
Vale St. *Bolt* —6A **34**
Vale St. *Heyw* —3G **39**
(in two parts)
Vale St. *Mid* —1B **70**
Vale, The. *Moss* —2D **88**
Vale Top Av. *M9* —4H **83**
Valetta Clo. *M14* —1F **125**
Valewood Av. *Stoc* —2C **138**
Valiant Wlk. *M40* —2E **85**
Valletts La. *Bolt* —4G **31**
Valley Av. *Bury* —6B **22**
Valley Clo. *Chea* —2A **150**
Valley Clo. *Moss* —1D **88**
Valley Cotts. *Moss* —1F **89**

Valley Ct. *Stoc* —2D **138**
Valley Dri. *Hand* —4G **159**
Valley Gdns. *Hyde* —6A **116**
Valley Gro. *Dent* —5H **113**
Valley New Rd. *Rytn* —4C **56**
Valley Pk. Rd. *P'wch* —4D **66**
Valley Rise. *Shaw* —4E **43**
Valley Rd. *Bram* —4H **151**
Valley Rd. *Bred* —5D **128**
Valley Rd. *Chea* —1A **150**
Valley Rd. *Hyde* —6A **116**
Valley Rd. *Mid* —5B **54**
Valley Rd. *Roch* —1E **41**
Valley Rd. *Rytn* —4C **56**
Valley Rd. *Stoc* —2D **138**
Valley Rd. *Urm* —3H **103**
Valley Rd. S. *Urm* —5G **103**
Valley View. *Brom X* —4E **19**
Valley View. *Hyde* —3E **115**
Valley View. *Whitw* —1H **15**
Valley Wlk. *M11* —4B **96**
Valley Way. *Stal* —4G **101**
Valpy Av. *Bolt* —2D **32**
Vancouver Quay. *Salf* —6F **93**
Vandyke Av. *Salf* —1B **92**
Vandyke St. *Roch* —2B **26**
Vane St. *Ecc* —3F **91**
(in two parts)
Vanguard Clo. *Ecc* —6B **90**
Vannes Gro. *Mot* —4B **116**
Vantomme St. *Bolt* —1A **32**
Vant St. *Oldh* —5G **73**
Varden Gro. *Stoc* —6F **139**
Varden Rd. *Poy* —4E **163**
Vardon Dri. *Wilm* —3G **167**
Varey St. *M18* —2F **111**
Varley Rd. *Bolt* —3E **45**
Varley St. *M40* —1H **95**
Varna St. *M11* —6F **97**
Vauban Dri. *Salf* —2B **92**
Vaudrey Dri. *Chea H* —2C **150**
Vaudrey Dri. *Haz G* —3E **153**
Vaudrey Dri. *Tim* —3A **134**
Vaudrey La. *Dent* —5G **113**
Vaudrey Rd. *Woodl* —4G **129**
Vaudrey St. *Stal* —4E **101**
Vaughan Av. *M40* —3A **84**
Vaughan Gro. *Lees* —3B **74**
Vaughan Ind. Est. *M12* —6B **96**
Vaughan Rd. *M21* —1B **124**
Vaughan Rd. *Stoc* —6F **127**
Vaughan St. *M12* —6B **96**
Vaughan St. *Ecc* —2D **90**
Vaughan St. *Rytn* —4C **56**
Vauxhall St. *M40* —1F **95**
Vavasour Ct. *Roch* —5B **28**
Vavasour St. *Roch* —5B **28**
(in two parts)
Vawdrey Dri. *M23* —1F **135**
Vaynor. *Roch* —3G **27**
(off Spotland Rd.)
Vega St. *M8* —1C **94**
Veitch M. *Chea* —6H **137**
Vela Wlk. *Salf* —2A **94** (1B **4**)
Velmere Av. *M9* —4C **68**
Velour Clo. *Salf* —2B **94** (1C **4**)
Velvet Ct. *M1* —5E **95** (2B **10**)
(off Granby Row)
Velvet Sq. *M1* —5E **95** (2B **10**)
(off Bombay St.)
Vendale Av. *Swint* —5D **78**
Venesta Av. *Salf* —1B **92**
Venetia St. *M40* —6C **84**
Venice Ct. *M1* —5E **95** (2B **10**)
(off Samuel Ogden St.)
Venice Sq. *M1* —5E **95** (2B **10**)
Venice St. *M1* —5E **95** (1B **10**)
Venice St. *Bolt* —3G **45**
Venlo Gdns. *Chea H* —4D **150**
Ventnor Av. *M19* —1D **126**
Ventnor Av. *Bolt* —2B **32**

Ventnor Av. *Bury* —4D **50**
Ventnor Av. *Sale* —3B **122**
Ventnor Clo. *Dent* —1H **129**
Ventnor Rd. *M20* —6G **125**
Ventnor Rd. *Stoc* —1C **138**
Ventnor St. *M9* —3F **83**
Ventnor St. *Roch* —4G **27**
Ventnor St. *Salf* —6F **81**
Ventura Clo. *M14* —6E **109**
Venwood Rd. *P'wch* —1D **80**
Verbena Av. *Farn* —6C **46**
Verbena Clo. *Part* —6D **118**
Verdant La. *Ecc* —5B **90**
Verdon St. *M4* —2E **95** (2A **6**)
Verdun Av. *Salf* —2B **92**
Verdun Cres. *Roch* —3E **27**
Verdun Rd. *Ecc* —1D **90**
Verdure Av. *Bolt* —5C **30**
Verdure Av. *Sale* —2C **134**
Verdure Clo. *Fail* —4H **85**
Vere St. *Salf* —4F **93**
Verity Clo. *M20* —3F **125**
Verity Clo. *Rytn* —5B **56**
Verity Wlk. *M9* —6D **68**
Vermont St. *Bolt* —5H **31**
Verne Av. *Swint* —3E **79**
Verne Dri. *Oldh* —2A **58**
Verney Rd. *Rytn* —5C **56**
Vernham Wlk. *Bolt* —3A **46**
Vernon Av. *Ecc* —3H **91**
Vernon Av. *Stoc* —1B **140**
Vernon Av. *Stret* —6D **106**
Vernon Clo. *Chea* —4A **150**
Vernon Clo. *Poy* —5D **162**
Vernon Ct. *Salf* —2G **81**
Vernon Dri. *Marp* —4B **142**
Vernon Dri. *P'wch* —1E **81**
Vernon Gro. *Ecc* —3H **91**
Vernon Gro. *Sale* —5E **123**
Vernon Ho. *Stoc* —2B **140**
Vernon Lodge. *Poy* —5D **162**
Vernon Pk. *Tim* —4A **134**
Vernon Rd. *Bred* —6E **129**
(in two parts)
Vernon Rd. *Droy* —3G **97**
Vernon Rd. *G'mnt* —2H **21**
Vernon Rd. *Poy* —5D **162**
Vernon Rd. *Salf* —2G **81**
Vernon St. *Ash L* —1A **100**
Vernon St. *Bolt* —5A **32**
Vernon St. *Bury* —1D **36**
Vernon St. *Farn* —6G **47**
Vernon St. *Harp* —4G **83**
Vernon St. *Haz G* —2D **152**
Vernon St. *Hyde* —5C **114**
Vernon St. *Moss* —1E **89**
Vernon St. *Old T* —2B **108**
Vernon St. *Salf* —6H **81**
Vernon St. *Stoc* —1H **139**
Vernon Ter. *M12* —2B **110**
Vernon View. *Bred* —6F **129**
Vernon Wlk. *Bolt* —5A **32**
Vernon Wlk. *Stoc* —2G **139**
Verona Dri. *M40* —1E **97**
Veronica Rd. *M20* —6G **125**
Verrill Av. *M23* —2A **136**
Verwood Wlk. *M23* —6G **135**
Vesper St. *Fail* —3G **85**
Vesta St. *M4* —4G **95** (5F **7**)
Vesta St. *Ram* —3D **12**
Vestris Dri. *Salf* —2B **92**
Viaduct Rd. *B'hth* —4F **133**
Viaduct St. *M12* —5A **96**
Viaduct St. *Salf* —3C **94** (3F **5**)
Viaduct St. *Stoc* —2G **139**
Vicarage Av. *Chea H* —5D **150**
Vicarage Clo. *Bury* —3E **23**
Vicarage Clo. *Duk* —5C **100**
Vicarage Clo. *Salf* —2B **92**
Vicarage Clo. *Spring* —2B **74**
Vicarage Cres. *Ash L* —6H **87**

Vicarage Dri. *Duk* —5B **100**
Vicarage Dri. *Roch* —6A **16**
Vicarage Gdns. *Hyde* —5C **114**
Vicarage Gro. *Ecc* —3H **91**
Vicarage La. *Bolt* —2G **31**
Vicarage La. *Bow* —4E **145**
Vicarage La. *Mid* —2D **70**
Vicarage La. *Poy* —2D **162**
Vicarage Rd. *Ash L* —6F **87**
Vicarage Rd. *Irl* —5E **103**
Vicarage Rd. *Stoc* —5G **139**
Vicarage Rd. *Swint* —3E **79**
Vicarage Rd. *Urm* —3D **104**
Vicarage Rd. *Wor* —5E **63**
Vicarage Rd. N. *Roch* —4C **40**
Vicarage Rd. S. *Roch* —4C **40**
Vicarage St. *Bolt* —2H **45**
Vicarage St. *Oldh* —6A **72**
Vicarage St. *Rad* —4G **49**
Vicarage St. *Shaw* —6F **43**
Vicarage View. *Roch* —4D **40**
Vicarage Way. *Shaw* —1E **57**
Vicars Dri. *Roch* —5H **27**
Vicars Hall Gdns. *Wor* —5B **76**
Vicars Hall La. *Wor* —6B **76**
Vicars Rd. *M21* —1G **123**
Vicars St. *Ecc* —2H **91**
Viceroy Clo. *Manx* —1F **137**
Vicker Clo. *Clif* —1F **79**
Vicker Gro. *M20* —4D **124**
Vickerman St. *Bolt* —3H **31**
Vickers St. *M40* —2A **96**
Vickers St. *Bolt* —2H **45**
Victor Av. *Bury* —1C **36**
Victoria Av. *M9* —4B **68**
Victoria Av. *Bred* —6F **129**
Victoria Av. *Chea H* —3C **150**
Victoria Av. *Did* —6E **125**
Victoria Av. *Ecc* —2H **91**
Victoria Av. *Haz G* —2E **153**
Victoria Av. *Lev* —1C **126**
Victoria Av. *Swint* —3G **79**
Victoria Av. *Tim* —4G **133**
Victoria Av. *W'fld* —1E **67**
Victoria Av. E. *M9* —5G **69**
Victoria Bri. St. *Salf*
  —3D **94** (3G **5**)
Victoria Building, The. *Salf*
  —6F **93**
Victoria Clo. *Bram* —1F **161**
Victoria Clo. *Stoc* —4G **139**
Victoria Clo. *Wor* —5C **76**
Victoria Ct. *Ash L* —4G **99**
Victoria Ct. *Farn* —5E **47**
Victoria Ct. *Stret* —5C **106**
Victoria Cres. *Ecc* —2H **91**
Victoria Dri. *Sale* —6D **122**
Victoria Gdns. *Hyde* —3D **114**
Victoria Gdns. *Shaw* —6F **43**
Victoria Gro. *M14* —2G **125**
Victoria Gro. *Bolt* —4G **31**
Victoria Gro. *Stoc* —4E **127**
Victoria Ind. Est. *M4*
  —4H **95** (5G **7**)
Victoria La. *Swint* —3D **78**
Victoria La. *W'fld* —2D **66**
Victoria Lodge. *Salf* —6G **81**
Victoria M. *Bury* —5F **51**
Victoria Pde. *Urm* —5F **105**
Victoria Pk. *Stoc* —3B **140**
Victoria Pl. *Dent* —1G **129**
Victoria Rd. *Bolt* —6B **30**
Victoria Rd. *Duk* —1A **114**
Victoria Rd. *Ecc* —2G **91**
Victoria Rd. *Fall* —1F **125**
Victoria Rd. *Hale* —2F **145**
Victoria Rd. *Irl* —6D **102**
Victoria Rd. *Kear* —3A **64**
Victoria Rd. *Lev* —6B **110**
Victoria Rd. *N'den* —3B **136**
Victoria Rd. *Sale* —6D **122**

Victoria Rd. *Salf* —1A **92**
Victoria Rd. *Stoc* —2B **140**
Victoria Rd. *Stret* —5D **106**
Victoria Rd. *Tim* —5A **134**
Victoria Rd. *Urm* —5D **104**
Victoria Rd. *Whal R* —5B **108**
Victoria Rd. *Wilm* —3D **166**
Victoria Row. *Bury* —3B **36**
Victoria Sq. *M4* —3F **95** (3D **6**)
Victoria Sq. *Bolt* —6B **32**
Victoria Sq. *W'fld* —2D **66**
Victoria Sq. *Wor* —6F **63**
VICTORIA STATION. *BR & M*
  —2D **94**
Victoria Sta. App. *M3*
  —3E **95** (3H **5**)
Victoria St. *M3* —3D **94** (4H **5**)
Victoria St. *Ain* —4C **34**
Victoria St. *Alt* —6F **133**
Victoria St. *Ash L* —4G **99**
Victoria St. *Bar* —3D **86**
Victoria St. *Bury* —3B **36**
Victoria St. *Chad* —2H **71**
Victoria St. *Dent* —4E **113**
Victoria St. *Droy* —4A **98**
Victoria St. *Duk* —5B **100**
Victoria St. *Fail* —5D **84**
Victoria St. *Farn* —5D **46**
Victoria St. *Heyw* —4G **39**
Victoria St. *Hyde* —3C **114**
Victoria St. *Lees* —3A **74**
Victoria St. *L'boro* —4F **17**
Victoria St. *Mid* —1A **70**
Victoria St. *Millb* —1H **101**
Victoria St. *Oldh* —3E **73**
Victoria St. *Open* —5E **97**
Victoria St. *Rad* —4G **49**
Victoria St. *Ram* —3D **12**
Victoria St. *Roch* —2H **27**
Victoria St. *Shaw* —1F **57**
Victoria St. *Stal* —3D **100**
Victoria St. *Tot* —4G **21**
Victoria St. *Whitw* —1C **14**
Victoria St. *Wor* —5C **76**
Victoria Ter. *M12* —3B **110**
Victoria Ter. *Heyw* —1E **39**
Victoria Ter. *Miln* —6G **29**
Victoria Vs. *Bolt* —4G **31**
Victoria Wlk. *Chad* —6A **56**
Victoria Way. *Bram* —1F **161**
Victoria Way. *Rytn* —1A **56**
Victor Mann St. *M11* —4A **98**
Victor St. *M40* —1G **95**
Victor St. *Heyw* —5G **39**
Victor St. *Oldh* —2H **85**
Victor St. *Salf* —3G **94** (4D **4**)
Victory Gro. *Aud* —6C **98**
Victory Rd. *Cad* —5A **118**
Victory Rd. *L Lev* —3A **48**
Victory St. *M14* —4G **109**
Victory St. *Bolt* —5G **31**
  (in two parts)
Victory Trad. Est. *Bolt* —2C **46**
Vienna Rd. *Stoc* —5F **139**
Vienna Rd. E. *Stoc* —5F **139**
Viewfield Wlk. M9 —4G **83**
  (off Nethervale Ct.)
Viewlands Dri. *Hand* —5H **159**
View St. *Bolt* —2H **45**
Vigar Av. *Stoc* —2H **139**
Vigo Av. *Bolt* —4F **45**
Vigo St. *Heyw* —4G **39**
Vigo St. *Oldh* —4H **73**
Viking Clo. *M11* —4B **96**
Viking St. *Bolt* —3C **46**
Viking St. *Roch* —3E **27**
Village Clo. *Wilm* —6H **159**
Village Grn. Upperm —1F **61**
  (off New St.)
Village St. *Salf* —6G **81**
Village, The. *Chea* —1A **150**

Village, The. *Urm* —1B **120**
Village Wlk. *Open* —4E **97**
Village Way. *M4* —3E **95** (3B **6**)
Village Way. *Wilm* —6H **159**
Villa Rd. *Oldh* —5D **72**
Villdale Av. *Stoc* —4C **140**
Villemoble Sq. *Droy* —4A **98**
Villiers Ct. *W'fld* —2E **67**
Villiers Dri. *Oldh* —4C **72**
Villiers St. *Ash L* —3B **100**
Villiers St. *Bury* —2E **37**
Villiers St. *Hyde* —5D **114**
Villiers St. *Salf* —1F **93**
Vinca Gro. *Salf* —5H **81**
Vincent Av. *M21* —6G **107**
Vincent Av. *Ecc* —1F **91**
Vincent Av. *Oldh* —1G **73**
Vincent Ct. *Bolt* —4A **46**
Vincent St. *M11* —5E **97**
Vincent St. *Bolt* —1H **45**
Vincent St. *Hyde* —6D **114**
Vincent St. *L'boro* —3E **17**
Vincent St. *Mid* —5A **54**
Vincent St. *Roch* —6A **28**
Vincent St. *Salf* —4H **81**
Vine Av. *Pen* —3H **79**
Vine Clo. *Sale* —4E **121**
Vine Clo. *Shaw* —6F **43**
Vine Ct. *Roch* —4B **28**
Vine Ct. *Stret* —6D **106**
Vine Fold. *M40* —2F **85**
Vine Gro. *Stoc* —5C **140**
Vine Pl. *Roch* —6H **27**
Vinery Gro. *Dent* —4E **113**
Vine St. *M11 & M18* —6G **97**
Vine St. *Chad* —6H **71**
Vine St. *Ecc* —4E **91**
Vine St. *Haz G* —2D **152**
Vine St. *P'wch* —4G **67**
Vine St. *Ram* —5C **12**
  (in two parts)
Vine St. *Salf* —3F **81**
Vineyard Clo. *Ward* —2A **16**
Vineyard Cotts. *Roch* —2A **16**
Vineyard Ho. Roch —2A **16**
  (off Knowl Syke St.)
Vineyard St. *Oldh* —2F **73**
Vinton Pl. *Marp* —5D **142**
Viola St. *M11* —3F **97**
Viola St. *Bolt* —2A **32**
Violet Av. *Farn* —6C **46**
Violet Ct. *M22* —2B **148**
Violet Hill Ct. *Oldh* —1A **74**
Violet St. *M18* —1H **111**
Violet St. *Stoc* —5H **139**
Violet Way. *Mid* —2D **70**
Virgil St. *M15* —1B **108** (5C **8**)
Virgina Ho. *M11* —6D **96**
Virginia Chase. *Chea H* —5B **150**
Virginia Clo. *M23* —4D **134**
Virginia Ho. *Farn* —2F **63**
Virginia St. *Bolt* —3F **45**
Viscount Dri. *H Grn* —6H **149**
Viscount Dri. *Tim* —6F **147**
Viscount St. *M14* —4G **109**
Vista, The. *Cad* —3A **118**
Vivian Pl. *M14* —3A **110**
Vivian St. *Roch* —6G **27**
Vixen Clo. *M21* —2B **124**
Voewood Ho. *Stoc* —3B **140**
Voltaire Av. *Salf* —2B **92**
Vulcan St. *Hyde* —5B **114**
Vulcan St. *Oldh* —6F **57**
Vulcan Ter. *L'boro* —4D **16**
Vyner Gro. *Sale* —3H **121**

Wadcroft Wlk. *M9* —3G **83**
Waddicor Av. *Ash L* —5A **88**
Waddington Clo. *Bury* —3E **35**
Waddington Fold. *Roch* —3A **42**

Waddington Rd. *Bolt* —4E **31**
Waddington St. *Oldh* —1A **72**
Wadebridge Av. *M23* —4D **134**
Wadebridge Clo. *Bolt* —4C **32**
Wadebridge Dri. *Bury* —3F **35**
Wadebrook Gro. *Wilm* —6A **160**
Wade Clo. *Ecc* —4F **91**
Wadeford Clo. *M4*
  —2G **95** (3E **7**)
Wade Hill La. *G'fld* —1G **75**
Wade Ho. Ecc —4F **91**
  (off Wade Clo.)
Wade Row. *Upperm* —1F **61**
Wade Row Top. Upperm
  (off Wade Row) —1F **61**
Wadesmill Wlk. *M13*
  —6F **95** (3C **10**)
Wadeson Rd. *M13*
  —6F **95** (3D **10**)
Wade St. *Bolt* —4B **46**
Wade St. *Mid* —3D **70**
Wade Wlk. *Open* —5C **96**
Wadham Gdns. *Woodl* —4A **130**
Wadham Way. *Hale* —4H **145**
Wadhurst Wlk. *M13* —2G **109**
Wadsley St. *Bolt* —5A **32**
Wadsworth Clo. *Hand* —4A **160**
Wagg Fold. *L'boro* —3D **16**
Waggoners Ct. *Swint* —4F **79**
Waggon Rd. *Bolt* —4F **33**
Waggon Rd. *Moss* —3E **89**
Waggon Rd. *Oldh* —4E **87**
Wagner St. *Bolt* —2H **31**
Wagstaff Dri. *Fail* —4F **85**
Wagstaffe St. *Mid* —6A **54**
Wagstaff St. *Stal* —4C **100**
Wagtail Clo. *Wor* —3F **77**
Waincliffe Av. *M21* —5B **124**
Wain Clo. *Ecc* —3D **90**
Waingap Cres. *Whitw* —1D **14**
Waingap Rise. *Roch* —2D **14**
Waingap Rise. *Whitw* —5E **15**
Wainman St. *Salf* —6F **81**
Wain Stones Grn. *Stoc*
  —6E **141**
Wainwright Av. *Dent* —4H **111**
Wainwright Clo. *Spring* —2C **74**
Wainwright Clo. *Stoc* —4A **140**
Wainwright Rd. *Alt* —6D **132**
Wainwright St. *Duk* —4B **100**
Wainwright St. *Oldh* —4C **72**
Waithlands Rd. *Roch* —5B **28**
Wakefield Cres. *Rom* —2G **141**
Wakefield Dri. *Chad* —6A **56**
Wakefield Dri. *Clif* —4D **64**
Wakefield Rd. *Heyr* —3E **101**
Wakefield St. *M1*
  —5E **95** (3A **10**)
Wakefield St. *Chad* —6A **56**
Wakefield Wlk. *Dent* —6G **113**
Wakeling Rd. *Dent* —1E **129**
Walcott Clo. *M13* —2A **110**
Wald Av. *M14* —2A **126**
Waldeck St. *Bolt* —5G **31**
Waldeck Wlk. M9 —6G **69**
  (off Ravenswood Dri.)
Walden Av. *Oldh* —5H **57**
Walden Clo. *M14* —1E **125**
Walden Cres. *Haz G* —2C **152**
Walden Flats. Heyw —3E **39**
  (off Fox St.)
Walderton Av. *M40* —4A **84**
Waldon Av. *Chea* —6H **137**
Waldon Clo. *Bolt* —3G **45**
Wales St. *Oldh* —6G **57**
Walford Clo. *M16* —3C **108**
Walkdene Dri. *Wor* —6D **62**
Walkden Mkt. Pl. *Wor* —6E **63**
Walkden Rd. *Wor* —1F **77**
WALKDEN STATION. *BR*
  —1F **77**

Walkden St. *Roch* —2H **27**
Walker Av. *Bolt* —4B **46**
Walker Av. *Fail* —5H **85**
Walker Av. *Stal* —3G **101**
Walker Av. *W'fld* —3E **67**
Walker Clo. *Hyde* —5D **114**
Walker Clo. *Kear* —3A **64**
Walker Fold Rd. *Bolt* —2A **30**
Walker Grn. *Ecc* —6B **78**
Walker Ho. *Ecc* —4F **91**
Walker La. *Hyde* —5C **114**
Walker Rd. *M9* —5G **69**
Walker Rd. *Chad* —1F **85**
Walker Rd. *Ecc* —1C **90**
Walker Rd. *Irl* —6D **102**
Walkers Bldgs. *M1*
—4F **95** (5D **6**)
Walkers Clo. *Upperm* —1F **61**
Walkers Ct. *Farn* —1F **63**
Walkers Ct. *Spring* —3C **74**
Walker's Croft. *Salf*
—3D **94** (3H **5**)
Walker's La. *Spring* —3C **74**
Walker's Rd. *Oldh* —1A **86**
Walker St. *M9* —3G **83**
Walker St. *Bolt* —1H **45**
Walker St. *Bury* —5C **36**
Walker St. *Dent* —3E **113**
Walker St. *Had* —2H **117**
Walker St. *Heyw* —4E **39**
Walker St. *Mid* —2D **68**
(in two parts)
Walker St. *Oldh* —3B **72**
Walker St. *Rad* —6A **50**
Walker St. *Roch* —4A **28**
Walker St. *Stoc* —2G **139**
Walkers View. *Spring* —2C **74**
Walkerwood Dri. *Stal* —2H **101**
Walk Mill Clo. *Roch* —5B **16**
Walk, The. *Roch* —4H **27**
Walkway, The. *Bolt* —2D **44**
(in two parts)
Wallace Av. *M14* —4H **109**
Wallace St. *Oldh* —5D **72**
Wallasey Av. *M14* —6E **109**
Wallbank Dri. *Whitw* —2B **14**
Wallbank Rd. *Bram* —4A **152**
Wallbank St. *Tot* —4H **21**
Wallbrook Cres. *L Hul* —3C **62**
Wallbrook Gro. *Farn* —5D **46**
Waller Av. *M14* —1G **125**
Waller Way. *Hand* —3H **159**
Walley St. *Bolt* —2A **32**
Wall Hill Rd. *Dob* —6G **59**
Wallingford Rd. *Hand* —2G **159**
Wallingford Rd. *Urm* —4G **105**
Wallis St. *M40* —6C **84**
Wallis St. *Chad* —5G **71**
Wallis St. *P'wch* —4E **67**
Wallness La. *Salf* —1H **93**
Wallshaw Pl. *Oldh* —2E **73**
Wallshaw St. *Oldh* —2E **73**
(in two parts)
Wall St. *Oldh* —4D **72**
Wall St. *Salf* —3F **93**
Wallwork Clo. *Roch* —2A **26**
Wallwork St. *Open* —5G **97**
Wallwork St. *Rad* —3G **49**
Wallwork St. *Stoc* —5H **111**
Wallworth Av. *M18* —2F **111**
Wallworth Ter. *Wilm* —1B **166**
Wally Sq. *Salf* —5A **82**
Walmer Dri. *Bram* —4H **151**
Walmersley Ct. *Marp* —5D **142**
Walmersley Old Rd. *Bury*
—3F **23**
Walmersley Rd. *M40* —1E **85**
Walmersley Rd. *Bury* —1E **23**
Walmer St. *Abb H* —1G **111**
Walmer St. *Rush* —4F **109**
Walmer St. E. *Rush* —4G **109**

Walmley Gro. *Bolt* —4G **45**
Walmsley Av. *L'boro* —6D **16**
Walmsley Gro. *Urm* —5F **105**
Walmsley St. *Bury* —1H **35**
Walmsley St. *Stal* —5E **101**
Walmsley St. *Stoc* —6H **127**
Walney Rd. *M22* —1B **148**
Walnut Av. *Bury* —2F **37**
Walnut Av. *Oldh* —1H **73**
Walnut Clo. *Clif* —5D **64**
Walnut Clo. *Hyde* —5E **115**
Walnut Clo. *Wilm* —1H **167**
Walnut Gro. *Sale* —4A **122**
Walnut Rd. *Ecc* —1C **90**
Walnut Rd. *Part* —6B **118**
Walnut St. *M18* —1F **111**
Walnut St. *Bolt* —2B **32**
Walnut Tree Rd. *Stoc* —3C **138**
Walnut Wlk. *Stret* —1C **122**
Walpole St. *Roch* —4A **28**
Walsall St. *Salf* —6E **81**
Walsden St. *M11* —3E **97**
Walsh Av. *M9* —1E **83**
Walshaw Brook Clo. *Bury*
—1F **35**
Walshaw La. *Bury* —1F **35**
Walshaw Rd. *Bury* —1F **35**
Walshaw Wlk. *Tot* —6H **21**
Walshaw Way. *Tot* —6H **21**
Walshe St. *Bury* —3B **36**
Walsh St. *Chad* —3H **71**
Walsingham Av. *M20* —5D **124**
Walsingham Av. *Mid* —4A **70**
Walter Greenwood Ct. Salf
(off Belvedere Rd.) —2G **93**
Walter La. *Bury* —6E **51**
Walter Scott St. *Oldh* —1F **73**
Walter St. *Abb H* —1G **111**
Walter St. *Oldh* —3D **72**
Walter St. *Old T* —3A **108**
Walter St. *P'wch* —5D **66**
Walter St. *Rad* —6F **35**
Walter St. *Wor* —1F **77**
Waltham Dri. *Chea H* —1D **160**
Waltham Gdns. *Rad* —3E **49**
Waltham Rd. *M16* —6C **108**
Waltham St. *Oldh* —5G **73**
Walton Clo. *Heyw* —5F **39**
(in two parts)
Walton Clo. *Mid* —6E **53**
Walton Ct. *Bolt* —3B **46**
Walton Dri. *Bury* —3E **23**
Walton Dri. *Marp* —4B **142**
Walton Hall Dri. *M19* —6F **111**
Walton Ho. M4 —4H **95** (5G **7**)
(off Harrison St.)
Walton Ho. *Fail* —3F **85**
Walton Pl. *Kear* —2G **63**
Walton Rd. *M9* —4F **69**
Walton Rd. *Alt* —6D **132**
Walton Rd. *Sale* —2H **133**
Walton St. *Ash L* —6E **87**
Walton St. *Heyw* —5F **39**
Walton St. *Mid* —5A **54**
Walton St. *Stoc* —4H **139**
Walton Way. *Dent* —6H **113**
Walworth Clo. *Rad* —1C **64**
Walworth St. *Bolt* —3G **45**
Walwyn Clo. *Stret* —6E **107**
Wandsworth Av. *M11* —3F **97**
Wanley Wlk. *M9* —6G **69**
Wansbeck Clo. *Stret* —6E **107**
Wansbeck Lodge. Stret
—6E **107**
Wansfell Wlk. *M4*
—3H **95** (4H **7**)
Wansford St. *M14* —4E **109**
Wanstead Av. *M9* —6B **70**
Wapping St. *Bolt* —3H **31**
Warbeck Clo. *Stoc* —5A **112**
Warbeck Rd. *M40* —1D **84**

Warbreck Clo. *Bolt* —6H **33**
Warbreck Gro. *Sale* —6D **122**
Warburton Clo. *Haleb*
—1D **156**
Warburton Clo. *Rom* —2F **141**
Warburton Dri. *Haleb* —1D **156**
Warburton La. *Part* —6C **118**
Warburton Rd. *Hand* —3H **159**
Warburton St. *M8* —5C **82**
Warburton St. *M20* —6F **125**
Warburton St. *Bolt* —3B **32**
Warburton St. *Ecc* —4G **91**
Warburton St. *Salf* —1H **107**
Warcock Rd. *Oldh* —2G **73**
Wardale Ct. *Sale* —5C **122**
Ward Ct. Dig —3C **60**
(off Ward La.)
Wardend Clo. *L Hul* —3C **62**
Warden La. *M40* —5B **84**
Warden St. *M40* —5B **84**
Ward La. Dig —3C **60**
Wardle Brook Av. *Hyde*
—4G **115**
Wardle Brook Wlk. *Hyde*
—4H **115**
Wardle Clo. *Rad* —2E **49**
Wardle Clo. *Stret* —5E **107**
Wardle Edge. *Roch* —6H **15**
Wardle Fold. *Ward* —2A **16**
Wardle Gdns. *Roch* —6A **16**
Wardle Rd. *Roch* —6A **16**
Wardle Rd. *Sale* —6B **122**
Wardle St. *M40* —2H **95**
Wardle St. *Bolt* —2D **46**
Wardle St. *L'boro* —3E **17**
Wardle St. *Oldh* —3F **73**
Wardley Av. *M16* —6C **108**
Wardley Av. *Wor* —6D **62**
Wardley Hall La. *Wor* —3A **78**
(in two parts)
Wardley Hall Rd. *Wor & Wdly*
—2B **78**
Wardley Ind. Est. *Wor* —2B **78**
Wardley St. *Swint* —3F **79**
Wardlow Av. Glos —6F **117**
(off Wardlow M.)
Wardlow Fold. Glos —6F **117**
(off Wardlow M.)
Wardlow Gdns. Glos —6F **117**
(off Wardlow M.)
Wardlow Gro. Glos —6F **117**
(off Wardlow M.)
Wardlow M. *Glos* —6F **117**
Wardlow St. *Bolt* —3F **45**
Wardlow Wlk. Glos —6F **117**
(off Wardlow M.)
Ward Rd. *Droy* —4B **98**
Wardsend Wlk. *M15*
—1B **108** (6D **8**)
Ward St. *M3* —2D **94** (1G **5**)
Ward St. *M9* —1E **83**
Ward St. *Bred* —6F **129**
Ward St. *Chad* —2A **72**
Ward St. *Did* —6F **125**
Ward St. *Fail* —3E **85**
Ward St. *Hyde* —5C **114**
Ward St. *Most* —3H **83**
Ward St. *Oldh* —1B **72**
Ward St. *Stoc* —4A **140**
Wareham Gro. *Ecc* —2E **91**
Wareham St. *M8* —2D **82**
Wareham St. *Wilm* —2E **167**
Wareham Way. *Bolt* —1A **46**
Warfield Wlk. *M9* —6G **69**
Warford Av. *Poy* —5G **163**
Warford St. *M4* —1F **95**
Warhurst Fold. *Had* —2H **117**
Warke, The. *Wor* —5H **77**
Warley Clo. *Chea* —3A **138**
Warley Gro. *Duk* —5A **100**
Warley Rd. *M16* —4G **107**

Warley St. *L'boro* —3F **17**
Warlingham Clo. *Bury* —4H **35**
Warlow Crest. *G'fld* —5E **61**
Warlow Dri. *G'fld* —5E **61**
(in two parts)
Warmbley Gdns. *Oldh* —2B **86**
Warmington Dri. *M12* —1A **110**
Warmley Rd. *M23* —3D **134**
Warmton View. *Moss* —6G **75**
Warne Av. *Droy* —3C **98**
Warner Wlk. M11 —4B **96**
(off Hopedale Clo.)
Warnford Clo. *M40* —1F **97**
War Office Rd. *Roch* —5A **26**
Warp Wlk. M4 —4G **95** (4F **7**)
(off Cardroom Rd.)
Warren Av. *Chea* —6H **137**
Warren Bank. *M9* —6F **69**
Warren Bruce Rd. *Traf P*
—1D **106**
Warren Clo. *Bram* —3F **151**
Warren Clo. *Dent* —5D **112**
Warren Clo. *Poy* —3B **162**
Warren Dri. *Haleb* —6D **146**
Warren Dri. *Swint* —6D **78**
Warren Hey. *Wilm* —1H **167**
Warren La. *Oldh* —5F **73**
Warren Lea. *Comp* —1F **143**
Warren Lea. *Poy* —2E **163**
Warren Rd. *Chea H* —3D **150**
Warren Rd. *Stoc* —5G **139**
Warren Rd. *Traf P* —1B **106**
Warren Rd. *Wor* —6G **63**
Warren St. *M9* —1E **83**
Warren St. *Bury* —4H **35**
Warren St. *Salf* —3B **82**
Warren St. *Stoc* —1H **139**
Warre St. *Ash L* —2H **99**
Warrington Rd. *M9* —6C **56**
Warrington St. *Ash L* —2H **99**
Warrington St. *Lees* —4A **74**
Warrington St. *Stal* —4F **101**
Warsall Rd. *Shar I* —5C **136**
Warslow Dri. *Sale* —2E **135**
Warsop Av. *M22* —6C **136**
Warstead Wlk. M13 —2G **109**
(off Plymouth Gro.)
Warth Cotts. Dig —3C **60**
(off Huddersfield Rd.)
Warth Fold Rd. *Rad* —1A **50**
Warth Rd. *Bury* —6B **36**
Warton Clo. *Bram* —6A **152**
Warton Clo. *Bury* —4F **35**
Warton Dri. *M23* —6G **135**
Warton La. *L Hul* —4A **62**
Warwick Av. *M20* —5D **124**
Warwick Av. *Dent* —6F **113**
Warwick Av. *Wdly* —1D **78**
Warwick Av. *W'fld* —2F **67**
Warwick Clo. *Bury* —1H **35**
Warwick Clo. *Chea H* —1C **150**
Warwick Clo. *Duk* —1A **114**
Warwick Clo. *G'mnt* —2A **22**
Warwick Clo. *Mid* —3A **70**
Warwick Clo. *Shaw* —6D **42**
Warwick Clo. *Stoc* —5F **127**
Warwick Clo. *W'fld* —2E **67**
Warwick Ct. *M16* —4G **107**
Warwick Ct. *Stoc* —5F **127**
Warwick Dri. *Hale* —4G **145**
Warwick Dri. *Haz G* —4D **152**
Warwick Dri. *Sale* —5D **122**
Warwick Dri. *Urm* —3D **104**
Warwick Gdns. *Bolt* —5F **45**
Warwick Gro. *Aud* —5C **98**
Warwick Ho. *M19* —5C **110**
Warwick Ho. *Sale* —5D **122**
Warwick Mall. *Chea* —5H **137**
Warwick Rd. *Ash L* —6G **87**
Warwick Rd. *Cad* —4B **118**

Warwick Rd. *Chor H* —6H **107**
Warwick Rd. *Fail* —6F **85**
Warwick Rd. *Hale* —4G **145**
Warwick Rd. *Mid* —3B **70**
Warwick Rd. *Old T* —2F **107**
Warwick Rd. *Rad* —1F **49**
Warwick Rd. *Rom* —1G **141**
Warwick Rd. *Stoc* —6E **127**
Warwick Rd. *Wor* —2E **77**
Warwick Rd. S. *M16* —4G **107**
Warwick St. *M1* —3F **95** (4C 6)
Warwick St. *M15* —2D **108**
Warwick St. *Bolt* —1A **32**
Warwick St. *Oldh* —5A **72**
(in two parts)
Warwick St. *Pen* —2F **79**
(in two parts)
Warwick St. *Roch* —1B **28**
Warwick Ter. Duk —4H **99**
(off Astley St.)
Wasdale Av. *Bolt* —4H **33**
Wasdale Av. *Urm* —4D **104**
Wasdale Dri. *Gat* —2F **149**
Wasdale Dri. *Mid* —5G **53**
Wasdale St. *Roch* —4C **40**
Wasdale Ter. *Stal* —1E **101**
Wasdale Wlk. *Oldh* —1E **73**
Wash Brook. *Chad* —5H **71**
Washbrook Av. *Wor* —2D **76**
Washbrook Ct. *Chad* —5H **71**
Washbrook Dri. *Stret* —5B **106**
Washbrook Ho. Salf —2F **93**
(off Sutton Dwellings)
Wash Brow. *Bury* —6B **22**
Wash Fold. *Bury* —6B **22**
Washford Dri. *M23* —3D **134**
Washington Ct. *Bury* —2D **36**
Washington St. *Bolt* —1G **45**
Washington St. *Oldh* —2A **72**
Wash La. *Bury* —2E **37**
Wash Ter. *Bury* —6B **22**
Washway Rd. *Sale* —2G **133**
Washwood Clo. *L Hul* —3D **62**
Wasnidge Wlk. *M15* —2D **108**
Wasp Av. *Roch* —2G **41**
Wastdale Av. *Bury* —4E **51**
Wastdale Rd. *M23* —1F **147**
Wast Water St. *Oldh* —6E **57**
Watchgate Clo. *Mid* —4F **53**
Waterbridge. *Wor* —6H **77**
Watercroft. *Roch* —2H **25**
Waterdale Clo. *Wor* —5D **76**
Waterdale Dri. *W'fld* —1E **67**
Waterfield Way. *Fail* —5G **85**
Waterfold Clo. *Bury* —4F **23**
Waterfoot Cotts. *Mot* —3C **116**
Waterford Av. *M20* —6B **124**
Waterford Av. *Rom* —1C **142**
Waterford Pl. *H Grn* —5F **149**
Waterfront Ho. *Ecc* —2E **91**
Waterfront Quay. *Salf* —6F **93**
Watergate. *Aud* —5C **98**
(in two parts)
Water Ga. *Upperm* —1F **61**
Water Ga. La. *Bolt* —6G **45**
Watergate Milne Ct. *Oldh*
—1H **73**
Watergrove Rd. *Duk* —6D **100**
Waterhead. *Oldh* —1A **74**
Waterhouse Clo. *Ward* —4A **16**
Waterhouse Rd. *M18* —3G **111**
Waterhouse St. *Roch* —3H **27**
Water La. *Droy* —4G **97**
(in two parts)
Water La. *Holl* —2F **117**
Water La. *Kear* —2G **63**
Water La. *Miln* —6G **29**
Water La. *Rad* —3F **49**
Water La. *Ram* —3A **12**
Water La. *Wilm* —2D **166**

Water La. St. *Rad* —4F **49**
(in two parts)
Waterloo Ct. *Bury* —5C **36**
Waterloo Est. *M8* —5C **82**
Waterloo La. *Bury* —4G **37**
Waterloo Pde. *M8* —1D **94**
Waterloo Pk. *Stoc* —2A **140**
Waterloo Pl. Stoc —2H **139**
(off Watson Sq.)
Waterloo Rd. *M8* —1D **94**
Waterloo Rd. *Ash L* —6F **87**
Waterloo Rd. *Bram* —4H **151**
Waterloo Rd. *Poy* —5G **163**
Waterloo Rd. *Rom* —1C **142**
Waterloo Rd. *Stal* —3E **101**
Waterloo Rd. *Stoc* —2H **139**
Waterloo St. *M1*
—5E **95** (1A **10**)
Waterloo St. *M8 & M9* —3E **83**
Waterloo St. *Ash L* —6H **87**
Waterloo St. *Bolt* —4B **32**
Waterloo St. *Bury* —3B **36**
Waterloo St. *Dent* —3B **112**
Waterloo St. *Oldh* —2D **72**
Waterman View. *Roch* —3C **28**
Watermead Clo. *Stoc* —1G **151**
Watermeetings La. *Rom*
—1C **142**
Watermill Clo. *Roch* —5D **28**
Watermill Ct. *Ash L* —6E **87**
Watermillock Gdns. *Bolt*
—1B **32**
Waterpark Rd. *Salf* —3A **82**
Water Rd. *Stal* —3D **100**
Waters Edge. *Farn* —5C **46**
Waters Edge. *Marp B* —3E **143**
Watersedge. *Wor* —1H **77**
Waters Edge Bus. Pk. *Salf*
—1H **107**
Watersedge Clo. *Chea H*
—2D **150**
Watersfield Clo. *Chea H*
—5B **150**
Watersheddings St. *Oldh*
—6H **57**
Waterside. *Bolt* —2E **47**
Waterside. *G'fld* —5G **61**
Waterside. *Had* —1H **117**
Waterside. *Hyde* —5H **115**
Waterside. *Marp* —1D **154**
Waterside. *Traf P* —1F **107**
Waterside Av. *Marp* —6D **142**
Waterside Clo. *M21* —5B **124**
Waterside Clo. *Hyde* —5H **115**
Waterside Clo. *Rad* —3B **50**
Waterside Ct. *Hyde* —5H **115**
Waterside Ct. *Urm* —5H **103**
Waterside Dri. *Stoc* —2B **138**
Waterside La. *Roch* —3B **28**
Waterside Rd. *Bury* —1B **22**
Waterside Wlk. *Hyde* —5G **115**
Waterslea. *Ecc* —3E **91**
Waterslea Dri. *Bolt* —5D **30**
Watersmead Clo. *Bolt* —3B **32**
Waters Meeting Rd. *Bolt*
—2B **32**
Waterson Av. *M40* —4A **84**
Waters Reach. *H Lane* —6C **154**
Waters Reach. *Poy* —2F **163**
Waters Reach. *Traf P* —1F **107**
Water St. *M3* —5B **94** (2C **8**)
(Manchester)
Water St. *M3* —3D **94** (4G **5**)
(Salford)
Water St. *M9* —3F **83**
Water St. *M12* —5G **95** (2F **11**)
Water St. *Ash L* —2H **99**
Water St. *Aud* —6F **99**
(Audenshaw)
Water St. *Aud* —3C **112**
(Denton)

Water St. *Bolt* —6B **32**
Water St. *Eger* —1B **18**
Water St. *Hyde* —4B **114**
Water St. *Mid* —6H **53**
(in two parts)
Water St. *Oldh* —2C **72**
Water St. *Rad* —4F **49**
Water St. *Ram* —4D **12**
Water St. *Roch* —5F **29**
(Milnrow)
Water St. *Roch* —4H **27**
(Rochdale)
Water St. *Rytn* —3E **57**
Water St. *Stal* —3E **101**
(in two parts)
Water St. *Stoc* —1H **139**
Water St. *Whitw* —1C **14**
Waterton Av. *Moss* —1D **88**
Waterton La. *Moss* —1D **88**
Waterview Clo. *Miln* —2F **43**
Waterway Enterprise Pk. *Traf P*
—1F **107**
Waterworks Rd. *Oldh* —6A **58**
Watfield Wlk. M9 —4F **83**
(off Foleshill Av.)
Watford Av. *M14* —5F **109**
Watford Clo. *Bolt* —3A **32**
(off Chesham Av.)
Watford Rd. *M19* —3C **126**
Watkin Av. *Had* —3G **117**
Watkin Clo. *M13*
—1G **109** (6E **11**)
Watkins Dri. *P'wch* —6A **68**
Watkin St. *Hyde* —2E **115**
Watkin St. *Roch* —1G **41**
Watkin St. *Salf* —2B **94** (1D **4**)
Watling St. *Aff* —1B **20**
Watling St. *Bury* —4F **35**
Watlington Clo. *Oldh* —4H **57**
Watson Gdns. *Roch* —1F **27**
Watson Rd. *Farn* —1B **62**
Watson Sq. *Stoc* —2H **139**
Watson St. *M3 & M2*
—5D **94** (2G **9**)
Watson St. *Dent* —4H **113**
Watson St. *Ecc* —3E **91**
Watson St. *Oldh* —1G **73**
Watson St. *Rad* —3G **49**
Watson St. *Swint* —2F **79**
Watts St. *M19* —1D **126**
Watts St. *Chad* —2H **71**
Watts St. *Oldh* —1B **86**
Watts St. *Roch* —3A **28**
Waugh Av. *Fail* —5F **85**
Wavell Dri. *Bury* —6E **51**
Wavell Rd. *M22* —2B **148**
Waveney Dri. *Alt* —5E **133**
Waveney Flats. Heyw —3E **39**
(off Fox St.)
Waveney Rd. *M22* —1C **148**
Waveney Rd. *Shaw* —5E **43**
Waverley. *Roch* —3G **27**
(off Spotland Rd.)
Waverley Av. *Kear* —3H **63**
Waverley Av. *Stret* —4E **107**
Waverley Ct. *M9* —4C **68**
Waverley Cres. *Droy* —2A **98**
Waverley Dri. *Chea H* —1D **160**
Waverley Pl. *Rad* —4G **49**
Waverley Rd. *M9* —4H **83**
Waverley Rd. *Bolt* —2A **32**
Waverley Rd. *Hyde* —1B **130**
Waverley Rd. *Mid* —4A **54**
Waverley Rd. *Pen* —4A **80**
Waverley Rd. *Sale* —3C **122**
Waverley Rd. *Stoc* —4E **139**
Waverley Rd. *Wor* —2D **76**
Waverley Rd. W. *M9* —4H **83**
Waverley Sq. *Farn* —3E **63**
Waverley St. *Oldh* —1F **73**
Waverley St. *Roch* —4C **40**

Waverton Av. *Stoc* —2F **127**
Waverton Rd. *M14* —6E **109**
Wavertree Ho. Bolt —5A **32**
(off School Hill)
Wavertree Rd. *M9* —5E **69**
Wayford Wlk. M9 —4E **83**
(off Hendham Vale)
Wayland Rd. *M18* —3F **111**
Wayland Rd. S. *M18* —4F **111**
Wayne Clo. *Droy* —1G **98**
Wayne St. *Open* —5G **97**
Wayside Dri. *Poy* —3C **162**
Wayside Gro. *Wor* —5G **63**
Weald Clo. *M13*
—1G **109** (5E **11**)
Wealdstone Gro. *Bolt* —3D **32**
Weardale Rd. *M9* —4D **68**
Wearhead Row. *Salf* —4F **93**
Weaste Av. *L Hul* —5D **62**
Weaste Dri. *Salf* —2D **92**
Weaste La. *Salf* —2C **92**
(in two parts)
Weaste Rd. *Salf* —3D **92**
Weaste Trad. Est. *Salf* —3D **92**
Weatherall St. N. *Salf* —4B **82**
(in two parts)
Weatherley Dri. *Marp* —5B **142**
Weatherly Clo. *Oldh* —2E **87**
Weaver Av. *Wor* —1C **76**
Weaver Clo. *Bow* —5E **145**
Weaver Ct. *M15*
—1B **108** (6C **8**)
Weaver Dri. *Bury* —3F **23**
Weaverham Clo. *M13* —4B **110**
Weaverham Wlk. *Sale* —6E **123**
Weaverham Way. *Hand*
—3A **160**
Weavers Ct. *Bolt* —2A **46**
Weavers Ct. *Mid* —6H **53**
Weavers Grn. *Farn* —1F **63**
Weavers La. *Bram* —1F **161**
Weavers Rd. *Mid* —6H **53**
Weaver Wlk. *Open* —6F **97**
Webb Gro. *Hyde* —6A **116**
Webb La. *Stoc* —2A **140**
Webb St. *Bury* —2B **36**
Webdale Dri. *M40* —4A **84**
Weber Dri. *Bolt* —2H **45**
Webster Arc. *Oldh* —2D **72**
Webster Gro. *P'wch* —1D **80**
Webster St. *M15* —2E **109**
Webster St. *Bolt* —2D **46**
Webster St. *Moss* —1E **89**
Webster St. *Oldh* —4D **72**
Webster St. *Roch* —2G **27**
Wedgewood Rd. *Clif* —1A **80**
Wedgewood St. *M40* —1B **96**
Wedhurst St. *Oldh* —2G **73**
Wedneshough. *Holl* —2E **117**
Weedall Av. *Salf* —1G **107**
Weeder Sq. *Shaw* —5H **43**
Weedon St. *Roch* —3B **28**
Weeton Av. *Bolt* —6H **33**
Weft Wlk. *M4* —4G **95** (5F **7**)
Weir Rd. *Miln* —4E **29**
Weir St. *M15* —2C **108**
Weir St. *Fail* —4E **85**
Weir St. *Roch* —4H **27**
Welbeck Av. *Chad* —6D **70**
Welbeck Av. *L'boro* —2E **17**
Welbeck Av. *Urm* —4G **105**
Welbeck Clo. *Miln* —5E **29**
Welbeck Clo. *W'fld* —5D **50**
Welbeck Gro. *Salf* —4A **82**
Welbeck Ho. *Ash L* —3G **99**
Welbeck Rd. *Bolt* —5E **31**
Welbeck Rd. *Ecc* —1G **91**
Welbeck Rd. *Hyde* —5D **114**
Welbeck Rd. *Roch* —1H **41**
Welbeck Rd. *Stoc* —6H **111**

Welbeck Rd. *Wor* —5B **78**
Welbeck St. *M18* —1F **111**
Welbeck St. N. *Ash L* —3G **99**
Welbeck St. S. *Ash L* —3G **99**
(in two parts)
Welbeck Ter. *Ash L* —3G **99**
Welburn Av. *M22* —2C **148**
Welburn St. *Roch* —6H **27**
Welbury Rd. *M23* —2F **135**
Welby St. *M13* —3H **109**
Welch Rd. *Hyde* —3D **114**
Welcomb Clo. *Bred* —5F **129**
Welcomb St. *M11* —6D **96**
Welcomb Wlk. *W'fld* —2D **66**
Welcome Pde. *Oldh* —6G **73**
Welcroft St. *Stoc* —3H **139**
Weldon Av. *Bolt* —5E **45**
Weldon Cres. *Stoc* —1G **151**
Weldon Dri. *M9* —4F **69**
Weldon Rd. *Alt* —5E **133**
Weld Rd. *M20* —2H **125**
Welfold Ho. *Oldh* —4F **73**
Welford Clo. *Wilm* —1H **167**
Welford Grn. *Stoc* —4H **127**
Welford Rd. *M8* —5B **68**
Welford St. *Salf* —1H **93**
Welkin Rd. *Bred* —6C **128**
Wellacre Av. *Urm* —5H **103**
Welland Av. *Heyw* —2C **38**
Welland Clo. *M15*
 —1B **108** (6C 8)
Welland Ct. M15
 —1B **108** (6C 8)
(off Eastnor Clo.)
Welland Rd. *Shaw* —5E **43**
Welland St. *Open* —5F **97**
Welland St. *Stoc* —6H **111**
Wellbank. *Stal* —5G **101**
Wellbank Av. *Ash L* —5A **88**
Wellbank Clo. *Oldh* —5E **73**
Wellbank St. *Tot* —5H **21**
Wellbank View. *Roch* —2B **26**
Wellbridge Rd. *Duk* —1H **113**
Well Brow. *Del* —3H **59**
Well Brow Ter. *Roch* —1F **27**
Wellbrow Wlk. *M9* —6G **69**
Wellburn Clo. *Bolt* —5D **44**
Wellcroft. *Gat* —6E **137**
Wellens Way. *Mid* —2E **69**
Weller Av. *M21* —2B **124**
Weller Av. *Poy* —5D **162**
Weller Clo. *Poy* —5D **162**
Weller Gdns. *M21* —2B **124**
Wellesbourne Dri. *M23*
 —4F **135**
Wellesley Av. *M18* —1F **111**
Wellfield. *Rom* —5A **130**
Wellfield Clo. *Bury* —1C **50**
Wellfield Gdns. *Hale* —2C **146**
Wellfield La. *Tim* —1C **146**
Wellfield Pl. *Roch* —6A **28**
Wellfield Rd. *Bag* —4G **135**
Wellfield Rd. *Bolt* —2G **45**
Wellfield Rd. *Crum* —3C **82**
Wellfield Rd. *Stoc* —5C **140**
Wellfield St. *Roch* —6A **28**
Wellgate Av. *M19* —1D **126**
Wellgreen Clo. *Hale* —2C **146**
Wellgreen Lodge. *Hale* —2C **146**
Well Gro. *W'fld* —4C **50**
Wellhead Clo. *M15* —2E **109**
Wellhouse Dri. *M40* —6C **70**
Well-i-Hole Rd. *G'fld* —5G **75**
Welling Rd. *M40* —3E **85**
Welling St. *Bolt* —4D **32**
Wellington Av. *M16* —5B **108**
Wellington Bldgs. *Oldh* —3D **72**
Wellington Cen. *Ash L* —3A **100**
Wellington Clo. *Sale* —3C **122**
Wellington Clough. *Ash L*
 —5E **87**

Wellington Ct. *Bury* —4H **35**
Wellington Ct. *Oldh* —5B **72**
Wellington Cres. *M16* —4A **108**
Wellington Gdns. *Bury* —3H **35**
Wellington Gro. *M15*
 —1B **108** (6D 8)
Wellington Gro. *Stoc* —4H **139**
Wellington Ho. Bury —4H **35**
(off Haig Rd.)
Wellington Lodge. L'boro
(off Lodge St.) —3F **17**
Wellington Pde. Duk —4H **99**
(off Astley St.)
Wellington Pl. *M3*
 —5C **94** (2E **9**)
Wellington Pl. *Alt* —1F **145**
Wellington Pl. *Roch* —3A **28**
Wellington Rd. *Ash L* —2G **99**
Wellington Rd. *Bury* —5C **36**
Wellington Rd. *Crum* —3D **82**
Wellington Rd. *Ecc* —3G **91**
Wellington Rd. *G'fld* —3E **61**
Wellington Rd. *Haz G* —5H **153**
Wellington Rd. *Oldh* —5A **72**
(in two parts)
Wellington Rd. *Swint* —3F **79**
Wellington Rd. *Tim* —5G **133**
Wellington Rd. *Whal R*
 —5C **108**
Wellington Rd. *Wthtn & Fall*
 —2G **125**
Wellington Rd. N. *Stoc*
 —2D **126**
Wellington Rd. S. *Stoc*
 —2G **139**
Wellington Sq. *Bury* —4H **35**
Wellington St. *M18* —2F **111**
Wellington St. *Ash L* —3H **99**
Wellington St. *Aud* —1F **113**
Wellington St. *Bolt* —1H **45**
Wellington St. *Bury* —4A **36**
Wellington St. *Chad* —1H **71**
Wellington St. *Fail* —2G **85**
Wellington St. *Farn* —1F **63**
Wellington St. *Haz G* —2F **153**
Wellington St. *Hyde* —4A **114**
Wellington St. *L'boro* —4F **17**
Wellington St. *Miln* —5G **29**
Wellington St. *Oldh* —3D **72**
Wellington St. *Rad* —3A **50**
(in two parts)
Wellington St. *Roch* —2H **27**
Wellington St. *Salf*
 —3B **94** (3H 4)
Wellington St. *Stoc* —2G **139**
Wellington St. *Stret* —6C **106**
Wellington St. E. *Salf* —4H **81**
Wellington St. W. *Salf* —5H **81**
Wellington Ter. Duk —4H **99**
(off Astley St.)
Wellington Ter. *Salf* —3D **92**
Wellington Wlk. *Bolt* —1H **45**
Wellington Wlk. *Bury* —4H **35**
Well i' th' La. *Roch* —6A **28**
Well La. *W'fld* —5D **50**
Well Mead. *Bred* —6E **129**
Wellmead Clo. *M8* —6B **82**
Well Meadow. *Hyde* —3B **114**
Well Meadow La. *Upperm*
 —1G **61**
Wellock St. *M40* —5H **83**
Wellpark Wlk. *M40* —6C **84**
Well Row. *B'btm* —2F **115**
Wells Av. *Chad* —6G **55**
Wells Av. *P'wch* —1G **81**
Wells Clo. *Fail* —5H **97**
Wells Clo. *H Grn* —6G **149**
Wells Clo. *Mid* —1E **69**
Wells Ct. *Duk* —1H **113**
Wells Dri. *Duk* —1A **114**
Wells Dri. *Stoc* —1H **137**

Wellside Wlk. *M8* —5C **82**
Wellsprings. Bolt —6B **32**
(off Victoria Sq.)
Wells Rd. *Oldh* —3A **58**
Wells St. *Bury* —4C **36**
Wellstock La. *L Hul* —3B **62**
Well St. *M4* —3E **95** (4A **6**)
Well St. *Ain* —4C **34**
Well St. *Bolt* —6C **32**
Well St. *Heyw* —4G **39**
Well St. *Roch* —6A **28**
Well St. N. *Ram* —3A **12**
Well St. W. *Ram* —4D **12**
Wellwood Dri. *M40* —4A **84**
Wellyhole St. *Oldh* —3H **73**
Welney Rd. *M16* —4H **107**
Welshpool Clo. *M23* —1H **135**
Welshpool Way. *Dent* —6G **113**
Welton Av. *M20* —1G **137**
Welton Clo. *Wilm* —5C **166**
Welton Dri. *Wilm* —5B **166**
Welton Gro. *Wilm* —5B **166**
Welwyn Clo. *Urm* —2D **104**
Welwyn Dri. *Salf* —6G **79**
Welwyn Wlk. *M40*
 —3H **95** (3H 7)
Wembley Gro. *M14* —1G **125**
Wembley Rd. *M18* —4E **111**
Wembury St. *M9* —3G **83**
Wembury St. N. *M9* —3G **83**
Wemsley Gro. *Bolt* —4D **32**
Wem St. *Chad* —5G **71**
Wemyss Av. *Stoc* —6H **111**
Wenderholme Lodge. Bolt
 —5C **30**
Wendlebury Grn. *Rytn* —2E **57**
Wendon Rd. *M23* —6H **135**
Wendover Dri. *Bolt* —2C **44**
Wendover Ho. *Salf* —4G **93**
Wendover Rd. *M23* —2D **134**
Wendover Rd. *Urm* —5E **105**
Wenfield Dri. *M9* —6B **70**
Wenlock Av. *Ash L* —6F **87**
Wenlock Clo. *Stoc* —5F **141**
Wenlock Rd. *Sale* —1A **134**
Wenlock St. *Swint* —3D **78**
Wenlock Way. *M12* —1B **110**
Wenning Clo. *W'fld* —6G **51**
Wensley Clo. *Salf* —2E **81**
Wensleydale Av. *Gat* —5G **137**
Wensleydale Clo. *M23* —2F **147**
Wensleydale Clo. *Bury* —4E **51**
Wensleydale Clo. *Rytn* —2A **56**
Wensley Dri. *M20* —4F **125**
Wensley Dri. *Haz G* —5D **152**
Wensley Rd. *Gat* —5D **137**
Wensley Rd. *Salf* —3E **81**
Wensley Rd. *Stoc* —5H **127**
Wentbridge Rd. *Bolt* —5H **31**
Wentworth Av. *M18* —1G **111**
Wentworth Av. *Bury* —1H **35**
Wentworth Av. *Farn* —2E **63**
Wentworth Av. *Heyw* —5F **39**
Wentworth Av. *Irl* —4E **103**
Wentworth Av. *Salf* —2C **92**
Wentworth Av. *Tim* —5A **134**
Wentworth Av. *Urm* —6D **104**
Wentworth Av. *W'fld* —2B **66**
Wentworth Clo. *Marp* —3D **142**
Wentworth Clo. *Mid* —6G **53**
Wentworth Clo. *Rad* —3D **48**
Wentworth Ct. *Fail* —5F **85**
Wentworth Dri. *Bram* —6A **152**
Wentworth Dri. *Sale* —4H **121**
Wentworth Rd. *Ecc* —1H **91**
Wentworth Rd. *Stoc* —6H **111**
Wentworth Rd. *Swint* —4D **78**
Wentworth View. Hyde
 —2D **114**
Wentworth Wlk. *Hyde* —2D **114**
Werneth Av. *M14* —5F **109**

Werneth Av. *Hyde* —1D **130**
Werneth Clo. *Dent* —5F **113**
Werneth Clo. *Haz G* —1E **153**
Werneth Ct. *Hyde* —6C **114**
Werneth Cres. *Oldh* —5A **72**
Werneth Hall Rd. *Oldh* —4B **72**
Werneth Hollow. Woodl
 —3H **129**
Werneth Low Rd. *Rom & Hyde*
 —5B **130**
Werneth Rise. *Hyde* —2D **130**
Werneth Rd. *Hyde* —5D **114**
Werneth Rd. *Woodl* —4A **130**
Werneth St. *Aud* —2F **113**
Werneth St. *Stoc* —1B **140**
Werneth View. *Haz G* —5A **154**
Werneth Wlk. *Dent* —5F **113**
Wesley Clo. *Roch* —6H **15**
Wesley Ct. *Stoc* —1B **138**
Wesley Ct. *Tot* —4G **21**
Wesley Ct. *Wor* —5E **63**
Wesley Dri. *Ash L* —5H **87**
Wesley Dri. *Wor* —3H **77**
Wesley Grn. *Salf* —5H **93**
Wesley M. *Bolt* —6C **32**
Wesley Mt. Stoc —1G **139**
(off Dodge Hill)
Wesley Sq. *Urm* —5C **104**
Wesley St. *M11* —5C **96**
Wesley St. *Bolt* —2A **46**
Wesley St. *Brom X* —3E **19**
Wesley St. *Ecc* —3E **91**
Wesley St. *Fail* —2G **85**
(in two parts)
Wesley St. *Farn* —2G **63**
Wesley St. *Haz G* —2E **153**
Wesley St. *Heyw* —3E **39**
Wesley St. *Miln* —5E **29**
Wesley St. *Rytn* —4C **56**
Wesley St. *Stoc* —2H **139**
Wesley St. *Stret* —3E **107**
Wesley St. *Swint* —3E **79**
Wesley St. *Tot* —4G **21**
Wessenden Bank E. *Stoc*
 —6D **140**
Wessenden Bank W. *Stoc*
 —6D **140**
Wessex Pk. Clo. *Shaw* —5E **43**
Wessington Bank. Glos
(off Wessington M.) —5G **117**
Wessington Fold. Glos
(off Langsett La.) —5G **117**
Wessington Grn. Glos —5G **117**
(off Wessington M.)
Wessington M. *Glos* —5G **117**
Westage Gdns. *M23* —4G **135**
W. Ashton St. *Salf* —4F **93**
West Av. *Abb H* —2G **111**
West Av. *Alt* —6C **132**
West Av. *Burn* —2B **126**
West Av. *Farn* —1D **62**
West Av. *H Grn* —4G **149**
West Av. *N Mos* —3D **84**
West Av. *Roch* —6A **16**
West Av. *Stal* —3E **101**
West Av. *W'fld* —5C **50**
West Av. *Wor* —6E **63**
West Bank. *Ald E* —6H **167**
West Bank. *G'fld* —4H **75**
West Bank. *Open* —6A **98**
Westbank Rd. *M20* —4H **125**
Westbank Rd. *Los* —1B **44**
W. Bank St. *Salf* —5A **94** (1A **8**)
Westbourne Av. *Bolt* —4C **46**
Westbourne Av. *Clif* —4D **64**
Westbourne Av. *W'fld* —6B **50**
Westbourne Dri. *Ash L* —1G **99**
Westbourne Gro. *M9* —3F **83**
Westbourne Gro. *Sale* —5A **122**
Westbourne Gro. *Stoc*
 —1H **127**

Westbourne Gro. *Wthtn*
—3E **125**
Westbourne Pk. *Urm* —4F **105**
Westbourne Range. *M18*
—3H **111**
Westbourne Rd. *M14* —1H **125**
Westbourne Rd. *Dent* —5E **113**
Westbourne Rd. *Ecc* —1D **90**
Westbourne Rd. *Urm* —5F **105**
Westbourne St. *Oldh* —2B **72**
Westbridge Pl. *Salf* —4F **81**
Westbrook Ct. *Bolt* —1C **46**
Westbrook Ind. Est. *Traf P*
—6D **92**
Westbrook Rd. *Swint* —4E **79**
Westbrook Rd. *Traf P* —6C **92**
Westbrook Sq. *M12* —1D **110**
Westbrook St. *Bolt* —1C **46**
(in two parts)
Westbrook Wlk. *M20* —1E **125**
Westbury Av. *Sale* —2E **133**
Westbury Clo. *Bury* —4G **35**
Westbury Dri. *Marp* —5C **142**
Westbury Rd. *M8* —2C **82**
Westbury St. *Ash L* —2A **100**
Westbury St. *Hyde* —2A **114**
Westbury Way. *Rytn* —5B **56**
Westby Clo. *Bram* —5A **152**
Westby Gro. *Bolt* —5E **33**
W. Central Dri. *Swint* —4H **79**
W. Charles St. *Salf* —4H **93**
W. Church St. *Heyw* —3E **39**
Westcliffe Ho. *Roch* —5B **16**
Westcliffe Rd. *Bolt* —5D **18**
Westcombe Dri. *Bury* —1A **36**
West Cotts. *G'fld* —4H **75**
Westcott Av. *M20* —3E **125**
Westcott Clo. *Bolt* —6A **20**
Westcott Gro. *Rytn* —2E **57**
Westcourt Rd. *Bolt* —4H **45**
Westcourt Rd. *Sale* —3H **121**
W. Craig Av. *M40* —6C **70**
W. Craven St. *Salf* —6H **93**
West Cres. *Mid* —2H **69**
W. Croft Ind. Est. *Mid* —2E **69**
Westcroft Rd. *M20 & M19*
—5H **125**
W. Crown Av. *Salf* —5H **93**
Westdale Gdns. *M19* —4C **126**
Westdean Cres. *M19* —3B **126**
W. Dean St. *Salf* —4A **94** (6B **4**)
Westdene. M8 —5B 82
(off Kilmington Dri.)
W. Downs Rd. *Chea H* —2B **150**
West Dri. *Bury* —6E **23**
(in three parts)
West Dri. *Droy* —4H **97**
West Dri. *Gat* —1E **149**
West Dri. *Salf* —5C **80**
West Dri. *Swint* —4H **79**
West Dri. *Tin* —1G **117**
W. Duke St. *Salf* —4B **94** (6C **4**)
W. Egerton St. *Salf* —4H **93**
West End. *B'btm* —6B **116**
W. End Av. *Gat* —5E **137**
Westend St. *Farn* —6D **46**
W. End St. *Oldh* —1B **72**
Westerdale. *Oldh* —3G **73**
(in two parts)
Westerdale Dri. *Bolt* —2E **45**
Westerdale Dri. *Rytn* —2A **56**
Westerham Av. *Salf* —4G **93**
Westerham Clo. *Bury* —4C **22**
Wester Hill Rd. *Oldh* —2E **87**
Westerling Wlk. *M16* —4C **108**
Westerling Way. *M16* —4C **108**
Western Av. *Clif* —1B **80**
Western Circ. *M19* —3B **126**
Western Rd. *Urm* —6A **104**
Western St. *M18* —1G **111**
Western St. *Salf* —2E **93**

Westerton Ct. *Bolt* —2H **45**
Westfield. *Bow* —2E **145**
Westfield. *Salf* —1E **93**
Westfield Av. *Mid* —1A **70**
Westfield Clo. *Roch* —2B **26**
Westfield Dri. *Gras* —4G **75**
Westfield Dri. *Woodl* —4A **130**
Westfield Gro. *Aud* —2E **113**
Westfield Lodge. Alt —3G 133
(off Park Rd.)
Westfield Rd. *M21* —6H **107**
Westfield Rd. *Bolt* —5F **45**
Westfield Rd. *Chea H* —5B **150**
Westfield Rd. *Droy* —3G **97**
Westfields. *Hale* —5H **145**
Westfield St. *Chad* —1A **72**
Westfield St. *Salf* —2H **81**
Westgate. *Hale* —3G **145**
Westgate. *Sale* —5A **122**
Westgate. *Urm* —6D **104**
Westgate. *Whitw* —2B **14**
Westgate. *Wilm* —4D **166**
Westgate Av. *M9* —1E **83**
Westgate Av. *Bolt* —6G **31**
Westgate Av. *Bury* —4C **36**
Westgate Av. *Ram* —1A **22**
Westgate Clo. *Whitw* —2B **14**
Westgate Dri. *Swint* —5F **79**
Westgate Rd. *Salf* —6H **79**
Westgate St. *Ash L* —4G **99**
West Grn. *Mid* —2D **68**
West Gro. *M13* —2H **109**
West Gro. *Moss* —2E **89**
West Gro. *Sale* —6B **122**
Westgrove Av. *Bolt* —5C **18**
Westhide Wlk. *M9* —4H **83**
West Hill. *Roch* —5G **27**
Westhill Clo. *Stal* —3D **100**
Westholm Av. *Stoc* —2D **126**
Westholme Ct. *Ald E* —4G **167**
Westholme Rd. *M20* —4F **125**
Westholme Rd. *P'wch* —2G **67**
W. Hope St. *Salf* —4F **93**
Westhorne Fold. *M8* —1A **82**
Westhulme Av. *Oldh* —6B **56**
Westhulme St. *Oldh* —6B **56**
Westinghouse Rd. *Traf P*
—1B **106**
W. King St. *Salf* —3C **94** (3E **5**)
Westland Av. *Bolt* —4E **31**
Westland Av. *Farn* —3E **63**
Westland Av. *Stoc* —2B **140**
Westland Dri. *M9* —5F **69**
Westlands. *W'fld* —3D **66**
Westlands, The. *Pen* —5H **79**
West Lea. *Dent* —4G **113**
Westlea Dri. *M18* —4F **111**
Westleigh. *Los* —5A **30**
Westleigh Dri. *P'wch* —6H **67**
Westleigh St. *M9* —2G **83**
Westman Wlk. *M16* —3C **108**
Westmarsh Clo. *Bolt* —4A **32**
W. Marwood St. *Salf* —5B **82**
Westmead Dri. *M8* —6A **82**
Westmead Dri. *Tim* —4B **134**
W. Meade. *M21* —2G **123**
W. Meade. *Bolt* —5H **45**
W. Meade. *P'wch* —1H **81**
W. Meade. *Swint* —5E **79**
Westmeade Rd. *Wor* —4E **63**
W. Meadow. *Stoc* —6A **112**
Westmere Dri. *M9* —6E **83**
Westminster Av. *M16* —5A **108**
Westminster Av. *Ash L* —4H **87**
Westminster Av. *Farn* —1E **63**
Westminster Av. *Rad* —3D **48**
Westminster Av. *Rytn* —1A **56**
Westminster Av. *Stoc* —2G **127**
Westminster Av. *W'fld* —1D **66**
Westminster Clo. *Marp*
—4B **142**

Westminster Clo. *Sale* —6F **121**
Westminster Clo. *Shaw* —5F **43**
Westminster Dri. *Chea H*
—1D **160**
Westminster Dri. *Wilm*
—5D **166**
Westminster Rd. *Bolt* —6C **18**
Westminster Rd. *Ecc* —2G **91**
Westminster Rd. *Fail* —3H **85**
Westminster Rd. *Hale* —2A **146**
Westminster Rd. *Urm* —3F **105**
Westminster Rd. *Wor* —1F **77**
Westminster St. *M15*
—6A **94** (4B **8**)
Westminster St. *Bury* —4C **36**
Westminster St. *Farn* —1E **63**
Westminster St. *Lev* —6D **110**
Westminster St. *Oldh* —1F **73**
Westminster St. *Roch* —6F **27**
Westminster St. *Swint* —2D **78**
Westminster Wlk. *Farn* —1E **63**
Westminster Way. *Duk*
—1A **114**
Westmoor Gables. *Stoc*
—5C **126**
Westmorland Av. *Ash L*
—1H **99**
Westmorland Av. *Duk* —5C **100**
Westmorland Clo. *Bow*
—5C **144**
Westmorland Clo. *Bury* —1C **50**
Westmorland Clo. *Stoc*
—3C **128**
Westmorland Dri. *Stoc*
—3B **128**
Westmorland Dri. *Ward* —3B **16**
Westmorland Rd. *M20*
—1E **137**
Westmorland Rd. *Ecc* —6G **79**
Westmorland Rd. *Sale* —1C **134**
Westmorland Rd. *Urm* —6E **105**
Westmorland Wlk. *Rytn*
—3C **56**
W. Mosley St. *M2*
(in two parts) —5D **94** (1H **9**)
Westmount Clo. *M40* —5E **83**
W. Oak Pl. *Chea H* —4B **150**
Weston Av. *M40* —2E **85**
Weston Av. *Clif* —5E **65**
Weston Av. *Roch* —1H **41**
Weston Av. *Urm* —6D **104**
Weston Dri. *Chea H* —1F **151**
Weston Dri. *Dent* —4G **113**
Weston Gro. *M22* —3C **136**
Weston Gro. *Stoc* —3E **127**
Weston Rd. *Irl* —5F **103**
Weston Rd. *Rad* —6E **35**
Weston Rd. *Wilm* —3G **167**
Weston St. *Bolt* —3B **46**
Weston St. *Miln* —5E **29**
(in two parts)
Weston St. *Oldh* —5G **73**
Weston St. *Stoc* —5G **127**
W. Over. *Rom* —3G **141**
Westover Rd. *Urm* —4E **105**
Westover St. *Swint* —2E **79**
West Pde. *Sale* —6E **121**
West Pk. *Hyde* —2B **130**
West Pk. Av. *Dent* —5H **113**
W. Park Av. *Poy* —3A **162**
West Pk. Est. *Ash L* —4G **99**
W. Park Rd. *Bram* —3F **151**
W. Park Rd. *Stoc* —1B **140**
W. Park St. *Salf* —6H **93**
West Pl. *M19* —2B **126**
West Point. *M16* —2A **108**
W. Point Enterprise Pk. *Traf P*
—6H **91**
W. Point Lodge. *M19* —1B **126**
Westray Cres. *Salf* —4E **93**
Westray Rd. *M13* —5A **110**

West Rd. *Bow* —3E **145**
West Rd. *P'wch* —4D **66**
West Rd. *Stret* —3A **106**
West Rd. *Urm* —6G **91**
West Row. *P'wch* —2D **80**
W. Starkey St. *Heyw* —2E **39**
W. Stockport Rd. *Bred* —5E **129**
West St. *M9* —6C **68**
West St. *M11* —3D **96**
West St. *Ald E* —5G **167**
West St. *Ash L* —2H **99**
West St. *Bolt* —6G **31**
West St. *Droy* —3F **97**
West St. *Duk* —4H **99**
West St. *Fail* —4F **85**
West St. *Farn* —6G **47**
West St. *Heyw* —3F **39**
West St. *Hyde* —2B **114**
West St. *Lees* —4A **74**
West St. *L'boro* —4G **17**
West St. *Mid* —5A **54**
West St. *Miln* —4D **28**
West St. *Oldh* —2C **72**
(Oldham)
West St. *Oldh* —3B **72**
(Westwood)
West St. *Rad* —4G **49**
West St. *Ram* —4D **12**
West St. *Roch* —3A **28**
West St. *Stal* —3D **100**
West St. *Stoc* —2F **139**
W. Towers St. *Salf* —4F **93**
W. Vale. *Rad* —2G **49**
W. Vale Rd. *Tim* —5H **133**
West View. *Aud* —6E **99**
West View. *Del* —1E **59**
West View. *L'boro* —4G **17**
Westview Gro. *W'fld* —6B **50**
W. View Rd. *M22* —2C **136**
Westville Gdns. *M19* —4A **126**
West Wlk. *Eger* —1B **18**
Westward Ho. *Miln* —5F **29**
Westward Rd. *Wilm* —3C **166**
Westway. *M9* —3D **68**
West Way. *Bolt* —2D **32**
Westway. *Droy* —5A **98**
Westway. *Lees* —4A **74**
West Way. *L Hul* —4C **62**
Westway. *Shaw* —1F **57**
Westwell Gdns. Bolt —4A 32
(off Halliwell Rd.)
Westwick Ter. *Bolt* —3A **32**
Westwood Av. *M40* —2E **85**
Westwood Av. *Salf* —3A **82**
Westwood Av. *Tim* —4H **133**
Westwood Av. *Urm* —6H **105**
Westwood Av. *Wor* —6C **62**
Westwood Bus. Cen. *Oldh*
—3B **72**
Westwood Clo. *Farn* —1F **63**
Westwood Cres. *Ecc* —1C **90**
Westwood Dri. *Oldh* —2B **72**
Westwood Dri. *Pen* —5A **80**
Westwood Dri. *Sale* —1B **134**
Westwood Ind. Est. *Oldh*
—2A **72**
Westwood Rd. *Bolt* —5G **31**
Westwood Rd. *H Grn* —5F **149**
Westwood Rd. *Stoc* —1B **152**
Westwood Rd. *Stret* —1A **106**
Westwood St. *M14* —3D **108**
W. Works Rd. *Traf P* —3C **106**
Westworth Clo. *Bolt* —5H **31**
Wetheral Dri. *Bolt* —4A **46**
Wetherall St. *Lev* —6D **110**
Wetherby Dri. *Haz G* —3G **153**
Wetherby Dri. *Rytn* —2A **56**
Wetherby St. *M11* —6G **97**
Wexford Wlk. *M22* —3C **148**
Weybourne Av. *M9* —1A **84**
Weybourne Dri. *Bred* —5F **129**

Weybourne Gro. *Bolt* —1D **32**
Weybridge Clo. *Bolt* —5A **32**
Weybridge Rd. *M4*
  —3G **95** (4F **7**)
Weybrook Rd. *Stoc* —2D **126**
Weycroft Clo. *Bolt* —1A **48**
Wey Gates Dri. *Haleb* —6C **146**
Weyhill Rd. *M23* —6G **135**
Weylands Gro. *Salf* —6H **79**
Weymouth Rd. *Ash L* —5A **88**
Weymouth Rd. *Ecc* —2D **90**
Weymouth St. *Bolt* —3A **32**
Weythorne Dri. *Bolt* —1B **32**
Weythorne Dri. *Bury* —6D **24**
Whalley Av. *Bolt* —2D **30**
Whalley Av. *Chor H* —1A **124**
Whalley Av. *Lev* —5D **110**
Whalley Av. *L'boro* —3E **17**
Whalley Av. *Sale* —4C **122**
Whalley Av. *Urm* —4G **105**
Whalley Av. *Whal R* —4B **108**
Whalley Clo. *Miln* —5E **29**
Whalley Clo. *Tim* —3H **133**
Whalley Clo. *W'fld* —6D **50**
Whalley Dri. *Bury* —3F **35**
Whalley Gdns. *Roch* —2D **26**
Whalley Gro. *M16* —5B **108**
Whalley Gro. *Ash L* —3G **87**
Whalley Rd. *M16* —4A **108**
Whalley Rd. *Hale* —3A **146**
Whalley Rd. *Heyw* —3C **38**
Whalley Rd. *Mid* —4H **53**
Whalley Rd. *Ram* —3A **12**
Whalley Rd. *Roch* —2D **26**
Whalley Rd. *Stoc* —4C **140**
Whalley Rd. *W'fld* —6D **50**
Whalley St. *Oldh* —2D **72**
Wham Bar Dri. *Heyw* —3D **38**
Wham Bottom La. *Roch*
  —5D **14**
Wham St. *Heyw* —3D **38**
Wharf Clo. *Alt* —4F **133**
Wharfedale Av. *M40* —2A **84**
Wharfedale Rd. *Stoc* —1G **127**
Wharf Rd. *Alt* —4F **133**
Wharf Rd. *Sale* —4C **122**
Wharfside Av. *Ecc* —5F **91**
Wharfside Bus. Cen. *Traf P*
  —1F **107**
Wharf St. *Chad* —6H **71**
Wharf St. *Duk* —4H **99**
Wharf St. *Hyde* —4A **114**
Wharf St. *Stoc* —6G **127**
Wharmton Rise. *Gras* —3F **75**
Wharmton View. *G'fld* —3E **61**
Wharton Av. *M21* —2B **124**
Wharton Lodge. *Ecc* —2G **91**
Wheat Clo. *M13* —2G **109**
Wheatcroft. *Had* —3G **117**
Wheat Croft. *Stoc* —6H **139**
Wheater's Cres. *Salf* —1A **94**
Wheater's St. *Salf* —1B **94**
Wheater's Ter. *Salf* —1B **94**
Wheatfield. *Stal* —6H **101**
Wheatfield Clo. *Bred* —5G **129**
Wheatfield Clo. *Bury* —4F **23**
Wheatfield Cres. *Rytn* —4A **56**
Wheatfield St. *Bolt* —2D **46**
Wheathill St. *Roch* —1G **41**
Wheatley Av. *Wdly* —1D **78**
Wheatley Wlk. *M12* —1B **110**
Wheatsheaf Cen., The. *Roch*
  —3H **27**
Wheatsheaf Ind. Est. *Pen*
  —2H **79**
Wheeldale. *Oldh* —3H **73**
Wheeldale Clo. *Bolt* —3A **32**
Wheeldon St. *M14* —4E **109**
Wheelock Clo. *Wilm* —6H **159**
Wheelton Clo. *Bury* —4G **35**

Wheelwright Clo. *Marp*
  —3D **142**
Wheelwright Clo. *Roch* —1B **40**
Wheelwright Dri. *Roch* —6A **16**
Whelan Av. *Bury* —6C **36**
Whelan Clo. *Bury* —6C **36**
Wheler St. *M11* —5F **97**
Whelmar Est. *Chea H* —2D **150**
Whernside Av. *M40* —2A **84**
Whernside Av. *Ash L* —4G **87**
Whernside Clo. *Stoc* —6G **127**
Whetstone Hill Clo. *Oldh*
  —5F **57**
Whetstone Hill La. *Oldh*
  (in two parts) —6G **57**
Whetstone Hill Rd. *Oldh*
  —5F **57**
Whewell Av. *Rad* —2B **50**
Whiley St. *M13* —3B **110**
Whimberry Clo. *Salf* —6A **94**
Whimbrel Rd. *Stoc* —1G **153**
Whinberry Rd. *B'hth* —4D **132**
Whinberry Way. *Oldh* —3A **58**
Whinchat Clo. *Stoc* —1G **153**
Whinfell Dri. *Mid* —6D **52**
Whingroves Wlk. *M40* —4A **84**
Whinmoor Wlk. *M40* —4B **84**
Whins Av. *Farn* —1A **62**
Whins Crest. *Los* —6A **30**
Whinslee Dri. *Los* —6A **30**
Whinstone Way. *Chad* —6E **55**
Whipney La. *G'mnt* —1F **21**
Whirley Clo. *Stoc* —4F **127**
Whiston Dri. *Bolt* —1E **47**
Whiston Rd. *M8* —2D **82**
Whitbrook Way. *Mid* —2D **54**
Whitburn Av. *M13* —5A **110**
Whitburn Clo. *Bolt* —3C **44**
Whitburn Dri. *Bury* —6C **22**
Whitburn Rd. *M23* —1G **147**
Whitby Av. *Fall* —1A **126**
Whitby Av. *Heyw* —2E **39**
Whitby Av. *Salf* —2C **92**
Whitby Av. *Urm* —5G **105**
Whitby Av. *Whal R* —4B **108**
Whitby Clo. *Bury* —3F **35**
Whitby Clo. *Gat* —5G **137**
Whitby Clo. *Poy* —3C **162**
Whitby Rd. *M14* —1H **125**
Whitby Rd. *Oldh* —6G **73**
Whitby Rd. *Roch* —6A **28**
Whitchurch Dri. *M16* —2B **108**
Whitchurch Gdns. Bolt —3A **32**
  (off Gladstone St.)
Whitchurch Rd. *M20* —2D **124**
Whitchurch St. *Salf*
  —2C **94** (1F **5**)
Whiteacre Rd. *Ash L* —2A **100**
Whiteacres. *Swint* —4C **78**
Whiteacre Wlk. M15 —2C **108**
  (off Shearsby Clo.)
White Ash Ter. *Bury* —6C **24**
Whitebank Av. *Stoc* —5C **128**
White Bank Rd. *Oldh* —1B **86**
Whitebarn Rd. *Ald E* —6H **167**
Whitebeam Clo. *Miln* —2E **43**
Whitebeam Clo. *Salf* —2G **93**
Whitebeam Clo. *Tim* —6E **135**
Whitebeam Ct. *Salf* —2G **93**
Whitebeam Wlk. *Sale* —4F **121**
Whitebeck Ct. *M9* —5A **70**
White Birk Clo. *G'mnt* —1H **21**
White Bri. *Duk* —1A **114**
White Brook La. *Upperm*
  (Greenfield) —3H **61**
White Brook La. *Upperm*
  (Uppermill) —1G **61**
Whitebrook Rd. *M14* —6F **109**
White Brow. *Bury* —2D **50**
Whitecar Av. *M40* —2E **85**

Whitecarr La. *Hale & M23*
  —2D **146**
Whitechapel Clo. *Bolt* —6G **33**
Whitechapel St. *M20* —6F **125**
White City Retail Pk. *M16*
  —2G **107**
White City Way. *M16* —2G **107**
Whitecliff Clo. *M14* —4G **109**
White Clo. *Wilm* —6H **159**
Whitecroft Av. *Shaw* —6H **43**
Whitecroft Dri. *Bury* —2F **35**
Whitecroft Gdns. *M19* —5A **126**
Whitecroft Rd. *Bolt* —4D **30**
Whitecroft Rd. *Strin* —4G **155**
Whitecroft St. *Oldh* —6G **57**
Whitefield. *Salf* —5B **80**
Whitefield. *Stoc* —6F **127**
Whitefield Av. *Roch* —4B **28**
Whitefield Cen. *W'fld* —1F **67**
Whitefield Rd. *Bred* —5E **129**
Whitefield Rd. *Bury* —6B **36**
  (in two parts)
Whitefield Rd. *Sale* —4H **121**
WHITEFIELD STATION. *M*
  —6D **50**
White Friar Ct. *Salf*
  —2C **94** (2E **5**)
Whitefriars Wlk. *M22* —5B **148**
Whitegate. *Bolt* —5A **44**
Whitegate. *L'boro* —5C **16**
Whitegate Av. *Chad* —5F **71**
Whitegate Clo. *M40* —2E **85**
Whitegate Dri. *Bolt* —6D **18**
Whitegate Dri. *Clif* —1H **79**
Whitegate Dri. *Salf* —2D **92**
Whitegate La. *Chad* —5F **71**
  (in two parts)
Whitegate Pk. *Urm* —5A **104**
Whitegate Rd. *Chad* —6D **70**
Whitegates Clo. *Tim* —6B **134**
Whitegates Rd. *Chea* —6H **137**
Whitegates Rd. *Mid* —3C **54**
Whitehall. *Oldh* —3B **58**
Whitehall Clo. *Wilm* 4D **166**
Whitehall La. *Oldh* —3B **58**
Whitehall Rd. *M20* —6G **125**
Whitehall Rd. *Sale* —1B **134**
Whitehall St. *Oldh* —1D **72**
Whitehall St. *Roch* —2H **27**
  (in two parts)
White Hart Meadow. *Mid*
  —5A **54**
White Hart St. *Hyde* —3B **114**
Whitehaven Gdns. *M20*
  —1E **137**
Whitehaven Pl. *Hyde* —2A **114**
Whitehaven Rd. *Bram* —2E **161**
Whitehead Cres. *Bury* —5C **22**
Whitehead Cres. *Rad* —2C **64**
Whitehead Rd. *M21* —1F **123**
Whitehead Rd. *Clif* —1H **79**
Whiteheads Pl. *Spring* —2B **74**
Whitehead St. *Aud* —6E **99**
Whitehead St. *Mid* —6C **54**
Whitehead St. *Miln* —4E **29**
  (Milnrow)
Whitehead St. *Miln* —1H **43**
  (Newhey)
Whitehead St. *Shaw* —5D **42**
Whitehead St. *Wor* —5F **63**
Whitehill Clo. *Roch* —5D **14**
Whitehill Cotts. *Bolt* —5B **18**
Whitehill Dri. *M40* —4A **84**
Whitehill Ind. Est. *Stoc*
  —4G **127**
Whitehill La. *Bolt* —5B **18**
Whitehill St. *Stoc* —5G **127**
Whitehill St. W. *Stoc* —5G **127**
Whiteholme Av. *M21* —5B **124**
White Horse Gdns. *Swint*
  —5C **78**

White Horse Meadows. *B'edg*
  —3A **42**
White Ho. Av. *M8* —6A **68**
Whitehouse Av. *Oldh* —3G **73**
Whitehouse Clo. *Heyw* —6F **39**
Whitehouse Dri. *M23* —6G **135**
Whitehouse Dri. *Hale* —5B **146**
Whitehouse La. *Dun M*
  —4A **132**
White Houses. *Bolt* —4D **30**
Whitehouse Ter. *M9* —2H **83**
Whitehurst Rd. *Stoc* —5B **126**
Whitekirk Clo. *M13*
  —1F **109** (5D **10**)
White Lady Clo. *Wor* —6B **62**
Whitelake Av. *Urm* —5B **104**
Whitelake View. *Urm* —4B **104**
Whiteland Av. *Bolt* —2G **45**
Whitelands. *Ash L* —3A **100**
Whitelands Ind. Est. *Stal*
  —3C **100**
Whitelands Rd. *Ash L* —3A **100**
Whitelands Ter. *Ash L* —3A **100**
Whitelea Dri. *Stoc* —6F **139**
Whitelees Rd. *L'boro* —4E **17**
Whitelegge St. *Bury* —1H **35**
Whiteley Dri. *Mid* —2C **70**
Whiteley Pl. *Alt* —5F **133**
Whiteleys Pl. *Roch* —3G **27**
Whiteley St. *M11* —3D **96**
Whiteley St. *Chad* —5H **71**
White Lion Brow. *Bolt* —6A **32**
Whitelow Rd. *M21* —1G **123**
Whitelow Rd. *Bury* —3G **13**
Whitelow Rd. *Stoc* —6C **126**
White Meadows. *Swint* —4F **79**
White Moss. *Roch* —1D **26**
White Moss Av. *M21* —1A **124**
White Moss Gdns. *M9* —1A **84**
White Moss Rd. *M9* —6G **69**
Whiteoak Clo. *Marp* —4C **142**
Whiteoak Rd. *M14* —1G **125**
Whites Croft. *Swint* —3F **79**
Whiteside Clo. *Salf* —3D **92**
Whiteside Fold. *Roch* —2C **26**
Whitesmead Clo. *Dis* —2H **165**
Whitestone Clo. *Los* —1B **44**
Whitestone Wlk. *M13* —2H **109**
White St. *Bury* —4A **36**
White St. *Salf* —4E **93**
White Swallows Rd. *Swint*
  —5G **79**
Whitethorn Av. *Burn* —2B **126**
Whitethorn Av. *Whal R*
  —4B **108**
Whitethorn Clo. *Marp* —4C **142**
Whitewater Dri. *Salf* —4D **80**
Whiteway St. *M9* —4G **83**
Whitewell Clo. *Bury* —6B **36**
Whitewell Clo. *Roch* —3C **28**
Whitewillow Clo. *Fail* —5G **85**
Whitfield Bottoms. *Miln* —2F **43**
Whitfield Brow. *L'boro* —2G **17**
Whitfield Cres. *Miln* —2F **43**
Whitfield Dri. *Miln* —6E **29**
Whitfield Rise. *Shaw* —4E **43**
Whitfield St. *M3* —2E **95** (1A **6**)
Whitford Wlk. *M40*
  —2H **95** (1G **7**)
Whiting Gro. *Bolt* —1C **44**
Whitland Av. *Bolt* —5D **30**
Whitland Dri. *Oldh* —1H **85**
Whit La. *Salf* —5D **80**
  (in two parts)
Whitley Gdns. *Tim* —3B **134**
Whitley Pl. *Tim* —4B **134**
Whitley Rd. *M40* —1G **95**
Whitley Rd. *Stoc* —6D **126**
Whitley St. *Bolt* —5F **47**
Whitlow Av. *B'hth* —3D **132**
Whitman St. *M9* —3H **83**

Whitmore Rd.—Willowtree Rd.

Whitmore Rd. *M14* —6F **109**
Whitnall Clo. *M16* —3C **108**
Whitnall St. *Hyde* —2B **114**
Whitshury Av. *M18* —4F **111**
Whitstable Clo. *Chad* —3H **71**
Whitstable Rd. *M40* —2C **84**
Whitsters Hollow. *Bolt* —2F **31**
Whitswood Clo. *M16* —4C **108**
Whittaker Clo. *P'wch* —5G **67**
Whittaker Dri. *L'boro* —1F **29**
Whittaker La. *P'wch* —5G **67**
Whittaker La. *Roch* —2H **25**
Whittaker St. *M12*
　—5H **95** (2H **11**)
Whittaker St. *M40* —3H **83**
Whittaker St. *Ash L* —6H **87**
Whittaker St. *Mid* —1H **69**
Whittaker St. *Rad* —3H **49**
Whittaker St. *Roch* —2A **26**
Whittaker St. *Rytn* —3B **56**
Whittingham Dri. *Ram* —5E **13**
Whittingham Gro. *Oldh* —1B **72**
Whittington St. *Ash L* —4G **99**
Whittle Brook Clo. *Uns* —2F **51**
Whittlebrook Gro. *Heyw*
　—6G **39**
Whittle Dri. *Shaw* —5H **43**
Whittle Dri. *Wor* —4E **63**
Whittle Gro. *Bolt* —4F **31**
(in two parts)
Whittle Gro. *Wor* —6G **63**
Whittle Hill. *Eger* —1C **18**
Whittle La. *Heyw* —2C **52**
Whittles Av. *Dent* —4G **113**
Whittle's Croft. *M1*
　—4F **95** (5D **6**)
Whittles St. *Roch* —1H **15**
Whittles Ter. *Miln* —1F **43**
Whittle St. *M4* —3F **95** (4C **6**)
Whittle St. *Bury* —2A **36**
Whittle St. *L'boro* —4D **16**
Whittle St. *Swint* —4E **79**
Whittle St. *Wor* —6F **63**
Whittles Wlk. *Dent* —5G **113**
Whitwell Bank. *Glos* —5F **117**
(off Eyam La.)
Whitwell Clo. *Glos* —5F **117**
Whitwell Fold. *Glos* —5G **117**
(off Melandra Castle Rd.)
Whitwell Grn. *Glos* —5G **117**
(off Hathersage Cres.)
Whitwell Lea. *Glos* —5F **117**
(off Melandra Castle Rd.)
Whitwell Wlk. *M13* —3A **110**
Whitwell Way. *M18* —2E **111**
Whitworth Clo. *Ash L* —1A **100**
Whitworth La. *M14* —6H **109**
Whitworth Pk. Mans. *M14*
　—3E **109**
Whitworth Rake. *Whitw*
　—1D **14**
Whitworth Rd. *Miln* —5F **29**
Whitworth Rd. *Roch* —5D **14**
Whitworth Sq. *Whitw* —1D **14**
Whitworth St. *M1*
　—5E **95** (2A **10**)
Whitworth St. *Miln* —1C **28**
Whitworth St. *Open* —6C **96**
(in two parts)
Whitworth St. W. *M1*
　—5C **94** (2F **9**)
Whixhall Av. *M12* —1A **110**
Whoolden St. *Farn* —6E **47**
Whowell Fold. *Bolt* —2G **31**
Whowell St. *Bolt* —1A **46**
Wibbersley Pk. *Urm* —5B **104**
Wichbrook Rd. *Wor* —6B **62**
Wicheaves Cres. *Wor* —6B **62**
Wicheries, The. *Wor* —6B **62**
Wicken Bank. *Heyw* —6G **39**
Wickenby Dri. *Sale* —5A **122**

Wicken St. *Stoc* —4C **140**
Wickentree Holt. *Roch* —2C **26**
Wickentree La. *Fail* —2F **85**
Wicker La. *Haleb* —5B **146**
Wicket Gro. *Clif* —5E **65**
Wickham Clo. *M14* —4F **109**
Wickliffe Pl. *Roch* —5H **27**
Wickliffe St. *Bolt* —5A **32**
Wicklow Av. *Stoc* —4D **138**
Wicklow Dri. *M22* —3C **148**
Widcombe Dri. *Bolt* —2H **47**
Widdop St. *Oldh* —2B **72**
Widecombe Clo. *Urm* —3D **104**
Widgeon Clo. *M14* —1F **125**
Widgeon Clo. *Poy* —3B **162**
Widgeon Rd. *B'hth* —3D **132**
Wigan Rd. *Bolt* —5B **44**
Wiggins Teape Rd. *Bury*
　—1F **51**
Wiggins Wlk. *M14* —4G **109**
Wighurst Wlk. *M22* —4B **148**
Wigley St. *M12* —6A **96**
Wigmore Rd. *M8* —4D **82**
Wigmore St. *Ash L* —1B **100**
Wigsby Av. *M40* —1C **84**
Wigston Wlk. *M8* —6A **82**
(off Fairy La.)
Wigwam Clo. *Poy* —3C **162**
Wike St. *Bury* —2B **36**
Wilberforce Clo. *M15* —2D **108**
Wilbraham Rd. *M16 & M14*
　—6C **108**
Wilbraham Rd. *M21* —6G **107**
Wilbraham Rd. *Wor* —6F **63**
Wilburn St. *Salf* —5B **94** (1C **8**)
Wilby Av. *L Lev* —2A **48**
Wilby Clo. *Bury* —6D **22**
Wilby St. *M8* —5D **82**
Wilcock Clo. *M16* —3C **108**
Wilcott Dri. *Sale* —4G **121**
Wilcott Dri. *Wilm* —5C **166**
Wilcott Rd. *Gat* —6E **137**
Wildbank Chase. *Stal* —1A **116**
Wildbrook Clo. *L Hul* —6A **62**
Wildbrook Cres. *Oldh* —6E **73**
Wildbrook Gro. *L Hul* —6A **62**
Wildbrook Rd. *L Hul* —5A **62**
Wild Clough. *Hyde* —6D **114**
Wildcroft Av. *M40* —2A **84**
Wilders Moor Clo. *Wor* —3E **77**
Wilderswood Rd. *Manx*
　—4G **125**
Wildes Sq. *Moss* —1E **89**
Wilde St. *Ash L* —1H **99**
Wild Ho. *Oldh* —4D **72**
Wildhouse Clo. *Miln* —3F **29**
Wild Ho. La. *Miln* —3F **29**
Wildman La. *Farn* —1B **62**
Wildmoor Av. *Oldh* —5A **74**
Wilds Bldgs. *Roch* —4D **28**
Wild's Pas. *L'boro* —5C **16**
(Littleborough)
Wilds Pas. *L'boro* —5H **17**
(Summit)
Wild St. *Bred* —1F **141**
Wild St. *Dent* —4F **113**
Wild St. *Duk* —5B **100**
Wild St. *Haz G* —3D **152**
Wild St. *Heyw* —3G **39**
Wild St. *Lees* —3A **74**
Wild St. *Oldh* —2E **73**
Wild St. *Rad* —3B **50**
Wild St. *Shaw* —1G **57**
Wild St. *Stoc* —5A **140**
Wildwood Clo. *Ram* —5C **12**
Wileman Ct. *Salf* —3D **92**
Wilford Av. *Sale* —1A **134**
Wilfred Rd. *Ecc* —5C **90**
Wilfred Rd. *Wor* —1F **77**
Wilfred St. *M40* —3A **84**
Wilfred St. *Brom X* —4E **19**

Wilfred St. *Droy* —5B **98**
Wilfred St. *Salf* —1C **94**
Wilfred St. *Swint* —3F **79**
Wilham Av. *Ecc* —4F **91**
Wilkes St. *Oldh* —3H **57**
Wilkin Croft. *Chea H* —4A **150**
Wilkins La. *Wilm* —2C **158**
Wilkinson Av. *L Lev* —2A **48**
Wilkinson Gdns. *Bolt* —6B **18**
Wilkinson Rd. *Bolt* —6B **18**
Wilkinson Rd. *Stoc* —1G **139**
Wilkinson St. *Ash L* —3G **99**
Wilkinson St. *Mid* —6H **53**
Wilkinson St. *Oldh* —2F **73**
Wilkinson St. *Sale* —5D **122**
Wilks Av. *M22* —3D **148**
Willand Clo. *Bolt* —1A **48**
Willand Dri. *Bolt* —2A **48**
Willan Ind. Est. *Salf* —4F **93**
Willan Rd. *M9* —4E **69**
Willan Rd. *Ecc* —3G **91**
Willard St. *Haz G* —2D **152**
Willaston Clo. *M21* —2G **123**
Willaston Way. *Hand* —2H **159**
Willbutts La. *Roch* —3E **27**
Willdale Clo. *M11* —3C **96**
Willdor Gro. *Stoc* —5D **138**
Willenhall Rd. *M23* —1A **136**
Willerby Rd. *M8* —6A **82**
Willert St. *M40* —6F **83**
Willesden Av. *M13* —4A **110**
Will Griffiths Wlk. *M11* —5A **96**
William Chadwick Clo. *M40*
　—2G **95** (1F **7**)
William Clo. *Urm* —6E **105**
William Coates Ct. *M16*
　—4B **108**
William Greenwood Clo. *Heyw*
　—3E **39**
William Henry St. *Roch* —1G **41**
William Jessop Ct. *M1*
　—4G **95** (6E **7**)
William Kay Clo. *M16* —3C **108**
William Kent Cres. *M15*
　—1C **108** (6E **9**)
William Lister Clo. *M40* —1F **97**
William Murray Ct. M4
　(off Winder Dri.) —3G **95** (4F **7**)
Williams Cres. *Chad* —6F **71**
Williamson Av. *Bred* —5G **129**
Williamson Av. *Rad* —1F **49**
Williamson La. *Droy* —5B **98**
Williamson St. *M4*
　—2F **95** (1C **6**)
Williamson St. *Ash L* —2H **99**
Williamson St. *Stoc* —2H **127**
Williamson's Yd. *Oldh* —2F **73**
Williams Pas. *L'boro* —6H **17**
Williams Rd. *Gort* —2E **111**
Williams Rd. *Most* —4B **84**
Williams St. *M18* —2E **111**
William St. *M1* —6D **94** (3A **10**)
William St. *M12*
　—5H **95** (2G **11**)
William St. *M20* —6F **125**
William St. *Ash L* —3F **99**
William St. *Aud* —3G **113**
William St. *Fail* —2G **85**
William St. *Hur* —5B **16**
William St. *L'boro* —4E **17**
William St. *L Lev* —4B **48**
William St. *Mid* —1B **70**
William St. *Rad* —3H **49**
William St. *Ram* —1E **13**
William St. *Roch* —5H **27**
(in two parts)
William St. *Salf* —3C **94** (4E **5**)
William St. *Whitw* —4G **15**
William Wlk. *Alt* —2F **145**
Willingdon Clo. *Bury* —4C **22**
Willingdon Dri. *P'wch* —4F **67**

Willis Rd. *Oldh* —3E **87**
Willis Rd. *Stoc* —5G **139**
Willis St. *Bolt* —3G **45**
Williton Wlk. *M22* —2D **148**
Willock St. *Salf* —5B **82**
Willoughby Av. *M20* —5G **125**
Willoughby Clo. *Sale* —4A **122**
Willow Av. *Chea H* —3B **150**
Willow Av. *Mid* —2C **70**
Willow Av. *Stoc* —5H **127**
Willow Av. *Urm* —5G **105**
Willow Bank. M9 —3G 83
(off Church La.)
Willow Bank. *M14* —1G **125**
Willow Bank. *Chea H* —1C **160**
Willowbank. *Clif* —1G **79**
Willow Bank. *Lees* —1A **74**
(in two parts)
Willowbank. *Rad* —1F **65**
Willow Bank. *Tim* —5A **134**
Willowbank Av. *Bolt* —1D **46**
Willow Bank Ct. *Manx* —3F **137**
Willowbrook Av. *M40* —4A **84**
Willow Clo. *Bolt* —3F **45**
Willow Clo. *Duk* —6D **100**
Willow Clo. *Poy* —4E **163**
Willow Ct. *M14* —6H **109**
(nr. Mosley Rd.)
Willow Ct. *M14* —1G **125**
(nr. Willow Bank)
Willow Ct. *Gat* —5E **137**
Willow Ct. *Sale* —4E **123**
Willowdale Av. *H Grn* —3F **149**
Willowdene Clo. *M40* —6E **83**
Willowdene Clo. *Brom X*
　—3D **18**
Willow Dri. *Hand* —4H **159**
Willow Dri. *Sale* —1G **133**
Willowfield Rd. *Oldh* —5H **57**
Willow Fold. *Droy* —5B **98**
Willow Gro. *M18* —3G **111**
Willow Gro. *Chad* —1H **71**
Willow Gro. *Dent* —4E **113**
Willow Gro. *Marp* —6D **142**
Willow Hey. *Brom X* —4G **19**
Willow Hill Rd. *M8* —1C **82**
Willow Lawn. *Chea H* —2C **150**
Willowmead Ct. *Stoc* —5D **126**
Willowmead Way. *Roch*
　—1C **26**
Willowmoss Clo. *Wor* —2G **77**
Willow Pk. *M14* —1G **125**
Willow Rise. *L'boro* —6D **16**
Willow Rd. *Ecc* —1C **90**
Willow Rd. *H Lane* —6D **154**
Willow Rd. *Part* —6G **118**
Willow Rd. *P'wch* —3E **67**
Willow Rd. *Upperm* —2G **61**
Willows Dri. *Fail* —6F **85**
Willows La. *Bolt* —3F **45**
Willows La. *Roch* —5D **28**
Willows Rd. *Salf* —3D **92**
Willows, The. *M21* —2G **123**
Willows, The. *Brad F* —2A **48**
Willows, The. *Lees* —4B **74**
Willows, The. *Moss* —2G **89**
Willows, The. *Part* —6D **118**
Willows, The. Whitw —4C 14
(off Tonacliffe Rd.)
Willow St. *M11* —4C **96**
Willow St. *Bury* —3F **37**
(in two parts)
Willow St. *Fail* —4D **84**
Willow St. *Heyw* —3F **39**
Willow St. *Oldh* —2E **73**
Willow St. *Salf* —1C **94**
Willow St. *Swint* —6D **78**
Willow St. *Wor* —4C **78**
Willow Tree Ct. *Sale* —6B **122**
Willow Tree M. *H Grn* —4F **149**
Willowtree Rd. *Hale* —2F **145**

Winstanley Clo. *Salf* —6B **80**
Winstanley Rd. *M40*
   —2H **95** (2G **7**)
Winstanley Rd. *Sale* —4C **122**
Winster Av. *M20* —5C **124**
Winster Av. *Salf* —5F **81**
Winster Av. *Stret* —4A **106**
Winster Clo. *Bolt* —4H **33**
Winster Clo. *W'fld* —1F **67**
Winster Dri. *Bolt* —4G **33**
Winster Dri. *Mid* —5G **53**
Winster Grn. *Ecc* —5D **90**
Winster Gro. *Stoc* —5A **140**
Winster M. Glos —5G **117**
   (off Melandra Castle Rd.)
Winster Rd. *Ecc* —5D **90**
Winston Av. *L Lev* —4C **48**
Winston Av. *Roch* —5A **26**
Winston Clo. *Marp* —4B **142**
Winston Clo. *Rad* —2E **49**
Winston Clo. *Sale* —4H **121**
Winston Rd. *M9* —2H **83**
Winswell Clo. *M11* —3D **96**
Winterbottom Gro. *Mot*
   —5B **116**
Winterbottom St. *Bolt* —2A **46**
Winterbottom St. *Oldh* —2B **72**
Winterbottom Wlk. *Mot*
   —5B **116**
Winterburn Av. *M21* —5A **124**
Winterburn Av. *Bolt* —5F **19**
Winterburn Grn. *Stoc* —6E **141**
Winterdyne St. *M9* —4G **83**
Winterfield Dri. *Bolt* —4E **45**
Winterford Av. *M13* —2H **109**
Winterford La. *Moss* —1F **89**
Winterford Rd. *Moss* —1F **89**
Winterford Rd. *Salf & M8*
   —4B **82**
Wintergreen Wlk. *Part* —6D **118**
Wintermans Rd. *M21* —2B **124**
Winterslow Av. *M23* —2D **134**
Winter St. *Bolt* —2H **31**
Winterton Rd. *Stoc* —6A **112**
Winthrop Av. *M40* —6F **83**
Winton Av. *M40* —2D **84**
Winton Av. *Aud* —6D **98**
Winton Clo. *Bram* —4E **151**
Winton Ct. *Bow* —3E **145**
Winton Gro. *Bolt* —3C **44**
Winton Rd. *Bow* —3E **145**
Winton Rd. *Salf* —5B **80**
Winton St. *Ash L* —2H **99**
Winton St. *L'boro* —4F **17**
Winton St. *Stal* —4F **101**
Winward St. *Bolt* —3E **45**
Winwood Dri. *Mid* —5B **54**
Winwood Fold. *Mid* —3H **53**
Winwood Rd. *M20* —3G **137**
Wirral Clo. *Clif* —1G **79**
Wirral Cres. *Stoc* —3C **138**
Wisbech Dri. *M23* —2F **135**
Wisbeck Rd. *Bolt* —5E **33**
Wiseley St. *M11* —5A **96**
Wiseman Ter. *P'wch* —5G **67**
Wishaw Sq. *M21* —2C **124**
Wisley Clo. *Stoc* —1H **127**
Wistaria Rd. *M18* —2F **111**
Witham Av. *M22* —6C **136**
Witham Clo. *Heyw* —2C **38**
Witham St. *Ash L* —1C **100**
Withenfield Rd. *M23* —3F **135**
Withens Grn. *Stoc* —5E **141**
Withern Flats. Heyw —3E **39**
   (off Fox St.)
Withies, The. *Ecc* —3D **90**
Withington Grn. *Mid* —3A **54**
Withington Rd. *M16* —3B **108**
Withington Rd. *Chor H & M16*
   —1B **124**
Withington St. *Heyw* —5G **39**

Withington St. *Salf* —2H **93**
Withins Av. *Rad* —2A **50**
Withins Clo. *Bolt* —5G **33**
Withins Dri. *Bolt* —5G **33**
Withins Gro. *Bolt* —5G **33**
Withins La. *Bolt* —5G **33**
Withins La. *Rad* —2A **50**
Withins Rd. *Oldh* —1H **85**
Withins St. *Rad* —3A **50**
Withnell Dri. *Bury* —4G **35**
Withnell Rd. *M19* —6H **125**
Withycombe Pl. *Salf* —6E **81**
Withy Gro. *M4* —3E **95** (4A **6**)
Withypool Dri. *Stoc* —6B **140**
Withytree Gro. *Dent* —5G **113**
Witley Dri. *Sale* —3F **121**
Witley Rd. *Roch* —4B **28**
Witney Clo. *Bolt* —3A **32**
Wittenbury Rd. *Stoc* —1D **138**
Witterage Clo. *M12* —1B **110**
Witton Wlk. *M8* —5B **82**
Woburn Av. *Bolt* —2E **33**
Woburn Clo. *M16* —4D **108**
Woburn Clo. *Miln* —5E **29**
Woburn Dri. *Bury* —2D **50**
Woburn Dri. *Hale* —3B **146**
Woburn Rd. *M16* —4G **107**
Woden's Av. *Salf*
   —5A **94** (3A **8**)
Woden St. *Salf* —6A **94** (3B **8**)
Woking Gdns. *Bolt* —4A **32**
Woking Rd. *Chea H* —1B **160**
Woking Ter. Bolt —4A **32**
   (off Bk. Woking Gdns.)
Wolfenden St. *Bolt* —3A **32**
Wolfenden Ter. *Bolt* —3A **32**
Wolfreton Cres. *Clif* —6G **65**
Wollaton Wlk. *Dent* —6E **113**
Wolseley Ho. *Sale* —6A **122**
Wolseley Pl. *M20* —4F **125**
Wolseley Rd. *Sale* —3B **122**
Wolseley St. *Miln* —1F **43**
Wolsely St. *Bury* —4H **35**
Wolsey Clo. *Rad* —4G **49**
Wolsey Dri. *Bow* —4C **144**
Wolsey St. *Heyw* —4E **39**
Wolsey St. *Rad* —4G **49**
Wolstenholme Av. *Bury* —5F **23**
Wolstenholme Coalpit La. *Roch*
   —1F **25**
Wolstenholme La. *Roch*
   —1G **25**
Wolstenvale Clo. *Mid* —6B **54**
Wolver Clo. *L Hul* —3D **62**
Wolverton Av. *Oldh* —6B **72**
Wolverton Dri. *Wilm* —6G **159**
Wolverton St. *M11* —6B **96**
Wolvesey. *Roch* —5G **27**
Woodacres Ct. *Wilm* —3C **166**
Woodall Clo. *Sale* —5D **122**
Woodark Clo. *Spring* —4B **74**
Woodbank. *Bolt* —3F **33**
Woodbank Av. *Bred* —6E **129**
Woodbank Av. *Stoc* —3C **140**
Woodbank Ct. *Urm* —4D **104**
Woodbank Dri. *Bury* —1A **36**
Woodbank Pk. *Stoc* —2B **140**
Woodbank Rd. *L'boro* —6F **17**
Woodbank Ter. *Moss* —1F **89**
Woodbank Works Ind. Est.
   Stoc —2B **140**
Woodbine Av. *Cad* —5B **118**
Woodbine Cres. *Stoc* —4H **139**
Woodbine Pas. L'boro —4E **17**
   (off William St.)
Woodbine Rd. *Bolt* —4G **45**
   (in two parts)
Woodbine St. *M14* —3E **109**
Woodbine St. *Roch* —6A **28**
   (in two parts)
Woodbine St. E. *Roch* —6B **28**

Woodbine Ter. *Irl* —5F **103**
Woodbourne Rd. *Sale* —1A **134**
Woodbourne Rd. *Stoc* —3E **127**
Woodbray Av. *M19* —4A **126**
Woodbridge Av. *Aud* —6D **98**
Woodbridge Dri. *Bolt* —4D **32**
Woodbridge Gdns. *Roch*
   —1E **27**
Woodbridge Gro. *M23*
   —2G **135**
Woodbridge Rd. *Urm* —4H **103**
Woodbrook Av. *Spring* —2C **74**
Woodbrooke Av. *Hyde*
   —5D **114**
Wood Brook La. *Spring* —2D **74**
Woodbrook Rd. *Ald E* —5H **167**
Wood Brook Rd. *Spring*
   —2C **74**
Woodburn Dri. *Bolt* —2F **31**
Woodburn Rd. *M22* —3B **136**
Woodbury Cres. *Duk* —6H **99**
Woodbury Rd. *Stoc* —4D **138**
Woodchurch Clo. *Bolt* —4A **32**
Woodchurch Wlk. *Chad*
   —3H **71**
Woodchurch Wlk. *Sale*
   —6F **123**
Woodcock Clo. *Droy* —2C **98**
Woodcock Clo. *Roch* —4B **26**
Woodcock Sq. *M15*
   —1D **108** (5H **9**)
Woodcote Av. *Bram* —3E **151**
Woodcote Rd. *Alt* —2F **133**
Woodcote Rd. *Dun M & Part*
   —2C **132**
Woodcote Wlk. M8 —3E **83**
   (off Crescent Rd.)
Wood Cottage Clo. *Wor* —6B **62**
Woodcott Gro. *Wilm* —6A **160**
Wood Cres. *Oldh* —6A **74**
Woodcroft. *Stoc* —5D **140**
Woodcroft Av. *M19* —5A **126**
Woodeaton Clo. *Rytn* —3E **57**
Wooded Clo. *Bury* —6F **23**
Wood End. *Bram* —3F **151**
Woodend. *Shaw* —5G **43**
Woodend Cen. Ind. Pk. *Moss*
   —1F **89**
Woodend Ct. *Hyde* —6B **114**
Woodend Dri. *Stal* —1H **115**
Woodend La. *Hyde* —6B **114**
Woodend La. *Mob* —6E **157**
Wood End La. *Stal* —6H **101**
Woodend La. *Ward* —3B **16**
Woodend Rd. *M22* —1B **148**
Woodend Rd. *Stoc* —1H **151**
Woodend St. *Oldh* —6C **56**
Woodend St. *Spring* —4B **74**
Woodend View. *Moss* —1F **89**
Woodfield. *M22* —2B **148**
Woodfield Av. *Bred* —5G **129**
Woodfield Av. *Hyde* —1B **130**
Woodfield Av. *Roch* —1G **27**
Woodfield Clo. *Had* —3H **117**
Woodfield Clo. *Oldh* —5A **72**
Woodfield Ct. *Stoc* —1A **152**
Woodfield Cres. *Rom* —1F **141**
Woodfield Dri. *Wor* —5D **76**
Woodfield Gro. *Ecc* —4E **91**
Woodfield Gro. *Farn* —3E **63**
Woodfield Gro. *Sale* —3A **122**
Woodfield M. *Hyde* —1B **130**
Woodfield Rd. *M8* —2C **82**
Woodfield Rd. *Alt* —5E **133**
Woodfield Rd. *Chea H* —6D **150**
Woodfield Rd. *Mid* —3G **69**
Woodfield Rd. *Salf* —1D **92**
Woodfields Ter. *Bury* —2D **36**
Woodfield St. *Bolt* —4C **46**
Woodfield Ter. *Heyw* —2G **39**
Wood Fold. *Brom X* —5G **19**

Woodfold Av. *M19* —5C **110**
Woodford Av. *Dent* —3G **113**
Woodford Av. *Ecc* —2D **90**
Woodford Av. *Shaw* —6H **43**
Woodford Dri. *Swint* —1E **79**
Woodford Gdns. *M20* —1E **137**
Woodford Gro. *Bolt* —3G **45**
Woodford Rd. *Fail* —3G **85**
Woodford Rd. *Poy* —3A **162**
Woodford Rd. *Woodf* —2G **161**
Wood Gdns. *Ald E* —4H **167**
Woodgarth Av. *M40* —6D **84**
Woodgarth Dri. *Swint* —5E **79**
Woodgarth La. *Wor* —6H **77**
Woodgate Av. *Bury* —1H **37**
Woodgate Av. *Roch* —5C **26**
Woodgate Clo. *Bred* —6F **129**
Woodgate Dri. *P'wch* —3G **67**
Woodgate Hill Rd. *Bury* —2G **37**
   (Bury)
Woodgate Hill Rd. *Bury* —1H **37**
   (Woodgate Hill)
Woodgate Rd. *M16* —6C **108**
Woodgate St. *Bolt* —4C **46**
Woodgrange Clo. *Salf* —3E **93**
Woodgreen Dri. *Rad* —1G **65**
Wood Gro. *Dent* —3F **113**
Wood Gro. *W'fld* —4C **50**
Wood Gro. *Woodl* —4G **129**
Woodhall Av. *M20* —2E **125**
Woodhall Av. *W'fld* —3B **66**
Woodhall Clo. *Bolt* —2E **33**
Woodhall Clo. *Bury* —6D **22**
Woodhall Clo. *Woodf* —4G **161**
Woodhall Cres. *Stoc* —5A **128**
Woodhall Rd. *Stoc* —5H **127**
Woodhall St. *Fail* —3F **85**
Woodhalt Rd. *M8* —3C **82**
Woodham Rd. *M23* —2F **135**
Woodham Wlk. *Bolt* —1H **45**
Woodhead Clo. *Lees* —2A **74**
Woodhead Clo. *Ram* —5E **13**
Woodhead Dri. *Hale* —4H **145**
Woodhead Rd. *Hale* —4H **145**
Woodhead St. *M16* —3C **108**
Wood Hey Clo. *Rad* —4D **48**
Wood Hey Gro. *Dent* —5G **113**
Wood Hey Gro. *Roch* —5E **15**
Woodhey Rd. *Ram* —6C **12**
Woodheys. *Stoc* —6B **126**
Woodheys Dri. *Sale* —2F **133**
Woodheys Rd. *L'boro* —1G **29**
Woodheys St. *Salf* —4F **93**
Wood Hill. *Mid* —5H **53**
Wood Hill Clo. *M12* —3D **110**
Woodhill Clo. *Mid* —5H **53**
Woodhill Dri. *P'wch* —1F **81**
Woodhill Fold. *Bury* —2B **36**
Woodhill Gro. *P'wch* —6F **67**
Woodhill Ho. *Salf* —2F **93**
Woodhill Rd. *Bury* —2B **36**
Woodhill St. *Bury* —1B **36**
Woodhouse Ct. *Urm* —3C **104**
Woodhouse Farm Cotts. *Roch*
   —1H **25**
Woodhouse Knowl. *Del* —3G **59**
Woodhouse La. *M22* —1B **148**
Woodhouse La. *Dun T* —1A **144**
Woodhouse La. *Roch* —1H **25**
Woodhouse La. *Sale* —1D **132**
   (in three parts)
Woodhouse La. E. *Tim*
   —2A **134**
Woodhouse La. N. *M22*
   —5B **148**
Woodhouse Rd. *M22* —5B **148**
Woodhouse Rd. *Shaw* —4G **43**
Woodhouse Rd. *Urm* —3B **104**
Woodhouse St. *M18* —2G **111**
Woodhouse St. *M40* —6H **83**
Woodhouse St. *Oldh* —4D **72**

York St. *M9* —3G **83**
(in two parts)
York St. *M15* —6C **94** (4E **9**)
York St. *Alt* —2F **145**
York St. *Aud* —5E **99**
York St. *Bury* —3E **37**
York St. *Farn* —1G **63**
York St. *Heyw* —3F **39**
York St. *Lev* —1C **126**
York St. *Manx* —6F **125**
York St. *Oldh* —3C **72**

York St. *Rad* —2B **50**
York St. *Roch* —5B **28**
York St. *Stoc* —3G **139**
York St. *W'fld* —1D **66**
York Ter. *Bolt* —3A **32**
York Ter. *Sale* —3A **122**
Youlgreave Cres. *Glos* —6F **117**
Young St. *M3* —4C **94** (6E **5**)
Young St. *Farn* —2G **63**
Young St. *Rad* —2F **49**
Young St. *Ram* —3D **12**

Yulan Dri. *Sale* —5E **121**
Yule St. *Stoc* —3F **139**

Zama St. *Ram* —5C **12**
Zealand St. *Oldh* —6G **57**
Zebra St. *Salf* —4B **82**
Zedburgh. *Roch* —3G **27**
(off Spotland Rd.)
Zero Av. *Traf P* —2D **106**
Zeta St. *M9* —4H **83**

Zetland Av. *Bolt* —5F **45**
Zetland Av. N. *Bolt* —5F **45**
Zetland Pl. *Roch* —3B **28**
Zetland Rd. *M21* —1H **123**
Zetland St. *Duk* —4A **100**
Zinnia Dri. *Irl* —1C **118**
Zion Cres. *M15* —1C **108** (6F **9**)
Zion Ter. *Roch* —2A **26**
Zurich Gdns. *Bram* —2G **151**
Zyburn Ct. *Salf* —2A **92**

HOSPITALS, HEALTH CENTRES and HOSPICES
covered by this atlas
with their map square reference

N.B. Where Hospitals and Health Centres are not named on the map, the reference
given is for the road in which they are situated.

Alastair Ross Health Centre —6H **33**
Breightmet Fold La.,
Bolton, BL2 6NT
Tel: (01204) 521227

ALEXANDRA HOSPITAL, THE —5H **137**
Mill La., Cheadle,
Cheshire, SK8 2PX
Tel: (0161) 4283656

Alexandra Park Health Centre —4C **108**
2 Whitswood Clo., Alexandra Park,
Manchester, M16 7AP
Tel: (0161) 2260101

ALTRINCHAM GENERAL HOSPITAL
—1F **145**
Market St., Altrincham,
Cheshire, WA14 1PE
Tel: (0161) 9286111

Ann Street Health Centre —4E **113**
Ann St., Denton,
Manchester, M34 2AJ
Tel: (0161) 3207000

Astley Bridge Health Centre —1A **32**
10 Moss Bank Way,
Bolton, BL1 8NP
Tel: (01204) 307825

Avondale Health Centre —4G **31**
Avondale St., Bolton, BL1 4JP
Tel: (01204) 492331

Baillie Health Centre —3H **27**
Baillie St., Rochdale, OL16 1XS
Tel: (01706) 377777

BARNES HOSPITAL —5G **137**
Kingsway, Cheadle,
Cheshire, SK8 2NY
Tel: (0161) 4288955

BEALEY HOSPITAL —3B **50**
Dumers La., Radcliffe,
Manchester, M26 2QD
Tel: (0161) 7232371

BEAUMONT HOSPITAL, THE —5A **30**
Old Hall Clough, Chorley New Rd.,
Lostock, Bolton BL6 4LA
Tel: (01204) 494211

Beechwood Cancer Care Centre —5F **139**
Chelford Gro., Stockport, SK3 8LS
Tel: (0161) 4760384

BIRCH HILL HOSPITAL —5C **16**
Union Rd., Rochdale, OL12 9QB
Tel: (01706) 377777

Blackburn Street Health Centre —4G **49**
Blackburn St., Radcliffe,
Manchester, M26 1WS
Tel: (0161) 7246411

Bodmin Road Health Centre —4F **121**
Bodmin Rd., Sale, M33 5JH
Tel: (0161) 9731127

BOLTON GENERAL HOSPITAL—6B **46**
Minerva Rd., Farnworth,
Bolton, BL4 0JR
Tel: (01204) 390390

Bolton Hospice —6H **31**
Queens Park St.,
Bolton, BL1 4QT
Tel: (01204) 364375

BOOTH HALL CHILDRENS HOSPITAL
—6H **69**
Charlestown Rd., Manchester, M9 7AA
Tel: (0161) 795 7000

Bramhall Health Centre —1G **161**
66 Bramhall La., South Bramhall,
Stockport, SK7 2DY
Tel: (0161) 4397963

Brinnington Health Centre —4C **128**
Brinnington Rd.,
Stockport, SK5 8BS
Tel: (0161) 430 3383

Brunswick Health Centre —1G **109**
Hartfield Clo., Brunswick St.,
Manchester, M13 9TP
Tel: (0161) 273 4901

Burnage Community Healthcare Centre
—3B **126**
Burnage La.,
Manchester, M19 1EW
Tel: (0161) 443 0600

BURY GENERAL HOSPITAL —6F **23**
Walmersley Rd., Bury, BL9 6PG
Tel: (0161) 764 6081

Bury Hospice —3B **50**
Dumers La., Radcliffe,
Bury, M26 9QD
Tel: (0161) 725 9800

Cannon Street Health Centre —3C **72**
Cannon St.,
Oldham, OL9 6EP
Tel: (0161) 652 0414

Cannon Street Health Centre —2H **45**
Cannon St.,
Bolton, BL3 5TA
Tel: (01204) 391095

Castleton Health Centre —2B **40**
Elizabeth St., Castleton,
Rochdale, OL11 2HY
Tel: (01706) 58905

Chadderton South Health Centre —4G **71**
Eaves La., Chadderton,
Oldham, OL9 8RT
Tel: (0161) 620 4411

Chadderton Town Health Centre —2H **71**
Middleton Rd., Chadderton,
Oldham, OL9 0LG
Tel: (0161) 652 5432

Charlestown Health Centre —1A **84**
Charlestown Rd., Blackley,
Manchester, M9 7ED
Tel: (0161) 740 7786

Cheadle Hulme Health Centre —6C **150**
Smithy Grn., Hulme Hall Rd.,
Cheadle Hulme, SK8 6LU
Tel: (0161) 485 3832

CHEADLE ROYAL HOSPITAL —4G **149**
100 Wilmslow Rd.,
Cheadle, SK8 3DG
Tel: (0161) 428 9511

CHERRY TREE HOSPITAL —6C **140**
Cherry Tree La.,
Stockport, SK2 7PZ
Tel: (0161) 419 4800

Hospitals, Health Centres, and Hospices

CHEST CLINIC (HOSPITAL) —2F **109**
352 Oxford Rd.,
Manchester, M13 9NL
Tel: (0161) 273 4614

Chorlton Health Centre —6H **107**
1 Nicolas Rd., Chorlton,
Manchester, M21 9NJ
Tel: (0161) 861 8888

CHRISTIE HOSPITAL —3F **125**
Wilmslow Rd., Withington,
Manchester, M20 4BX
Tel: (0161) 446 3000

Clayton Health Centre —3D **96**
89 North Rd., Clayton,
Manchester, M11 4EJ
Tel: (0161) 231 1151

Conway Road Health Centre —6D **122**
Conway Rd.,
Sale, M33 2TB
Tel: (0161) 962 4132

Crompton Health Centre —1F **57**
High St., Shaw, Oldham, OL2 8ST
Tel: (01706) 842511

DENTAL HOSPITAL —1E **109**
Higher Cambridge St.,
Manchester, M15 6FH
Tel: (0161) 275 6666

Diabetes Centre, The —3G **109**
130 Hathersage Rd.,
Manchester, M13 0HZ
Tel: (0161) 276 6700

Dr. Kershaw's Hospice —4D **56**
Turf La., Royton, Oldham, OL2 6EU
Tel: (0161) 624 2727

Eccles Health Centre —4H **91**
Corporation Rd., Eccles,
Salford, M30 0EQ
Tel: (0161) 789 5135

Egerton & Dunscar Health Centre —3D **18**
Darwen Rd., Bromley Cross,
Bolton, BL7 9RG
Tel: (01204) 591531

Failsworth Health Centre —4F **85**
Ashton Rd., West Failsworth,
Oldham, M35 0FQ
Tel: (0161) 682 6297

FAIRFIELD GENERAL HOSPITAL —1A **38**
Rochdale Old Rd., Bury BL9 7TD
Tel: (0161) 764 6081

Farnworth Health Centre —1F **63**
Frederick St., Farnworth,
Bolton, BL4 9AH
Tel: (01204) 572972

Francis House Children's Hospice —1G **137**
390 Parrs Wood Rd., East Didsbury,
Manchester, M20 5NA
Tel: (0161) 434 4118

Gatley Health Centre —5E **137**
Old Hall Rd.,
Gatley, SK8 4DG
Tel: (0161) 428 8484

Glodwick Health Centre —3F **73**
Glodwick Way,
Oldham, OL4 1YN
Tel: (0161) 652 5311

Great Lever Health Centre —3A **46**
Rupert St., Bolton, BL3 6RN
Tel: (01204) 399001

Halliwell Health Centre —4A **32**
Aylesford Wlk., Bolton, BL1 3SQ
Tel: (01204) 361818

Handforth Health Centre —4H **159**
Wilmslow Rd., Handforth,
Wilmslow, SK9 3HL
Tel: (01625) 529664

Harpurhey Health Centre —3F **83**
1 Church La., Harpurhey,
Manchester, M9 4BE
Tel: (0161) 205 5063

Harwood Health Centre —6H **19**
Hough Fold Way, Harwood,
Bolton, BL2 3HQ
Tel: (01204) 308729

Haughton Green Health Centre —6G **113**
Tatton Rd., Haughton Green,
Denton, Manchester, M34 7PH
Tel: (0161) 336 5354

Heald Green Health Centre —5F **149**
Finney Dr., Heald Green, SK8 3JD
Tel: (0161) 498 0855

Heaton Moor Health Centre —4E **127**
32 Heaton Moor Rd., Heaton Moor,
Stockport, SK4 4NX
Tel: (0161) 443 1028

Heaton Norris Health Centre —6F **127**
Cheviot Clo. Stockport, SK4 1JX
Tel: (0161) 477 3095

Higher Broughton Health Centre —5A **82**
Bevendon Sq., Tully St.,
Salford, M7 0UF
Tel: (0161) 792 6969

HIGHFIELD HOSPITAL, THE —6G **27**
Manchester Rd.,
Rochdale, O11 4LZ
Tel: (01706) 55121

HOPE HOSPITAL —2B **92**
Stott La., Salford, M6 8HD
Tel: (0161) 789 7373

HULTON HOSPITAL —4E **45**
Hulton La., Bolton, BL3 4JZ
Tel: (01204) 390390

HYDE HOSPITAL —6D **114**
Grange Rd.,
South Hyde, SK14 5NY
Tel: (0161) 3668833

IBH OAKLANDS HOSPITAL —1B **92**
19 Lancaster Rd., Salford, M6 8AQ
Tel: (0161) 787 7700

IBH VICTORIA PARK HOSPITAL —3H **109**
Daisy Bank Rd., Victoria Park,
Manchester, M14 5QH
Tel: (0161) 257 2233

LADYWELL HOSPITAL —4A **92**
Eccles New Rd., Salford, M5 2AA
Tel: (0161) 789 7373

Lance Burn Health Centre —3G **93**
Churchill Way,
Salford, M6 5QX
Tel: (0161) 745 8855

Levenshulme Health Centre —6D **110**
Dunstable St., Manchester, M19 3BX
Tel: (0161) 225 4343

Lever Chambers Centre for Health —6B **32**
Ashburner St., Bolton, BL1 1SQ
Tel: (01204) 360000

Littleborough Health Centre —4E **17**
Featherstall Rd.,
Littleborough, OL15 8HF
Tel: (01706) 377911

Little Lever Health Centre —4B **48**
Mytham Rd.,
Little Lever, Bolton, BL3 1JF
Tel: (01204) 793135

Longsight Health Centre —3B **110**
526/528 Stockport Rd.,
Manchester, M13 0RR
Tel: (0161) 225 9274

Lower Broughton Health Centre —1B **94**
Great Clowes St., Lower Broughton,
Salford, M7 1RD
Tel: (0161) 832 4915

Macdonald Road Medical Centre —1C **118**
MacDonald Rd., Irlam, M30 5LH
Tel: (0161) 775 2902

MANCHESTER BUPA HOSPITAL —4B **108**
Russell Rd., Whalley Range,
Manchester M16 8AJ
Tel: (0161) 226 0112

MANCHESTER FOOT HOSPITAL —3H **109**
5-7 Anson Rd., Victoria Park,
Manchester, M14 5BR
Tel: (0161) 224 0613

MANCHESTER ROYAL INFIRMARY
—2G **109**
Oxford Rd.,
Manchester, M13 9WL
Tel: (0161) 276 4901

Marjory Lees Health Centre —2D **72**
Egerton St., Oldham, OL1 3SF
Tel: (0161) 652 1221

Meadway Health Centre —1G **133**
Meadway, Sale, M33 4PP
Tel: (0161) 905 2929

Mile Lane Health Centre —4F **35**
Mile La.,
Bury, BL8 2JR
Tel: (0161) 761 4521

Milnrow Health Centre —6F **29**
Stonefield St., Milnrow,
Rochdale, OL16 4JQ
Tel: (01706) 358505

Mossley Health Centre —2E **89**
Market St., Mossley,
Ashton-Under-Lyne, OL5 0HE
Tel: (01457) 834321

Moss Side Health Centre —3E **109**
Monton St., Moss Side,
Manchester, M14 4GP
Tel: (0161) 226 5031

Neil Cliffe Cancer Care Centre —1E **147**
Wythenshaw Hospital,
Southmoor Rd.,
Manchester, M23 9LT
Tel: (0161) 291 2912

Hospitals, Health Centres, and Hospices

Newton Heath Health Centre —5B **84**
2 Old Church St.,
Newton Heath,
Manchester, M40 2JF
Tel: (0161) 684 9696

Northenden Health Centre —3B **136**
489 Palatine Rd., Withington,
Manchester, M22 4DH
Tel: (0161) 945 3624

NORTH MANCHESTER GENERAL HOSPITAL
—2D **82**
Delaunays Rd., Crumpsall,
Manchester, M8 6RB
Tel: (0161) 795 4567

Offerton Health Centre —3B **140**
10 Offerton La., Offerton,
Stockport, SK2 5AR
Tel: (0161) 480 0328

Ordsall Health Centre —5H **93**
Belfort Dri., Ordsall,
Salford, M5 3PP
Tel: (0161) 872 2004

PARK HOUSE DAY HOSPITAL —1D **82**
North Manchester General Hosp.,
Delaunays Rd., Crumpsall,
Manchester, M8 6RB
Tel: (0161) 795 4567

Partington Health Centre —6D **118**
Central Rd., Partington,
Manchester M31 4FL
Tel: (0161) 775 1521

Peel Health Centre —4D **36**
Angouleme Way,
Bury, BL9 0BT
Tel: (0161) 764 0315

Pendlebury Health Centre —1G **79**
659 Bolton Rd., Pendlebury,
Salford, M27 8HP
Tel: (0161) 793 8777

Prestwich Health Centre —4E **67**
Fairfax Rd., Prestwich,
Manchester, M25 1BT
Tel: (0161) 773 9111

PRESTWICH HOSPITAL —4D **66**
Bury New Rd., Prestwich,
Manchester, M25 3BL
Tel: (0161) 773 9121

RAMSBOTTOM COTTAGE HOSPITAL
—4D **12**
Nuttall La., Ramsbottom,
Bury, BL0 9JZ
Tel: (01706) 823123

Ramsbottom Health Centre —3D **12**
Carr St., Ramsbottom,
Bury, BL0 9DD
Tel: (01706) 824294

Red Bank Health Centre —3F **49**
Unsworth St., Radcliffe,
Manchester, M26 3GH
Tel: (0161) 724 6911

ROCHDALE INFIRMARY —2G **27**
Whitehall St.,
Rochdale, OL12 0NB
Tel: (01706) 377777

Romiley Health Centre —1A **142**
Chichester Rd., Romiley,
Stockport, SK6 4QR
Tel: (0161) 430 6615

ROYAL EYE HOSPITAL —2F **109**
Oxford Rd.,
Manchester, M13 9WH
Tel: (0161) 276 5501

ROYAL MANCHESTER CHILDRENS
HOSPITAL —4A **80**
Hospital Rd., Pendlebury,
Manchester, M27 4HA
Tel: (0161) 794 4696

ROYAL OLDHAM HOSPITAL —6B **56**
Rochdale Rd.,
Oldham, OL1 2JH
Tel: (0161) 624 0420

Royton Health Centre —3B **56**
Rochdale Rd., Royton,
Oldham, OL2 5QB
Tel: (0161) 652 8333

Rusholme Health Centre —4G **109**
Walmer St., Manchester, M14 5NP
Tel: (0161) 225 1100

ST ANNES HOSPITAL —2E **145**
Woodville Rd., Altrincham, WA14 2AQ
Tel: (0161) 928 5851

St Ann's Hospice —5C **62**
Peel La., Little Hulton,
Manchester, M38 0EL
Tel: (0161) 283 0186

St Ann's Hospice —3G **149**
St Ann's Rd., North Heald Green,
Cheadle, SK8 3SZ
Tel: (0161) 437 8136

ST MARY'S HOSPITAL FOR WOMEN
& CHILDREN—3G **109**
Whitworth Park, Hathersage Rd.,
Manchester, M13 0JH
Tel: (0161) 276 1234

ST THOMAS' HOSPITAL —4G **139**
Shaw Heath, Stockport, SK3 8BL
Tel: (0161) 419 4306

Seymour Grove Health Centre —3H **107**
70 Seymour Gro., Old Trafford,
Manchester, M16 0LW
Tel: (0161) 872 5672

Shaw Heath Health Centre —4G **139**
Gilmore St., Shaw Heath,
Stockport, SK3 8DN
Tel: (0161) 477 5025

Springhill Hospice —2H **41**
Broad La.,
Rochdale, OL16 4PZ
Tel: (01706) 49920

STEPPING HILL HOSPITAL —1C **152**
Poplar Gro.,
Stockport, SK2 7JE
Tel: (0161) 483 1010

STRETFORD MEMORIAL HOSPITAL
—4H **107**
Seymour Gro., Old Trafford,
Manchester, M16 0DU
Tel: (0161) 881 5353

TAMESIDE GENERAL (HOSPITAL) —1C **100**
Fountain St.,
Ashton-Under-Lyne, OL6 9RW
Tel: (0161) 331 6000

Timperley Health Centre —4B **134**
169 Grove La., Timperley,
Manchester, WA15 6PH
Tel: (0161) 980 8041

Tonge Moor Health Centre —4D **32**
Thicketford Rd., Bolton, BL2 2LW
Tel: (01204) 386395

Tong Fold Health Centre —6E **33**
Hilton St., Bolton, BL2 6DY
Tel: (01204) 393093

Tottington Health Centre —4G **21**
16 Market St., Tottington, Bury, BL8 4AD
Tel: (01204) 885113

TRAFFORD GENERAL HOSPITAL —4C **104**
Moorside Rd., Urmston,
Manchester, M41 5SL
Tel: (0161) 748 4022

Whitefield Health Centre —1C **66**
Bury New Rd., Whitefield,
Manchester, M45 8GH
Tel: (0161) 766 9911

Willlows Centre for Health Care, The —3D **92**
Lords Av., Salford, M5 2JR
Tel: (0161) 737 0330

Wilmslow Health Centre —3D **166**
Chapel La., Wilmslow, SK9 5HX
Tel: (01625) 526444

WITHINGTON HOSPITAL —4D **124**
Nell La., West Didsbury,
Manchester, M20 8LR
Tel: (0161) 445 8111

WOODLANDS HOSPITAL —6B **62**
Peel La., Little Hulton, Worsley,
Manchester, M28 6FJ
Tel: (0161) 790 4222

Woodley Health Centre —4G **129**
Hyde Rd., Woodley, Stockport, SK6 1ND
Tel: (0161) 494 0213

Wythenshawe Healthcare Centre —6C **136**
Stancliffe Rd., Sharston,
Manchester, M22 4PJ
Tel: (0161) 946 0065

WYTHENSHAWE HOSPITAL —1F **147**
Southmoor Rd., Manchester, M23 9LT
Tel: (0161) 998 7070